KB218275

가정예배 · 소그룹성경공부

성경 52주 공부

- 서정웅 지음 -

1년 1독 및 성경연구를 위한
52주 성경공부

엘맨

성경52주 공부

- 서정웅 목사 편저-

1년 1독 및 성경연구를 위한

52주 성경공부

| 추천사 |

이 세상에 성경보다 더 값진 책은 없습니다. 왜냐하면 성경만이 죄로 타락한 우리 인간이 어떻게 구원받을 수 있으며 구원받은 분들이 어떻게 행복한 삶을 살며 영생천국에 들어갈 수 있는지를 명확하게 소개하고 있기 때문입니다.

하지만 신 · 구약 성경 66권이 워낙 방대한 책이기 때문에 쉽게 이해되지 않습니다. 그런데 서정웅 목사님이 쓰신 「52주 성경공부」은 역사속에 나타난 내용들을 잘 이해할 수 있도록 요약 정리되어 있어서 아주 이해하기 쉽습니다. 성경을 바로 알고 신앙생활을 바로 해보려고 하는 사람들에게는 더욱 필요 적절한 책이므로 일반 신도는 물론 목회자들에게 큰 도움이 될 것입니다. 중요한 골자에 살을 붙이고 현장감있는 실화나 예화를 첨부한다면 좋은 설교집이 될 수 있는 책입니다.

이 책으로 공부하면 많은 도움이 될 것입니다.

대한예수교장로회총회 전 총회장 최 낙 중 목사

| 추천사 |

한국 교회의 놀라운 성장에 있어서 가장 중요한 요인이 성경교육이었음은 주지의 사실입니다.

최초의 선교사가 인천에 상륙할 때, 이미 한국어로 번역된 성경을 가지고 왔다는 사실이나, 한국 상륙의 꿈을 이루지 못하고 대동강변에서 죽어간 토마스 선교사가 한국어 성경을 조선 군인들에게 전달했다는 것은 세계 선교사(宣教史)에 없는 아름다운 모습이요, 우리 민족을 향하신 하나님의 특별하신 섭리의 은총이었습니다.

이러한 한국 교회사의 덕분으로 한국 교회는 어떤 신학이나 교리를 알기 이전에 먼저 성경을 통한 순수한 복음을 받아들이게 되었습니다. 한국 초대교회사의 기록에 의하면 1890년대 한국은 중국의 50년에 걸쳐 보급됐던 성경의 분량을 10년 만에 보급했을 정도라고 합니다.

하나님의 감동으로 기록된 성경 말씀은 그 자체에 능력이 있음을 또한 우리는 고백치 않을 수 없습니다. 하나님의 감동으로 되어진 말씀은 특별한 설명이 없어도 말씀 스스로 읽는 독자들의 심령을 움직이며 관절과 골수를 찔러 쪼개는 무기입니다. 성경 교육의 첫걸음이 먼저 '말씀이 무엇을 말하고 있는가' 라는 내용파악에서 시작하는 이유가 여기에 있으며, '성경으로 성경을 해석하라' 는 루터의 성경연구 교훈 또한 여기에서 연유합니다.

오늘 우리는 서정웅 목사님의 다년간에 걸친 심혈의 연구 열의와 말씀 사랑의 수고 덕분에 말씀의 의미를 일목요연하게 접할 수 있는 「52주 성경공부」이라는 책을 얻게 되었습니다. 서 목사님의 본 저서야말로 성경 말씀을 정독하는 것만으로도 영혼의 양식을 얻게 하고 우리를 은혜의 도가니로 이끌고 가는 능력을 보여줄 안내서입니다.

본서를 통하여 성경 본문 이해의 넓이와 깊이가 더욱 풍성케 될 수 있음을 확신하며 기쁘게 추천하는 바입니다.

남서울교회 이 철 목사

| 추천사 |

참된 그리스도인들은 바쁜 생활 중에도 항상 성경을 읽고싶어 하는 마음을 염두에 두고 삽니다. 그것은 하나님의 도우심과 인도하심을 의지하는 건전한 믿음의 모습입니다. 그러나 마음먹은 대로 실천할 수 있는 기회를 갖는다는 것은 쉬운 일이 아닙니다. 그런데 이 책을 대하면 방대한 성경의 세계에서 믿음의 선배들을 만나게 하고 일정표에 따라 과거와 현재는 물론 미래까지도 효과적으로 여행하는 구도자의 깊은 감동으로 젖어 들어가게 합니다.

이 책은 강해하거나 해석한 책이 아니라 성경말씀을 그대로 요약해서 누구나 성경 전체를 쉽게 이해하면서 은혜를 체험할 수 있습니다.

이 책은 독서과정에서 독자들을 이끌어주는 내용의 충실함 못지않게 실용성 가치가 중요시 되어야 합니다. 왜냐하면 우리 삶의 개선과 내적 거듭남의 역사는 하나님의 형상을 회복하는 궁극적 목표이며 하나님의 뜻을 성취하는 것이기 때문입니다.

그래서 성경은 매일 매일의 생활에서 사용되어져야 할 긴요한 도구들로 가득차 있는 것을 우리는 잘 압니다. 그리스도인들은 그것을 얻기 위해 성경을 읽는 것입니다. 이 책을 1독 하는 것이 성경통독의 3독, 5독의 역할을 충분히 해낼 수 있을 것입니다. 이 책은 평신도 성경대학 성경공부교재, 구역성경공부, 주일 저녁 또는 삼일예배 시에도 성경을 공부할 수 있도록 하였습니다. 말씀을 사모하는 그리스도인들에게 필독서로 추천합니다.

"주 여호와께서는 자기의 비밀을 그 종 선지자들에게 보이지 아니하시고는 결코 행하심이 없으시리라"(암 3:7)

대한예수교장로회총회 전 편찬출판위원장 최 돈 성 목사

| 머리말 |

"복있는 사람은 … 오직 여호와의 율법을 즐거워하여 그 율법을 주야로 묵상하는 자로다"(시편 1:1-2)라고 하였는데 하나님의 말씀을 늘 묵상할 수 있게 하시고, 또한 「52주 성경공부」을 출판하게 하심을 하나님께 영광과 감사를 드립니다. 생각해 보면 너무나도 부족하고 성경에 대한 해박한 지식이나 이해가 없는 사람이 성경을 공부하는 데 필요한 교재를 출판하게 되었다는 것이 한없이 송구스러운 마음 뿐입니다. 그러나 하나님께서는 가장 약한 자를 들어 쓰신다는 증거를 보여주신 것이라 생각합니다. 편자가 성경말씀을 공부하고, 가르치면서 자신의 부족한 점을 채워주었던 경험을 토대로 편집하였으므로 누구나 이해하는 데 큰 도움이 되리라 믿습니다.

성경 66권을 대할 때마다 하나님께 누구나 하나님의 3만 2천 500가지의 하나님의 약속말씀과 축복의 말씀을 이해할 수 있는 방법을 달라고 기도하였는데 하나님께서 부족한 종을 통하여 깨닫게 하여 주시고 본서를 발행토록 허락하였습니다.

본서는 말씀을 강해하거나 해석한 책이 아니라 성경 말씀을 그대로 요약해서 누구나 성경 전체를 이해하면서 은혜를 체험하도록 하였습니다. 이 교재의 특징은 성경을 조직적으로 구분하면서도 그 내용을 이야기식으로 알기 쉽게 설명하고 있다는 것입니다. 그러므로 교파와 교단을 초월하여 누구나 보아도 은혜가 될 줄 믿습니다.

본서는 초신자는 물론이고 평신도, 신학생 또는 목회 일선에서 목회하시는 목회자에게도 성경을 공부하는 데 도움이 될 줄로 생각합니다. 특히 초신자들이 성경을 이해하는 데 큰 도움을 줄 것이며 성경학교나 신학교에서 성경개론 교재로 사용하기에 좋으리라 믿습니다.

또한 본서는 평신도 성경대학, 성경공부 교재, 구역성경공부, 주일저녁 또는 삼일 예배시에도 성경을 공부할 수 있도록 하였습니다. 혼자서도 성경을 공부할 수 있도록 단원별로 성경 문제를 수록하였습니다.

지은이 서 정웅 목사

| 목차 |

구약 성경 공부

개요

1. 인간을 향한 하나님의 뜻을 기록한 계시이다(딤후 3:16~17, 벧후 1:12).
2. 성경의 중심적인 주제는 예수 그리스도시다(딤전 3:16).
3. 66권으로 구성되었고, 40명의 저자가 약 1, 500년에 걸쳐서 기록했다.
4. 구약은 대부분 히브리어로(몇 구절은 아람 방언으로 쓰여졌음) 기록되었으며 신약은 헬라어로 기록되었다.
5. 약(Testament)이란 말은 언약(Covenant)이란 의미 즉, '동의한다' 는 뜻이다. 구약은 그리스도가 오시기 전에 하나님과 인간과의 관계에 대하여 하나님께서 만드신 언약이다. 신약은 그리스도가 오신 후 인간과 아버지와의 관계에 대해서 하나님께서 만드신 언약이다.

1
[성경은 살아계신 하나님의 말씀]

● **요절 : 딤후 3:16, 17**

성경은 살아계신 하나님의 말씀이다. 그러므로 우리가 하나님을 바로 알고 참된 믿음의 삶을 살기 위해서는 성경을 날마다 읽고, 상세히 공부하여야 한다. 이제 우리는 성경연구의 이해를 돕기 위하여 성경의 의의와 특성, 성경의 형성과 전파, 성경의 구조, 성경을 읽는 성도의 자세 등에 관하여 먼저 살펴보기로 한다.

1. 성경의 의의와 특성

1) 성경의 의의

(1) 하나님의 말씀

성경은 여러 계층의 사람들이 기록하였지만 그 중심 사상은 예수 그리스도의 성육신 및 십자가 사건으로 통일되어 있다. 이는 성경이 하나님의 말씀임을 우리에게 알려주는 증거이다(히 1:1, 2). 성경은 반드시 수신자가 있다. 하나님은 그의 형상대로 지으신 인간을 위하여 성경을 마련하셨다.

① 거룩한 말씀 – 하나님은 거룩하신 분이다. 그러므로 그 분이 주신 말씀도 거룩하며, 말씀을 읽고 묵상할 때 우리를 거룩하게 한다.

② 약속의 말씀 – 성경에는 수많은 약속들이 기록되어 있으며, 성도가 믿음으로 그 약속을 받아들일 때 성취되는 체험을 하게 된다. 하나님은 말씀하시고 이루시는 분이시다(겔 17:24).

③ 생명의 말씀 – 우주 만물의 생명은 하나님께로부터 나왔다. 특히 인간은 하나님의 영을 통하여 생명을 얻었다(창 2:7). 그러나 타락 이후 하나님의 생명, 즉 영생을 상실하였으나 예수를 주로 믿고 말씀을 읽을 때 성령께서 우리를 거듭나게 하시고 영생으로 인도하신다. 성도의 영적인 생명은 말

씀을 읽음으로써 유지된다.

④ 능력의 말씀 – 성경은 읽는 자에게 큰 능력을 체험하도록 한다. 죄사함과 구원의 능력(롬 1:16, 히 1:3), 치료의 능력(시 107:20), 마귀를 물리치는 능력(엡 6:17)을 우리에게 준다.

(2) 신앙과 생활의 표준

성경은 교훈과 책망과 바르게함과 의로 교육하기에 유익한 내용을 포함하고 있다(딤후 3:16).

(3) 영생의 진리

죄로 인하여 죽었던 인간들이 예수를 구주로 믿음으로써 대속받고 영생을 얻게 되는 비결이 성경에 있다(요 20:31).

(4) 구약에서 예언된 메시야 사상은 예수 그리스도의 모든 사역 즉 성육신, 십자가 고난과 죽음, 부활, 승천 등의 사건을 통하여 성취되었다(눅 24:44, 고전 15:3, 4, 히 10:7).

2) 성경의 특성

성경은 성령으로 말미암아 영감을 받은 기록자들에 의해 쓰여진 하나님의 계시이다. 그러므로 성경을 읽을 때에는 성령의 조명을 받아야 올바르게 해석할 수 있다.

(1) 계시(Revelation)

계시는 인간의 지혜와 지식으로는 알 수 없는 영적인 일들을 성령을 통해 깨닫게 하는 것인데 일반 계시와 특별계시가 있다.

① 일반계시 – 하나님께서 모든 사람에게 공통적으로 주시는 계시로서 자연, 역사, 양심을 통해 나타난다. 인간은 하나님께서 창조하신 자연계를 통하여 하나님의 성품을 알 수 있으며, 인간의 역사 속에 나타나는 하나님의 섭리를 통하여 하나님께서 절대 주권자이심을 깨닫게 되고, 양심을 통해 인간의 한계성을 느끼고 절대자 하나님을 인정하고 찾게 되는 것이다. 그러나, 이것만으로는 하나님을 확실히 알 수 없으므로 하나님께서는 특별계시를 주신다.

② 특별계시 – 하나님께서 특별한 때에 특별한 사람에게 하나님 자신을 나타내시는 것으로써 기적과 예언, 성육신하신 예수 그리스도, 성경, 성도들의

신앙체험을 통하여 나타난다. 특히 성경은 자연, 역사, 양심 곧 일반계시를 통해 얻을 수 있었던 하나님에 대한 지식은 물론 기적과 예언, 성육신하신 예수 그리스도, 믿음의 선조들의 신앙체험도 기록하고 있다는 점에서 가장 탁월한 계시라고 할 수 있다. 이것은 인격자인 하나님께서 인격체인 인간과 교제하시면서 구원으로 인도하는 것이다.

(2) 영감(Inspiration)

이것은 성경 저자들에게 그들이 기록한 모든 것이 하나님의 말씀이라고 불리기에 합당하도록 기록하는 데 사용하셨던 초자연적 감화이다.

(3) 조명(Illumination)

성경을 읽는 인간의 마음을 성령이 밝혀 비추시는 사역을 말한다. 하나님께서 성령으로 인간에게 스스로를 계시하셨지만, 인간이 이를 이해하고 받아들이기에는 한계가 있다. 따라서 인간이 진리를 올바로 이해하고 받아들이기 위해서는 성령의 조명이 필요하다(고전 2:10, 11).

(4) 성경의 완전성

① 다양성과 통일성 – 성경은 약 1, 500년에 달하는 오랜 기간에 걸쳐 40여 명의 기록자들에 의해 다양하게 기록되었음에도 불구하고 성경 전체의 내용은 조화를 이루며 하나의 주제 즉, 예수 그리스도로 통일되어 있다.

② 무오성 – 이 말은 '틀림이 없는 것' 을 의미한다. 성경은 절대 무오한 하나님의 말씀이며 성경에 나타나는 인물, 장소, 역사적 사건, 족보, 관습 등이 이를 증거하고 있다.

③ 우월성 – 성경은 역사성이 있으며 구원의 길을 구체적으로 명시하고 있다는 점에서 타종교의 교리나 책들에 비하여 우월하다.

④ 역사적 증거와 예언의 성취 – 고고학적 자료의 발굴과 연구를 통하여 성경에 기록된 사건들이 사실임이 입증되고 있으며, 성경의 예언들이 성취되었고 현재에도 계속 성취되고 있다.

⑤ 영원성 – 성경은 주전 1, 400년경부터 주후 100년경까지 약 1, 500년에 걸쳐 기록된 책임에도 불구하고 21세기를 바라보는 오늘날에도 계속 읽히고 있다. 이러한 사실은 성경이 하나님의 인도와 섭리 가운데 보존되어 왔음을 증거해 주며, 인류의 역사 속에서 어제나 오늘이나 영원토록 동일하게 역사하고 계심을 나타내는 것이다.

2. 성경의 형성과 전파

1) 사본(寫本)

우리가 가지고 있는 성경 66권의 원본(기록자가 최초로 쓴 책)은 찾을 수가 없고 사본만이 있을 뿐이다. 최초의 사본은 필사가(筆寫家)가 원본에서 옮겨 적은 것이며 계속하여 사본에서 사본을 적어왔다. 이 사본들은 파피루스나 양피지에 적었기 때문에 오래 간직할 수가 없었다.

얼마 전까지도 구약의 사본은 주후 9세기의 것이 가장 오래된 것이었으나 사해사본의 발견으로(1947년) 연대가 주전으로 거슬러 올라갔다. 신약은 지금까지 알려진 것 중에 주후 2세기의 파피루스 단편들이 가장 오래된 사본이다. 그러나 신구약의 사본들은 그 기록자들에게 하나님의 성령께서 함께 하셔서 잘못된 사본을 만들지 않도록 하셨다.

2) 정경(正經)

이 말은 원래 측량하는 막대기를 의미하는 데 기독교에서는 이 말은 '기록된 믿음의 규정', 즉 '하나님의 말씀을 기록한 근원적이고 권위있는 책' 이라는 의미로 사용한다. 구약 39권과 신약 27권은 사도시대로 부터 권위있고 믿을 만한 책으로 인정 받아 왔다.

구약은 본래 히브리어로 기록되어 율법서, 선지서, 성문서 등으로 나뉘어진 24권이었으나 주전 3세기 경에 헬라어로 번역된 70인 역에는 39권으로 되어 있다. 그러나 사무엘, 열왕기, 역대기, 에스라, 느헤미야를 각각 두 권으로 분리했고 소선지서를 12권으로 나누어 숫자만 39권으로 되었을 뿐 내용은 똑 같았다. 초대교회에서 말하는 성경은 구약 39권을 말하며 70인 역이 사용되었다.

신약의 정경은 하나님의 영감으로 기록된 27권의 책들을 가르친다. 많은 초대교회의 책들 중에서도 정경으로 선택된 이 책들은 히브리서에 기록된 것처럼 "옛적에 선지자들로 여러 부분과 여러 모양으로 우리 조상들에게 말씀하신 하나님이 이 모든 날 마지막에 아들로 말씀하시고"(히 1:1, 2), 이 아들 예수 그리스도가 자신의 사역과 교훈을 그의 사도로 하여금 기록하고 교회에 남기게 하신 것이다. 이처럼 신약성서 뒤에는 언제나 그 말씀을 기록하게 하신 주님이 서 계신다.

신약 27권은 주후 367년 라오디게아 공의회에서 정경으로 채택되었으며, 칼

테지의 제 3공의회(397년)와 히포의 공의회(419년)에서 이를 재확인하였다. 신약의 정경은 네 가지 원칙에 의하여 결정되었다. ① 사도성, 즉 사도에 의해 기록되었거나 사도가 그 권위를 뒷받침해 준 책이어야 했다. ② 내용이 영적이어야 했다. ③ 보편성인, 즉 초대교회에서 보편적으로 용납된 것이어야 했다. ④ 영감성, 즉 그 책이 하나님의 성령의 감동으로 기록된 것이어야 했다. 그렇지만 이같은 기준이나 정경선택의 결정 때문에 교회가 성경을 임의로 추려서 만들었다는 뜻은 아니다. 계시의 말씀을 주신 이가 하나님이시듯이 그의 아들의 피로 사신 교회를 위해 66권 성경을 주신 분도 하나님이시기 때문이다. 우리는 이 모든 일의 과정에 하나님께서 주권적으로 역사하셨다는 사실을 분명히 알고 믿을 수 있는 것이다.

3) 전파

예수님은 "이 천국 복음이 모든 민족에게 증거되기 위하여 이 세상에 전파되리라 그제야 끝이 오리라"(마 24:14)고 하셨다. 이 말씀은 예수님이 재림하기 전에 성경에 기록된 진리의 복음이 세상 모든 나라와 민족에게 전파되리라는 뜻이다. 그 말씀대로 성경은 현재 1, 545개어(語)로 번역되었으며 전 세계적으로 매년 4천만 권 이상 팔리고 있다.

3. 성경의 구조

성경은 구약(Old Testament)과 신약(New Testament)으로 대별하며 구약은 창세기부터 말라기까지 39권이고, 신약은 마태복음부터 요한계시록까지 27권으로 신구약 전체는 66권이다. 구약은 929장에 23,090절로 신약은 260장에 7,949절로 나누어졌는데 이를 합치면 1189장 31,039절이다. 처음으로 성경의 장을 분류한 사람은 1228년에 스티픈 랭톤(Stephen Langton)이, 성경의 장을 분류한 사람은 1560년에 로버트 스테파누스(Robert Stephanus)가 각각 정리한 것이 현재 모든 성경에 적용되었다. 성경을 성격별로 구분해 본다면 다음과 같다.

1) 구약의 책들(39권)

(1) 율법서(모세오경 5권) -창세기, 출애굽기, 레위기, 민수기, 신명기:

(2) 역사서(12권) - 여호수아, 사사기, 룻기, 사무엘상하, 열왕기상하, 역대상하, 에스라, 느헤미야, 에스더

(3) 시가서(5권) - 욥기, 시편, 잠언, 전도서, 아가:이들 5권은 훌륭한 시문학 작품으로 많은 교훈과 위로가 되는 말씀들이며 용기를 주는 말씀들이다.

(4) 선지서(17권) - 선지서를 둘로 분류하면,

① 대선지서(5권) - 이사야, 예레미야, 예레미야 애가, 에스겔, 다니엘서:

② 소선지서(12권) - 호세아, 요엘, 아모스, 오바댜, 요나, 미가, 나훔, 하박국, 스바냐, 학개, 스가랴, 말라기

2) 신약의 책들

(1) 복음서(4권) - 마태, 마가, 누가, 요한복음

(2) 역사서(1권)-사도행전

(3) 서신서(21권)-예수 그리스도에 의해 택함받은 사도들이 기록한 것으로 바울서신과 공동서신으로 나눌 수 있다.

① 바울서신(14권) - 로마서, 고린도전후서, 갈라디아서, 에베소서, 빌립보서, 골로새서, 데살로니가전후서, 디모데전후서, 디도서, 빌레몬서, 히브리서

㉠ 옥중서신(4권) - 에베소서, 빌립보서, 골로새서, 빌레몬서

㉡ 목회서신(3권) - 디모데전후서, 디도서:

㉢ 기타(7권) - 로마서, 고린도전후서, 갈라디아서, 데살로니가전후서, 히브리서:

② 공동서신(7권) - 야고보서, 베드로전후서, 요한 1 2 3서, 유다서

(4) 예언서(1권) - 요한계시록

3) 구약과 신약의 관계

구약과 신약은 동일한 저자의 책들로서 밀접한 연관을 가지고 있다.

(1) 구약성경 - 구약성경에 관해 잘 설명해주는 구절은 고린도전서 10장 11절이다. 이 말씀 중 '저희에게 당한 이런 일' 이란 구약성경에 기록된 역사적 사건들을 가리킨다. '거울이 되고' 는 구약성경의 예시성(豫示性)을 가리킨다. '말세를 만난 우리의 경계' 란 새 언약 아래 살고 있는 우리에게

교훈으로 살게 하기 위해 기록하였다는 뜻이다. 이러므로 구약은 여러가지 사건과 가르침을 통하여 장래 되어질 일들을 보여주고 성도들을 교훈하기 위해 기록된 책이라 할 수 있다. 구약성경의 특색은 율법(요 1:17)이다.

(2) 신약성경 – 신약성경이 기록된 이유는 크게 네 가지가 있다.

① 구약성경의 불충분한 계시를 완전케하기 위하여(히 1:1,2, 렘 31~34, 말 3:1).

② 구약성경에 기록된 예언의 성취를 보여주기 위하여(눅 4:21. 요 13:18, 17:12. 행 1:16).

③ 구원의 완전한 길을 보여주기 위하여 (요 20:31).

④ 하나님의 자녀에게 필요한 모든 계시를 교회에 주기 위하여 기록되었다(요 4:25, 17:8, 16:12,13. 마 16:18, 엡 5:23~32). 신약성경의 특색은 은혜이다(요 1:17).

4. 성경을 읽는 자세

성경은 하나님의 말씀이기 때문에 성령의 도우심이 없이는 이해할 수가 없다. 예수님은 여러 차례 "너희가 듣기는 들어도 깨닫지 못한다."고 하셨다. 이러므로 우리는 성경을 읽을 때 성령의 도우심을 간구해야 한다. 뿐만 아니라 성경은 하나님의 말씀이므로 경건하고 겸손하게 읽어야 한다. 겸손한 마음 밭에 떨어지는 씨앗이 60배, 100배의 열매를 맺을 수 있다.

성경은 하나님께서 우리에게 교훈을 목적으로 주신 책이므로 거의 대부분 기록된 글 자체가 그 뜻을 나타내고 있다. 억지로 해석하려다가 오히려 왜곡시킬 수 있으므로 성경이 주는 교훈은 그대로 받아 들여야 한다. 또한, 성경을 읽을 때 어느 한 구절이나 한 낱말에 집착되면 전체의 뜻을 왜곡시킬 수가 있다. 성경은 순서적으로 계속하여 읽을때 그 전체의 뜻이 살아 나온다. 마지막으로 성경은 성경이 해석해준다. 그러므로 관주성경으로 대조해 가면서 읽을 필요가 있다.

첫째, 하나님의 오묘한 진리의 말씀을 성령의 조명에 의하여 깨달을 수 있도록 먼저 기도하라.

둘째, 성경은 성경으로만 해석하려는 자세로 공부하라.

셋째, 하나님의 음성을 들으려는 자세로 공부하라.

넷째, 이해가 잘 안되는 말씀이나 구절은 그대로 넘어가라. 계속해서 공부하다 보면 자연히 해결될 것이다.

다섯째, 공부한 내용에서 자신에게 주시는 교훈이 무엇인가를 발견하라.

여섯째, 지금 당장 고치거나 실천에 옮겨야 할 교훈은 무엇일까? 찾아 보라.

일곱째, 공부한 내용은 반드시 다른 사람과 대화를 나누어 보라. 공부한 것을 잊지 않게 되며 공부한 내용을 전하는 효과가 있다(말 3:16).

여덟째, 중요한 내용과 요절을 암기하라(암송 카드로).

아홉째, 온전한 믿음은 배움에 있는 것이 아니다. 배운 대로 행함이 있어야 함을 기억하라(고후 13:7;엡 4:1;빌 4:9;살전 2:12;약 4:17 등).

이제 우리는 하나님의 말씀인 성경이 무엇이며 어떻게 쓰여졌는지를 알게 되었습니다. 뿐만 아니라 그 내용이 무엇이며, 어떠한 자세로 대하여야 복이 되는지도 배웠습니다. 이제부터 성경 말씀을 배우실 때 놀라운 복이 당신과 가정과 교회와 민족 위에 임하실 것입니다.

성경문제

● 성경은 살아계신 하나님의 말씀/디모데후서3:16

1. 하나님을 알 수 있도록 우리에게 주신 두 가지 정신은 무엇인가?(엡1:17)
2. 성경은 누구의 감동으로 된 것인가?(딤후3:16)
3. 성경은 약 몇 명의 저자들에 의하여 쓰여졌는가?
4. 성경은 몇 년 동안에 쓰여진 책인가?
5. 구약은 몇 권이며 신약은 몇 권인가?
6. 신구약 전체는 몇 장 몇 절로 나누어졌는가?
7. 구약을 크게 4부분으로 나누어 보라.
8. 신약을 크게 4부분으로 나누어 보라.
9. 공관복음은 무엇을 가지고 공관복음이라고 하는가?
10. 사도 바울이 몇 권의 책을 썼는가?
11. 하나님의 말씀을 가리켜 성경은 무엇이라고 말하고 있는가?

1) 하나님의 말씀은

(1) (시119:105)

(2) (시119:105)

(3) (렘23:19)

(4) (엡6:17, 히4:12)

(5) (약1:23, 24)

(6) (벧전2:2)

(7) (약1:18)

(8) (롬1:16, 시107:20, 엡6:17)이다.

2) 하나님의 말씀은 ( )의 말씀이다.(행5:20)

3) 하나님의 말씀은 ( )의 말씀(행13:26)이며 ( )의 말씀이다(행20:32). 하나님의 말씀은 ( )의 말씀 곧 ( )의 복음(엡1:13)이다.

4) 하나님의 말씀은 ( )의 말씀이다.(롬10:8)

5) 하나님의 말씀은 ( )의 말씀이다.(히5:13)

6) 성경은 그리스도 예수 안에 있는 믿음으로 말미암아 ( )가 있게 한다. (딤후3:15)

12. 아래와 같이 성경이 기록된 목적을 말한다면 이를 뒷받침해 주는 성구는 무엇인가? 아래의 〈보기〉에서 성구의 번호를 ( )에 기록하라.

1) 하나님을 가르쳐 준다. ( )

2) 하나님의 아들 예수 그리스도를 보여준다. ( )

3) 사람의 죄를 깨닫게 한다. ( )

4) 인간 구원의 길을 제시해 준다. ( )

5) 사람에게 가장 높고 올바른 인생관을 가르쳐 준다. ( )

6) 사람의 고난과 역경을 돌파할 수 있는 믿음과 희망과 용기를 준다.( )

〈보기〉

① 고후1:3-7 ② 딤후3:16, 17 ③ 요20:31

④ 롬7:7 ⑤ 요14:6 ⑥ 마4:4, 막1:14

13. 복음은 모든 믿는 자에게 무엇을 주는 하나님의 능력인가?(롬1:16)

14. 마귀를 대적하는 성령의 검은 무엇인가?(엡6:17)

15. 우리를 믿음으로 인도하는 것은 무엇인가?(롬10:17)

창세기

개요

1. **주제** – 창조와 타락
2. **예수님과의 관계** – 예수 그리스도를 창조주 하나님으로 묘사한다.
3. **배경**
   1) 책이름 : '창세기' 란 명칭은 '시작' 과 '기원' 즉 '창조' 라는 의미를 가진 헬라어 성경의 책이름에서 온 것이며 다음과 같이 모든 것의 기원을 밝혀주고 있다. [세상의 기원(1:1~25). 인류의 기원(1:26~2:25), 안식일의 기원(2:2~3), 결혼과 가정의 기원(2:23~24), 죄의 기원(3:1~7, 참고 2:16~17, 요한일서 3:4), 구속의 기원(3:21, 참고/사 16:10, 창 3:15), 메시야 예언의 시작(3:15), 제사의 기원(4:3~7), 가족생활의 기원(4:1~15), 인간이 이룩한 문명의 기원(4:16~19), 국가의 기원(10:– 11:), 선민 이스라엘의 기원(12:~50:)]
   2) 기록자 : 모세
   3) 기록연대 : 기원전 약 1,440년 경(창세기는 약 2,400년 동안의 역사가 기록되어 있다. 1~11장은 약 2,000년, 12~50장은 약 400년).
   4) 목적 : 만물의 기원이 하나님의 창조에 있음과 인간의 타락과 하나님의 구속의 섭리를 알게 함
4. **내용분류** – 50장 1,533절
   1) 천지창조(1장~2장)
   2) 타락과 아담의 자손들(3장~5장)
   3) 홍수의 심판과 구원 받은 노아(6장~9장)
   4) 민족들(10장~11장)
   5) 아브라함의 역사(12:1~25:19)
   6) 이삭의 역사(25:19~26장)
   7) 야곱의 역사(27장~36장)
   8) 요셉의 역사(37:1~50:26)

2
[천지창조]

● **본문 : 창세기 1~11장**
● **요절 : 창세기 1 : 1**

지금부터 성경의 제일 첫번째 책인 창세기를 공부합니다. 여기서 우리는 우주의 기원과 창조 및 인간의 타락과 노아와 홍수 사건 등을 배우게 됩니다. 이것은 역사상 가장 놀라운 사건들입니다.

1. 천지창조(1:-2:)

1) 창조의 시작(1:1-2:3)태초에 하나님이 천지를 창조 하시니라"(창1:1)

이 세상은 하나님의 창조하심으로 된 것이다. 하나님께서는 권능의 말씀으로 모든 만물을 지으셨다(히11:3;요1:1).

혼돈하고		공허하며	
배경의 창조		내용물로 채움	
제1일	빛(1:3-5)	제4일	해, 달, 별(1:14-19)
제2일	궁창과 물(1:6-8)	제5일	새, 물고기(1:20-23)
제3일	땅과 식물(1:9-13)	제6일	동물, 인간(1:24-31)
제7일	지으시던 일이 다하므로 일곱째 날에 안식하시니라(2:1-3)		

2) 사람과 에덴동산을 창조(2:4~25)

하나님께서는 다른 피조물과 달리 직접 흙을 빚어 인류의 조상 아담을 지으시고(2:7), 그의 갈빗대를 취하여 하와를 지으셨다(2:22). 그리고 사람을 위하여 동쪽 에덴에 동산을 만드시고 각종 과일나무와 '생명나무'(2:9)와 '선악을 알게 하는 나무' (2:9,17)를 두셨다. 그리고 '선악을 알게 하는 나무' 에 대하여 계율(戒律)을 주셨다.

인간	창조의 방법	주는 의미
아담	하나님의 형성과 모양(1:27)	인간 속에서 하나님을 발견할 수 있다
	흙으로(2:7)	인간은 흙으로 돌아간다
	생기를 불어넣으심(2:7)	하나님의 영이 내재해 있다
하와	갈빗대(2:21)	남자와 불가분의 관계

2. 인간의 타락과 아담의 자손들(3:~5:)

1) **최초의 범죄와 추방(3:)** – 아담과 하와는 순결한 무죄의 상태에서 선택의 능력을 가진 인간으로 창조되었다. 하나님께서는 친히 그들에게 나타나셨고 그들과 교제하셨다(창 3:8). 그런데 인간은 뱀의 간계로 타락하고 말았다. 죄의 주인공인 사탄이 뱀을 통하여 아담과 하와가 하나님의 말씀을 의심하도록 유혹했고, 그들은 이 유혹에 빠져 죄를 짓게 되었다. 이리하여 죄가 세상에 들어오게 되었고, 모든 사람들이 죄 아래 있게 되었다(롬 5:12). 사탄은 지금도 사람들이 하나님께 불순종하도록 하기 위해 사람들을 죄 속으로 유혹하고 있다.
   삼중타락의 내용:① 영적죽음(3:22~24) ② 육체적 죽음(3:19) ③ 환경적 죽음(3:17, 18)
2) **구속의 예언 : '여자의 후손'(3:15)** – 좋으신 하나님께서는 인간이 타락한 후 곧 죄로부터 사람을 구속한 분을 약속하셨다. 여자의 후손(동정녀로부터 탄생할 예수)으로 마귀의 일을 멸하게 하시겠다고 하셨다(히 2:14).
3) **가인과 아벨(4:1~24)** – 아담의 두 아들 가인과 아벨은 하나님께 제물을 가져와 제단을 쌓았다. 가인은 '땅의 소산'을, 아벨은 '양의 첫 새끼'를 드렸다. 하나님께서 아벨의 제물은 받으셨으나 가인의 제물은 받지 않으셨다. 왜냐하면 아벨은 하나님께서 원하시는 대로 제사를 드렸고(3:21, 레 17:11), 믿음으로 바쳤으며(히 11:4), 의로웠기(요일 3:12)때문이다. 이것을 보고 가인이 격분하여 아벨을 쳐 죽였는데 그는 최초의 살인자가 되었다. 가인은 하나님 앞을 떠나 에덴동산 동편에 있는 놋 땅에 거하였고 그의 자손들은 하나님을 섬기지 않고 살았다.

4) 셋과 그의 자손들(4:25~) – 하나님께서는 아벨을 대신하여 셋을 주셨는데 그는 경건한 자들의 조상이 되었고, 그의 자손들은 하나님을 경배하는 데 힘썼다(4:25)

분류	가인	아벨
1.직업	농사하는 자(창 4:2)	양치는 자(창 4:2)
2.행위	악함(요일 3:12)죄의소원(창 4:7) 살인(창 4:8)이기주의(창 4:9)	의로움(요일 3:12)
3.제물의내용	땅의 소산(창 4:3)	양의 첫새끼와 그 기름(창 4:4)
4.제사드리는 태도	믿음없이 드림(히 11:4)	믿음으로 드린 더 나은 제사 (히 11:4)
5.하나님의반응	하나님이 열납하지 않으심(창4:5)	하나님의열납하심(창4:4;히11:4)
6.하나님께 대한 반응	분하여 안색이 변함(창 4:5) 회개하지 않음	
7.성경에서의 위치	최초의 살인자(창 4:8) 악한 자(요일 3:12)	최초의 순교자(마 23:35; 눅 11:51), 의인(마 23:35;히 11:4)

5) 아담부터 노아까지(5:1~32)

(1) 아담에서 야렛까지의 계보(5:1~20)

아담이 셋과 다른 자녀들을 낳았고 930세에 죽고(5:5), 셋은 에노스를 낳고 912세에 죽고(6~8절), 에노스는 게난을 낳고 905세에 죽고(9~11절), 게난은 마할랄렐을 낳고 910세에 죽고(12~14절), 마할랄렐은 야렛을 낳고 895세에 죽고(15~17절),야렛은 에녹을 낳고 962세에 죽었다(18~20절).

(2) 에녹의 생활과 승천(5:21~24)

에녹은 65세에 므두셀라를 낳고 300년 동안 하나님과 동행하다가 365세에 하나님이 그를 데려 가셨다.

(3) 므두셀라에서 노아까지(5:25~32)

므두셀라는 라멕을 낳고 969세에 죽고(25~27절), 라멕은 노아를 낳고 777세에 죽고(28~31절), 노아는 500세 된 후 셈, 함, 야벳을 낳았다(32절).

3. 홍수의 심판과 구원받은 노아(6:~9:)

죄많은 세상에 대한 하나님의 홍수심판과 구원받은 의인 노아의 가족에 대하여 기록.

1) **홍수 이전의 죄악(6:1~12)–** '하나님의 아들들'(하나님을 공경하던 셋의 자손들)과 '사람의 딸들'(하나님을 믿지 않던 가인의 자손들)이 결혼함으로 세상에는 타락과 패역으로 가득차게 되었다.

2) **방주를 지음(6:13~22)–** 당시 온 세상 사람이 죄로 부패하였으나, 오직 한 사람 노아만은 하나님 앞에서 의로운 자였다(6:8–9). 하나님께서는 죄로 가득한 세상에서 의인을 구하고, 악한 자를 멸하시기 위해 홍수로 심판하실 것을 작정하시고, 노아에게 방주를 짓도록 명령하셨다.

3) **홍수 심판(7:)–** 하나님께서는 인간의 죄악을 보시고 오래 참으셨다. 그러나 인간은 회개하지 않았다. 노아가 120년 동안 방주를 지으면서 경고했으나 듣지 않았다. 방주가 완성되고 노아의 가족과 모든 동물들이 방주에 들어간 후에도 7일간의 여유를 주었으나 사람들은 회개하지 않았다. 마침내 하나님께서 홍수를 내리시니 모든 사람들이 멸망받게 되었다. 하나님은 심판의 하나님, 자비의 하나님, 실언치 않으시는 하나님이시다.

4) **홍수에서 구원받음(8:~9:)–** 노아의 가족 8명은 방주에 의하여 홍수로부터 구원받았다. 노아는 방주에서 나온 후 먼저 제단을 쌓고 하나님께 예배를 드렸다(창 8:20). 하나님께서는 노아와 그 가족들에게 "생육하고 번성하여 땅에 충만하라"(9:1)고 축복하셨고, 땅 위와 바다에 있는 모든 살아있는 것을 다스릴 권능을 주셨다(9:2~3).

5) 무지개 언약(9:8~17)– 홍수가 지난 후 하나님께서는 언약의 표시로 무지개를 보여주심으로(9:13) 다시는 물로 심판하지 않을 것을 약속했다.

6) 노아의 예언(9:18~28)– 노아의 세 아들 중 함은 아버지의 권위를 손상함으로 저주를 받았고, 셈과 야벳은 축복을 받았다. 함의 자손은 노예의 민족이 되고, 셈의 자손은 영적인 축복을 받아 종교의 전파자가 되고, 야벳의 자손들은 물질적인 축복을 받아 세계를 지배하게 되리라고 노아는 예언했다.

4. 민족들(10:~11:):나라들의 기원과 그 계보, 바벨탑의 사건

1) 노아의 자손들(10:1~32)– ① 야벳의 자손(10:2~5):북쪽으로 가서 흑해와 카스피해에 정착하여, 지금 유럽과 아시아에 거주하는 코카서스 사람의 조상이 되었다. ② 함의 자손(10:6~20):남쪽으로 가서 남부 및 중부 아라비아 애굽, 지중해 동해안, 아프리카의 동해안에 정착하였다. ③ 셈의 자손(10:21~31):유브라데강 북쪽 지역과 그 변두리에 있는 유대 민족, 앗수르 족속, 엘람 족속이 되었다.

2) 바벨탑 사건(11:1~9)– 홍수 후 세계는 새로이 시작되었다. 그런데 인간들은 하나님을 섬기지 아니하고, 자기들 스스로의 힘으로 대제국을 세우려 했다. 그들은 하나님 앞에 큰 죄를 지었다. ① "대 꼭대기를 하늘에 닿게 하여"(11:4)하나님과 같아지려는 마음, 곧 인간의 교만을 나타낸다. ② "우리 이름을 내고":하나님께 영광돌리지 않고 자기들의 이름을 나타내려 하였다. ③ "온 지면에 흩어짐을 면하자":인간 스스로 모든 일을 해 나갈 수 있다는 자만의 표현이다. 그러나 하나님은 이들을 심판하시어 언어의 혼돈으로 널리 흩어지게 하셨다.

3) 셈과 데라의 역사(11:10~26):셈에서부터 아브라함까지의 족보를 자세히 말해준다(10:21~31 참조)

① 셈의 후손(아브라함에 이르기까지의 계보 11:10–26):노아가 아담으로부터 10대인 것 같이 셈에서 아브라함까지 10대에 걸친다.

② 데라의 가족과 이주(11:27–32):데라의 가족관계(27–30절)에 대하여 기록하고 있으며 데라가 가족과 함께 갈대아 우르를 떠나고 데라는 하란에서 죽게 된다(31, 32절).

교훈 및 적용

1. 우리가 하나님을 신뢰하며 순종하고 예배하는 생활을 할 때 예비하시고 복주시는 하나님의 손길을 깨닫고 삶의 기쁨과 행복을 얻을 수 있다.
2. 죄에는 형벌이 따름을 깨닫고 죄를 지었을 때는 변명하지 않고 회개로 하나님의 용서와 자비를 구하자.
3. 하나님의 심판과 채찍 가운데는 하나님의 구원의 은혜가 예비되어 있음을 깨닫고, 한번 택하시고 버리지 않으시는 하나님의 사랑에 늘 감사하는 생활을 하자.

우리는 지금까지 우주의 기원과 인류의 기원을 배웠습니다. 그리고 인간이 타락하는 모습도 살펴보았습니다. 이제 우리는 더 많은 것을 배울 것입니다. 기대하면서 창세기 12-50장까지 자세히 읽으시기를 바랍니다.

성경문제

● 천지창조/창1:1-11:32

1. 하나님께서 무엇으로 천지를 창조하셨는가?(창1:1, 요1:1, 히11:3)
2. 하나님께서 6일 동안 창조하신 것이 각각 무엇인지 찾아 그 기호를 (　)에 기록하라. (창 1:3-1:31)

(1) 첫 째 날 (　)	(가) 빛
(2) 둘 째 날 (　)	(나) 해, 달, 별
(3) 셋 째 날 (　)	(다) 짐승, 사람
(4) 넷 째 날 (　)	(라) 궁창
(5) 다섯째날 (　)	(마) 바다, 육지
(6) 여섯째날 (　)	(바) 새, 물고기

3. 하나님께서 사람을 어떻게 창조하셨는가?(창1:26, 27, 2:7, 22)
4. 하나님께서 일곱째 날에는 어떻게 하셨다고 했는가?(창2:1-3)
5. 에덴 동산으로부터 흐르는 네 강의 이름은 무엇인가?(창2:10-15)
   ①　　　②　　　③　　　④
6. 하나님께서 사람에게 처음 주신 계명은 무엇인가?(창2:16, 17)

7. 창세기 2:24은 신약에서 누가 어디에 인용했는가?
8. 인간이 어떻게 범죄하게 되었는가?(창3:1-5)
9. 하나님이 아담과 하와를 위하여 무엇으로 옷을 만들어 입혔는가?(창 3장)
10. 인간은 범죄한 후에 하나님의 질문에 어떻게 대답했는가? (창3:9-13)
11. 범죄한 결과는 어떻게 되었는가?(창3:14-19)
① 뱀 ② 하와 ③ 아담
12. 하나님은 아담에게 어떤 옷을 지어 입히셨는가?(창3:21) ( )
13. 아담의 두 아들의 이름은 무엇인가?(창4:1, 2)
14. 가인은 누구를 죽였는가?(창 4장)
15. 가인과 아벨이 하나님께 드린 제물은 각각 무엇인가?(창4:3, 4)
16. 다음 사람들과 관계있다고 생각되는 것을 골라 그 기호를 써 넣어라. (창4:20-23)
(1) 유발 ( ) (가) 두 아내 둔 자
(2) 두발가인 ( ) (나) 음악가
(3) 라멕 ( ) (다) 철공
17. 하나님께서 아벨 대신 주신 아들의 이름은 무엇인가?(창4:25-26)
18. 하나님과 동행하다가 승천한 사람의 이름은 무엇인가?(창5:24)
19. 제일 오래 산 사람은 누구며 몇 살까지 살았는가? (창5:25-27)
20. "노아는 ( )이요 당세에 완전한 자라 그가 하나님과 동행하였으며" ( )에 적당한 말을 써 넣어라.(창 6장)
21. 노아와 그의 가족이 구원받은 방주는 누구를 상징한다고 생각하는가?
22. 홍수 기간은 얼마 간이며, 홍수에서 구원받은 사람의 수는 몇 명인가? (창8:1-19)
23. 노아가 방주에서 나와 제일 먼저 한 일은 무엇인가?(창8:20-21)
24. 번제물로 사용되었던 짐승들은 무엇인가? (레 1장 참조)
25. 번제를 드린 노아에게 하나님은 어떤 약속을 하셨는가?(창8:21-23; 9:2)
26. 다시는 홍수로 생물을 멸망하지 않으신다는 표적은 무엇인가?(창9:8-17)
27. 노아의 저주를 받은 사람은 누구인가? (창9:25)
28. 인간이 바벨탑을 쌓은 것은 무엇 때문이었다고 생각하는가? (창 11장)
29. 아브람에 관하여 다음 질문에 답하라. (창11:11-29 참조)
(1) 그의 출생지는 어디인가?
(2) 아버지의 이름은 무엇인가?
(3) 노아의 몇 대 손인가
(4) 본토를 떠나기 전 그의 형제 중에 죽은 사람은 누구인가?
(5) 그의 아버지가 사망한 곳은 어디인가?

3
[족장들의 역사]

- 본문 : 창 12~50장
- 요절 : 창 12:1, 2

여기서부터 아브라함, 이삭, 야곱, 요셉 등 족장들의 역사가 시작되며 이때부터 이스라엘이라 부르는 하나님의 선민이라는 특수한 민족역사가 시작된다.

1. 아브라함의 역사(창 12:1-25:18)

1) 하나님의 부르심과 축복의 약속(12:1-9)

하나님께서는 홍수 심판 이후에도 여전히 계속되는 인간의 죄악을 보시고 인류를 근본적으로 구원하시기 위해 아브라함을 부르사 새로운 구속의 역사를 시작하셨다. 하나님은 아브람에게 그의 본토, 우상숭배로 가득찬 곳인(수 24:2, 14, 15) 갈대아 우르를 떠나라고 명령하셨다(12:1-3, 히 11:8-19). 이것이 곧 하나님의 택함받은 백성 이스라엘 역사의 시작이다. 하나님은 그에게 다음과 같은 복을 주셨다. ① 너로 큰 민족을 이루고, ② 네게 복을 주어, ③ 네 이름을 창대케 하리니, ④ 너는 복의 근원이 될지라(12:2). 아브라함은 하나님의 말씀에 순종하여 본토, 친척, 아비집을 떠나 미지의 세계로 발걸음을 옮겼다. 그리하여 하나님께서 예비하신 축복의 땅 가나안에 도착하게 되었다.

2) 아브람이 애굽으로 감(12:10-20)

아브람은 가나안에 기근이 심하자 애굽으로 내려갔으며 그는 죽음을 당하지 않기 위해 아내를 누이라고 속였다. 그러자 그는 그의 아내를 바로왕에게 빼앗기게 되었다. 이때 하나님께서는 그의 택한 사람에게 실수가 있었음에도 불구하고, 그를 이러한 어려움 속에서 구하여 주셨다. 하나님께서 바로의 집에 재앙을 내리심으로 아브람에게 아내를 돌려주셨다.

3) 아브람과 롯(13:-14:)

(1) 아브람과 롯의 헤어짐(13:) – 롯은 아브람의 조카였다. 그들은 우르를 떠날 때부터 같이 살았는데 그들의 식구와 가축과 천막이 날로 증가하여 아브람과 롯의 목동들은 자주 다투게 되었다. 그리하여 아브람은 롯과 다투지 않기 위하여 서로 갈라지기로 했으며, 롯에게 선택의 우선권을 주었다. 이에 롯은 어리석게도 눈으로 보기에 좋은 땅 소돔의 평야를 택하였고, 아브람은 하나님의 약속하신 땅 가나안(헤브론)을 택하였다.

(2) 롯을 도운 아브람(14:) – 롯이 탐심으로 택한 소돔땅이 침략을 받아 전쟁에 패함으로, 롯은 사로잡히고 그의 모든 재물은 빼았겼다. 아브람은 이 소식을 듣고 자기 부하 318명을 데리고 쫓아가 바벨론 왕 4명을 무찌르고, 조카 롯의 가족과 빼앗겼던 모든 재물을 되찾아 왔다.

4) 아브람에 대한 하나님의 언약(15:)

하나님은 아브람에게 후사(後嗣)를 주시겠다고 약속하셨으며(15:1-6), 그에게 가나안 땅을 주실 것을 약속하셨다(15:7-21). 그리고 계약의식(契約儀式)을 거행케 하셨고(15:7-11), 계약의 내용을 말씀하셨는데(12-21), 그의 자손들이 가나안에서 살기전에 외국(15:13), 즉 애굽에서 400년동안 지내야 할 것을 말씀하셨다.

5) 이스마엘의 출생(16:)

사래가 잉태치 못하므로 아브람에게 자기 여종 하갈을 주어 아들 이스마엘을 낳게 하였다.

6) 언약의 갱신(17:)

하나님께서는 아브람의 이름을 '아브라함'으로 바꾸어 주셨고, 아브라함에게 주신 언약을 재확인하셨다(17:1-8). 그리고 언약에 속한 백성의 표로 할례(割禮)를 제정하셨으며(17:9-14), 사래의 이름을 '사라'로 바꾸어 주셨고, 사라에게서 이삭이 날 것을 약속하셨다(17:15-22). 이 때 아브라함과 그의 가정에 속한 자들이 다 할례를 받았다(15:23-27).

7) 아브라함이 세 사람을 영접함(18:1-15)

하나님(18:13)과 두 천사(19:1)가 사람의 모습으로 아브라함에게 나타나셨다. 아브라함은 극진히 대접하였고, 그들은 장차 사라에게 아들이 있을 것을 약속하였다.

8) 소돔과 고모라(18:16-19:)

(1) 아브라함의 기도(18:16-33) - 하나님과 두 천사가 아브라함에게 소돔과 고모라가 그 죄악으로 인하여 멸망할 것을 암시하였고, 아브라함은 그 도시사람들을 위하여 기도하였으나 의인 10명이 없어서 소돔과 고모라는 멸망받게 되었다.

(2) 소돔성의 멸망과 구원받은 롯(19:) - 소돔과 고모라의 죄가 극심하므로 하나님께서는 불과 유황으로 심판하셨다. 롯과 그의 가족들은 간신히 구원받았으나 롯의 아내는 미련을 가지고 뒤를 돌아다 보다가 소금기둥이 되었다.

9) 아브라함과 아비멜렉(20:)

아브라함은 가축의 목초지를 찾아 그랄로 내려갔다가 애굽땅에서와 같이(12:12-20)그랄왕 아비멜렉에게 아내를 누이라고 속였다. 그러나 하나님이 보호하심으로 사라는 피해를 입지 않았고 오히려 아비멜렉에게 후대를 받았다.

10) 이삭의 출생(21:)

하나님은 약속하신대로 사라에게 아들을 잉태케 하셨다. 이삭이 태어날 때 하갈의 아들 이스마엘은 15세였다(16:16). 그런데 이스마엘이 이삭을 희롱함으로 사라의 미움을 받아 하갈과 이스마엘은 쫓겨나게 되었다.

11) 이삭을 바친 아브라함(22:)

하나님께서는 아브라함을 시험하기 위해 그의 독자 이삭을 번제로 드리라고 말씀하셨다. 아브라함은 하나님의 명령에 순종하여 이삭을 데리고 모리아 땅 지시한 산으로 갔다. 이삭을 번제로 드리려 할 때에 여호와의 사자가 이를 막았고, 예비해 놓은 수양으로 제사를 드리도록 했다. 하나님께서는 일찌기 아브라함에게 주신 약속을 재확인하셨다(22:15-19, 12:2-3, 18:18, 13:14~17, 15:7,

18, 17:4-8).

12) 사라의 죽음(23:)

사라는 127세에 세상을 떠났고, 헤브론 서쪽에 있는 막벨라 굴에 매장되었다.

13) 이삭의 결혼(24:)

리브가는 이삭의 육촌이었다. 아브라함이 이삭의 아내를 그의 친척에게 택하게 한 것은 우상숭배에서 그의 자손을 보호하기 위한 것이었다. 이를 위하여 그의 종은 아브라함께 맹세하고 집을 떠나 메소포타미아 나홀에 가서 리브가를 이삭에게로 데리고 왔다.

14) 아브라함의 죽음(25:1-18)

아브라함은 175세를 일기로 세상을 떠났다. 그의 아들 이삭과 이스마엘은 아브라함을 막벨라굴에 장사지냈다.

2. 이삭의 역사(창 25:19-26:)

1) 이삭의 두 아들(25:19~34)

(1) 에서와 야곱의 출생(25:19~26) - 이삭은 아내 리브가가 잉태치 못하자 하나님께 간구하였다. 그의 기도가 응답되어 리브가는 두 아이를 잉태케 되었다. 이때 하나님께서 "큰 자는 어린 자를 섬기리라"(25:23)고 말씀하셨다. 기한이 되니 에서와 야곱이 출생하였다.

(2) 장자의 명분(25:27-34) - '장자의 명분' 이란 가정에 있어 아버지의 뒤를 잇는 가장(家長)의 권리를 의미하는데, 이것은 아브라함의 가계(家系)에 있어서 조상때부터 내려오는 하나님의 약속을 내포하기도 한다. 이와같이 중요한 장자의 명분을 에서는 야곱에게 팥죽 한 그릇에 팔고 말았다.

2) 그랄에 내려간 이삭(26:)

(1) 이삭의 실수(26:1-11) - 이삭은 목숨을 유지하기 위하여 그의 아버지 아브라함처럼 아내를 누이라고 속였다(12:20, 20:1-7). 이 사실이 드러나 이삭은 그랄왕 아비멜렉에게 책망을 받았다.

(2) 복을 받은 이삭(26:12-22) - 하나님께서 축복하심으로 그랄땅에서 큰 부자가 되었으나 블레셋 사람들의 시기를 받고 축출되어 그랄 골짜기로 가서 살게 되었다.

(3) 하나님의 약속(26:23-25) - 이삭은 그곳에서 브엘세바로 올라갔는데 그 날 밤 하나님께서 그에게 나타나 아브라함과 맺었던 언약을 재확인해 주셨다. 이삭은 그곳에서 단을 쌓고 하나님께 예배를 드렸다.

(4) 아비멜렉과의 화친(26:26~35) - 이삭이 하나님의 축복을 받아 날로 부유하게 됨을 보고 그랄왕 아비멜렉은 그의 신하들을 데리고 와서 이삭과 화친을 맺었다.

나이	이삭의 생애(180년)
0-1	태어남. 아브라함이 100세, 사라가 90세 때(17:17;21:5)
25	아브라함과 함께 모리아 산에 감(22장)
37	사라가 죽음(17:17;23:1)
40	리브가와 결혼(25:20)
60	에서와 야곱이 태어남(25:26), 아브라함의 나이 160세 때
75	아브라함이 죽음(21:5;25:7), 야곱의 나이 15세 때
137	야곱이 집을 떠남(28:5), 야곱의 나이 77세 때
151	요셉이 태어남(30:22-25)
168	요셉이 애굽에 팔려감(37장)
180	이삭이 죽음(35:28,29), 야곱이 120세, 요셉이 29세 때

3. 야곱의 역사(창 27:~36:)

1) 야곱의 속임수(27:)

야곱은 장자의 축복을 받기 위해 아버지를 속였다. 그는 장자의 축복을 받기는 하였으나 이는 하나님의 예정에 의한 것이지(25:23. 롬 19:12-13) 속임수에 의한 것은 아니다. 그는 아버지를 속인 죄로 많은 보응을 받았다.

2) 야곱이 벧엘에서 환상을 봄(28:)

야곱은 형 에서를 피하여 외삼촌이 사는 곳 하란으로 먼길을 떠났다. 가는 도중 한 곳에서 잠이 들었는데 꿈에 사닥다리 위를 하나님의 사자가 하늘로부터 오르락 내리락하는 모습을 보았으며 하나님의 언약의 말씀을 들었다. 야곱이 이곳에 단을 쌓고 하나님께 예배를 드렸고 이 곳의 이름을 벧엘이라 칭하였다.

3) 야곱의 결혼과 하란에서의 생활(29:-30:)

야곱은 하란에 가서 20년을 살았다. 이 기간에 그는 많은 어려움을 겪었다. 그가 외삼촌 라반의 딸 라헬을 얻기 위해 7년간을 봉사했으나 외삼촌의 속임수에 넘어가 라헬의 언니 레아를 아내로 맞아 들이게 되었으며, 라헬을 얻기 위해 다시 7년간을 봉사해야 했다. 야곱은 두 아내와 두 아내의 여종을 통하여 12명의 아들을 낳았는데, 이들이 이스라엘 12지파의 선조가 되었다.

4) 야곱이 가나안으로 돌아옴(31:~35:)

(1) 하란을 떠남(31:) - 야곱이 부자가 됨에 따라 라반과 그의 아들들은 그에게 호감을 가지지 않았다. 야곱은 "네 조상의 땅, 네 족속에게로 돌아가라"(31:3)는 하나님의 말씀을 듣고 하란을 떠났다.

(2) 야곱이 이스라엘로 칭함을 받게 됨(32:) - 야곱은 고향 가까이 이르자 그 형에서 만나기를 두려워하여 자기의 모든 종들과 가축들과 가족을 먼저 보내고, 얍복강 나루에서 밤새 기도했다. 그는 사람의 형태로 오신 하나님께 간청하고 매어달림으로 축복을 받고 그의 이름이 '이스라엘'이라 칭함을 받게 되었다.

(3) 야곱과 에서의 만남(33:) - 에서는 야곱을 반갑게 맞아 주었다.

(4) 디나의 이야기(34:) - 세겜은 야곱이 가나안으로 돌아오면서 처음으로 정착한 곳이다. 거기서 땅을 조금 사서 하나님께 제단을 쌓고, 임시로 머무르려 했으나 야곱의 아들 시므온과 레위가 누이의 일로 피를 흘리므로 이웃사람에게 증오를 받고 그 곳을 떠났다.

(5) 벧엘에서 약속을 새롭게 하심(35:) - 벧엘은 20년 전 야곱이 환상을 본 가운데, 아브라함의 약속의 상속자로서 축복을 받은 곳이다. 이 곳에서 하나님께서 그 약속을 재확인하여 주셨다.

5) 에서의 족보(36:)

에서는 이방인 여자들과 자유롭게 결혼하여 에돔사람의 조상이 되었다.

나이	야곱의 생애
0-1	태어남(창 25:26). 쌍둥이 형 에서도 태어남
15	이삭의 나이 60세 때 아브라함이 175세로 죽음(창 25:7)
40	에서가 결혼함(창 26:34)
77	밧단아람으로 떠남(창 28:5). 이삭의 나이 137세 때
84	레아, 라헬과 결혼(창29:21-30;30:1;22-26;31:38-41)
91	요셉을 낳음(창 30:25;31:38:41)
97	가나안으로 되돌아옴. 이삭의 나이 157세, 요셉의 나이 6세 때
108	야곱이 헤브론에 되돌아옴
108	요셉이 애굽으로 팔려감(창 37장), 이삭의 나이 168세 때
120	이삭이 죽음(180세), 요셉의 나이 29세 때
130	애굽에 감(창45:6, 47:9), 요셉의 나이 39세 때

4. 요셉의 역사(창 37:1~50:26)

1) 요셉의 소년시절(37:1~17)

요셉은 아버지 야곱의 극진한 사랑을 받았으나 형제들에게는 미움을 받았다. 그 이유는 요셉이 그 형제들의 과실(過失)을 아버지께 고하였고, 야곱이 다른 아들들보다 더 사랑하였으며, 요셉이 형제들보다 자신이 우월하다는 내용의 꿈을 꾸었기 때문이다.

2) 요셉의 고난(37:18~40:23)

(1) 애굽에 팔려감(37:18~36)-요셉은 형제들에 의해 애굽에 팔리게 되었다. 요셉의 형들은 요셉을 판 후 그의 옷에 피를 묻혀 요셉이 짐승에게 물려 죽은 것과 같이 하여 아버지를 속였다. 야곱이 이와같이 속임을 당한 것은 그가 일찍이 아버지를 속였기 때문이다(27:18~19).

(2) 유다의 자손(38:)-이장은 유다가 메시야의 조상이기 때문에 삽입되었다.

(3) 보디발 집에서의 요셉(39:1~23)-요셉은 애굽의 시위대장 보디발의 집에 팔리게 되었다. 그는 어려운 환경 속에서도 열심히 일하고, 신앙을 지켜 하나님을 잘 섬겼으므로 하나님께서는 그를 범사에 형통케 하셨다. 이러한 요셉을 보디발의 아내가 유혹하려 했으나 요셉은 이를 단호히 거절하였고 이로 인하여 요셉은 모함을 받아 감옥에 갇히게 되었다. 그러나 요

셉은 절망하지 아니하고 감옥에서도 신앙을 지켰다. 이에 하나님께서 범사에 그와 함께 하셨다.

(4) 옥중에서의 요셉과 꿈 해몽(40:) - 요셉은 간수는 물론 같은 죄수들에게서도 신임을 받았는데 어느 날 바로왕의 두 관원이 감옥에 들어오게 되었다. 이 두 사람이 꿈을 꾸었는데 요셉은 하나님의 도움으로 이 꿈을 해몽하였다. 그리하여 술맡은 관원장이 풀려나가게 되었는데, 그는 자기가 진 신세를 금방 잊어버렸다.

3) 총리대신이 된 요셉(꿈의 성취)(41:)

요셉이 풀려나는 관원장에게 자기를 생각하여 달라고 부탁했음에도(40:14) 그는 이를 까맣게 잊어버렸고, 그로부터 2년의 세월이 흘렀다. 이 때에 바로가 두 가지의 꿈을 꾸게 되었다. 바로는 번민하여 애굽의 술객들과 박사를 불렀으나 그들은 해몽치 못했다. 술 맡은 관원장이 그제서야 요셉을 기억하고 바로에게 소개했으며, 요셉은 바로에게 나가 하나님을 의지하여(41:16)꿈을 해몽하게 되었다. 요셉은 꿈을 해몽하면서 하나님이 그 하실 일을 바로의 꿈을 통하여 보여주셨다는 것을 특별히 강조하였다(41:25, 28, 32). 요셉은 바로의 꿈을 해석할 뿐만 아니라 한 걸음 더 나아가 애굽의 잘 될 길을 아뢰었다. 바로는 그의 말을 듣고 난 후 그를 신하들에게 '하나님의 신(성령)이 감동한 사람' 으로 소개하고 총리대신으로 임명하였다.

4) 형들의 방문과 가족초청(42:~45:)

(1) 형제들이 애굽에 내려감(42:) - 흉년이 들자 야곱의 아들들은 양식을 구하기 위해 애굽에 내려가게 되었으며 그곳에서 총리대신이 된 요셉을 만나게 되었다. 그러나 요셉을 알아보지 못하고 엎드려 절을 했다. 이것은 일찍이 요셉이 꾸었던 꿈의 성취(37:5~8)라고 할 수 있다. 요셉이 그 형들의 회개여부를 알아보기 위해 엄하게 대하고, 시므온을 인질로 가두었다.

(2) 형제들이 두번째 애굽으로 내려감(43:~45:) - 요셉의 형들은 아버지 야곱의 허락을 받아 베냐민을 데리고 애굽으로 곡식을 사러 내려 갔다. 요셉은 그 형제들의 진실성을 알아 보기 위하여 다시금 시험을 하였다. 요셉이 베냐민만을 남겨 놓고 떠나라고 하자 유다가 나서서 간절히 호소하

였다. 그는 부친과 동생을 위해 자신이 대신 희생되려 하였다. 요셉을 노예로 팔때 주모자였던 그가(37:26) 이제는 변화되어 자신이 베냐민 대신 인질이 되겠다고 호소하였다. 유다의 말에 요셉은 감동하여 자기가 요셉임을 형제들에게 알렸다. 요셉은 형들에게 아버지를 속히 모시고 오도록 했으며 많은 선물과 양식을 주었다.

5) 야곱과 그의 가족의 애굽 이주(46:~47:)

하나님은 이스라엘 민족이 그 당시 가장 문명이 발달한 애굽에 잠시동안 머물게 하셨다. 그러나 야곱이 가나안을 떠날 때 하나님은 그의 자손들이 가나안으로 다시 돌아오게 할 것을 약속하셨다(46:3,4). 이스라엘 족속은 애굽 고센땅에 거하며 산업을 얻고 생육하고 번성하였다.

6) 야곱의 만년(48:~49:)

⑴ 야곱이 요셉의 두 아들에게 축복함(48:) - 야곱은 요셉의 두 아들을 자기의 친 아들로 삼겠다고 했으며, 그들도 자기의 친 아들과 같이 가나안 땅을 분깃으로 받게 될 것이라고 예언했다. 야곱은 비록 이국땅 애굽에서 죽지만 그 후손들이 가나안 땅을 차지하게 된다는 하나님의 약속을 굳게 믿었다. 이 약속은 아브라함 때부터 계속 되어온 약속이었다(15:12~21, 28:10~19, 35:6~13).

⑵ 야곱이 그 아들의 장래에 대해 예언함(49:) - 야곱은 그의 12아들을 불러 그들의 앞날에 대해 예언하였다. 이 예언은 놀랄만큼 역사와 부합된다. 특별히 유다를 통해 메시야가 오실 것을 예언했다. 8~12절을 보면 유다는 왕족(王族)이라는 것(8~10)과 그의 자손 곧 메시야로 말미암아 인류에게 평화가 미치리라는 것이다(10~12). 유다를 '사자' 에 비유한 것은, 그의 자손 중에서 왕들이 날 것을 예언하면서 특별히 메시야가 날 것을 예언하는 것이다(계5:5). 실제로 유다지파에서 다윗왕이 탄생되었고, 그의 계보에서 예수 그리스도가 탄생되었다.

7) 야곱과 요셉의 죽음(50:)

야곱의 시체는 유언대로 가나안 땅으로 옮겨져 아브라함이 자기 가족의 묘소로 하기 위해 사놓은 막벨라 굴에 장사되었다(창25:9-20). 요셉도 죽기 전에 그의 형제들에게 이스라엘 민족이 가나안으로 돌아갈 때 그의 유해를 옮겨 달라고 부탁했다. 400년 후에 이스라엘 민족이 가나안으로 돌아갈 때 그들은 요셉의 유언을 지켜, 요셉의 유해를 가지고 갔다(출 13:19).

요셉과 그리스도와의 비교

요 셉	예수 그리스도
1. 야곱의 사랑받는 아들(창37:2).	1. 하나님의 사랑받는 아들(마3:17).
2. 헤브론에서 아버지와 함께 거하다가 형제들에게보냄을 받음(창37:14).	2. 하늘나라에서 하나님 아버지와 함께 거하다가 땅으로보냄을받음(요 17:5).
3. 아버지의 보내심에 전적으로 순종 (창 37:13).	3. 하나님의 보내심에 전적으로 순종 (요 3:16, 빌2:5~7).
4.형제들의 과실을 지적하다 미움받음 (창 37:2).	4. 사람들의 죄를 지적하다 미움받음 (요 15:18).
5. 장차 존귀케 될 예언을 하다 미움받음(창 37:5).	5. 장차 존귀케 될 것을 예언하다 미움받음(마 24:30~31).
6. 형제들의 음모에 희생당함 (창 37:19~20).	6. 동족 유대인들의 음모를 받음 (눅 20:13~14, 19:46~47).
7. 유다에 의해 은 20으로 팔림 (창 37:26~28).	7. 유다(가롯)에 의해 은 30으로 팔림 (마 26:15~16).
8. 유혹을 받았으나 거절함(창 39:).	8.유혹을받았으나거절함(마4:1~11)
9.부당하게고소당함(창39:13~18)	9.부당하게고소당함(마 26:59~65).
10. 두 죄인과 함께 죽음의 장소인 애굽감옥에 갇힘(창 39:20).	10. 두 강도와 함께 죽음의 장소인 십자가에 못박힘(막 15:27~28).
11. 한 죄인은 죽고 다른 한 죄인은 살아남(창 40:21~22).	11. 영적으로 한 강도는 죽었으나 다른 한 강도는 살아남(눅 23:39~43).
12. 애굽땅의 왕에 의해 죽음의 장소에서 살아남 (창 41:14).	12. 우주의 왕되신 하나님에 의하여 죽음의 장소에서 살아남(엡 1:19~20).
13. 애굽의 모든 권세를 받음 (창 41:42~44).	13. 하늘과 땅의 모든 권세를 받음 (마 28:18).
14. 높임을 받은후 그의 영광을 같이나눌 이방신부를 취함(창 41:45).	14. 높임을 받으신 후 그의 영광을같이 나눌 이방신부(교회)를 취함(엡 5:23~32).
15. 백성의 구주요 통치자로서 인정됨 (창 47:25).	15. 구주와 통치자로서 인정됨 (빌 2:10~11).
16. 요셉을 통해서만 모든 사람이 식물을 취할 수 있었음(육체적 생활)(창 41:55~57).	16. 예수그리스도만을 통해서만 영적인 생명을 얻을 수 있음(행 4:12).
17. 모든 영광을 왕에게 돌림. 모든 것들이 그의 손안에 있게 됨(창 47:14~20).	17. 모든 영광을 왕(하나님)에게 돌림. 모든 만물이 다 그분의 손 안에 있음(고전 15:24).
18. 형제들의 지난 역사를 알고 있었다 (창 43:33).	18. 사람 안에 무엇이 있음을 알고 계셨다(요 2:24~25, 마 9:4).
19.그의 형제들이 그의 앞에서 무릎을 꿇었을 때 그들을 기꺼이 용서해 주었다(창 44~45).	19. 자기 죄를 고백하는 모든 사람은 그리스도의 용서를 받는다(요일 1:9).

교훈 및 적용

1. 하나님의 부르심에는 복이 예비되어 있음을 깨닫고 구원받은 성도들은 복을 기대하자.
2. 하나님의 약속이 성취되기까지는 연단의 과정이 있음을 깨닫고 하나님의 말씀에 절대 순종하는 생활을 하자.

이로써 당신은 창세기 공부를 모두 마쳤습니다. 그동안 당신은 말씀으로 천지를 창조하시며 인간의 생사 화복을 주관하시는 하나님의 모습을 보았을 것입니다. 이제 당신은 택한 백성과 함께 하시는 하나님을 다시 만나게 될 것입니다. 기대하면서 본문인 출애굽기 1~40장까지 자세히 읽어 주시기 바랍니다.

성경문제

● 족장들의 역사/창12:1-50:26

1. 아래의 말씀을 읽고 각 번호가 지적하는 이름을 쓰라.(창 12장)
   (1) "너는 너의　　(2) 본토 친척
   (3) 아비 집을 떠나　　(4) 내가 네게
   (5) 지시하는 땅으로 가라"
2. 롯은 아브라함과 어떤 사이이며, 아브라함을 떠나 취한 땅의 이름은 무엇인가?(창13:10-18)
3. 하나님께서는 아브라함의 자손이 하늘의 (　　　　　)과 같이 많게 하실 것을 말씀하셨고, 아브라함은 이를 믿음으로 (　　　　　)로 여김을 받았다. (창 15장)
4. 창세기 17장에는 무엇에 관한 규례가 기록되고 있는가?
5. 아브라함이 의인 열 사람만 있어도 용서해 달라고 한 장의 이름은 무엇인가?
6. 롯의 아내는 어떻게 되었으며 그의 자손이 이룬 두 족속은 무엇인가?(창 19장 참조)
7. 아브라함이 누구에게 누구를 가리켜 자신의 누이라고 했는가?(창20:1-7)
8. 이삭을 얻을 때 아브라함과 사라의 나이는 몇 살인가?(창21:1-5)(창25:7-9)
9. "여호와 이레"라는 말은 무슨 뜻인가?(창 22장 참조)
10. 이삭이 낳은 두 아들은 (　　　　　)와 (　　　　　)이다. (　　)에 이름을 써 넣으라.(창25:21-26)

11. 야곱은 무엇을 가지고 장자의 명분을 얻었는가?(창 25:34)
12. 이삭은 (   )에서 여호와의 축복을 받았고 그 곳에 단을 쌓고 여호와의 (   )을 불렀다 (창 26장 참조).
13. 야곱이 축복을 받고 서원한 곳은 어디인가? (창 28장 참조)
14. 다음은 야곱이 한 말이다. (   )에 적당한 말은 무엇인가?
"내가 외삼촌의 작은 딸 (   )을 위하여 외삼촌에게 (   )년을 봉사하리이다." (창29;18-30)
15. 야곱의 새 이름은 무엇이며 어디에서 얻었는가? (창 32장 참조)
16. 야곱의 맏아들의 이름은 무엇인가? (창 35장 참조)
17. 에서는 어느 족속의 조상이 되었는가? (창 36장)
18. 요셉이 첫 번째 무슨 꿈을 꾸었는가? (창 37:5-11)
19. 요셉을 유혹한 사람은 누구이며, 이 유혹을 거부한 요셉은 어떻게 되었는가? (창 39장)
20. 요셉은 감옥에서 누구의 꿈을 해몽하여 주었는가? (창 40장 참조)
21. 바로가 요셉에게 무슨 직책을 맡겼는가? (창 41장 참조)
22. 요셉의 아들의 이름은 무엇인가? (창 41:51-52)
23. 야곱의 열 아들이 애굽에 간 이유는 무엇인가? (창 42장 참조)
24. 요셉이 형들의 진실성을 알아보기 위하여 시험하는 내용은 창세기 몇 장에 기록되었는가?
25. 창세기 45장에서 요셉은 자신의 정체를 밝히고 가족들을 어디로 초청했나?
26. 다음은 하나님께서 누구에게 한 말씀인가? (창 46:3)
"애굽으로 내려가기를 두려워 말라 내가 거기서 큰 민족을 이루게 하리라"
27. 애굽으로 내려간 야곱의 식구는 몇 명이며 애굽의 어느 땅에서 살았는가?(창 46:27, 28)
28. 야곱은 애굽에서 몇 년 동안 살다가 죽었는가? (창 47:28)
29. 야곱이 요셉의 두 아들을 위하여 축복한 말씀이 기록된 장 절은 어디인가?
30. 야곱이 열 두 아들에게 남긴 말씀이 기록된 장은 어디인가?
31. "당신들은 두려워 마소서 내가 당신들과 당신들의 자녀를 기르리이다" 라는 말씀은 누가 누구에게 한 말인가? (창 50:19)

출애굽기

개요

1. **주제** – 해방받은 이스라엘 민족
2. **예수님과의 관계** – 예수 그리스도를 유월절의 어린 양으로 묘사.
3. **배경**
   1) 책이름 : 70인역의 '엑소더스' 에서 유래, '탈출' 이라는 뜻
   2) 기록자 : 모세
   3) 기록연대 : 기원전 1,440~1,400년(40년 광야생활 중 기록함).
   4) 목적 :
   ① 일찌기 하나님께서 아브라함(창15:12~16)과 이삭과 야곱에게 주신 언약의 성취와,
   ② 하나님의 위대한 능력에 의해 유월절 어린 양의 피로 구속받은 사실을 보여준다.
   5) 특유한 용어 – '구속' 이란 단어가 10회나 사용되었다.
4. **출애굽기는 크게 나누어, 역사와 율법으로 구분 할 수 있다.**
   1~18장까지는 애굽에서 탈출하여 시내산까지 이르는 역사이고, 19~40장은 하나님께서 시내산에서 모세를 통하여 이스라엘에게 주신 율법에 대해 기록하고 있다.
5. **교훈적 의미**
   1) 하나님의 권능으로 억압에서 벗어나 구속함을 얻고 죽음에서 살아남.
   2) 하나님이 고통당하는 백성을 불쌍히여겨 사랑으로 인도하심을 보여줌
   3) 성화, 성별, 순결을 요구하시는 하나님의 거룩하심과 이에 필요한 율법을 주심.
   4) 인간의 연약함과 이로 인한 하나님에 대한 배신, 원망, 경솔한 행동.
   5) 어려운 때 지도자를 세워 백성을 지도케 하시는 하나님의 계획.
6. **내용분류 – 40장 1213절**
   1) 애굽에서 압제 받는 이스라엘민족(1:1~12:36)
   2) 출애굽과 광야생활(12:37~18:27)
   3) 시내산에서의 이스라엘(19:~40:)

4
[출애굽의 역사]

- 본문 : 출 1~40장
- 요절 : 출 12:23, 14:13, 14, 19:5,6

창세기를 "시작의 책"이라고 한다면 출애굽기는 "구원의 책"이라 할 수 있다. 그리고 이 책은 구원받은 백성이 하나님을 어떻게 섬기며 예배할 것인가에 대하여 기록하고 있다. 이스라엘 백성들은 이제부터 신정국가라는 조직을 갖추고 이에 필요한 율법을 받게 된다. 이 율법은 세 부분으로 나누어져 있다. 시내산에서 받은 율법(출애굽기, 레위기), 광야생활 중에 받은 율법(민수기), 모압평지에서 받은 율법(신명기)

1. 애굽에서 압제 받는 이스라엘 민족(1:1~12:36)

1) 애굽에서의 노예생활(1:)

요셉의 초청으로 애굽에 거주하는 동안 하나님은 그의 약속하신대로(창 46:3) 이스라엘 민족을 축복하셔서 크게 번성하게 하셨고, 인구도 장정만 60만 명(출 12:37)으로 늘어나게 되었다. 그런데 세월이 흘러 요셉을 모르는 왕이 왕위에 오르게 되자 날로 번성하여 가는 이스라엘 백성들을 보고 크게 두려움을 느꼈다. 그리하여 이스라엘 민족을 핍박하기 시작했는데 이스라엘 백성을 노예로 만들어 고역을 맡겼으며(11~14), 이스라엘 백성들에게서 태어나는 남자아이는 다 죽이라는 명령을 내렸다(15~21).

2) 이스라엘의 구원자 모세(2:1~4:31)

(1) 모세의 출생과 성장(2:1~10)

이 때에 레위족속 아브람과 요게벳 사이에서 한 아이가 출생하게 되었다. 그들은 이 아이가 하나님의 은총을 받은 아이(행 7:20)임을 알고, 위험을 무릅쓰고 석달간이나 숨겨 키웠다. 이것은 그들의 믿음이었다(히11:23). 그러나 더 이상 숨길 수가 없게 되자 상자에 넣어 강가 갈대밭에 놓아두고 그 결과를 지켜 보게 되었다. 하나님의 섭리하심에 따라 그 아이는 바로 왕의 딸에 의해 발견되어 목숨을 구하게 되었고, 그 아이의 누이의 주선으로 친어머니가 유모로 들어가게 되었다. 그 아이는 모세라 불리우게 되었고 바로의 딸의 아들로서 성장하게 되었다.

(2) 모세의 성장과 미디안으로의 도주(2:11~25)

모세는 그 생애의 첫 40년을 바로의 궁전에서 보냈다. 그는 40세가 되자 바로의 공주의 아들이라 칭함을 거절하고 이스라엘 백성을 구하기 위해 왕궁을 나와서(히 11:24~26) 스스로 지도자가 되려고 했다. 모세는 하나님을 의지하지 아니하고 자신의 힘으로 이스라엘을 구원하고자 하였으나 실패하고 미디안 광야로 도피하게 된다.

(3) 모세의 소명(3:~4:)

한 민족을 구원하기 위해 청운의 꿈을 품었던 모세는 '양무리를 치는' 비천한 처지가 되었다. 그는 40년의 긴 세월을 광야에서 양을 치면서 보냈다. 인간적으로 이제 그에게 아무 희망이 없었을 때에 하나님은 그를 부르셨다. 하나님께서는 떨기나무 불꽃 가운데에서 영광 중에 그에게 나타나셨다.

① 거룩한 땅(3:5)- '거룩한 땅' 이란 하나님이 나타나신 곳을 의미한다. 하나님께서 모세에게 신을 벗으라고 명령하셨는데 이는 첫째로 하나님에 대한 존경과 복종을 뜻하며, 둘째로 더러워진 행위를 회개하는 것을 뜻한다.

② 아브라함, 이삭, 야곱의 하나님(3:6)-구약성서에서 자주 사용되는 이 표현은, 하나님이 어떤 분이심을 잘 말해 주고 있다. 즉 옛적부터 말씀해 주시고 그대로 이루어 주시는 하나님 이심을 깨닫게 해 준다.

③ 이스라엘 백성을 애굽에서 해방시키기 위한 하나님의 뜻(3:7~10)-하나님께서는 애굽에서 고통당하는 이스라엘의 기도를 들으시고 그들을 애굽의 압제에서 구원하시기로 작정하셨다.

④ 하나님의 이름(3:13~14)-하나님은 모세의 질문에 대하여 두가지로 대답하셨다. 첫째로 '스스로 있는자' (14)라고 말씀하셨다. 이는 여호와라는 이름을 설명하는 말이며 스스로 계시는 자, 어제나 오늘이나 영원토록 변함이 없으신 분임을 말해준다(계 1:4,8, 2:8). 둘째로 조상의 하나님이심을 말씀하셨다. 이는 조상들의 신앙을 그들에게 다시 부활시키기 위함이

며, 옛적에 조상들과 맺으신 언약을 지키시는 하나님이심을 말해준다.

⑤ 모세에게 주어진 지시(3:16~22)-하나님께서는 모세에게 이스라엘 백성의 해방을 위해 그가 할 일을 지시하셨다. 애굽왕 바로가 허락치 않더라도 하나님께서는 이스라엘 백성을 구원하실 것을 말씀하셨다.

⑥ 모세의 망설임(4:1~17)-모세는 두 가지 이유를 들어 사명받기를 망설였으나 하나님께서 그의 망설임에 해답을 주신다. 모세가 백성들의 불신앙을 말씀드리자 하나님께서는 그에게 기적을 행하는 권능을 주시고, 말이 서툴다고 말하자 하나님께서 그와 함께 하시고 아론을 동행하게 하시겠다고 말씀하셨다.

모세의 반응	하나님의 말씀
· 하나님의 산 호렙에 이르매	"모세야, 모세야"(3:4)
"내가 여기 있나이다"(3:4)	"신을 벗어라"(3:5) · 경외의 표시 · 주인에게 순종
· 얼굴을 가림(3:6)	"너로 인도하여 내게 하리라"(3:10) · 네 조상의 하나님 · 젖과 꿀이 흐르는 땅
"내가 누구관대"(3:11) · 첫번째 사양 · 쫓겨난 존재:적합하지 않음	· 정녕 너와 함께 있으리라"(3:12) · 증거를 주심
· 그의 이름이 무엇이냐"(3:13) · 두번째 사양 · 무지함	"스스로 있는 자"(3:14) · 조상의 하나님 · 젖과 꿀이 흐르는 땅
"여호와께서 네게 나타나지 아니하셨다"(4:1) · 세번째 사양 · 권위가 없음	"네손에 있는 것이 무엇이냐"(4:2)-이적을 주심 · 뱀이 된 지팡이 · 문둥병 손 · 하수가 피가 됨
"본래 말에 능치 못한 자"(4:10) · 네번째 사양 *부정적 자아	"할 말을 가르치리라"(4:12) *성령께서 말하심
"보낼 만한 자를 보내소서"(4:13) · 다섯번째 사양 · 패배의식	"아론이 있지 아니하뇨"(4:14) · 노를 발하심 · 이적을 행할지니라(4:17)

⑦ 모세의 사역의 시작(4:18~26)-모세는 장인으로부터 애굽에 갈 것을 허락받고(18) 하나님께로부터 용기와 훈계를 받은 후(19, 21~23), 아론을 만나(27~28) 애굽에 이르게 되었다(29~31).

3) 바로와의 대결(5:~11:)

(1) 바로와의 대면과 그 결과(5:~6:)-모세와 아론은 애굽에 있는 이스라엘 동족으로 부터 하나님의 예언자와 백성의 지도자로 인정받았다(4:29~31). 그들은 바로에게 찾아가 이스라엘 백성들이 광야에 나가서 하나님께 예배하는 것을 허락하여 달라고 청원하였다. 바로는 이들의 청원을 거절하고, 오히려 이스라엘 백성의 부역(賦役)을 강화시켰다. 이에 백성들은 모세에게 불평하였고(20, 21), 모세는 하나님께 기도드렸다(22, 23). 모세의 기도를 들으신 하나님은 이제부터 더욱 큰 권능을 나타내사 이스라엘 민족을 구하시겠다고 말씀하셨다.

(2) 애굽에 내린 열 가지 재앙(7:~11:)-모세는 하나님의 이름으로 이스라엘의 해방을 요구했으나 바로는 거절하였다. 그리하여 하나님께서는 그의 강퍅한 마음을 깨뜨리기 위해 열가지 재앙을 내리셨다. 이 열 가지 재앙은 애굽인이 섬기는 사신을 치는 것과 마찬가지였는데 애굽인은 자연을 신(神)으로 섬겼기 때문이다.

● 애굽에 내린 열 가지 재앙

재앙	애굽신	재앙의 목적	바로의 반응	비고
1. 피재앙 (7:14~25)	오시리스 (나일강신)	나를 여호와인 줄 알리라(7:17)	관념하지 아니함 (7:23)	애굽술객도 행함 (7:24)
2. 개구리 (8:1~15)	해케트 (개구리신)	여호와같은 이가 없는줄을 알게함 (8:10)	백성을 보내리니 (8:8) 듣지 않음 (8:15)	애굽술객도 행함 (8:7)
3. 이 (8:16~19)	게브(지신)		마음이 강팍 (8:19)	애굽술객이 따라 하지 못함(8:18)
4. 파리 (8:20~32)	케프라 (풍신)	세상 중의 여호와 인줄 알게됨 (8:22)	이땅에(8:25) 너무 멀리는 가지 말라 (8:28) 마음이 완강 (8:32)	고센땅을 구별 (8:22)
5. 악질 (9:1~7)	아피스 (육축신)		마음이 완강(9:7)	생축구별(9:4)
6. 독종 (9:8~12)	튀폰 (육체신)		마음이 강팍케함 (9:12)	술객도 독종에 걸림 (9:11)
7. 우박 (9:13~35)	이시스 (불의신) 누트 (하늘의여신)	세상이 여호와께 속한 줄을 알게됨 (9:29)	내가 범죄(9:27) 너희를 보내리니 (9:28) 마음을 강팍케 하심(9:35)	고센땅을 구별 (9:26)
8. 메뚜기 (10:1~20	세라피스 (곤충신)세드	여호와인줄 알리라 (10:2)	남정만 가라(10:11) 나의 죄를 이번만 용서하라(10:17).마음을 강팍케하심(10:20)	신하: 애굽이 망한줄 알지 못하시나이까 (10:7)
9. 흑암 (10:21~29)	라(태양신)		양과 소는 머물러 두고(10:24), 다시 내 얼굴을 보지 말라(10:28)	이스라엘 자손의 땅에는 광명(10:23)
10. 장자죽음 (11:1~10, 12:29~36)	애굽의 모든 거짓 신	이스라엘의 구원 (11:1)	너희의 말대로 가서 여호와를 섬기라 (12:31)	애굽사람과 이스라엘을구별(11:7)

4) 유월절의 어린양(12:1-36)

본 장은 '주님께서 흘리신 피로써 구원을 얻게된다' 는 것을 구약중에서 뚜렷이 묘사하고 있는 유월절에 대한 기록이다(고전5:7).

(1) 유월절에 대한 지시

① 어린양을 잡음(6)-그들은 먼저 어린 양을 잡아야했다. 살아있는 어린 양이 그들을 구원한 것이 아니라 장자의 죽음을 면하기 위해 어린 양이 대신 죽어야 했다(히 9:22, 요일 1:7, 계 1:5). 마찬가지로 예수 그리스도도 우리의 죄를 대신하여 죽으셨다.

② 피를 뿌림(7)-어린 양이 피를 흘렸다는 것만으로는 충분하지 못했다. 피는 반드시 뿌려져야 했다. 이 뿌려진 피로 말미암아 죽음의 사자로부터 죽임을 당하지 않게 된다. 우리도 예수의 피의 공로로 구원 받게 된 것이다.

③ 양고기를 먹음(8~11)-하나님께서는 피 흘림이 있은 다음에는 그 양을 먹어서 소화하라고 하셨다. 이스라엘 백성들이 양을 먹음으로 영양을 취한 것과 같이 우리도 그리스도로부터 영적인 힘과 영양분을 얻어야 한다(요 6:53~55).

이 양고기는 쓴 나물과 함께 먹어야 하는데(8), 이는 애굽에서 겪은 그들의 고통을 회상하는 것이다. 우리도 항상 그리스도의 고난을 기억하여야 한다.

④ 누룩이 없는 무교병(15)-누룩은 죄악을 상징한다(고전5:8). 무교절을 지킬 때에는 모든 죄의 누룩을 제하여 버리고 성실하게 거룩하게 지켜야 한다.

(2) 유월절과 열번째 재앙(12:21~36)

모세는 하나님께서 그에게 명하신 바 모든 것을 이스라엘 백성에게 전하고 그대로 지키게 했다. 그리하여 하나님의 명령을 준행하여 지킨 이스라엘 백성은 한사람도 죽임을 당치 아니하였으나 이를 비웃던 바로와 모든 애굽인의 장자와 첫 태생이 죽임을 당하였다. 이 심판은 바로를 굴복시켜 그로 하여금 무조건 항복을 하게 하였다.

2. 출애굽과 광야생활

(시내산을 향한 이스라엘 민족)(12;37-18;27)

1) 출애굽(12:37~13:16)

하나님의 섭리 아래 이스라엘 백성들은 드디어 출애굽하게 되었다.

(1) 출애굽(12:37~42)

이스라엘 백성들은 모든 준비를 갖추고 있다가 출발허락을 받자 지체하지 않고 곧 출발했다. 이 때 이들의 인구는 장정만 60만 명이었고, 중다한 잡족이 그들을 따랐다(38).

(2) 유월절 규례(12:43~51)

하나님께서는 다시금 유월절의 규례를 말씀하셨다.

(3) 초태생에 관하여(13:1~16)

하나님께서는 '모든 초태생은 다 거룩히 구별하여 내게 돌리라' (13:2)고 말씀하셨다. 이는 애굽의 장자 재앙에서 이스라엘 백성이 보호받은 사실에 대한 기념으로, 이 특별한 하나님의 은총을 기억하고 그것을 감사하는 뜻으로, 모든 세대의 초태생은 하나님의 것으로 여호와께 성별되어야 하며(20), 대속(代贖)받아야 한다는 것이다.

2) 홍해를 건너기까지의 여행(숙곳 - 홍해)(13:17~15:21)

하나님께서는 낮에는 구름기둥으로, 밤에는 불기둥으로 이스라엘 백성을 인도하셨다. 이스라엘 백성은 숙곳을 떠나 홍해에 이르렀다. 그런데 애굽왕 바로가 마음을 돌이켜 군대를 모으고 병거와 마병을 총동원하여 이스라엘을 뒤 쫓기 시작했다. 이스라엘 백성이 두려워 하자 모세는 그들을 '여호와께서 너희를 위하여 싸우시리니 너희는 가만히 있을지니라' (14:14)라고 권면한다.하나님께서는 그의 위대하신 능력으로 바다를 가르시고 물가운데 길을 만드셔서 이스라엘을 통과하게 하셨다. 그런데 이스라엘을 따라 홍해에 들어오게 된 애굽군대는 갈라진 홍해가 합쳐질 때 모두 빠져죽고 말았다. 이 일은 이스라엘 민족에게 승리의 찬미가 되었고(15:1~21, 시 114:3, 104:9, 136:13,14), 하나님을 믿지 아니한 애굽인에게는 파멸이 되었으며, 가나안인에게는 두려움이 되었다(수 9,10).

3) 홍해에서 시내산까지 여행(광야생활)(15:22~18)

(1) 마라의 물(15:22~27)

이스라엘 백성은 수르 광야에서 물을 얻지 못했으며, 마라에서 물을 얻기는 하였으나 그 물은 써서 먹을 수가 없었다. 백성들이 모세에게 불평할 때에 모세는 하나님께 기도하였고 나뭇가지를 던져 단물이 되게 하셨다. 모세는 어떤 어려운 일이 있을지라도 하나님만을 의지하는 신앙을 가졌다. 하나님께서는 모세의 기도에 응답하셔서 물을 달게 하셨으며, 엘림에 이르러 쉴 곳과 좋은 물을 얻게 하셨다.

(2) 만나와 메추라기 (16:)

이스라엘 백성은 식량이 떨어지자 또 불평하기 시작했다. 좋으신 하나님께서는 이스라엘 백성의 불평을 들으시고 일용할 양식을 주시겠다고 약속하셨다(4). 하나님께서는 그들에게 만나를 내리심으로 '하나님께서 그들을 애굽땅에서 인도하여 내셨음' 과(6) 이를 인하여 '나는 여호와 곧 너희 하나님' 인줄 알게 하셨다.

(3) 반석에서 물이 나옴(17:1~7)

이스라엘 백성들은 물이 없어서 어려움을 당하게 되었다. 그들은 하나님을 의지하지 아니하고 또 불평하기 시작했다. 모세는 하나님께 기도를 하였고 하나님은 그의 기도에 응답하셨다. 모세가 하나님의 말씀에 의지하여 지팡이로 반석을 치자 물이 나왔다.

(4) 아말렉과의 싸움(17:8~16)

아말렉은 이스라엘과 대전한 첫번째 나라이다(민24:20). 이스라엘 백성들은 여호수아를 대장으로 하여 나가 싸웠고, 모세는 산 위에 올라가 기도했다. 모세가 손을 들면 이스라엘이 이기고 손을 내리면 아말렉이 이겼다. 모세가 피곤하여지자 아론과 훌이 모세를 도움으로 결국 이스라엘이 승리하게 되었다.

(5) 모세와 그 가족의 일(18:)

본장에는 모세가 그의 가족과 만나는 이야기가 기록되어 있다. 그의 장인 이드로가 모세의 아내와 자녀들을 데리고 왔다. 모세는 출애굽의 대 사역을 위해 잠시 가족과 헤어졌던 것이다.

3. 시내산에서의 이스라엘(19:~40:)

1) 하나님의 나타나심과 준비(19:)

시내광야에 이르러 하나님께서 이스라엘 백성에게 율법을 주셨다. 하나님께서 시내산에 임하실 때에 이스라엘 백성에게 성결을 명하시고 시내산 부근에는 접근하지 말 것을 말씀하셨다.

2) 모세의 십계명(20:)

하나님께서는 이스라엘이 지켜야 할 십계명을 모세에게 말씀하셨다.

(1) 제 1계명: "나 외에는 다른 신들을 네게 있게 말지니라"(3)
· 내용: 예배의 대상
· 의미: 거짓신이 아니고 참신이신 여호와 하나님 한분만 섬김
· 산상수훈: 두 주인을 섬기지 못할 것이니(마6:24)
(2) 제 2계명: "우상을 만들어 섬기지 말라"(4,5)
· 내용: 예배의 방법
· 의미: 우상숭배의 거짓된 예배가 아닌 구별된 예배(요4:24)
· 산상수훈: 형식 금지(마 6:7)-신령과 진정의 참된 예배
(3) 제 3계명: "여호와의 이름을 망령되이 일컫지 말라"(7)
· 내용: 예배의 정신
· 의미: 진실된 마음으로 하나님을 경외함
· 산상수훈: 성호의 거룩성(마 6:9)
(4) 제 4계명: "안식일을 기억하여 거룩히 지키라"(8)
· 내용: 성별된 시간
· 의 미: 인간창조의 목적과 인간존재의 이유
· 산상수훈: 먼저 그의 나라와 그의 의(마 6:33)
(5) 제 5계명: "네 부모를 공경하라"(12)
· 내용: 행복한 가정
· 의미: 가정은 사회조직의 기본 단위, 부모공경은 인간교육의 기초.
· 산상수훈: 부모를 공경하라(7:11)-약속있는 첫계명
(6) 제 6계명:"살인하지 말지니라"(13)
· 내용: 생명의 존엄
· 의미: 인간은 하나님의 형상과 모양대로 지음 받음
· 산상수훈: 노여움 금지(마 5:22)-미움은 살인

(7) 제 7계명: "간음하지 말지니라"(14)

· 내용: 성의 성별

· 의미: 두 사람이 연합하여 한 몸(창 2:24)

· 산상수훈: 음욕 금지(마 5:28)

(8) 제 8계명: "도적질하지 말지니라"(15)

· 내용: 소유물의 존엄성

· 의미: 분배의 주권자는 하나님-일하지 않는 자는 먹지도 말라

· 산상수훈: 구하는 자에게 주라(마 5:42), 선을 행할 수 있는 데도 행하지 않는 것은 죄

(9) 제 9계명: "거짓 증거하지 말라"(16)

· 내용: 형제의 명예나 인격 존중

· 의미: 거짓은 진리에서 나지 않고 거짓말하는 자는 마귀의 자녀임.

· 산상수훈: 맹세 금지(마 5:34)

(10) 제 10계명: "네 이웃의 소유를 탐내지 말지니라"(17)

· 내 용: 감사와 만족의 삶

· 의 미: 탐심은 모든 죄의 씨앗이 됨(약 1:15).

· 산상수훈: 의에 주리고 목마르라(마 5:6)

3) 생활에 관한 여러 가지 법(21:1~23:9)

여기서는 대부분 사람과 사람 사이에서 일어나는 문제들에 관하여 말씀하고 있다. 하나님께서는 이스라엘 백성의 질서유지를 위해 일반적인 생활에 따른 자세한 율법을 주셨으며 모세는 이에 준하여 백성들의 문제를 해결하였다.

4) 3대 절기(23:10~19): 이 부분은 종교적 율례이다

절 기	시 기	의 의	신약의 성취
유월절(무교절)	1.14(15-21)	출애굽 기념	어린양 예수의 십자가 죽음
맥추절(오순절)	3. 6	밀추수 봉헌	오순절 성령강림과 교회탄생
수장절(초막절)	7. 15~7.21	광야생활 기념	천년왕국

5) 하나님과 이스라엘과의 언약(23:20~24:)

하나님께서는 백성들의 순종을 조건으로 그들과 언약을 맺으셨다. 하나님께서 그들이 광야를 통과하도록 인도하시리라는 것과(20~24), 그들의 소유물을 번성케 하시겠다는 것과(25~26), 가나안을 주시겠다고(27~31) 약속하셨다.

6) 성막건립을 지시하심(25:~30:)

하나님께서는 모세에게 그의 영광을 위하여 성막을 건립할 것을 지시하셨다.

(1) 증거궤(25:10-22)-하나님께서 성막을 위해 제일 처음 지시하신 것은 법궤이다. 그 안에는 십계명 돌판 2개, 만나 항아리, 아론의 싹난 지팡이가 들어 있다. 법궤의 덮개는 속죄소라고 불리우는데 이는 정금으로 되었으며, 그 위에 정금으로 된 그룹천사 둘이 날개를 펴고 마주보고 있다.

(2) 진설병 상(25:23-30, 레24:5-9)-이는 금으로 입힌 나무 식탁인데 성소에 두었고, 그 위에 진설병 열두 덩이를 항상 놓아 두었다. 열두 덩이의 떡은 이스라엘 열두 지파를 상징한다.

(3) 등대(25:31-40)-등대는 진설병 상 맞은편에 있고, 지성소의 휘장 곁에 있다. 이 등대는 일곱 촛대로 되어있는데 순금으로 만들었으며, 밤낮 계속적으로 불을 켜도록 되어 있다(27:20, 21, 레24:3).

(4) 성막(26:1-30)-하나님께서 명하신 성막은 이동하기에 편리한 장막이었다. 하나님께서 이러한 성막을 짓도록 하신 것은 이스라엘 백성이 광야에서 지내는 동안 저들의 형편에 알맞도록 하신 것이고, 이스라엘 백성이 어디를 가든지 하나님께서 함께 하신다는 사실을 알게 하시기 위해서 였다.

(5) 성막의 휘장(26:31-37)-이 부분에서는 성소와 지성소에 관하여 말하고 있다. 하나님께서는 두 휘장을 만들라고 명령하셨는데 하나는 성소와 지성소를 가로막는 것이며 다른 하나는 장막 바깥 문으로 사용하기 위한 것이다.

(6) 놋제단(27:1-8)-이 제단은 백성들이 하나님께서 예배드리기 위해 제물을 가지고 와서 그 희생을 드리는 곳이었다. 구약의 제사는 이와 같은 희생제물을 통한 속죄의 제사였다.

(7) 성막의 뜰(27:9-19)-성막 앞에는 뜰을 만들고, 천막에 사용하는 세마포로 늘어뜨리는 막을 치라고 하셨다. 이 뜰은 세상과 구별됨을 의미한다.

(8) 제사장 직분과 그 복장(28:)-하나님께서 아론의 반열에서 제사장을 세우셨고, 그들에게 거룩한 옷을 입게 하셨다. 그 옷에는 이스라엘 열두지파를 상징하는 보석을 달았는데 이는 대제사장이 이스라엘의 중보자 임을 나타내는 것이다.

(9) 제사장의 성별과 제사법(29:-30:)-하나님을 섬기는 귀한 직분을 감당하기 위해 제사장은 먼저 하나님께 제사를 드려야 했다. 그 제사는 다음과 같다.

① 속죄제(29:10-14):사람이 그의 죄값을 대신하여 희생의 피로 드리는 제사이다.

② 번제(29:15-18): 제사 드리는 사람의 헌신을 의미하는 제사이다.

③ 화목제(29:19-28, 신12:18, 16:11): 희생제물에 의해 하나님의 은혜를 감사하고 하나님과 그 속죄받을 자와의 화목을 인하여 즐거워 함.

7) 성막을 세움(31:~40:)

(1) 십계명 돌판을 주심(31:)-하나님께서는 모세에게 다시금 안식일을 거룩히 지킬 것을 명하시고, 하나님께서 친히 쓰신 돌로 된 증거판(십계명) 둘을 주셨다.

(2) 금송아지를 만들고 율법을 어긴 백성들(32:1-34:35)-이스라엘 백성은 모세가 율법을 받기 위해 산으로 올라가서 속히 내려오지 않자 아론에게 신을 만들라고 하였다. 이에 아론이 금송아지로 신을 만들고 백성들이 그 앞에 절하게 되었다. 하나님께서는 그들이 지은 죄악에 대해 크게 분노하사 그들을 멸하시려고 했으나 모세의 기도로 그의 뜻을 돌이키셨다. 모세가 산에서 내려와 주모자들을 벌하고 하나님께 기도드린 후 다시 산에 올라가 40일 간을 금식하고 십계명을 받아왔다.

(3) 성막의 건축(35-40)-모세는 하나님의 명령에 따라 즉시 성막을 짓기 시작했다. 성막을 짓기 위한 재료들은 백성들이 자원하여 즐거운 마음으로 하나님께 헌납했다.

교훈 및 적용

1. 고난과 핍박이 깊어질수록 하나님의 구원의 손길이 가까운 것을 깨닫고 낙담하지 말고 기도하자.
2. 해결하기 어려운 여러가지 삶의 문제에 부딛쳤을 때, 문제를 보고 원망이나 불평하기보다는 크신 구원의 하나님을 바라보자.
3. 구원받은 하나님의 자녀들은 애굽의 옛생활(죄악된 생활)을 바라보지말고 하나님의 새계명으로 생활하자.
4. 계명(말씀)은 구원받은 성도의 윤리적 삶의 지침일 뿐 아니라 하나님을 섬기는 도리임을 깨달아 말씀에 순종하는 생활을 하자.
5. 하나님께 나아가는 길은 오직 예수의 보혈 밖에 없는 것을 깨닫고 하나님께 나아갈 때마다 지식, 재물, 선행이 아닌 예수님의 보혈을 의지하자.

이스라엘 백성에게 율법을 주시는 하나님 그리고 성막을 준비하시고 그 가운데 나타나시는 하나님을 배우셨을 것입니다. 이로써 오늘의 영적 성막인 교회의 생활이 얼마나 중요하다는 것을 깨달았을 것입니다. 다음에는 레위기(1~27장)를 공부하게 됩니다. 본문을 읽어 주시기를 바랍니다.

● 출애굽기의 모형연구

출애굽기의 주제는 한마디로 구속이다. 구속사적인 의미에서 출애굽기의 주제를 이해할 때, 우리는 출애굽기에서 신약시대의 많은 모형들을 발견할 수 있다. 다음은 출애굽기에서 발견할 수 있는 모형들이다.

1. 애굽:죄악의 세상
2. 바로왕:마귀 또는 세상의 왕
3. 박해와 고역:죄악 세상에서 당하는 마귀의 종살이와 불신세계의 핍박
4. 유월절 어린양:십자가에서 대속의 죽음을 당하실 예수 그리스도
5. 출애굽: 예수 그리스도의 보혈의 능력으로 마귀와 죄에서 해방됨
6. 홍해를 건넘:세례를 받아 죄를 장사지냄
7. 바로왕의 추격:죄악된 옛생활의 유혹
8. 바로군대의 몰살:하나님의 자녀에게는 마귀의 능력을 다스릴 권세가 있음
9. 불기둥과 구름기둥:성령의 인도와 보호
10. 광야생활:구원받은 성도가 세상에서 연단받는 과정(성화)
11. 쓴물, 목마름, 배고픔, 아말렉의 방해: 신앙생활의 장애물, 그러나 하나님은 이 모든 것에서 구원하심.
12. 율법: 구원받은 성도가 따라야 할 새로운 생활원리, 율법은 돌판에 새겼지만 성령의 법은 성도의 심중에 새김.
13. 모세: 선지자와 왕인 그리스도와 중보자 예수를 묘사
14. 아론: 대제사장이신 그리스도 묘사
15. 성막: 성령이 임재하시는 교회이자 하늘 성소의 모형임.
16. 가나안: 성도가 소망하는 천국.

04

성경문제

● 출애굽의 역사/출1:1-40:28

1. 이스라엘의 아들은 몇 명인가?(출 1:1-5 참조)
2. 야곱과 함께 애굽으로 내려간 가족은 모두 몇 명인가?(출 1:5)
3. 요셉이 죽은 뒤 애굽 사람들은 이스라엘 자손들을 어떻게 대하였는가?(출 1:8-11)
4. 모세라는 이름의 뜻은 무엇인가?(출 2:10)
5. 모세는 바로의 궁중에서 몇 년 동안 살며 교육을 받았는가?(출 2장)
6. 모세의 피난처와 그의 아내의 이름은 무엇인가?(출 2:16-3:1)
7. 모세가 바로 앞에서 사용한 무기는 무엇인가?(출 4:17)
8. 하나님께서는 모세의 동역자로 누구와 같이 애굽에 가도록 했는가?(출 4:14-16)
9. 열 가지 재앙 가운데 마지막 재앙은 무엇인가?(출 7-12장 참조)
10. 유월절 양은 누구를 상징하는가? (요 1:29; 벧전 1:19참조)
11. "이스라엘의 자손 중에 사람이나 짐승이나 무론하고 (　　　　)은 다 거룩히 구별하여 내게 돌리라 이는 내 것이니라" (　)에 적당한 말을 넣어라.(출 13장 참조)
12. "여호와께서 오늘날 너희를 위하여 행하시는 (　　　　) 를 보라" (　)에 적당한 말을 넣어라.(출 14장 참조)
13. 이스라엘 백성을 인도한 두 기둥은 각각 무엇인가?(출14:24)
14. 출애굽기 15:1-18의 노래는 누구의 노래인가?
15. 하나님께서 이스라엘 백성에게 먹이신 두 가지 양식은 각각 무엇인가?(출16:3)
16. 이스라엘 민족이 르비딤에서 어느 족속과 싸웠는가? (출 17장 참조)
17. 이스라엘 백성들은 얼마 동안이나 만나를 먹었는가?(출16:35)
18. "여호와 닛시"란 무슨 뜻인가? (출17:15)
19. 모세가 기도할 때 누가 협조해 주었는가? (출17:8-14)
20. 이스라엘에게 천부장, 백부장, 오십부장을 세울 것을 모세에게 권고한 사람은 누구인가?(출18:17-26)
21. 모세가 십계명을 받은 곳은 어디이며 몇 장에 기록되었는가?

22. 출애굽기 21장은 무엇에 관한 법을 기록하였는가?
23. "너는 뇌물을 받지 말라 뇌물은 밝은 자의 눈을 어둡게 하고 의로운 자의 말을 굽게 하느니라" 이 말씀은 출애굽기 몇 장에 있는가?
24. 세 가지 큰 절기는 무엇이라 했는가?(출23:14-16)
25. 모세가 율법을 받기 위하여 시내산에 올라가 얼마 동안 있었는가?(출19:11, 15)
26. 모세가 산에 간 사이 백성들을 보살필 책임자는 누구 누구인가?(출 19장)
27. 성막을 둘로 구분한다면 (　　　　)과 (　　　　)이다. (　　)에 해당하는 말을 쓰라. (출 40장)
28. "그들의 지을 옷은 이러하니 곧 흉패와 에봇과 겉옷과 반포 속옷과 관과 띠라" 여기 "그들"은 누구인가?(출 28:1-4)
29. 제사장의 임직 절차에 관하여 기록한 것은 몇 장인가?
30. 성막 제작을 위하여 부름받은 사람은 누구 누구였나? (출31:1-11)
31. 모세가 산에서 내려올 때의 모습은 어떠했나?(출34:30-3 5 참조)
32. 이스라엘 백성이 인구 조사를 한 결과 20세 이상된 자는 모두 몇 명인가?(민 1:46)
33. "에봇"은 누구의 복장에 필요한 것인가?(출 28장)
34. 성막 완성 후 무엇이 성막 안에 충만하였는가?(출40:34)
35. 성막을 구성하고 있는 구성물의 이름을 쓰라.(출 40장)

레위기

개요

1. **주제** – 거룩하신 하나님께 합당한 거룩한 예배
2. **예수님과의 관계** – 예수 그리스도를 희생제물로 묘사한다.
3. **배경**
   1) 책이름 : 70인역의 '레위디곤'에서 유래, '레위족속의 책'이라는 뜻
   2) 기록자 : 모세
   3) 기록연대 : 기원전 약 1,439년 경
   4) 목적 : 하나님께 드리는 예배와 거룩한 생활을 가르치기 위함.
   5) 특유한 용어 : 성서 중에서 '거룩'이란 말(동사, 명사, 형용사를 합하여) 이 가장 많이 사용되었다.
4. **특징** : "거룩"이란 말이 87번 정도 나오고 "구속"이란 단어도 45번 정도 나타나 는 것과 "주께서 말씀하시를", "가라사대", "명하시기를", "나는 여호와", "나는 너희 하나님 여호와"란 말이 자주 나타나므로 인간이 어떻게 하나님께 나아갈 수 있는가를 보여주는 것이 또한 그 특징이라 하겠다.
5. **중심사상**
   1) 거룩하신 하나님께 나아가려는 자는 거룩해야 한다.
   2) 죄를 속하기 위해서는 반드시 희생이 있어야 한다.
   3) 하나님의 거룩함에는 은총과 자비가 포함되어 있다.
6. **레위기와 신약의 관계**
   1) 레위기는 성전을 중심으로 이루어지는 제사의식을 다루고 있다.
      – 참 성전은 손으로 지은 것이 아니다(히 9:24).
   2) 레위기의 모든 제사는 참 제사의 그림자다(히 10:1).
   3) 레위기의 제사장은 참 제사장의 그리스도의 모형이다(히 9:11).
7. **내용분류–27장 859절**
   1) 제사의식(1:1~7:38)
   2) 제사장과 그 직무(8:1~10:20)
   3) 성결의식(11:1~27:34)

5
[구원받은 백성이 하나님께 예배 드리는 법]

● 본문 : 레 1~27장
● 요절 : 레 19:2

창세기를 '시작' (Begining)의 책이라 한다면 출애굽기는 '구원' (Salvation)의 책이라 할 수 있고, 레위기는 '거룩' (Holiness)의 책이라 하겠다. 우리는 창세기에서 창조와 타락을 배웠고, 출애굽기에서는 인류의 구원을 배웠으며, 이제 레위기에서는 구원받은 인간이 하나님께 예배드리는 법을 배우게 된다.

1. 제사의식(1:1~7:38)

여기에서는 이스라엘 백성들이 드리는 다섯 가지의 제사법을 상세히 설명하고 있다. 이러한 제사들은 장차 있을 그리스도의 모형이다.

1) 번제(Burnt-offerings; 1:1~17, 6:8~13, 출 29:15~18)

번제는 제물의 짐승을 제단 위에서 태워 완전히 하나님께 드리는 제사이다(9,13,17). 제물은 숫소(3~9), 양 또는 산양(10~13), 산 비둘기 또는 집비둘기이다. 봉헌자는 제물이 될 짐승의 머리 위에 안수하고(4), 제사장은 짐승의 피를 제단의 주위에 뿌린다(5,11). 이 제사는 자신의 모든 것을 하나님 앞에 바치는 헌신의 제사였다.

2) 소제(Meal-offerings; 2:1~16, 6:14~18)

번제는 봉헌자 자신의 헌신을 표시했으나 소제는 일한 것의 결실을 가지고 드리는 것으로 행위의 성별을 상징한다. 소제의 제물은 ① 소맥분(1~3), ② 화덕에 구운 무교병, 또는 무교전병(4), ③ 번철에 구운 무교과자(5), ④ 깊은 솥에 삶은 것(7), ⑤ 볶은 보리 등이다. 어느 것이나 일부는 제단에 태워서 하나님께 드리고, 나머지는 제사장의 식량으로 주어졌다.

3) 화목제(Peace-offerings; 3:1~17, 7:11~21, 28~34, 17:1~9, 22:21~33)

화목제는 번제와 병행되는 동물의 희생을 드리는 제사(출 20:24, 32:6)로 하나님의 은총에 대한 감사의 제사이다(잠 7:14). 이 제사는 '하나님과 화목함' 이라는 의미를 가지고 있는데, 제물의 내장과 기름은 하나님께 드리고 가슴은 제사장에게, 나머지는 봉헌자에게 주어 하나님 앞에서 먹도록 하여 하나님과 회식하는 기쁨을 나타내고 있다. 화목제의 제물은 소, 어린 양, 산양의 세 가지 제물이 있다.

4) 속죄제(Sin-offerings; 4:1~5:13)

속죄제는 잘못하여 지은 죄를 속죄하기 위한 제사로, 다른 제사 때는 제물의 헌납자들이 예배인으로서 제단 앞에 나오지만 이 제물을 바칠 때에는 자기 죄를 깨닫는 죄인으로서 나온다. 속죄제는 신분에 따라 드리는 제물도 각각 다른데 대제사장은 수송아지(3~12), 전 회중도 수송아지(13~21), 족장도 수염소(22~26), 보통 사람은 암 산양 또는 암양(27~35)이었다.

5) 속건제(Trespass-offerings; 5:14~6:7)

이 제사는 다른 사람에게 끼친 손해에 대하여 대속하는 제사이며 이 제사는 손해를 입힌데 대한 벌금 또는 배상을 포함하고 있다. 여기서는 속건제를 드려야 할 세 가지 경우가 기록되어 있는데, ① 성물 침범(14~16), ② 부지(不知) 중에 범한 죄(17~19), ③ 이웃에 대한 배신(6:1~7)이다.

2. 제사장과 그 직무(8:1~10:20)

1) 제사장의 성별 및 위임식(8:1~36, 출 29장)

제사장은 그의 직분을 감당하기 위해 먼저 성별하여야 했다. 그리고 나서 제사장직을 수행하기 위해 먼저 속죄제(14~17), 그 다음에 번제(18~21), 마지막에 화목제(22~32)를 드렸다. 이것은 속죄, 헌신, 친교의 순서에 의하여 성별이 끝난 것을 나타낸다.

2) 제사장의 직무(9:1~24)

본 장에서는 성별된 제사장 아론에 의하여 제사제도 이후 첫번째 드려지는 예배에 대하여 기록하고 있다. 제사장 아론은 먼저 자기를 위하여 속죄제(8~11)와 번제(12~14)를 드리고, 이스라엘 백성을 위하여 속죄제(15), 번제(16), 화목제(18~21), 소제를 드렸다.

3) 제사장의 신분(나답과 아비후의 죽음)(10:1~20)

본 장에서는 최초로 제사장이 범한 과오와 징벌 및 이것과 관련하여 제사장이 주의할 점을 기록하고 있다. 아론의 두 아들 나답과 아비후는 하나님께서 명하시지 않은 다른 불을 사용하여 죽임을 당했다.

● **다섯가지 제물의 의미**

번 제	여호와께 자기를 완전히 복종시키는 인간 전체의 성화
소 제	성화의 열매로 나타난 행위
화목제	구원의 은총을 소유하고 누리는 복받은 상태
속죄제 및	죄 및 범과들로 인한 죄인과 하나님 사이의 장벽을 제거하며,
속건제	용서를 얻게하고, 죄인이 다시 계약의 은총을 회복하도록 한다.

3. 성결의식(11:1~27:34)

1) 백성의 정결법(11:~15:)

여기에는 하나님의 백성이 지켜야 할 정결에 대한 자세한 내용이 나타나 있다. 주로 생활에 관계된 것으로 ① 정결한 동물과 부정한 동물, 또한 죽은 동물로 인한 오염에 대하여 (11:), ② 산후에 가져야할 산모의 정결(12:), ③ 문둥병의 식별과 정결(13:~14:), ④ 사생활을 정결케 하는 여러 가지 법(15:)을 기록하고 있다.

2) 속죄일(16:1~34)

이스라엘 백성은 민족의 모든 죄를 위하여 일년에 한 번씩 속죄제를 드린다. 이는 모든 백성이 철저하게 죄를 청결함으로써 하나님과의 교제를 회복하고 유지하는 데 그 의미가 있다.

3) 하나님과 교제하는 법(17:1~27:34)

(1) 희생의 피(17:1~16)-희생으로 드려질 제물은 정해진 곳, 즉 성막에서만 죽일 수 있었다. 그리고 피를 먹는 것은 절대로 금지되었다(3:17, 7:26, 27, 17:10~16, 창 9:4).

(2) 거룩한 하나님의 사람으로써 타인관계(18:~20:)-하나님께서는 이스라엘 백성의 ① 성문제와 결혼에 대하여, ② 전반적인 생활윤리에 대하여 말씀하셨다.

(3) 제사장들을 위한 법규(21:1~22:33)-제사장은 육체적 결함이 없어야 했으며, 처녀와 결혼하여야 했고, 제물로 바쳐질 동물에도 결함이 없어야 했다.

(4) 절기(23:1~44, 출 23, 24, 신 16 참고)

① 안식일(23:1~3)-안식일은 하나님께서 창조사역을 마치시고 안식하신 날로서(창2:2~3), 세상일을 쉬고 하나님께 예배드리는 일에 마음과 뜻과 정성을 다하여야 한다.

② 유월절(23:4~5)-유월절은 이스라엘 달력으로는 7월 네째날(정월 14일)인데, 우리가 봄에 지키는 부활절 무렵이다. 이 날이 되면 이스라엘 백성들은 예배드리기 위해 예루살렘으로 올라갔고 다음날부터 일주일간은 누룩없는 떡을 먹는 절기(무교절)로 지켰다.

③ 초실절(23:9~14)-초실절은 유월절 이후 첫째 안식일 다음날이며, 이 날에는 처음 익은 보리단을 하나님께 바친다. 여기서 하나님께 드려진 처음 익은 곡식단은 부활하신 예수님을 비유한다(고전 15:20).

④ 오순절(23:15~21)-이 날은 초실절 이후 50일째 되는 날이다. 이 때는 떡 두개와 양 둘을 제물로 드렸다. 이 떡의 제물은 신약의 교회를 상징한다.

⑤ 나팔절(23:23~25)-이 날은 새해의 첫 날이었다. 이 날에는 미래의 기쁜 일을 내다보며 나팔을 불어 기념하였다.

⑥ 속죄일(23:26~32)-하나님의 택함을 입은 이스라엘 백성에게 있어 가장 큰 날이었다. 이 날에 대제사장은 이스라엘 백성이 지난 1년간 지은 모든 죄를 위하여 지성소에 들어가 제사를 드렸다. 이 날에 백성들이 할 일은 '스스로 괴롭게 함' 즉 회개였다(27, 29, 32). 회개하지 않는 자는 죽임을

당하였다. 이 날에 하나님과 그의 백성 사이에 교제가 이루어졌으며 백성들의 모든 죄가 사하여졌다.

⑦ 장막절 또는 초막절(23:33~36)-이 절기는 일 년 중 가장 마지막 절기로, 이날에 이스라엘 백성들은 그들이 광야에서 방황하는 동안 장막에 거하였음을 기억하고 절기를 지켜 기념하였다. 이 절기는 가을 철에 7일간 지켜졌으며 이 때 이스라엘 백성들은 집밖 초막에 거하며 여호와 하나님께 대한 신뢰와 여호와의 뜻에 순종할 때 받게되는 축복을 마음에 깊이 새겼다.

(5) 제사도구(24:)-등잔과 진설병에 대하여 말씀하고 있는데 등잔은 계속 타오르고 떡은 안식일마다 바뀌어야 했다.

(6) 하나님의 토지법(25:~26:)-이스라엘 민족은 7년마다 안식년을 지켰는데 이 해는 아무 경작도 하지 않았으며 이 해에 빚진 것들은 탕감 되었다. 그리고 50년마다 돌아오는 희년에는 모든 빚이 탕감되고, 노예는 해방되고, 팔렸던 땅은 원 소유자에게 돌아갔다.

(7) 십일조(27:30~34)-이스라엘 백성은 농산물과 가축의 1/10을 하나님께 드렸다. 십일조에는 세 가지가 있었는데 레위사람을 위한 것, 절기의 것, 3년마다 가난한 사람을 위하여 하는 것이 있었다. 십일조는 모세시대 오래전부터 있었다. 아브라함과 야곱이 십일조를 드렸다(창 14:20, 28:22). 하나님은 십일조 뿐만 아니라 모든 가정의 장자(대신으로 레위지파를 받으셨다), 모든 가축의 첫태생, 모든 곡식의 첫 열매를 하나님께 드리라고 하셨다. 수확의 첫 열매는 유월절에 바쳤고, 바칠 때까지는 새 곡식을 먹지 못했다(레 23:14). 이는 무엇보다도 먼저 하나님을 생각하라는 중요한 의미가 담겨 있다.

교훈 및 적용

1. 하나님은 거룩하시다. 그러므로 성도는 그 자신의 모든 예배와 기도와 신앙이 거룩해야 한다.성도는 하나님께 자신을 산제물로 드려야 한다.
2. 하나님은 우리가 빈부와 귀천에 관계없이 그의 앞에 나와서 교제하기를 원하신다. 감사와 기쁨으로 그의 앞에 나아가자.
3. 하나님은 우리가 이웃들과도 화목하고 서로에게 잘못을 범하는 일이 없기를 원하신다.
4. 하나님은 인간의 완전한 순종을 원하고 계신다. 결국 성결이란 하나님께 순종하며 나아가는 삶 전체를 말한다. 우리는 하나님의 영광을 위해서는 속된 것으로부터 분리된 삶을 살아야 한다.
5. 이스라엘 백성이 "희생제물"을 통하여 속죄함 받았듯이 우리는 예수 그리스도의 보혈로 속죄함을 받았다.
6. 우리는 죄 사함을 받았고 의인이 되었으므로 담대한 믿음으로 나아가 승리의 삶을 살아야 한다.

우리는 레위기에서 하나님께서 우리에게 요구하고 계시는 것이 무엇인가를 배웠습니다. 그것은 우리의 순결이었습니다. 이것을 통해서 우리가 하나님께 나아갈 수 있고 하나님은 우리와 함께 하십니다. 민수기에서는 택한 백성을 버리지 아니하시는 하나님을 다시 만나게 될 것입니다. 기대하면서 본문말씀 민수기 1~36장 까지를 읽어보시기 바랍니다.

성경문제

● 구원받은 백성이 하나님께 드리는 예배/1:1-27:34

1. 하나님께서는 어디서 모세를 불렀는가?(레 1장)
2. 소제물을 드릴 때 넣지 말라고 한 것은 무엇인가?(레 2장)
3. 다음 말씀을 읽고 번호에 알맞는 말을 써 넣어라.(레 2장)
   "네 모든 (   )에 (   )을 치라 네 하나님의 (   )의 소금을 네 소제에 빼지 못할지니 네 모든 (   )에 소금을 드릴지니라."
4. 다섯 가지 제사법을 쓰라.(레 1-5장)
5. 레위기 4장에는 누구를 위한 속죄제가 기록되었는가? 관계된 성명의 기호를 답란에 쓰라.

   (1) 평민 (   )　　　　(가) 4:1-12

   (2) 족장 (   )　　　　(나) 4:13-21

(3) 회중 (　　)　　　　(다) 4:22-26
(4) 제사장 (　　)　　　(라) 4:27-35

6. 아론과 그 아들이 위임식할 때 무엇을 드리며 몇 날 동안 행하였는가?(레8장)
7. 제사장 아론의 아들 (　　　　　)과 (　　　　　)가 불경건하게 제단에서 분향하다가 죽었는가?(레10장).
8. "내가 거룩하니 너희도 거룩할지어다" 이 말씀은 몇 장 몇 절에 기록되었는가?
9. 남자 아이는 난 지 몇 일 만에 할례를 하나?(레12장)
10. 문둥병을 진단하는 권리는 누가 가지고 있었는가?(레13장)
11. 레위기 15장의 내용 가운데는 불결한 자의 정결에 대한 내용도 기록되었다. 맞으면 ○표, 틀리면 ×표 하라.
12. "아사셀"이란 말이 레위기 16장에 3번 기록되었다. 그 절을 찾아 쓰라.
13. "육체의 생명은 피에 있음이라" "모든 생물은 그 피가 생명과 일체라" 이상 두 말씀은 각각 레위기 17장 몇 절과 몇 절에 있는 말씀인가?
14. 레위기 18장에 "나는 여호와 너의 하나님이라" 는 말씀이 몇번 기록되었는가?
15. 레위기 19:17, 18의 말씀과 같은 내용의 말씀을 신약에서는 누가 했는가?
16. 부모를 저주한 자를 책망하라 했다(레 20장). 맞으면 ○표, 틀리면 ×표 하라.
17. 레위기 21장은 누구의 취할 태도에 관하여 말하고 있는가?
18. 하나님께서 제물로 받을 만한 짐승은 무엇들인가?(레22:19)
19. 아래의 설명과 가장 적당한 답을 〈보기〉에서 골라 그 기호를 쓰라.(레23장)

(1) 곡식의 첫 이삭을 드림
(2) 정월 15일부터 7일간 무교병을 먹는 절기
(3) 추수절에서 50일째 되는 날
(4) 정월 14일 출애굽을 기념하는 절기
(5) 칠일째 육신의 노동을 쉬는 날
(6) 칠월 15일 일주일간 초막에서 거하는 절기
(7) 칠월 10일 모든 백성의 죄를 속죄하는 날
(8) 칠월 1일 나팔을 불어 기념하는 성회

〈 보기 〉 (가)안식일 (나)유월절 (다)무교절 (라)초실절 (마)오순절 (바)나팔절 (사)속죄일 (아)초막절

20. 이스라엘의 3대 절기는 무엇인가?(레 23장)
21. 하나님께서는 성소에 무엇으로 늘 켜두라 하셨는가?(레24장).
22. 희년은 몇 년마다 지키는 절기인가?(레25장)
23. 전 국민에게 자유를 공포하는 해는 언제인가?(레25장)
24. 여호와의 명령을 지키지 않을 때 몇배나 재앙을 내린다고 했는가?(레 26:21)

민수기

개요

1. **주제** - 하나님께 대한 순종과 불순종의 결과
2. **예수님과의 관계** - 민수기는 예수그리스도를 우리를 구원하신 분,구세주로 묘사한다.
3. **배경**
   1) 책이름 : 민수기라는 이름은 70인역의 "수효들"이란 이름에서 온 것이다. 본 서에는 이스라엘백성이 시내산을 떠나기 전과 가나안 땅에 들어가기전 두 차례의 인구조사 기록이 나와 있다.
   2) 기록자 : 모세
   3) 기록연대 : 기원전 1401년경
   4) 목적 : 불신앙으로 인한 이스라엘백성의 40년간의 광야생활을 기록하는 데 있다.
4. **내용 분류 : 36장 1288절**
   1) 시내광야에서의 출발준비(1:1-10:10)
   2) 시내광야에서 모압까지의 여정(10:11-22:1)
   3) 모압 평지에서의 일들(22:2-36:13)

6
[광야생활]

● **본문 : 민 1~36장**
● **요절 : 민 14:18(6:24-26)**

민수기는 출애굽기에 이어 이스라엘 백성들이 가나안을 향한 여정을 기록한 책이다. 이스라엘 백성들은 광야 생활을 통하여 늘 실패하고 넘어진다. 그러나 하나님은 끝까지 그들을 버리지 않고 승리의 생활로 인도하고 있음을 우리는 민수기에서 배울 수 있다. 한편 창세기에서는 인간의 타락을 볼 수 있다면 출애굽기에서는 인간의 구원, 레위기에서는 구원받은 백성이 하나님께 드리는 예배, 민수기에서는 구원받는 백성들의 봉사가 어떤 것인가를 볼 수 있을 것이다.

1. 광야여행준비(시내산에서)(1:1~10:10)

1) 인구조사와 진의 배치(1:1~4:49)

(1) 첫번째 인구조사(1:1~54)-이스라엘이 광야 여행을 시작하기에 앞서 인구조사를 실시하였다. 이 인구조사에 의하면 레위인을 제외하고 20세 이상의 남자는 603,550명이었다.

(2) 진배치(2:1~4:49)-이스라엘 백성은 하나님의 지시대로 진을 쳐서 질서있는 행진을 하게 된다. 여러 지파 중 특별히 레위족속은 다른 족속과는 달리 별도로 행군해야 했다. 그들은 예배 의식에 관한 일체의 것을 감당하였다.

●레위자손의 임무

구분 \ 족속	고 핫	게르손	므라리
1개월이상	8,600명	7,500명	6,200명
성막봉사자	2,750명	2,630명	3,200명
임무	놋판, 물두멍, 등대 등잔, 떡상, 금단 지성소, 휘장,증거궤	성막과 장막과 덮개 회막문자, 뜰의 휘장 과 문장	장막널판, 기둥 기둥받침, 말뚝, 줄
운반시	어깨로	수레 둘과 소 넷	수레 넷과 소 여덟
진 배치	성막 남편	성막 서편	성막 북편
행진시	갓과 에브라임 사이	스불론과 르우벤사이	스불론과 르우벤 사이

2) 율법(5:~6:)-5장에서는 문둥병 및 환자의 격리, 손해배상, 남편에게 의심받는 여자에 대한 율법을 기록하고 있으며, 6장에서는 나실인에 대한 율법을 기록하고 있다. 나실인은 '여호와께 구별하여 드려진 사람'으로 하나님께 서원한 후 어느 일정한 기간 또는 평생동안 하나님을 위하여 헌신하였다.

3) 여행준비(7:1~10:10)-장막을 세운후 각 지파의 족장들이 제단 봉헌을 위하여 제물을 드렸다(7:). 그리고 예배의식을 돕는 레위인들의 안수식을 가졌다(8:).

이스라엘 백성은 애굽을 나온 다음해 정월에 광야에서 첫 유월절을 지키게 되었으며(9:1~14), 불기둥과 구름기둥이 그들의 갈 길을 인도해 주었다. 이것은 하나님의 임재와 보호하심을 나타내는 것이다.

2. 광야여행기(시내산에서 모압까지)(10:11~12:16)

1) 시내에서 가데스까지(10:11~12:16)

(1) 시내에서 출발(10:11-)-이스라엘 백성은 시내에서 1년간 머물렀다. 출애굽의 제 2년 2월 20일 구름이 성막을 떠나 하늘로 올라가자 은 나팔 소리와 함께 유다지파를 선두로 이스라엘 백성은 시내를 출발하여 바란광야로 나갔다. 이스라엘 백성은 하나님의 인도하심을 따라 약속의 땅을 향하여 계속하여 행진해 나갔다.

(2) 백성들의 원망(11:)-백성들은 행진한 지 3일도 못되어 불평하기 시작했다. 이스라엘 백성은 하나님의 은총 가운데 살고 있으면서도 인간적인 욕심을 위해 항상 불평하였다. 하나님께서는 그들에게 메추라기를 보내주셨으나 탐욕자들은 벌하였다.

(3) 미리암과 아론의 원망과 형벌(12:1-16)

미리암과 아론이 모세를 비난함으로(1-3절) 미리암이 벌을 받게 되고 하나님은 모세를 변호한다(4-10절). 아론이 자신의 죄를 자복하고 모세에게 미리암을 위해 중재할 것을 간청한다(11-16절).

2) 정탐과 불신에 대한 형벌(민 13:1-17:13)

(1) 정탐의 파견과 그 결과(13:1-14:45)

① 정탐의 임무와 그들의 보고(13:1-33)

가나안 정탐에 대한 하나님의 명령과 그들의 선발(1-16절), 모세의 명령과 정탐 내용(17-24절), 그들의 실망적인 보고의 내용(25:33절)이 기록되고 있다.

② 백성들의 불신과 그 형벌(14:1-45)

백성들의 불신과 모세의 기도(1-5절), 여호수아, 갈렙의 굳센 신앙(6-10절), 하나님의 진노와 모세의 도고(11-19절), 이에 대한 하나님의 응답(20--25절)과 처벌(26-38절), 백성들이 순종치 않고 나아가다가 적군에게 패배를 당한다(39-45절).

(2) 여러 가지 율법(15:1-41)

여러 가지 제사에 관계된 제물의 분량(1-12절)과 유대인이나 타국 인도 제사법을 지킴에 있어서는 동일하다(13-16절)고 말한다. 그리고 처음 익은 곡식을 거제로 드려야 할 것(17-21절)과 잘못을 범했을 때 회중의 경우(22-26절)와 개인의 경우(27-31절)에 드릴 제사를 규정하고 있다. 안식일을 범한 자가 받는 벌(32-36절)과 옷단 귀에 술을 만들 것(37-41절)을 규정한다.

(3) 고라의 반역과 형벌(16:1-17:13)

고라, 다단, 아비람, 온 등이 결탁하여 250명의 족장과 함께 모세와 아론을 반역하므로 모세가 고라를 책망한다(1-11절). 다단과 아비람이 모세를 반항하고(12-15절), 고라의 무리들이 하나님 앞에 나아가므로(16-24절),

고라당의 두목들을 땅 속에 매몰하고 그들을 따르던 250명을 불로 소멸한다(25-35절). 그리고 향로를 기념물로 삼게 하고(36-40절), 백성의 원망으로 인한 염병의 발생에 대하여 기록하고 있다(41-50절). 민수기 17장에서는 아론의 싹난 지팡이를 통하여 하나님의 권능을 보여주고 있다.

3) 율법의 제정과 모압평지 사건(민 18:1-22:1)

(1) 레위인에 관한 율법(18:1-32)

레위인과 제사장의 직분(1-7절), 그들이 받은 보수와 특권(8-24절), 레위인들이 제사장들에게 바친 헌물(25-32절)을 규정하고 있다.

(2) 정결에 관한 율법(19:1-22)

여기서는 시체로 더러워진 자의 정결에 대하여 규정하고 있다. 부정을 깨끗케 하는 물인 붉은 암송아지의 잿물 제조법(1-10절), 깨끗케 하는 일반적 규정(11-13절)과 특수한 규정(14-22절)을 말한다.

(3) 모압 여정(가데스) 사건(20:1-22:1)

미리암의 죽음(20:1), 모세가 므리바에서 반석을 쳐서 물이 나게 한 사건과 그들의 실수(20:2-13), 에돔 왕이 그들의 통과를 거절함(20:14-22), 아론의 죽음(20:23-29), 아랏과의 승리(21:1-3), 백성의 원망으로 불뱀의 해함과 놋뱀의 치료(21:4-9), 호르산에서 모압 들비스가 산 경계까지의 행진(21:10-20), 아모리 왕 시혼(21:21-32)과 바산왕 옥을 정복하는 사건(21:33-35)들이다.

3. 모압평지에서의 사건(22:2~36:13)

이스라엘 백성은 드디어 광야생활을 끝내고(21:18), 이제 요단강 근처 모압평지에 진을 치게 되어, 그들은 모세의 사후 여호수아의 지도하에 요단강을 건널때까지 그 곳에 머물러 있었다.

1) 발람의 예언 및 바알브올 사건(22:2~25:18)

모압 왕 발락은 미디안 장로들과 협의하고 사자들을 발람에게 보내어 이스라엘을 저주하도록 할 계획을 세웠다.발람은 메소보타미아 브돌사람으로 점술가이며 예언자였다. 그는 모압왕 발락의 초대에 처음에는 응하지 않았으나, 욕심이 생겨 결국 응하게 되었다. 그가 발락에게 가는 도중 나귀가 입을 열어 어리석은 그의 욕심을 징계하였다(22:28~30, 벧후 2:15,16). 그리하여 발락은 이스라엘에게 저주하지 못하고 도리어 축복하였으며, 이스라엘의 승리와 이교민족의 멸망을 예언하지 않을 수없었다. 그러나 발람은 탐욕에 눈이 어두워 음모를 꾸며 모압 여인들로 하여금 이스라엘을 유혹하게 하였다(31:8,16,25:1~,미6:5). 이스라엘 백성은 자기들과 음행한 여자들에게 이끌려서 바알브올이라는 우상에 절하게 되었다. 그들은 모두 하나님의 징계를 받았다.

2) 두번째 인구조사(26:1-65)

첫번째 인구조사(1:) 를 한후 40년의 세월이 흘러서 세대는 완전히 바뀌어 새세대가 되었다. 이스라엘 백성은 약속의 땅 가나안을 앞두고 다시금 인구조사를 하게 되었다. 총 인원수는 601,730명으로 시내에서의 인구조사때보다 1,820명이 감소하였다. 시므온 지파의 많은 감소는 브올의 바알사건에 관련된 때문이라 생각된다(25:14)

● 제1,2차 인구조사 비교

구분	1차 인구조사	2차인구조사	비고
목적	군사적 목적	군사적 목적과 땅의 분배	2차 때는 가족도 함께 기록
인원수	603,550	601,730 (1,820명 감소)	시므온 지파는 37,100명이나 감소하였는데 이는 시므온 지파와 수령인 시므리가 바알브올 사건의 주모자였기 때문이다(25:14)

3) 모세의 후계자 지명(27:15-23)

하나님은 모세에게 임종이 다가온 것을 알려주셨고, 죽기 전에 비스가 산봉에서 약속한 땅을 바라볼 수 있게 하셨다. 하나님께서는 여호수아를 모세의 후계자로 삼을 것을 말씀하셨고, 모세는 여호수아의 머리에 손을 얹고 새로운 지도자로 임명하였다.

4) 절기에 관한 율법(28:1-29:40)

가나안에 들어가기 직전 하나님께서는 이스라엘 백성에게 예배의식에 관하여 말씀하셨다(레 23:참고). 무엇보다도 하나님께 예배드리는 것이 가장 중요하기 때문이다.

5) 서원에 관한 율법(30:1-16)

서원은 하나님께 대한 헌신을 자의로 서약하는 것이다. 하나님께서 서원한 것은 어려움이 있더라도 지켜야 한다(30:2).

6) 미디안과의 싸움(31:)

이스라엘은 미디안을 격멸하였다. 미디안은 이스라엘을 미혹시켜 음행케 하고 또 우상을 섬기게 하였기 때문이다(25:1-3, 25:16-18).

7) 두 지파만이 요단 동쪽에 정착함(32:1-42)

이스라엘이 미디안을 쳐서 얻은 땅을 르우벤과 갓지파와 므낫세지파 반에게 기업으로 주었다.

8) 애굽에서 모압까지의 여정(40년간의 요약)(33:1-56)

본 장에서는 이스라엘백성이 출애굽하여 가나안에 올때까지 40년간 그들의 이동과 야영, 그리고 그 여러 장소에서 일어난 중요한 사건들에 대한 상세한 설명이 나와 있다.

9) 가나안 정복 후 생활계획(34:1-36:13)

하나님께서는 이스라엘 지파들이 나누어 가질 가나안 땅의 사방 경계선을 분명하게 가르쳐 주셨다. 아직 가나안을 점령하지 않았으나 앞으로 될 일을 말씀하심으로 이스라엘 백성들에게 용기와 담력을 주셨다. 레위인은 토지분배를 받지 않았고 각 지파의 소속 영토에서 나뉘어 살게 되었다. 그리고 부지중에 살인한 자를 구하기 위해 도피 성을 만들 것을 말씀하셨다.

교훈 및 적용

1. 환경이 우리의 믿음을 빼앗으려고 할 때 환경을 보고 두려워하지 말고 우리와 함께 하시는 하나님을 바라보자.
2. 신앙 안에서 우리가 누릴 기업은 믿음으로 쟁취해야 하는 것임을 깨닫고 믿음의 무기로 젖과 꿀이 흐르는 땅을 정복하자.
3. 원망, 불평, 탐욕의 결과는 심판과 징벌인 것을 깨닫고 절대 순종과 절대 신앙의 생활을 습관화 하자.
4. 야훼께서는 우리의 허물과 패역을 보지 아니하시고 택한 백성을 회개시켜 복주시기 원하는 좋으신 하나님이심을 알자.
5. 광야에서 연단 받은 새 세대에게 가나안 입성이 허락된 것을 본받아, 하나님의 말씀으로 우리의 마음을 새롭게 하여 약속된 복을 받아 누리자.

당신은 민수기를 배우면서 택한 백성들이 범죄한다 할지라도 버리지 아니하시는 하나님을 만나 보았으리라 믿습니다. 그 하나님은 지금도 당신를 버리지 아니하시고 용서해 주시면서 바로 살도록 인도해 주십니다. 당신은 이스라엘 백성들과 광야에서 함께 하셨던 그 하나님과 광야와 같은 인생길을 동행하시기를 바랍니다. 두렵지 않을 것입니다. 실패하지 않습니다. 당신으로 하여금 성공의 길을 걷게하시며 당신의 목적지인 영적 가나안(천국)으로 인도하실 것입니다.

이제 당신은 신명기에서 사랑의 교훈을 주시는 하나님을 다시 만나게 될 것입니다. 본문 말씀(신명기 1~34장)을 자세히 읽어 주시기를 바랍니다.

● 이스라엘의 반역과 징계

장소	내용	이유	누가	누구에게	징계	하나님의 자비
디베라 (11:1-3)	원망		백성	야훼	불로 진 끝을 사름	모세의 기도로 불이 꺼짐
기브롯 하디아와 (11:4~35)	불평	고기가 없음	섞여사는 무리,이스라엘 백성	모세	심히 큰 재앙	메추라기를 주심
하세롯 (12:1-16)	비방	모세가 구스여자를 취함	아론과 미리암	모세	미리암의 문둥병	칠일 후 회복
가데스 (13:14:)	불신앙 과불순종	가나안 정탐보고	열정탐꾼 회중	모세 모세와아론	재앙으로 죽음 40년간 유리	자녀들을 살리심
가데스 (16:)	탐욕	제사장직 분을 탐냄	고라당 250인 회중	모세와아론 모세와아론 모세와아론	땅이 삼킴 불에 소멸됨 열병	편철로 교훈, 아론의 싹난 지팡이, 암송아지
므리바 (20:1~13)	불평과 불신앙	물이없음 거룩함을 나타내지 아니함	회중 모세와아론	모세와아론 여호와	가나안 입성불허 가나안 입성불허	물을 내심
홍해길 (21:4~9)	원망	길로인해 마음 이상함,입맛이 변질 (박한식물)	백성		불뱀에게 물려죽음	놋뱀으로 구원

성경문제

● 광야생활/민1:1-3

1. 요셉 지파 대신 기록된 두 지파의 이름은 무엇인가?(민 1장)
2. 이스라엘 12지파 중 계수에서 빠진 지파는 어느 지파인가?(민 1장)
3. 계수한 이스라엘 백성의 총수는 몇 명인가?(민 1장)
4. 민수기 2장은 무엇에 관한 기록인가?
5. 아론의 네 아들 중 죽은 두 아들의 이름은 각각 무엇인가?(민 3장)
6. 레위 지파 중 일할 수 있는 사람은 (　　　　　)세 이상 (　)세이다(민 4장).
7. 의심받는 여자의 죄를 가리는 법이 몇 장 몇 절에서부터 기록되었는가?
8. 나실인과 관계가 없는 것은 무엇인가?(민 6장)

(가)송아지 (나)수양 (다)포도주 (라)삭도

9. 민수기 6:22-27 사이에 기록된 세 가지 축복의 말씀이 당신의 생활 속에서 이루어지기를 원하는가?
10. 이스라엘 족장들이 바친 금 숟가락은 몇 개인가?(민7:84 이하)
11. 이스라엘 백성들이 제 1회 유월절을 언제 어디서 지켰는가?(민 9장)
12. 이스라엘 백성들은 광야에서 ( )과 ( )으로 인도를 받았다(민9:15-23).
13. 이스라엘 백성들이 시내산에서 언제 떠났으며 선발대는 어느 지파였는가?(민 10장)
14. 이스라엘 백성들이 하나님의 진노를 사게 된 것은 무엇에 대한 탐욕이 있었기 때문인가?(민 11장)
15. 모세가 구스 여자를 취한 것을 시기하여 비방하다가 문둥병에 걸린 사람은 누구인가?(민 12장)
16. 가나안으로 몇 명의 정탐꾼을 보냈는가?(민13:4-16)
17. "그 땅 백성을 두려워하지 말라 그들은 우리 밥이라 그들의 보호자는 그들에게서 떠났고 여호와는 우리와 함께 하시느니라" 이 말을 한 두 사람의 이름은 무엇인가?(민 14장)
18. 안식일에 나무한 사람은 어떻게 했는가?(민 15장)
19. 모세와 하나님을 대적하다가 땅이 갈라져 산 채로 음부에 빠진 사람은 누구인가?(민 16장)
20. 아론의 싹난 지팡이에서 무슨 열매가 열렸는가?(민 17장)
21. 레위 자손은 기업이 없어도 ( )로 살게 하였다.(민 18장)
22. 민수기 19장은 무엇에 관한 율법인가?
23. 제사장 아론은 언제 어디서 몇 살에 죽었는가?(민 33장)
24. 불뱀에게 물린 백성들을 어떻게 살렸는가?(민 21장)
    ① 치료해 주었다. ② 뱀을 잡아 죽였다.
    ③ 놋뱀을 만들어 쳐다 보라 했다. ④ 저절로 낫게 하였다.
25. "내가 네게 무엇을 하였기에 나를 이같이 세 번 때리느뇨" 여기서 내가, 네게는 각각 누구를 가리키는 말인가?(민 22장)
26. 발람은 이스라엘을 위하여 발락의 요구대로 저주하였다. 맞으면 ○표, 틀리면 ×표 하라.(민 22-24장)
27. 두 번째 인구 조사는 어디서 하였으며 몇 명이었는가?(민 26장)
28. 모세가 죽은 후 그의 후계자로 누구를 세웠는가?(민 27장)
29. 처음 익은 열매를 드리는 절기의 이름은 무엇인가?(민 28장)
30. 민수기 30장은 무엇에 관계된 율법인가?
31. 이스라엘 백성의 여정기를 몇 장에 기록하고 있는가?
32. 도피성은 몇 개나 세웠는가?(민 35장)
33. 도피성을 세운 이유는 무엇인가?(민 35장)

신명기

개요

1. 주제/이스라엘에 대한 하나님의 사랑과 그 사랑에 대한 이스라엘의 책임.
2. 예수님과의 관계/우리의 참된 선지자로 묘사한다.
3. 신명기의 배

1) 책이름:70인역의 '제2의 율법' 또는 '두번째 율법' 이라는 이름에서 옴. 뜻은 '율법이 다시금 새롭게 강조되었다' 이다.
2) 기록자:모세
3) 기록연대:기원전 1,400년(약 2개월간의 기록 1:3, 34:5, 8, 수 4:19)
4) 목적: 모세에게 주신 율법을 후손들을 다시 가르칠 목적
5) 다른 책과의 관계:모세오경 중 제일 마지막 책으로, 신명기는 약속된 땅에 들어가기 위한 최후의 준비에 대하여 기록하고 있다.
이것을 인간을 중심으로 말하면 창세기는 인간의 타락, 형벌, 출애굽기는 인간의 구원, 레위기는 하나님께 예배드리는 인간, 민수기는 하나님께 봉사하는 인간, 신명기는 하나님과 다시 새롭게 약속하는 인간을 말해 준다.

4. 교훈

모세는 먼저 기록한 율법의 요점을 간추려 과거에 일어났던 일들과 동시에 백성들에게 전하면서 자기가 죽은 후 약속의 땅 가나안에서 우상을 떠나 하나님을 섬겨야 할 것을 교훈하고 있다. 특히 모세는 출애굽 당시의 세대는 다 세상을 떠나 얼마남지 않았기 때문에 광야에서 태어난 젊은이들에게 율법을 교육해야 할 필요성을 느끼고 알기쉬운 말로 온 백성들에게 하나님이 무엇을 원하시는지를 말하고 있다. 신약성경에 신명기의 말씀을 인용 및 대조한 것이 80회 이상이나 된다는 것이 특징이다.

5. 중심사상

1) 구속과 자비로운 은혜를 베푸신 하나님을 기억하라(8:18).
2) 하나님의 계명을 지키는 것이 하나님을 사랑하는 것이다(6:5).
3) 율법의 준행에는 복이 불순종에는 저주가 뒤따른다(11:26~28).

6. 내용분류: 34장 959절

1) 모세의 첫번째 설교(하나님이 하신 일)(1:~4:)

2) 모세의 두번째 설교(하나님이 이루신 율법)(5:~25:)

3) 모세의 세번째 설교(하나님의 언약)(26:~30:)

4) 모세의 고별사 (31:~34:)

● 신명기의 성경적 위치

신명기는 민수기와 여호수아서 사이의 다리 역할을 한다.

민수기	신명기	여호수아
모세가 옛 세대를 인도함	모세가 새세대를 여호수아에게 물려줌	여호수아가 새 세대의 지도자가 됨
새로운 세대의 성장	새세대가 율법을 받음	새세대가 정복을 시작함
새세대의 생활터는 광야	새세대의 위치는 광야와 가나안의 중간지점인 모압 평지	새세대의 정착지는 가나안
만나와 메추라기를 먹음	젖과 쑬이 흐르는 땅을 약속받음	젖과 꿀이 흐르는 땅을 소유함
하나님의 진노의 계시	하나님의 사랑의 계시	하나님의 능력의 계시

7
[율법의 재교육]

- 본문 : 신1~34장
- 요절 : 신11:26~28

신명기는 모세 5경 가운데 맨 마지막 책으로 시내산에서 받은 율법에 대한 회고와 해설을 기록하고 있다 출애굽기, 레위기, 민수기에는 성막과 제사에 대한 율법, 특히 제사장들인 레위인들에 대한 율법을 기록하고 있으나 신명기에서는 40년 광야생활을 끝마치고 가나안 땅에 정착하게 된 백성들에게 율법에 대한 재교육을 하고 있다. 그래서 모세는 새로운 세대들에게 율법에 대한 재교육, 즉 그들의 종교생활, 사회생활, 시민생활에 관한 율법을 교육하였다(신5~26장). 본서는 율법책으로서도 가치있는 것으로 오늘날 많은 법률가들에 의 하여 연구되고 있으며, 하나님의 사랑을 전한 복음서라고도 할 수 있다. 무엇보다 예수님이 본서를 인용하여 마귀의 시험을 물리치고 있음을 볼 수 있다(민 4장: 신 8:3, 6:16, 10:20 참조).

1. 모세의 첫번째 설교(하나님이 하신 일)(1:1~4:49)

1) 역사적 노정(1:1~3:29)

하나님께서 이스라엘에게 무엇을 말씀하시고, 또한 어떤 일을 행하셨는가에 대하여 회고하고 있다. 이것은 역사에 나타난 하나님의 은총에 대한 신앙의 고백이다.

(1) 하나님의 명령과 약속(1:6~8)-하나님께서는 이스라엘 민족에게 가나안을 정복하라고 하셨다. 가나안을 정복하리라는 하나님의 약속은 일찌기 그들의 조상 아브라함과 이삭과 야곱에게 주신 것이다. 이 약속은 창세기부터 신명기까지의 하나의 주제가 된다.

(2) 호렙산에서 평원모압까지의 여정을 회고함(1:9-3:29)-이스라엘은 모세의 지도하에 남쪽에서 곧장 가나안으로 들어가려고 했으나, 정탐군의 부

정적인 보고로 백성들이 하나님의 약속에 의심을 품게 되었기 때문에 그 불신앙의 결과로 장기간을 광야에서 방황하게 되었다. 선민의 최대의 위험은 하나님의 약속과 인도하심에 대한 불신앙이다. 그들은 출애굽한 이후 40년이 지나서야 모압평원에 이르게 된다.

2) 율법교육(역사적 교훈) (4:1~49)

모세는 하나님께서 행하신 일에 대한 역사적 회고에서 신앙과 생활에 대한 실천을 강력히 권고하고 있다. 모세는 이 설교를 통하여 이스라엘 백성을 하나님께로 더 가까이 가게 하고, 하나님을 섬기는 일에 정성을 다 할 것과 하나님을 떠나 다른 신 곧 우상을 숭배하지 말 것과 하나님께 대한 그들의 의무를 게을리하지 말 것을 강조하고 있다. 하나님의 택하신 백성은 하나님의 규례와 법도에 절대로 순종하여야 한다.

2. 모세의 두번째 설교(하나님이 주신 율법)

1) 두번째 교육(5:1~11:32)

호렙산에서의 하나님과 이스라엘 간의 계약은 오로지 하나님의 선택하는 사랑에 기초한 것이기 때문에 이스라엘은 전심전력으로 하나님께 대하여 성실하여야 한다. 하나님께서는 그들에게 주신 규례와 법도를 '듣고', '배우며', '지켜', '행하라' 고 말씀하셨다(5:1).

(1) 십계명(5:1~21)-이 언약은 '오늘날 여기 살아있는 우리' 와 맺은 것이다(5:4). 하나님과의 언약은 모든 시대에 있어서 항상 동일하며, 유효(有效)함을 말해 주고 있다. 여기서는 출애굽기 20:8~17의 십계명의 내용을 다시금 반복하고 있다.

(2) 가장 큰 계명(6:)-"네 하나님 여호와를 사랑하라"(6:5)는 말씀은 이스라엘의 계명 중 가장 큰계명이다. 예수님께서는 '어느 계명이 크니이까' 라는 바리새인의 질문에 이 계명과 함께 '이웃 사랑의 계명' 을 말씀하셨다

(마22:36~40, 막12:29~34, 눅10:27~28).

(3) 이방인들과의 분리(7:)-가나안 사람들과는 어떠한 언약도, 결혼도 하지 말것을 말씀하셨다. 그들은 우상숭배와 음행 등 갖가지 죄악으로 부패하였다.하나님은 이들을 멸할 것을 명령하셨다.

(4) 광야생활을 돌아봄(8:1~10:11) 이스라엘 백성은 광야에서 방황할 때에 경험한 여러가지 사건들을 통하여 많은 것을 배웠다. 하나님께서는 첫째로, 이스라엘 백성에게 가나안에 들어가 형통하게 될 때에 여호와를 잊지 말아야 할 것을 말씀하셨다. 하나님은 그들을 ① 애굽에서 이끌어내셨으며, ② 위험한 광야에서 보호하시고 인도하셨다. 둘째로, 이스라엘이 가나안을 차지하게 된 이유는 그들이 의롭기 때문이 아니라 가나안 민족들이 악하였기 때문이라고 말씀하셨다(9:1~6). 셋째로, 십계명을 주심과 제사장을 세우신 일에 대하여 말씀하셨다.

(5) 하나님께서 요구하시는 것(10:12~22)-여호와를 경외하며 그를 사랑하는 것이 곧 여호와의 명령과 규례를 지키는 것이다. 이 말씀은 신명기에서 가장 강조하고 있는 말씀이다.

(6) 순종과 축복(11:)-하나님의 법도와 규례를 지켜 행할 때에 하나님의 축복이 임한다.

2) 중요한 율법을 재설명(12:1~26:19)

(1) 예배에 관하여(12:1~13:17)-예배는 하나님께 대한 경외와 사랑의 표현이다. 율법의 맨 처음에 거룩한 백성이 하나님께 드려야 할 예배에 관하여 설명하고 있다. 하나님은 무엇보다 먼저 이스라엘이 가나안에 들어간 후 우상숭배의 유혹에 빠지지 말 것을 경고하셨다. 그리고 이스라엘의 예배는 하나님께서 택하신 곳에서 예배를 드려야 한다(12:4~7).

(2) 십일조(14:22~29)

22~28절에 둘째 십일조, 28, 29절에는 셋째 십일조에 대해 설명되어 있다.

(3) 지도자의 임무(16:18~18:22)-재판장, 기타 백성의 지도자의 임무에 관한 모든 규정이 기록.

● 십일조

구 분	내 용	용 도	비 용
첫째 십일조 (민18:21~24)	추수 후 소득의 1/10을 레위인에게 바치고 레위인은 그것의 1/10을 제사장에게 바친다.	레위인의 생계 유지	삼년에 세번
둘째 십일조 신12:6~19,14:22~27)	첫째 십일조를 바친 나머지에서 다시 1/10을 떼어 가족들과 함께 성소에서 잔치를 벌인다.	감사잔치	감사잔치
셋째 십일조 (신14:28,29,26:12~15)	안식년을 기준하여 제3년과 제6년에는 둘≳ 십일조로 잔치를 벌이지 않고, 레위인과 객과 고아와 과부들을 먹여 배부르게 하였다.	구제비	삼년에 한 번

(4) 도피성(19:)-지금까지 모세가 전한 율법은 대개 하나님께 대한 신앙과 예배행위에 관한 것이다. 본장에서는 사람과 사람사이에 지켜야 할 의 에 관한 의미를 강조하고 있다. '살인하지 말라' 는 제 6계명에 관하여 (1~13), '도적질하지 말라' 는 제 8계명에 관하여 '거짓 증거하지 말라' 는 제 9계명에 관하여 (15) 말하고 있다. 특히 이스라엘이 가나안에 들어간 후 고의 가 아니라 부지 중에 살인한 사람을 살려주기 위해 도피성을 두어야 할 것을 말씀 하셨다(민 35:참조).

(5) 전쟁시 규례(20:)-전쟁에 관한 모든 규정은 이곳에만 있다. 이 규정에는 "네 하나님 여호와께서 너와 함께 하시느니라"(20:1)는 승리의 확신이 담겨있다.

(6) 사회법과 기타규례(21:~25:)-여기서는 살인, 범죄에 관한 문제, 포로된 여자와의 결혼문제, 장자의 기업문제, 패역한 아들에 대한 문제와 이혼 등의 여러가지 문제에 대한 법규가 기록되어 있다.

(7) 첫 소산의 예물(26:)-이스라엘은 해마다 토지의 모든 소산물 중에서 처음 열매를 광주리에 담아 하나님께 드려야 한다(1~4). 이 절기를 초실절이라 정했고(출 34:22), 이 예물은 '자원해서 드리는 예물' 이어야 한다고 말하고 있다(신 16:10).

3. 모세의 세번째 설교(하나님의 언약)(27:1~30:20)

1) 기념비(27:)

하나님께서는 이스라엘로 하여금 계속하여 율법을 기억하도록 그 율법을 돌에 기록하여 에발산에 세우라고 말씀하셨다. 이것은 그들이 율법을 영구히 지키고 하나님을 섬기겠다는 서원과 같은 것이다.

2) 복과 저주(28:1~68)

하나님의 택한 백성은 하나님의 말씀을 순종하는 것이 축복을 받는 유일한 길이다. 그러므로 28장에 하나님의 말씀을 순종해야 할일에 대하여 여러차례 말한다(1, 2, 9, 12~14). 하나님의 말씀을 지키는 사람은 복을 받되 언제든지, 어디서나, 무엇을 하든지 복을 받는다(2~6). 또한 하나님의 말씀을 순종치 않을 경우에는 모든 생활분야에서 저주를 받게 된다.

3) 언약의 갱신(29:~30:)

하나님께서는 모압땅에서 이스라엘과 언약을 세우셨다. 이 언약은 시내산의 언약과 다른 것이 아니라 그 언약을 확고히 하기 위하여 세우신 것이다. 그리고 이스라엘이 하나님의 언약을 떠나 우상을 숭배할 때 하나님께서 크게 벌하셔서 이스라엘이 멸망받을 것을 말씀하셨다. 그러나 저들이 사로잡혀간 땅에서도 회개하기만 하면 하나님은 그들을 긍휼히 여기시고 그들을 선조의 땅으로 돌아오게 하여, 이전보다 더 큰 축복을 주실 것을 말씀하셨다.

4. 모세의 고별사(31:1~34:12)

1) 여호수아를 후계자로 세움(31:)

모세는 임종을 앞두고 온 이스라엘 백성들에게 ① 하나님께서 항상 저들과 함께 계심을 확신시켜 주고 ② 여호수아를 그의 후계자로 임명함과 ③ 이스라엘의 승리를 확신하여 강하고 담대하라고 권면한다. 그리고 그는 율법을 기록하였으며, 그 율법을 제사장들과 장로에게 맡기고 이 율법을 항상 가르치도록 명하였다.

2) 모세의 노래(32:)

모세는 이 노래를 통하여 백성들을 훈계하며, 하나님을 떠나지 말것을 가르친다.

3) 모세의 축복(33:)

모세는 마지막으로 이스라엘 각 지파 위에 축복을 선포한다. 그리고 이스라엘의 축복은 하나님께로부터 온 것을 말한다.

4) 모세의 죽음(34:)

모세는 마지막으로 비스가 산에 올라가 약속의 땅을 바라보았다. 하나님은 그를 더 좋은 곳으로 데리고 가셨다. 모세가 묻힌 곳은 아무도 모른다. 이 때 그의 나이는 120세였다.

교훈 및 적용

1. 환난과 곤고의 길을 걷는 때가 곧 하나님께서 우리에게 하나님의 말씀대로 사는 방법을 가르치는 때 임을 깨닫자.
2. 하나님을 사랑하는 증거가 하나님이 주신 말씀을 지키는 것임을 깨닫고 하나님의 말씀을 생활의 원리로 삼자.
3. 하나님의 말씀에는 복이 약속 되어 있음을 깨닫고 철저히 말씀대로 생활하여 복받는 인생을 살자.
4. 신명기의 복이 그리스도 안에서 약속 되어있는 것을 깨닫고 주의 계명에 순종함으로 약속된 복을 받아누리자.
5. 하나님을 잊지말라는 모세의 경고를 교훈삼아, 두렵고 떨리는 마음으로 우리의 구원을 온전히 이루자.

당신은 신명기에서 하나님께서 모세를 통하여 택한 백성 이스라엘을 지도하고 계시는 모습을 보았을 것입니다. 지금도 하나님께서는 지도자를 세우시고 당신을 말씀으로 교훈하고 계심을 믿고 순종함으로 축복받는 삶을 누리시기를 바랍니다. 이제 여호수아를 배우게 됩니다. 본문(여호수아 1~24장)을 자세히 읽어보시기를 바랍니다.

07

성경문제

● 율법의 재교육/신1:1-34:12

1. 호렙산에서 가데스 바네아까지의 거리는 얼마인가?(신 1장)
2. 신명기 2-3장에서 이스라엘 백성을 대적하다가 멸망한 두 나라의 이름은 무엇인가?
3. "너희는 그들을 두려워하지 말라 너희 하나님 여호와 그가 너희를 위하여 싸우시리라" 이 말씀은 몇 장 몇 절의 말씀인가?
4. 이스라엘 백성이 어디서 여호와의 음성을 직접 들었는가? (신 4장)
5. "너는 (　　　)을 다하고 (　　　)을 다하고 (　　　)을 다하여 네 하나님 여호와를 (　　　)하라" (　)에 적당한 말을 쓰라.(신 6장)
6. "사람이 떡으로만 살 것이 아니요 여호와의 입에서 나오는 모든 말씀으로 사는 줄을 너로 알게 하려 하심이니라"(신8:3). 이 말씀은 예수님께서 인용하신 말씀인데 어디서 누구에게 하신 말씀인가?
7. 모세가 시내산에서 며칠 동안 머물렀는가?(신 9장)
8. 다음 중 먹을 수 없다고 규정한 것의 번호를 기록하라.(신14장)
   (1) 소　(2) 토끼　(3) 사슴　(4) 돼지　(5) 약대　(6) 노루
9. 다음 A항과 관계 있다고 생각되는 것을 B항에서 골라 그 번호를 기록하라.(신 15-16장)

A항	B항
(1) 초막절	(가) 아빕월
(2) 면제년	(나) 제 7년
(3) 유월절	(다) 수장한 후
(4) 칠칠절	(라) 낫을 대는 날부터 7주

10. 만일 이스라엘 중에서 우상을 숭배한 일이 드러나면 몇 사람의 증인을 들어 죽이라 하였는가?(신 17장)
11. 무엇 때문에 도피성을 설치했는가?(신 19장)
12. 병역의 면제를 받지 못한 사람은 누구인가?(신 20장)
13. 범죄자를 죽여 나무에 달면 밤새도록 두지 말고 (　　)에 장사하여야 한다.(신 21장)

14. "여자는 (　　　　)의 의복을 입지 말 것이요 남자는(　　　　)의 의복을 입지 말 것이라 이같이 하는 자는 네 하나님 여호와께(　　　　)한 자니라"(신 22장). (　)에 적당한 말을 쓰라.
15. 곤궁하고 빈한한 자의 품삯은 (　　　　)에 주어야 한다.(신 24장)
16. "그런즉 너는 마음을 다하고 성품을 다하여 지켜 행하라" 이 말씀은 신명기 26장 몇 절에 있는 말씀인가?
17. "네가 네 하나님 여호와의 백성이 되었으니 그런즉 네 하나님 여호와의 말씀을 복종하여 내가 오늘날 네게 명하는 명령과 규례를 행할지니라" 몇 장 몇 절의 말씀인가?
18. 요단강을 건넌 후 축복할 산과 저주할 두 산의 이름은 무엇인가?(신 27장)
19. 신명기 28:1-19까지를 읽고 (　)에 적당한 말을 적어 넣어라.
(1) 여호와의 말씀을 듣고 지켜 행하는 자는 (　　　　)을 받는다.
(2) 여호와의 말씀을 순종치 않는 자는 (　　　　)가 임한다.
20. "이스라엘 백성들이 광야 40년 동안의 생활에서 의복과 신발이 없어서 매우 어려웠다"(신 29장). 맞으면 ○표, 틀리면 ×표 하라.
21. "모세는 율법의 말씀을 다 기록한 후 그것을 여호와의 (　　　　) 곁에 두어 증거를 삼으라 하였다."(신31장)
22. 모세의 노래가 몇 장에 기록되었는가?

여호수아

개요

1. **주제** - 가나안에 땅의 정복과 토지분배
2. **예수님과의 관계** - 우리 구원의 주로 묘사한다.
3. **배경**

   1) 책이름: 모세의 후계자 여호수아의 이름을 그대로 쓰고 있다.

   2) 기록자: 여호수아

   3) 기록연대: 기원 전 1,370년(모세가 죽은 후부터 여호수아가 죽을 때까지 약 30년 동안의 사건이 기록되어 있다)

   4) 기록목적: 가나안을 주시겠다고한 하나님의 언약성취를 보여준다.
4. **여호수아에(Joshua) 관하여**

   이름의 뜻은 "여호와는 구원이시다"이다. 본래 여호수아는 모세의 신임을 받는 장군이며(출 24:13), 전쟁에서 많은 공을 세웠다(출 16; 17:9~10). 그는 가나안 정탐의 일원으로 갔다가 오기도 했는데 다른 정탐꾼들은 불신앙적인 보고를 했으나 여호수아는 갈렙과 함께 신앙적인 보고를 했다. 하나님은 후에 그를 모세의 후계자로 택하여 이스라엘을 가나안으로 인도하도록 하였다(민 27:18~23).
5. **중심사상**

   1) 승리는 야훼 하나님만을 의지하는 담대한 신앙에 있다(1:1-9).

   2) 하나님은 자신에게 순종하고 그 명령을 지키는 자를 위해 싸우신다.

   3) 하나님은 택하신 백성에게 약속된 기업과 안식을 주는 분이시다 (히 11:16, 12:28, 벧전 1:4).
6. **신학적 의미**

   1) "여호수아" 란 이름은 '예수' 란 말과 같다. 즉 그리스도의 모형이다.

   2) 가나안은 예수님을 통해 우리가 얻은 영적안식과 승리를 상징한다.

   3) 가나안 정복 전쟁은 하나님 나라를 확장해야 하는 신약의 성도들이 겪는 영적 전쟁을 의미한다(엡 6:10-16).
7. **내용분류** - 24장 685절

   1) 가나안정복(1:-12:) 2) 영토분배(13:-21:)

   3) 여호수아의 말년(22:-24:)

8
[가나안정복]

- **본문 : 수 1~24장**
- **요절 : 수 21:44(1:2)**

여호수아서는 모세의 후계자로 세운 이스라엘 백성들의 지도자 여호수아를 통하여 하나님께서 약속대로 가나안을 점령하고 많은 전쟁을 통해서 이스라엘을 승리케 하시며 약속의 땅에 정착하게 되는 역사를 기록하고 있다. 우리는 본서를 통해서 하나님의 택함받은 성도들이 영적 싸움에서 하나님이 함께 하시므로 승리케 하시는 하나님의 섭리를 발견할 수 있을 것이다.

1. 가나안정복(1:1~12:24)

1) 여호수아의 소명(1:1~9)

여호수아는 모세의 심부름꾼으로서 모세가 하는 일을 도와주는 자였으며 오랜 동안 모세 밑에서 순종하는 법을 배웠다. 그는 낮은 자리에 있었으나 하나님께서 들어 올리심으로 존귀케 되었다. 하나님께서는 여호수아에게 "너의 평생에 너를 능히 당할자 없으리니 내가 모세와 함께 있던 것같이 너와 함께 있을 것임이라"(1:5)고 격려하셨다.

2) 여리고 정탐(2:)

이스라엘은 여전히 싯딤에 머무르고 있었다. 싯딤은 요단 계곡을 사이에 두고 여리고를 마주보는 위치이다. 여리고는 가나안을 정복하는데 있어 매우 중요한 지점이었기에 여호수아는 두 정탐꾼을 보내어 성의 상황을 살펴보도록 하였다. 그들은 여리고에 들어가 기생 라합의 집에 숨어들었으나 그만 왕에게 발각될 위험에 빠졌다. 그러나 라합이 성벽 밑으로 줄을 내려 그들을 보내주자 무사히 여호수아에게 돌아와서 기쁜 정보를 제공하였다(2:24). 라합은 온 세계를 다스리고 계시는 위대하신 하나님을 믿고 있었으며(11), 이스라엘에 대한 하나님의 약속을 믿고 있었다. 정탐꾼들은 라합과 그녀의 가족을 파멸에서 구해줄 것을 약속했으며, 그 성이 함락될 때 그녀와 그녀의 가족이 구원받을 수 있도록 창문에 붉은 줄을 매달아놓을 것을 말했다. 붉은 줄은 구원의 피를 의미한다(히 9:19~22). 라합이 구원받은 것은 그의 성품 때문이 아니라 붉은 줄(구원의 의미)에 의해 구원받은 것이다.

3) **요단강을 건넘(3:1~4:24)-** 정탐꾼들의 정보에 힘을 얻은 이스라엘 백성들은 그들의 진영을 싯딤에서 요단으로 옮겼다. 처음으로 40년간의 광야생활을 마치고 다시 요단강을 건너게 되었다.

4) **여리고성 정복(5:1~6:27)-**이스라엘의 기적적인 요단강 통과로 인해 가나안 족속들은 공포에 쌓이게 되었다. 그들은 가나안에 들어와 할례예식을 가졌고 첫 유월절을 지켰다. 이스라엘 백성이 그 땅의 곡식으로 양식을 삼게 되자 만나가 끊어졌다. 만나는 광야생활을 하는 이스라엘 백성에게 내리신 하나님의 축복의 한 표현이었다. 이스라엘 백성은 하나님께서 명하신 대로 7일간 여리고 성을 돌았으며, 7일째 나팔과 함성으로 여리고를 함락시켰다. 7일간이나 성을 돌게 하신 것은 하나님께 대한 순종을 교훈하시기 위함이었다. 이스라엘 백성은 7일간 믿음으로 여리고를 돌았다(히 11:30).

5) **가나안 남부 정복(7:~10:)**

⑴ 아이성 함락(7:1~8:29)-여리고 성을 함락한 이스라엘 백성은 여세를 몰아 아이성을 쳤으나 패배하고 말았다. 그들 중 아간이 하나님께 범죄함으로 벌을 받은 것이다. 아담의 범죄로 온 인류에게 죄가 온 것 같이 아간의 범죄로 온 이스라엘이 고통을 당했다. 아간을 심판한 후 이스라엘은 아이성을 정복하였다.

⑵ 기브온 사람과의 계약(9:1~27)-기브온 사람은 이스라엘이 승리한 소문을 듣자 큰 위협을 느끼고, 교묘하게 이스라엘을 속여 그들과 평화조약을 맺었다. 나중에 이스라엘은 속은 것을 알았으나 서약한 것 때문에 굳이 그들을 공격하는 대신에 비천한 노동에 종사하게 하였다.

⑶ 가나안 남부 정복(10:1~43)-기브온이 이스라엘에게 항복하였다는 소식은 가나안 남부의 모든 왕 및 영주에게 공포와 불안을 가져다 주었다. 왜냐하면 기브온과 같은 요충지가 이스라엘 수중에 함락되었으므로 가나안 남부 전체가 위험하게 되었기 때문이다. 그리하여 다시 기브온을 이스라

엘 수중에서 탈취하려고 동맹군을 결성하여 기브온을 공격하였으나 기브온에게 도움을 요청받은 이스라엘과 싸워 패배하고 말았다. 하나님께서 이스라엘에게 함께 하사 해와 달의 운행을 하루종일 정지하셨으므로, 이스라엘은 대 승리를 거두었다.

6) **가나안 북부 정복(11:1~15)–** 이스라엘의 대승리에 놀란 북부 가나안의 여러 왕들은 동맹을 체결하고 저항하였으나 여호수아는 메롬 물가에서 이들과 대전하여 크게 승리하였다. 그리하여 이스라엘은 북부의 온 땅을 정복하게 되었고 각 지파별로 땅을 나누어 주었다(11:23).

7) **가나안 정복의 개요(12:) –**본 장에서는 이스라엘에 의하여 정복된 토지에 관한 상세한 기록이 나와 있다.

(1)요단강 동편 정복(12:1–6)–여기서는 모세의 지휘 아래 이루어진 가나안 정복을 이야기하고 있다(민 21:–24: 참조).

(2)요단강 서편 정복(12:7~24)–여호수아가 정복한 땅은 동쪽으로 요단강과 서쪽으로 지중해 사이에 위치했고 북쪽으로 레바논 가까운 바알갓에서부터 남쪽 에돔나라에 접경한 할락까지이다(민 34:2 이하 참조).

2. 영토 분배(13:1~22:34)

1) 각 지파별 토지분배(13:1~19:51)

하나님께서는 택하신 백성에게 젖과 꿀이 흐르는 땅 가나안을 주시겠다고 한 약속을 성취하셨다. 하나님께서는 여호수아에게 "얻을 땅의 남은 것이 매우 많도다"고 말씀하시고, 앞으로 이스라엘에 의해 정복될 가나안 땅을 말씀하셨으며 이미 얻은 땅은 각 지파별로 분배하도록 지시하셨다. 토지 분배에 있어서는 유다지파가 우선권을 가졌다.

2) **도피성 지정(20:1~9)–** 계획적이 아니고 과실로 다른 사람을 죽게하였을 때 그 근친자의 복수로부터 보호하기 위하여 6개의 도피성을 설치하였다. 이는 민수기 35장 9~15절의 명령을 실천한 것이다.

3) **레위성읍 지정(21:1~45)–** 12지파중 레위지파는 어떤 특정된 지역을 할당받지 못했다. 그러나 하나님께서는 레위지파를 위해 전체 48성읍을 지정하셨다. 하나님께서 주의 일에 종사하는 레위지파를 위해 자비를 베푸셨다.

4) **동쪽으로 귀환(22:1~34)–** 여호수아는 르우벤, 갓, 므낫세, 반지파의 임무가 끝났으므로 그들을 축복하고 요단강 동쪽으로 돌려보냈다.

3. 여호수아의 만년(23:1~24:33)

1) 첫번째 고별설교(23:1~16)

여호수아는 과거의 역사를 회고하고, 그 경험을 통하여 장래에 대하여 경고한다. 여기서 강조한 것은 하나님께 대한 충성과 율법엄수이다.

2) 두번째 고별설교(24:1–33)

모세가 행한 전례와 같이 여호수아는 이제 곧 세상을 이별할 때가 되자 백성들에게 최후의 권고를 주었던 것이다. 여호수아는 이스라엘의 과거 역사를 회고함으로써 귀중한 교훈을 가르치고 있다. 그들이 적을 격퇴하고 오늘날 가나안 땅을 점령하고 정착하게 된 것은 온전히 하나님의 능력에 의한 것임을 말하고, 이스라엘의 장래도 그들이 하나님께 충성하든가 아니면 이방 신을 섬기는 가에 따라 결정된다고 말했다.

교훈 및 적용

1. 하나님은 약속하신 것을 반드시 성취하시는 분이다. 우리는 하나님의 말씀을 순종과 믿음으로 실행하여야 한다.
2. 우리는 매사에 하나님을 앞서서 하여서는 안 된다. 먼저 하나님 앞에 기도로 아뢰어야 한다.
3. 죄가 우리 안에 있을 때 하나님은 우리와 함께 하지 않으신다.
4. 행함이 없는 믿음은 죽은 믿음이다. 하나님이 언약하신 복을 믿음으로 실천에 옮겨 우리의 것으로 만들어야 한다.
5. 하나님은 시험 당할 때 피할 길로 예비하신다.
6. 하나님은 우리의 영원하고 완전한 기업이 되신다.

당신은 여호수아를 통하여 택한 백성 이스라엘과 함께 하시며 승리케 하시는 하나님의 능력을 체험하셨을 것입니다. 그 하나님은 지금 당신과 함께 하시고 계실 뿐 아니라 원수를 물리쳐 주시고 당신의 영적 가나안 천국까지 인도하신다는 것을 분명히 믿으시기를 바랍니다.
이제 당신은 사사들을 들어쓰시는 하나님의 모습을 배우게 될 것입니다. 본문 사사기 1~21장과 룻기 1~4장까지를 자세히 읽어 주시기를 바랍니다.

성경문제

● 가나안의 정복/수1:1-24:33

1. 모세가 죽은 후 누구를 선택하여 이스라엘 백성을 지도하게 했는가?(수1장)
2. 여호수아 1장 중에 "마음을 강하게 하고 담대히 하라"는 말씀을 기록하고 있는 절은 어디인가?
3. 여호수아 1:16-18에 기록된 말씀은 무슨 내용인가?
   (가) 백성들이 여호수아에게 한 맹세와 격려의 말
   (나) 백성들이 모세에게 한 맹세와 격려의 말
   (다) 여호수아가 백성들에게 한 맹세와 격려의 말
   (라) 하나님이 이스라엘 백성들에게 주신 말
4. 정탐꾼을 숨겨 준 여성의 직업은 무엇이며 이름은 무엇인가?(수 2장)
5. 이스라엘 백성이 요단강을 건널 때 누가 맨 먼저 강물을 밟았는가?(수 3장)
6. 이스라엘 백성이 요단을 건너서 세운 기념비는 몇 개의 돌로 건축되었으며 돌은 어디서 가져 왔으며 어느 곳에 세웠는가?(수 4장)
7. 이스라엘 백성이 요단을 건넌 후 행한 두 가지 예식은 무엇인가?(수 5장)
8. 이스라엘 사람들이 여리고 성을 함락시키기 위하여 매일 (　　　)번씩 돌았는가?(수 6장).
9. 아간이 범죄하므로 아이 성을 치다가 죽은 이스라엘 사람들은 몇 명쯤 되는가?(수 7장)
10. 아이 성을 재차 침공할 때 누가 몇 명의 군대로 승리했는가?(수 8장)
11. 여호수아가 기브온 거민들에게 속임을 당하였다(수 9장). 그 원인은 "…어떻게 할 것을 (　　　)께 묻지 아니하고 …그들과 (　　　) 하여 그들을 살리리라"는 (　　　)을 맺은 데 있다. (　)에 적당한 말을 쓰라.
12. "태양아 … 머무르라 달아 너도 … 그리할지어다" 이 말씀은 몇 장 몇 절에 있는가?
13. 여호수아는 북편 왕들과 싸워 패배하였다. 맞으면 ○표, 틀리면 ×표 하라.(수 11장)
14. 여호수아가 요단강 서편 바알갓에서부터 할락산까지 정복한 왕은 모두 몇 명인가? (수12:8-24 참조)
15. 갈렙은 어디를 기업으로 받았는가?(수 14장)
16. 실로는 어떤 곳인가?(수 18장)
17. 도피성은 어떤 사람이 피하는 곳인가?(수 20장)
18. 레위 지파는 몇 개의 성을 받았는가?(수 21장)
19. 여호수아가 이스라엘 백성에게 권면한 내용이 어디에 기록되었는가?
20. "오직 나와 내 집은 여호와를 섬기겠노라"는 말씀은 누구의 말씀인가?(수 24장)
21. 여호수아 24:16-24 사이에 백성들이 여호수아에게 자기들의 결심을 표시하였다. 결심이 표시된 절을 쓰라.
22. 여호수아는 몇 살에 죽었으며 어디에 장사되었는가?(수 24장)

사사기

개요

1. **주제 및 해설** – 하나님께 대한 불순종의 결과

모세와 여호수아에 이끌려 가나안 땅에 정착한 이스라엘 민족은 여호수아가 죽은 후 하나님의 말씀을 순종치 않고 "모든 사람이 자기의 소견대로 행하여" 악한 길로 빠졌다. 이에 하나님은 그들을 돌이키시려고 이방 원수들의 손에 이스라엘 민족을 붙이셨고 그들이 자신의 죄를 깨닫고 부르짖을 때에는 사사들을 통해 그들을 구원하셨다. 이렇게 하나님께 불순종, 이방인에게 압박 받음, 구출의 과정을 7번이나 반복한 이스라엘의 역사에서 우리는 인간의 계속적인 실패와 하나님의 계속적인 자비와 은혜를 찾아 볼 수 있으며, 거기에 비추어 오늘날 우리들의 신앙생활을 반성해 볼 수 있다.

2. **예수님과의 관계** – 우리를 구속하시는 사사(재판자)임을 보여준다.
3. **배경**

1) 책이름 : 이 책은 하나님이 세워서 쓰신 사사들의 공적을 기록했으므로 '사사기' 라 한다. 이들의 임무는 보통 전쟁을 통하여 적들의 압박에서 하나님의 백성들을 구해 내고 그들을 다스리는 것이었다.

2) 기록자 : 유대인들의 전통에 의하면 사무엘이라고 한다.

3) 기록연대 : 약 BC 1,400년에서 삼손이 죽던 1,051년 사이에 기록. 사사기는 분명히 다윗왕이 예루살렘을 정복하기 전에 기록 되었어야만

한다(1:21). 또한 사사기는 이스라엘이 왕국으로 세워진 직후에 기록된 것으로 보인다. 왜냐하면 성경에 "그 때에는 이스라엘에 왕이 없었다"고 기록되었기 때문이다(17:6, 18:1, 19:1, 22~25). 사사기는 사울왕시대, 혹은 다윗왕의 초기까지의 역사를 기록한 것이다.

4) 수신자 : 다른 역사서에서와 같이 특별하게 지적한 이름이 없다.

5) 기록목적 :

(1) 여호수아가 죽은 후부터 사무엘까지 하나님께서 선택하신 이스라엘 민족의 역사를 계속 전개시키는 데 있다.

(2) 모든 사람이 자기의 소견대로 행하더라"의 말씀에서 보여지는 대로 인간의 도덕적 타락에 대하여 하나님의 무서운 진노가 임한다는 사실을 알려주는 데에 있다(17:6, 21:25).

6) 핵심어 : 악(14회-대부분 "악을 행하여"로 기록), 사사(다스림, 심판을 포함-22회)

4. **중심사상**

1) 이스라엘 역사의 주관자는 하나님이시다. 그 분은 이스라엘을 대적의 손에 붙이기도 하시고 구원하시기도 하셨다(2:14~16).

2) 이스라엘 백성이 고통 중에서 하나님께 부르짖을 때마다 하나님께서는 사사를 세워 그들을 구원하셨다(2:18).

3) 계속되는 이스라엘의 불충과 배약에도 불구하고, 긍휼과 자비로 이스라엘을 대하신 하나님의 태도에서 언약에 대한 신실하심을 엿볼 수 있다.

5. **내용분류**

1) 이스라엘의 실패와 그 원인(1:1~3:6) (사사시대의 배경)

2) 사사들과 그들이 한 일들(3:7~16:31)

3) 사사시대 동안의 혼란과 타락에 대한 부가 설명
(두 가지 사건)(17:1~21:35)

룻기

개요

1. **주제** – 아름다운 모압 여인 룻의 신앙

   룻에 대한 이 이야기는 하나님을 섬기도록 사람을 선택하심과 하나님으로 인하여 큰 축복을 받았다는 것이다. 또한 하나님께서는 온 세상을 구원하실 구세주의 가족을 형성하심에 있어서 한 이방 여인을 택하시어 베들레헴으로 인도하사 보아스의 신부로 삼으신 것이다. 이것은 곧 장차 나실 예수님이 유대인뿐이 아니라 온 인류를 위한 구세주가 되신다는 것을 의미한다.

2. **예수님과의 관계** – 메시야 계보의 시작
3. **룻기의 배경**

   1) 기록자 : 불확실하다(유대인들의 기록에 의하면 사무엘이 저자).

   2) 기록연대 : 불분명하다. 본서는 10년 동안의 사건을 기록한 것이다. "사사들이 치리하던 때"(1:1) 외에는 성경은 말하지 않고 있다. 아마 사사기가 기록되어진 때와 거의 같을 것이다.

   3) 기록목적

   ① 사사시대 동안 빛이 되었던 사람들의 생활에 대하여 우리에게 통찰력을 갖게 하는 데 있다. 그것은 사사기에 전기를 통하여 확실히 나타내 주었는데 곧모든 것은 죄로 어두워져 하나님으로부터 버림을

받았다고 우리에게 지시하여 준다.

② 다윗의 혈통을 보여 주며, 특별히 다윗의 증조모가 된 모압여인 룻이 어떻게 그 혈통에 대하여 보여주고 있는가를 기록하는 데에 있다. 룻기는 후에 여성의 이름으로 성경의 명칭을 삼는 두 책 중(에스더서, 룻기서) 한 책이 되었다.

4) 책이름 해설

룻기는 이 이야기의 인물의 명칭을 따서 지은 것이다. 이것은 별도로 다른 두루마리에 기록되어 수확의 축제인 오순절에 백성들에게 낭독되었다. 여기서 룻은 그리스도의 이방 신부로서 교회의 한 모형이며 그녀의 경험은 모든 진실한 크리스천의 경험과 비슷하다.

5) 중요한 단어 : '친족' –14회 사용, '부르다' (Redeem)–9회 사용

4. **중심사상**

1) 이방인도 믿음으로 하나님의 백성이 될 수 있다 (1:16)

2) 헌신적 사랑에는 복과 상급이 뒤따른다(2:11, 12).

5. 룻기와 신약과의 관계

1) 그리스도는 우리의 기업을 무를 친족이시다.

2) 예수 그리스도는 믿음의 혈통을 따라 나셨다.

6. 내용분류: 4장 85절

1) 룻의 결단(1:1~22)

2) 룻의 헌신(2:1~23)

3) 룻의 청원(3:1~18)

4) 룻과 보아스의 결혼(4:1~22)

9
[사사들의 역사]

- **본문 : 삿 1~21장, 룻기 1~4장**
- **요절 : 삿 21:25**

이스라엘 백성들이 애굽에서 나와 40년이라는 긴 광야생활을 통해서 약속의 땅 가나안에 들어갔으나 300여 년 동안 혼란과 무질서의 생활에서 허덕이는 모습을 사사기에서 찾아볼 수 있다. 사사기는 이스라엘의 타락에 대한 기록, 즉 인간의 변덕과 타락에 대한 고백이기도 하다. 그러나 이러한 때마다 하나님께서는 사사들을 세웠고 그들의 신앙적인 활동으로 백성을 구원하시는 역사를 기록하고 있다. 이때 활동한 사사들로서는 옷니엘, 에훗, 삼갈, 드보라와 바락, 기드온, 아비멜렉, 돌라, 야일, 입다, 입산, 엘론, 압돈, 삼손 등 14명이다.

1. 이스라엘의 실패와 그 원인(사사시대의 배경)(1:1~3:6)

여호수아는 이미 죽고 없었다(1:1). 약속된 땅 중 아직도 정복해야 할 곳이 많았다. 이스라엘 백성들은 먼저 하나님께 상의 했다. 그들의 이러한 시작은 옳은 출발이었다. 그러나 그들의 불순종으로 일은 불행한 상태로 되어갔다.

1) 이스라엘의 실패(1:1~1:36)

제1장은 실패의 장이었다. 이스라엘 민족은 가나안 사람들을 쫓아내는 일에 실패하였다. 그들은 하나님께서 명령하셨던 대로 적을 무찌르지 않았기 때문이다. "에브라임이 가나안 사람을 쫓아내지 못하였으매" 같은 '못했다' 는 이야기가 여섯번이나 반복된다. 그들은 하나님께 대해 불순종하였고 오히려 이방민족과 타협하고 그들과 동맹을 맺었던 것이다(12족속 중에 8족속이 실패, 르우벤, 시므온, 잇사갈, 갓 족속은 여기에서 제외).

2) 실패의 원인(영적배교)(2:1~3:6)

2장도 역시 실패의 연속이다. 그 이유는 이스라엘 백성들의 불순종이었다. 그들이 얼마나 불순종하였나? 이스라엘 자녀들은 그들 마음대로 판단을 내렸으며 그들 마음대로 말을 했던 것이다(2:1~3). 그들은 하나님이 쫓아내라고 하신 적들을 쫓아내지 않고, 오히려 적들과 타협했으며, 그들의 우상을 숭배했던 것이다.

왜 하나님은 이스라엘 백성들을 약속된 땅으로 인도하시기 전에 모든 적들을 물리치시지 않았을까? 하나님께서는 우리의 죄와 약함을 우리에게 보이시려고 때로는 우리의 부족한 믿음으로 인한 결과를 사용하신다. 택함을 받은 백성은 거룩한 백성임을 스스로 깨닫게 되기를 하나님은 원하신다. 그래서 그들은 사악한 이방민족과 혼합되지 말고 그들 스스로 이방민족과 분리되어야 했었다. 이와 같이 크리스천들도 세상과 혼합되어서는 안되며 하나님과 밀접해 있어서, 죄와 불의에 대항하여 선한 싸움을 하여야 한다.그러므로 우리는 패역한 백성에 대한 어리석은 관용이 하나님의 택함받은 백성에게 얼마나 큰 불행을 가져왔는지 생각해 보아야겠다.

2. 사사들과 그들이 한 일들(3:7~16:31)

하나님은 순종치 않는 백성들을 항상 걱정하고 계신다. 이스라엘 민족이 다른 나라 사람과 결혼을 하고, 이방인의 신전에서 경배를 했고, 또 이방인들의 악습을 따라 행하였을 때, 하나님은 적들을 보내어 그들을 패배시켰으며, 그들은 이스라엘 민족을 지배했다. 이리하여 이스라엘 민족은 슬픔에 잠기고 나서야 하나님을 찾았으며 이에 하나님은 사사라 불리운 지도자를 보내어 그들을 구원해 주셨다. 이렇게 하나님은 항상 그의 백성들 곁에 계시어 그들의 부르짖음을 들으시고 응답하셨다.

하나님은 우리를 절대로 버리지 아니 하시리라는 것을 우리에게 약속하신다. 이스라엘 백성들이 비록 하나님께 감사할 줄을 모르고 그들에게 반항하였으나 하나님의 크신 인내로 백성들에게 고귀한 축복의 면류관을 씌워주시며 그의 참사랑을 아낌없이 주심을 이 책에서 찾아볼 수 있다. 또한 백성들이 회개할 태도만 보이면 하나님은 언제라도 응답하실 준비를 하고 계신다(3:9, 15, 4:3~7, 6:6~12, 10:15~16). 이것을 생각할 때 자비와 사랑과 은혜의 하나님께로 보다 가까이 나아가고 싶지 않은가?

여기에서 우리는 이스라엘 민족의 일곱 번의 배신과 일곱 번의 예속, 그리고 일곱 번의 구원에 대한 사실을 볼 수 있다.

1) 옷니엘(3:7~11)

죄: 우상숭배. 이스라엘은 수리아 국가들 사이에 정착하게 되었다. 그들은 그들의 입장을 안전하게 하기 위하여 이방민족들과 결혼하였고, 이방 민족의 종교(3:7)를 받아들이고, 그들의 악습을 받아들였다. 징계: 그러나 얼마 안가서 메소포타미아 사람들은 그들을 압박하기 시작하였다(8년 동안). 구원한 사사: 옷니엘(갈렙의 조카).

2) 에훗(3:12~31)

죄:부도덕 및 우상숭배, 메소포타미아와의 대전이후로 오랜 평화(40년간)를 누리게 된 이스라엘은 안일함과 나태가운데 다시금 영적인 타락을 하였다(3:12). 징계: 이번에는 모압인들이 그들을 공격해 왔다(18년 동안). 구원한 사사:에훗(3:15). 베냐민 출신의 왼손잡이 사사. 그후 이스라엘백성은 80년동안 평화롭게 살 수 있었다. 소모는 막대기로 유명한 삼갈이 에훗을 이어사사로 따라 나온다(블레셋 족속들로부터 구원).

3) 드보라와 바락(4:1~5:31)

죄: 하나님을 저버림, 징계: 이번에는 가나안 족의 왕 야빈이 그들을 공격하여 압박하였다. 그 군대장관 시스라 밑에서의 압박(20년간)은 너무 극심하여 그들은 또 하나님께 부르짖었다. 구원한 사사:드보라. 하나님께서는 그들의 부르짖음을 들으시고 드보라를 사사로 보내셨다(4:4). 드보라는 그의 협조자로 바락을 택했다(40년간 평화).

4) 기드온의 역사(6:1~8:32)

죄: 하나님을 저버림. 이스라엘 백성들은 다시 그릇된 습관과 바알을 숭배하기에 이르렀다. 징계: 하나님은 이스라엘 백성을 7년동안 미디안 족속에게 매여지내게 하셨다. 그들의 압박이 얼마나 심한지 이스라엘 백성들은 산에 굴과 산성을 만들어놓고 그 속에 숨어 살기까지 하였다(6:2). 구원한 사사: 기드온 하나님께서는 "가장 작은 지파요 잘 알려지지 않은 집안"의 기드온을 택하셔서 이스라엘을 미디안의 손에서 구원하셨다.

또한 기드온은 온 땅에 있던 바알신의 단을 훼파하고 백성들로 하여금 하나님 앞에 제단을 쌓는 것을 회복케 하였다. 기드온의 나팔과 항아리를 든 300명의 군대에 관한 이야기는 약한 것을 기쁘게 사용하시는 하나님(고전 1:26~29)을 보여준다.

5) 아비멜렉(8:33~10:5)

죄: 하나님을 저버림. 이스라엘 백성들은 기드온이 죽은 후 다시 바알을 섬기는 우상숭배에 빠졌다(8:33). 징계: 내란, 기드온이 죽자마자 백성들은 혼란가운데 빠지게 되었다. 그 때 기드온의 여러 아들가운데 잔악하고 절개없는 아비멜렉은 세겜사람을 충동하여 그들의 추대로 왕이 되었고 3년동안 모진 학정을 하던 끝에 한 여인의 손에 의해 살해 되었다. 사사: 아비멜렉이 죽은 후 돌라와 야일의 통치 아래서 45년간 평화를 누리게 되었다.

6) 입다(10:6~12:15)

죄: 우상숭배가 더 심함. 징계: 18년동안 블레셋과 암몬족속에게 고통을 받음. 구원한 사사: 입다(및 그의 계승자들)

7) 삼손(13:1~16:31)

(1) 출생과 성장(13:1~25)

이스라엘 자손의 죄악으로 다시금 블레셋 사람의 압제하에 있을 때 하나님께서는 또한번 구원자를 준비하셨다. 야훼의 사자가 잉태치 못하는 노아의 아내에게 나타나서 아들의 출생을 예고한후, 그를 나실인으로 야훼께 바치도록 하셨다(1~14). (나실인에 관하여는 민수기 6장을 참조). 나실인으로 성장한 삼손은 성인이 되어 야훼의 신의 감동을 받았다(25).

(2) 딤나 여인(14:~15:)

삼손은 블레셋 여인을 아내로 맞이하기 위하여 딤나로 내려갔는데 이는 블레셋 사람을 치려는 의도에서였다(4). 가는 길에 삼손은 야훼의 신에 감동되어 사자를 염소새끼 찢음같이 찢었다(6). 그리고 다시 가는 길에 사자의 주검에서 꿀을 취하여 먹었는데 이것은 서약을 어기는 행위였다(14:8, 9).

딤나 여인의 집 혼인잔치 석상에서 삼손은 "먹는 자에게서 먹는 것이 나오고 강한자에게서 단 것이 나왔다"는 수수께끼를 내다가 자기 아내를 빼앗기고 돌아왔다(14: 10~20). 그 후 삼손은 복수로 여우 삼백을 붙들어 블레셋 사람의 곡식 밭을 불태운 후에 담바위 틈에 숨었다가 자기를 잡으러온 블레셋 일천명을 나귀의 새턱뼈로 단숨에 해치웠다(15:1~20).

(3) 가사의 기생(16:1~3)

삼손은 가사의 기생집에 들어갔다가 여기서 밤중에 다시 한번 초자연적 능력을 발휘하였다(16:1~3).

(4) 들릴라(16:4~22)

세번째로 블레셋 여인 들릴라를 만난 삼손은 여인의 꾐과 간청에 못이겨 마침내 자신의 초능력적인 힘의 비결을 말해 주고 말았다(16:17). 이것은 삼손이 하나님과의 나실인 서약을 완전하고 철저하게 깨뜨린 것이었다(13:5참조). 이에 삼손은 머리를 밀리고 그 힘을 잃고 만다. 하지만 궁극적으로 삼손이 초능력적인 힘을 잃은 것은 , 머리털 그 자체의 삭발에 있는 것이 아니라 야훼신의 떠나심 때문이었다(20).

그러나 옥중에서 그의 머리털은 다시 자라기 시작하였다(22). 이것은 삼손의 회개와 함께 야훼께서 자비하심으로 다시 한번 은혜를 베푸실 것을 예고해 주는 것이었다.

(5) 삼손의 죽음(16:23~31)

삼손의 죽음은 잘못된 여인 관계로 말미암은 것이었으나, 궁극적으로는 하나님의 말씀에 대한 경외심의 부족으로 인한 탓이었다. 삼손의 마지막 간구를 들으신 야훼께서는 다곤신전을 무너뜨릴 큰 힘을 삼손에게 부어주심으로, 삼손이 죽을 때에 죽인 자의 수가 살았을 때에 죽인 자의 수보다 많았다(30).

야훼의 복주심 속에 태어나서 다른 어떤 사사들보다도 야훼의 감동을 크게 받은 삼손은 두눈을 뽑힌 후 비참한 최후를 맞이하고 말았는데, 이러한 삼손의 일생은 사사시대 이스라엘 백성의 신앙적 모습을 시각적으로 보여주는 하나님의 단면이기도 하였다.

3. 사사시대 동안의 혼란과 타락에 대한 부가 설명 (두 가지 사건)(17:1~21:25)

1) 우상숭배(17:1~18:31)

이스라엘은 무정부의 혼란상태를 나타내고 있다. 그들은 하나님께로부터 멀리 떠나 깊은 구렁 속에 빠져 들어갔다. 그들이 이와같은 도탄 속에 빠지게 된 이유는 신앙생활이 혼란 속에 빠졌기 때문이며(17:6), (특히 단 지파는 더욱 많은 땅을 얻기 위하여 미가의 우상물과 타락된 제사장들을 취함) 그 나라의 도덕생활에 혼란이 일어났고, 그들의 정치생활에도 혼란이 따랐기 때문이다.

2) 도덕적 부패(19:1~21:25)

기브아에 살고 있는 베냐민 지파의 비류들이 레위사람의 첩을 행음하여 죽였다는 베냐민 사람의 악한 행위를 들은 이스라엘의 모든 지파는 그들을 징벌하기 위하여 내어놓도록 명령했다. 이때 베냐민 지파가 이스라엘의 말을 거절하자 전쟁이 시작되었고 베냐민지파는 첫번째와 두번째 싸움에서 승리했으나 세번째 싸움에서는 패하고 거의 모든 사람이 죽었다. 겨우 600명만이 광야로 도망했다. 그러나 이스라엘 사람들은 아내가 없는 베냐민 사람들에게 자기의 딸을 아내로 주지 않기로 맹세하였다. 이렇게 한 지파가 끊어지게 되었을 때에 이스라엘 자손이 뉘우쳐 형제 600명을 위하여 아내를 준비하였다. 그들은 이스라엘과 베냐민지파와의 싸움에 협력하지 아니한 요단 저편에 거하는 갓 지파의 성인 야베스 길르앗의 처녀 400명을 얻어 아내로 맞게 했었다. 남은 200명의 베냐민 남자들은 매년 열리는 실로의 축제기간에 춤추는 실론 여인들을 아내로 맞이하도록 했다.

마지막 장들은 이스라엘 백성이 하나님의 전으로 달려가는 길을 잃어버려 구렁속에 빠지게 된 것을 증명한다. 그들은 믿음을 잃고 실족하였으며 거듭 배신하였다. 그러나 하나님께서는 그의 백성을 계속 사랑하신다. 또한 우리의 실패에도 불구하고 회개하고 부르짖으면 그 소리를 들으시고 다시 그에게로 돌아오게 하신다.

4. 룻의 역사(믿음과 사랑의 승리)(룻1:1~4:22)

이 아름다운 이야기는 아마도 이스라엘이 무정부 상태에 있었던 무렵의 이스라엘의 가정생활을 보여주는 것으로서 룻기는 사사기 처음장들과 연결하여 공부해야 될 것이다. 룻은 다윗의 증조모였기 때문에 이 책은 이러한 다윗의 가계, 즉 그리스도의 선조에 대하여 기록되어있다. 즉 이 책은 메시야 가족의 시작을 말해 주기도 한다. 사실 1,000년 후에는 그 가족으로부터 메시야가 탄생하게 되었다.

1) 룻의 결단(1:1~22)

룻은 모압족속의 여인이었고 그들은 룻의 후손들로 그때 당시에는 이방인들이었다. 그녀는 이스라엘 사람인 엘리멜렉과 나오미의 며느리로서 그들이 양식이 없어 모압지방으로 내려갔을 때 그들의 아들과 결혼했던 것이다. 그러나 남편과 그 아들을 잃은 후 이스라엘에 양식이 풍성하다는(1:6) 말을 들은 나오미는 다시금 이스라엘로 돌아오고자 결정을 한 것이다.

이때 며느리인 룻은 그 시어머니를 따라 이스라엘로 가기로 결정을 했다. 이것은 중대한 결정이었다. 이방여인 룻이 이스라엘로 가면 다시 결혼하기 위해 기회가 없어지기 때문이다. 그러나 룻은 그 동서 오르바가 모압으로 돌아갔을 때에도 그의 결심을 굽히지 않았다. 이러한 것은 "나오미가 또 가로되 보라 네 동서는 그 백성과 그 신에게로 돌아가나니 너도 동서를 따라 돌아가라 룻이 가로되 나로 어머니를 떠나며 어머니를 따르지 말고 돌아가라 강권하지 마옵소서, 어머니께서 가시는 곳에 나도 가고 어머니께서 유숙하시는 곳에서 나도 유숙하겠나이다. 어머니의 백성이 나의 백성이되고 어머니의 하나님이나의 하나님이 되시리니" (1:15~16)에 잘 나타나 있다.

2) 룻의 헌신(2:1~23)

이스라엘까지 나오미를 따라온 이 룻은 근면하고 충성되게 그 시어머니를 봉양하여 그 이웃 사람들에게 칭송을 듣게 되었다. 또한 이 장에서는 룻의 친척이 되는 보아스가 그의 타작마당에서 룻에게 친절을 베푸는 것이 나타나 있다.

3) 룻의 청원(3:1~18)

룻에게서 하루 동안에 일어났던 일들을 듣던 나오미는 보아스가 룻에게 행한 일을 생각하고 룻에게 새로운 기회를 열어주기 위하여 준비시킨다.

4) 룻과 보아스의 결혼(4:1~22)

이스라엘의 하나님을 믿겠다고 결심하고 시어머니 나오미를 따라와서 효성스럽고 충성스럽게 시어머니를 공양하던 룻은 다시 하나님의 축복을 받게 된다. 즉 그의 친족이 되는 보아스와 결혼하게 되었던 것이다. 그리하여 룻은 이스라엘의 풍습대로 엘리멜렉과 말론의 가계를 잇게 할 수 있었고, 그 사람이 바로 다윗의 할아버지인 오벳이었다.

구약에서 이스라엘은 사람이나 혹은 유산이 노예처럼 속박되어 팔렸을 때 가까운 친척이나, 유산을 찾을 수 있는 능력자나, 스스로 찾겠다고 나서는 사람이 있다면 그 들에 의하여 다시 찾을 수 있었다. 그래서 속박된 사람은 자유로운 몸이 되고 유산은 주인에게 다시 돌아가게 되었다. 보아스는 룻과 룻의 유산을 위하여 이와 같이 하였다(4:10). 이처럼 신약에서도 죄의 노예로 팔려간 인간들을 다시 찾기 위하여 자격을 갖추신 우리의 구속자 예수 그리스도를 볼 수 있다. 즉, 보아스는 예수님의 모형인 것이다.

교훈 및 적용

1. 사사시대 이스라엘의 실패를 통해 우리의 신앙생활의 시험이 우리의 죄악으로 인한 것임을 깨닫고, 시험당 할때 즉시 자신을 성찰하고 하나님께 회개하자.
2. 역사의 흥망성쇠와 인생의 성공과 실패는 오직 하나님의 손에 달려있음을 깨닫고, 하나님의 주권을 인정하는 삶을 살자.
3. 하나님께서는 약한 자를 사용하셔서 당신의 능력을 온전히 행하시는 분이심을 깨닫고, 겸손하게 주님 앞에 나아가자.
4. 주님만을 좇으려는 믿음의 결단 위에는 하나님의 복주시는 손길이 기다리고 있음을 깨닫고, 환경이 우리의 마음을 빼앗으려고 할때일수록 더욱 더 힘찬 신앙고백을 드리자.
5. 나오미에 대한 룻의 효행과 선대는 현대인이 깊이 본받아야 할 점이다. 우리도 룻처럼 행함이 있는 믿음을 하나님과 사람 앞에 보이자.

당신은 사사기에서 인간이 얼마나 약한가 하는 인간의 모습을 발견하였을 뿐 아니라 범죄하는 인간을 버리지 아니하시는 하나님의 사랑을 느낄 수가 있었을 것입니다. 그렇습니다. 우리는 늘 넘어지기 쉽습니다. 그러나 하나님은 그때마다 우리를 일으켜 주신답니다. 그리고 룻기를 통해서 우리의 영적 신랑되시는 예수님의 품 안에서만 안식과 평안이 있음을 배웠습니다. 다음에 당신은 왕국을 건설하시고 확장하시는 하나님을 볼 수 있을 것입니다. 본문 사무엘상1~31장까지 읽어주시기를 바랍니다.

성경문제

● 사사들의 역사/삿1:1-룻4:22

1. 여호수아가 죽은 후 제일 먼저 가나안 사람과 싸운 지파는 어느 지파인가?(삿 1장)
2. 갈렙의 사위로서 이스라엘의 첫 사사가 된 사람은 누구인가?(삿 1장)
3. "그 후에 일어난 다른 세대는 ( )를 알지 못하여 … 이스라엘 자손이 ( )의 목전에 악을 행하여" ( )에 적당한 낱말은 무엇인가?(삿 2장)
4. 왼손잡이 사사는 누구며 몇 년 동안 태평을 누렸는가?(삿 3장)
5. 다음 A항과 관계 있는 B항의 기호를 답란에 써 넣으라.(삿 3-6장)

A항	B항
(1) 시스라	(가) 복 받을 자
(2) 야빈	(나) 군대장관
(3) 야엘	(다) 가나안 왕
(4) 바락	(라) 육백 명
(5) 삼갈	(마) 드보라의 부하

6. 미디안 군대를 물리친 기드온의 군사는 몇 명인가?(삿 7장)
7. 하나님을 반역하고 그의 형제 70인을 죽인 아비멜렉은 어떻게 죽었는가?(삿 8-9장)
8. 사사기 9:7-20의 말은 누가 누구에게 어디서 한 것인가?
9. 이스라엘 자손이 이방 신을 섬긴 것은 몇 가지인가?(삿 10장)
10. 입다는 길르앗 사람이며 큰 용사로서 ( )이 낳은 아들이었다.(삿 11장)
11. "너희가 어찌하여 오늘날 내게 올라와서 나로 더불어 싸우고자 하느냐?" 이 말은 누가 누구에게 한 말인가? (삿 12장)
12. "보라 네가 잉태하여 아들을 낳으리니 그 머리에 삭도를 대지 말라 이 아이는 태에서 나옴으로부터 하나님께 바치운 ( )이 됨이라."(삿 13장)
13. "암송아지"는 삼손이 ( )를 가리켜 한 말이다(삿 14장).
14. 나귀의 턱뼈로 일천 명을 죽인 사람은 누구인가?(삿 15장)
15. 삼손을 유혹하여 하나님 앞에 범죄하고 실패하게 한 블레셋 여인은 누구인가?(삿 16장)

16. "내 아들이 여호와께 복 받기를 원하노라" 이 말씀은 몇 장 몇 절에 있는가?
17. "우리의 행하는 길이 형통할는지 우리에게 알게 하라" 이 말은 누가 누구에게 한 말인가?(삿 18장)
18. 에브라임 산지 구석에 우거하는 레위 사람의 첩이 어느 지파 사람에게 능욕을 당하고 죽었는가?(삿 19장)
19. 이스라엘이 베냐민 지파와 싸워 몇 번 만에 승리하였는가?(삿 20장)
20. 베냐민 지파가 진멸된 후 남은 자들에게 누구를 아내로 맞이하도록 하였나?(삿 21장)
21. 룻은 어디 사람인가?(룻 1장)
22. 룻에게 이삭을 줍게 하였고 후에 남편이 된 사람은 누구인가?(룻 2장)
23. "나오미가 아들을 낳았다 하여 그 이름을 오벳이라 하였는데 그는 다윗의 아비인 이새의 아비였더라" 이 말은 누가 했으며 룻기 몇 장 몇 절에 있는가?

사무엘상

개요

1. **주제** – 이스라엘왕국의 기원과 역사
2. **예수님과의 관계** – 예수그리스도는 우리의 왕이시다.
3. **배경**
   1) 기록자: 사무엘(24장까지), 나단과 갓(24장 이하)
   2) 기록연대: 주전 1,000년경(주전 1,100년–1000년(약 110여 년))
   3) 수신자: 이스라엘 백성
   4) 기록목적:사사시대 이후의 왕국시대의 기원을 보여줌. 선악을 규정하여 의로운 통치를 강조하려는데 있음.
   5) 특징:구약의 역사서(12권) 중 6번째. 사무엘, 사울, 다윗이 나옴.
4. **사무엘상에 관하여** – 사사인 엘리와 사무엘로부터 사울과 다윗까지의 역사를 기록. 본서를 사무엘서라고 하는 이유는 사무엘이 본서의 중심인물이었을 뿐 아니라 다른 두 주인공 사울과 다윗에게 기름을 부었기 때문이다. 본서는 사사이면서(삼상 7:6, 15~17) 선지자가 된(삼상 3:20) 사무엘의 탄생과 당시 사사로서 제사장이었던 엘리의 기사로 시작하여 사사통치에서 왕정정치로 옮긴 유래, 최초의 왕 사울의 선택과 그가 버림당한 일, 다윗의 선택과 사울에 의해 박해 받은 일 등을 기록하고 사울의 죽음에서 끝난다.
5. **중심사상**
   1) 하나님은 개인과 이스라엘 민족전체 역사를 주관하시며 메시야의 백성을 준비시키고 있다(2:6, 15:29).
   2) 은혜를 저버린 이스라엘을 경고와 심판하시는 하나님(3:11~14).
6. **신약과의 관계**
   1) 하나님의 마음에 합한 자에 대한 교훈(13:14, 행13:21–22)
   2) 순종과 불순종에 대한 교훈(15:22, 23, 행 13:22)
   3) 사무엘은 왕, 선지자, 대제사장이신 예수 그리스도를 예표한다.
7. **내용분류: 31장, 810절**
   1) 사무엘의 역사 – 왕을 세운 사무엘(1:1~7:17)
   2) 사울의 역사 – 왕으로 선정된 사울(8:1~15:35)
   3) 다윗의 역사 – 왕으로 인정된 다윗(16:1~31:13)

10
[이스라엘 왕국의 기원과 역사]

● **본문 : 삼상 1~31장**
● **요절 : 삼상 7:12(12:13)**

우리는 사무엘상에서 사사시대를 거쳐 왕국을 건설하는 모습을 볼수 있으며 본서의 중심인물인 사무엘, 사울, 다윗과 같은 훌륭한 인물을 통해서 왕국을 다스리시는 하나님의 섭리를 배울 수 있을 것이다. 저들이 하나님의 명령에 순종할 때는 번영하였으나 그렇지 않을 때 환난과 멸망을 면치 못하였음은 오늘 우리의 신앙생활이나 국가생활에 있어서 같은 진리와 교훈을 찾을 수 있을 것이다.

1. 사무엘의 역사-왕을 세운 사무엘(1:1~7:17)

1~7장은 선지자와 사사로서의 사무엘을 주내용으로 하고 있다.

1) 사무엘의 탄생과 소명(1:1~3:21)

1장은 사무엘의 출생을, 2장은 어머니 한나의 기도를 통한 사무엘의 헌신을, 그리고 3장은 사무엘의 하나님으로부터의 소명을 말하고 있다.

이스라엘의 마지막 사사인 사무엘은 어머니 한나의 기도에 대한 하나님의 응답으로 얻어진 인물이다. 기도하는 어머니의 아들답게 사무엘은 일생을 기도하는 사람으로 살았다. 기도하는 소년이었던(3:1~19) 그는 백성을 위해서(7:5~10), 왕을 위해서(8:6) 하나님께 기도했다. 남을 위한 중보의 기도는 사무엘의 생애에 있어서 기본이 되는 요소였다(12:19~23). 사무엘상은 우리의 생활에 있어서 기도의 능력과 중요성을 가르쳐주고 있다.

2) 블레셋과의 싸움(4:~6:)

4장은 엘리제사장의 두 아들이 하나님의 심판으로 죽은 사건과 블레셋사람에게 하나님의 언약궤를 빼앗긴 사건의 기록이고, 5장은 빼앗은 언약궤로 인해 블레셋 사람에게 재앙이 내렸고, 6장은 블레셋 사람이 언약궤를 이스라엘의 벳세메스로 돌려보내는 내용이다. 블레셋 민족은 서남쪽 해변가에 위치하고 있던 이스라엘의 강적으로 삼손이 죽은 이래 40년 간이나 이스라엘 백성을 지배하고 있었다(삿 13:1, 삼상 7:13~14).

3) 사무엘의 활동(7:1~17)

7장은 하나님께서 미스바에 있는 이스라엘 백성을 블레셋의 손에서 구원시키신 일과 사무엘이 사사로서 이스라엘을 다스리는 일을 기록했다. 블레셋 민족때문에 이스라엘 백성들이 애통하는 것을 본 사무엘은 그것을 기회로 백성들이 우상을 버리고 하나님께로 돌아오게 하였다. 그리고 사무엘은 단을 쌓고 에벤에셀이라고 불렀다(12). 에벤에셀이란 '도움의 돌' 이라는 뜻인데 우리의 승리의 표시인 예수 그리스도는 성경에 '돌' 로서 상징되고 있다(단 2:35, 마 21:42). 사무엘은 지도자로서 라마를 중심으로 그가 다스리는 모든 지역을 순회하면서 백성들의 상태를 살폈다(15~17).

2. 사울의 역사-왕으로 선정된 사울(8:1~15:35)

8~15장은 사무엘이 백성의 요구와 하나님의 지시대로 사울을 택하여 왕으로 세우는 사건과 사울왕이 이스라엘을 통치했으나 점차 하나님께 불순종함으로 왕으로서 인정을 받지 못한다는 내용을 기록하고 있다.

1) 왕국의 건설(8:~12:)

이스라엘은 하나님으로부터 직접 다스림을 받는 신정정치를 거절하고 다른 이방 나라들과 같이 왕을 세우기를 원했다. 그러나 하나님은 이스라엘이 왕을 가질 계획은 하셨지만(신 17:14~20), 이스라엘이 하나님을 떠난 나라가 되는 것은 원치 않으셨던 것이다. 8장은 이스라엘 백성들이 왕을 요구함, 9장은 사무엘이 사울을 만남, 10장은 사울이 사무엘에 의해 기름부음을 받고 왕으로 임명됨, 11장은 사울이 암몬족을 무찌르고 백성들에 의해 왕으로 세움받음, 그리고 12장은 사무엘이 은퇴하면서 "너희의 마음을 다하여 하나님을 진실히 섬기라"는 고별설교를 하는 내용이다. 비록 하나님의 최선의 섭리는 아니었지만 이스라엘 왕국의 설립은 사무엘의 사업중에서 가장 위대한 업적이었다.

2) 블레셋과의 전쟁(13:~14:)

사울의 사명은 이스라엘을 블레셋에서 구원하는 일이었다. 사울은 전 이스라엘을 지휘하고 그의 아들 요나단이 아버지를 도와 이스라엘의 독립 전쟁은 시작되었다. 13장은 블레셋과의 전쟁이 개시되는 장면과 사울이 제사장의 직무를 침범하는 어리석은 일을 저지른 일의 기록이고, 14장은 요나단의 용기있는 투쟁과 사울의 어리석은 맹세에 대한 기록이다.

3) 사울의 세번째 범죄(15:1~35)

본 장은 청장년 시절에 훌륭했던 사울이 하나님을 불순종함으로 왕의 자리에서 쫓겨나는 비극이다. 아멜렉 사람을 전멸하라는 하나님의 명령을 사무엘을 통해 받은 사울은 온전한 순종대신에 노획물에 마음을 두어 아멜렉왕을 용서하고 병사들이 노획물을 가지는 것을 묵인했다. 사무엘은 사울을 책망하고 하나님께서 사울을 제거하신다는 것을 예언하였다(23, 28). 사무엘 선지자는 사울을 위해서 늘 애통하였다. 사무엘은 사울이 실족할 때마다 그에게 충실하게 충고를 해 주었다(35). 사울의 실책은 하나님을 온전하게 따르지 아니한 것이었다. 우리는 순종이 제사보다 나음을 통하여 신앙의 큰 교훈을 얻는다(22).

3. 다윗의 역사-왕으로 인정된 다윗(16:1~31:13)

사무엘은 사울을 인하여 슬퍼한다. 그러나 하나님께서는 사무엘을 책망하시고 새로운 왕을 찾아 기름을 부을 것을 명하신다. 16~31장은 새로운 왕으로 다윗이 기름부음받는 장면과 다윗의 방랑생활 및 사울로부터의 박해에 대한 내용이다.

1) 다윗왕의 취임(16:1~23)

16장은 다윗이 사무엘로부터 기름부음을 받고 수금을 잘 타는 소년으로 사울왕 앞에 서는 장면을 내용으로 하고 있다. '하나님의 눈동자' 라고 불리운 다윗은 이스라엘 역사상 가장 위대한 사람 중의 한 사람이었다. 이 다재다능한 이새의 아들 다윗은 룻과 보아스의 증손자로서 장차오실 예수그리스도의 위대한 조상이 되었다.

2) 다윗의 신앙고백(17:)

이스라엘은 또다시 쳐들어온 블레셋에 의 하여 두려워하고 있었고, 거인 골리앗은 이스라엘의 군대를 모욕하며 싸우려고 하고 있었다(10). 이때에 골리앗의 도전에 분개한 다윗은 하나님을 의지하고 믿음으로 전장에 나아가 물매돌로 골리앗을 죽이고 이스라엘을 승리케 하였다(40~51). 그러므로 배후에 역사하는 하나님을 불신하는 자는 실패하지만 하나님을 믿고 의 지하는 자는 승리하게 된다.

3) 다윗과 요나단의 우정(18:~20:)

다윗을 시기하는 사울과, 다윗을 사랑하는 요나단의 우정이 대조된다. 18장은 다윗과 요나단, 19장은 다윗을 죽이려는 사울의 미움, 그리고 20장은 다윗을 위한 요나단의 충고에 대해서 기록하고 있다. 사울은 다윗을 다섯번이나 죽이려고 했지만 다윗은 두번이나 사울을 죽일 수 있는 기회를 얻고도 그를 살려주었다. 하나님께서 다윗을 보호해 주신사실에 대한 감사가 시편 37편과 59편에 다윗의 고백으로 나와 있다.

4) 다윗의 망명생활(21:1~27:12)

요나단의 충고를 받은 다윗은 사울의 추적을 피해 방랑생활을 하게 된다. 21장은 제사장 아히멜렉의 도움을 받은 다윗, 22장은 다윗의 군사모집과 사울의 제사장 살해, 23장은 사울의 다윗 추적, 24장은 다윗이 사울의 목숨을 살려줌, 25장은 사무엘의 죽음 26장은 다윗이 두번째로 사울을 살려줌, 27장은 다윗이 가드왕 아기스를 섬기는 것에 대해서 기록하고 있다. 다윗이 사울에게 많은 시련을 당하면서 쫓겨다닌 것은 하나님께서 장차 왕으로 세우시기 위해 섭리하신 하나의 훈련과정이었다. 우리는 역경과 시련을 통해서 다른 사람을 다스리는 것 뿐만 아니라 자기 자신을 다스리는 길도 배우게 된다.

5) 사울왕의 종말(28:1~31:13)

28장은 사울과 엔돌의 신접한 여인, 29장은 다윗의 이스라엘에 대항하는 싸움, 30장은 아멜렉을 싸워이긴 다윗, 그리고 마지막 31장은 사울의 실패와 죽음에 대해서 말하고 있다. 사무엘상의 마지막 장은 실로 비참한 실패의 장면으로 끝나고 있다. 사울은 스스로 목숨을 끊어야 했고 그의 세 아들은 죽임을 당해야 했다. 인간은 하나님께 충실해야 한다. 사울의 잘못은 그가 전적으로 하나님의 명을 어겼기 때문이라기 보다는 반만 순종하고 반은 불순종한 데서 기인한다. 그는 또한 하나님의 은혜를 무시하고 인간적인 자만과 시기심에 사로잡혀 마침내는 자신과 가족과 나라를 비참한 길로 인도하고야 말았던 것이다.

요약(1:-31:)

사무엘		사울			다윗	
특징	사역	특징	사역	배교	특징	시련
나실인 (1:11) 기도 중에 출생(1:20) 하나님께 소명을 받음 (3:4~10)	선지자 (3:20) 백성을 위한 중보기도(7:9) 제사장 (76:9-10) 사사 (7:15,16) 왕을 세움 (10:1) 왕들에게 기름부음 (10:1,16:13) 선지학교 설립 (19:20)	베냐민지파 (9:1) 키가 크고 준수함 (9:2) 하나님에 의한 선택 (9:16) 사무엘에게 기름부음받음(10:1) 사람에게 합당 (11:15)	이스라엘 12지파를 통합 (11:7,8) 이스라엘의 대적을 물리침 (11:11)	불순종 (15:24) 살인 (22:18) 신접자를 의지(28:8) 자살(31:4)	하나님에 의한 선택 (16:1) 눈이 빼어나고 얼굴이 아름다움(16:12) 하나님 마음에 합당함 (행13:22) 사무엘에게 기름부음받음(16:13)	골리앗을 이김으로 사울에게 미움받음 (18:7-9) 망명생활 (21:)

교훈 및 적용

1. 하나님께서는 그 뜻에 순종하는 자에게 복주시고 그를 사용하심을 알고 그 마음에 합한 생활을 하여 복받는 삶을 살자.
2. 마음의 중심을 보시는 하나님이심을 알고 겸손과 감사의 생활을 하여 더 큰 은혜를 받는 자가 되자.
3. 하나님을 가까이 하는 자는 형통하나 하나님을 멀리하는 자는 실패함을 알고 범사에 하나님을 가까이 하자.

당신은 사무엘상을 배우시면서 택한 백성을 어떻게 지도하시며 또한 보호하는가를 느끼셨을 것입니다. 그리고 지도자의 사명이 얼마나 중차대하다는 것을 깨달았을 것입니다. 이제 당신은 하나님의 보호하심을 받게된 것을 감사하십시오. 그리고 지도자들을 위하여 기도하셔야 되지 않을까요?
다음에는 당신은 다윗 왕의 역사를 배우게 됩니다. 본문 사무엘하 1~24장까지 읽어보시기를 바랍니다.

성경문제

● 이스라엘 왕국의 기원과 역사/삼상1:1-31:13

1. "네가 언제까지 취하여 있겠느냐 포도주를 끊으라" 이 말은 누가 누구에게 무엇을 하고 있을 때에 한 말인가?(삼상 1장)
2. 한나는 사무엘을 낳은 후에도 (   ) 아들과 (   ) 딸을 낳았다.(삼상 2장)
3. 사무엘이 어디에 있을 때에 여호와의 부르심을 받았는가?(삼상 3장)
4. 엘리는 몇 년 동안 이스라엘의 사사로 있었는가?(삼상 4장)
5. 블레셋 사람들은 (   ) 로 인하여 재앙을 받았다.(삼상 6장)
6. "너희가 전심으로 여호와께 돌아 오려거든 (   ) 들과 (   ) 을 너희 중에서 제하고 네 (   ) 을 (   ) 께 향하여 그만 섬기라"(삼상 7장) (   ) 에 적당한 낱말을 써 넣으라.
7. 사무엘이 왕의 제도를 가르친 말씀을 기록한 장 절이 어디에 있는가?
8. 사무엘이 이스라엘의 첫째 왕으로 누구를 택하여 세웠는가?(삼상 9장)
9. 이스라엘 백성이 왕을 세운 것은 누구의 뜻에 의한 것인가?(삼상 8장)

10. "나는 너희를 위하여 (   ) 하기를 쉬는 죄를 여호와 앞에 결단코 범치 아니하고 선하고 의로운(   ) 로 너희를 가르치리라" (   )에 적당한 낱말은 무엇이며 몇 장 몇 절에 있는 말씀인가?
11. "여호와의 구원은 사람의 많고 적음에 달리지 아니하였느니라" 이 말씀은 몇 장 몇 절에 있는가?
12. "순종이 제사보다 낫고 듣는 것이 수양의 기름보다 나으니" 이 말씀은 몇 장 몇 절에 있는가?
13. "사람은 외모를 보거니와 나 여호와는 (   ) 을 보느니라" (   )에 적당한 말을 넣으라.(삼상 16장)
14. 사무엘상 17장을 읽고 A항에 있는 말을 한 사람을 B항에서 찾아 그 번호를 쓰라.

A항	B항
(1) "네가 전쟁을 구경하러 왔도다"	(가) 다윗
(2) "네 형들의 안부를 살피고"	(나) 사울
(3) "나는 만군의 여호와의 이름…네게 가노라"	(다) 이새
(4) "네가 나를 개로 여기고 …내게 나왔느냐?"	(라) 엘리압
(5) "소년이여 누구의 아들이뇨"	(마) 골리앗

15. 사울의 아들 (   )은 다윗을 생명 같이 사랑하는 다윗의 특별한 친구가 되었다.(삼상 18장)
16. 다윗이 처음에 어디로 누구에게 피했는가?(삼상 19장)
17. "살이 네 앞편에 있다" 함은 누가 누구에게 한 말인가?(삼상 20장)
18. 다윗이 사울을 두려워하여 누구에게 가서 미친 척하였는가?(삼상 21장)
19. 요나단이 마지막으로 다윗을 만난 것은 (   ) 수풀이다.(삼상 23장)
20. "나는 너를 학대하되 너는 나를 선대하니 너는 나보다 의롭도다" 이 말은 누가 누구에게 한 말인가?(삼상 24장)
21. 본서에 가장 미련한 남편과 지혜롭고 아름다운 아내가 있는데 그들의 이름은 무엇인가? (삼상 25장)
22. 다윗이 사무엘상 26장에서 "여호와" 란 말을 몇 번 하였는가?
23. 블레셋 군대가 침범했을 때 사울이 신접한 여인을 통하여 만난 사람은 누구인가?(삼상 28장)
24. 다윗이 사울을 피하여 망명한 곳은 어디인가?(삼상 28장)
25. 사울은 어떻게 죽었나?(삼상 31장)
26. 사울 왕과 다윗 왕의 장?단점은 무엇이라고 생각하는가

사무엘하

개요

1. **주제** - 온 이스라엘을 치리하는 다윗왕의 역사를 통해 메시야 예수그리스도께서 강림하시게 될 "다윗의 집"에 대한 기록.
2. **예수님과의 관계** - 예수그리스도는 우리의 왕이시다.
3. **배경**
   1) 기록자 : 사무엘상과 같음(사무엘, 나단, 갓)
   2) 기록연대 : 주전 1,000년 경에서 960년 간(다윗통치 40년간)
   3) 수신자 : 이스라엘 모든 백성
   4) 기록목적 : 하나님께서 사울왕의 죽음부터 솔로몬왕의 통치까지 이스라엘의 역사를 주관하셨다는 사실과 이스라엘 역사에서 가장 전성기였던 다윗왕의 능력을 통해 장차 오실 왕으로서의 그리스도를 예시하려는데 그 목적이 있다.
   5) 특징 : 24장 694절로 되어 있다. 사무엘상은 인간의 왕 사울의 실패의 기록이지만 사무엘하는 하나님의 종 다윗의 성공의 기록이다.
4. **사무엘하에 관하여**
   본래 사무엘하는 사무엘상과 한 권이었다. 사무엘상은 최후의 사사인 사무엘의 치세와 이스라엘의 최초의 왕 사울의 치세 중에 일어났던 일들을 기록하고 있는데, 본서는 사울이 죽은 후 다윗이 왕위에 올라 40여년 치세 중에 된 일들을 기록하고 있다.
5. **중심사상**
   1) 하나님의 언약은 다윗의 후손을 통하여 그 왕국을 영원토록 견고하게 하신다(7:12~16).
   2) 하나님의 선택을 받은 사람의 복은 영원하다(22:51).
   3) 다윗의 마지막 노래는 장차 이루어질 하나님 나라에 대한 찬양이다(23:1~7).
6. **내용분류**
   1) 다윗왕의 업적(1:1~10:19), 2)다윗의 범죄(11:1~12:23),
   3) 다윗의 시련과 고난(13:1~20:26), 4)다윗왕의 말년통치(21: 1~24:25)

11
[다윗왕의 역사]

● 본문 : 삼하 1~24장
● 요절 : 삼하 5:12

사무엘상이 사무엘과 사울왕 역사를 기록하고 있다면 사무엘하에서는 다윗의 역사를 기록하고 있으며 다윗이 왕이 된 후에 있었던 사건들을 중점적으로 다루고 있다.

1. 다윗왕의 선한 업적(1:1~10:19)

사무엘하는 다윗의 이야기로 가득차 있다(5:3). 다윗의 이야기는 열왕기상과 역대상에도 기록되어 있다. 다윗왕은 사울왕과 달리 하나님을 항상 사랑하는 사람이었다. 어려서부터 겪었던 시련을 통해서 훈련을 받은 그는 언제나 하나님의 인도하심을 기다렸고 하나님의 뜻을 물었다(2:1). 그러한 다윗을 하나님께서는 "마음에 합한 사람"이라고 부르셨고 그 이유는 그가 온전하였기 때문이 아니라 자신의 부족함을 하나님께 솔직히 고백하였기 때문이다(요일 1:9). 당신도 온 삶을 그리스도를 왕으로 모시며 살아가는 "하나님의 마음에 합당한 사람"이 되어야 할 것이다. 사무엘하의 첫부분은 "유다의 왕으로서의 다윗"(1:~4:)과 "이스라엘의 왕으로서의 다윗"(5:~10:)으로 나눌 수 있다.

1) 다윗의 즉위(1:1~4:12)

사울의 집과 다윗의 집 사이에 반목과 다윗의 승리를 기록하고 있다(3:1). 다윗은 30세에 헤브론에서 유다의 왕이 된 후 7년만에 온 이스라엘의 왕이 되었다. 1장은 다윗이 아멜렉으로부터의 승리와 사울 및 요나단의 죽음에 대한 애도, 2장은 다윗이 헤브론에서 유다의 왕으로 추대되고 이스보셋(사울의 아들)을 이스라엘의 왕으로 추대, 3장은 아브넬이 다윗을 만나려다 살해됨, 4장은 이스라엘의 왕 이스보셋이 살해되는 장면을 기록하고 있다.

2) 다윗의 치세(5:1~10:19)

5장은 다윗이 예루살렘을 점령하여 이스라엘의 수도로 삼고 온 이스라엘의 왕이 됨. 6장은 다윗이 여호와의 법궤를 예루살렘으로 운반함, 7장은 다윗에 대한 하나님의 언약. 8장은 다윗의 영토 확장, 9장은 요나단의 아들 므비보셋에게 베푼 친절, 10장은 다윗이 암몬과 아람족을 정복하는 내용을 담고 있다. 다윗은 이스라엘을 강력한 국가로 세우는 위대한 일을 하나님과 함께 시작하되 인내와 겸손으로 했다. 그는 하나님께서 주신 모든 재능을 아낌없이 하나님의 영광과 백성의 축복을 위해서 바쳤다. 결국 다윗왕은 이스라엘의 국토를 지중해에서 유브라데까지 확장시켰으며 온 이스라엘 백성을 하나님 안에서 하나로 통합시키는 위대한 일을 이루어 놓았다.

다윗은 이스라엘의 황금시대를 만들면서 그의 민족에게 풍부한 유업 즉 국위와 부와 명예와 시와 노래를 남겨주었는데 그 중에서도 가장 귀한 유업은 하나님을 충실히 섬기는 다윗의 훌륭한 모범이었다. 우리가 여기서 배울 수 있는 것은 한 국가나 개인이 그리스도를 중심으로 삼을 때에 비로소 국가나 개인이 강해질 수 있다는 교훈이다. 다윗이 점점 강성해 질 수 있었던 것은 하나님께서 그와 함께 계셨기 때문이다(대상11:9).

2. 다윗의 범죄(11:1~12:23)

10장까지의 다윗의 황금시대는 죄와 그 형벌로 인해 풍지박산이 되어버렸다. 11장은 우리아의 아내 밧세바를 간음한 다윗의 그 유명한 범죄의 이야기이며, 12장은 하나님의 심판에 대한 나단 선지자의 경고를 받고 다윗이 진심으로 회개하여 용서를 받는 장면이다. 다윗의 죄를 살펴보면, 그는 첫째 "눈으로 보았고"(11:2), 둘째 "사람을 보내어 알아보게 했고"(3절), 셋째 "그 여인을 취하는"(4절) 범죄를 저질렀다.

하나님께서는 다윗의 죄를 용서해 주셨으나 그 죄의 형벌은 피할 수 없게 되어 밧세바가 낳은 첫아들은 죽음을 당하게 되었다. 그러나 다윗의 슬픔은 그의 집안에서 끝나지 않았다. 다음 장부터 나오게 되는 그의 아들 압살롬의 반역으로 심한 고난을 당했다. 하나님께서는 왜 이 수치스럽고 무서운 사건을 성경에 기록하게 하셨을까? 그것은 우리가 타고 있는 신앙의 배가 죄악의 암초에 부딪치지 않게 하기 위함이다. 우리는 마음 속에 죄의 유혹을 용납하지도, 죄의 요소인 악을 보지도 말아야 할 것이다.

3. 다윗의 시련과 고난(13:1~20:26)

어린 아들을 잃은 슬픔도 컸지만 다윗이 그의 살아있는 아들 압살롬으로 인해 받은 슬픔은 이루 말할 수 없었다. 압살롬은 외모는 잘생긴 청년이었지만 성질이 매우 포악하고 간악한 자였다. 그는 아버지 다윗 왕의 신하들을 유혹하여 세력을 얻고 백성들의 마음을 끌어 군대를 조직하여 반란을 일으켰다. 다윗은 헤브론에서 군대를 끌고 오는 압살롬과 대전하는 비극을 겪어야 했다. 결국 압살롬은 다윗왕의 군사에 쫓기다가 긴 머리채가 나무가지에 걸려 창에 맞아 죽고 다윗왕은 아들의 비참한 죽음에 눈물을 흘려야 했다(18,19장).

13장:암논이 이복동생인 다말을 강간하고 압살롬의 보복으로 살해 됨.

14장-압살롬을 용서하여 예루살렘으로 돌아오게 함.

15장-압살롬이 다윗을 반역하자 죽을까봐 두려워 도망감.

16장-압살롬이 예루살렘을 침략하여 일시 정복.

17장-압살롬이 그릇된 충고를 따라 실패함(요단동편으로 피신한 다윗).

18장-압살롬이 살해되고 그의 군대가 패배당함.

19장-다윗이 아마사에게 직임을 허락함(예루살렘으로 돌아오는 다윗).

20장-세바의 반란이 실패로 끝남.

4. 다윗왕의 말년통치(21:1~24:25)

사무엘하19장, 20장의 이야기는 열왕기상 1장에서 계속되어 2장에서 끝난다. 그리고 사무엘하 21장부터 24장까지는 사무엘서의 추가 또는 부록이다. 본서의 기록자(편집자)는 다윗왕의 치세에 관한 기록이 거의 끝나갈 때 다시 추가할 자료를 발견하여 기록하였다. 이 부분에는 다윗왕의 마지막 순간의 장면을 중심으로 한 여섯 가지 사건이 기록되어 있다. 그것은 ① 삼 년 기근(21:1~14), ② 다윗의 블레셋 사람에 대한 전적(21:15~22), ③ 감사의 노래(22장), ④ 다윗의 마지막 말(23:1~7), ⑤ 다윗의 용사의 인명록(23:8~39), ⑥ 인구조사와 전염병(23:8~39)이다. 다윗은 우리과 같은 죄인이지만 죄를 곧 회개할 줄 알았고 하나님을 위해서는 반석과 같이 흔들림이 없었던 믿음의 위인이었다. 그는 실로 "하나님의 마음에 합한 사람"이었다. 그래서 신약에서는 그리스도를 다윗의 아들이라고 불렀던 것이다(행 13:22~23). 사실상 다윗은 아브라함과 그리스도와의 중간에 위치했다. 다윗의 치세 이후 이스라엘은 유랑의 길에 오르기까지 4백 여 년 이상을 찬란한 영화를 누리는 강국으로서 소아시아에서 군림할 수 있었다. 우리는 다윗왕의 생애와 역사를 통해 인간의 위대성은 그가 얼마나 하나님께 항복하느냐, 그리고 하나님이 그를 얼마나 지배하시느냐에 달려 있음을 깨닫게 된다.

교훈 및 적용

1. 하나님은 우리를 사랑하시고 용서하시는 분으로 알고 범죄했을 때 회개하여 하나님의 은혜를 받자.
2. 하나님이 함께 할때 승리함을 깨닫고 임마누엘의 믿음을 가지자.
3. 구원자 되시는 하나님께 감사와 찬양으로 영광을 돌리자.

이제 당신은 사무엘상하를 모두 공부하셨습니다. 개인이나 나라의 성패가 어디에 있는지를 느끼셨을 것입니다. 하나님을 잘 섬길 때 성공이 있었습니다. 당신은 실패없이 성공하는 삶을 살게 될 것입니다. 다음은 열왕기상을 배우게 됩니다. 본문 말씀 열왕기상 1~22장까지 읽어주시기 바랍니다.

성경문제

● 다윗의 역사/삼하1:1-24:25

1. "그대가 나를 사랑함이 기이하여 여인의 사랑보다 승하였도다." 이 말은 누가 누구에게 한 말인가?(삼하 1장)
2. 다윗은 처음에 어디서 어느 족속의 왕이 되었는가?(삼하 2장)
3. 사울의 딸로서 다윗이 블레셋 사람의 양피 일백으로 정혼한 여인은 누구인가?(삼하 3장)
4. 이스보셋의 종들이 그를 죽인 것은 (　　)이 이스라엘 왕위에 오르는 결정적 동기가 되었다.(삼하 4장)
5. 다윗은 몇살에 왕이됐으며 예루살렘에는 몇년 동안 왕노릇했였는가?(삼하 5장)
6. "그 때에 여호와가 네 앞서 나아가서 블레셋 군대를 치리라" 이 말씀은 몇 장 몇 절에

있는가?

7. "내가 내 백성 이스라엘을 먹이리라" 는 말씀에서 "내가" 는 누구를 가리키는가?(삼하 7장)
8. 다음 A항과 관계되는 것을 B항에서 찾아 그 기호를 쓰라.(8장)

A항	B항
(1) 요압	(가) 제사장
(2) 여호사밧	(나) 군대 장관
(3) 사독과 아히멜렉	(다) 서기관
(4) 스라야	(라) 사관
(5) 다윗의 아들	(마) 대신

9. 다윗은 요나단의 아들 ( )에게 사울의 딸을 주고 자기와 식탁을 같이 하도록 하였다.(삼하 9장)
10. 다윗은 누구와 더불어 범죄했으며 그 죄는 몇 번째 계명에 해당되는가?(삼하 11장)
11. 다윗의 범죄를 꾸짖은 선지자는 누구인가?(삼하 12장)
12. 압살롬이 암논을 죽인 이유는 무엇인가?(삼하 13장)
13. 압살롬은 발바닥부터 정수리까지 흠이 없는 ( )이었다.(삼하 14장)
14. 사람들에게 선대해 줌으로 이스라엘 사람의 마음을 도적질하여 반역을 피했던 왕자의 이름은 무엇인가?(삼하 16장)
15. 한 여인의 도움으로 우물 속에 숨어 압살롬을 피한 사람들의 이름은 무엇인가?(삼하 17장)
16. "내가 너를 대신하여 죽었더면" 누가 누구에게 한 말인가?(삼하 18장)
17. 다윗이 특사한 사람은 누구이며 축복한 사람은 누구인가?(삼하 19장)
18. 아마사는 다윗과 어떤 사이였나?
19. 사울이 기브온 사람을 죽인 죄로 ( )년간 흉년이 들었다.(삼하 21장)
20. "여호와는 나의 ( )이시요 나의 ( )시요 나를 건지시는 자시요 나의 하나님이시요 나의 피할 ( )시요 나의 ( )시요" ( )에 적당한 말을 넣으라.(삼하 22장)
21. 다음은 다윗의 노래 가운데 나오는 것이다. 줄친 부분과 관계 없는 사람은 누구인가?(삼하 22장) "주께서 나로 전쟁케 하려고 능력으로 내게 띠 띠우사 일어나 나를 치는 자로 내게 굴복케 하셨사오며."
(가) 골리앗 (나) 사울 (다) 압살롬 (라) 요나단
22. 다윗 왕 때의 군대는 몇 명이었는가?(삼하 24장)
23. 다윗은 이스라엘과 유다의 ( )를 원하지 아니하였다.(삼하 24장)

열왕기상

개요

1. **주제** – 솔로몬왕 이후 이스라엘 두 왕국의 분열과 통치의 역사
2. **예수님과의 관계** – 예수그리스도는 우리의 왕이시다
3. **열왕기상의 배경**
   1) 기록자 : 예레미야
   2) 기록연대 : 주전 600년경이며 열왕기상,하 전체의 연대는 400여년간(주전1000~600), 열왕기상은 솔로몬 왕 중심으로한 120여년 동안의 역사를 기록한 것이다.
   3) 수신자 : 이스라엘 백성
   4) 목적 : (1) 이스라엘의 흥망성쇠를 통해 하나님의 섭리를 보여주기위함, (2) 연약한 인간이 자기자신을 어떻게 지배할 수 있는가를 보여줌(윤리적 목적).
4. **특징** – 열왕기상하는 한 권이었다. 열왕기상은 히브리 민족의 영광으로 시작하고 열왕기하는 이스라엘의 멸망으로 끝난다. '왕' 이라는 단어가 약 340번 '선지자' 라는 단어가 31번 나온다. 전체가 22장 815절이다
5. **중심사상**
   1) 사건을 통해 나타나는 영적인 교훈을 가르치고 있다.
   2) 순종하는 자에게 임하는 복과 불순종하는 자가 받는 심판을 선명하게 보여준다(3:14).
   3) 하나님의 백성은 주변 민족의 종교와 완전한 분리를 유지해야 함을 강조하고 있다(11:10).
6. **내용분류**
   Ⅰ. 통일왕시대(1:~11:)
   1) 솔로몬의 통치(1:~4:) 2) 성전건축(5:~8:)
   3) 솔로몬의 황금시대(9:~10:) 4) 솔로몬의 타락(11:)
   Ⅱ. 분열왕국 시대(12:~22:)
   1) 분열왕국(12:~16:)
   2) 엘리야의 사역(17:~19:)
   3) 아합의 통치(20:~22:)

12
[열왕의 역사(I)(솔로몬과 두 왕국)]

- **본문 : 왕상 1~22장**
- **요절 : 왕상 2:3-12(8:60- 61, 9:4)**

열왕기상은 이스라엘 민족의 전성기라고 할 수 있는 솔로몬왕의 치세에 대한 역사로부터 여호사밧까지 약 120년 동안의 역사를 기록하고 있다. 그가 하나님께 사랑을 받은 이유가 무엇이며 성전을 어떻게 건축하였으며, 그의 종말이 무엇을 의미하고 있는 지를 보여준다. 특히 12장부터는 나라의 분열과 두 왕국의 치세에 대한 기록인데 이 시대의 선지자 엘리야를 비롯한 많은 선지자들의 두드러진 활동에서 우리는 많은 것을 배울 수 있을 것이다.

I. 통일된 왕국(1:1~11:43)

1) 솔로몬의 통치(1:~4:)

솔로몬은 왕에 오른 후 다윗의 유언과 엄격한 공의에 따라 통치하면서 이스라엘 왕국의 영광을 나타낼 정치적 기반과 그의 지혜에 대하여 기록하고 있다.

(1) 솔로몬의 통치(1:1~1:53)

다윗의 넷째 아들 아도니아는 다윗의 수명이 다함을 보고 요압장군과 아비아달 제사장을 중심으로 반역을 일으켜 스스로 왕이 됨을 선언하였으나(1:9), 왕위는 하나님의 말씀대로 솔로몬에게 돌아갔다. 이 때 솔로몬의 등극을 도운 사람들은 브나야 장군, 사독 제사장, 나단 선지자였으며 이런 경건한 인물들을 곁에 둠으로써 솔로몬의 왕위가 출발부터 견고해 질 것을 보여주고 있다.

(2) 솔로몬의 왕권 확립(2:1~46)

솔로몬은 다윗의 유언대로 그를 대적한 원수들과 그를 보좌한 측근들에 대해 지혜롭게 행동했다.

① 아도니아: 아비삭을 구한 음모로 처단(2:12~25)

② 아비아달: 제사장직을 파면(2:28)

③ 시므이: 왕명을 어김으로 처형(2:36~)와 같이 옛왕조의 문제가 척결되자 솔로몬의 왕권은 확고하게 확립되기 시작했다.

(3) 솔로몬의 영화(3:1~4:34)

솔로몬이 기브온 산당에서 일천번제를 드리자 야훼께서 솔로몬의 꿈에 나타나시어 "내가 네게 무엇을 줄꼬 너는 구하라"(3:5)고 말씀하셨다. 이에 솔로몬은 겸손히 "자신은 어리므로 수많은 백성을 다스릴 지혜가 필요함"을 간구하였고 하나님은 이 기도에 응답하시어 "네가 만일 네 아비 다윗의 행함같이 내길로 행하며 내 법도와 명령을 지키면"(3:14)이라는 조건하에 그가 구하지 않은 부와 영광까지 주셨다. 지혜를 구한 솔로몬의 기도는 하나님의 의를 이루는 합당한 기도였으므로 곧 응답되었고 다른 세상의 모든 것까지 받는 복을 받았다.

● **솔로몬이 치리한 사역**

장 점	· 하나님께 지혜를 구함(3:9) · 성전건축(6:1) · 성전봉헌(8:29) · 인재등용(4:2)	학 문	· 식물학자(4:33) · 동물학자(4:33)
장 점	· 아가서(초창기) · 잠언(청년기) 3,000개 · 시편(청년기) 1,005개 · 전도사(말년)	기 타	· 무역가 · 행정가 · 건축가

2) 솔로몬과 성전건축(5:1~8:66)

야훼께서 다윗에게 하신 말씀대로 솔로몬은 성전건축을 착수하여 하나님이 지시한 양식대로 건축하였으나 사용된 값진 재료들은 이미 다윗이 다 준비한 것이었다.

(1) 성전건축을 위한 준비(5:)

다윗은 그가 군인으로써 많은 피를 흘렸다는 이유로 성전을 지을 수 없음을 알고 모든 성전건축의 재료를 준비하여 평강의 왕인 솔로몬에게 넘겨주었다(5:5).

성전의 구조는 하나님이 다윗에게 보여주셨고(대상28:19), 다윗은 솔로몬에게 그 모형을 알려주었으며, 그 모형대로 성전이 건축되었다. 이로써 이스라엘의 성막은 영구한 성전에 정착하게 되었다.

(2) 성전건축(6:)

성전은 성막크기의 3배였으며 성막보다 정교하여 낭실(6:3)과 창문(6:4)과 골방(6:5)으로 만들었다.

(3) 성전장식(7:1~51)

솔로몬은 유능한 기술자 히람을 두로에서 데려와 놋기둥과 놋대야, 촛대, 떡상, 놋제단을 만들어 사용하게 하였으며 언약궤는 다시 만들지 못하고 시내산에서 만든 것을 그대로 새로운 성전에 들였다.

※ 언약궤의 상징

① 야훼의 거룩함을 상징(삼상6:19~21)

② 하나님의 임재를 상징(출25:22)

③ 신약시대의 천국을 상징(계11:19)

(4) 성전봉헌식(8:1~66)

성전봉헌은 에다님월 7월 절기, 즉 장막절을 앞두고 거행되었다. 언약궤는 가장 깊숙한 지성소에 보관 되었으며(8:6), 언약궤가 안치될 때 하나님의 영광이 전에 가득찼다(8:11). 이 영광은 하나님 임재의 상징이며 나가서 하나님이 기꺼이 성전을 인정하고 흡족해 하신 표적이었으나 훗날 에스겔은 그 영광이 떠나가는 것을 보았다(겔8:~11:). 축제는 14일간 계속되었으며 (8:65), 첫 주간은 희생 제사를 드리고 금식하며 공식적 의식을 거행하게 하였으나 둘째주에는 백성들이 장막으로 돌아가 야훼 안에서 즐거워하였다.

오늘날 성도의 육신은 바로 하나님의 성령이 거하는 성전이다. 우리가 성령으로 충만할 때 하나님의 영광이 나타남을 명심하자.

3) 솔로몬의 황금시대(9:~10:)

하나님은 다시 솔로몬에게 나타나 다윗과의 언약을 재확인하고 온힘을 다하여 마음을 지키고 말씀에 순종할 것을 상기시켰다.

(1) 하나님의 언약(9:)

하나님은 다윗과의 언약을 다시 확인시켜 주셨고, 하나님의 약속대로 나라가 강성하여져 도시는 요새화되고(19), 두로와 애굽의 동맹관계로 국력은 강해졌으며 무역을 통하여 부강해졌다.

(2) 스바 여왕의 방문(10:1~29)

솔로몬의 통상무역이 지중해 전역과 인도까지 확대되고 그의 명성이 세상에 퍼지자 스바 여왕이 신복들과 함께 예루살렘을 방문하여 정치적으로는 무역동맹을 맺는 한편 그의 자신은 사사로운 교제로 솔로몬을 시험하여 그의 지혜를 겨루어보았으나 솔로몬의 지혜와 부가 소문보다 더함을 확인한 후 그에게 압도당한채 본국으로 돌아갔다(10:3~13).이같이 이방인의 눈에도 솔로몬의 지혜와 영화는 하나님께로부터 온 것으로 비춰었다.

4) 솔로몬의 종말(11:1~43)

솔로몬은 부와 권세가 절정에 이르자 하나님의 은혜를 자신의 쾌락으로 사용함으로써 마침내 타락하게 되었다.

(1) 타락의 원인(11:1~8)

하나님이 금하신 수많은 이방 여인과의 결혼은 솔로몬을 타락시키는 근본 원인이 되었다. 하나님은 신명기 16장에 말씀하시기를 '왕이 된 자는 아내를 많이 두어서 마음이 미혹되지 말라' 고 했으나 그 명령을 어김으로 이방여인과 함께 들어온 우상은 이스라엘 전체를 타락시켰다(11:5). 또한 물질적 풍요와 번영이 인간에게 안정과 평화를 주기보다 타락과 무질서를 불러오게 되자 솔로몬 역시 이 범주에서 벗어나지 못했다.

(2) 타락의 결과(11:9~43)

솔로몬이 말씀을 떠나 타락하자 하나님은 에돔사람 하닷을 일으켜 그의 적이 되게 하시고(11:14) 또 엘리아다의 아들 르손을 일으켜 솔로몬을 대적하게 하였다.(11:23) 그래도 끝내 악한 길에서 돌이키지 않자 선지자 아히야를 통하여 나라가 분열되어 그의 심복인 여로보암이 열지파를 통치할 왕이 될 것을 예언하였다(11:31). 이 소식을 들은 솔로몬은 여로보암을 죽이려는 폭군으로 변하나(11:40) 하나님의 예정은 착오없이 진행되

어 솔로몬이 죽은후 열 지파는 다윗 왕조에서 분리되어 여로보암에게 속하게 되었다. 하나님의 말씀은 인간의 역사를 통하여 어김없이 이루어짐을 성경은 증명해 주고 있다.

Ⅱ.분열왕국시대(두 왕국)(12:1~22:53)

1. 분열왕국(12:~16:)

솔로몬의 죽음과 함께 통일왕국은 종말을 고하고 이스라엘의 영광도 시들기 시작했다. 12장에서 16장까지의 기간은 거의 90년간의 역사를 다루고 있다.

1) 르호보암의 왕위 계승(12:1~19)

르호보암이 온 이스라엘의 왕위에 오르자 백성들은 그들이 짊어진 고된 고역과 멍에를 가볍게 해 줄 것을 요청했다. 이에 대한 답변으로 르호보암이 지혜로운 노인들의 조언을 따르지 않고 경험없는 젊은이들의 조언을 따라 백성들의 요청을 거절하자(12:13, 14) 모인 무리가 분노하여 "우리가 다윗과 무슨 관계가 있느뇨, 이새의 아들에게 업이 없도다" 라고 하면서 떠나갔다. 이런 결과는 이미 작정된 하나님의 섭리로 아히야로 하신 말씀을 이루신 것이다(12:15).

2) 여로보암의 통치(12:20~33)

여로보암은 선지자 아히야(왕상11:26~40)의 예언에 따라 이스라엘의 새왕으로 추대되어 정치적 능력을 발휘했으나 벧엘과 단에 금송아지와 산당을 세움으로써 악에 대한 영원한 상징의 오점을 남겼다(12:28~32).

최초의 금송아지 우상은 아론이 시내산에서 만든것으로 지도자 모세를 대신했으며 여로보암의 금송아지 우상은 야훼를 대신한 것이었다. 이러한 우상은 이스라엘 민족을 혼합종교로 이끌어가는 죄를 짓게했다.

여로보암이 이러한 죄를 짓게된 주된 원인은 그가 통치하는 이스라엘이 유다에서 완전히 분리되기를 원했고 같은 문화, 같은 민족을 분리시키라는 정책으로 벧엘과 단에 산당을 세움으로 북이스라엘 백성들의 마음에 향수를 일으키는 예루살렘 성전을 잊게 하려는 것이었다.

3) 유다의 쇠퇴 (14:21~15:24)

왕	왕조	통치 기간	통 치	비 고	통 치
르호보암	다윗	17년	· 산당과 우상과 아세라 목상을 세움 · 백성이 타락, 남색하는 자가 있었음	· 악한 왕임 애굽왕 사삭의 공격을 받아 성전보물과 금방패를 모두 빼앗김	· 왕상 14:21~31
아비암	다윗	3년	· 그의 부친의 모든 악행을 그대로 행한 악한왕	· 사는 날 동안 여로보암과 전쟁(왕상 15:1~8)	· 왕상 15:1~8
엘라	바아사	2년	· 하나님 보시기에 정직히 행한 왕 · 우상과 남색하는 자를 추방 · 우상을 만든 태후 마아가를 폐위	· 사는 날 동안 여로보암과 전쟁(왕상 15:1~8) · 성전 곳간의 금, 은을 몰수, 산당을 남겨둠	· 왕상 15:9~24

4) 이스라엘의 쇠퇴(15:25~16:34)

이스라엘을 다스린 다섯 왕은 모두가 악한 왕들이었다.

왕	왕조	통치 기간	통 치	비 고	통 치
나답	여로보암	2년	· 하나님 보시기에 악을 행한 왕 · 바아사의 손에 죽음	· 바아사의 반역 여로보암 집이 멸망함	15:25~27
바아사	바아사	24년	· 왕위를 찬탈하여 왕이 됨 · 이스라엘을 범죄를 이끌어감	· 선지자 예후가 그의 멸망을 예언(16:3)	15:28-16:7
엘라	바아사	2년	· 방탕한 왕 · 술에 취해있을 때 시므리 장군이 살해	· 시므리가 왕위에 오를 때 바아사의 집 뿐 아니라 친구들까지 멸절시킴	16:8-14

시므리	시므리	7일	· 백성들이 그를 배척하고 오므리를 왕으로 삼음	· 가장 짧은 기간 왕좌에 오름 · 스스로 궁에 불을 놓고 자결	16:15-20
오므리	오므리	12년	· 백성들의 추대에 의해 왕위에 오름 · 수도를 다르사에서 사마리아로 옮김 · 악을 행하되 모든 사람들보다 더욱 악했음	· 그의 악은 하나님의 노를 격발시킴	16:21-28
아합	오므리	22년	· 이전의 모든 왕보다 더욱 악한 왕 · 시돈 왕의 딸 이세벨과 결혼 · 바알 신당을 세움 · 여리고 성을 다시 건설	히엘이 여리고성을 건축할 때 두 아들을 잃음(수 6:26 참조)	16:29-34

2. 엘리야의 사역(17:1~19:21)

아합의 우상숭배 정책으로 민족이 죄 속으로 빠져들자 하나님은 엘리야를 보내시어 백성들로 하여금 참된 신앙으로 돌아오도록 경고하셨다.

1) 엘리야의 사역(17:1~24)

엘리야는 악한 왕 아합과 우상숭배로 타락한 이스라엘을 향해 수년간 가뭄이 계속될 것을 예언한 후 하나님의 사역을 불같은 정열과 불굴의 정신으로 수행했던 위대한 선지자였다. 그는 길르앗의 디셉 사람으로 광야에서 거친 낙타옷에 가죽띠를 띠고 생활한 사람으로 신약의 세례 요한의 모형이었다.

17장은 하나님의 기적이 많이 나타난 장이다. 하나님께서 엘리야에게 까마귀를 통해 음식을 공급해 준 사실은(17:6) 탐욕스런 까마귀가 사람에게 음식을 물어다 준 사실을 통해 하나님은 동물의 본능까지 지배하시는 분임을 보여주는 것이다. 또한 사르밧 과부를 통해 주의 종이 대접받은 사실은 하나님께서 세상의 가장 약하고 미천한 자들을 통해 존귀와 영광을 드러내심을 가르쳐 주셨다(17:11). 그 외에도 사르밧 과부의 기름통과 밀가루통이 다하지 않은 것과(17:16) 죽은 사르밧 과부의 아들을 살려주신 사건은(7:22) 하나님 마음에 합한 사람들은 어떠한 상황이나 조건에 관계없이 하나님께서 책임져 주시고 보살펴 주신다는 것을 보여주고 있다.

2) 갈멜산에서의 대결(18:1~46)

엘리야는 백성들이 하나님과 우상을 겸하여 섬기는 것을 책망하면서 참하나님을 증거하기 위해 갈멜산에서 바알 선지자들과 대결하였다. 방법은 똑같이 준비한 두 제단에 하늘의 불을 내리게 하는 것이며, 이것으로 참신을 구별하였다.

① 바알 선지자들은 하루종일 소리지르며 기도하였고 응답이 없자 몸을 상하게 하여 피를 흘리면서 광란상태에 빠졌으나 불은 내리지 않았다.

② 엘리야의 차례가 되자 그는 하나님의 단을 수축하고 주위에 도랑을 파고 번제물과 나무에 열 두 통의 물을 부어 도랑을 물로 채웠다(18:33~35). 그리고 기도하기를 "하나님 여호와여 주께서 이스라엘 중에서 하나님이 되심과 내가 주의 종이 됨과 내가 주의 말씀대로 이 모든 일을 행하는 것을 오늘날 알게하옵소서." 하자 하늘에서 불이 내려 주위의 모든 것을 다 태웠다. 이러한 하나님의 능력을 눈으로 목격한 백성들은 그들 스스로 "여호와 그는 하나님이시로다" 라는 고백을 하게 되었다(18:36~39).

3) 엘리야의 실패(19:1~21)

아합이 이세벨에게 일어난 일을 고하자 이세벨이 엘리야를 죽이려 하였다. 이를 안 엘리야는 광야로 도망가 깊은 고뇌와 절망과 허탈 속에서 죽기를 구했다. 천사의 보살핌을 받은 후 40일간의 도보여행으로 호렙산에 이르러 힘써 하나님을 찾았을 때 단을 가르는 바람속에도 땅을 뒤 흔드는 지진 속에서도 모든 것을 녹이는 불속에서도 야훼의 응답은 없었고(19:11, 12), 오히려 모든 것이 지난 적막 속에 세미한 응답의 음성이 있었다. "엘리야야 네가 어찌하여 여기 있느냐"(19:13)는 하나님의 음성은 믿음을 잃고 두려워하는 엘리야를 힐책하는 한편 두번째 사역을 그에게 주심으로 하나님께 봉사할 또 다른 기회를 주셨다.

※ 엘리야의 두번째 사역

① 하사엘에게 기름부어 아람 왕이 되게 함(19:15)

② 님시의 아들 예후에게 기름부어 이스라엘 왕이 되게 함(19:16)

③ 엘리사에게 기름부어 그의 후계자로 삼음(19:16)

3. 아합의 역사(20:1~22:40)

아합은 이스라엘 역대왕 중 가장 악한 왕으로서 이방인 아내 이세벨의 사주를 받으면서 바알숭배를 정착시킴으로 하나님께로부터 혹독한 심판을 받은 왕이었다.

1) 아합(수리아)과의 전쟁(20:1~43)

아람왕 벤하닷과 아합왕의 두차례의 전쟁에서 군대의 강세와 관계없이 하나님의 도우심으로 이스라엘이 승리하자 궁지에 몰린 벤하닷이 아합에게 자비를 구하여 놓임을 받았다(20:34). 그러자 하나님이 선지자를 보내 멸하시기를 작정한 벤하닷을 놓아준 아합에게 그가 대신 멸망할 것을 행동으로 보여 주었다.

2) 아합과 나봇의 포도원(21:1~29)

아합은 이웃의 포도원을 탐내어 악한 음모를 꾸며 나봇을 돌로 쳐죽이고 포도원을 빼앗았다(21:13). 하나님은 엘리야를 보내어 아합 집안의 무서운 파멸을 예고하자 왕이 야훼 앞에서 겸비함을 보임으로 형벌의 시간을 연장시키셨다. 그러나 그의 형벌은 단지 연장되었을 뿐 사함을 받지못한 채 훗날 그의 죽음과 그의 집안에 내려진 재앙으로 나봇의 피값을 치루었다(22:38).

3) 아합의 죽음(22:1~40)

아합과 유다왕 여호사밧은 동맹을 맺고 아람과의 전쟁을 선지자에게 묻기 위해 미가야를 불렀다. 미가야는 이 전쟁이 패할 것을 예언하였고(22:18), 아합은 미가야의 예언 그대로 전사하였으며 피에 젖은 마차는 연못에 씻기워 개들이 핥음으로써 하나님의 약속이 성취되었다. 유다왕 여호사밧은 우상숭배와 남색하는 자를 추방하고 나라를 부강시켰으나 하나님이 원치않는 악한 아합과의 교제로 말미암아 그의 다음 세대가 칼의 숙청을 당하는 비극의 결과를 낳았다.

교훈 및 적용

1. 지혜로운 솔로몬이 하나님 말씀을 떠나자 오히려 우매한 자가 되어 무서운 징계를 받게 된 사실을 명심하자.
2. 하나님 뜻에 합한 기도는 언제나 응답됨을 알자.
3. 우상숭배는 우리 신앙생활에 무서운 독소임을 명심하자.
4. 물질적 부요는 하나님이 주시는 복임에 틀림없으나 그것을 잘못 사용할때 영혼을 부패시키는 요소가 됨을 명심하자.

당신은 지금까지 남북 두 왕조의 역사를 통하여 하나님이 저들을 어떻게 다스리고 있었나를 느끼셨을 것입니다. 하나님은 언제나 자신의 편에 가까이 하는 자를 도우셨습니다. 하나님은 반드시 당신과 이 민족을 도우실 것입니다. 다음에도 역시 열왕기하에서 두 왕국의 역사 특히 왕조의 역사, 왕조의 치정을 배우게 됩니다. 본문 말씀 열왕기하 1~25장까지 읽어 주시기를 바랍니다.

12

성경문제

● 열왕의 역사(1)/왕상1;1-22;53

1. 다음 A항과 관계 있다고 생각되는 사람을 B항에서 골라 그 번호를 쓰라. (왕상 1장 참조)

A항	B항
(1) 다윗의 아들	(가)솔로몬
(2) 다윗을 수종하던 처녀	(나)아도니야
(3) 제사장	(다)아비삭
(4) 충성된 선지자	(라)요압, 아비아달
(5) 솔로몬의 어머니	(마)사독과 브나야
(6) 왕위를 계승한 자	(바)나단
(7) 아도니야를 좇은 자	(사)밧세바

2. 다윗이 몇 년 동안 왕노릇하였는가?(왕상 2장)
3. 솔로몬이 바로 왕의 딸과 결혼했을 때 하나님은 어떻게 하였나?(왕상 3장)
4. "또 너의 구하지 아니한 (　　　)와 (　　　)도 네게 주노니 네 평생에 열왕 중에 너와 같은 자가 없을 것이라" (　)에 적당한 말을 넣으라. (왕상 3장)
5. 솔로몬이 얼마나 많은 잠언과 노래를 지었는가?(왕상 4장)
6. 솔로몬 왕이 성전을 건축할 때 도와준 사람은 두로 왕 (　　　)이었다.(왕상 5장)
7. 솔로몬이 성전을 건축하는 데 몇 년이나 걸렸는가?(왕상 6장)
8. 솔로몬이 자기 궁을 몇 년 동안 지었는가?(왕상 7장)
9. 열왕기상 8장에 유명한 "솔로몬의 성전 봉헌 기도"가 있는데 이 기도문은 몇 절부터 몇 절까지인가?
10. "나의 이름을 영영히 그 곳에 두며 나의 눈과 나의 마음이 항상 거기 있으리니" 이 말씀은 몇 장 몇 절에 있으며 여기서 나는 누구를 가리키는가?
11. "복되도다 당신의 사람들이 항상 당신의 앞에 서서 당신의 지혜를 들음이로다" 이 말은 누가 누구에게 한 말인가?(왕상 10장)
12. 여로보암에게 왕이 될 것을 예언한 선지자는 누구인가?(왕상 11장)
13. 솔로몬 왕국이 남북으로 분열된 후 북쪽 이스라엘의 추대 왕은 누구였으며 남방 유다의 처음 왕은 누구였는가?(왕상 12장)
14. 여로보암은 선한 왕이었다. 맞으면 ○표, 틀리면 ×표 하라.(왕상 13장)

15. "르호보암과 여로보암 사이에 항상 전쟁이 있으니라" 이 말씀은 몇 장 몇 절에 있는 말씀인가?
16. 아사 왕은 그 조상 다윗과 같이 여호와 보시기에 정직하였고 (   )년간 왕노릇하였다.(왕상 15장)
17. 이스라엘 왕 중 7일 동안 왕노릇한 사람은 누구인가?(왕상 16장)
18. 이세벨은 어떤 인물인가?(왕상 16장)
19. 엘리야가 처음 가서 숨은 곳은 어디인가?(왕상 17장)
20. 사르밧 과부의 집에 (   )이 없어지지 않게 하였다.(왕상 17장)
21. 엘리야가 아합 왕의 선지자들과 대결한 곳은 어디인가?(왕상 18장)
22. 다음 A항과 관계있는 B항의 번호를 쓰라.

A항	B항
(1) 오바댜	(가) 사르밧에서
(2) 과부의 공궤	(나) 부르짖어 고침
(3) 주모의 아들이 죽음	(다) 450인
(4) 바알의 선지자	(라) 아합의 궁내 대신
(5) 아세라 선지자	(마) 400인

23. "일어나서 먹으라" 이 말은 누가 누구에게 어디에서 한 말인가?(왕상 19장)
24. 나봇을 죽이고 저의 포도원을 빼앗은 자는 (   )이다.(왕상 21장)
25. 아합 왕이 죽은 후 누가 왕이 되었으며 몇 년 동안 치리하였는가?(왕상 22장)

열왕기하

개요

1. **주제** - 아합과 여호사밧의 사망에서 부터 바벨론 포로까지의 분열된 이스라엘 왕국의 역사.
2. **예수님과의 관계** - 왕으로서의 그리스도
3. **열왕기하의 배경**
   1) 기록자 : 예레미야
   2) 기록연대 : 주전 6세기 경(주전 9세기 경부터 주전 562년까지의 역사를 기록한것임)
   3) 기록목적 : 열왕기상과 같은 내용을 기록한 책으로서 하나님을 복종하는 왕과 그렇지 않은 왕의 역사를 통해서 인간의 반역적인 행위는 하나님의 심판을 가져온다는 윤리 도덕적인 가르침이 본서의 목적이 된다.
   4) 열왕기하의 특징 : 열왕기상은 분열된 왕국을 보여주는 반면에 열왕기하는 포로가 된 왕국을 보여주고 있다. '왕' 이란 단어가 약 340번, '선지자' 라는 단어가 약 31번 나온다.
4. **중심사상**
   1) 나라를 다스리는 왕들과 그들이 통치하는 백성들을 통해 인간의 실패를 보게 한다.
   2) 하나님이 세운 선지자들을 통해 신적인 것을 보게 한다.
5. **내용분류** - 25장 719절
   1) 엘리사에 대하여 (1:1~8:29)
   2) 예후의 형벌과 북왕국의 멸망(9:1~17:41)
   3) 남왕국의 역사(18:1~25:30)

13
[열왕의 역사(Ⅱ)(엘리사와 두 왕국)]

● 본문 : 왕하 1~25장
● 요절 : 왕하 17:23(하나님의 말씀의 성취)
왕하 19:19, 23:3

본서는 이스라엘 왕 아합이 죽은 후 아하시야로부터 유다가 바벨론에 의해 망할 때까지 두 나라 여러 왕들의 역사를 기록하고 있다. 특히 북국 이스라엘이 앗수르에 의하여, 남국 유다가 바벨론에 의하여 몰락할 때까지 선지자들의 활동이 나타나고 있는데 무엇보다도 엘리사의 60여 년 동안의 활동이 두드러지게 나타나고 있다.

1. 엘리사에 대하여(1:1~8:29)

엘리사는 엘리야의 후계자 선지자이다. 불같은 엘리야에 비해 엘리사는 사랑과 자비가 많은 사람이었다. 엘리사는 50년동안 친절과 자비로 이적을 행했고 역대 왕들에게 지대한 영향을 끼쳤다. 그는 왕들이 위기에 처해 있을 때에 지체없이 구원해주기 위해 뛰어간 선지자였다. 열왕기상의 엘리야가 율법과 심판과 준엄의 선지자라면 열왕기하의 엘리사는 은혜와 사랑과 온유의 선지자이다. 악한 왕비 이세벨이 들여 왔던 바알신 숭배는 30년이 지나면서 엘리야, 엘리사 그리고 예후 선지 등에 의해 사라졌다.

1) 아하시야(1:1~18)

아하시야 왕은 그의 아버지인 아합과 마찬가지로 악한 왕이었다. 본장에서도 갈멜산에 임한 하나님의 불의심판이 엘리야를 통해 나타나고 있음을 보게된다.

2) 엘리야의 승천과 엘리사의 기적(2:1~25)

엘리야가 회오리 바람을 타고 산채로 하늘에 올라간 이야기는 성경에서 가장 유명하고 감동적인 사건 중의 하나이다. 엘리사는 엘리야에게 임한 갑절의 능력을 얻기 위하여 길갈, 벧엘, 여리고, 요단까지 좇아갔으며 능력을 받을 때까지 절대로 스승을 떠나지 않겠다고 세 번이나 간청했다. 그 결과 엘리사는 놀라운 기적을 행하게 되었다(14, 22, 24). 그러므로 믿음의 사람은 하나님의 응답이 내릴 때까지 포기하지 말고 인내로 구해야 한다.

3) 모압과의 전쟁(3:1~27)

엘리사가 동맹국(이스라엘, 유다, 에돔)의 왕들에게 모압과의 전쟁에서 승리할 것을 예언하고 있다(13~20).

4) 엘리사가 행한 다섯가지 기적(4:1~44)

과부의 기름을 불어나게 했고(1~7), 수넴 여인의 아들을 잉태케 했고(8~17), 그 아들이 죽었을 때 살렸고(18~37), 들 참외의 독을 제거했고(38~41), 마지막으로 20개의 빵으로 100명을 먹게했다(42~44).

5) 아람의 나아만 장군(5:1~27)

엘리사가 수리아의 군대장관인 나아만을 고친 장면과 엘리사의 종 게하시가 부정한 일때문에 문둥병자가 된 사실이 기록되어 있다.

● 엘리사의 대표적 기적과 그 의미

기적의 내용	성 경	기적의 방법	기적의 의미
여리고 물의 질을 변화시킴	2:19-22	소금을 넣음	기도 응답에 대한 모범
조롱하는 젊은이들이 곰들에게 찢김	2:24	저주함으로	경솔함에 대한 견책
과부의 그릇에 채워진 기름	4:1-7	순종함으로	물질에 복으로 구원
수넴 여인의 아들을 살림	4:32-37	기도로	주의 종을 섬긴 자에 대한 하나님의 보상
들외의 독을 제거	4:39-41	가루를 넣음	하나님의 말씀은 우리의 죄를 씻어주심
20개의 떡으로 100명을 먹임	4:42-44	명령으로	필요를 채우시는 선하신 하나님
나아만의 문둥병의 고침	5:10-14	요단강에서 목욕	믿음과 순종의 중요성을 보여줌
도끼가 물 위에 떠오름	6:6	나뭇가지를 던짐	자신의 마음을 지키는 것에 중요성을 가르침

6) 물속에 빠진 도끼와 아람군대의 체포(6:1~23)

7) 사마리아 포위와 엘리사(6:24~7:20)

아람왕 벤하닷이 사마리아를 포위했으나 엘리사의 예언을 통한 하나님의 도움으로 아람군대를 쫓아버렸다.

8) 엘리사 이야기의 보충(8:1~29)

엘리사가 수넴 여자의 재산을 회복하고(1~6), 하사엘의 반역을 예언한 장면과(7~15), 유다의 여호람 왕의 치세(16~24)와 아하시야왕의 통치(25~29)가 기록되어 있다.

2. 예후의 혁명과 북왕국(이스라엘)의 멸망(9:1~17:41)

본 부분은 크게 두 단락으로 나뉘어진다.

1) 예후의 종교개혁(9:1~10:36)

이스라엘이 아람군대와 싸우고 있을 때 부상당한 요람왕은 이스라엘에서 요양 중이었다. 이 때 전장에서 지휘를 하고 있던 예후에게 엘리사는 젊은예언자를 보내 기름을 붓고 이스라엘 왕으로 임명하였다(9:1~13). 이스라엘의 왕이 된 예후는 이스라엘의 왕 요람과 유다의 왕 아하시아를 차례로 죽이고(9:14~27), 이세벨을 말병거에 밟혀 죽게하여 그의 시체를 개가 먹도록 하였다(9:30~37). 이세벨을 죽인 예후는 아합왕가의 모든 사람을 죽이고(10:1~17) 바알신을 섬기는 우상숭배자들을 몰살시키고 바알의 목상과 석상을 파괴하였다(10:18 ~ 36).

2) 북왕국(이스라엘)의 멸망(11:1~17:41)

솔로몬이 죽은 후 갈라진 남왕국(유다)과 북왕국(이스라엘)간의 동족상잔의 비극은 80년동안 계속 되었다. 여로보암으로부터 시작된 북왕국은 '이스라엘로 범죄케 한 느밧의 아들 여로보암' 의 죄 때문에 결국 209년 후에 당시의 세계 최강국인 앗수르에 의해 점령되어 포로로 끌려가고 말았다. 열왕기하 11장에서 17장까지는 예후의 혁명 이후 북왕국과 남왕국 간의 왕조의 역사를 기록한 내용이다. 이 부분에 나오는 주요인물로는 아하시아의 사악한 어머니 아달랴, 이스라엘의 요아스왕, 엘리사의 죽음, 유다왕 아사랴, 아하스 등이다.

11장:아달랴가 왕자를 몰살하고 유대의 왕위를 빼앗다가 6년 후에 살해 당하고 요아스가 왕이 되는 장면,

12장은 요아스왕이 성전을 수리하는 장면, 13장은 예후의 아들 여호아하스가 이스라엘의 왕으로 즉위하고 엘리사가 죽는 장면, 14장은 아마샤가 유다를 다스리고 요아스와 여로보암2세가 이스라엘을 다스리는 장면, 15장은 웃시야(아사랴)가 유다를 52년 동안 다스리고 스가랴는 살룸, 므나헴, 브가히야 왕들이 이스라엘을 다스리는 장면, 16장은 사악한 왕 아하스가 유다를 다스리는 장면, 그리고 17장은 하나님의 명령을 지키지 않은 결과 북왕국(이스라엘) 열지파가 앗수르에 의해 포로로 잡혀가는 비극적인 장면이 기록되어 있다(주전 722년의 일). 특히 17:7~23에는 이스라엘 멸망의 원인에 대해서 날카롭게 비판한 기사가 기록되어 있는데 기록자는 그 원인을 여호와에 대한 백성들의 불순종과 우상숭배한 것으로 보고 있다.

3. 남왕국(유다왕조)의 역사(18:1~25:30)

1) 히스기야왕의 치세와 예언자 이사야(18:1~20:21)

(1) 히스기야 왕의 종교정책(18:1~37)-히스기야왕은 온 나라의 우상종교를 깨끗이 정리하고 오직 여호와께만 예배하도록 한 신앙부흥운동을 일으켰다(1~8). 18장 9~12절의 기록은 17장 5절 이하의 기사를 반복한 것이다. 히스기야왕은 제 14년 앗수르의 왕 산헤립이 공격해 올 때 금 삼십 달란트와 은 삼백 달란트를 조공으로 바쳐 위기를 모면했다(13~37).

(2) 히스기야의 호소에 대한 이사야의 예언(19:1~37)-19장은 히스기야왕의 간절한 기도(8~19), 그의 기도에 대한 하나님의 응답(20~37)으로 되어 있다.

(3) 히스기야의 질병과 그의 통치(20:1~21)-히스기야는 죽을 병에 걸렸으나 하나님께 눈물로 기도한 결과 15년간 더 살 수 있었다.

2) 므낫세와 아몬의 악한 통치(21:1~26)

히스기야의 뒤를 이은 므낫세와(1~18)아몬은(19~26) 아버지의 선한 통치와

는 달리 시종일관 배교의 통치를 하였다.

3) 요시야 왕의 종교개혁(22:1~23:30)

요시야왕은 예루살렘 성전에서 발견 된 율법책에 의하여 종교개혁을 단행했는 데 그의 치세를 정리하면 다음과 같다.

(1) 서론(22:1~10)
(2) 여자 예언자 훌다의 율법서 해설(22:11~20)
(3) 율법책의 공포(23:1~3)
(4) 유다와 예루살렘에서의 이교예배 멸절(23:4~14)
(5) 벧엘과 사마리아에서의 이교예배 박멸(23:15~20)
(6) 유월절 거행(23:21~23)
(7) 종교개혁에 대한 추가기사(23:24~27)
(8) 요시야왕의 전사(23:28~30)

4) 유다왕국의 최후(23:31~25:30)

남왕국유다는 여호아하스(23:31~35), 여호야김(23:36~24:7), 여호야긴(24:8~17), 시드기야(24:18~25:7) 왕의 말년의 통치를 끝으로 강국 바벨론에 의해 예루살렘이 파괴되고(25:8~21) 백성의 이주(25:22~30)를 강요 당함으로써 완전히 멸망하고 말았다. 이 때가 주전 586년이었으며, 북왕국(이스라엘)이 멸망당한 지 137년째 되는 해 였다. 이렇게 해서 북왕국 이스라엘은 여로보암에서 호세아왕까지, 남왕국 유다는 르호보암에서 시드기야까지 왕국의 역사를 고하게 되었다. 열왕기상하의 열왕들의 행적을 살펴볼 때 우리는 그 과정을 통해서 하나님을 배반한 가련하고 허무한 인생행로를 보게 된다.

교훈 및 적용

1. 엘리사와 같이 이 시대를 이끌어 가는 성도의 삶을 살자.
2. 사르밧 과부가 가진 것을 모두 주의 종에게 드렸을 때 가뭄에서 구원받은 사실을 기억하자.
3. 엘리사가 나아만의 값진 선물을 거절한 것은 물질을 초월한 참 신앙의 귀중함을 보여 주는 것이다.
4. 이스라엘 민족은 보이는 우상에 걸려 넘어졌으나 우리는 무형의 우상에 조심하자.
5. 회개하지 않는 비참한 말로를 성경을 통해 배우자.
6. 참된 복은 하나님과 올바른 관계를 맺을 때 얻게 됨을 명심하자.

당신은 남북 두 왕국의 역사에서 많은 것을 느끼셨으리라 생각합니다. 특히 하나님의 사람들의 활동이 나라와 민족에게 끼치는 영향이 얼마나 큰가를 깨달았을 것입니다.하나님을 떠나지 않는 나라와 민족은 결코 망하지 않는다는 사실과 하나님을 떠나지 않는 동안 평안이 떠나지 않는다는 사실입니다.
다음은 역대기를 배우게 됩니다. 역대상1~29장까지 읽어보시기를 바랍니다.

성경문제

● 열왕의 역사(2)/왕하1:1-25:30

1. 엘리야는 (　　　　)를 책망한 선지자였다.(왕하 1장)
2. 회오리 바람을 타고 승천한 사람은 누구인가?(왕하 2장)
3. 이스라엘 사람들이 모압 사람들의 밭을 어떻게 하였는가?(왕하 3장)
4. 아래의 기적과 관계되는 절수의 기호를 찾아 쓰라.
   (1) 독을 제거함(　) (가) 왕하 4:1-7
   (2) 늘어난 기름(　) (나) 왕하 4:8-37
   (3) 보리 떡 20개(　) (다) 왕하 4:38-41
   (4) 수넴 여인의 아들(　) (라) 왕하 4:42-44
5. 제 4장에서 "하나님의 사람"이란 누구를 말하는가?
6. 아람 왕의 군대 장관은 누구며 무슨 병에 걸렸는가?(왕하 5장)
7. 물에 빠진 도끼를 건져 준 사람은 (　　　　)였다.(왕하 6장)

8. 아람 왕의 군대 장관이 엘리사를 찾아갈 때 예물을 싣고 간 약대의 수는 얼마인가?(왕하 8장)

9. 아래의 인물과 관계 있다고 생각되는 것을 찾아 그 기호를 쓰라.

(1) 아하시야(　)　　(가) 평안이냐
(2) 요람(　)　　(나) 디셉 사람
(3) 엘리야(　)　　(다) 유다 왕
(4) 이세벨(　)　　(라) 엣바알의 딸

10. 예후는 바알의 당을 훼파하여 무엇을 만들었는가?(왕하 10장)

11. 유다의 악한 여왕은 누구며 몇 해 동안 왕노릇하였는가?(왕하 11장)

12. 요아스는 제사장 (　　　　)의 교훈을 받았다.(왕하 12장)

13. "여호와께서 아브라함과 이삭과 야곱으로 더불어 세우신 언약을 인해 이스라엘에게 은혜를 베풀어 긍휼히 여기시며" 이 말씀은 몇 장 몇 절에 있는 말씀인가?

14. 이스라엘 왕 가운데 41년간 왕노릇한 사람은 요아스의 아들 (　　　　　)이었다.(왕하 14장)

15. "여호와께서 왕을 치셨으므로 죽는 날까지 문둥이가 되어 병 중에 거하고" 어느 왕을 가리키는가?(왕하15장)

16. 이스라엘 나라가 어느 나라 누구에 의하여 망하였나?(왕하 17장)

17. 히스기야 왕 14년에 누가 예루살렘을 치러 왔는가?(왕하 18장)

18. "이제 우리를 그 손에서 구원하옵소서 그리하시면 천하 만국이 주여호와는 홀로 하나님이신 줄 알리이다" 이 말은 누가 한 말이며 몇 장 몇 절에 기록되었는가?

19. 히스기야 왕이 병들어 죽게 되었을 때 기도하여 몇 년이나 더 살았는가?(왕하 20장)

20. 유다 왕 중 12살에 왕이 된 사람은 누구이며 그는 몇 년 동안 왕으로 있었는가?(왕하 21장)

21. 서기관 사반을 시켜 성전의 퇴락한 곳을 수리하게 한 왕은?(왕하 22장)

22. 열왕기하 23:4-25의 내용은 무엇인가?

23. 유다는 어느 왕 어느 때 누구에게 어디로 잡혀 갔는가?(왕하 25장)

24. 유다가 망한 후 남아 있는 백성들을 누가 통치하였는가?(왕하 25장)

25. 이스라엘, 유다 두 나라 임금들 가운데 가장 선한 왕과 가장 악한 왕은 누구라고 생각하며 그 이유는 무엇인가?

(1) 이스라엘의 선한 왕:　　악한 왕:
(2) 유다의 선한 왕:　　악한 왕:
(3) 그 이유는 무엇인가?

역대상

개요

1. **주제** – 다윗왕의 통치와 그의 성전건축을 위한 준비
2. **예수님과의 관계** – 예수님을 왕으로 묘사한다.
3. **역대상의 배경**
   1) 책이름: 우리말로 역대라는 단어는 시대의 연대기적 역사라는 의미이다. 원래 히브리 성경에서는 열왕기상하와 마찬가지로 역대상하도 한권으로 되어 있었다.
   2) 기록자: 에스라(에스라서와 느헤미야의 기록자)
   3) 연대: 사울의 죽음에서부터 솔로몬 왕의 통치가 시작될 때까지의 약 40년간(주전 1000~960년)의 역사를 기록한 것이며, 기록된 때는 주전 약450년경이다(아담 이후 족보시대까지 계산하면 약 3천년간의 역사가 수록되어 있다).
   4) 기록목적: 역사적인 면에서 양국시대동안 다윗왕조의 역사와 당시의 성전과 제사장을 말하고자 함이 목적이고 영적으로는 하나님안에서의 참된 신앙에 대한 축복과, 언약의 백성이 하나님을 중심으로 뭉쳐지는 내용을 강조하여 보여주는데 그 목적을 두고 있다.
   5) 역대상의 특징: 역대서는 열왕기서와 그 내용이 거의 같지만 씌여진 관점이 다르다. 선지자적 관점에서 쓰여진 열왕기서에 비해 역대서는 제사장적 관점에서 씌여졌다. 역대서는 주로 성전예배와 제사장과 레위족속에 관한 것이다. 역대서에는 열왕기서에 나와 있는 북왕국(이스라엘)에 대해서는 기록이 거의없고 남왕국(유다)의 역사가 다윗, 솔로몬에 이어 기록되어 있다. 역대상에 다윗이라는 이름이 약 180번이나 기록되었다.
4. **내용분류** – 29장 942절

   역대상은 크게 두부분으로 나눌 수 있다.

   1) 아담에서 다윗까지의 족보(1:1~9:44)
   2) 통일왕국시대(다윗의 통치)(10:1~29:30)

   (1) 사울왕의 죽음(10:1~14)

   (2) 이스라엘의 왕 다윗(11:1~21:28)

   (3) 성전건축을 위한 준비(22:1~29:30)

14
[유다(다윗)의 역사(I)]

- **본문 : 대상 1~29장**
- **요절 : 대상 1:28, 29;26~27**

본서는 아담의 족보부터 시작하여 다윗왕의 역사를 기록하고 있다. 열왕기는 분열된 남북왕조를 골고루 취급하고 있는 반면, 여기서는 예루살렘을 중심한 남방 유대의 역사를 기록하고 있다. 특히 다윗왕의 종교적인 여러가지 사건에서 신앙적인 많은 교훈을 얻을 수 있을 것이다.

1. 다윗까지의 족보(1:1~9:44)

역대기의 역사는 역대상 제10장의 사울의 죽음에서 시작된다. 9장까지의 본 부분은 역대상하의 서론으로 창세기 5장~36장의 기사를 간단한 족보형식으로 기술한 것이다.

1) 모든 민족의 조상(1:1~54)

역대상 1장은 아브라함의 자손을 중심으로 모든 민족의 족보를 기록한 것이다. 아담에서 노아까지 족보(1~4), 노아의 세 아들인 셈,함,야벳 자손의 족보(5~23), 셈에서 아브라함까지 10세대의 족보(24~27), 아브라함 자손(28~42), 그리고 에돔왕들과 에돔의 족장(43~54) 순으로 그 내용을 이루고 있다.

2) 이스라엘지파의 족보(2:1~8:40)

(1) 유다지파(2:1~4:23)-2장 1~2절에는 유다지파의 서론 부분으로서 이스라엘의 열두 아들의 이름이 들어 있다. 유다의 자손(2:3~55), 다윗의 자손(3:1~24), 유다지파의 족보의 추가(4:1~23)로 유다지파 족보의 내용을 기록하고 있다.

(2) 시므온지파(4:24~43)-시므온의 자손(24~27), 시므온의 영토(28~33),

시므온 지파의 족장들과 그들의 이주(34~43)가 기록되어 있다.

(3) 요단 동부의 지파(5:1~26)-르우벤지파의 족보(1~10), 갓 자손의 족보와 주소(11~17), 루우벤, 갓, 므낫세 반지파와 아람왕의 전쟁(18~22), 므낫세 반지파(23, 26)가 기록되어 있다.

(4) 레위지파의 족보와 주소(6:1~81)

(5) 다른 6지파의 족보(7:1~40)-잇사갈(1~5), 베냐민(6~12), 납달리(13), 므낫세(17~19), 에브라임(20~29), 그리고 아셀 지파(30~40)에 대한 기록.

(6) 베냐민 자손(8:1~40)

● 야곱의 아들

지파	이름의 뜻	내 용	비 고
유다 4:1~23	찬송함	가장 번창하고 영광스러운 지파이며 많은 민족지도자를 배출했으며 메시야가 탄생함	·첫 사사, 옷니엘 ·영원한 이스라엘의 주권자
시므온 4:24~43	들으심	함 자손이 그들 지역을 빼앗아 정착, 각 지역에 흩어졌으나 번창함.	가장 미약한 지파 디나 사건으로 야곱의저주를 받은 지파(창 37)
르우벤 5:1~10	보라 아들이다	·뛰어난 가문이나 인물이 나타나지 않았음. ·요단 동편에 거주	·근친상간의 죄로 장자 명분을 박탈당함
갓 5:11~22	행운	요단 동편 땅에 거함	유다왕 요람과 이스라엘왕 여로보암 2세 때 족보에 기록되었음
므낫세 5:23~26	잊어버림	므낫세 지파에 용력이 유명한 족장들이 많았으나 요단동편에 거한 지파들은 간음하듯 이방신을 섬김	요단동편의 세 지파 모두 앗수르의 포로로 잡혀감
레위 6:1~81	연합	·이스라엘 종교교육에 중요한 책임을 담당·기업을 받지 못하고 도피성과 다른 지파 구역에서 기거함	성가대 지휘자 헤민을 도운 수행자 아삽, 에단
잇사갈 7:1~5	보상	근면하고 번창한 지파로 용맹스런 용사가 많았음	스불론 단지파는 족보에서 삭제(이유불명)
베냐민 7:6~12	기쁨의 아들	·사울을 배출, 수는 작으나 모두가 큰 용사들이었음 ·끝까지 다윗지파를 지지함.	그들의 호전적인 기질은 역사에 많은 오점들을 남겼음(삼하 16:5, 삿 20:12~48)
납달리 7:13~19	나의 경쟁	·훌륭한 인물이 없었음	다양한 재능으로(웅변, 노래) 하나님을 영화롭게함(창 49:21)

에브라임 7:20~29	창상함	· 가드와 블레셋이 에브라임 가문에 큰 재앙을 가져옴 (아들드이죽임을 당함)	· 민족 지도자 여호수아 배출
아셀 7:30~40	기쁨	· 지도자적인 인물 배출이 없었음 · 450년 간의 사사시대에 아셀지파만 사사가 없었음	· 이들의 전문 직업은 농사였음(창 49:20)
단	공평함	· 12지파 중 가장 작은 지파 분배받은 땅으로 기업을 가꾸어 나가기 힘들자 북방으로 이주	· 북방이주 후 단지파는 완전히 흩어짐

3) 예루살렘에 거주한 사람들과 레위사람의 임무(9:1~44)

(1) 예루살렘에 거주한 사람들(9:1~34)-서론(1~3), 유다의 자손(4~6), 베냐민자손(7~9), 제사장(10~13), 레위사람(14~16), 문을 지키는 사람(17~27), 그리고 레위사람의 임무(28~34)에 대해 기록했다.

(2) 반복기사(9:35~44)-역대상 8장 29~38절의 반복기사이다. 모든 사람의 족보가 이스라엘과 유다의 열왕기에 기록되어 있다(9:1). 그러나 역대기에도 족보가 기록된 것은 전시대를 통해 하나님이 이스라엘 백성을 특별히 선택하셨다는 것을 계시해 주기 위함이다.

2. 통일왕국시대(다윗의 통치)(10:1~29:30)

1) 사울왕의 죽음(10:1~14)

역대상 10장은 사울왕의 마지막 통치와 비극적인 죽음을 기록한 장이다. 이것은 다윗통치의 서론이라고도 할 수 있으며 사울이 블레셋 군대와 싸워 패하고 길보아 산에서 전사한 결과 이스라엘왕국의 실권이 다윗의 수중에 들어가게 된 것을 기록한 것이다. 이 부분은 사무엘상 31장과 대체로 같은 내용이다.

2) 이스라엘의 왕 다윗(11:1~22:1)

(1) 왕이 된 다윗(10:1~12:40)-역대기의 기록자는 다윗이 왕이된 사실을 기록하면서 사무엘하 1~4장은 생략하고 있다. 시온의 요새를 취한 다윗왕(11:1~9), 다윗의 용사들(11:10~47), 다윗이 도피했을 때 수종든 사람들(12:1~22), 그리고 다윗을 왕으로 세우기 위하여 헤브론에 모인 용사들

(12:23~40)등을 기록했다.

(2) 예루살렘에 돌아온 법궤(13:1~16:43)-법궤는 블레셋 사람들에게 7개월 동안 빼앗겼었다(삼상4:11~6:1). 그 후 법궤는 이스라엘 민족에게 돌아와서 예루살렘 서북쪽 16키로지점에 있는 기럇여아림에서 20년 동안 있었다. 수도를 예루살렘으로 정한 다윗은 그 곳을 정치 종교의 중심지로 하기 위하여 하나님의 법궤를 성대한 의식을 거행하는 가운데 예루살렘으로 옮기기로 결정한 것이다. 13장은 다윗이 하나님의 언약궤를 기럇여아림에서 예루살렘으로 옮기는 과정이고, 14장은 블레셋과의 전쟁에서 승리한 다윗, 15장은 다윗이 하나님의 언약궤를 마침내 예루살렘으로 가져오는 장면, 그리고 16장은 하나님의 언약궤가 돌아온 것에 대한 다윗의 찬양과 감사의 노래이다.

(3) 다윗의 성전 건축소원(17:1~27)-이것은 사무엘하 7장에 근거한 것으로서 성전건축에 대해 다윗이 소원한 바를 기록한 것이다. 하나님은 다윗이 많은 피를 흘린 것을 이유로(22:8, 28:3) 성전건축을 허락하지 않으시고 솔로몬에게 그 일을 맡기셨다(17:11~14, 28:6).

(4) 다윗의 정복사업(18:1~20:8)-이 부분은 사무엘하 8장의 내용과 같다. 다윗의 훌륭한 통치(18:1~17), 암몬 및 아람과의 전쟁에서 승리(19:1~19), 암몬과 블레셋과의 전쟁에서의 승리(20:1~8) 등이 기록 되어 있다.

(5) 다윗의 인구조사와 심판(21:1~27)-이 기사는 사무엘하 24장의 기록과 같은 내용인데 다윗이 사단에게 감동되어 인구 조사를 하므로(1~8절) 하나님은 심판하시고 다윗은 회개한다(9~17절). 하나님의 명령을 따라 오르난의 타작마당을 사서 단을 쌓고 번제와 수은제를 드린다(18~27절).

3) 성전건축을 위한 준비(21:28~29:30)

역대기의 기록자는 다윗이 솔로몬왕을 세운 것에서 바로 출발하여 새로 건축하는 성전의 건축준비(22:)와 그 성전에서 봉사하는 레위족속(23:), 제사장(24:), 성가대원(25:), 문지기(26:)등에 대한 편성과 임무에 대해 기록하고, 마지막으로 다윗이 모든 신하를 향한 고별훈시를 기록하였다.

(1) 성전건축의 기본준비(21:28~22:19)-다윗은 성전의 장소를 결정하고 자재를 준비한 후(22:2~5), 솔로몬과 이스라엘 관리들에게 지시를 한다(22:6~19). 당시 건축은 세상에서 가장 웅장하고 영광스러운 것으로 만

들려고 하였다(22:5).

(2) 레위족속의 임무(23:1~32)-솔로몬을 왕으로 삼는 대목(23:1)과, 레위인의 조사와 직무(2~6), 게르손, 그핫, 므라리 자손(23:21~23), 그리고 레위사람의 연령과 성전에서의 임무(23:32)에 대한 기록이다.

(3) 제사장의 구성(24:1~31)-성소의 행사에는 24개의 절차가 있었다. 제사장은 '성소를 맡은 자' 또는 하나님의 전을 맡은 자라고도 불렀다(5). 제사장은 제물을 맡았는데 예수 그리스도가 오셔서 영원한 대제사장이 되심으로 그들의 임무는 끝나고 말았다. 신약의 히브리서는 제사장들이 더 이상 필요없음을 보여 주기 위해 기록된 성경이다.

(4) 기타 조직(25:1~27:34)-역대기 25장에서 27장은 성전예배와 제사 이외의 조직을 다윗왕이 세운 데 대한 기록이다. 25장은 성전에서 찬송할 성가대의 조직, 26장은 성전문지기와 외무를 주관하는 자들의 조직을, 그리고 27장은 정부관리와 군당국자들에 대한 조직을 기록한 장면이다.

(5) 다윗의 마지막 훈시와 기도(28:1~29:30)-다윗 왕이 죽기 전에 솔로몬에게 성전 건축의 양식에 대하여 하나님의 계시를 훈시형식으로 전하는 장면과 다윗왕의 백성에 대한 마지막 말씀을 기록하고 솔로몬의 즉위와 다윗의 죽음을 기록함으로써 역대상을 끝맺고 있다.

교훈 및 적용

1. 아담을 조상으로 한 온 인류는 한 형제 자매가 됨을 알자.
2. 에서의 장자명분보다 그리스도의 신부가 되는 성도의 명분이 더 복되고 귀한 것임을 명심하자.
3. 다윗이 마지막을 잘 준비한 것같이 우리도 주님이 오실 때를 위해 영적, 육적 준비를 잘하자.

당신은 다윗왕의 역사와 이스라엘 12지파의 역사에서 많은 것을 느끼고 배우셨을 것입니다. 특히 다윗이라는 인물을 통하여 성공의 비결이 무엇이며 인간의 약점은 어디에 있는가를 깨달았을 것입니다.

당신의 약점은 무엇입니까? 이제 당신은 하나님앞에 자신의 약점을 보이지 아니하는 참 성공자가 되시기를 바랍니다. 다음은 역대하에서 솔로몬이라는 훌륭한 임금에 관하여 배우게 됩니다. 본문 말씀 역대하 1~36장까지 읽어 주세요.

14

성경문제

● 유다(다윗)의 역사/대상1:1-29:30

1. 셈, 함, 야벳은 누구의 아들이며 이삭은 누구의 아들인가? 그리고 이삭의 두 아들의 이름은 무엇인가?
2. 다윗의 형은 모두 몇 명이었나?(대상 2장)
3. 다윗은 헤브론에서 (　　　　)년 (　　　　)개월간, 예루살렘에서 (　　　　)년간을 치리하였다.(대상 3장)
4. "원컨대 주께서 내게 복에 복을 더하사 나의 지경을 넓히시고 주의 손으로 나를 도우사 나로 환난을 벗어나 근심이 없게 하옵소서" 라고 기도한 사람은 누구인가?(대상 4장)
5. 이스라엘의 장자의 명분은 누구에게 돌아갔는가?(대상 5장)
6. "여호와의 집에서 찬송하는 일을 맡게 하매 … 회막 앞에서 찬송하는 일을 행하되" 누가 누구에게 찬송하는 일을 맡겼는가?(대상 6장)
7. 여호수아는 어느 족속의 후손인가?(대상 7장)
8. 사울의 아버지는 (　　　　)이며 (　　　　)은 그의 아들이었다.(대상 8장)
9. 성전에서 봉사하는 일은 어느 지파가 맡았는가?(대상 9장)
10. 길보아 산 전쟁에서 사울이 잃은 아들은 몇이나 되는가?(대상 10장)
11. 다음 A항과 관계 있는 B항의 기호를 쓰라.(대상 11장)

A항	B항
(1) 시온산	(가) 브나야
(2) 요압의 아우	(나) 아비새
(3) 시위대장	(다) 우리아
(4) 헷 사람	(라) 다윗 성

12. 다윗에게 돌아온 사람 중 갓 사람의 첫째 두목은 누구인가?(대상 12장)
13. 하나님의 궤로 인하여 복을 받은 가정은 어느 가정인가?(대상 13장)
14. 다윗은 블레셋 군대와 어디서 싸워 승리했는가?(대상 14장)
15. 역대상 15:16-24의 내용은 어떤 내용인가?
16. 역대상 16장에서 다윗이 감사한 노래의 내용은 몇 장 몇 절에 있는가?
17. "저는 나를 위하여 집을 건축할 것이요 나는 그 위를 영원히 견고하게 하리라"

이 말씀은 몇 장 몇 절에 있으며 누가 누구를 가리켜 한 말인가?

18. 스루야의 아들 여호사밧은 군대장관이 되었다. 맞으면 ○표, 틀리면 ×표 하라.(대상 18장)
19. 요압과 아비새의 형제는 (   )과 (   )의 연합군을 격파하였다. (대상19장)
20. 엘하난이 골리앗의 누구를 죽였는가?(대상 20장)
21. 사단이 일어나 이스라엘을 대적하고 다윗을 격동하여 이스라엘을 계수할 때 그것을 죄라고 말린 사람은 누구인가?(대상 21장)
22. 다윗이 하나님의 전을 건축하지 못한 이유는 무엇인가?(대상 22장)
23. 제사장의 반열은 누가 나누었는가?(대상 23장)
24. 아론의 반열에는 족장이 14명이었다. 맞으면○표, 틀리면×표 하라.(대상 24장)
25. 성가대와 제사장은 각각 몇 반열로 나누었는가?(대상 24-25장)
26. 문지기로 성전을 봉사하는 기사는 어느 장에 있는가?
27. "내 아들 솔로몬아 너는 네 아비의 하나님을 알고 온전한 (   )과 기쁜 (   )으로 섬길지어다 여호와께서는 뭇 (   )을 감찰하사 모든 (   )을 아시나니 네가 저를 찾으면 만날 것이요 버리면 저가 너를 영원히 버리리라 그런즉 너는 (   )여호와께서 너를 택하여 성소의 전을 건축하게 하셨으니 (   )" 이 말씀은 어디에 있는가? 그리고 (   )에 적당한 말을 써 넣어라.
28. "(   )와 (   )가 주께로 말미암고 또 주는 만유의 주재가 되사 손에 (   )과 (   )이 있사오니 모든 자를 크게 하심과 강하게 하심이 주의 손에 있나이다" (   )에 적당한 말을 써 넣어라.(대상 29장)

역대하

개요

1. **주제** - 솔로몬왕 이후 유다와 예루살렘의 역사.
2. **예수님과의 관계** - 예수 그리스도는 우리의 왕이시다.
3. **역대하의 배경**
   1) 기록자 : 에스라
   2) 기록연대 : 본서는 솔로몬왕의 즉위에서 부터 고레스왕이 예루살렘 성전의 재건을 공포할 때까지의 약 424년 동안(주전 960~536년)의 역사를 기록한 것으로 기록한 때는 주전 450년 쯤(역대상 참조)이다.
   3) 기록목적 : 역대상에서는 다윗의 통치와 성전건축을 위한 그의 소망이 기록되어 있는 반면에 역대하에는 솔로몬의 성전건축과 유다 백성의 배교, 성전 예배에 대한 나태성을 기록함으로써 성전과 예배를 떠난 이스라엘 백성들의 비극이 어떻게 출발했는가를 보여 준다.
   4) 역대하의 특징: 역대하는 열왕기상.하와 같은 내용을 취급하지만 분열된 10지파의 왕들에 대해서는 기록하지 않고 있다. '성전' 또는 '전' 이라는 단어가 약 180번, 제사장이라는 단어가 약 80번 이상 사용되고 있다.
4. **중심사상**
   1) 왕국이 분열된 후 하나님은 다윗왕조인 유다를 지켜주셨다 (11:16, 17).
   2) 다윗 왕조가 그들의 죄값으로 무너졌으나 무너진 가운데서도 하나님은 회복의 길을 예비해 두셨다(36:21).
   3) 이스라엘 민족은 다시 고국에 돌아와 예언자들을 통하여 정화되고 그들의 성전을 다시 재건한다(36:23).
5. **내용분류** - 36장 822절.
   원래 한 권이었던 역대상, 하 전체는 다음과 같이 4분된다.
   1) 족보-아담에서 다윗까지 (대상1:~9:)
   2) 다윗의 통치(대상10:~29:)
   3) 솔로몬의 통치(대하 1:~9:)
   4) 유다제왕의 통치-르호보암에서 바벨론 포로까지(대하10:~36:)

15
[유다(솔로몬)의 역사(Ⅱ)]

● **본문 : 대하 1~36장**
● **요절 : 대하 15:15(6:2, 7:17, 18)**

우리는 본서에서 솔로몬 왕의 신앙과 지혜, 업적 등을 배울 수 있을 것이며, 유대 여러 왕들의 역사에서 그들이 하나님 앞에 범한 죄악이 무엇인지를 볼 수 있을 것이다. 특히 본서를 통해 종교사회에서 하나님을 어떻게 섬기며 어떻게 교회에 봉사할 것인가를 배울 수 있을 것이다.

1. 솔로몬의 역사(성전의 건축)(1:1~9:31)

이 부분은 솔로몬의 위대한 성전건축과 그의 영광스러운 통치에 관한 기록이며 열왕기상 3장에서 11장까지의 내용과 같다.

1) 솔로몬의 신앙과 번영(1:1~17)

이스라엘 3대왕으로 즉위한 솔로몬은 기브온 산당에서 여호와께 희생의 제물을 드린후(1~6), 첫번째 환상에서 하나님께 지혜를 구함으로(7~13) 지혜는 물론 부귀와 재물과 명예까지도 얻게 되었다(14~17).

2) 솔로몬의 성전건축(2:1~7:22)

역대하 2장은 솔로몬왕이 성전건축을 위해 마지막 준비를 하는 장면이며 3장, 4장은 성전을 건축하고 성전을 위한 기구를 만드는 장면이고, 5장, 6장, 7장은 솔로몬 왕의 성전헌당식 광경을 기록한 것이다. 원래 이스라엘 민족은 400년 동안 성막에서 하나님을 모시고 예배를 드렸고 하나님께서도 그것으로 만족하셨다(삼하7:5~7). 그러나 다윗이 성전을 짓고 싶어할 때 하나님은 성전건축에는 동의하셨으나(대상28:19), 다윗이 피를 흘린 군인이란 이유로 다윗의 아들인 솔로몬에게 성전을 짓게 하셨다(대상22:8). 솔로몬이 지은 성전은 역사상 가장 값비싸고 찬란한 것으로서 3만명의 이스라엘 사람과 15만명의 가나안 사람이(왕상5:13~16, 대하2:17~18, 8:7~9) 7년동안 걸려(왕상6:38) 완성했다. 성전은 성막의 2배로 활동된 모습이었으며 오늘날의 도량 단위로 환산하면 길이30m, 폭10m, 높이 15m의 크기였다(왕상6:2). 성전은 두개의 뜰, 즉 안 뜰과 큰 뜰로 둘러싸여 있었는데(왕상6:36, 7:12) 큰 뜰에는 솔로몬의 궁전 건물이 포함되어 있었다.

3) 솔로몬의 업적(8:1~9:31)

역대하 8장은 솔로몬이 시행한 여러사업, 이를테면 많은 성을 세우고(1~6), 가나안 거주민을 노동자로 강제 징발하고(7~10), 성전의 예배를 정비하고(12~17), 선단을 조직한 것(17~18) 등을 기록한 내용이다. 그리고 9장은 열왕기의 기사와 역시 같은 내용으로서 스바 여왕의 방문(1~12), 솔로몬의 부귀와 지혜(13~28), 솔로몬의 말년과 후계자(29~31) 등에 관한 기록이다. 이 부분은 열왕기상 9장에서 11장까지의 기록과 내용이 같다.

2. 유다제왕의 역사(10:1~36:23)

이 부분은 솔로몬의 뒤를 이은 로호보암의 남왕국시대부터 바벨론 포로때 까지의 유다 왕국의 역사의 기록이다. 그 내용은 열왕기상 12장에서 열왕기하25장까지와 같은데 다만 북왕국인 이스라엘의 이야기가 빠져 있고 남왕국 유다의 역사만 상술되어 있는 점이 다르다.

1) 르호보암(10:1~12:16)– 르호보암은 솔로몬의 아들로서 17년 동안(주전 933~916년) 통치했다(왕상12:~14:). 그의 통치로 솔로몬의 황금시대는 급격히 쇠퇴했고, 12지파 중 10지파가 여로보암의 반란으로 그의 왕국에서 분열되었다. 애굽왕 시삭의 예루살렘 침입(12:2~9)은 고고학적 자료로서 카르낙에 있는 아몬 대신전의 '시삭의 부조'에 기록되어 있다.

2) 아비야의 역사(13:1~22)– 3년간(주전915~913) 통치 했다. 그의 아버지처럼 사악했으나 여로보암과 전쟁할 때는 여호와를 의지하여 승리를 거두기도 하였다.

3) 아사의 역사(14:1~16:14)– 41년간(주전912~872)이라는 오랜기간 동안 좋은 왕으로 하나님을 열심히 섬겼다. 우상을 멀리하여 그의 치세동안 유다왕국은 매우 유명했다.

4) 여호사밧의 역사(17:1~20:37)- 25년 동안 모든 일에서 하나님을 인정하고 찾은 왕이다. 군중 교육제도를 만들어 제사장과 레위인으로 하여금 율법서를 가지고 백성을 가르치게 했으며 재판소를 설치하고 군대를 강화 시켰다.

5) 여호람, 아하시야, 아달랴의 치세(21:1~23:21)

여호람(요람)은 8년간 통치했으나 악한 이세벨의 딸 아달랴와 결혼함으로 악한 왕이 되었다. 아하시야는 1년간 다스렸는데 이세벨의 손자로서 다윗 계보의 가장 더럽고 추악한 접목(接木)이었다. 아달랴는 악독한 이세벨의 딸이며 여호람의 왕비이며, 아하시야의 어머니였다. 8년 동안 왕비로, 1년 동안 황후로, 그리고 6년간은 직접 통치하여 합계 15년동안 바알을 열광적으로 숭배하고 손자들을 학살하는 등 더러운 정치를 행했다.

6) 요아스의 역사(24:1~27)- 아달랴의 손자로서 기적적으로 아달랴의 손에서 살아 남아 삼촌이며 대제사장인 여호야다에 의해 왕이되어 40년간 통치하였다. 여호야다가 살아있는 동안 의로운 정치를 했으나 여호야다가 죽자 배반하고 우상을 세워 비극적인 최후를 당했다.

7) 아마샤의 역사(25:1~28)

29년동안 통치하며 정직히 행하기는 했으나 온전한 마음으로 하지 않았다. 에돔의 신을 섬겼으며 예루살렘을 이스라엘의 왕으로부터 빼앗겼다.

8) 웃시야, 요담, 아하스의 역사(26:1~28:27)

웃시야는 52년간 하나님을 섬기며 왕국을 가장 크게 넓혔다. 그러나 말년에 교만하여 문둥이가 되었다. 요담은 아버지 웃시야처럼 16년간 하나님의 뜻대로 능력있게 왕국을 다스렸다. 아하스는 16년간 우상을 숭배하는 악한 왕 노릇을 했다. 유다는 아하스 때문에 국력이 매우 약해졌다.

9) 히스기야의 역사(신앙적정치)(29:1~32:33)-29년간 큰 개혁을 단행하여 모든 우상을 제하고 하나님을 진실되게 섬겼다. 하나님의 도움으로 앗수르의 산헤립을 물리쳤다. 히스기야 6년에 (주전722년)북왕국 이스라엘은 멸망했다.

10) 므낫세와 아몬의 역사(33:1~25)

므낫세는 가장 오래(55년간), 가장 악하게 유다를 통치한 왕으로서 이사야를 톱으로 썰어 죽였다. 아몬왕도 역시 사악한 왕으로 2년간 통치했다.

11) 요시야의 역사(34:1~35:27)- 8세 때 통치하기 시작했으며 16세 때 다윗의 하나님을 찾았고 20세 때 개혁을, 그리고 26세 때 가장 철저한 종교개혁을 단행했다. 백성의 비협조로 결국이루지 못하고 애굽왕과의 전쟁에서 전사했

다. 31년간 통치했다

12) 예루살렘의 멸망(남왕조)(36:1~23)

여호아하스(3개월), 여호야김(11년), 여호야긴(3개월), 시드기야(11년) 4왕의 악한 통치 끝에 예루살렘은 왕국과 함께 멸망하고(주전586년) 백성들은 바벨론에 포로로 끌려갔다. 70년 후에 바사의 고레스왕이 해방을 선언했다.

교훈 및 적용

1. 솔로몬이 매일 매일 규례를 따라 번제를 드린것 같이 성도들은 날마다 자신을 하나님께 드려 헌신의 삶을 살아야 한다(대하8:12, 13).
2. 사람은 강성해 질때 타락하기쉽다. 그러므로 복 받을때 더욱 신앙을 지켜나가 도록 노력해야 할것이다.
3. 히스기야가 기도로 앗수르의 침공을 막은 것을 본받아 평상시에 기도로 준비하여 곤경에 처할때 즉각 방어할 수 있는 신앙인이 되자.

이스라엘 민족이 남북으로 분열하는 모습에서 오늘 우리 민족의 아픔을 느끼셨을 것입니다. 그런데 감사한 것은 하나님을 섬기는 백성은 결코 버리지 않으셨으며 그렇지 않을 때는 반드시 심판을 하신다는 사실입니다. 그러므로 하나님은 우리민족을 버리지 않으실 것이며 축복하실 것입니다. 다음에는 에스라, 느헤미야, 에스더서를 공부하게 되는데 유다 민족의 회복을 배우게 됩니다. 본문 에스라1~10장, 느헤미야1~13장,에스더1~10장까지 읽어주시기를 바랍니다.

성경문제

● 유다(솔로몬)의역사(2)/대하1:1-36:23

1. 솔로몬이 왕이 된 후 어디에 백성을 모으고 몇 번의 희생을 번제로 드렸는가?(대하 1장)
2. 솔로몬은 성전을 누구를 위하여 건축하였는가?(대하 2장)
3. 성전 건축은 언제 시작하였으며 그 장소는 어디인가?(대하 3장)
4. 언약궤를 성전으로 옮긴후 여호와의 영광이 무엇으로 나타났나?(대하5장)
5. 역대하 6장의 중요한 내용은 무엇인가?
6. "내 백성이 그 악한 길에서 떠나 스스로 (　　　　)하고 (　　　　)하여 내 얼

굴을 구하면 내가 하늘에서 듣고 그 죄를 사하고" 이 말씀은 몇 장 몇 절에 있으며 ( )에 적당한 낱말은 무엇인가?

7. 솔로몬의 건축 사업은 몇 년 동안 했으며 부귀 영화는 몇 년 동안이나 누렸는가?(대하 8장-9장)
8. "나의 새끼 손가락이 내 부친의 허리보다 굵으니" 이 말은 누가 누구에게 한 말인가?(대하 10장)
9. 유대 나라가 여호와를 버림으로 하나님은 누구를 징계자로 보냈나?(대하12장)
10. 아사 왕은 ( ) 사람과 싸워 이겼다.(대하 14장)
11. 아사 왕이 무엇 때문에 태후의 위를 폐하고 내어 쫓았는가?(대하 15장)
12. 여호사밧 왕의 성공적인 정책은 무엇인가?(대하 17장)
13. 여호사밧은 ( ) 전쟁에서 크게 승리하였다.(대하 18장)
14. "너희는 여호와를 경외하고 ( )와 ( )으로 이 일을 행하라" ( )에 적당한 말은 무엇인가? 그리고 이 말은 누가 했으며 몇 장 몇 절에 있는가?
15. "주의 손에 ( )와 ( )이 있사오니 능히 막을 사람이 없나이다" ( )에 적당한 말은 무엇인가?(대하 20장)
16. 유다의 여왕의 이름은 무엇이며 몇 년 동안 왕노릇하였는가?(대하 22장)
17. 요아스는 몇살에 왕이 되었으며 몇 년 동안 왕노릇하였는가?(대하 24장)
18. 아마샤 왕이 싸움터에 가지 말라는 하나님의 사람의 예언을 듣고도 전쟁터에 나간 이유는 무엇인가?(대하 25장)
19. 웃시야 왕이 성전에 들어가 향단에 분향하려 하였을 때 제사장들은 어떻게 하였는가?(대하 26장)
20. 유다 왕 아하스가 맨 처음에 행한 악한 행위는 무엇인가?(대하 28장)
21. 아래 기록한 말씀들은 각각 몇장 몇절에 있는 말씀인가?(대하 29-32장)
    (1)"내 아들들아 이제는 게으르지 말라 여호와께서 이미 너희를 택하사 그 앞에 서서 수종들어 섬기며 분향하게 하셨느니라."
    (2)"너희 하나님 여호와는 은혜로우시고 자비하신지라."
    (3)"하나님 여호와 보시기에 선과 정의와 진실함으로 행하였으니… 그 하나님을 구하고 일심으로 행하여 형통하였더라."
    (4)"두려워 말라 놀라지 말라 우리와 함께 하는 자가 저와 함께 하는 자보다 크니… 우리와 함께 하는 자는 우리의 하나님 여호와시라."
22. 히스기야 왕의 개혁 운동이 있은 후 이스라엘 백성의 변화는 무엇인가?(대하 31장)
23. 유다 왕 요시야가 처음 한 장사는 무엇인가?(대하 34장)
24. 힐기야의 직책은 무엇이며 그가 성전에서 무엇을 발견하였는가?(대하 34장)
25. 요시야를 위하여 누가 애가를 지었는가?(대하 35장)
26. 유다 나라는 어느 나라 어느 왕에게 멸망당했는가?(대하 36장)

에스라

개요

1. **주제** - 바벨론 포로 후의 유다와 예루살렘 재건
2. **예수님과의 관계** - 이스라엘의 구속자로 묘사한다.
3. **에스라서의 배경**
   1) 기록자 : 에스라, 제사장 스라야의 아들로서 학사 겸 제사장이며(7:1), 율법에 능통했고(7:10), 회당예배의 창시자이며 대회당의 창건자 이기도 하다. 뜻은 '돕는 자' 란 의미가 있다. 그는 말씀을 사랑했고 그것을 가르치기를 즐겨했다.
   2) 기록연대 : 주전 450년경
   3) 기록목적 : 유대인들이 하나님의 말씀대로 포로에서 본국으로 귀환하여 성전재건 함을보여 주는데 있다.
   4) 특유한 용어 : 예루살렘이 47회 사용되었으며 '올라가다', '일어나다' 등이 여러 번 사용되었다.
4. **중심사상**
   1) 육적인 회복과 영적인 회복이 선명하게 나타나 있다(1:1).
   2) 포로생활로 자손은 이방인의 우상숭배와 풍습에서 완전히 분리되어야 하며 오직 하나님의 언약을 붙잡고 살때만이 복을 받을 수 있음을 나타내고 있다(10:3).
5. **내용분류** - 10장, 280절.
   1) 예루살렘 귀환준비 및 귀환자 인구조사(1:1~2:67)
   2) 성전정초식(2:68~3:13)
   3) 성전건축과 중단(4:1~24)
   4) 재공사와 성전완공(5:1~6:22)
   5) 에스라의 2차 귀환(7:1~28)
   6) 에스라의 예루살렘 여행(8:1~8:36)
   7) 에스라의 종교생활 개혁(9:1~10:44)

개요

1. **주제** - 유다 예루살렘성의 성벽재건.
2. **예수님과의 관계** - 이스라엘의 구속자로 묘사한다.
3. **느헤미야의 배경**
   1) 기록자: 느헤미야, 하가랴의 아들로서 아닥사스다 1세의 술맡은 관원이며 용기 있는 기도의 사람이다. '느헤미야'는 '여호와의 위로자'란 뜻이 있다.
   2) 기록연대: 주전 442~432년경
   3) 기록목적: 유대인 귀환후 100년간 성벽이 없으므로 외방 세력에 이스라엘 민족이 괴로움을 당했다. 느헤미야는 총독의 위치로 와서 성벽중건의 허가를 얻고 역사를 마치었다. 느헤미야서는 성벽재건과 백성들의 신앙생활 회복을 보여 준다.
   4) 특유한 용어: '성'이 32회, '건축'이 23회 사용. 주로 느헤미야의 회고록이며 1인칭으로 기록되어 있다.
4. **중심사상**
   1) 하나님 말씀에 대한 참된 이해를 강조하고 있다(8:8, 9).
   2) 참된 죄의 고백과 하나님께 대한 예배의 자세를 보여 주고 있다(9:).
   3) 신앙의 결단과 구체적인 행동의 실천을 강조하고 있다.
5. **내용분류** - 13장 406절
   1) 느헤미야의 귀국결심(1:1~2:8)
   2) 성벽건축발표(2:9~3:32)
   3) 방해자의 활동(4:1~4:23)
   4) 유대인 내부의 경제문제(5:1~5:19)
   5) 성벽공사 완성 및 귀환자 명부(6:1~7:73)
   6) 에스라의 율법낭독(8:1~8:18)
   7) 이스라엘 사람의 대참회(9:1~9:38)
   8) 율법에 대한 서약(10:1~10:39)
   9) 성벽 헌납식(11:1~12:43)
   10) 느헤미야의 예루살렘 방문과 종교개혁(12:44~13:31)

에스더

개요

1. **주제** – 하나님의 선민보존의 섭리
2. **예수님과의 관계** – 예수님을 우리의 대변자로 묘사한다.
3. **에스더서의 배경**
   1) 기록자 : 미상
   2) 기록연대 : 주전470년경
   3) 기록목적 : 포로후 흩어진 유대민족들이 함께 모여 부림절을 지키도록 하기 위함. 이스라엘 백성들은 부림절마다 이 책을 읽는다.
   4) 책이름 : 유대의 한 고아로서 바사국 왕비가 된 에스더의 이름을 딴 것이며 뜻은 '동방의 별' 이다. 성경에 여인의 이름을 따서 지은 두권의 책중에 하나 이다(다른 한권은 룻기).
   5) 특유한 용어 : '유대인들' 이 43회사용, '하나님' '여호와' 란 이름이 한 번도 기록이 안 됨.
4. **중심사상**
   1) 하나님의 주권적 섭리가 본서 전체에 나타나있다. 페르시아에서 증오의 대상이 된 이스라엘이 멸종의 위기에 처했을때(3:1~6) 에스더를 통하여 구원받은 것은 우연한 일이 아니라 하나님의 섭리이다.
   2) 민족에 대한 애국심이 나타나 있다. 동족비극을 눈 앞에 두고 외삼촌의 위협적인 충고에 죽음을 무릅 쓴 결단을 내리고 왕 앞에 나아가 동족을 구출한 한 여인의 숭고한 동포애가 나타나 있다.
   3) 본국으로 돌아가라고 하나님이 명했음에도 불구하고 이국 땅에 남아 있었던 이 불순종의 사람들에게도 하나님의 손길은 역사하신다.
   우리가 죄로인해 하나님과 멀어졌을 때 하나님의 사랑을 생각하자.
5. **내용분류** – 10장, 167절.
   1) 왕비가 된 에스더(1:1~2:23)
   2) 하만의 승진, 음모와 패배(3:1~8:17)
   3) 유대인 석방(9:1~10:3)

16
[유다민족의 회복]

- **본문 : 스, 느, 에**
- **요절 : 스 7:10, 느 8:8, 9, 에 4:16**

에스라, 느헤미야, 에스더서는 유대인들이 바벨론 포로에서 돌아와 예루살렘 성전과 성벽을 재건하고 종교와 사회개혁을 백성들에게 일으키는 내용이다. 그래서 그들이 새로운 생활을 하는 모습을 우리가 여기서 배울 수 있는 것이다.

우리는 특히 에스라, 느헤미야, 에스더 세 사람이 신앙적인 활동으로 나라를 재건하고 민족을 지도하는 모습에서 많은 것을 배울 수 있으리라 생각한다.

Ⅰ. 에스라의 활동(스 1:1~10:44)

1. 예루살렘 귀환준비 및 귀환자 인구조사(제 1차 귀환)(1:1~2:67)

1) 귀환준비(1:1~11)- 포로로 잡혀간지 70년만에 바사 나라의 고레스가 일어나 바벨론을 멸망시키고 예레미야의 예언(렘29:10)대로 이스라엘 백성을 성전 기물과 함께 본국으로 귀환할 것을 명했으며 아울러 성전을 건축할 것도 명했다.이것은 그때로부터 약 200년전에 이사야가 예언한 일이다(사 44:28,45:1~4).

2) 귀환자 명부(2:1~67)- 스룹바벨과 예수아의 인솔로 고국으로 돌아왔다. 인솔자(1, 2절)와 일반백성(3-35절), 성전직원(36-63절), 귀환자 총수(64-67절), 성전건축을 위하여 드린 헌물(68-70절)의 내용을 기록하고 있다.

2. 성전정초식(2:68~3:13)

족장들은 성전건축을 위해 예물을 바쳤고(2:68~70), 유다인들은 본국 도착시 먼저 제단을 쌓으며 초막절을 지켰다(3:1~6). 스룹바벨과 예수아 및 제사장들과 뭇 백성들이 역사를 시작할때 아삽 사람들은 찬송을 불러 하나님을 찬양했으며 백성들도 기뻐했으나 옛날 성전을 보았던 노인들은 너무 초라함에(학 2:3) 눈물까지 흘렸다(3:8~13).

3. 성전건축 중단(4:1~24)

그 땅 백성인 사마리아인의 방해로 다리오 왕 2년까지 중단됐는데 이는 비슬람, 미드르닷 등이 아닥사스다 왕께 예루살렘 거민들이 세금을 바치지 않는 다고 글을 올렸기 때문이다.

4. 재공사와 성전완공(5:1~6:22)

1) 반대자의 활동(5:1~17)– 학개와 스가랴의 예언을 힘입어 예수아와 스룹바벨이 성전건축을 다시 시작하자 대적 닷드내와 스달보스내가 방해하여 다리오 왕에게 참소하였다.

2) 다리오 왕의 조서(6:1~12)– 서적 곳간에서 고레스왕의 조서를 발견한 후 건축에 필요한 경비와 제사드릴 번제물을 제공했다.

3) 성전건축 완성(6:13~15)– 다리오왕 2년부터(4:24) 6년 아달월(2월) 3일(6:15)까지 성전건축을 완성시켰다.

4) 성전봉헌식과 유월절 행사(6:16~22)– 이스라엘 제사장과 백성들이 성대히 봉헌식을 한 후(515) 정월 14일 제사장과 레위인들이 몸을 정결케 하고 귀환된 모든 자들을 위하여 유월절과 7일간 무교절을 지켰다. 본국에 거하던 유대인들이 잡혼죄 등 많은 죄를 짓고 있을때(스 6:21) 에스라가 본국에 돌아온다.

5. 에스라의 2차귀환(7:1~28)

1) 에스라가 바벨론에서 예루살렘에 감(7:1~10)– 제사장 아론의 16대손인 에스라는 율법에 익숙한 학사로 왕에게 구하는 것은 다 받을 수 있는 위치에 있었다(7:1~6). 그는 아닥사스다왕 7년(주전458) 정월 초하루에 바벨론을 떠나 오월 초하루에 예루살렘에 도착하여 여기서 율법을 연구하여 백성들을 가르치기로 결심하였다.

2) 아닥스다 왕의 조서와 에스라의 감사기도(7:11~28)– 아닥사스다 왕은 예루살렘에 있는 유대인들의 종교와 도덕적 실태조사를 위해 떠나는 에스라 편에 예물을 보내 여호와의 전에 드리게 하고 이 여행에 드는 모든 비용을 왕의 기물과 금고에서 마음대로 쓰도록 허락했다. 이 조서를 받은 에스라는 하나님께 감사기도를 드렸다(7:27~28).

6. 에스라의 예루살렘 여행(8:1~36)

에스라는 족장 및 느디님 사람과 1,700여명의 백성들을 데리고 가는 중 아하와 강가에 머물러 하나님께서 평탄한 길을 주실 것을 금식하며 기도하다가 (8:1~24) 예루살렘에 이르러 하나님 전 기명들을 제단에 둔 뒤 (8:25~34) 백성들과 함께 번제를 드렸다(8:35~36).

7. 에스라의 신앙생활 개혁(잡혼의 개혁)(9:1~10:44)

본국에 남아있던 백성들 중 제사상 및 레위인의 잡혼보고를 받고 옷을 찢고 울며 자신의 죄와 백성들의 지금까지 지내온 하나님의 은혜를 생각하며 중보의 기도를 드릴때(9:1~15) 백성의 많은 무리가 모여서 참회하며 율법을 지킬 것을 약조하였다(10:1~7). 9월20일, 에스라는 도착후 4개월만에 이방여인과 헤어질 것을 명령하였다(10:5~14). 그 후 에스라는 귀환자들 중에서 족장들과 위임자를 선출하여 약 3개월간 조사했으며(10:16~17) 제사장 중 잡혼자는 속건제를 드렸다(10:18~19). 21절~44절까지는 이스라엘 백성의 잡혼자 명단이 기록되어 있다.

Ⅱ. 느헤미야의 활동(느1:1~13:31)

1. 느헤미야의 귀환(1:1~2:8)

아닥사스다 왕 20년에(주전 445년) 느헤미야는 예루살렘 성벽이 훼파되었다는 소식을 듣고 슬퍼하며 하나님께 금식하고 기도하였다(1:1~11). 그해 니산월에 술을 드리다가 왕의 눈에 띄어 하나님의 은혜를 입고 귀국 허락을 받았다. 그는 왕의 군대장관과 같이 성전재건에 필요한 재목을 싣고 예루살렘으로 향했다(1:1~2:8).

2. 성벽 건축발표(2:9~3:32)

유대귀환 60년후 에스더가 아하수에로 왕의 왕비가 되었고 아닥사스다왕은 에스더의 의붓아들인데 그가 유대인에게 호의를 베푼것은 에스더의 영향이 었을 것이다.

1) 느헤미야의 성벽순시와 방해자들(2:9~20)– 느헤미야가 왕의 조서를 갖

고 강 건너편에 이르자 호른사람 산발랏과 암몬인 도비야가 나타나 방해하고자 했지만 도착 3일후 느헤미야는 밤에 성벽을 순시하고 성벽을 세울 것을 발표했다.
2) 성벽수축배치도(3:1~3:32)– 대제사장 엘리아십이 형제제사장들과 함께 양문을 건축했으며(3:1) 이 수축사업은 42부분으로 나누어 기록되었다.

3. 방해자의 활동(4:1~4:23)

1) 산발랏과 그의 방해자들(4:1~4:15 상)– 느헤미야의 대적들이 유대인들을 조롱하고 비웃을 때(4:1~3) 느헤미야는 진심으로 하나님께 기도한 후(4:4~15), 일심으로 예루살렘성을 수축했다. 산발랏 일당들이 유대인을 암살할 계획을 세웠으나 이를 미리 안 유대인들은 이것을 방지할 대책을 세웠다.
2) 느헤미야의 대책(4:15하~23)– 백성의 절반은 무장시켜 경비하고 나머지는 수축하는 일에 힘을 기울이게 했다.

4. 유대인 내부의 경제문제(5:1~19)

성벽건축에 힘을 기울이다 보니 백성들에게 생활난이 다가와서 원망을 듣게 되었다(1~15). 이것을 보고 느헤미야는 그들의 빈곤문제를 귀인과 민장을 통하여 해결해 주었으며(6~13), 총독으로 12년간 있는 동안 아무 보수도 받지않고 일함으로 지도자로서 백성을 사랑하는 마음을 보여준다(14~19).

5. 성벽공사의 완성 및 귀환자 명부(6:1~7:73)

1) 박해(6:1~19)– 성벽수축하는 일에는 많은 방해자가 따랐다. 전날의 대적이 었던 총독산발랏이 유혹하려했으나 느헤미야는 단호히 물리쳤다. 또 거짓선지자 스마야와 여선지 노아댜를 시켜 거짓예언을 하여(6:10~14) 느헤미야를 유인하려 했지만 하나님께서 깨닫게 하셔서 유혹당하지 않았다. 예루살렘 성이 52일만인 엘룰월 25일에 완성 중건되었고 그것은 예수님의 시대까지 그대로 있었다.
2) 스룹바벨과 함께 온 귀환자의 인구조사(7:1~69)– 건축된 성문은 일찌기 닫고 늦게 열어 치안을 유지하였으며(1~4), 1차로 귀환한자들의 명부를 기록

하였는데 총수는 42,360명 외에 많은 사람들이 있었고 가축도 많이 있었다 (7:5~69).
3) 헌물(7:70~73)– 족장 및 방백들이 성전 재건의 역사를 위해 보조하였다.

6. 에스라의 율법낭독(8:1~18)

느헤미야가 주전445년에 예루살렘에 도착해 보니 에스라가 13년간 율법을 가르치고 있었다.

1) 에스라에 의한 율법낭독(8:1~12)– 7월에 에스라와 느헤미야가 새벽부터 정오까지 율법을 낭독할 때 백성들이 기립하여 듣고 마음에 큰 부흥의 불길이 타 올라 이 날을 성일로 지키고 기뻐했다.
2) 초막절(8:13~18)– 이튿날 제사장들이 율법 책에서 초막절을 발견하여 즉시백성들에게 이행하게 하고 7일간 책을 낭독하고 성회로 모였다.

7. 이스라엘 사람의 대참회(9:1~38)

7월 24일 이스라엘 자손이 모여 금식하고 기도하며(1~5상), 애굽탈출과40년의 방랑(5~21) 및 팔레스틴 정복과 사사시대를 회고하고 (21~31) 참회기도를 한 후 이스라엘 민족의 모든 고난은 하나님의 바른 심판의 결과임을 알고 자숙했다(32~38).

8. 율법에 대한 서약(10:1~39)

1) 인친자들의 명부(10:1~39)– 이방인과 잡혼금지, 안식일의 상거래금지는 7년마다 안식년 지킴, 성전에 세금징수, 제단에 땔 나무바침, 소출의 첫 열매 헌납, 십일조, 성전지킴 등으로 되어 있다.

9. 성벽 헌납식(11:1~12:43)

1) 유다전도의 거주민(11:1~36)– 예루살렘 거민은 적고 성은 크매(4) 성에 살고자하는 사람이 없어서 지원자를 위해 백성이 복을 빌었다(1~4).

2) 귀환자명부 및 성벽헌납(12:1~43)– 1차 귀환자 중에서 제사장 및 레위인 족장들이 기록되었고(12:1~26) 엘룰월 25일에 성벽이 완성되자 온 백성이 축하 행진을 했다(12:31~43).

10. 느헤미야의 예루살렘 재 방문과 종교개혁(12:44~13:31)

먼저 성전 사역자들의 수입을 확정한 후 이방인을 유대인 의회에서 제하고 악한 도비야를 성전 밖으로 쫓은 후 성전을 정결케 하였으며(13:1~22), 백성들의 잡혼을 경고하였다(13:23~31).

Ⅲ. 에스더의 활동(에1:1~10:3)

1. 왕후가 된 에스더(1:1~2:23)

1) 왕비 와스디의 폐위(1:1~1:22)– 아하수에로왕(주전 486~464)은 즉위 3년에 (1차 귀환 후 에스라 6장과 7장 사이) 헬라원정 준비차 메데바사의 장수와 각도의 귀족 방백들을 초청, 180여일을 계속 연회를 베풀던 중(1:1~10) 주흥이 일어나 왕비를 자랑시키고자 자리에 초대했으나 왕비가 불복하자 왕은 모욕감을 느끼고 대신 므후간의 말에 따라 왕비를 폐위시켰다(주전 479)(1:11~22).
2) 에스더를 왕후로(2:1~23)– 전국적으로 왕후를 뽑을 때 도성 수산에 사는 한 유대인 모르드개가 양녀로 삼아기르던 에스더를 왕후 후보자로 보낸다. 에스더가 왕궁의 정한 규례를 마친 후(2:1–12) 왕에게 나아가니 왕이 그를 기뻐하며 왕후로 삼고 그를 위해 큰 축하연을 베풀어 주었다(2:13~18). 그 후 왕의 두 내시가 왕을 반역하여 암살하려는 계획을 모르드개가 밝혀 낸 것을 왕의 일기에 적어 두었다(2:20~23).

2. 하만의 승진, 음모, 그리고 패배(3:1~8:17)

1) 하만의 유대인 암살 계획(3:1~15)– 왕이 하만을 승진시키매 교만해진 하만은 자기에게 경배하지 않는 한 유대인 모르드개에게 분노하여 마침내 전 유

대인 학살을 계획(3:1~6)한다. 그는 아하수에로왕 12년 정월에는 1만 달란트를 바치고 허가를 얻어 조서에 인을 친 후 아달월(12월)13일 전 유대인 학살을 반포하였다 (3:7~11).

2) 모르드개와 에스더의 활약(4:1~17)– 전 유대인이 슬퍼하는 중 모르드개는 에스더를 통하여 왕에게 간청할 것을 부탁하여 그녀의 왕후된 것이 이 때를 위함인지 누가 아느냐고 종용했다(4:1~15). 에스더는 죽음을 각오하고 분연히 일어서 전민족에게 금식을 선포하고 왕 앞에 규례를 어기고 간청할 것을 결심했다(4:16~17).

3) 에스더의 주연(5:1~14)– 3일후 에스더가 왕 앞에 섰을 때 왕의 사랑을 입어 가까이 옴을 허락받자 자기가 베푼 연회석에 왕과 하만을 초대하여 두번째 주연을 약속했다(5:1~8). 이 날에 하만이 자기만을 초대함을 보고 교만하여 모르드개를 달 나무(24미터)를 자기집 뜰에 세웠다(5:9~14).

4) 모르드개의 승리(6:1~14)– 밤에 왕이 잠을 못이루고 역대일기를 읽던 중 모르드개의 선행을 발견했다. 마침 모르드개를 장대에 매달 허락을 얻으러 찾아온 하만을 불러 존귀케할 자의 받을 영화를 물으니 하만은 오직 자기뿐이라고 생각하여 기뻐하고 왕의 의복을 입히고 왕의 말을 태우고 온 성중을 왕래케할 것을 제의했다(6:1~9). 그러자 왕은 모르드개를 찾아 하만에게 그대로 행할 것을 명령한다.

5) 하만이 처형됨(7:1~10)– 2차 연회석에서 왕후 에스더는 자기와 자기 민족의 생명을 빼앗으려 한 대적자가 하만임을 밝힌다. 그후 하만이 에스더에게 생명을 구하기 위해 애걸하는 것을 왕은 착각하여 하만을 나무에 달았는데 그것은 바로 모르드개를 달기 위해 세워둔 나무였다.

6) 유대인 대적자 살해명령(8:1~17)– 당일에 왕은 하만의 집을 에스더에게 주고 반지를 빼어 모르드개에게 주었다. 에스더는 본래의 조서를 취소하게 할 새로운 조서를 허락받아서(8:1~8) 모르드개가 고운 의복과 면류관을 쓰고 나오자 수산성과 유대인이 있는 곳마다 잔치가 베풀어졌다(8:15~17).

3. 유대인 석방(9:1~10:3)

1) 아달월 13일(9:1~16)– 유대인들이 대적자 75, 000명을 살해하고 하만의 10명의 아들을 나무에 달았다.

2) 기념 축하일 제정(9:17~32)– 이에 에스더와 모르드개가 권하여 12월

14, 15일을 축하일로 삼아 '부르' 의 기원에서 부림절이라 부르고 매년 이 절기를 지킬 것을 공포했다.

3) 모르드개의 위대성(10:1~3)– 후일 바사왕 다음가는 높은 자리에 앉은 모르드개 명성(9:4)은 전국 각지에 퍼지며 많은 사람의 사랑을 받았다.

교훈 및 적용

1. 포로에서 돌아온 유다 백성들이 참된 기쁨을 맛본 것은 성전봉헌 때의 감격이었다.
2. 우리는 에스라와 같이 죄를 미워하고 사람들 가운데 죄가 만연함을 슬퍼해야 한다. 왜냐하면 죄의 결과는 결국 두려운 것으로 드러나기 때문이다.
3. 성벽을 재건하는 데 있어 느헤미야는 처음부터 끝까지 기도로 하나님께 의뢰하였다.
4. 하나님은 믿음의 사람을 통하여 역사하신다.
5. 에스더가 3일간 금식하고 기도한 후 왕 앞에 나갔을 때 왕은 그녀를 보고 사랑을 느끼게 되었다.

당신은 하나님께서 택한 백성을 어떻게 구원하시고 보호하시는가를 에스라, 느헤미야, 에스더 세 사람의 지도자들의 활동을 통해서 배우셨을 것입니다. 지금도 하나님은 훌륭한 지도자를 쓰십니다. 당신이 바로 하나님이 쓰실 만한 이 시대의 지도자가 되기 위하여 기도하시기를 바랍니다. 다음에는 욥기서에서 욥이라는 인물을 통하여 인생의 고난을 배우게 됩니다. 본문 욥기 1~42장까지 읽어 주시기를 바랍니다.

성경문제

● 유다민족의 회복/스1:1–에10:3

1. "이스라엘의 하나님은 참 신이시라 너희 중에 무릇 그 백성된 자는 다 유다 예루살렘으로 올라가서 거기 있는 여호와의 전을 건축하라 너희 하나님이 함께 하시기를 원하노라" 이 말씀은 어디에 있으며 누가 한 말인가?
2. 성전 건축 착공은 언제 했으며 건축 지도자 두 사람은 누구인가?(스 3장)
3. 성전 건축을 못하게 한 왕은 누구며 성전건축을 격려한 사람은 누구인가?(스 4장)
4. 성전은 (   ) 아달월 3월에 필역하였다. (스 6장)
5. 다음 A항과 관계 있는 것을 B항에서 골라 그 기호를 쓰라.

A항	B항
(1) 수소 ( )	(가) 12
(2) 수양 ( )	(나) 100

(3) 어린 양 (　)　　　　(다) 200
(4) 수염소 (　)　　　　(라) 400

6. 에스라는 율법 학자 겸 (　　　　)이었다.(스 7장)
7. 귀국한 에스라가 옷을 찢고 머리털과 수염을 뜯으며 통곡한 까닭은 무엇인가? (스 9:1-2)
8. 에스라서에 나오지 않는 사람은 누구인가?
(1)학개 (2)스가랴 (3)에스라 (4)사무엘
9. 느헤미야는 수산궁 아닥사스다의 술 맡은 관원으로 유다의 남아 있는 백성들이 큰 환난을 만나고 능욕을 받으며 예루살렘 성은 훼파되고 성문들은 소화되었다는 소식을 듣고 수일 동안 슬피 울며 (　　　　)하였다. (느 1장)
10. 다음은 각각 누구의 말인가?(느 2장)
(1)"이는 필연 네 마음에 근심이 있음이로다"
(2)"일어나 건축하자"
(3)"성을 중건하게 하옵소서"
(4)"너희의 하는 일이 무엇이냐? 왕을 배반코자 하느냐?"
11. 느헤미야 3장의 내용은 무엇인가?
12. "저들의 건축하는 성벽은 여우가 올라가도 곧 무너지리라"라고 희롱한 사람은 누구인가?(느 4장)
13. 느헤미야는 예루살렘에서 무슨 직책으로 일했는가?(느 5장)
14. 성전 건축하는 일은 얼마 동안에 마쳤는가?(느6장)
15. "여호와를 기뻐하는 것이 너희의 힘이니라" 이 말은 누가 했으며 어디에 기록되어 있는가?
16. (　　　　)을 지킨 후에 신앙 부흥이 일어났다.(느 9장)
17. "즐거워"란 말이 네 번 기록된 곳은 느헤미야 12장 몇 절인가?
18. 느헤미야는 (　　　　) 범한 죄를 고치려고 힘썼다.(느 13장)
19. 아하수에로 왕의 왕후 와스디가 폐위한 까닭은 무엇인가?(에 1장)
20. 하만이 어찌하여 모르드개를 미워했는가?(에 3장)
21. "네가 왕후의 위를 얻은 것이 이 때를 위함이 아닌지 누가 아느냐?" 이 말은 누가 누구에게 한 말인가?(에 4장)
22. "죽으면 죽으리이다" 이 말은 누가 했는가?(에 4장)
23. 에스더는 왕과 함께 (　　　　)도 잔치에 초청하였다.(에 5장)
24. "내 생명을 내게 주시고 내 요구대로 내 민족을 내게 주소서" 이 말은 누가 누구에게 했으며 어디에 기록되었는지 장과 절을 쓰라.
25. 유다인이 원수 하만의 손에서 벗어나 살게 된 날을 기념하여 지키는 절기는 무엇인가?(에 9장)

욥기

개요

1. **주제** - 의인이 고난 당하는 이유
2. **예수님과의 관계** - 예수 그리스도는 우리의 구속자이시다.
3. **욥기의 배경**

1) 기록자 : 미상(욥 자신이 쓴 자서전이라고도 하나 확실치 않다. 유대교에서는 모세가 미디안 광야에 있을 때 욥의 역사를 썼다고 한다.)

2) 연대 : 욥은 아브라함 시대인 주전 약 1,800여년 전에 살았던 사람이며 욥기가 기록된 때는 그 이후일 것으로 추측된다.

3) 책이름 : 책 중의 주인공의 이름인 "욥"을 사용한 책이다.

4) 목 적 : (1) 하나님이 누구이신지 확실히 보여주기 위함.

(2) 하나님께서는 그의 백성이 그를 의지하는 것을 기뻐하신다는 사실을 보여주기 위함.

(3) 그의 자녀들에 대한 하나님의 사랑과, 사탄을 온전히 지배하시는 하나님의 모습을 보여주기 위함.

(4) 의인이 고난을 받는 이유를 신앙적으로 보여주기 위함.

5) 욥기의 특징 : 욥기는 한 편의 훌륭한 드라마요, 시(詩)이다. 욥기는 성경을 떠나서도 문학적으로 어느 다른 작품에 못지않는 가치를 지니고 있다. 욥이 당한 모든 고통과 시련의 문제는 오늘날 우리들이 당면하는 것과 다를 바 없는 것이었다.

4. **내용분류** - 42장, 1069절

1) 욥의 고난(1:1~2:13)-서곡(序曲), 주제의 제시, 산문체(散文體)

2) 욥의 대화(3:1~42:6)-본곡(本曲), 시문체(詩文體)

(1) 첫번째 대화(3:1~14;22)

(2) 두번째 대화(15:1~21:34)

(3) 세번째 대화(22:1~31:40)

(4) 엘리후의 연설(32:1~37:24)

(5) 하나님의 말씀(38:1~42:6)

3) 욥의 회복(42:7~17)-종곡(終曲), 산문체(散文體)

17
[욥의 고난과 축복]

- **본문 : 욥 1~42장**
- **요절 : 욥 2:3, 23:10,42;5~6**

본서를 통하여 역사적인 인물 욥이 말할 수 없는 시련과 고난 중에서도 하나님을 떠나지 아니함으로 받는 축복이 무엇인가를 배울 수 있을 것이다. 그리고 하나님만이 인간이 당하는 모든 어려운 문제를 해결해 주실 수 있는 분이심을 깨닫게 될 것이다.

1. 욥의 고난 - 서곡(산문1:1~2:13)

욥기를 하나의 드라마(劇)로 볼 때 제목은 "인생의 고통의 참의미"요, 무대는 "아라비아 북부 우스땅," 그리고 주인공은 "욥"이라는 경건한 사람이다. 서곡에 해당되는 본 부분은 욥기의 주제가 희곡 형식으로 제시되어 있다.

1장에서는 욥이라는 주인공이 등장하면서 이야기가 시작된다. 욥의 고향과 이름과 인품(1), 가족과 부귀와 명성(2~3), 경건한 생활(4~5), 하늘에서의 하나님과 사탄의 대화(6~12), 그리고 욥을 습격한 첫째 재앙과 하나님의 승리(13~22)가 기록되어 있다.

2장에서는 천상에서의 두번째 대화(1~6), 욥을 습격한 둘째 재앙(질병)과 하나님의 승리(7~10), 그리고 욥의 친구들의 내방(11~13)이 묘사되고 있다. 욥의 병은 상피병을 겸한 문둥병으로 당시 동방에서 가장 더럽고 괴로운 병의 하나이었다(2:7). 욥의 세친구 엘리바스(2:11)는 에서의 자손으로 에돔 사람이며 (창36:11), 빌닷은 아브라함과 그 두라의 자손이며(창25:1, 2), 소발은 조상과 거주지가 알려져 있지 않았다. 이들 모두는 유목민 족장들이었다.

2. 욥의 대화 - 본곡(시)(3:1~42:6)

욥기 3장은 욥의 불평을 그린 것이고 4장부터 31장은 욥과 세 친구와의 대화이며, 32장에서 42장은 엘리후의 이야기와 하나님의 말씀을 기록한 것이다. 이 중에서 4~31장까지의 본 곡의 중심부분을 도표화하면 다음과 같다.

(1) 첫번째 대화		
엘리바스(4~5장)	-	욥(6~7장)
발 닷(8장)	-	욥(9~10장)
소 발(11장)	-	욥(12~14장)
(2) 두번째 대화		
엘리바스(15장)	-	욥(16~17장)
발 닷(18장)	-	욥(19장)
소 발(20장)	-	욥(21장)
(3) 세번째 대화		
엘리바스(22장)	-	욥(23~24장)
발 닷(25장)	-	욥(26~31장)

1) 첫번째 대화(3:1~14:22)

(1) 욥의 독백(불평)(3:1~26)

욥은 7일동안의 침묵을 깨뜨리고(2:13) 결국 절망하고 말았다. 욥은 하나님에 대한 절대적인 순종에서 절망의 심연으로 몸을 던졌다. 욥은 그곳에서 몸부림치며 번민하고 저주하였다. 그러나 하나님을 저주한 것은 아니었다. 자기의 존재를 저주한 것이다. 욥은 자기의 생일날을 저주하고(1~10), 태어나서 즉시 죽지못한 것에 원한을 품고 (11~19), 지금 죽지 못하는 것을 한탄하였다(20~26).

(2) 욥과 세 친구와의 첫번째 대화(논쟁)

계속되는 대화에서 욥은 9번, 엘리 바스는 3번, 빌닷이 3번, 소발이 2번, 엘리후가 1번 말했으며 하나님께서도 1번 말씀하셨다. 이들의 논쟁은 냉정하면서도 아주 감정적이다. 어떤 때는 말하는 내용이나 목적이 분명하지 않고 아름다운 문장만 늘어놓기도 한다. 그러나 전체적으로 볼때 모든 대화는 조화를 이루고 있다. 욥의 세친구들은 모든 고난은 죄에 대한 벌이라고 생각했다. 즉 우리가 큰 고난을 받는 것은 우리가 큰 죄인이기 때문이며, 우리가 죄를 숨기는 것은 위선이라고 말하고 있다. 엘리후의 생각은 고난은 죄에 대한 벌이라기 보다는 죄를 짓지않게 하려는 것이라고 했다. 그러나 마지막에 나오는 하나님의 말씀은 인간의 유한한 생각으로 하나님의 창조의 신비와 우주의 섭리를 이해할 것을 기대하지 말라고 가르치신다. 결국 고난을 참고 견딘 욥은 하나님을 만나볼 때 비로소 하나님을 더욱 확실하게 알게 되었으며(42:1~6), 처음보다 더욱 많은 축복을 받고 크게 번영했던 것이다(42:12~16).

각 장의 내용은 다음과 같다

- (4:1~5:27) 엘리바스의 첫 대화 - 욥의 고통은 죄의 결과
- (6:1~7:21) 엘리바스에 대한 욥의 대답 - 친구의 비난이 아닌 동정을 바랬던 욥은 죄와 형벌에 대해서 이해를 할 수 없었다.
- (8:1~22) 빌닷의 첫 대화 - 욥의 고통은 위선과 악에서 온 것이라고 주장
- (9:1~10:22) 빌닷에 대한 욥의 대답 - 욥은 자신이 악하지 않음을 주장하고 하나님에 대해서 이해를 하지 못했다.
- (11:1~20) 소발의 첫 대화 - 욥의 형벌은 아직 부족하다고 잔인하게 말함.
- (12:1~14:22) 소발에 대한 욥의 대답 - 친구들의 냉혹한 말에 욥은 이미 다 알고 있는 얘기들인지라 빈정댔다(12:3). 자기를 내버려두라고 요청하고 (13:13), 악한 사람의 번영과 선한 사람의 고난을 불평하고 죽음 뒤의 생명을 의심한 것 같다(14:7,14). 그럼에도 불구하고 욥은 하나님을 믿었다(19장 참조).

2) 두 번째 대화(15:1~21:34)

- 15장(15:1~35) : 엘리바스의 두 번째 대화-욥은 사악한 사람이며 위선자라고 지독한 조롱을 했다. 이에 욥의 눈은 상기되었다(12).
- 16-17장 (16:1~17:16) : 엘리바스에 대한 욥의 대답 - 욥은 자신이 하나님 앞에 결백함을 주장했고, 친구들을 '번뇌케 하는 자' 라고 비난하며 머리를 흔들었다.
- 18장 (18:1~21) : 빌닷의 두번째 대화-욥은 악한 사람의 운명을 들어 비난했다.
- 19장 (19:1~29) : 빌닷에 대한 욥의 대답 - 절망 속에서 욥의 훌륭한 신앙고백을 한다(25~27).
- 20장 (20:1~29) : 소발의 두번째 대화 - 악인의 부귀영화는 잠깐이며 곧 무서운 죽음을 만나 멸망한다고 말하면서 욥은 악을 설명함.
- 21장 (21:1~34) : 소발에 대한 욥의 대답 - 이것은 욥의 일곱번째 말이다. 악한 사람들이 고난을 받는 것을 인정하면서도 친구들의 주장은 경험에

의한 잘못된 것이며 악한 사람도 번영할 수 있다고 주장한다.

3) 세번째 대화(22:1~31:40)

⑴ 엘리바스의 세번째 말(22:1~30) - 지금까지 욥은 처음에는 흥분하여 자신의 출생을 저주하고 고뇌와 절망을 부르짖었으나 점차 평온을 되찾았다. 처음에 냉정하던 친구들은 욥의 고난이 죄의 결과라는 그들의 주장을 욥이 완강하게 부인하자 점점 흥분하게 되어 욥을 견책하고 세번째 대화에서는 점점 더 엘리바스까지도 혼란이 되어서 있지도 않은 욥의 죄를 늘어놓으면서 죄를 인정하도록 욥에게 강요하였다.

⑵ 엘리바스에 대한 욥의 세번째 대답(23:1~24:25) - 욥은 가난한 사람들을 잔인하게 취급했다는 엘리바스의 부당한 비난에 대답하지 않는다. 대신에 욥은 하나님과 화해하기를 원했으나 하나님께서 들어주시지 않으며(23장), 일반적으로 하나님은 학대받는 사람들의 기도를 쉽게 들어주지 않는다고 (24장)불평을 한다. 그러나 욥은 하나님께 대한 희망을 버리지 않고 하나님이 자신을 단련시키시고(23:10), 자기는 하나님의 말씀을 귀하게 여겼다는 (23:12)신앙고백을 했다.

⑶ 빌닷의 세번째 말(25:1~6)-아주 짧은 말이다. 하나님이 학대자나 악인의 횡포를 내버려 두신다는 욥의 현실적인 대답에 빌닷은 한마디도 대답하지 못하고 하나님의 주권의 절대성과 존엄성을 찬양하고 (2,3,히4:13)인간의 비천만을 강조하였다(4~6). 빌닷의 말은 여기서 끝난다.

⑷ 욥의 회상(26:1~31:40) - 3차에 걸친 욥과 친구들과의 논쟁은 일단 여기서 끝나게 된다. 26장, 28장은 빌닷에 대한 욥의 대답이며 28장은 욥의 지혜의 찬가이다. 그리고 29~31은 욥의 독백이다. 그 내용을 간단히 살펴보면 다음과 같다.

① 빌닷에 대한 욥의 대답(26:1~27:23) - 욥은 빌닷을 비꼬는 말을 하고(26:1~4), 인간은 하나님의 능력을 알 수 없다는 요지의 말을 하였다(26:5~14). 여기서 욥은 하나님 주권의 위대성을 인식하는데에는 자기가 친구인 빌닷보다는 우세하다 라는 것을 보여 주고있다. 이어서 욥은 다시 더욱 큰 확신을 가지고 자신의 결백을 호소한다(27장).

② 지혜의 노래(28:1~28)-욥기 28장은 욥이 지혜를 찬양한 노래로서 세 친구와의 시적 논쟁(4:~27:)과 욥의 독백(29:~31:)사이에 놓여있다. 이것

은 38장부터 41장까지 나오는 여호와의 말씀의 주제를 예시하는 글이기 도 하다. 여기서 욥은 과학기술에서도 지혜는 발견할 수 없고 (1~13), 소위 종교적 수단도 아무 쓸데없으며(14~22), 오직 하나님만이 지혜에 이르는 길을 알고 계신다(23~26)는 사실을 강조하고 있다.

③ 욥의 독백(29:1~31:40) - 욥과 세 친구들과의 대화는(3:~31:)욥의 독백에서 시작해서(3:) 욥의 독백으로 끝난다(29:~31:). 이 부분에서 욥은 자기가 돌아 보았던 행복했던 날들을 회상하고(29:), 현재의 고통스러운 신세를 말한후(30:), 지금은 죽음밖에는 장래의 희망이 없지만 자기는 여전히 무죄하며 의롭다고 강력하게 주장한다(31:).

4) 엘리후의 변론(32:1~37:24)

지금까지 욥의 세친구들은 욥이 고난받는 이유가 죄를 지었기 때문이라고 주장했다. 그러나 그들의 주장과 설득에 욥은 조금도 물러서지 않고 '자기에게는 이런 고난을 받을 만한 죄를 짓지 않았으며 그 점에 대해서는 하나님과 의논하고 싶다' 고 반박했다.

이에 세 친구들은 할 말이 없어서(32:1) 침묵하고 말았다. 이 때에 엘리후라는 젊은이가 나타나서 중재자로서의 연설을 시작한다. 엘리후는 항상 죄 때문에 고통이 있는 것이 아니라 죄가 없어도 하나님은 때때로 의인에게 고통과 괴로움을 주는데 이것은 교만하지 않게 하기 위하여 연단하는 것이라고 주장한다(33:19). 즉 세 친구의 인과응보론에 대해서 엘리후는 고난의 교육적인 이해론을 펼치고 있다. 엘리후라는 이름은 '그는 나의 하나님' 이라는 뜻이며 아브라함의 자손과 먼 친척관계에 있는 부스 사람 바라겔의 아들이다.

엘리후의 연설을 그 내용 별로 살펴보면 다음과 같다.

(1) 서론(32:1~15) - 산문으로 되어있다. 세 친구의 침묵(32:2), 엘리후가 말한 이유(32:25)가 기록되어 있다.

(2) 서시(32:6~22) - 엘리후의 영혼 속에 있는 하나님의 영이 말하라고 강요한다는 사실을 전제로 하고 있다.

(3) 욥의 대답에 대한 논박(33:1~35:16) - 엘리후는 자신만만하게 우선 욥에게 인고의 의의를(33:), 그 다음은 욥의 세친구들에게 하나님의 의로운 지배에 대해서(34:), 그리고 다시 욥에게(35:) 이야기를 걸었다.

(4) 하나님의 감추인 은혜(36:1~37:24) - 하나님이 왜 의인에게 고통을 주는지를 설명하고 (36:1~5), 섭리의 신비로움과 불가사의를 찬양하고 (36:26~27:13), 마지막으로 조물주를 두려워하라고 욥에게 최후의 권고를 시도한다(37:14~24).

5) 하나님의 말씀(38:1~42:6) -

지금까지 많은 사람들이 욥이 고난받는 이유에 대해서 시끄럽게 떠들었으나 어느 누구도 욥의 마음에 확신을 주지 못했다. 욥의 아내는 미움을 가지고 '하나님과 이별하라' 는 저주를 하고 달아났고 엘리바스는 꿈을 가지고 '무엇인가 잘못되었기 때문에 고난을 당하는 것이 아니냐' 고 말했다. 빌닷은 낡은 격언을 가지고 공의로우신 하나님께 죄를 고백하라 '고 훈계했고, 소발은 경험과 이성을 가지고 하나님의 지혜를 논증하기에 바빴다. 그러나 이중에서 어느 누구도 욥에게 명쾌한 해답을 주지 못했다. 엘리후라는 똑똑한 젊은이가 고통은 하나님께서 징계와 교육을 위하여 내리시는 것이라고 가장 현명하게 말했지만 역시 진리의 전부는 아니었다. 하나님은 욥을 가리켜 순전하고 정직한 자라고 하셨다. 그러므로 그의 친구들이 그의 고통과 고난이 죄악 때문이라고 주장한 것은 잘못된 말이었다.이제 욥은 더 이상 인간들의 불쾌한 말을 듣고 싶지 않았다. 하나님의 직접 적인 말씀을 듣고 싶었다. 욥은 죽음을 각오 하고 자신은 죄가 없으며, 자기의 고난은 죄로 인한 것이 아님을 증명하기 원했다. 이때 여호와께서 태풍 중에 나타나셔서 가장 확실한 대답을 직접 말씀하셨다. 나는 '하나님이며 나 외에 다른 신이 없느니라' 하나님은 욥의 도덕적 죄는 책임을 묻지 않으셨다. 다만 피조물에 지나지 않는 욥이 창조자인 하나님을 심판할 수 없으며 하나님의 지혜와 능력은 인간의 이해의 한계를 초월한다는 사실을 말씀하셨다. 여호와의 첫째 말씀은 창조자의 지혜를 말하여 욥을 침묵케했고(38:1~39:30), 둘째 말씀은 하마(40:15~24)나 악어(41:1~34)와 같은 창조자의 위대한 힘을 말하면서 욥에게 회개를 촉구하였다(42:1~6). 결국 욥의 잘못은 죄가 있어서라기보다는 스스로 의롭다고 주장한 영적인 교만에 있었다. 하나님의 직접적인 말씀을 들은 후에 욥은 그 즉시로 외쳤다. '주여 주는 하나님 이시니이다. 주께서는 모든 일을 하시나이다. 나는 하나님을 믿고 두려워 하지 않겠나이다. 내가 주께 대하여 귀로 듣기만 하였삽더니 이제는 눈으로 주를 뵈옵나이다. 그러므로 내가 스스로 한하고 티끌과 재 가운데서 회개하나이다' (욥42:5~6)라고 고백했던 것이다. 이 부분의 내용을 요약해 보면 다음과 같다.

(1) 하나님의 도전(38:1~3), (2) 세계창조(38:4~15), (3) 땅과 하늘의 신비(38:16~38), (4) 야수의 신비(38:3~39:30), (5) 욥의 침묵(40:1~15), (6) 새로운 도전(40:6~14), (7) 하마(40:15~24), (8) 악어(41:1~34), (9) 욥의 회개(42:1~6).

3. 욥의 회복(42:7~17) - 종곡(산문체)

우리는 첫 장에서 욥의 시련이 죄에 대한 징계나 형벌이 아니라 일종의 시험이었음을 보았다. 욥은 결국 이 시련을 극복하고 하나님을 확실히 만남으로써 위대한 승리를 거두게 되었다.

1) 욥의 친구들의 수치와 여호와의 조치(42:7~9)

하나님께서는 욥의 세 친구들이 욥을 향하여 한 말들이 정당하지 못함을 지적하시고 그 잘못을 용서받기 위하여 번제를 드릴 것을 명하셨다.

2) 욥의 위대한 승리와 회복(42:10~17)

이 세상에서 가장 힘든 극한 시련을 극복한 욥은 결국 잃어버렸던 모든 것을 갑절이나 더 받는 축복을 누렸고 장수하여 죽었다. 욥기 전체는 우리에게 귀하고 많은 교훈을 준다. 그 중에서도 욥기는 순종과 인내를 통한 믿음의 승리를 보여 준다. 하나님의 뜻에 굴복할 때 우리는 하나님의 승리의 길을 찾을 수 있다. 승리하기 위해서는 자신을 낮추고 순종하기 위해서는 고난 중에서도 자신을 낮춰야 한다는 것이 욥기의 귀한 교훈 중의 하나이다.

교훈 및 적용

1. 시험은 평안하고 안전하다 할 때에 다가 온다는 것을 깨닫고 언제나 깨어있는 신앙의사람이 되자.
2. 시험과 역경이 닥칠 때에 어찌하여 이런 어려움이 왔는지 또 이를 통해 하나님께서 우리에게 무엇을 원하고 계시는지 분별하고 기도하여 인내함으로 신앙 성숙의 기회로 삼자.
3. 우리는 언제 무슨 일이 일어날 것인지를 예측하지 못하므로 자만하지 말고 항상 주님을 의지하는 신앙인이 되자.

당신은 한 인간이 받는 고난과 역사에서 많은 것을 느끼고 또 배우셨을 것입니다. 고난에는 열매가 반드시 따른다는 진리입니다. 다시 말해서 현재의 고난은 장차 하늘나라에서 받을 영광의 열매를 맺게 한다는 것입니다. 당신도 욥이 가졌던 인내하는 믿음을 소유하시기를 바랍니다.
다음에는 두번에 걸쳐서 시편을 공부하게 됩니다. 우선 1편부터 72편까지를 읽어 주세요.

성경문제

● 욥의 고난과 축복/욥1:1-42:17

1. "우스 땅에 사는 사람으로서 순진하고 정직하여 하나님을 경외하며 악에서 떠난 자더라" 이 말은 누구를 기라켜 한 말인가?(욥 1장)
2. 욥에게 "하나님을 욕하고 죽으라" 고 한 사람은 누구인가?(욥 2장)
3. "인생이 어찌 하나님보다 의롭겠느냐 사람이 어찌 그 창조하신 이보다 성결하겠느냐" 이 말은 누가 밤의 이상 중에 들었는가?(욥 4장)
4. "들나귀가 풀이 있으면 어찌 울겠으며 소가 꼴이 있으면 어찌 울겠느냐" 이 말은 누가 했는가?(욥 6장)
5. 욥기 8장에서 빌닷이 한 말의 의미는 무엇인가?
6. "생명과 은혜를 내게 주시고 권고하심으로 내 영을 지키셨나이다" 이 말은 몇 장 몇 절에 있는가?
7. "만일 네가 마음을 바로 정하고 주를 향하여 손을 들 때에 네 손에 죄악이 있거든

멀리 버리라 불의로 네 장막에 거하지 못하게 하라" 이 말은 욥이 소발에게 한 말이다. 맞으면 ○표, 틀리면 ×표 하라.(욥기 11장)

8. "(　　　)과 (　　　)이 하나님께 있고 (　　　)과 (　　　)도 그에게 속하였나니" 에 적당한 낱말은 무엇인가?(욥 12장)

9. 엘리바스가 욥에게 무슨 죄악이 있다고 지적했는가?(욥 15장)

10. 욥은 엘리바스에게 무엇이라 했는가?(욥 16장)

11. 빌닷이 두 번째 한 말의 요점은 무엇인가?(욥 18장)

12. 악인이 하나님께 받은 분깃은 무엇인가?(욥 20:20-29)

13. "너는 하나님과 화목하고 평안하라 그리하면 복이 네게 임하리라" 이 말은 몇 장 몇 절에 있는가?

14. "내가 그의 입술의 (　　　)을 어기지 아니하고 일정한 (　　　)보다 그 입의 말씀을 귀히 여겼구나" (　)에 적당한 낱말은 무엇인가? (욥 23장)

15. "그런즉 하나님 앞에서 사람이 어찌 의롭다 하며 부녀에게서 난 자가 어찌 깨끗하다 하랴" 이 말은 누가 했는가?(욥 25장)

16. "주를 경외함이 곧 지혜요, 악을 떠남이 명철이라" 이 말은 누가했는가?(욥 28장)

17. 욥이 "자신의 현재의 역경"을 기록한 장은 어디인가?

18. "하나님이 사람에게 이 모든 일을 재삼 행하심은 그 영혼을 구덩이에서 끌어 돌이키고 생명의 빛으로 그에게 비취려하심이니라" 이 말은 몇장 몇절에 있는가?

19. "인생에게 (　　　)이 있음은 사람으로 하여금 악행을 알게 하고, 교훈하고, 회개하게 하기 위함이다".

20. 여호와께서 욥에게 말씀하실 때 어디에서 하셨는가?(욥 38장)

21. 아래의 문장을 읽고 맞다고 생각하면 ○표, 틀리다고 생각하면 ×표 하라.
   (1) 욥은 모든 어려움을 신앙과 인내로 이겼다.
   (2) 욥은 딸들에게도 아들들과 같이 산업을 주었다.
   (3) 욥은 이전 소유보다 갑절이나 더 많은 복을 받았다.
   (4) 욥은 그 후에 100년 정도 더 살고 죽었다.

22. 여미마는 누구인가?(욥 42장)

시편

1. **주제** – 하나님을 찬양하라.
2. **예수 그리스도와의 관계** – 시편은 예수 그리스도를 우리의 모든 것 되시는 주님으로 묘사한다.
3. **시편의 배경**
   1) 책이름 : "시편"이란 명칭은 "찬미의 노래들"이라는 의미를 가진 히브리어성경의 책 이름에서 온 것이다.
   2) 기록자 : 시편은 여러 사람에 의하여 기록되었는데 전 150편의 시 중 100편의 시에 저자의 이름이 명기되어 있다.
   (1) 이스라엘의 왕 다윗 – 73편 기록
   (2) 레위사람으로 성가대 대표자인 아삽(대상16:4~5,7,37) – 12편기록
   (3) 다윗왕 통치기간 중 레위사람으로 성전에서 봉사했던 고라의 자손들(대상9:17) – 10편 기록
   (4) 이스라엘 왕 솔로몬 – 2편 기록
   (5) 다윗왕 통치기간중 레위사람으로 성전에서 성가를 담당했던 헤만(대상25:1,5~6) –1편 기록
   (6) 다윗왕 통치기간 중 다른 나라 음악가였던 에단(왕상4:31) –1편기록
   (7) 모세 – 1편 기록
   (8) 기타 제 2편과 제 95편이 신약에 의하면 다윗의 시로 되어 있으며(행4:25,히4:7), 나머지는 작자미상이다.
   3) 기록연대 : 모세시대~바벨론 포로시대까지(기원전 약 1440~580년)
   4) 목 적 : 하나님의 선민 이스라엘 백성들의 체험을 통하여 인간의 연약함을 보여주며, 인간은 오직 하나님만 의지하고, 하나님께 찬양과 영광을 돌려야함을 보여주는 데 있다.
   5) 각 시편의 표제에 기록된 특별한 술어와 시가의 이름 또는 곡명

4. **내용분류** – 150편, 2461절

● 시편의 내용 분류

적요	1 권 (41편) 1	2 권 (31편) 42	3 권 (17편) 73	4 권 (17편) 90	5 권 (41편) 107 150
송영구절	41:13	72:18~19	89:52	106:48	150:6
예배의 주제	경배	기적 놀라움	끊임없는 예 배	순 종	온전한 예배
모세오경의 상징으로서의 시편	창세기 - 인간 -	출애굽기 -이스라엘-	레위기 -지성소-	민수기 -모세와광야-	신명기 -율법과 가나안-
기록자	다 윗	다윗과 고라	아 삽	무명(無名)	다 윗
편 집	다윗의 원래 시편	히스기야, 요시야 왕 때 추 가		에스라와 느헤미야 시대의 편집	

● 시편은 또한 그 주제에 따라 다음과 같이 분류할 수 있다.

· 교훈 – 1, 19, 39편

· 찬양 – 8, 29, 93, 100편

· 감사 – 30, 65, 103, 107, 116편

· 회개 – 6, 32, 38, 51, 102, 130, 143편

· 믿음 – 3, 27, 31, 46, 56, 62, 86편

· 고난 – 4, 13, 55, 64, 88편

· 갈망 – 42, 63, 80, 84, 137편

· 역사 – 78, 105, 106편

· 메시야에 대한 예언 – 2, 16, 22, 24, 40, 45, 68, 72, 97, 110, 118편

18
[다윗의 노래]

- 본문 : 시 1~72편
- 요절 : 시 23:1-6

시편 1~72편까지 공부하게 되는데 나머지는 전부 다윗의 시이다. 그 가운데 1,2,10,13편만이 저자가 알려지지 않은 것이고 저자가 자신의 죄(인간의 죄)문제를 중심하고 있기 때문에 전반적으로 슬픔이 담겨져 있다. 즉, 참회 및 간구의 내용으로 된 시가 많이 있다. 시편 42편부터는 모세 오경의 두번째 책에 해당하는 출애굽기와 같은 노역을 가지고 있다. 출애굽기는 이스라엘민족의 실패와 구원을 다루고 있다. 마찬가지로 본 과에서는 “인간의 실패와 구원”에 대한 교훈을 얻을 수 있는 것이다. 일부는 고라가 지은 노래도 있다.

Ⅰ. 제 1권 찬양의 예배(1~41편)

1) 제 1편 : 두가지 길

제 1편은 시편 전체의 서론이 되는 장이다 .이 시편은 우리앞에 놓인 두가지 길 곧 선과악,생명과 사망,축복과 저주에 관한 교훈의 시이다. 복있는 사람은 악인과 타협하지 아니하고 오직 하나님의 말씀을 즐거워 하여 그 말씀을 밤낮으로 묵상한다. 하나님께서는 그를 축복하심으로 그의 하는 모든 것이 형통하게 된다. 그러나 악인은 심판을 받아 멸망하게 될 것이다. 6절에서 의인은 “신자”를 가르키고 악인은 “불신자”를 가르킨다.

2) 제 2편 : 메시야 예언

이 시편에서 중요한 말은 “어찌하여”란 말이다. 이 말은 인류의 사악한 행위 곧 기름부음 받은자(메시야)를 반대하는데 대한 책망이다. 하나님께서 메시야를 세우셨으므로(6), 메시야를 반대하는 것은 어리석은일이며 이 세상의 모든 지도자들은 그를 경외하여야한다(10~12).

3) 제 3편 : 나의 도움이신 하나님

이 시편은 다윗왕이 그의 아들 압살롬의 반역으로 말미암아 압살롬을 피하여 다닐때 지은 시이다(삼하15:). 그는 당시 큰 위험 속에 있었으나 오직 하나님만을 의지하고, 하나님을 찬양했다.

4) 제 4편 : 고난 중에 누리는 기쁨

다윗이 피곤하여 하나님 품 속에서 잠들 때 부른 신뢰의 노래이다. 그는 하나님께서 그의 기도를 응답해 주실 것을 믿기 때문에 반대자들 앞에서도 요동하지 않는다. 그는 오히려 그의 원수들에게 하나님을 의뢰하라고 권면한다. 하나님의 은총 가운데 그는 기쁜 마음으로 평안히 잠자리에 들게 된다. 믿음으로 평안히 자게 되는 자는 하나님의 사랑을 입은 자이다(시127:2).

5) 제 5편 : 아침 기도

다윗이 그의 대적들에 의해 환난 가운데 빠졌을 때 하나님께 드린 기도이다. 이런 어려움을 다윗은 많이 겪었으며, 이 시편이 그에게 적용되지 않을 때는 그의 인생 중 거의 없을 정도였다. 여기서 그는 그의 끊임없이 대적들에게 둘러싸여 있었던 그리스도의 모형이 되고 있다. 그리고 그가 이렇게 포위되었을 때 하나님께 간절히 호소한 그의 기도는 그리스도께서 고난중에서도 하나님을 의지하신 것과 흑암의 권세를 이기신 것을 가리키고 있다.

6) 제 6편: 병상에서의 참회기도

다윗은 자신이 지은 죄로 말미암아 육신이 병들고 마음이 아플때, 그리고 그의 대적들에게 모욕을 당할 때 이 시편을 지었다. 다윗은 눈물의 사람이었다. 그는 자기의 죄를 회개하고 애통하는 마음으로 눈물을 흘렸다(6). 그는 하나님의 응답을 확신하고 기도를 끝마친다.

7) 제 7편 : 공의의 하나님께 드리는 기도

다윗이 사울의 핍박을 당했던 시절 이 시편을 지었다(삼상22:9~13).

다윗은 공의의 하나님께 자신의 억울함을 기도드리며, 하나님의 은총을 호소하고 있다. 그는 하나님께서 공의의 심판을 하실 것을 확신하고 하나님께 감사와 찬양을 드린다.

8) 제 8편 : 하나님의 영광을 찬양함

이 시편은 자연계에 나타난 하나님의 영광(1~3)과 인간에게 나타내신 주님의 영광(4~8)을 대조시켜 찬송하고 있다.이 시편은 메시야에 대하여 예언한다. 그리스도는 스스로를 낮추시어 천사들보다 조금 못한 자가 되셨고 또 높이 들리우셔서 존귀와 영광으로 관을쓰셨다(히2:6~8,고전15:27). 예수님은 이 절을 인용하시어 그의 생애에 일어날 일들을 말씀하셨다(마21:16).

9) 제 9편 : 승리에 대한 감사

다윗은 하나님께서 그의 송사를 변호해 주시고 그의 대적들을 패하게 하신 일에 대하여 감사와 찬양을 드린다(1~6). 하나님께서는 장차 세계를 공의로 심판하실 것이다(7~8). 하나님께서는 주님을 위해 환난과 곤고를 당하는 자들을 돌보신다(9~10,18). 하나님께서 심판하심으로 악인은 반드시 망하고 주의 백성은 승리하게 된다.

10) 제 10편 : 하나님께 도움을 구하는 기도

다윗은 악인이 하나님을 멸시하고, 하나님의 백성을 박해하는 것을 보고 하나님께 기도드린다(1~11). 다윗은 간절한 기도끝에 악인들의 행위를 보시고 그들을 심판하시고 주의 백성을 하나님이 구원하여 주실 것을 확신한다(12~15).

11) 제 11편 : 의인이 의지할 곳

이 시편은 다윗이 사울의 핍박을 받을 때에 지은 것이다. 다윗은 극한 시험을 당하였을 때 사람의 충고를 듣지 않고 오직 하나님을 의지했다.

12) 제 12편 : 악의 번성

이 시편은 다윗이 사울 정권 말기에 지은 것으로 생각된다. 그 이유는, 그 때에 불법한 일들이 많았던 사실과 이 시편의 내용이 서로 부합하기 때문이다. 다윗은 세상의 말을 믿지 아니하고 오직 하나님의 말씀만 의지했다.

13) 제 13편 : 여호와여 어느 때까지니이까?

다윗은 오랫동안 역경에 처하여 슬픈 마음으로 하나님께 호소한다. '어느 때까지' (언제까지)라는 말이 1,2절에 네 번이나 나온다. 그러나 그의 탄식의 기도는 찬미로 변하고 있다(5,6). 그의 어두운 환경은 조금도 변하지 않았으나 그가 이와같이 하나님을 찬미하게 된 것은 바로 신앙의 능력, 기도의 능력이다. 그는 역경 중에서는 주님의 인자하심을 의뢰하고 기뻐한다.

14) 제 14편 : 어리석은 자

다윗은 12편에서와 마찬가지로 인류의 극악한 상태를 탄식한다(1~4). 그는 인류의 도덕적 부패가 바로 하나님을 모르는데서 유래된 것을 말한다. 어리석은 자 곧 하나님이 없다고 하는 무신론자들은 다음과 같은 악을 행한다. ①선을 행치 아니함(1절하반, 3절하반). ②하나님을 알아보려고 힘쓰지도 아니함(2절하반). ③하나님의 백성을 박해함(4절상반). ④하나님을부르지 아니함(4절하반).

이 시편 53편의 내용과 같으며, 로마서 3장10~12절에 인용되었다.

15) 제 15편 : 하나님의 장막에 거할 자

하늘나라의 시민은 의롭고, 진실하고 정직한 사람이어야 한다. 다윗은 여덟 가지를 지적한다. ①정직하게 행함(2절상반, 욥1:1). ②공의를 일삼음(2절, 눅18:13~14). ③말이 선함(2절하반~3절, 약3:9~12). ④자기를 작게 봄(4절, 삼하6:22) ⑤여호와를 두려워함(4절, 시25:14,1 03:13,17) ⑥서원을 갚음(4절, 전5:4) ⑦변리로 대금치 아니함(5절상반, 마5:26, 시18:25, 약2:13) ⑧뇌물을 받고 무죄한 자를 해치는 일을 아니함(5절, 시26:10, 욥15:34).

16) 제 16편 : 메시야의 부활

이 시편은 예언 시이다. 신약성경 사도행전 2장 29~32절, 13장 35~36절은 이 시편 9~11절에 의지하여 예수 그리스도의 부활을 증거한다.

17) 제 17편 : 구원과 보호에 대한 기도

대적들로 인해 큰 환난과 위기에 처한 다윗은 피난처 되시는 하나님께 기도를 드린다. 그는 자신의 결백을 지키며 하나님을 신뢰했다. 그는 대적에게 둘러싸여 있으면서도 미래에 대한 소망을 마음에 두었다(14~15, 시16:5~10).

18) 제 18편 : 구원의 찬송

본 시편과 같은 내용이 사무엘하 22장에 나온다. 다윗은 과거에 역경가운데서 하나님께 구원받은 사실에 대하여 감사하며, 그 하나님이 어떤 분이신가에 대해 말하고 있다(1~3). 그리고 그를 위해 이루어 주신 하나님의 구원을 찬미하고 있다(4~19). 하나님은 성도의 의를 따라 갚아주신다. 다윗은 그에게 능력주셔서 승리하게 해 주신 하나님께 모든 영광을 돌린다. 하나님은 우리를 보호하실 뿐만 아니라, 적극적으로 죄악을 이기도록 능력을 주신다.

19) 제 19편 : 자연과 말씀

이 시편에서는 먼저 자연에 나타난 하나님의 영광을 노래하고(1~6), 이어서 여호와의 율법에 대하여 말한다(7~14). 우리는 자연을 보고 온 우주를 창조하신 하나님을 알 수 있으며 (자연계시), 특별히 하나님이 주신 성경말씀을 통하여 하나님을 알 수 있다(특별계시, 시 119:).

20) 제 20편 : 하나님을 의지함

다윗은 전쟁에 임하기 전 하나님께 기도를 드렸다. 다윗은 병거나 말을 의지하지 아니하고(7), 오직 하나님을 의지했다.

21) 제 21편 : 승리에 대한 감사

다윗은 전쟁에 나가기 전 기도한 것과 같이 (20:), 전쟁을 마친후에도 하나님께 기도했다. 이 시편에 나타난 왕의 승리는 장차 오실 메시야의 승리를 예언하고 있다(요16:23, 계17:14).

22) 제 22편 : 메시야의 고난과 승리

이 시편에서 다윗은 예수그리스도의 십자가 고난을 예언하고 있다(벧전 1:10~11,눅24:25~26). 이 시편은 예수님 오시기 천년 전에 기록되었는데, 예수님께서 십자가에 달리셔서 고난 당하시는 모습을 생생하게 묘사하고 있다. 예수님은 십자가 위에서 본 시편의 말씀을 하셨으며 (22:1,마27:46), 사람들의 조롱을 받으셨고(22:7~8,마27:39~43), 손과 발에 못이박히셨고(22:16,마27:35), 그의 옷은 제비 뽑아 나뉘어졌다(22:18,마27:35,요19:24).이 시편에는 고난과 함께 예수 그리스도께서 부활하사 승리하시고 온 세상의 구주되실 사실도 예언한다(요 22:23~31,히2:11,마28:10,요20:17).

23) 제 23편 : 목자되신 여호와

이 시편에서는 하나님과 성도와의 관계를 목자와 양의 관계로 비유한다. 이 시편은 다윗이 목동으로 아버지의 양을 치고 있을 때 지은 것이다. 그 양치던 들판에서 천사들이 천 년 후에 나실 예수님의 탄생을 알렸다. 목자되신 나의 하나님은 내게 부족함이 없이 모든 것을 채워주시는 좋으신 하나님이시다. 양된 우리들은 목자되신 하나님을 ①따르고 ②사랑하고 ③믿고 ④순종해야 한다.

24) 제 24편 : 영광의 왕

이 시편은 법궤가 예루살렘으로 운반될 때 지은 것이다(삼하 6:12~15).

이 시편은 예수그리스도의 부활과 승천을 예언하고 있다(시47:).

25) 제 25편 : 영혼의 기도

다윗은 하나님께서 그를 ① 보호하여 주실 것(2,3) ② 주의 도를 가르쳐 주실 것(4,5)과 ③죄를 사해 주실 것(6,7)을 기도드린다. 그는 자신이 큰 죄인임을 인식하고(11), '내 모든 죄를 사하소서' 라고 기도드린다(18).

26) 제 26편 : 무죄한 자의 간구(시편 32편 참조)

다윗은 이 시편을 쓸 당시 어떤 죄악을 범한 일이 없다는 것을 하나님께 기도드린다. 그는 자신의 완전함을 증거한 후 악인의 파멸을 호소하고 있으며, 하나님의 긍휼과 은혜에 그 자신을 맡기고 있다(9~12).

27) 제 27편 : 두려워하지 않는 신앙

다윗은 하나님께서 자기의 빛과 구원과 능력이 되시므로 하나님 외에 누구도 두려워하지 않는다고 했다(1:). 그는 하나님과영적인 깊은 교제를 가졌다(4~6).

그는 오직 하나님을 의지하고, 하나님께 기도와 찬양을 드린다.

28) 제 28편 : 기도와 응답

다윗은 환난 가운데 하나님께 기도드린다(1~2). 그리고 자기의 종말이 악인의 종말과 같아시지 않기를 기도드린다(3~5). 다윗은 기도의 응답을 받고 기뻐하며 하나님을 찬양한다(6~9).

29) 제 29편 : 자연속에 나타난 하나님의 위엄

하나님께서는 때때로 자연계를 통하여 말씀하신다. 다윗은 우뢰소리 가운데에서 하나님의 음성을 들었고, 세상에 대한 하나님의 최고의 주권(하나님의 왕권)을 보았다(10). 여기서 하나님의 백성은 힘을 얻으며 평강을 누린다.

30) 제 30편 : 치유의 노래

이 시편은 환난 중(특히 질병 중)에서 돌보와 주신 하나님의 은혜를 찬송한 것인데, 다윗이 예루살렘을 정복하고 궁전을 봉헌할 때에 지은 것이다(삼하 5:11,7:2). 다윗이 환난 가운데서 하나님의 도우심을 받고 깨달은 것은, 신앙인의 삶에 슬픈일 보다 기쁜 일이 많다는 것이다(5).

31) 제 31편 : 하나님을 의지함

다윗은 고통과 근심 가운데(9), 몸이 약해진 가운데(10), 모욕을 당하며(11), 의로움중에 비방을 들으며 두려움과 위험중에(13)이 시편을 지었다. 그는 이런 비참한 처지에서도 낙심치 않고 하나님을 신뢰하였다(14~18).

예수께서 임종하실 때 본 시편을 인용했다(5,눅 23:46).

32) 제 32편 : 용서받은 죄인의 행복

다윗이 밧세바와 죄를 범한 후 참회하며 지은 시편이다(삼하11~12장,시51편). 다윗이 하나님께 자기의 죄를 고하자 하나님은 즉시 그의 죄를 사하셨다(5, 삼하12:13).

33) 제 33편 : 기쁨과 찬양의 시편

이 시편 기자는 의인들에게 하나님을 찬양하도록 권고한다(1~3). 의인들은 하나님의 말씀과 공의와 인자와 진리에 대해서(4,5), 창조의 권능에 대해서(6~9), 하나님의 주권에 대해서(10,11,13~17)찬양하여야 한다. 새 노래(40:3,96:1,98:1,144:9)로 하나님께 찬양하여야 한다.

34) 제 34편 : 구원에 대한 다윗의 감사(여호와를 송축하라)

다윗은 하나님께서 그에게 베푸신 인자와 기도 응답에 감사의 찬양을 드린다(1~6). 그는 체험적인 신앙을 토대로 다른 성도들을 권면한다(8~11).

35) 제 35편 : 도움을 호소함

다윗은 하나님께 자기를 미워하고 박해하는 자에게 대적해 주실 것을 호소한다. 다윗의 대적은 사울과 그의 무리였다(삼상24:).다윗은 자신의 결백을 주장하며 계속 기도드린다. 그는 자기를 박해하는 자들의 멸망을 예언하고 있으며(4,5,6,8), 하나님께서 자기를 구원하실 때 하나님께서 감사와 찬양을 드리겠다고 한다(18). 적을 저주하는 시편은 이 시편외에 52,58,59,69,109,137편이다 .

36) 제 36편 : 사악한 인간과 인자와 공의의 하나님

다윗은 인류가 하나님을 두려워하지 않음으로 약해진 것을 탄식하며(1~4), 인류의 소망은 인자하시며 성실하며 의로우시며 지혜로우신 하나님께 있음을 말한다(5~9).

37) 제 37편 : 하나님의 섭리(악인의 멸망과 의인의 보상)

다윗은 이 세상에서 악인들이 잠시 번영하는 것을 보고 불평하지 말아야 할 것을 가르친다(1~8). 성도들이 악인에게 박해를 당하고 어려움 가운데 빠질지라도 하나님께서 돌보아주시는 은혜로 영구히 잘되고, 악인은 결국 망한다. 성도가 이 세상에서 잘되는 것은 하나님의 축복으로 된 것이다.

(18,22,23,26,28,33,39,40)

38) 제 38편 : 고난 당하는 성도의 참회기도

다윗은 그가 지은 죄로 인해 징계를 받아 고통 당하는 가운데 이 시편을 지었다. 그 고통은 ① 질병의 고통(3~8), ②친구들의 배반(12,19), ③ 원수들의 박해(12,19)였다. 그는 오직 소망을 하나님께 두고(15), 구원을 의뢰하고 있다(21,22). 이 시편은 다윗의 참회시 중 하나이다.

39) 제 39편 : 나를 용서하소서

이 시편과 62편, 77편의 제목인 여두둔은 다윗의 세 음악지도자들 중의 한 사람이었다. 다른 두 사람은 아삽과 헤만이다(대상16:41,25:1,대하5:12,35:15). 다윗은 견디기 어려운 역경 가운데 하나님을 원망하는 죄를 범하지 않으려고 침묵하려고 힘쓴다(1, 2, 9). 그는 짧은 인생의 헛됨을 절실히 느끼고 오직 주님께 소망을 두고 기도한다.

40) 제 40편 : 구원에 대한 찬양

다윗은 역경 가운데 오랫동안 기도하다가 하나님의 응답을 받았다(1~5). 하나님의 율법이 그의 마음 속에 있었다(8). 그는 하나님께 감사와 기도를 드린다. 이 시편의 마지막 부분(17)은 70편과 같다(70:5). 그리고 6~8절은 장차 오실 메시야를 예언한다(히5:7~10,10:1~15,사1:10-15).

41) 제 41편 : 복 있는 자

다윗은 빈약한 자를 돌보아 주시는 자는 하나님의 축복을 받는다고 한다(41:1,2,마5:7,마6:12,시18:26). 그는 병상에 있으나 오직 하나님을 의지하고 하나님께 기도한다(3,4). 이 시편은 압살롬이 그에게 반란을 일으켰을 때 지은 것 같다(삼하15:12,16:20~17:4). 그리스도께서는 제자중 한 사람이 메시야를 배반할 것에 대해 이 시편 9절 하반부를 인용하셨다(요13:18,21~30).

Ⅱ. 제 2권 경이적 예배(42~72편)

제 2권은 모세 5경 중 이스라엘의 해방을 기록한 출애굽기의 내용과 부합한다. 1권에는 하나님의 이름 중 "여호와"가 277번, "엘로힘"(하나님)이 67번 기록되었는데 2권에는 "엘로힘(하나님)"이 207번 "여호와"는 31번 기록되었다. 그리고 1권의 대부분은 다윗이 지은 것인데, 2권의 대부분은 레위지파의 여러 음악가가 지은 것이다.

1) 제 42~43편 : 하나님께 대한 간구

원래 42편과 43편은 연결된 하나의 시편이었다. 다윗은 하나님의 성전에서 쫓겨나 멀리 유리하면서 이 시를 지었다.그는 객지에서도 오직 성전에서 하나님 섬기는 것을 사모한다(42:). 그는 자기원수들에게서 구원해 주시기를 하나님께 간구한다. 시험중에서도 낙망치않고 하나님만을 바라고, 찬양한다(43:). 43편 1절에서는 하나님을 재판장,변호하시는 분,구원자로 묘사한다.

2) 제 44편 : 이스라엘의 부르짖음

이 시편은 고난 당하는 의인의 기록한 시편이다. 시인은 먼저 옛날 이스라엘 역사에 나타난 하나님의 구원에 대해 찬양한다. 그리고 자기 민족이 겪고 있는 비참한 현실을 하나님께 호소하고 있다.

3) 제 45편 : 왕의 결혼의 노래

이 시편은 솔로몬왕의 애굽공주와의 결혼을 노래한 시편이라고 생각된다(왕상3:1,11:1). 이 시편은 장차 오실 만왕의 왕 메시야인 그리스도와 그의 신부될 교회를 예언하고 있다. 여기에서 왕은 그리스도의 모형이다(45:6,히1:8이하).

4) 제 46편 : 하나님은 나의 힘

앗수르 왕 산헤립의 군대가 예루살렘 밖에서 전멸된 후 기록된 것 같다(왕하19:8~19, 35). 또는 여호사밧 왕때 모압과 암몬과 에돔이 파멸된 뒤에 기록된 것 같다(대하20:). 하나님은 우리의 참된 피난처시요, 힘이시요, 환난 중에 만날 도움이시다.

5) 제 47편 : 온 땅의 왕되신 하나님을 찬양하라

46편과같은 상황에서 지어진 시이다. 하나님은 ①모든 사람과 ②열방(나라들—이방인을 가리킴) ③택함받은 민족 이스라엘의 하나님이 되신다(빌2:9~11).

6) 제 48편 : 하나님의 통치

46편과 같은 상황에서 지어진 시편이다. 시인은 여호와의 관대하심과 성전의 아름다움을 찬양한다. 하나님의 백성은 시온의 구원을 인하여 기뻐하고 이를 후대에 기억시켜야 한다(11~14).

7) 제 49편 : 부의 허무함

하나님의 말씀은 어느 시대나 어느 각 계층 사람들 모두 다 들어야 한다(1~4). 많은 재물을 가진 자들이 교만하여 시인을 박해 하나 그는 그것을 두려워하지 않는다. 이 세상 재물은 헛된것이며,이 세상의 모든 것의 소유자는 하나님이시다.

8) 제 50편 : 심판

이 시편에서는 이스라엘이 종교의 참된 진리는 등한시하고 외부의식만 중시하는 잘못을 비판한다. 하나님은 외식하는 종교자들을 심판하신다. 그들은 말로만 경건을 부르짖고 실제에 있어서는 하나님을 생각지 않는 죄를 범한다.

9) 제 51편 : 다윗의 참회시

다윗이 우리아의 아내 밧세바와 죄를 지은 후 참회하며 지은 시편이다(삼하11:,12:). 그는 자신의 죄를 자백하고 있으며(3~6),죄사함을 진심으로 간구하고 있다(1,2,7,9). 그는 자신을 위한 기도를 드린 후 시온과 예루살렘을 위하여 기도 드린다.

10) 제 52편 : 악인과 의인의 대조

이 시편은 사무엘상 21, 22장의 사건의 내용을 배경으로 지어졌다. 다윗은 악인의 행위와 그가 받을 벌(2~5), 그리고 의인의 승리를 예고하고 있으며(6~7), 하나님께 대한 찬미로 시를 맺는다(8,9).

11) 제 53편 : 어리석은 자

이 시편은 14편과 같은 내용의 시편인데 5절만 다르다.

12) 제 54편 : 하나님은 나를 돕는 자

다윗이 사울에게 핍박을 당할 때 지은시편 중 하나이다 (7:,34:,52:,56:,57:,59:,142:). 십 땅의 사람들이 사울에게 다윗을 밀고한 사건은 사무엘상 23장과 26장에 기록되어 있다. 다윗은 위험한 일을 당하였으나 먼저 "주의 이름"으로 구원하시기를 하나님께 기도하고 있다.

13) 제 55편 : 친구들에게 배반당함

41편처럼 압살롬이 반역하였을 때 지은것 같으며, 특히 아히도벨에 대하여 말하고 있다(12~14,삼하15:~18:). 다윗은 고난 중에 하나님께 기도하고 있으며, 그의 대적들에 대하여 기도 하고 있다. 그는 합당한 때에 하나님께서 대적들을 벌하실 것을 확신하고 있으며, 자신의 믿음을 확고히 할 뿐 아니라 다른 사람들도 하나님을 의지할 것을 격려하고 있다.

14) 제 56편 : 두려움과 믿음

34편처럼 블레셋에서 구원을 기도했다(삼상21:10-15). 다윗은 두려움이 다가 올 때 오직 "신앙으로 내가 하나님을 의지하였은즉 두려워 아니하리니"(4하,11상)라고 기도한다.

15) 제 57편 : 위험중의 기도와 찬양

이 시편은 다윗이 사울을 피하여 아둘람동굴 또는 엔게디 동굴에 있을 때 지었다(삼상22:1,24:1,26:1). 7~11절의 찬양은108편 1~5절에서 반복된다. 다윗은 위험중에 하나님께 피신하였다. 그는 전적으로 하나님만 의지 하였다.

16) 제 58편 : 악인의 멸망

다윗은 극도로 불의한 지도자들의 죄악을 이 시편에서 지적하고 있는데 시편 82편도 같은 주제를 말하고 있다. 다윗은 악인들의 멸망을, 그리고 그들의 불의에 대해 의로우신 하나님의 심판을 예고하고 있다(6~9).

17) 제 59편 : 원수에게서의 구원

사울이 군대를 보내어 집에 있는 다윗을 잡으려 할 때 지었다(삼상19:10~17). 다윗은 원수들의 핍박 아래서도 하나님의 구원을 확신하고 기도한다(1~10).

18) 제 60편 : 패망후의 승리

이 시는 다윗의 수리아 정벌을 틈타 에돔이 유다를 침공한 사건에 대하여 지은 것이다(왕상11:15~16,삼하8:13이하,대상18:12). 다윗은 전쟁의 일시 패배가 하나님의 징계로 온 것임을 알았다. 그러나 그는 이제부터 승리가 다가 올 것을 확신하고 기뻐한다. 본 시편5~12절의 내용은 108편 6~13절에 반복된다.

19) 제 61편 : 추방 중의 기도

다윗이 압살롬의 반역으로 왕위에서 쫓겨났을 때 지은 시이다(삼하18:). 다윗은 환난 중에 오직 하나님께 부르짖고 있으며, 과거에 주신 은혜를 기억하고 오직 하나님을 의지한다.

20) 제 62편 : 하나님만 신뢰하라

이 시도 압살롬의 반역 때 지어진 것 같다.그는 환난이 다가오더라도 동요하지 않고 하나님만을 바랄 것을 고백하며(1~8), 다른 모든 사람들에게도 하나님만 의지하고 땅 위에 모든 것을 의지하지 말 것을 격려하고 있다(9~12).

21) 제 63편 : 하나님을 갈망함

다윗이 압살롬에게 추방되어 유다 광야에서 지은 시이다(삼하18:23~28, 17:16). 다윗은 광야에서 하나님을 갈망하여 찾았다. 그는 "주의 인자가 생명보다 나으므로 주를 찬양할 것이라"(3)고 고백한다. 그는 하나님 안에서의 안전을 확신하고, 대적들이 패망할 것을 예언한다.

22) 제 64편 : 역경중의 위로

다윗의 적들이 다윗을 해 하려고 음모를 꾸밀 때에 지은 시이다(삼상22:,삼하15:~17:). 다윗은 악인의 음모에서 자신을 보호해 주실 것을 하나님께 기도하고 있으며(1~2), 그들의 사악함을 말하고 있으며 (30−6), 그들의 멸망을 예언하고 있다(7~10).

23) 제 65편 : 승리와 풍년의 노래

시편은 예루살렘에서 추수감사절기를 배경으로 지어진 것 같다. 다윗은 하나님께서 특별한 은혜로 그의 백성을 구원해주심에 대해 찬송한다(1~5). 하나님은 ①기도를 들으시고(2), ②죄를 사하시고, ③택하사 가까이 오게 하시고(4상), ④그와 함께 거하게 하시고(4하), ⑤보호하여 주신다(5). 다윗은 이어서 자연을 주장하시고, 세계 만민을 다스리시며, 풍년을 주심에 대해 찬양한다(6~13).

24) 제 66편 : 구원의 하나님을 찬양하라

이스라엘이 국가적으로 큰 구원을 체험한 후 지어진 시편이다(8~12). 앗수르왕 산헤립의 침략으로 부터 구원받고 지은 시편이라고 추측된다(사36:~38:). 이 시편을 쓴 시인은 이스라엘에게 행하신 하나님의 능력을 보고 온 세상 사람들에게 하나님을 찬양하라고 권고한다(1~12). 그리고 그가 경험한 하나님의 은혜를 성도에게 간증한다(13~20).

25) 제 67편 : 온 세상에 전파될 복음

이 시는 이스라엘을 통하여 세계 만방에 구원을 베풀어 주기를 원하는 기도이다. 이 시는 그리스도로 말미암아 이루어질 신약 교회를 예언하고 있다.

26) 제 68편 : 승리의 행진곡

하나님의 임재의 상징인 법궤를 오벳에돔의 집에서 시온으로 옮겨갈 때 지은 시일 것이다(삼하6:12~15). 왜냐하면 이 시의 첫부분이 모세가 법궤를 이동할 때의 기도(민10:33~35)와 같기 때문이다. 하나님께서 함께 하시므로 하나님의 백성은 항상 승리한다. 다윗은 성령 인도를 받아 장차 있을 그리스도를 통한 천국복음의 세계적인 승리를 예언한다(28~35).

27) 제 69편 : 하나님이여 나를 구원하소서

이 시는 다윗이 사울에게 혹은 압살롬에게서 수난을 당하면서 지은 시이다. 이 시편은 22편과도 같이 고난당하는 메시야를 예언하고 있으며, 그리스도의 비하(낮아짐)에서 시작하여 승리로 끝나고 있다(①4절과 요15:25, ②9절과 요2:17,21절과 마27:34,48, 눅23:36, 요19:29,③22절과 롬11:9, ④ 25절과 행1:20).

28) 제 70편 : 도움을 갈망함

40편 13절이하의 구절의 반복이다. 다윗은 여기서 하나님께 "속히" 구원하여 주시기를 기도한다.

29) 제 71편 : 노년의 기도

다윗의 말년 압살롬의 반란으로 말미암아 잠시 왕위에서 떠났을 때 지은 시라고 생각된다. 그는 하나님께서 그를 건지시고 구원하시고 (2,4), 그를 버리시거나 (9), 그에게서 멀리 떠나시지 않기를 기도한다(12). 그는 이 시편을 믿음의 찬양으로서 끝내고 있다(14이하).

30) 제 72편 : 의로운 왕

이 시편은 127편과 함께 솔로몬의 시편으로 , 솔로몬왕으로 예시된 그리스도의 구원을 예언한다. 의로운 임금은 특별히 "가난한 자"와 "궁핍한 자"를 구원하신다. 예수 그리스도께서는 마음이 가난한 자를 구원하신다(마5:3). 이 시편은 메시야의 예언을 직접적으로 나타내어 있다고 할 수 있다(① 2~4,7,12~14절과 사9:6,11:4이하, ② 8절과 슥 9:10, ③ 사60:9과 비교).

교훈 및 적용

1. 하나님께서는 의의 하나님이시므로 의인의 기도를 들으신다. 그러므로 응답받는 기도를 위하여 하나님 앞에 그 분이 원하시는 의를 보이자.
2. 하나님의 도에는 반드시 상급이 있다는 점을 깨달아 말씀을 준행하는 생활을 하자.
3. 고난이 깊어질수록 하나님께서 나에게 더 가까이 계신다는 것을 깨닫고 하나님을 더욱 더 신뢰하는 생활을 하자.
4. 감사가 하나님의 응답의 손길을 가져오는 것을 깨닫고 문제가 다가 왔을 때 문제를 바라보지 말고 응답의 확신 가운데 하나님께 감사하는 신앙의 습관을들이자.

당신은 시편 1편부터 72편까지를 공부했습니다.
여기서 당신은 주로 인간의 죄가 무엇이며 얼마나 무서운 것인가를 느끼셨을 것입니다. 그러나 회개는 용서와 구원과 기쁨을 가져다 줍니다. 또한 당신은 시편에서 인생이 경험하는 시련과 고통 속에서도 낙심하거나 절망하지 않고 사는 방법이 무엇인가를 배웠을 것입니다. 그것은 찬양과 감사와 기도입니다. 이제부터 당신의 삶은 하나님의 축복과 사랑 가운데서 보다 더 풍요로와질 것입니다. 앞으로도 우리의 신앙생활에 활력소가 되는 시편을 계속해서 공부하게 될 것입니다. 열심히 읽고 묵상하기기를 바랍니다. 다음은 73편부터 150편까지 배울 것입니다. 자세히 읽어주시기를 바랍니다.

성경문제

● 다윗의 노래/시 1:1-72:19

1. "(　　　)은 여호와께 있사오니 주의 (　　　)을 주의 백성에게 내리소서" (　)에 적당한 말은 무엇이며 시편 어디에 있는 말씀인가?
2. "비루함이 인생 중에 높아지는 때에 악인이 처처에 횡행하는도다" 이 말씀은 몇편 몇 절에 있는 말씀인가?
3. 하나님이 하늘에서 인생을 굽어 살펴 본 인생들의 형편이 어떠했는가?(시 14편)
4. 시편 18편 가운데 "반석", "요새", "해", "방패", "산성" 등은 누구를 가리킨 말인가?
5. "(　　)이 하나님의 (　　)을 선포하고 (　　)이 그 손으로 하신 (　　)을 나타내는도다" 이 말씀은 몇편 몇절에 있으며 (　)에 적당한 낱말은 각각 무엇인가?
6. "여호와여 왕이 주의 힘을 인하여 기뻐하며 주의 구원을 인하여 크게 즐거워하리

이다" 이 말씀은 몇 편 몇 절에 있는가?

7. 시편 23편에서 누가 누구를 가리켜 "나의 목자"라고 했는가?
8. 다윗은 다음 중 어느 곳을 사랑한다고 했는가?(시 26편)
9. "주의 백성을 (   )하시며 주의 (   )에 복을 주시고 또 저희의 (   )가 되사 영원토록 드십소서" 이 말씀은 몇 편 몇 절에 있으며 (   )에 적당한 낱말은 무엇인가?
10. 시편 29편에 가운데 "여호와의 소리" 란 말이 몇 번이나 기록되어 있는가?
11. 생명의 원천이 어디에 있다고 했는가?(시 36편)
12. "내가 어려서부터 늙기까지 (   )이 버림을 당하거나 그 (   )이 걸식함을 보지 못하였도다" 이 말씀은 몇 편 몇 절에 있으며 (   )에 적당한 낱말은 무엇인가?
13. 시편 45편에서 왕과 왕후를 무엇으로 꾸민다고 했는가?
14. 하나님은 우리를 언제까지 인도하시는가?(시 48편)
15. 하나님이 구하시는 제사(예배)는 무엇인가?(시 51편)
16. 시편 52편에서 악한 자의 혀를 무엇에다 비유했는가?
17. "네 (   )을 여호와께 맡겨 버리라 너를 붙드시고 (   )의 (   )함을 영영히 허락지 아니하시리로다" 이 말씀은 시편 몇 편 몇 절에 있으며 (   )에 적당한 낱말은 무엇인가?
18. 악한 자가 의로운 자 앞에 웅덩이를 팠으나 결국 어떻게 된다고 했나?(시 57편)
19. "주는 나의 (   )이시며 나의 (   ) 날에 (   )심이니이다" (   )에 적당한 낱말은 무엇인가?(시 59편)
20. 다윗은 모압을 가리켜 내 무엇이라 했는가?(시 60편)
21. 다위은 자신을 어디로 인도해 달라고 부르짖었는가?(시 61편)
22. "주의 인자가 생명보다 나으므로 내 입술이 주를 찬양할 것이라" 이 말씀은 몇 편 몇 절에 있는가?
23. 시편 65편의 내용과 적당한 것은 무엇인가?
24. "내가 내 (   )에 (   )을 품으면 주께서 듣지 아니하시리라" 이 말씀은 시편 몇 편 몇 절에 있으며 (   )에 적당한 낱말은 무엇인가?
25. "날마다 우리 짐을 지시는 주 곧 우리의 구원이신 하나님을 찬송할지로다" 이 말씀은 몇 편 몇 절에 있는가?
26. "내가 내 형제에게는 객이 되고 내 모친의 자녀에게는 외인이 되었나이다" 누구의 고백인가?(시 69편)
27. 다윗은 "아하 아하 하는 자는 자기 수치를 인하여 물러가게 하소서" 라고 기도했다. 맞으면 ○표 틀리면 ×표 하라.(시 70편)

19
아삽의 노래, 할렐루야 집(集)

- 본문 : 시 73~150편
- 요절 : 시 73:28 시 112:1, 2

이번 과에서는 본래 시편에 구분되어 있는 제 3권과 제 4권을 하나로 묶어 다루고자 한다. 그런데 제3권은 대부분 아삽의 시이고, 제 4권은 작자미상의 시편들로 구성되어 있다. 그래서 본과의 제목을 편의상 "아삽의 노래"라고 붙였다.제 5권은 무명의 저자들이 쓴 것이 많이 포함되었다. 대부분 "할렐루야 하나님을 찬양하라"는 말로 시작되는 시편들로 구성되었다.

Ⅰ. 제3권 계속적 예배(73~89편)

3권은 모두 17편의 시편으로 되어 있다. 다윗의 시편은 1편 뿐이며(86:), 73~83편까지는 아삽의 시집을 이룬다. 아삽은 다윗과 같은 시대 사람으로서 성전에서 찬송하는 악사들의 수석에 있었다(대상25:1,15:16~20,16:5). 3권의 시편들은 이스라엘을 민족의 시작으로 부터 하나님의 축복을 받을 때까지 하나님이 함께 하여 주심을 강조하는 노래들이다.

1) 제 73편 : 배교의 유혹을 극복

아삽은 악인이 세상에서 번영함을 보고 의문을 품었다(1~22). 그는 이 문제를 '하나님의 성소(교회)' 에서 해결받는다(17). 하나님께서 붙들어 주심으로 그에게는 참된 행복이 있다.

2) 제 74편 : 민족적 재난

이 시편은 이스라엘이 느부갓네살 왕에게 포로된 때에 지어 진 것이다(왕하25:1~17). 이 시편을 지은 사람은 아삽의 후손 중 한 사람이었을 것이다. 아삽과 그의 자손들은 시가에 재능이 있었다(대상25:1,대하5:12, 20:14). 그들은 바벨론의 포로가 되었다가 돌아온 후에도 성전에서 찬송하는 봉사를 했다(스3:10; 느11:22). 본 시편에서 시인은 먼저 하나님의 백성이 오랫동안 원수에게 억울함을 당함에 대하여 그들의 겪은 참상을 하나님께 호소하고 있다(1~11).

3) 제 75편 : 재판장되신 하나님

이 시에서 강조하는 것은 하나님의 심판으로 말미암아 회개하지 않는 악인들은 멸망받는다는 것이다. 하나님은 작정된 시간에 이 세상을 심판하사 공의로운 판단을 내리신다.

4) 제 76편 : 승리의 찬송

이 시편은 예루살렘을 위협하던 산헤립의 군대가 멸망된 것을 기억하고 지은 것이다(왕하19:32~36). 시인은 하나님의 놀라운 능력을 찬송한다. 이 시편은 하나님의 이름(1~3), 하나님의 행하신 일(4~6), 하나님의 심판(7~9), 하나님께 경배함(10~12)에 대하여 기록하고 있다.

5) 제 77편 : 고난 중에서 하나님의 은혜를 기억

이 시는 환난 중에 지은 시이다(4). 시인은 이스라엘의 깊은 환난 때문에 하나님께 부르짖었다. 시인은 기도 하다가 하나님께서 이전에 그의 백성들에게 행하신 일을 기억하고 다시 힘을 얻는다.

6) 제 78편 : 이스라엘의 역사를 회고함

앞 시편에서는 이스라엘이 출애굽하여 홍해를 건넌 사건까지만을 기록하였는데, 본 시편에서는 앞 시편 내용에 이어 홍해를 건넌 사건에서부터 시작하여 광야에 나타난 모든 일들을 기록하고 다윗에게까지 이른다. 시인은 사람들을 교환하기 위해 이스라엘의 죄악의 역사를 알려준다(1~8). 그리고 이스라엘 백성이 하나님의 크신 은혜를 맞보고서도 계속 범죄하는 사실을 통탄한다. 이스라엘의 범죄는 ① 하나님의 하신 일을 잊음(11,42) ② 하나님을 시험함(18,56) ③ 탐욕으로 행함(30) ④ 아첨함(36,37) ⑤ 신실하지 못함(57,58)이다. 시인은 결론으로 하나님께서 특별히 유다지파에서 다윗을 세우사 그가 이스라엘을 다스림으로 축복된 나라가 이루어진 것을 말한다(68~72). 다윗은 장차 오신 인류의 영원하신 왕 예수그 리스도의 모형이다.

7) 제 79편 : 민족의 수난

바벨론왕 느부갓네살의 침공으로 예루살렘과 성전이 황폐되었을 때 지은 시이다(왕하 25:). 시인은 하나님의 백성이 처했던 매우 절망적인 상태를 묘사하며, 하나님의 구원을 기도한다. 원수들이 보응받고 (6,7,10,12) 이스라엘의 죄는 용서받고 (8,9)구원될 수 있도록 (11)구조와 위로를 하나님께 드린다.

8) 제 80편 : 우리를 구원하소서

이 시편은 앞 시편과 매우 비슷한 환경에서 지어졌다. 이 시편은 이스라엘이 앗수르의 침공으로 고난받을 때 지은 시편이다 (주전 722년). 시인은 하나님의 백성이 당하는 고난을 하나님께 아뢰며 하나님의 구원을 기도한다.

9) 제 81편 : 축제의 시

나팔을 불어 기념하는 절기를 배경으로 지어졌다. 이절기는 나팔절(레23:24)이나 장막절, 유월절(대하30:17) 중 하나일 것이다. 시인은 노래와 모든 소리나는 악기로 하나님을 찬양하라고 한다(엡 5:19,히13:15). 시인은 하나님께서 애굽에서 이스라엘을 구원하셨으나, 이스라엘 백성이 불순종하였음을 지적하고 하나님께 순종할 것을 가르친다.

10) 제 82편 : 불의의 재판관에 대한 심판

이 시편은 세상의 재판장들을 가르치고(시2:,10:), 그들의 의미를 말해주며(삼하23:3), 그들의 잘못을 알려주기 위한 (시58:1)목적으로 쓰여졌다. 장차 하나님께서 재판장들을 심판하실 때 불의한 재판장들에게는 화가 임할 것이다.

11) 제 83편 : 원수들의 심판을 간구

시인은 원수의 세력 앞에서 핍박받는 이스라엘을 위하여 기도한다. 하나님께서 함께 하심으로 원수들은 멸망할 것이다.

12) 제 84편 : 주의 전을 사모함

순례자들이 예루살렘에 도착하여 성전에 들어갈 때에 제사장이 부르는 노래이다. 시인은 성전에 가기를 심히 사모하였다(1-4). 성전은 하나님께 기도하고 하나님께 예배드리는 곳, 하나님과 만나는 곳이기 때문이다. 주의 전을 사모하고 찾아가는 자에게 하나님의 축복이 임하신다(5~7).

13)제 85편 : 애국자의 기도

유대인들이 바벨론의 포로에서 돌아온 후 지어 진 시이다. 돌아온 그 때에도 여전히 많은 어려움이 있었으므로 하나님께 기도 를 드린다.

14) 제 86편 : 내 기도를 들으소서

85편은 국가적 호소였으나, 여기서는 개인적인 호소로 나타난다. 다윗은 곤경에 처하여 하나님께 기도드린다(1~10). 그는 주님께서 구원해 주시기를 간구하는데 그 목적은 하나님을 영화롭게 하기위함이다(11~13). 그는 핍박 중에도 하나님을 의지하고 소망을 갖는다(14~17).

15) 제 87편 : 시온의 영광

이 시편은 히스기야왕 때 앗수르 군대가 패망된 뒤에 지은 시라고 한다(대하

32:23). 이 시편에는 시온에 대한 하나님의 사랑이 잘 나타나있다.

16) 제 88편 : 고통 중의 기도

가장 슬픈 시편중의 하나이다. 시인이 받은 고난은 극도에 달하였다. 그러나 그는 고통 중에서도 실망하지 않고 계속하여 하나님께 호소한다.

17) 제 89편 : 하나님의 언약

이 시편은 바벨론 포로 시, 또는 르호보암 왕 때에 유다가 애굽왕 시삭의 침략을 당했을 때 지어진 것이라고 한다. 시인은 다윗에서 주신 하나님의 약속(삼하7:8~18)이 반드시 이루어진다는 확신을 갖는다. 이 약속은 다윗에게 주실 나라가 영원하리라는 것이다(삼하7:13). 이것은 그리스도로 말미암아 이루어 질 메시야 왕국에 대한 예언이다 .

Ⅱ. 제 4권 순종의 예배(90~106편)

4권은 17편의 시편으로 되어 있는데 대부분의 시가 작자 미상이다. 예배시 하나님께 드리는 찬양이 많이 수록되어 있다.

1) 제 90편 : 하나님의 영원성과 인생무상

다윗보다 400년 전에 살았던 모세의 시편으로 시편중에서 제일 처음 쓰여진 시편으로 생각된다. 이 시편은 이스라엘 민족이 출애굽하여 가나안에 이르는 광야생활 중에 지어졌다. 모세는 인생의 짧음과 하나님의 영원하시며 기록하고 있다. 모세는 하나님의 긍휼만이 인간의 소망임을 말한다.

2) 제 91편 : 하나님을 의지하는 자는 절대 안전함

시인은 하나님께서 지존자이시기 때문에 그에게 피한 자가 안전할 것을 말해준다(1~13). 하나님을 의뢰하는 자는 하나님의 특별한 사랑을 받는 자가 될 것이다(14~16).

3) 제 92편 : 안식일의 찬송

포로시대 후 이스라엘 백성이 안식일 아침에 이 찬송을 불렀다. 이 시는 감사와 찬송을 그 제목으로 한다. 감사와 찬송은 하나님께 드려야 할 인간의 본분이다. 하나님은 그의 백성에게 은혜를 베푸시고, 악인들을 멸하신다.

4) 제 93편 : 하나님의 통치

하나님께서는 온 세계를 통치하신다. 시인은 하나님의 증거하심이, 곧 인류를 구원하시는 은총이 영구함을 예언한다. 하나님의 교회는 영원히 멸망하지 않는다(마16:18).

5) 제 94편 : 의롭게 판단하시는 하나님

이스라엘이 앗수르나 바벨론에게 압제를 당하며 포로되었을 때 지은 시라고 추측된다. 시인은 세계의 재판장되신 하나님께 원수들의 죄악을 호소한다(1~11). 시인은 하나님께서 박해 받는 성도를 구원하실 때가 반드시 온다는 확신을 갖고 있다(14~23).

6) 제 95~100편 : 하나님의 통치

95편부터 100편까지는 신정시이라고 불리우는데 "여호와께서 통치하시니"라는 동일한 주제를 갖고 있다. 여기서는 장차 오실 메시야와 그의 통치에 대해 예언하고 있다. 47, 93편도 동일한 주제를 갖고 있다.

- 95편—이스라엘이 하나님을 찬송할 이유는 ① 하나님께서 천지 만물을 다스리시며 ② 이스라엘을 택하셨기 때문이다. 7~11절은 히브리서 3장 7~11절에 인용되었다.
- 96편—장차 임할 여호와의 통치를 바라보고 찬송한 시로서, 그리스도께서 다스릴 메시야 왕국을 예언한다.
- 97~99편—여호와께서 이 땅에 찾아오셔서 그의 백성을 다스리실 것을 찬송하는 시로서, 예수 그리스도께서 이 땅에 오실 것을 예언한다. 우리는 새 노래로 하나님을 찬양하여야 한다(98:1, 계 5:9~14).
- 100편—시인은 "여호와는 선하시니 그 인자하심이 영원하고 그 성실하심이 대대에 미치리로다" 고 찬양한다.

7) 제 101편 : 다윗 왕의 서원

다윗이 왕위에 오른 후 지은 시편이다. 다윗은 통치자로서 하나님의 인자와 공의를 사모한다.

8) 제 102편 : 참회의 기도

바벨론 포로 중에서 예루살렘의 회복을 갈망하여 지은 시편이다. 시인은 포로생활의 고통 중에 하나님께 기도한다. 시인은 자기민족이 해방될 날이 가까운 것을 바라본다. 25~27절은 히브리서 1장 10~12절에 인용되었다.

9) 제 103편 : 여호와를 송축하라

다윗은 자신이 받은 하나님의 은총을 인하여 감사하고 (1~5), 모든 성도들이 받는 사죄의 은혜를 감사하며(6~18), 모든 피조물들이 하나님께 찬송할 것을 권고한다(19~22).

10) 제 104편 : 하나님이 창조하신 자연을 찬송함

이 시편은 앞장의 시편과 같은 저자에 의해서 같은 시기에 쓰여 졌다고 본다. 왜냐하면 앞 장의 시편과 같이 이 시편도 "내 영혼아 여호와를 송축하라" 는 구절로 시작되고 또 그것으로 결론짓기 때문이다. 시인은 하나님의 창조의 능력이 위대함을 보여준다. 시인은 하나님의 창조의 능력을 찬송할 때 창세기 1장과 같은 순서로 말하고 있다.

11) 제 105편 : 이스라엘을 구원하신 하나님

이 시편은 78, 106편과 마찬가지로 역사적인 시이다. 이 시편을 하나님께서 아브라함에서 주신 약속을 이루신 역사적 사건에 대해 찬양을 드리는 예배용 찬양시이다. 법궤가 예루살렘으로 옮겨질 때 이 노래가 불리워졌다(대상16:1,7~22). 시인은 여호와께 감사와 찬양을 드리며, 여호와께서 행하신 일들을 모든 사람들이 알도록 하라고 한다. 하나님은 ①족장들과 계약을 맺으셨고(8-11), ②그들이 객이 되었을 때 돌보셨고(12-15), ③이스라엘을 위해 요셉을 애굽으로 보내 쓰셨고(16-22), ④애굽을 번성케하셨음(23~28), ⑤광야에서 돌보시고 가나안에 정착하게 하셨다(39~45).

12) 제 106편 : 이스라엘의 불순종

이 시편은 105편과 같은 시기에 저술되었다. 이 시편의 처음 두 구절은 다윗이 아삽에게 지어 준 시의 일부분과 일치한다(대상16:34~36). 시인은 애굽에서의 해방과 바벨론에서 포로되었다가 돌아온 사실을 기록하고 있다. 약 900년간의 이스라엘의 역사를 말하고 있는데(6~46), 특별히 이스라엘의 죄악을 지적하고 있다. 시인은 먼저 하나님께 감사와 찬양을 드린다(1~3).

Ⅲ. 제5권 완전한 예배(107~150편)

제 5권에는 찬양시편이 많이 들어 있는데, 마지막 146~150편에서 할렐루야 찬양으로 절정을 이룬다. 제5권은 모세오경중 신명기와 비교 될 수 있는데 "하나님의 말씀"을 강조하고 있다.

1) 제 107편 (공동체 감사 시편) : 포로되었다가 구원받음을 노래함

시인은 이스라엘 백성이 외국에 포로되어 많은 고생을 하다가 본국으로 돌아오게 된 역사를 통하여 하나님의 인자하심을 회고한다(2~3, 10~16). 인생이 고난받는 이유는 그가 지은 죄악 때문이다. 하나님께서는 선함과 인자하심으로 그의 백성을 돌보신다.

2) 제 108편 다윗의 찬송시

이 시편의 1~5절은 57편 7~11절의 내용과 같고, 6~13절은 60편 5~12절과 같다.

3) 제109편 (개인적 탄원 시편) : 악인에 대한 저주

다윗이 원수들에게 박해를 받을 때 지은 시이다. 다윗은 원수들의 악함에 대하여 기도하고 하나님께서 그들을 파멸하실 것을 기도한다(6~20). 그는 "하나님의 구원을 확신하고 하나님을 찬양하리라"고 말한다(30, 31). 본문 8절의 저주는 가롯유다에게 해당 되었다(행1:20).

4) 제 110편 (왕의 시편) : 그리스도에 대한 예언

본 시편은 그리스도에 대해 예언으로서 그리스도의 세 가지 직능이 잘 나타나 있다. ①예언적 직능(2)②제사장적 직능(4) ③왕의직능(1,3,5,6). 예수님은 이 시편을 인용하셔서 자신이 메시야임을 말씀하셨다(마22:44~45, 막12:35~37, 눅20:41~44). 신약 다른 부분에서도 이 시편을 인용하였다(행2:34, 고전15:25, 히1:13, 5:6, 7:17, 21, 10:13).

5) 제 111~118편 : 할렐루야 시편

5권의 할렐루야 시편들 중 첫번째 모음이다. 이 시편은 일반적으로 짧다.

- 111편—하나님의 위대함과 영광, 의로우심, 인자하심, 권능, 진실, 거룩, 영원성을 기록했다. 결론적으로 찬송드리는 자는 ①하나님을 경외하며, ②하나님의 계명을 지켜야함을 말한다(10).
- 112편—111편과 밀접하게 연관되어 있다. 전편에는 하나님의 영광, 능력, 자비가 하나님의 백성들에게 나타난 사실을 찬양하고, 본 시편은 하나님의 백성에게 주어진 축복을 찬송하고 있다. 하나님을 경외하는 자는 많은 축복 받게되는데 ①자손까지 복을받음(1) ②재물이 풍부하며(3) ③환난중에도 복을 받으며(4) ④모든 일이 잘 되어 가서(5, 6) ⑤흉한 소식을 두려워하지 아니하고(7, 8) ⑥가난한 자를 구제한다(9).
- 113편~118편—할렐시, 찬송시라고 하는데, 유대인의 큰 절기 때마다 불렀다. 특별히 유월절 절기때 가족이 모여 이 시편들을 노래했다. 113~114편은 식사전에, 115~118편은 식사후에 불렀다.
- 113편—'하나님을 찬양하라'가 이 시편의 제목인데, 하나님은 가장 위대하시며 (4~5), 가장 인자하신 분(6~9)으로 그 분께 찬양드려야 한다.

- 114편—출애굽의 노래. 이스라엘이 애굽에서 기적적으로 구출된 것과 유월절의 시작을 회상했다. 하나님의 권능앞에 산천초목이 진동했다.
- 115편—본 시편부터 118편까지는 유월절 식사 후 불리워졌는데, 예수님께서도 제자들과 마지막 만찬을 마치시고 이 시편을 부르셨을 것이다. 시인은 모든 영광을 주님께 돌려야 한다고 말한다(1). 그리고 이스라엘에게 오직 여호와를 의지하라고 말하며 (9~16), 하나님은 우리를 축복하시는 하나님이심을 강조한다.
- 116편—죽음과 시험에서 구출해 주시고, 기도에 응답하여 주심을 하나님께 감사하는 노래이다.
- 117편—모든 사람들에게 하나님을 찬송하라고 권고한다. 이 시편은 47편과도 같이 신약시대 세계적 선교를 예언한다. 바울은 신약 로마서 15장 8~12절에서 본시편을 인용했다.
- 118편—시인은 환난 중에 하나님의 기도 응답을 받고 기뻐하며 찬송한다(1~5).여호와의 인자하심은 영원하시다. 예수님께서 유월절 만찬을 마치고 제자들과 함께 감람산으로 올라가시며 부르신 찬송이다(마26:30). 이 시편은 예수님께서 배척당하실 것을 예언하고 있다(22,26,마21:9,42).

6) 제 119편 : 하나님의 말씀

성서에서 가장 긴 장이다. 이 시편 전체에서 하나님의 말씀에 대해 설명하고 있다. 시인은 율법을 깨닫는 것도 하나님의 은혜요(7,12,18,34), 지키는 것도 하나님의 은혜요(5,10,19), 율법이 그를 소생케하며(93), 그는 주의 법도를 즐거워한다고 했다(14,24,35,62,70,162,174). 이 시편의 구성은 단순하며 매우 정확한데 이 시편은 히브리어 알파벳의 숫자대로 22개 부분으로 나누어지며 각 부분은 8절로 되어있다. 이 시편에서는 하나님의 말씀을 여러가지 말로 표현했는데('법', '증가', '말씀', '계명', '율례', '규레', '훈계', '도', '판단') 모두 다 동일한 의미다.

7) 제 120~134편 : 순례자의 노래

올라가는 노래, 계단의 노래라고도 한다.

이 노래는 순례자들이 절기 때 예루살렘으로 올라가면서 부른 노래라고 한다. 또는 바벨론에서 해방된 이스라엘이 예루살렘을 향해 올라가게 됨을 노래하는 노래, 또는 노래할 때 음성을 단계적으로 올려 부르라는 노래라고도 한다.

- 120편—시인은 악인의 거짓되고 악한 혀로부터 그를 구해 주실 것을 하나님께 기도한다.
- 121편—순례자들은 이 찬송을 예루살렘 주위의 산이 처음 보이기 시작할 때 부른 것 같다. 천지를 지으신 여호와께서 너를 도와주신다는 것이 이 노래의 주제이다.
- 122편—순례자들이 성벽을 지나 성전문 가까이 왔을 때 이 노래를 부른 것 같다. 시인은 하나님의 성전(예루살렘)에 올라가자는 말을 제일 기뻐한다.
- 123편—순례자들이 성전 안에 들어가 기도하기 위해 눈을 들 때 이 노래를 부른 것 같다. 시인은 하늘에 계신 지극히 높으신 하나님을 바라본다.
- 124편—민족이 위험할 때 구출해 주신 것을 감사하고 찬양하는 노래이다.
- 125편—124편은 과거에 받은 하나님의 은혜를 회고 한 것이고, 이 시편은 현재와 미래까지 있을 하나님의 은혜를 노래한다.
- 126편—포로귀환을 감사하는 노래이다. 시인은 하나님께서 이스라엘 백성을 위하여 행하신 놀라운 역사를 노래한다.
- 127편—솔로몬의 시편중 하나인데 국가나 가정의 축복은 하나님으로부터 온다는 것을 가르쳐 주고 있다.
- 128편—127편 내용의 계속으로, 시인은 신자가 가정적으로 축복받을 것을 말해 준다. 행복한 가정은 민족번영의 기초이다.
- 129편—시인은 이스라엘이 대대로 겪은 많은 고난으로부터 하나님께 구원받은 사실에 대하여 감사하고, 모든 대적들을 멸하실 것을 노래한다.
- 130편—시인은 환난 중에 하나님께 부르짖는다. 하나님은 사유하시는 하나님이시기 때문이다. 참회 시편중 하나이다.
- 131편—시인은 어린 아이처럼 하나님을 신뢰하라고 노래한다.
- 132편—이 시편은 하나님의 처소 곧 법궤가 안치되기를 사모한 다윗의 심경을 기록하고 있다.
- 133편—형제 사랑에 대한 노래이다. 이 사랑은 하나님의 은혜로 하나되는 사랑이다(요17:20~23, 요일3:14~15).
- 134편—성전에서 밤에 근무하는 여호와의 종들에게 하나님을 찬양하라고 말한다.

8) 제135~139편 : 감사의 시편

- 135편—시인은 하나님께서 그의 백성을 택하여 주신 데 대해(4,5), 자연과 역사에 나타나신 하나님의 놀라운 일들에 대하여 찬양을 드린다.
- 136편—135편의 계속인 것 같다. 하나님의 천지 창조의 놀라운 업적과 이스라엘민족을 보호하심에 대해 노래한다. 그 인자하심이 영원함이로다라는 말씀이매 절반복된다. 이 시편은 유월절 때 부르는 할렐루야 시편으로 유명한 성전 노래이다 (대상16:41, 대하7:3,20:21, 스3:11).
- 137편—포로생활 때의 시편이다. 외국에서 본국을 그리워하는 노래이다. 악인들은 벌을 받을 것이다.
- 138편—하나님의 인자하심과 이 성실하심에 감사하는 노래이다.
- 139편—하나님의 전지 전능하심을 노래했다. 하나님은 어디에나 계시며, 모든 것을 알고 계신다. 하나님은 우리를 지으셨으며 우리의 모든 것을 알고 계신다(13~16). 다윗은 하나님께서 영원한 길로 인도 해 주시기를 기도한다.

9) 제 140~143편 : 보호에 대한 기도

- 140편—다윗은 하나님께 원수로부터 보호해 주실 것을 기도하였다. 다윗은 그들의 핍박이 올 때 하나님께 더욱 가까이 나아갔다. 궁극적으로 악인은 멸망할 것이다.
- 141편—다윗이 죄에 빠지지 않게 해 달라고 간청하는 기도이다.
- 142편—다윗이 사울을 피하여 동굴에 있을 때 드린 기도이다(삼상22:1, 24:3).
- 143편—다윗은 환란중에 회개하는 마음으로 하나님께 간절히 기도한다. 다윗이 압살롬의 추격을 당할 때 지은 시 같다(삼하17:~18).

10) 제 144~145편 : 찬양의 노래

- 144편—다윗의 전쟁 노래 중의 하나이다. 군대가 역경을 당할 때 이러한 찬송을불렀다.
- 145편—전쟁 후 승리에 대한 감사로 부른 노래일 것이다.
  하나님의 구원과 하나님의 나라와 그의 섭리, 기도 응답을 찬양한다.

11) 제146~150편—할렐루야 시편

'할렐루야' 로 시작해서 '할렐루야' 로 끝나는 '할렐루야' 시편이다. 5편의 시편은 할렐루야 찬양으로 시편의 절정을 이룬다. 할렐루야는 성서의 마지막 책인 요한계시록에서도 크게 울려 퍼져 다시금 절정을 이룬다(계19:1,3,4).

- 146편—시인은 살아있을 동안 평생토록 하나님을 찬송하리라고 한다. 하

나님을 의뢰함이 복되다.

- 147편—시인은 이스라엘의 흩어진 자를 모으신 하나님께 찬양하며, 자연에 주신 축복과 그를 신뢰하는 자들을 축복하심에 대해 찬송한다.
- 148편—시인은 모든 피조물이 하나님을 찬송할 것을 말하며 여호와를 창조자, 통치자, 보존자, 메시야(그 백성의 뿔)를 보내 주신자로 말한다.
- 149편—시인은 성도들이 그 구원으로 인하여 찬송해야 할 것을 말한다. 이 시편은 하나님께서 이스라엘의 적들을 멸하신 승리의 노래이다.
- 150편—할렐루야의 시편의 마지막의 시편으로 시인은 온 세상에 찬양이 충만 하기를 원했다. 찬송할 모든 장소에서, 찬송할 수 있는 모든 악기로, 호흡있는 자마다 모두 다 하나님을 찬양하라고 외친다.

교훈 및 적용

1. 택함받은 백성의 죄악들이 하나님의 인자를 끊지 못한다는 사실을 깨닫고, 범죄하였을 때 하나님의 인자를 기억하고 회개로 주님앞에 나아가자.
2. 찬양은 하나님의 구원의 능력을 인정하는 성도의 믿음의 표시이다. 그러므로 문제에 직면하였을 때 구원의 하나님을 인정하고 높이는 찬양을 생활화 하자.

이것으로서 150편이나 되는 시편 전체를 공부했습니다. "호흡이 있는 자"는 누구나 다 하나님을 찬양하고 그에게 영원토록 영광을 돌려야 하겠습니다. 이것이 인간의 마땅한 본분이며 축복의 비결입니다. 당신은 지금부터 영원까지 하나님께 찬송하는 복된 생활이 계속되기를 바랍니다. 다음은 잠언을 공부할 것입니다. 본문을 읽어주시기를 바랍니다.

성경문제

- 아삽의 노래/시 73:1-150:6

1. "살짐으로 저희 눈이 솟아나며" 이 말은 누구를 가리키고 있는가?(시 73편)
2. "내가 항상 주와 함께 하니 주께서 내 오른손을 붙드셨나이다" 무엇으로 인도하신다고 했는가?(시 73편)
3. "저가 그 마음의 성실함으로 기르고 그 손의 공교함으로 지도하였도다" 이 말씀은 몇 편 몇 절에 있는가?
4. "우리 (　　　　)의 하나님이여 주의 이름의 (　　　　)을 위하여 우리를 도우시며 주의 이름을 위하여 우리를 건지시며 우리 (　　　　)를 사하소서" (　)에 적당한 낱말은 무엇이며 몇 편 몇 절에 있는 말씀인가?

5. "여호와라 이름하신 (   )만 온 세계의 (   )로 알게 하소서" (   )에 적당한 낱말은 무엇인가?(시 83편)
6. (1)"주의 (   )에 거하는 자"
(2)"주께 (   )을 얻고 그 마음에 시온의 대로가 있는 자"
(3)"주께 (   )하는 자" 는 무엇이 있는가? 그리고 (   )에 적당한 낱말은 무엇인가?(시 84편)
7. 하나님께서 우리에게 주시는 "은총의 표징"을 보이시면 우리를 미워하는 자가 보고 어떻게 된다고 했는가?(시 86편)
8. "우리의 연수가 70이요, 강건하면 80이라도 그 연수의 자랑은" 무엇인가?(시 90편)
9. "저가 나를 (   )한즉 내가 저를 건지리라 저가 내 (   )을 안즉 내가 저를 높이리라" (   )에 적당한 낱말은 무엇이며 몇 편 몇 절에 있는 말씀인가?
10. "이 땅의 충성된 자를 살펴" 어떻게 하신다고 했는가?(시 101편)
11. 시편 기자는 "내 뼈가" 어떻게 되었다고 했는가?(시 102편)
12. 시편 104:28, 29은 무엇에 관하여 말하고 있는가?
13. "나는 (   )하나 저희는 도리어 나를 (   )하니 나는 (   )할 뿐이라" (   )에 적당한 말은 무엇이며 이 말씀은 시편 몇 편 몇 절에 있는가?
14. 지혜의 근본은 무엇인가?(시 111편)
15. 어떤 사람이 잘 되며 영영히 요동치 않는가?(시 112편)
16. 우상에 대하여 어떻게 설명하고 있는가?(시 115편)
17. "여호와께서 너를 지켜 모든 (   )을 면케 하시며 또 네 (   )을 지키시리로다 여호와께서 너의 (   )을 지금부터 영원까지 지키시리로다" (   )에 적당한 낱말은 무엇이며 이 말씀은 시편 어디에 있는가?
18. 예루살렘(교회)을 사랑하는 자는 어떻게 되는가?(시 122편)
19. "눈물 흘리며 씨를 뿌리는 자는 기쁨으로 거두리로다" 이 말씀은 어디에 있나?
20. 여호와께서 그 사랑하는 자에게 무엇을 주신다고 했는가?(시 127편)
21. "결실한 포도나무"와 "어린 감람나무"는 무엇을 비유하고 있는가?(시 128편)
22. 시온을 미워하는 자는 무엇과 같은가?(시 129편)
23. "(   )가 연합하여 (   )함이 어찌 그리 선하고 아름다운고" (   )에 적당한 낱말은 무엇이며 이 말씀은 어디에 있는가?
24. 시편 136편은 무엇을 노래하고 있는가?
25. "여호와여 내 입 앞에 (   )을 세우시고 내 입술의 (   )을 지키소서" 이 말씀은 누구의 말이며 (   )에 적당한 낱말은 무엇인가?(시 141편)
26. "궁전의 식양대로 아름답게 다듬은 모퉁잇돌"은 무엇을 가리키는가?(시 144편)
27. "여호와께서는 자기 (   )를 기뻐하시며 겸손한 자를 (   )으로 아름답게 하심이로다" (   )에 적당한 낱말을 쓰라.(시 149편)

잠언

개요

1. **주제** – 하나님을 경외하는 삶이 성공적인 삶이다.
2. **예수님과의 관계** – 예수 그리스도는 우리의 지혜이시다.
3. **잠언의 배경**
   1) 책이름 : 잠언의 히브리어는 "마살"인데 '유사' 또는 '비교' 라는 뜻이다. 이것은 하나의 사실을 다른 사실로 대표하게 하며 대조시키는 촌철적(침으로 찌르는 것 같은) 짧은 대귀이다. 우리 말의 잠언이란 '가르쳐 경계가 되는 말' 이라는 뜻이다.
   2) 기록자 : 대부분 솔로몬이 기록했으며(1장~29장), 아굴이 30장을, 르무엘이 31장을 기록했다.
   3) 연 대 : 대부분 이 솔로몬시대인 주전 950년경에 기록되었으며, 주전 725년히스기야 왕 시대에 그 나머지가 완성되었다.
   4) 수신자 : 기록자(솔로몬)의 아들인 르호보암이지만 넓은 의미로서는 신자를 포함한 모든 인류에게 적용되는 말씀들이다.
   5) 목 적 : 매일 매일 삶의 모든 분야에 있어서 특히 젊은 사람들을 하나님의 거룩한 지혜와 교훈으로 감화를 주고 훈련을 시키는 데에 있다.
4. **특징** – 잠언서는 지혜로 가득 차 있는 책이다. 그 지혜는 인간의 지혜가 아닌 하나님의 지혜로서, 성공적인 삶의 안내서이다. 잠언에는 인간 삶의 모든 부분에서(개인, 가정, 사회, 국가생활, 신앙생활, 죄악된 생활들을 포함) 생활원리를 제공하고 있는데 '내 아들아' 라는 말이 22회, 지혜라는 말이 141회, 훈계라는 말이 26회 사용되었다. 잠언의 지혜는 성육신하여 이 땅에 오신 신약의 말씀 곧 예수 그리스도이시다.
5. **내용분류** – 31장 915절
   1) 지혜에 관한 교훈(1:~10:)
   2) 모든 사람을 위한 잠언(11:~20:)
   3) 왕과 통치자를 위한 잠언(21:~31:)

20
[하나님을 경외하는 삶]

● **본문 : 잠 1~31장**
● **요절 : 잠 9:10(1:7)**

잠언은 하나님의 백성으로 하여금 현실 생활에서 지녀야 할 마음의 자세를 쉽고도 간결하게 서술함으로서 지혜로운 사람으로 살아가도록 하고 있다.
우리는 이 잠언서를 잘 배우고 그대로 실천하여 지혜롭게 사는 복있는 성도들이 되어야겠다.

1. 지혜에 관한 교훈(1:~10:)

잠언의 서론에 해당되는 이 부분은 지혜와 어리석음을 대조하면서 젊은이들을 위해 기록한 '자녀를 위한 설교' 이다. 이것은 시편에서 "청년이 무엇으로 그 행실을 깨끗게 하리이까?" 라고 질문한 것에 가장 효과적으로 대답한 내용이기도 하다. 이 부분에서 특별히 경고하고 있는 죄는 살인죄와 간음죄이다. 이 부분에서만 "나의 아들"이라는 말이 15회나 사용되고 있다.

1) 지혜의 근본(1:1~33)

본 서의 제목이 나오고(1), 전체 목적이 간략하게 기록되어 있다(2~6). "지혜의 근본은 하나님을 경외함에 있다"는 7절의 말씀은 이 책 전체의 표제가 된다. 부모의 훈계에 귀를 기울이라는 권고와(8~9), 나쁜 친구의 유혹을 피하라는 말씀(10~19)이 있다. 그리고 지혜를 무시하는 사람들이 당하게 될 실패의 보복이다 지혜의 의인화를 통하여 기록되어 있다(20~33). 하나님을 경외한다는 것은 예배를 드리는 것이다. 그러므로 진실된 예배는 지혜를 얻는 첫 단계가 된다.
① 명철(1절:)—재주있고 사리에 밝음 ② 근신(4절:)—말과 행동을 삼가서 조심함. ③ 훤화(21절:)—지껄여 떠드는 것.

2) 지혜를 얻는 방법과 유익(2:1~22)

1장 뒷부분에서 지혜를 거절한 자의 비참한 결과를 기록한 후에 2장에서는 지혜를 받은 자의 행복한 결과를 말하였다. 하나님의 말씀이 곧 완전한 지혜이며 지혜는 정성껏 구해야 한다(6~7). 그 다음 부정한 여자(음녀)를 멀리하라는 경고가 있다(16~18). 음녀에 대한 경고는 자주 되풀이 된다. 패역(12절:—이치에 어긋나게 흉악하여 순종하지 않고 거슬림.)

3) 지혜의 귀중함(3:1~35)

매우 웅장하고 아름다운 장이다. 하나님을 의지 하는 사람과(1~20), 지혜를 사랑하는 사람(21~35)의 축복에 대해서 말하고 있다. 친절, 진리, 장수, 평화, 하나님의 신뢰와 영광, 번영, 안정, 행복, 축복 등의 아름다운 말들이 나온다. 본 장은 주님을 전적으로 의뢰하여 지혜를 얻을 때 놀라운 가치가 나타나는 것을 강조하고 있다. ① 양약(8절:)—매우 효험이 있는 약. ② 창졸간(25절)—급작스러운 동안. ③ 안연히 (29절:)—마음이 편안하고 침착하게. ④ 현달함(35절)—벼슬과 명망이 높아서 세상에 드러남.

4) 의인과 악인의 길(4:1~27)

여기서는 아버지가 아들에게 열심히 교훈을 주고 있다. 본 장을 통해 우리는 이스라엘의 경건한 가정을 상상할 수 있으며 동시에 신명기 6장과 7절의 가르침이 얼마나 충실하게 지켜졌는지 엿볼 수 있다.의인의 길은 점점 더 밝아진다. 그러나 악한 사람의 길은 점점 더 어두워진다. ①사특(14절:)–못되고 악함. ②강포(17절:)—우악스럽고 사나움. ③궤휼(24절:)—야릇하고 간사스럽게 속임. ④사곡—요사하고 올바르지 못함.

5) 성실한 결혼생활(5:1~23)

음란한 사랑을 경고하고 있다. 음란한 여자의 유혹에 빠지는 것은 패가 망신을 당할 뿐만 아니라 백성이 모인 자리에서 간음죄의 형벌을 받는다. 솔로몬은 천명이나 되는 아내가 있었으나 단 한 사람의 사랑스러운 아내가 더 좋다고 가르치고 있다(18~19). 15절의 "너는 네 우물에서 물을 마시며"라는 구절은 결혼한 사람이 자기 가정생활을 지킬 것을 권고한 것이다. 아가서에는 연인을 "동산의 샘 이외 생수의 우물"이라고 불렀다(아 4:15).

①존영(9절:)—지위가 존엄하고 영화로움. ②연모(19절:)—사랑하여 그리워함.

6) 몇 가지 경고(6:1~35)

의심스러운 보증을 하지 말 것을 경고했고(1~5), 태만한 사람에 대해 개미의 비유를 들어 배울 것을 권면했으며(6~11), 악한 책략(12~19), 간음(20~35)등에 대해 경고했다. 특히 16~19절에는 하나님께서 미워하시고 금하신 일들, 즉 교만, 거짓, 살인, 계교, 악영향, 배신, 이간 등에 대해서 경고하고 있다. ①간역자(7절:)—역사를 감독하는 사람. ②곤핍(11절:)—피곤하여 기운이 없음.

7) 음녀의 유혹(7:1~27)

남편이 집에 없을 때 그 아내의 간음에 대해서 경고 했는데 기록자는 창문을 통해 본 실제 예를 들어 현실적으로 설명하였다. 본 장은 음탕한 여자의 길은 치명적이며 그 여자는 많은 사람을 절망적인 음부로 보냈다는 경고로서 끝을 맺고 있다. 5~7장은 방자한 여자에 대해서 기록한 것으로 솔로몬이 그들에 대해서 말한 것을 보면 그 때에 그런 여자가 많았던 것 같다(전7:28).

8) 지혜의 가치(8:1~9:18)

잠언 8장~9장은 본 서의 주제인 지혜를 의인화 (의인화:사물을 인격화하여 사람같이 말하는 것)하여 어리석음과 비교 대조한 부분이다. 8장에서는 인격화된 지혜가 사람들에게 지혜의 성질과 지혜가 주는 선물을 말하는 형식으로 되어 있다. 밤중에 부정한 여자가 젊은 사람을 유혹하는 7장의 장면과는 대조적으로 8장에서는 밝은 대낮의 길거리에서 인격화한 지혜가 어리석은 젊은 사람에게 부르짖고 있다. 이것은 빛되신 예수께서 이 세상의 참 지혜가 되사 죄인된 우리들을 부르시는 장면과 동일한 것이다. 또한 본 장은 하나님이 우주를 창조할 때 지혜가 인격으로 참여하고 활약한 사실을 보여 주고 있다. 전반에서는 지혜의 도덕적 가치를(1~21절), 후반에서는 창조에 있어서 지혜가 참여한 사실을 기록하고 있다(22~36절). 9장에서는 지혜를 두 종류의 여자로 의인화시켜서 두 가지 초대를 말하고 있다. 즉 1~6절은 지혜를 덕이 높은 주부로 묘사했고, 13~18절은 어리석음의 초대로서 기생과 같은 부정한 여자의 모습으로 그려져 있다.

9) 지혜 있는 자의 모습(10:1~32)

일반적으로 잠언서는 9장까지 서론부분인 1집으로 보고 있으나 여기서는 내용상 10장까지 한 부분으로 묶었다. 10장부터는 짧은 어귀의 잠언이 수집된 것이다. 본 장은 현명한 사람과 어리석은 사람, 의로운 사람과 악한 사람, 부지런한 사람과 가난한 사람을 간단하게 대조했다. 특히 19절에서는 지혜의 하나로서 필요한 침묵을 22절에서는 근심이 없는 하나님의 부요하심을 강조하고 있다.

지난 과에서는 젊은이를 위한 잠언(1:~10:)에 대해서 살펴보았다. 잠언의 기록자인 솔로몬은 젊은이들에게 "지혜"를 소중하게 간직할 것을 가르치면서 여호와를 경외하는 것이 참 지혜와 지식의 근본이라고 선언하였다. 여기서 잠언의 지혜란 하나님의 말씀, 곧 예수 그리스도에 해당된다. 본 과에서는 잠언의 본론 부분이 되는 모든 사람을 위한 잠언(11:~20:)과 왕과 통치자를 위한 잠언(21:~31:)에 대해서 공부하기로하자.

2. 모든 사람을 위한 잠언(11:~20:)

1) 악의 모든 양상(11:1~31)

거짓 도량형(속이는 저울)은 하나님께서 싫어하신다(1). 얼굴이 아름답지만 분별력이 없는 여자는 돼지의 코에 금고리를 단 여자와 같다(22). 구제를 하여 사람 즉 인심을 얻는 자는 현명한 자이다(24~31). ①도략(14절:)—육도삼략이라는 중국 병법책의 약어로서 뛰어난 지혜와 지식을 말함. ②모사(14절:)—온갖 꾀를 잘 내는 사람.

2) 행위에 있어서의 대조(12:1~28)

어질고 좋은 여인은 남편의 영광이다(4). 거짓말하는 입술은 하나님이 싫어하시고(22), 부지런한 사람은 값진 축복을 받는다(24). 의로운 사람의 길에는 생명이 있을 뿐 죽음이 없다(28). ①지아비(4절)—남편의 옛말 ② 패려(8절:)—성질이 참되지 못하고 비꼬임.

3) 인생과 훈계(13:1~25)

생명을 지키려거든 입술을 조심할 것이며(2~3), 마음의 풍요를 위해서는 부지런하고 정직해야 한다(4~5). 부정한 방법으로 얻은 재물은 오래가지 못하고(11), 악인의 길은 험란하다(16~21). 지혜로워지기 원하는 사람은 지혜로운 자와 동행하라(20). ① 초달(24)-달초. 회초리로 볼기나 종아리를 때리는 일.

4) 하나님의 경외가 생명의 원천(14:1~35)

훌륭한 가정은 지혜로운 여자에 달려있다(1), 죄를 가볍게 여기는 자는 미련한 자이다(9). 사람은 남의 마음속에 있는 고락을 모르지만 예수님은 그 모든 것을 아신다(10). 쉽게 노하는 자와 남을 업신여기는 자는 어리석은 죄인이다(17,21,29). 진실한 말 한마디가 사람의 생명을 구한다(25). 마음이 편해야 몸도 건강할 수 있다(30). ①심상(9)-대수롭지 않고 예사스러움. 가볍게 여김.

5) 생명의 도(15:1~33)

부드러운 대답은 화를 가라 앉히고 지혜있는 자는 하나님의 말씀을 잘 말한다(1~2). '온량한 혀', 즉 친절한 말은 치료하는 혀로서 생명나무가 된다(4). 잠언에서 말하는 악인이란 '회개하지 않는 사람'을 말한다(8). 기쁜 마음을 가진 사람은 항상 잔치를 베푸는 것과 같고(15), 가난해도 사랑하는 자가 축복된 자요(17), 때에 알맞은 말은 아름다운 것이다(23, 26, 28). 훈계란 여호와를 경외하는 교훈을 말한다(31~33). ①유명(11절:)—그윽하고 어두운 곳, 곧 저승(지옥, 침륜의 자리).

6) 스스로 교만함에 대한 잠언(16:1~33)

16장은 잠언서 중에서도 가장 낯익은 장 중의 하나이다. 계획은 인간이 하지만 그 계획을 성취하시는 분은 하나님이시다(1~17). 사람이 아무리 훌륭하더라도 교만하고 자만한 자는 멸망으로 떨어진다(18). 마음을 다스릴 수 있는 자는 성을 빼앗는 용사보다 낫다(32~33).

①간칭, 명칭, 추돌(11절)-경중을 정확히 측량하는 저울의 종류로서 일반적인 사회정의의 표준들을 비유한 것이다.

7) 화목의 교훈(17:1-28)

가난해도 화목한 가정이 부해도 불화한 가정보다 훨씬 행복하다(1). 가난한 자를 조롱하는 것은 그를 창조하신 하나님을 조롱하는 것이며(5), 말을 아끼는 자는 지식이 있는 자이다(27). 주 안에서 친구와 형제는 어려울 때 도와야 한다(17). ①육선(1절:)—육찬이라고도 하며 쇠고기 따위로 만든 반찬을 말한다. ② 안존(27절:)—성품이 안온하고 얌전함.

8) 인생의 위험과 축복(18:1~24)

거룩한 교회의 무리에서 이탈하여 자기 나름대로 이단종파를 만들어내는 자는 미련한 자이다(1~2). 미련한 자의 입술은 다툼을 일으키고 멸망이 된다(6~8). 사람이 믿음을 가지고 마음을 강하게 하면 질병도 능히 이길 수 있다(14). 죽고 사는 것이 말하는 입술에 달려 있다(20~21).우리의 믿음은 들음에서 난다(롬10:17). 좋은 아내는 하나님께서 주신 분복이다(22).

①두호(5절:)—돌보아주고 두둔함.

9) 성실히 행하는 가난한 자(19:1~29)

가난하지만 하나님을 소유하여 그 표리가 일치하는 자는 천하를 소유하고서도 하나님을 알지 못하는 자보다 행복하다(1). 자기가 잘못하고도 하나님을 탓하는 자는 미련한 자다(3). 가난한 자를 도와주는 것은 하나님께 저축하는 것이요 하나님이 갚아주신다(17). ①해태한 사람(15절:)—몹시 게으른 사람.

10) 술에 대한 교훈(20:1~30)

술과 다툼은 사람을 미련하게 만든다(1~3). 지혜로운 입술은 값진 보석과 같다(15). 남의 비밀을 쉽게 말하고 떠들어대는 자는 사귀지 말라(19). 속임수는 하나님이 미워하신다(23).

3. 왕과 통치자를 위한 잠언(21:~31:)

1) 하나님의 섭리와 통치(21:1~31)

입을 지키는 자는 환난 가운데서도 자기의 영혼을 평안하게 보전할 수 있다(23). 하나님은 마음 중심을 보시고 의롭고 공평한 행동을 기뻐하신다(1~2). 우리의 궁극적인 승리는 하나님께 있다(31).

①연락(17절:)—잔치를 베풀고 즐김. ②시제(26절:)—구제하는 것.

2) 명예에 대한 교훈(22:1~29)

세상의 많은 재물보다는 하나님이 알아주시는 명예를 택하라. 왜냐하면 재물은 죽음과 함께 끝나지만 하나님이 주신 명예는 영원히 계속되기 때문이다. 왕 앞에서 명예를 얻을 수 있는 자는 자기가 맡은 일에 열심으로 성실히 행하는 사람이다(29). ①수욕(10절:)—수치스럽고 욕됨. ②신원(23절:)—가슴에 맺힌 원한을 풀어줌.

3) 금주에 대한 잠언(23:1~35)

술 취하는 자는 가난할 것이며(21), 붉은 포도주는 휜하지만 해로운 것으로 술은 보지도 말 것이다(30~35). 사람됨은 그 품고 있는 생각으로 결정된다(7).

4) 조언에 대한 잠언(24:1~34)

하나님의 지혜가 있는 자가 최후의 승리를 한다(5~6). 전도하지 않으면 하나님께 행위대로 보응을 받게 된다(11~12). 악인의 잘되는 것을 부러워하지 말고(1,19), 원수의 실패를 기뻐하지말라(17). ①증왕(30절:)—일찌기. 이미 지나간 시간이라는 뜻.

5) 충성된 일꾼에 대한 잠언(25:1~28)

여기서부터 29장까지는 히스기야왕의 신하들이 편집한 또 하나의 특수한 잠언집이다. 우리는 하나님의 마음을 시원하게 해 드리는 백성이 되어야겠다(13,25). 불평하는 여인과 함께 큰 집에서 사는 것보다 움막집에서 혼자 사는 것이 더 낫다(24).

6) 미련한 자와 게으른 자(26:1~28)

기름을 붓지 않으면 불이 꺼지고 말듯 쑥덕거리는 말을 멈추면 다툼이 그치게 된다(20~28).

7) 장래 일에 대한 교훈(27:1~27)

인간은 단 하루도 장래 일을 장담할 수 없는 존재이다. 내일이 있다고 생각말고 오늘밖에 없다고 생각하라. 오늘 할 일은 오늘 하라(1). 이웃에게 방해가 될 정도로 시끄럽게 기도하고 찬송하는 것은 옳은 일이 못된다(14).

8) 부에 대한 태도(28:1~28)

죄를 회개하지 않고, 말씀을 실천하지 않는 자의 기도는 응답되지 못한다(9,13), 정치하는 사람들은 이해심을 가지고 백성을 다스릴 것이다(16). 가난한 자를 도와주는 사람은 축복을 받을 것이나 못본채 하는 자는 저주를 받을 것이다(27).

9) 하나님과 사회(29:1~27)

'목이 곧은 사람' 은 하나님 앞에서 교만하고 불순종하는 사람을 말한다.(1)

통치자는 법대로 공정하게 통치해야 한다(4). 가난하고 소외된 자를 구원하는 정치가 올바른 정치이다(13~14). 사람들, 특히 주권자를 두려워 하면 오히려 역경에 빠지게 된다. 오직 우리는 하나님을 두려워하고 의지해야만 참된 보호를 받을 수 있다(24~26). 하나님이 나와 함께 하시니 누가 나를 대적하리요. ①모만한 자(8절:)—거만스러운 태도로 남을 업신여기고 조롱하는 대신 저만 잘난체 하는 자.

10) 아굴의 잠언(30:1~33)

기록자의 겸손과(2~3), 하나님의 창조와 말씀(4~6)으로 시작되고 있다. 부자도 가난뱅이도 아닌 평범한 자의 행복한 삶은 하나님께 달려 있다(7~9). 하나님 앞에서 바리새인과 같아서는 안 된다(12~13). 인류 사회의 견디기 어려운 고통거리 세 가지와(21~23), 미약한 것들도 하나님이 주신 본능적 지혜에 의해 잘 산다는 지적이(24~28) 재미있게 서술되어 있다. 지도자의 자격을 가르치기 위해서 세 가지 동물의 실례가 나와 있다(29~31).

11) 르무엘의 잠언(31:1~31)

지도자는 여자와 술을 멀리 할 것이다(1~9).

현숙하고 덕이 있는 아내는 가정과 사회를 세우는 위대한 역할을 한다(10절 이하). 즉 덕있는 아내의 근면(13~24), 영적 권위(25~29)가 기록되어 있다. 아내를 고를 때는 외모나 육체의 미만 보고 결정하면 실패한다. 오직 하나님을 잘 믿는 여자가 훌륭한 아내가 될 것이다. 이것은 하나님의 말씀이다(30~31).

교훈 및 적용

1. 야훼를 경외함이 지혜와 지식의 근본임을 깨닫고, 범사에 하나님을 먼저 의식하는 생활을 습관화 하자.
2. 잠언을 하루에 한 장씩 읽고 그것을 생활의 지혜로 삼자.

우리는 잠언서에서 그야말로 주옥 같은 말씀들을 배웠습니다.
이제부터는 지혜로운 사람답게 살아야 하겠습니다. 그리고 우리들 가정에서 자라나고 있는 자녀들과 이웃들이 다 지혜로운 삶을 살아가도록 노력해야 합니다.
다음 과에서는 전도서와 아가서를 공부하게 됩니다.
본문을 읽어 주시기를 바랍니다.

성경문제

● 하나님을 경외하는 삶/잠1:1-31:31

1. 지식의 근본이 되는 것은 무엇인가?(잠 1장)
2. 지혜는 무엇보다 귀하다고 했는가?(잠 3장)
3. 4:20-27에서 지킬 것 네 가지는 무엇인가?
4. 여호와의 미워하시는 것 일곱 가지가 기록된 장 절을 쓰라.
5. "여호와를 경외하는 것은 악을 미워하는 것이라 나는 교만과 거만과 악한 행실과 패역한 (   )을 미워하느니라" (   )에 적당한 말은 무엇이며 몇 장 몇 절의 말씀인가?
6. 지혜있는 자는 (   )을 좋아하고 거만한 자는 (   )을 싫어한다. 맞으면 ○표, 틀리면 ×표 하라.(잠 9장)
7. "(   )를 좋아하는 자는 (   )하여질 것이요 남을 (   )하게 하는 자는 윤택하여지리라" (   )에 적당한 말은 무엇이며 몇 장 몇 절의 말씀인가?
8. "입을 지키는 자는 그 생명을 (   )하나 입술을 크게 벌리는 자에게는 (   )이 오느니라" (   )에 적당한 말은 무엇이며 어디에 있는 말씀인가?
9. 자식을 진정으로 사랑하는 자는 어떻게 하는가?(잠 13장)
10. 유순한 대답은 무엇을 쉬게 한다고 했는가?(잠 15장)
11. 교만은 무엇의 선봉이라고 했는가?(잠 16장)
12. 사람의 죽고 사는 것은 어디에 달렸는가?(잠 18장)
13. "사람의 영혼은 여호와의 등불이라 사람의 깊은 속을 살피느니라" 몇 장 몇 절의 말씀인가?
14. 마땅히 행할 길을 어른에게 가르치라고 하였다. 맞으면 ○표 틀리면 ×표 하라.(잠 22장)
15. 잠언 23:29 이하에서는 무엇에 대하여 경고하고 있는가?
16. 어떤 사람이 일곱 번 넘어져도 다시 일어나는가?(잠 24장)
17. 다음 A항과 관계있는 B항의 기호를 쓰라.(잠 26장)

A항	B항
(1) 아첨하는 일( )	(가) 토한 것을 도로 먹음
(2) 미련한 자의 등( )	(나) 자갈
(3) 나귀( )	(다) 패망
(4) 개( )	(라) 막대기
(5) 말( )	(마) 채찍

18. "가까운 이웃이 먼 (   )보다 나으니라" (   )에 적당한 말은 무엇인가?(잠 27장)
19. 잠언 28장에 나오는 짐승은 무엇인가?
20. "땅에 작고도 가장 지혜로운 것 넷"은 무엇인가?(잠 30장)
21. 현숙한 여인의 값은 무엇보다 더 하다고 했는가?(잠 31장)

전도서

개요

1. **주제** - 하나님 없이는 모든 것이 헛되다.
2. **예수님과의 관계** - 예수 그리스도는 모든 생의 목적이 되신다.
3. **전도서의 배경**
   1) 책이름 : "전도자"란 설교자를 말한다(1:1). 구약시대에는 많은 회중 앞에서 설교를 하고 강론을 하는 사람이 있었다. 그러므로 '전도서'는 "설교자의 말"이다.
   2) 기록자 : 솔로몬
   3) 기록연대 : 주전 900여년 전, 솔로몬왕이 늙었을 때.
   4) 수신자 : 이스라엘 백성(특히 젊은이들에게)
   5) 기록목적 : 첫째로, 하나님 없는 인생은 모든 것이 헛되고 무익하다는 것과 둘째, 오직 하나님만이 인생의 참된 생명과 영원한 가치를 줄 수 있다는 사실을보여주기 위함.
   6) 본서의 특징 : 시가서 5권중 네번째 책이다. 역사상 가장 위대했던 인물의 처절한 고백과 절실한 권면이 이 책 전체에 깔려 있다. 지혜라는 말이 28회 사용되었는데 잠언의 지혜가 하나님의 지혜인 반면 전도서의 지혜는 인간의 지혜이다. '헛되다' 라는 말이 37회, '해 아래' 라는 말이 31회 사용되어 있다.
4. **내용분류** - 12장 222절
   1) 인생의 허무(1:1~11)
   2) 전도자의 고백—모든 것이 헛되다(1:12~6:12)
   3) 헛된 세상을 사는 방법—하나님을 기억하라(7:1~12:8)
   4) 권고와 교훈(12:9~14)

아가서

개요

1. **주제** – 사랑의 신성과 순결
2. **예수님과의 관계** – 예수 그리스도는 우리 영혼의 애인이시다.
3. **아가서의 배경**
   1) 책이름 : 아가, 즉 '사랑의 노래' 이다. 노래중에 노래라는 원뜻이 있으며 솔로몬의 노래라고 더 많이 불리운다.
   2) 기록자 : 솔로몬(1:1)
   3) 기록연대 : 주전 965년 경 솔로몬이 젊었을 때.
   4) 기록목적 :
   (1) 문자적으로는 솔로몬의 결혼과 사랑의 연모를 하나님께 찬양하는데 있다.
   (2) 비유적으로는 이스라엘을 위한 여호와의 사랑을 나타내는데 있다.
   (3) 예표적으로는 그리스도(신랑)와 교회(신부)와의 사랑을 보여주는 데에 있다.
   5) 본 서의 특징 : 아가서는 신자의 연가이다. 아가서가 우리에게 주는 가장 큰 교훈은 하나님을 사랑하자는 것이다. 솔로몬이 지은 1,005개의 시가 중에 모아 놓은 것이 본 서라는 전승도 있다(1:1,왕상 4:32). 신랑이 신부에 대해서 말한 사랑하는 자라는 말이 32회 사용되고 있다.
4. **내용분류** – 8장 118절
   1) 결혼과 생활(1:1~3:5)
   2) 결혼식(3:6~5:1)
   3) 결혼 생활(5:2~8:14)

21
[인생의 경험과 사랑의 노래]

- 본문 : 전 1~12장, 아 1~8장
- 요절 : 전 1:12~14 12:13~14 아 2:16 8:6~7

이제부터 우리는 전도서와 아가서 두 책을 공부하게 된다. 전도서는 인생의 삶의 의미가 무엇인가를 다시 한번 생각해 보도록 해 주며, 아가서는 참된사랑이 무엇인가를 깨닫게 해 준다. 이제 우리는 두 책에서 인생과 사랑을 배우게 될 것이다.

Ⅰ. 인생의 경험(전1~12장)

1. 인생의 허무(1:1~11)

'다윗의 아들 예루살렘의 왕은 솔로몬' 이다(1). 2절부터 11절까지는 본서의 주제가 되는 부분이다. 특히 2절에는 한 문장에 '헛되다' 라는 말이 5번이나 나온다. 이 헛되다 라는 말은 덧없고 무상한 것을 말한다(시90:9). 실제로 우리 인생의 모든 세상만사가 예수 그리스도 밖에는 덧 없는 것이다. 인생과 세상만사가 이렇게 헛된 이유는 인류의 조상때부터 죄를 지어 하나님의 저주를 받았기 때문이다. 죄로 말미암아 하나님과 떨어진 인생은 죽음과 공허밖에 남는 것이 없는 법이다(롬 3:23,6:23).

2. 전도자의 고백—모든 것이 헛되다(1:12~6:12)

세상에 모든 것이 헛되다고 전제한 전도자, 즉 솔로몬은 자신의 여러 가지 경험을 고백하는 형식으로 말하기 시작한다. 첫째, 지혜를 추구해 보았다(1:12~18). 그러나 순수하게 지혜를 좇아 보았지만 번뇌와 근심이 더할 뿐이었다(1:18). 그것은 해 아래있는 인간의 지혜, 지상의 지혜이기 때문이다. 오직 여호와를 경외하는 것이 참 지혜의 근본인 것을 기억하자.

두번째로, 육체의 쾌락과 세상의 향락을 추구해 보았다(2:1~11). 음악, 춤,

술과 같은 유흥도 (2:1~3), 건축하는 일도 (2:4), 농사일도 (2:5~6), 목축과 보배 수집도(2:7~8) 모두 다 시도 해 보았지만 결국 헛될 뿐이다. 다시 이 세상가치가 헛됨과(2:12~16), 이 세상의 수고와 그 소득이 헛됨을(2:17~23) 고백하고 있다. 오직 하나님을 경외하는 자만이 물질에 대해서도 진정한 낙을 누릴 수 있다(2:24~26).

3장에서 전도자는 하나님의 완전하신 예정 밑에 있는 인간에 대해서(3:1~15), 그리고 하나님을 떠난 인생은 짐승보다 낫지 못하다는 사실에 대해서(3:16~22)말한다. 인생의 본분은 이 세상에서 하나님이 주신 자신의 생명을 즐거워하며 사는 것이다(3:12~13, 22). 4장은 인간성에 뿌리박은 여러 가지 고민에 대해서 말하고 있다. 폭군의 학대와(4:1~3), 경쟁 심리와(4:4~6), 이기주의와(4:7~12), 교만함(4;13~16)이 모두 헛된 것이다. 5장에서 전도자는 계속해서 종교의식도 헛되다고 고백한다(5). 특히 관료와 지주들이 부패를 고발하면서(5:8~9), 축재의 허망함에 대해서 언급하고 있다. 6장에서는 부귀와 자녀와 지혜가 많고 장수하더라도(1~6) 영혼이 구원을 받지 못하면 모든 경영이 헛됨을 고백한다(7~9). 인간은 보다 더 강한 자, 곧 하나님의 지배 아래 있음을 깨닫고 겸손해질 필요가 있다(6:10~12).

3. 헛된 세상을 사는 방법—하나님을 기억하라(7:1~12:8)

'해 아래' 있는 모든 것이 헛되다고 고백한 전도자는 이제 '해 위' 에 있는 하나님을 생각하면서 '참 지혜' 와 생의 '참 의미' 를 잠언 형식으로 권고한다.

특히 지혜와 어리석음을 대조하면서 관찰한 사항을 알려주고 있다.

7장은 죄가 되는 행위와 참된 믿음의 생활에 대한 권고이다. 인간이 아무리 높고 지혜로와도 하나님의 행하시는 일을 고칠 수 없다(7:13~14). 8~9장은 종국적으로 악인이 의인보다 행복하지 못하다는 사실을 깨우쳐 주는 글이다. 겉으로는 의인과 악인이 같은 운명에 처해 있으나 (9:1~3), 하나님의 섭리는 깨닫기 어려워서(8:14~17), 의인의 공헌과 보상은 보장되어 있는 것이다(9:13~18).10~11장에서는 전도자는 다시 삶의 우수한 지혜에 대해 말한다. 특히 11:7~8은 현재의 중요성에 대해서 권면한 부분이다.

4. 권고와 교훈(12:9~14)

전도서는 젊은이들을 위한 권고와 호소로 끝을 맺고 있다.

"하나님을 경외하고 그 명령을 지킬지어다. 이것이 사람의 본분이니라"(12:13). 인생은 자신의 본분을 지킬 때에 행복할 수 있다. 그리스도 예수로부터 분리된참 행복이란 없는 것이다. 청년 때부터 이와 같은 본분을 지키며 사는 자는 진실로 행복한 자이다. 실제로 하나님을 잘 섬기며 사는 사람의 대부분이 그들의 어린 시절부터 하나님을 찾은 사람들이다.

Ⅱ. 사랑의 노래(아 1~8장)

1. 결혼전 생활(1:1~3:5)

아가서에는 등장인물이 세 가지로 나타난다. 즉 신랑인 솔로몬(그리스도)과, 신부인 술람미 여인(교회, 성도), 그리고 예루살렘 여인들(친구들)이 당분간 등장하여 서로 대화하고 노래한다. 아가서의 첫 부분은 신랑과 신부가 결혼하기까지 연애를 하는 모습을 그린 것이다. 신부가 신랑의 궁전에서 신랑을 만나고 그의 사랑 속에서 기뻐하는 장면이 기록되어 있다.

1장에서는 신부가 왕을 지극히 사랑하는 모습이 그려져 있다. 주로 신부가 말하고 왕과 성가대는 간간히 응답하는 형식으로 되어 있다. 2장은 왕(신랑)의 사랑 안에서 기뻐하는 신부의 모습이다. 왕의 포옹에 대해서 신부가 주로 독백한다. 3장 1~5절은 신부가 신랑이 사라지는 꿈을 꾸고는 당황해 하고 다시 신랑을 찾았을 때의 기쁨을 묘사한 장면이다. 교회(신자)는 그리스도를 찾아 만났을때 기뻐하게 된다.

2. 결혼식(3:6~5:1)

서로 만난 신랑과 신부는 기쁨과 영광 가운데 결혼 행렬을 이룬다(3:6~11). 신부가 영광 속에서 오시는 신랑을 뵙고 함께 동행하자는 신랑의 사랑에 응하면서 궁전에서 시녀들이 끄는 결혼 가마를 타고 인사한다. 4장에서 왕이 그의 신부를 사모한다. 신부는 기뻐하면서 자기의 정원으로 왕(신랑)을 영접한다.

3. 결혼 생활(5:2~8:14)

신부가 자는 모습이 나오면서 사랑하는 사람이 사라지는 꿈이 나타나고 일시적으로 신랑 신부가 헤어지게 된다. 그러나 결국은 신랑을 찾게 된다(5:1~6:3). 이 부분에서는 주로 신부가 말하고 있다. 술람미 여인은 궁전의 140명 미인 중에서 가장 사랑스러운 여자로 왕에 의해 인정을 받고 서로의 사랑을 깊게 속삭이게 된다(6:4~8:4). 이제 사랑의 절정에 이른다. 그 뜨거움이 식지 않는 영원한 사랑의 모습이다. 어느 누가 분리시킬 수 없는 결합의 완성이다.

신랑과 신부가 번갈아 말하고 부분적으로 성가대가 노래하고 있다(8:5~14).

교훈 및 적용

1. 그리스도께서 원하시는 것이 교회의 순결한 소유임을 깨닫고 세상과 타협하지말고 오직 주님만 사랑하자 .
2. 남녀간의 육체적결합은 이성간의 숭고한 사랑의 표현이며 그러한 관계는 합법적인 결혼으로부터 시작되는 것이라는 점을 깨달아 기독교인의 성윤리와 결혼관에 대해 올바른 태도를 갖자.

이제 우리는 전도서와 아가서를 통하여 참된 인생과 사랑이 무엇인지를 배웠습니다. 영원을 사모하는 인생관, 신부(성도)와 신랑(그리스도)간의 순수한 사랑관을 가진 성도로 살아야 할 것입니다. 다음은 이사야서를 배우게 됩니다.
본문이 좀 길지만 열심히 읽어 주시기 바랍니다.

21

성경문제

● 인생의 경험과 사랑의 노래/전1:1-아8:14

1. "해 아래에는 새 것이 없다" 이 말은 누가 했는가?(전 1장)
2. "하나님이 모든 것을 지으시되 때를 따라 아름답게 하셨고 또 사람에게 (　　　)을 사모하는 마음을 주셨느니라 그러나 하나님의 하시는(　　　)의 시종을 사람으로 측량할 수 없게 하셨도다" (　　)에 적당한 낱말을 쓰고 장 절을 쓰라.
3. 전도서 4:9-12의 말씀은 무엇을 뜻하는가?
4. "말씀을 듣는 것이 우매자의 제사드리는 것보다 못하다" 맞으면 ○표 틀리면 ×표 하라.(전 5장)
5. 재산이 많은 자의 유익이 무엇이라 했는가?(전 5장)
6. "눈으로 보는 것이 심령의 공상보다 나으나 이것도 헛되어 바람을 잡으려는 것이로다" 몇 장 몇 절의 말씀인가?
7. 다음 A항과 관계 있는 B항의 번호를 쓰라.(전 7장)

A항	B항
(1) 보배로운 기름(　)	(가) 슬픔
(2) 출생하는 날(　)	(나) 초상집에 가는 것
(3) 잔칫집에 가는 것(　)	(다) 죽는 날
(4) 웃음(　)	(라) 아름다운 이름

8. 뇌물이 무엇을 망하게 한다고 했는가?(전 7장)
9. 사람이 주장할 수 없는 것이 무엇인가?(전 8장)
10. "무릇 (　　　)이 일을 당하는 대로 (　　　)을 다하여 할지어다" (　)에 적당한 낱말은 무엇이며 몇 장 몇 절의 말씀인가?
11. 다음 A항과 관계 있는 B항의 번호를 쓰라.(전 10장)

A항	B항
(1) 죽은 파리(　)	(가) 오른편에
(2) 적은 우매(　)	(나) 지혜와 존귀로 패하게
(3) 지혜자의 마음(　)	(다) 향기름으로 악취나게
(4) 우매자의 마음(　)	(라) 큰 허물을 경하게
(5) 우매자(　)	(마) 왼편

(6)공순(恭順)( )   (바)자기의 우매한 것을 말함

12. "너는 네 식물을 물 위에 던지라" 그리하면 어떻게 된다고 했는가?(전 11장)
13. "청년의 때 곧 곤고한 날이 이르기 전에" 무엇을 기억하라고 했는가?(전 12장)
14. "하나님을 경외하고 그 명령을 지킬지어다 이것이 (   )의 (   )이니라 하나님은 모든 (   )와 모든 (   )을 선악간에 심판하시리라" ( )에 적당한 낱말은 무엇이며 몇 장 몇 절의 말씀인가?
15. 아가서의 저자는 누구인가?(아 1장)
16. 아가 2장에서 "사랑"이란 말이 나오지 않는 절을 쓰라.
17. 아가 3장에서 "사랑하는 자"라는 말이 나오는 절은 각각 어디인가?
18. 아가 4장에서 신랑이 신부에 대해 아름다움을 칭찬한 내용이 모두 몇가지인가?
19. 아가 4장에 "신부"라는 말이 ( )번 기록되었다.
20. "내가 옷을 벗었으니 어찌 다시 입겠으며 내가 발을 씻겼으니 어찌 다시 더럽히랴" 이 말씀은 무엇을 뜻하고 있는가?(아 5장)
21. "사랑은 (   )같이 강하고 투기는 (   )같이 잔혹하며 불같이 일어나니 그 (   )가 여호와의 불과 같으니라" ( )에 적당한 낱말은 무엇이며 어디에 있는 말씀인가?

이사야

개요

1. **주제** – 여호와 하나님의 공의(公義)와 은총
2. **예수님과의 관계** – 예수그리스도는 죄인을 구원할 자인 메시야이시다.
3. **이사야서의 배경**

1) 책이름 : 이사야는 '여호와의 구원' 이란 뜻이다. 이사야서의 주요 골자는 하나님이 회개하는 죄인에게 베푸시는 '구원' 에 있다. 이사야서는 예레미야, 예레미야 애가, 에스겔, 다니엘과 함께 5대 대선지서에 속한다.

2) 기록자 : 이사야. 그는 왕가의 혈통을 받은 귀족 청년으로서 모든 면에 뛰어난 인물이었다. 그의 부친 아모스(12소선지중의 아모스 선지자가 아님)는 유다왕 요아스의 작은 아들이었다. 이사야는 약 60여년이라는 오랜 기간동안 선지자로 일하다가 므낫세왕에 의해 순교당했다.

3) 연 대 : 웃시야왕의 통치를 거쳐 히스기야왕의 통치가 시작할 때까지 선지자로서 사역을 감당했는데 그 기간은 대체로 주전 760~700년 사이이다.

4) 기록목적 : 유대 백성이 하나님을 경외하는 신앙심을 갖도록 하는 데에 있다. 이사야는 특히 의로우신 하나님에 대한 열성과 믿음의 필요성을 강조하고 구약의 어느 선지자보다도 장차 오실 메시야에 관하여 많은 예언을 했다.

5) 본 서의 특징 : 이사야서는 성경 전체의 축소판이다. 성경이 66권이듯 본서도 66장이다. 성경이 구약 39권과 신약 27권으로 나뉘어지듯 이사야서도 첫 부분이 39장이요, 둘째 부분이 27장으로 되어 있다. 구성뿐만 아니라 그 각 부분의 내용 또한 유사하다. 그 중에서도 이사야 53장은 둘째부분 스물 일곱 장의 가운데장으로서 황금같은 진리의 말씀이다. 이 장은 우리를 위하여 고난을 당하시는 그리스도를 보여주는 장으로서 이사야서를 하나의 귀중한 보물 상자라고 한다면 본 장은 그 상자 속에 들어있는 보물이라고 할 수 있다. 이사야서는

신약 성경에 80회 이상 인용되었고, 이사야라는 이름도 21회나 인용되었다. 본 서에서는 '이스라엘의 거룩하신 자' 라는 단어가 25회, '공평'이 52회, '위로하다' 라는 말이 18회 사용되었다.

4. **내용 분류** - 66장 1290절

이사야서는 크게 징계에 관한 예언(1:~39:)과 축복에 관한 예언(40:~66:)의 두 부분으로 나뉘어진다. 여기서는 편의상 다음과 같이 세 부분으로 나누어 본다.

1) 웃시야, 요담, 아하스왕 시절의 이사야 - 유다와 예루살렘에 관한 예언(1:~14:)
2) 히스기야왕 시절의 이사야(1) - 심판에 관한 예언들(15:~39:)
3) 히스기야왕 시절의 이사야(2) - 이스라엘의 미래 영광에 관한 예언들(40:~66:)

5. 4대 예언서의 비교

적요	이사야	예레미야	에스겔	다니엘
선지자의 신분	왕족출신의 복음적 선지자	눈물의 선지자 심판의 선지자 제사장 출신	환상의 선지자 포로들의 선지자 제사장 출신	바사의 왕궁에서 활동 이방인 시대의 선지자
예언의 대상	유다인들	유다와 포로지에 있는 유다인들	바벨론 포로	이방 왕들과 유다 포로들
관심사	유다와 예루살렘	유다와 열방들	모든 이스라엘 사람들	이방나라와 이스라엘
예언기간	47년	40년	34년	69년
성경적 배경	왕하 15~20장 대하 26~30장	왕하 24,25장	단 1~6장	단 1~6장

22
[이사야의 예언(책망)]

● **본문 : 사 1~39장**
● **요절 : 사 6:8(9:6)**

이사야서는 앗수르의 손에서 충성스러운 "남은 자"를 구원할 뿐 아니라 그 후의 유대인과 이방인도 구원하신다는 예언의 말씀을 기록하고 있다. 이사야의 예언은 주전 740년 유다 왕 웃시야가 죽은 해로부터 주전 701년 앗수르 왕 산헤립이 예루살렘을 포위 공략한 해까지 40년에 걸친 예언의 말씀이다. 우리는 이사야서를 통하여 많은 것을 배울 수 있으며 특히 다음 과에서는 메시야에 관한 예언의 말씀에서 많은 은혜를 받을 수 있을 것이다.

1. 웃시야, 요담, 아하스왕 시절의 이사야

유다와 예루살렘에 관한 예언(1:~14:)

1) 종교적인 죄악(1:1~31)

이사야는 4대 왕 60여년에 걸쳐 활동한 선지자이다(1). 그는 웃시야와 요담 왕 때보다는 아하스왕(16년 통치)과 히스기야 왕(29년 통치) 때 주로 선지의 일을 수행했다. 1장에서는 유다민족의 죄악을 지적하고(2~9), 형식적이고 위선적인 종교심이 아닌(10~15), 진정한 회개와 복종을 요청하고 있다(16~20). 이사야는 다시 타락한 예루살렘을 하나님께서 징계하시되 깨끗케하사 복구하시고 구속하실 것을 약속한다(21~31).

2) 하나님의 심판과 그리스도 시대(2:1~4:6)

2,3,4장은 1장의 계속으로 악한 사람들에 대한 하나님의 심판과 그 심판 후에 있을 미래의 영광을 보여주고 있다. 2장에서 이사야는 우선 장차 있을 교회의 축복된 모습을 예언했으나(1~4), 그 축복에 앞서 유대인들의 죄악을 책망하고(5~9), 그들의 교만과 우상숭배에 대해 하나님의 심판이 있을 것이라고 경고

하면서(10~22) '인생을 의지하지 말라' 고 호소한다(22절). 3장은 장차 유다와 예루살렘에 임할 하나님의 무서운 심판에 대한 예언이다. 하나님을 의지하지 않은 유다민족은 장차 포로가 되어 고난을 받을 것이며(1~15), 예루살렘의 유행과 허영을 따르는 여인들은 수치를 당하게 될 것이다(16~26). 4장은 하나님의 심판후에 있을 영광스러운 시온의 왕국에 대한 예언이다. 바벨론의 침략으로 시온의 딸들이 굴욕을 당하고 남자가 많이 사라졌으나(1), 곧 이어 메시야 시대가 전개된다(2~6). 장차 오실 '여호와의 싹' (2)은 예수 그리스도로서 이사야가 메시야에 대하여 처음으로 말한 것이다. 다윗의 몰락한 계보에서 소생할 그 싹은 시온에서 더러움을 제거하고, 시온을 세계의 축복받는 곳으로 만들 것이다(슥 3:8,6:12).

3) 포도원의 비유(5:1~30)

본 장은 여호와께서 이사야의 입을 통해 탄식하시는 슬픔의 노래, 곧 장송곡이다. '열매없는 포도원' 은 하나님의 선민인 이스라엘 민족이다(1~7). 예수님도 포도원의 비유에 대해서 말씀하신 적이 있다(마 21:23~45). 탐욕과 불의와 술취함의 죄악을 책망하신 하나님은(8~23)다른 민족을 통하여 유대 백성을 진멸할 것이라고(24~30)예언하고 있다. 실제로 이스라엘은 이사야 시대에는 앗수르에, 100년 후에는 바벨론에, 그리고 주전 63년에는 로마에 의해 지배를 받게 되었다.

4) 이사야를 부르심(6:1~13)

이사야 6장은 이사야가 하나님의 일군으로 부르심을 받는 유명한 장이다. 그는 먼저 거룩한 이상(異像)을 보고(1~7), 그 이상 중에 제단 숯불로 입술을 데인 후 주님의 부르심에 "내가 여기 있나이다 나를 보내소서"라고 고백한다(8). 이사야가 부르심을 받은 목적은 이스라엘 민족을 경고하여 멸망에서 구하고자 함이었다. 그러나 이스라엘 민족은 더욱 완악하여져서 이사야의 예언대로 (9~13)이 일이 있은지(주전 735년 경)15년도 못되어 북쪽 왕국은 앗수르에 의해 몰락했고 (주전 722년), '십분의 일' (13)에 해당되던 남왕국 유다지파도 약 100년 후에 바벨론에 의해 멸망되고 말았다.

5) 임마누엘에 관한 예언(7:1~25)

악한 아하스왕 때 이스라엘과 수리아 왕들이 쳐들어 왔으나(1~2), 이사야가 안심하라고 권고하고 있다(3~9). 하나님의 징조를 구하지 않은 아하스왕을 꾸짖으며 이사야는 유다가 결코 멸망하지 않을 것이라는 표식으로서 '임마누엘', 즉 그리스도의 탄생을 예고한다(10:17, 8:8, 9:6~7, 마 1:23). 그리고 다시 앗수르가 침략할 때 겪을 유다의 참상과 심판에 대해 예고한다(18~25).

6) 앗수르의 침공에 대한 예언(8:1~22)

'마헬살랄하스바스' (1~4)는 '임마누엘' (7:14), '스알야숩' (7:3)처럼 아이의 이름인데 유다가 침략당할 것과 관련되어 있다. 그것은 '노략이 속하고 기도가 급하다' 라는 뜻으로서 유다를 침략한 시리아와 이스라엘이 곧 노략을 당할 것을 의미한다. 앗수르가 침략할 것이나 곧 패전할 것에 대해(5~10), 여호와의 격려의 말씀에 대해(11~18), 우상을 숭배하고 마술사와 신접한 자를 가까이 하는 죄악에 대해(19~22) 경고하고 있다.

7) 평강의 왕 예수 그리스도(9:1~21)

이사야는 2장에서 시온의 영광을, 4장에서 왕 자신을 보고, 7장에서 장차 있을 왕의 처녀 탄생을 예언했다. 그리고 본 9장에서 그리스도의 신성(神性)과 왕위의 영원성을 예언하고 있다(1~7). 이어서 그는 북왕국 이스라엘, 특히 사마리아의 죄악과 그의 받을 심판에 대해 경고하고 있다(8~21).

8) 앗수르 군대에 관한 예언(10:1~34)

하나님께서 유대민족을 연단시키기 위해 사용한 앗수르 민족은 스스로 멸망할 것임을 예언한 것이다. 유대 민족의 죄악과 받을 벌에 대하여(1~4), 앗수르의 교만과 그 받을 벌에 대하여(5~19), 유다의 남은 백성이 가지게 될 소망에 대하여(20~23), 그리고 앗수르의 침입과 그 실패에 대하여(24~34) 기록하고 있다.

9) 영광스러운 왕국(11:1~12:6)

이 부분은 2장, 4장, 7장, 9장의 메시야에 대한 예언의 계속이다. 11장에서는 장차 오실 그리스도에 관해서와(1~9), 하나님의 놀라운 왕국이 이 땅 위에 세워질 것을 예언했고(10~16), 12장은 하나님의 축복 가운데 종국적으로 누리게 될 왕국을 위한 이스라엘의 승리의 노래이다. 이 노래는 우리 믿는 신자들이 천국에 가서 모두 한 목소리로 부를 노래이다.

10) 바벨론, 앗수르, 블레셋의 멸망(13:1~14:32)

이사야서 13~14장은 바벨론의 멸망에 대한 예언이다. 이사야가 살던 시대의 강대국은 앗수르였고 바벨론은 백여년이나 지난 뒤에 세계의 강대국이 되었다. 그러므로 이사야는 백여년 후에 일어날 일들을 성령의 감동을 통해 생생하게 예언했던 것이다. 각 장의 내용을 살펴보면 바벨론에 대한 경고(13:1~5), 바벨론에 대한 심판(13:6~18), 바벨론의 황폐에 관한 선고(13:19~22), 이스라엘의 회복에 대한 약속(14:1~3), 바벨론 왕의 멸망(14:4~23), 그리고 앗수르와 블레셋의 멸망(14:24~32)에 대해 기록되어 있다. 특히 14:12~17은 자기 자신을 하나님 자리에 높여 교만하다가 극도로 낮아진 사탄을 바벨론에 비유하여 기록한 것으로서 사탄(마귀)의 근원을 알 수 있는 내용이기도 하다.

2. 히스기야왕 시절의 이사야(1)–심판에 관한 예언들(15:~39:)

1) 모압의 멸망(15:1~16:14)

이사야 15, 16장은 모압에 관한 경고이다. 모압은 아브라함의 조카 롯의 자손으로서(창 19:31~37참조) 그 자손이 한 큰 족속을 이루어 사해(死海) 동편의 좋은 목초지에 거주하고 있었다. 이사야는 모압이 하루 아침에 멸망하는 슬픔을 당할 것이며(15:1~5), 물이 마르고 백성이 이주당하는 재앙을 받을 것임을 예언한다(15:6~9). 그러나 그들이 다윗의 집에 새롭게 충성을 보이면 이로울 것이며 장차 오실 메시야를 볼 것이라고 권고한다(16:1~5). 만약 그렇지 않을 경우에는 모압의 죄는 장차 임할 심판을 피하지 못할 것이다(16:6~14).

2) 다메섹, 사마리아에 대한 경고(17:1~14)

다메섹은 수리아(시리아)를 가리키며 수리아의 수도 이름도 '다메섹' 이다. 이스라엘은 당시에 수리아와 동맹을 맺고 있었기 때문에 이 두 나라는 앗수르에 의해 멸망당하고 만다. 본 장에서 이사야는 다메섹과 에브라임(남은 이스라엘 백성)이 우상숭배로 인해 파멸 당하여(17:1~11), 이스라엘을 침략한 앗수르는 결국 하나님의 징벌을 받아 파멸될 것을 말하고 있다(17:12~14).

3) 구스 땅에 대한 예언(18:1~7)

구스는 남 애굽, 즉 에디오피아이다. 에디오피아는 당시 애굽 전체를 장악하고 있었는데 앗수르의 산헤립왕이 유다를 치면 자신들도 위험할 것을 염려하고 있었다. 이사야는 앗수르의 멸망에 대해 에디오피아와 전 세계가 주목할 것과(1~3), 하나님이 앗수르를 마치 포도나무 베듯 벌하실 것과(4~6), 구스인들이 여호와의 승리를 보고 예물을 가져 올 것에 대해 말하고 있다(7).

4) 애굽에 관한 예언(19:1~25)

본 장은 육백년 후의 애굽 역사를 정확하게 예언한 것이다. 애굽의 무정부 상태와 내란(1~3), 폭군의 폭정(4), 애굽의 분열(5~10), 애굽인의 혼미(11~7), 그리고 신약시대에 애굽에 복음이 전해질 것(18~25)이 예언되었다.

5) 애굽과 구스에 대한 예언(20:1~6)

이사야가 행동 예언(行動豫言)을 통하여 애굽과 에디오피아가 앗수르에 의해 수치를 당할 것을 보여주고 있다(2~3). 실제로 앗수르의 에살핫돈 왕은 사르곤, 산헤립 왕 등에 뒤이어 애굽을 황폐시켰다. '아스돗' (1)은 애굽으로 통하는 요로(要路)에 위치한 블레셋 도시 이름이다.

6) 바벨론, 에돔, 아라비아에 대한 예언(21:1~17)

많은 도랑과 운하로 둘러싸여 있어 바다 가운데 있는 성읍과 같았던 바벨론의 멸망과(1~10), 두마 곧 에돔의 중심지인 세일 땅의 멸망과(11~12), 바벨론과 에돔 사이에 있는 아라비아의 드단, 데마, 게달족 등의 멸망에 대한(13~17)예언이 기록되어 있다.

7) 예루살렘의 멸망(22:1~25)

'이상 골짜기' 는 골짜기로 둘러 싸인 언덕에 있는 예루살렘이다(1). 앗수르 군대에 포위되었을 때(1~7) 이스라엘은 하나님을 의지하지 않았다(8~14). 이사야는 다윗 가계의 관리인 국고 책임자 셉나가 물러나고 엘리아김이 대신 할 것을 예언했는데(15~25), 이것은 메시야적 암시가 있는 내용이다.

8) 두로의 멸망(23:1~18)

오랫동안 세계 무역의 해상 중심지였던 두로와 그 식민지에 비참한 일이 일어날 것과(1~14), 70년간 쇠퇴하여 없어졌다가 다시 회복될 것에 대하여(15~18) 예언하고 있다. 실제로 두로는 느부갓네살왕의 침략을 받았고 헬라의 알렉산더 대왕의 침략을 받아 망하기까지 하였다. 하나님의 예언의 말씀은 일점 일획도 틀림이 없이 성취되는 말씀이다.

9) "그 날"에 대한 종말적 예언들(24:1~27:13)

이 부분에는 세상의 끝날에 관한 예언뿐만 아니라 그것에 관련된 시(詩)와 기도도 포함되어 있다. 24장은 유다를 중심으로 하는 이 세상이 모두 사라지는 하나님의 무서운 심판을 설명한 것으로서 예수님께서 마태복음 24장에서 말씀하신 시대와 관련이 있다. 25장은 이 세계의 멸망 후 새 하늘과 새 땅의 시대가 올 것에 대해 하나님께 드리는 찬미의 노래이다. 예루살렘의 '산' 에서 죽음을 멸망시킨다는 것은 바로 예수님이 죽은 자 가운데서 부활하시는 것을 말한다. 예수님은 죽음을 멸망시키고, 인류에게 영원한 생명을 주셨고 그것은 곧 풍족한 포도주로 베푸는 잔치와 다를 바 없다(6). 26장은 앞 장에 계속되는 노래로써 이스라엘 백성이 그 받을 구원을 찬송하는 신뢰와 승리의 노래이다. 26장 3절, 19절은 위대한 귀절이다. 27장은 하나님의 백성이 종국적으로 회복됨을 쓰러진 포도원이(사 5:1~7) 소생하는 것에 비유하고 그 기쁨을 노래한 것이다. 그것은 황폐한 유다의 남은 자들에게서 기독교가 꽃피어 온 땅에 전파되는 아름다운 모습이다. "그 날에"(1, 2, 12,13절)라는 말씀은 이사야서 곳곳에서 찾아볼 수 있는 위대한 말씀이다.

10) 사마리아와 예루살렘에 대한 책망(28:1~29:24)

28장은 사마리아의 수도(首都)에브라임이 풍부한 물질로 교만하여 방탕하므로 하나님의 징벌을 받을 것과(1~4), 그 남은 백성도 보존은 시키실 것이지만 심판을 면치 못할 것임을(5~29)예언하고 있는 장면이다. 자기 자신의 힘과 세상(애굽)을 의지하는 자는 멸망을 초래하는 법이다. 29장은 계속해서 하나님의 백성이 원수나라의 공격을 받고 그 원수도 멸망 당할 것과(1~8), 유다 민족이 심판을 받는 이유는 입술로만 하나님을 섬기면서 사람의 명령을 하나님의 말씀이라고 하는 무지(無知)와 불순종이라는 것과(9~16), 그 결과로 이방인(수풀)이 하나님의 백성(궁전)에 되는 날이 올 것임을(17~24) 말해 주고 있다.

11) 유다가 애굽을 의존하는 죄(30:1~31:9)

유다가 앗수르의 침입을 막기 위해 하나님을 의지하는 대신 애굽을 의지하는 것은 어리석은 것이라고 꾸짖는 장면(1~17)과 함께 최후의 용서와 축복의 약속이(18~33), 30장에 기록되어 있다. 31장에서는 다시 한 번 유다가 애굽에 도움을 청한 죄악을 꾸짖고(1~3), 하나님께서 유대 민족을 도와 주실 것을 확신하는(4~9) 이사야의 믿음이 기록되어 있다. 위기에 처한 인간을 완전하게 구원하실 분은 오직 하나님 한 분뿐이시다.

12) 메시야의 의로운 통치에 대한 예언(32:1~20)

이사야는 장차 한 의로운 왕이 나타나 이 세상을 가장 의롭게 통치하는 환상을 보고 예언을 기록했다. 메시야의 의로운 통치와(1~8), 성령의 새로운 시대가 올 것이라는 아름다운 전망(9~20)을 기록하고 있다. '삼림' (19)은 앗수르 군대를, '성읍' (19)은 니느웨이와 같은 악의 세력을, '모든 물가에 씨를 뿌림' (20)은 하나님을 신뢰하고 행복한 번영의 시대를 기다리면서 매일의 맡은 바 사명을 감당하는 것을 의미한다.

13) 앗수르의 멸망(33:1~24)

앗수르에게 포위되어 있는 위기속에서 하나님이 적을 물리치고 그의 백성을 구할 것을 기도하고 예언하면서(1~16), 메시야인 왕이 세상을 다스릴 때에는 시온에 평화가 가득할 것을 예언했다(17~24).

14) 마지막 심판과 축복에 대한 예언(34:1~35:10)

34장은 모든 민족에게 임할 여호와의 심판에 대한 기록이다. 마지막 날에 임할 시련에 대해서 특별히 에돔을 들어 예언했다. 35장은 교회가 오랜 고난후 왕국 시대에 받게 될 하늘의 영광이요 축복의 장으로서 가장 아름다운 장의 하나이다. 34장의 심판에 비해 그리스도를 통한 구원의 혜택과 축복을 예언하고 있다.

15) 앗수르 군대의 패배(36:1~37:38)

이 부분은 구약의 가장 놀라운 기적 중의 하나이다. 앗수르의 엄청난 대군이 하룻밤 사이에 하나님의 직접적인 타격으로 멸망받은 사건이기 때문이다. 36장에서는 앗수르왕 산헤립의 침입과(1~10), 랍사게를 통한 그의 오만함에 대해서(11~22), 37장에서는 히스기야의 전갈과(1~7), 히스기야의 기도(8~20), 그리고 산헤립의 결정적인 패배(21~38)에 대해서도 기록하고 있다.

16) 히스기야왕에 대한 기록(38:1~39:8)

38장은 죽을 병에 걸린 히스기야왕이 이사야의 예언에 힘입어 하나님께 간절히 기도함으로써 수명이 15년 연장된 유명한 장면을 기록한 장이다. 성도의 진실되고 간절한 기도는 하나님의 보좌와 마음을 움직인다. 39장에서 히스기야왕은 자만하여 바벨론의 사자(使者)에게 창고의 무기등을 보이고 자랑하는 실수를 저지른다(1~4). 그 자만의 결과 예루살렘은 바벨론에 정복 당할 것이라고 예언된다(5~8).

교훈 및 적용

1. 이사야가 성전에서 간절히 기도할 때 영안이 열려 영광의 하나님을 바라볼 수 있었다. 이와 같이 뜨거운 신앙이 없이는 하나님 앞에 나아갈 수 없으며 그의 영광을 체험할 수도 없음을 명심하자.
2. 하나님의 심판은 마지막 날에 내려질 것이지만 현재의 삶 속에서도 부분적으로 이루어지고 있다. 그러므로 우리는 매일 매일의 생활에서 죄를 고백하고 회개함으로 하나님의 징계를 면해야 할 것이다.

당신은 지금까지 이사야 선지자를 통하여 많은 것을 배우고 느끼셨으리라 믿습니다. 하나님께서는 시대를 따라 당신의 종들을 불러 쓰셨습니다. 당신은 지금 이 시대에 하나님의 부르심을 받은 하나님의 종입니다. 이사야와 같이 백성들을 바로 지도하는 능력있는 종이 되시기를 바랍니다. 다음 과에서도 계속해서 이사야서를 공부하게 됩니다. 이사야 40장 이하를 읽으시기 바랍니다.

22

성경문제

● 이사야의 예언(책망)/사 1:1-39:8

1. 다음의 왕들 중 이사야 시대에 살던 왕이 아닌 사람은 누구인가?(사 1장)
   (가) 웃시야 (나) 히스기야 (다) 아하스 (라) 솔로몬
2. "너희는 인생을 의지하지 말라"는 말씀이 어디에 있으며 그 이유로서 "그의 호흡"이 어디에 있다고 했는가?
3. 시온의 딸들이 어디에 딱지가 생기겠다고 했는가?(사 3장)
4. "그들에게 공평을 바라셨더니 도리어 포학이요 그들에게 의로움을 바라셨더니 도리어 부르짖음이었도다"라고 한 것은 (　　　) 족속과 (　　　) 사람을 가리키는 말이다.(사 5장)
5. "내가 누구를 보내며 누가 우리를 위하여 갈꼬" 할 때 "내가 여기 있나이다 나를 보내소서"라고 이사야가 대답한 성경 구절은 몇 장 몇 절에 있는가?
6. 이사야의 두 아들의 이름은 무엇인가?(사 7, 8장 참조)
7. "이는 한 아기가 우리에게 났고 한 아들을 우리에게 주신 바 되었는데 그 어깨에는 정사를 메었고 그 이름은 (　　　)라, (　　　)라, 전능하신 (　　　)이라, 영존하시는 (　　　)라, 평강의 (　　　)이라 할 것임이니라" (　)에 적당한 낱말을 넣으라.(사 9장)
8. "이새의 줄기에서 한 싹이 나며 그 뿌리에서 한 가지가 나서 결실할 것"이라 했는데 이는 무엇을 가리키는 말인가?(사 11장)
9. 열국의 영광이요 갈대아 사람의 자랑하는 노리개가 된 나라는 어느 나라인가?(사 13장)
10. 15장은 (　　　)에 대한 경고이다.
11. "이는 네가 자기의 (　　　)의 하나님을 잊어버리며 자기의 (　　　)의 반석을 마음에 두지 않은 까닭이라" (　)에 적당한 낱말을 넣으라.(사 17장)
12. 3년 동안 벗은 몸과 벗은 발로 행하여 애굽과 구스에 예표와 기적이 되게 한 선지자는 누구인가?(사 20장)
13. "네 옷을 그에게 입히며 네 띠를 그에게 띠워 힘있게 하고 네 정권을 그의 손에 맡기리니"에서 그는 누구를 가리키는가?(사 22장)
14. 주께서 어떤 사람을 "평강에 평강으로 지키시리라"고 하셨는가?(사 26장)
15. "나는 공평으로 줄을 삼고 의로 추를 삼으니"라는 말씀은 몇 장 몇 절에 있는

가?

16. "슬프다 아리엘이여"에서 아리엘은 무엇을 가리키는 말인가?(사 29장)

17. "그러나 여호와께서 가디리시나니 이는 너희에게 (   )를 베풀려 하심이요 일어나시리니 이는 너희를 (   )히 여기려 하심이라"는 말씀은 몇 장 몇 절에 있으며, (   )에 적당한 낱말은 무엇인가?

18. "의의 공효는 화평이요 의의 결과는 영원한 평안과 안전이라" 몇 장 몇 절에 있는 말씀인가?

19. 34장에 나오지 않는 동물은 무엇인가?

(가) 양 · 소   (나) 당아 · 고슴도치

(다) 부엉이 · 솔개   (라) 말 · 나귀

20. "애굽은 상한 갈대 지팡이와 일반이라" 맞으면 ○표, 틀리면 ×표 하라.
(사 36장)

21. "그런즉 바라건대 당신은 이 남아 있는 자를 위하여 기도하라" 이 말은 누가 누구에게 한 말인가?(사37장)

(가) 하나님-이사야   (나) 히스기야-이사야

(다) 엘리야김-이사야   (라) 랍사게-이사야

22. 히스기야가 병들어 죽게 되었을 때 기도함으로 몇 년이나 더 수한을 연장받았는가?(사 38장)

23
[메시야의 예언(위로)]

- **본문 : 사 40~66장**
- **요절 : 사 40:31**

이사야 40장 이하는 보통 제 2이사야서라고 한다. 그래서 비평학자들은 이것을 이사야의 저작이 아니라고 하나 사실은 이사야가 말년에 유다 민족의 회복을 예언하고 있다.

전반부(1~39장)에서는 유대 나라와 이방 민족의 죄악을 주로 책망했으나 후반부(본 과)에서는 유다 민족이 바벨론 포로에서 돌아올 것을 예언하면서 장차 메시야를 통한 인류 구원과 평화의 왕국 건설이 이루어질 것을 동시에 예언하고 있다. 특별히 우리는 여기서 인류의 구주가 되시는 메시야에 관하여 예언된 내용들을 통하여 메시야가 어떤 분이며 무엇을 위하여 오시는 분이신가를 배울 수 있을 것이다. 이사야 1장에서 39장까지는 이사야서의 첫 부분으로서 주로 이스라엘과 그 인접국가에 대한 죄악의 지적과 징계에 대한 예언이다. 그러나 40장부터 66장까지의 스물 일곱 장은 이스라엘을 위한 축복의 예언으로서 주로 이스라엘이 바벨론 포로에서 해방되어 돌아올 것과 장차 오실 메시야의 놀라운 축복을 예언한 위대한 서사시이다.

1. 히스기야 왕 시절의 이사야(2)

이스라엘의 미래 영광에 관한 예언들(40:~66:)

1) 하나님의 위로(40:1~31)

이사야서의 위대한 장 중의 하나이다. 하나님의 백성을 위로하라는 명령과(1~2) 장차 오실 그리스도를 예비하라는 말씀(3~5)에 이어 인간의 약함에 대한 하나님의 영원한 말씀(6~8), 그리고 하나님의 무한한 능력과 하나님을 신뢰하는 사람의 영원한 젊음을 말하는 선지자의 말씀(9~31)으로 그 내용이 기록되어 있다. 선지자의 말씀에는 구속주 하나님에 대해서(9~11), 창조주 하나님에 대해서(12~20), 주관하시는 하나님에 대해서(21~26), 그리고 권능의 하나님에 대해서(27~31)말하고 있다.

2) 고레스에 의한 구원(41:1~29)

본 장은 하나님께서 장차(약 150년 후)고레스왕이 일어나 큰 나라를 이루실 것을 예언하는 장면이다. 하나님은 이사야를 통하여 우상숭배의 어리석음을 지적하고(1~9), 이스라엘을 힘있게 격려하셨다(10~20). 그리고 다시 다른 민족의 신(神)인 우상을 숭배하는 것이 헛됨을 경고하면서 미래를 예언하신다(21~29). "동방에서의 사람"(2)과 "북방으로의 사람"(25)은 고레스를 말한다.

3) 여호와의 종 메시야에 대한 예언(42:1~25)

장차 오실 메시야에 대해 말하고(1~9) 그가 땅에 있는 모든 백성을 초청하는 승리의 노래와(10~17), 귀먹고 눈먼 이스라엘 백성의 무지함과 강퍅함에 대한 탄식이(18~25) 기록되어 있다. 본 장의 메시야에 대한 부분은 마태복음 12장에 인용되고 있다.

4) 여호와의 구원(43:1~28)

이스라엘은 다른 나라를 희생시키더라도 구원해 내야 할 특별한 백성이므로(1~3) 하나님께서 종국에 가서는 구원하실 것이다(4~7). 우상은 헛되나 오직 여호와만이 참 하나님이시다(8~13). 이스라엘은 장차 바벨론 포로에서 풀려날 것이며(14~21) 이스라엘이 은혜를 저버리고 하나님께 범죄함으로 징계를 받을 것이나 필경에는 그 죄를 용서하시고 구원하실 것이다(43:28).

5) 고레스에 대한 예언(44:1~45:25)

44, 45장 두 장에서 이사야는 이스라엘 민족이 고레스 때 포로에서 돌아올 것을 예언하면서 특별히 미래를 예언하시는 하나님의 능력을 강조하고 있다. 바벨론에 잡혀간 이스라엘에 새 날이 있을 것을 예언하시는 여호와는 참 하나님이시며(44:1~8), 바벨론의 우상숭배는 어리석은 일이다(9~20). 다시 참 하나님이신 여호와께서 홀로 거짓된 자를 멸하시고 그의 백성을 회복하신다(21~28). 고레스왕이 이스라엘을 건질 사명을 받을 것이며(45:1~8), 유대인을 구원하시는 하나님의 주권에 간섭하거나 불평할 자 없다(9~13). 모든 열방은 하나님께 돌아와야 하며 메시야를 통한 하나님의 구원을 받아야 한다(14~25).

본 장은 특별히 우상보다 하나님이 훨씬 우월하여 하나님께서는 고레스의 일과 같은 미래의 일도 알 수 있는 분이시라는 것을 강조하고 있다.

6) 바벨론의 멸망에 관한 예언(46:1~48:22)

46, 47, 48장은 13, 14장에 이어 바벨론이 멸망하고 이스라엘이 포로에서 해방될 것을 계속 말하고 있다. 바벨론 우상은 몰락할 것이며(46:1~7), 하나님은 고레스를 세워 이스라엘을 구원하실 것이다(8~13). 교만한 바벨론은 하나님의 벌을 받아 하루 아침에 낮아져 망할 것이다(47:1~15). 그리고 하나님은 그의 영광을 위해 이스라엘을 구원할 것을 약속하시며(48:1~11), 그 약속은 이루어져 유대인은 즐겁게 고향으로 돌아갈 것이다(12~22).

7) 여호와의 종(49:1~50:11)

40장~48장까지는 하나님의 능력을 증명하기 위한 미래에 대한 예언이었다. 그러나 본 장(49장)부터 55장까지는 하나님의 종, 즉 메시야이신 예수 그리스도에 대한 예언의 말씀이다. 장차 오실 메시야는 이방인에게 빛이 되신다(49:1~6). 메시야는 굴욕을 당하나 다시 높임을 받을 것이다(7~13). 하나님께서는 시온, 즉 유대민족을 잊지 않으시며(14~21), 그의 전능하심으로 말미암아 이방인들에게도 구원의 길이 열릴 것이다(22~26). 이스라엘이 메시야를 거역하나 고난을 당함에도 불구하고 메시야는 충성되이 임무를 수행하실 것이다(50:1~11).

8) 이스라엘의 구원과 회복(51:1~52:15)

51장은 미래에 일어날 이스라엘 민족의 구속과 회복에 관한 메시지이다.

하나님은 교회(이스라엘)를 돌보시며(1~3), 격려하신다(4~8). 이스라엘을 위한 하나님 백성의 기도와(9~16), 예루살렘의 환난에 대한 경고(17~23)가 있다. 52장은 시온 즉 이스라엘이 여호와의 구속에 의하여 해방받을 것을 말씀하고 있다. 메시야에 의해 그 승리의 날이 다가올 것이며(1~12), 그것을 위해 메시야는 고난의 종으로서 굴욕을 당하게 될 것이다(13~15).

9) 종의 고난(53:1~12)

이사야 53장은 성경 전체에서 가장 사랑받는 장의 하나로서 장차 온 인류를 위하여 고난받으실 구세주의 모습이다. 전장(52:13~)부터 시작되는 이 부분은 너무도 생생하고 자세하여 마치 이사야가 십자가 아래에 서 있는 것 같다. 그러나 이것은 주님이 갈보리 십자가 위에서 죽으시기 700년 전에 기록된 것이다. 이사야는 성령의 계시를 통하여 미래에 되어질 일을 과거에 이미 본 것같이 선명하게 기록했던 것이다. 특히 5,6절은 황금절(黃金節)로서 우리를 위해 고난당하신 그리스도의 모습을 감동있게 묘사하고 있다.

10) 하나님의 약속(54:1~55:13)

고난을 받으시는 하나님의 종 메시야는 시온을 회복하여 한없는 영광으로 이끌 것이며 온 세계를 그의 왕국으로 초대하여 축복을 주실 것이다. 54장은 구원받은 하나님 백성이 크고 견고하며 영화로워질 것을 말씀하고 있으며 55장은 하나님의 풍성한 은혜가 세상 모든 만민을 구원의 축복으로 초대할 것을 약속해 주고 있다.

11) 이사야 시대의 이스라엘의 죄악(56:1~59:21)

백성들은 안식일을 범했고 지도자들은 탐욕스러웠다. 악한 행동을 하며 우상을 숭배하는 불의를 행하면서도 금식을 했다. 구원의 날, 곧 하나님 나라가 가까워지므로 택한 백성은 의로워야 한다(56장). 어지러운 환난의 때에 의로운 자는 축복을 받으나 우상을 숭배하는 사악한 자는 저주를 받는다(57장). 이스라엘의 형식적이고 의식적인 예배는 주님께 영광이 되지 못한다. 그러므로 참된 금식을 하되 여호와를 공경하고 안식일을 지킬 것이다(58장). 59장은 주님의 구원을 막는 이스라엘 민족의 죄악을 책망하고 있다. 유대인들이 환난 가운데 있는 것은 하나님께서 능력이 없어서가 아니라 그들의 죄악 때문이다(1~8). 다시 그들의 죄의 만연과 그 결과에 대해서(9~15), 그리고 구속자가 시온에 오심에 대해서(16~21)예언하고 있다.

12) 시온의 회복과 영광(60:1~62:12)

60~62장은 메시야 시대에 관한 가장 아름다운 진술이다. 특히 60장은 성경에서 가장 위대한 장 중의 하나이다. 이 메시야 시대의 노래는 앞으로 있을 시온의 영광과 이방인 모든 세계가 교회에 들어올 것 즉 세계복음화가 이루어질 것을 노래하고 있다. 60장은 회복된 시온(이스라엘)의 천 년 동안의 영광, 61장은 메시야의 복된 사역과 그 결과로서의 왕국의 축복, 그리고 62장은 장차 있을 예루살렘의 영광에 대해서 말하고 있다.

13) 하나님의 자비(63:1~64:12)

이 두 장은 이스라엘 백성을 포로에서 해방시켜 달라고 선지자를 통하여 하나님께 드리는 기도이다(63:1~6제외). 63장은 열방(에돔)에 대한 하나님의 진노와 이스라엘에 대한 축복을, 그리고 64장은 이스라엘의 사죄를 위한 간절한 기도와 하나님의 사랑에 대한 기도를 기록하고 있다.

14) 새 하늘과 새 땅(65:1~66:24)

65, 66장은 앞의 두 장에서 있은 백성의 기도에 대한 하나님의 응답이다. 기

도는 응답을 받을 것이며 여호와의 선민인 이스라엘을 통해 이방인도 축복을 받고 영화롭게 되어 새 하늘과 새 땅을 보게 될 것이다(65장). 그리고 하나님은 마지막 이스라엘 왕국에 있을 영화로운 축복을 보여 주신다(66장).

교훈 및 적용

1. 하나님은 겸손한 자와 함께 하신다. 겸손한 마음은 닫힌 마음이 아닌 열린 마음으로 하나님 말씀을 순수하게 받아들이는 마음이다. 우리는 이런 마음을 소유하여 임마누엘 하나님을 모시고 사는 성도들이 되자.
2. 교만한 자는 자신을 실제보다 높이 평가하는 경향이 있다. 이런 교만은 부패한 죄악을 낳게 되므로 우리는 자신을 잘 성찰하여 겸손한 성도가 되자.

하나님께서는 정직한 자에게는 축복하시고 죄인은 벌하시는 분이심을 깨달았습니다. 그 뿐만 아니라 하나님은 메시야를 보내셔서 죄인을 구원하시고 그의 백성들을 축복하시고자 하는 거룩한 뜻이 계심을 또한 깨달았습니다.
우리 모두 하나님의 구원 사역에 참여합시다. 그래서 구원받은 자기 백성들을 위하여 예비해 두신 신천신지의 삶을 누리시기를 바랍니다.

성경문제

● **메시야의 예언(위로)/사40:1-66:23**

1. "풀은 마르고 꽃은 시드나 우리 하나님의 말씀은 영영히 서리라"는 말씀은 이사야 몇 장 몇 절에 있는가?
2. "(　　　)내가 너와 함께 함이니라 (　　　)나는 네 하나님이 됨이니라 내가 너를 굳세게 하리라 참으로 너를 (　　　) 참으로 나의 의로운 오른손으로 너를 (　　　)" (　)안에 적당한 말은 무엇인가?(사 41장)
3. "상한 갈대를 꺾지 아니하며 꺼져가는 등불을 끄지 아니하고 진리로 공의를 베풀 것이며" 이 말씀은 이사야 몇 장 몇 절에 있는가?
4. "너는 내 것이라"에서 "너"는 누구를 가리키는가?(사 43장)
5. 하나님께서 누구의 오른손을 잡고 열국으로 그 앞에 항복하게 하겠다고 했는가?(사 45장)
6. 이사야 46:6, 7에 나오는 "그것"은 무엇을 가리키는 말인가?
7. "나는 처음이요 또 마지막이다" 이 말에서 나는 야곱을 말한다. 맞으면 ○표, 틀리면 ×표 하라.(사 48장)

8. "나 여호와는 네 (　　　　)요 네 (　　　　)요 야곱의 전능자인 줄 알리라" (　) 안에 적당한 말을 넣으라.(사 49장)

9. 다음 구절들을 성경에 기록된 순서대로 그 번호를 쓰라.(사 51장)

①아브라함이 혈혈단신으로 있을 때
②광야로 에덴 같고
③사라를 생각하여 보라
④여호와를 찾아 구하는 너희는

10. "그가 찔림은 우리의 허물을 인함이요 그가 상함은 우리의 죄악을 인함이라" 여기서 "그"는 (　　　　)을 가리킨다. (사 53장)

11. 다음 A항과 관계 있는 것을 B항에서 찾아 그 기호를 쓰라.　(사 51-55장)

A항		B항
① 물	(　)	(가) 살리라
② 젖	(　)	(나) 나아오라
③ 즐거움	(　)	(다) 사라
④ 들으라	(　)	(라) 얻으리라
⑤ 찾으라	(　)	(마) 긍휼히 여기시리라
⑥ 부르라	(　)	(바) 용서하시리라
⑦ 돌아오라	(　)	(사) 가까이 계실 때
⑧ 나아오라	(　)	(아) 만날 만한 때

12. "내 집은 만민의 기도하는 집이라" 몇 장 몇 절에 있는 말씀인가?

13. 이사야 58장에 보면 7번 나오는 말이 있다. 무엇인가?

14. 무엇이 하나님과 우리 사이를 갈라 놓았으며, 손가락이 더러워진 것은 무엇인가?(사 59장)

15. "일어나라 빛을 발하라 이는 네 빛이 이르렀고 여호와의 영광이 네 위에 임하였음이니라"는 말씀은 몇 장 몇 절에 있는가?

16. 하나님께서 우리와의 관계를 무엇으로 비유했는가?(사 62장)

17. '헵시바', '뿔라' 라는 말은 무엇을 가리키는 말인가?(사 62장)

18. "아브라함은 우리를 모르고 이스라엘은 우리를 인정치 아니할지라도 여호와여 주는 우리의 아버지가 아니라" 맞으면 ○표, 틀리면 ×표 하라.(사 63장)

19. "그러나 여호와여 주는 우리 아버지시니이다 우리는 (　　　)이요 주는 (　　　)시니 우리는 다 주의 손으로 지으신 것이라" (　)에 적당한 말을 넣으라.(사 64장)

20. 누가 먹고 마시며, 기뻐하며 노래한다고 했는가?(사 65장)

21. 이리와 어린 양이 함께 먹으며 해함도 상함도 없는 곳은 (　　　　)이다.(사 65장)

예레미야

개요

1. **주제** - 예루살렘을 구원하시려는 하나님의 마지막 노력
2. **예수 그리스도와의 관계** - 예수 그리스도를 의로운 가지로 묘사한다.
3. **예레미야의 배경**
   1) 책이름 : 저자의 이름을 따서 예레미야라 칭했다.
   2) 기록자 : 예레미야. 그는 요시야왕 통치(1:2) 13년부터 예언을 시작하여 유다의 마지막 왕 시드기야왕(1:3) 통치가 끝나고 유다가 포로된 후까지 약 50년에 걸쳐 예언했다.
   3) 기록연대 : 주전 560년 경
   4) 목 적 : 첫째로 유다가 그의 죄악으로 말미암아 멸망받게 될 것을 예언하기 위함이며, 둘째로 회개하면 하나님께서 구원해 주실 것을 깨닫게하기 위함이다.
   5) 당시 시대배경: 당시 세계는 앗수르, 바벨론, 애굽 이 세 나라가 강대국이었다. 그런데 과거 300년 동안 유브라데강 북쪽의 앗수르가 세계를 지배했었지만 그 당시는 많이 약화되어 있었고, 유브라데강 남쪽에 있는 바벨론이 강대국으로 등장했다. 나일강 유역에 있는 애굽은 1000년 전에 강대국이었다가 쇠퇴하여졌으나 그 당시 다시 강해지고 있었다. 바벨론은 예레미야의 활동 중간시기에 앗수르의 세력을 꺾었다(주전 607). 그리고 2년후 갈그미스 전쟁에서 애굽과 싸워 승리했다(주전 605). 그리고 90년 동안 세계를 지배했는데 이 기간에 유대인은 포로가 되었다.
4. **내용분류** - 52장 1,364절
   1) 예레미야의 소명과 확신(1:)
   2) 요시아왕 때 임한 하나님의 경고와 책망(2:~20:)
   3)시드기야왕 때 임한 예언 -유대민족의 심판과 구원의 약속(21:~33:)
   4) 멸망에 대한 예언(34:~44:)
   5) 열국에 대한 예언(45:~51:)
   6) 부 록(52:)

개요

1. **주제** - 예루살렘의 황폐를 슬퍼함. 이 책에는 예루살렘을 구하기 위해 최선을 다했던 예레미야의 슬픔이 잘 나타나 있다. 그러나 그는 예루살렘이 폐허에서 다시 일어날 것을 믿었다(3:21,31~32). 예루살렘은 회복되어 영원한 나라의 수도가 될 것이다(히12:22,요절/1:1, 3:22~23).

2. **예레미야 애가의 배경**

1) 책이름 : 헬라어 성경의 이름을 따라 애가(哀歌)라 이름하였다.

2) 기록자 : 예레미야

3) 기록연대 : 기원전 약 586년 경. 이 책은 예루살렘이 불타고 남은 자들이 애굽으로 도망갈 때까지 약 3개월 동안에 기록되었다(렘 39:2, 41:1, 18, 43:7). 이 때에 정부는 미스바에 세워졌다(렘 40:8).

4) 목 적 : '하나님께서는 그의 백성들이 죄를 지을 때 회개하게 하기 위해 징계를 내리신다' 는 것을 가르치는 데 있다(히 12:5~6).

5) 기록한 곳 : 이 책은 예루살렘 북쪽 성벽 바깥 쪽에 위치한 '예레미야의 동굴' 에서 기록되었다고 한다. 예레미야는 이 곳에서 눈물을 흘리며 애가를 지었다. 이 동굴은 예수님께서 십자가에 못박히신 골고다 언덕 아래에 있다.

6) 예레미야서와의 관계 : 예레미야서의 마지막 장은 이 책의 서문이다. 헬라어역 성서에는 다음과 같은 서문이 있다. '이스라엘 민족이 포로로 잡혀간 후에 예루살렘은 황폐하게 되었다. 예레미야는 슬피 울며 예루살렘에 대하여 이 애가를 지었다. 그러나 히브리어 구약 성서에는 이 책이 예레미야서의 뒤에 있지 않고 ' 거룩한 책 ' 성문집(聖文集)' '제서' (諸書, Ketubim)라고 불리우는 아가서, 룻기, 애가, 전도서, 에스더와 함께 있다. 이 애가는 오늘날까지 4월 9일(예루살렘이 함락당한 날)이 되면 회당에서 낭독하고 있다(렘 52:6).

3. **내용분류** - 5장, 154절

1) 황폐된 시온(1:) 2) 하나님의 진노(2:) 3) 예레미야의 슬픔(3:)

4) 과거와 현재(4:) 5) 통회의 기도(5:)

24
[예레미야의 예언]

- 본문 : 렘 1~52장, 애 1~5장
- 요절 : 렘 7:28

예레미야서는 눈물의 선지자 예레미야의 예언으로서 이스라엘 민족 최고의 암흑 시기에 백성들의 죄를 꾸짖고 여호와의 심판을 경고하는 내용이다.

우리는 본서를 배우면서 조국과 여호와를 똑같이 사랑하기 때문에 괴로워하고 슬퍼해야만 하는 예레미야의 심정을 느낄 수 있을 것이다. 또한 우리는 애가서에서 그의 눈물의 고백을 읽을 수 있을 것이다.

Ⅰ. 예레미야의 활동(렘 1:1~52:)

1. 예레미야의 소명과 확신(1:)

예레미야는 그가 20세 가량 되었을 때 고향 아나돗에서 하나님의 부르심을 받았다. 1장에서는 하나님의 부르심(소명:召命)에 대하여 다음 네 가지 일이 강조되어 있다. ① 그의 사명에 대한 하나님의 예정(5), ② 예레미야가 소명을 받음에 있어 모세와 같이 주저한 것(6, 출 3:11, 4:10), ③ 열방의 선지자로 부름받은 것(4), ④ 그의 사명은 열방의 멸망과 재건에 대한 예언을 하는데 있다(10). 13절의 끓는 가마는 바벨론을 의미한다. 하나님께서는 환상을 통하여 유다가 고난 당할 것을 보여 주셨다.

2. 요시야 왕 때 임한 하나님의 경고와 책망(2:1~20:)

1) 유다와 북방 이스라엘에 대한 초기의 예언(2:~6:)

⑴ 이스라엘의 불신앙(2:1~3:5) – 이스라엘 백성은 역사의 초기에 하나님을 사랑하였으나(2:1~3), 그들은 곧 타락하여 하나님을 불신하고 우상을 숭배하는 죄를 지었다.

⑵ 이스라엘과 유다의 회개를 촉구함(3:6~18) – 남 유다의 타락은 북 이스

라엘의 타락보다 더 하였다(6~10). 하나님께서는 이스라엘에게 돌아오라 고 말씀하셨다(11~18). 그리고 유다와 이스라엘이 장차 재결합될 것을 예언하셨다(7~18, 50:4~5, 호 1:11).

(3) 참으로 회개할 때 용서하심(3:19~4:4) - 하나님께서는 이스라엘이 참으로 회개하고 돌아올 때 그들을 용서하시고 축복하실 것을 약속하셨다.

(4) 장차 다가올 하나님의 심판(4:5~31) - 회개치 아니함으로 하나님의 심판을 받아 바벨론의 침입으로 예루살렘이 황폐케 된다(주전 606~586년).

(5) 유다의 전체적인 타락(5:) - 예루살렘에 의로운 사람이 하나도 없었으며(1), 하나님을 경외치 아니하고 선지자의 경고를 비웃었으며(13), 온 나라에 사기와 부정이 유행했다(26~28). 선지자들은 거짓을 말했고, 제사장들은 부패하여 거짓 선지자의 말에 따라 백성을 다스렸으며, 백성들은 잘못된 다스림에도 항의하지 않고 오히려 좋게 여기고 따라갔다(30~31).

(6) 북으로 부터의 침입(6:) - 본 장에서는 바벨론의 침입으로 인하여 멸망당하는 예루살렘의 모습을 예언하고 있다(22~26). 예레미야는 유대민족이 당할 비참한 모습을 보고, 거듭 회개만이 멸망에서 피할 수 있는 마지막 길(16-19)이라고 경고한다.

2) 예루살렘의 부패한 종교(7:~10:)

(1) 회개만이 구원의 길(7:1~8:3) - 예레미야는 유대인에게 '하나님의 말씀을 듣고 참으로 회개할 때 예루살렘은 멸망받지 않는다' (2~7)는 하나님의 약속을 선포하였다. 유대민족은 의식적(儀式的)으로는 하나님을 공경한다고 하지만, 실제 생활에 있어 많은 죄를 지었으며 우상숭배의 죄까지 지었다. 하나님께서는 외식(外食)하는 유대민족을 벌하시겠다고 하셨으며(16~20), 제사보다 순종을 원하신다고 하셨다(21~28).

(2) 불순종의 결과(8:4~9:26) - 유대 민족은 불순종의 결과로 큰 환란을 당하게 될 것이다. 그러나 거짓선지자들은 오히려 '평강하다' 고 거짓되이 백성을 위로하고 있다(8:10~11). 예레미야는 유대인들이 범죄한 결과로 국토가 황폐하게 될 것에 대해 크게 슬퍼한다(8:18~9:11). 하나님께서는 유대 민족이 우상숭배로 인해 멸망을 당하는 것을 당연한 결과임을 말씀하신다(9:13~16). 유대인들이 하나님을 의지하지 아니하고 자기의 힘이나 지혜나 특권들을 의지하는 것은 지극히 어리석은 일이다.

(3) 여호와 참 하나님(10:) - 모든 우상은 헛된 것이며(1~5), 오직 여호와 하나님만 전능 하시다(6~11). 하나님은 온 세계를 지으셨고(12), 자연을 다스리시며(13), 거짓된 신을 심판하신다(14~15). 그 하나님께서 이스라엘을 택하셨다(16). 그러나 유대 민족은 포로가 될 것이다.

3) 이스라엘의 불순종과 그 결과(11:~13:)

민족이 하나님의 말씀에 불순종하므로, 하나님께서는 유대민족에게 큰 재앙을 내리실 것이다. 아나돗 사람들은 하나님의 말씀을 대언하는 예레미야를 해치려고 음모했다(11:18~23). 하나님께서는 타락한 이스라엘이 받은 비참한 환난에 대하여 말씀하시고(12:7~13), 미래의 회복을 약속하셨다(12:14~17). 13장에서는 썩은 허리띠의 비유를 통하여 유대 민족의 타락을 지적한다.

4) 씻을 수 없는 유다의 죄(14:~17:)

유다 나라에 심한 가뭄이 오래 계속되었다. 예레미야는 동족들에게 미움과 조롱과 멸시를 받아 왔지만, 그들이 고통당하는 모습을 보고 하나님께 기도드린다(14:). 하나님은 예레미야에게 독신으로 지낼 것을 명하셨다. 멀지 않아 큰 환난이 올 것이기 때문이다(참고/고전 7:26). 하나님은 멀지 않아 닥쳐 올 유다의 환난에 대해 말씀하시고, 다시 회복 하실 것을 약속하셨다. 유다의 몰락은 필연적인 것이었다. 오직 구원은 하나님께 있으므로(17:12~14), 그들이 하나님께 돌아오기만 하면 예루살렘은 영원히 남을 것이라고 거듭 약속하셨다(17:24~25). 또한 안식일을 거룩히 지킬 것에 대해 말씀하셨다(17:19~27).

5) 토기장이의 교훈(18:~19:)

토기장이의 비유를 통해 열국의 흥망성쇠에 대한 하나님의 주권(主權)을 설명하고, 유대 민족이 회개할 것을 호소했으나 허사였다. 예레미야는 예루살렘 지도자 앞에서 오지병을 깨뜨림으로 이 성읍의 멸망이 임박하였음을 다시금 경고하였다.

6) 옥에 갇힌 예레미야(20:)

예레미야는 유다민족에게 임할 재앙에 대하여 예언한 고로(19:14~15) 핍박을 받게 되었다. 성전의 지도자 중 한사람인 바스훌은 예레미야를 붙잡아 매를 때리고 착고를 채워 옥에 가두었다.

3. 시드기야 왕 때 임한 예언-유다 민족의 심판과 구원의 약속(21:~33:)

1) 유다와 다른 나라들에 대한 심판(21:~29:)

⑴ 왕들과 선지자들에 대하여(21:~24:) - 바벨론에게 침략을 받은 시드기야 왕은 예레미야에게 사신(使臣)을 보내어 하나님께 기도해 줄 것을 요청한다. 하나님께서는 예레미야를 통하여 유다는 패배를 당하고 갈대아 군대가 예루살렘을 점령할 것이라고 말씀 하셨으며, 백성의 목숨을 구하기 위해 바벨론에게 항복하라고 말씀하셨다(21:8~10). 22장에는 하나님을 순종치 않는 악한 왕들에 대한 예언이 나와 있다. 그들은 모두 심판을 받아 비참하게 될 것이다. 23장은 거짓 선지자들에 대한 기록으로, 그들은 예레미야의 말을 비웃고 하나님의 말씀 대신 그들 자신의 메시지를 전한다. 24장에서 좋은 무화과는 바벨론에 포로됐으나 회개하고 하나님께 돌아온 사람들을 의미하며, 나쁜 무화과는 예루살렘에 남아 있으면서 애굽의 도움을 받아 바벨론에 대항하던 사람들을 가리키는데 그들은 회개하지도 않았으며 스스로 교만하였다(왕하 24:10~20).

⑵ 70년 간의 포로 생활에 대한 예언(25:) - 이때는 여호야김의 통치 4년, 즉 주전 604년이었다. 예레미야는 유대 민족이 70년간을 바벨론에서 포로생활할 것을 예언했다(8~14,29:10, 대하 36:21, 에1:1, 단9:2, 슥 7:5).

⑶ 재판받는 예레미야(26:) - 예레미야가 회개를 촉구하는 예언과 설교를 하자 제사장들과 거짓 선지자들은 그를 죽이려고 고발하여 재판을 받게 하였다. 예레미야는 방백 아히감의 보호로 위험을 모면하였으나, 친구 선지자 우리야는 결국 순교하였다.

⑷ 줄과 멍에(27:~29:) - 예레미야는 자기 목에 줄과 멍에를 메고 다니며 모든 나라가 바벨론에게 정복될 것을 예언하였다. 거짓 선지자 하나냐는 건방지게 그 멍에를 벗겨 부셔 버렸다가(28:10), 그 벌로 두 달도 못 되어 죽고 말았다.(28:17). 예레미야는 바벨론에 있는 포로들에게 편지하여, 그 곳에서 안정하여 살 것과 70년 후에는 본국으로 돌아올 것에 대해 말하였다(29:10). 그러나 거짓 선지자들은 바벨론에서도 예레미야의 말을 비웃고 거짓 예언을 하였다(29:21~32).

2) 유다 회복에 대한 소망(30:1~33:26)

⑴ 회복의 노래(30:~31:) - 유다민족은 '야곱의 환란의 때' 가 지난 후에 회

복될 것이며(30:), 새 언약 아래서 축복을 받게 될 것이다(31:). 새 언약은 예수 그리스도로 말미암은 구원의 언약을 의미한다.

(2) 밭을 삼(32:) - 예레미야는 하나님의 말씀대로 밭을 산다. 이는 유대인이 포로생활에서 돌아와 그들의 땅을 다시 경작한다는 것을 의미한다.

(3) 이스라엘의 회복(33:) - 다윗 시대 이후 포로시대까지 400년 동안 유다를 통치한 다윗 계보의 왕들은 대부분 악하였다. 그러나 다윗의 후손에서 한 '의로운 가지' 곧 메시야가 옴으로 이스라엘과 유다를 회복시킬 것이다. 이 말씀은 신약시대 그리스도께서 다윗의 후손으로 오실 것에 대한 예언이다(삼하 7:12, 왕상 2:4, 8:25, 9:5 등).

4. 멸망에 대한 예언(34:~44:)

1) 시드기야 왕 때 임한 예언, 여호와김 왕 때의 사건들(34:~36:)

(1) 시드기야왕에 대한 책망(34:) - 시드기야왕은 바벨론이 쳐들어오자 위험을 느끼고 일시적으로 하나님의 말씀에 순종하여 노예를 자유케 하나(8~10), 바벨론 군대가 잠시 예루살렘을 떠나자(34:21, 37:5), 노예 해방을 취소하였다. 하나님께서는 이러한 시드기야 왕의 행위를 책망하셨다.

(2) 레갑인의 모범(35:) - 레갑인들은 모세 시대부터 시작되는 족속으로(대상 2:55, 민 10:29~32, 삿 1:16, 왕하 10:15,23) 수세기 동안 모범적인 생활을 하여 왔다. 하나님께서는 레갑 족속의 모범적 예를 들어 유대인을 책망하셨다.

(3) 왕이 두루마리를 불사름(36:) - 당시 예레미야는 요시야 13년 부터 여호야김 4년까지 23년동안 예언하고 있었다. 하나님께서는 예레미야에게 "네게 이른 모든 말"(2), 즉 하나님께서 주신 예언을 두루마리 책에 기록하라고 명령하셨다. 예레미야가 이 책을 쓰는 데에는 1년 정도 걸렸다(1, 9). 이 책을 읽고 어떤 방백들은 깊은 감명을 받았으나 여호야김 왕은 그 두루마리 책을 불살랐다. 후에 예레미야는 이 책을 다시 썼다.

2) 예루살렘이 포위되었을 때 예레미야의 경험(37:~39:)

(1) 예레미야의 투옥(37:~38:) - 바벨론 군대는 예루살렘을 포위했다가 잠시 동안 철수했다. 예레미야는 하나님 말씀을 통하여 예루살렘이 결국 바벨론에게 망하게 될 것을 알았으므로 바벨론에게 항복할 것을 강력히 권고

했다. 그래서 예레미야는 반역자라는 혐의를 받고 옥에 갇히게 되었다.

(2) 예루살렘 함락(39:) – 결국 예루살렘은 바벨론에게 함락되고 유다 왕과 백성은 포로가 되었다(52:, 왕하 25:, 대하 36:). 느부갓네살은 예레미야를 보호하도록 명령하였다(11~14, 40:1–6).

3) 예루살렘 함락 후 예레미야의 예언과 경험(40:~44:)

(1) 그다랴가 총독이 됨(40:~41:) – 느부갓네살이 유다의 총독으로 임명한 그다랴는 예레미야의 친구 아히감의 아들이었다(40:5, 26:24). 그러나 그는 3개월도 못되어 피살되었다(41:2).

(2) 애굽으로 도망감(42:~43:) – 그다랴를 피살한 자들은 느부갓네살왕에게 보복받을 것이 두려워 애굽으로 도망갔고 예레미야를 강제로 끌고 갔다.

(3) 예레미야의 마지막 호소(44:) – 예레미야는 애굽에 있는 유다인들에게 유다의 황폐한 원인이 우상숭배에 있다고 말하였으나, 그들은 오히려 예레미야가 전하는 하나님의 말씀에 도전하고 불순종하였다.

5. 열국에 대한 예언(45:~51:)

1) 바룩에 대한 예언(45:)

예레미야서는 예레미야가 불러준대로 바룩이 기록한 것이다(1). 그는 대망을 가진(5) 뛰어난 사람으로 예레미야에게 큰 영향을 받은 사람이다(43:3).

2) 애굽에 대한 예언(46:)

이 장(章)은 갈그미스에서 애굽의 군대가 패하고(주전 605), 그 후에 느부갓네살이 애굽을 침입한다는 예언으로(13~26), 43:8~13에 계속되는 부분이다.

3) 블레셋에 대한 예언(47:)

블레셋이 바벨론에게 멸망되겠다는 이 예언은 느부갓네살이 유다를 점령한지 20년 후에 이루어졌다.

4) 모압에 대한 예언(48:)

모압은 느부갓네살이 유다를 침입할 때 그를 도왔으나 후에 그의 손에 황폐하게 되었다(주전 582). 모압은 이스라엘이 출애굽하여 가나안에 들어올 때 부터(민 22:24)여러 세기동안 이스라엘과 원수되어 왔다(삿 3:12~30, 삼상 14:47, 삼하 8:2, 왕하 3:4~27,13:20, 대하 20:1이하). 모압은 황폐하게 된 후 나라를 이루지 못하고 후에 아랍민족에게 포함되어 버렸다.

5) 암몬, 에돔, 다메섹, 게달과 하솔, 엘람에 대한 예언(49:)

이 모든 나라들은 느부갓네살에 의해 정복되었다(겔 25:1~11)

(1) 바벨론에 대한 예언(50:~51:)

당시 바벨론은 열국의 패권(霸權)을 잡고 있는 강국(强國)이었다. 그러나 예레미야는 하나님 말씀에 의지하여 바벨론의 멸망을 예언하였다. 바벨론의 멸망이 이스라엘의 구원이 되며(50:1~10), 그들의 수치가 이스라엘의 영광이 된다(50:11~20). 바벨론의 권세와 교만은 북으로부터 오는 원수(메대, 바사)로 말미암아 무너지게 될 것이다(50:41~51:33).

6. 부록(52:)

본 장의 일부분은(4~16), 39:1~10의 반복이다. 이는 예레미야가 예언한 것이 성취되었음을 알게 하기 위함이다. 본 장에는 유다의 멸망과 포로에 대한 기록으로 시드기야의 통치로부터 시작하여 예루살렘이 멸망한 후 26년까지의 사실을 요약하고 있다.

Ⅱ. 예레미야 애가 (애 1:1~5:22)

1. 황폐된 시온(1:)

예레미야는 유다 민족이 바벨론에 잡혀간 사실에 대해 말할 수 없이 탄식한다. 이 장에서 특별히 강조하는 것은 사람들이 그들의 죄로 말미암아 벌을 받게 되었다는 것이다(5,8,9,14,18,20,22).

2. 하나님의 진노(2:)

예루살렘(시온)이 황폐하게 된 것은 하나님께서 진노하셨기 때문이다(1~6, 21~22). 예루살렘은 하나님이 세우신 아름다운 성이었으나(15), 소돔보다 더 악해짐으로(4:6) 하나님께 벌을 받게 되었다. 예레미야는 시온에게 회개의 눈물을 강같이 흘리고 말한다(18).

3. 예레미야의 슬픔(3:)

예레미야는 민족의 고난을 자기의 고난으로 삼고 애통한다(1~8). 그러나 고난 중에서도 주님의 변치않으시는 자비와 언약을 기억하고 소망을 가진다(21~39).

4. 과거와 현재(4:)

시온이 과거에는 정금같이 귀하고 화려 하였으나, 지금은 질항아리 같이 천하여 졌다. 바벨론의 침략으로 유대인들은 극심한 기근에 시달려 자기의 자녀를 삶아 먹기까지 했다(2:20, 4:10). 시온이 망하게 된 것은 종국에 가서는 하나님의 긍휼을 입어 회복하게 될 것이다(21,22).

5. 통회의 기도(5:)

예레미야는 하나님께서 구원의 은혜를 베푸사 시온을 회복시켜 주시기를 마지막으로 간절히 기도드린다.

교훈 및 적용

1. 태중에서부터 예레미야를 택하신 하나님이심을 깨닫고 우리도 구별된 자로서의 삶을 살자.
2. 하나님은 배역하고 불순종한 자기 백성들을 사랑하셔서 회개를 촉구하시고 권고하심을 알고 우리도 하나님 앞에 회개하고 그의 뜻에 순종하는 생활인이 되자.
3. 하나님은 그 사랑하시는 자에게 죄를 징계하시는 하나님이심을 깨닫고 주의 징계를 감사함으로 인내하여 승리하는 자가 되자.
4. 하나님께 불순종하고 범죄한 결과는 언제나 재앙이 따랐다. 그러므로 우리는 순종과 경건한 신앙으로 복된 삶을 누리자.
5. 하나님의 경고를 무시하고 배역한 자들은 심판받음을 알고 우리는 언제나 하나님의 말씀을 귀히 여기며 경청하자.
6. 하나님은 택한 자들을 심판한 후에 다시 회복시키심을 깨닫고 우리도 고난 당할 때 구원하시고 회복시키시는 하나님을 바라보자.
7. 예레미야가 통곡하여도 백성들 중에 듣는 사람이 없었던 것처럼 우리 역시 마음이 강퍅하여 옳은 말을 수용하지 못하고 감언이설에만 귀기울이지 않는가? 우리는 성령이 교회에게 하시는 말씀을 들어야 한다.
8. 예레미야는 고난 중에 부르짖으라고 말했다. 이처럼 우리에게 고난이 다가올 때 애통함과 눈물로 회개하고 부르짖어 하나님의 응답을 받자.

예레미야 선지자가 백성들이 죄악 중에 빠져 있을 때 그들을 바른 길로 인도하기 위하여 얼마나 눈물로 기도하며 노력했는가를 깨달았습니다.
오늘 우리도 나라와 민족을 위하여 예레미야와 같이 눈물로 기도하며 노력해야 할 것입니다.다음 과에서도 에스겔 선지자의 예언을 배우게 될 것입니다. 먼저 본문을 읽으시기를 바랍니다.

24

성경문제

● 예레미야의 예언/렘1:1-애5:22

1. 예레미야는 베냐민 땅 아나돗의 제사장 중 (   )의 아들이다.(렘 1장)
2. "생수의 근원되는 나를 버린 것과 스스로 웅덩이를 판" 두 가지 악을 행한 것은 누구인가?(렘 2장)
3. "예루살렘아 네 마음의 (   )을 씻어 버리라 그리하면 (   )을 얻으리라" (   )에 적당한 낱말을 넣으라.(렘 4장)
4. 3번씩이나 기도하지 말라고 한 말씀이 있다. 몇 장 몇 절인가?
5. 9장에 보면 "자랑치 말라"고 한 말씀이 있다. 거기에 해당되지 않는 것은 무엇인가?
   (가) 지혜　(나) 용맹　(다) 부　(라) 능력
6. 예레미야 13장에서 "띠"는 무엇을 비유하고 있는가?
7. "하지 말라"고 한 것이 아닌 것은 무엇인가?(렘 16장)
   (가) 자녀를 두지 말라.
   (나) 먹거나 마시지 말라.
   (다) 애곡하지 말라.
   (라) 상가에 들어가지 말라.
8. "내가 너희 앞에 생명의 길과 사망의 길을 두었노니"라는 말씀은 몇 장 몇 절에 있는가?
9. 여호와의 말씀이 예레미야에게 몇 년 동안 임했다고 하였나?(렘 25장)
10. 하나님은 열방으로 하여금 (   ) 왕을 섬기라고 했다.(렘 25장)
11. "너희는 내 (   )이 되겠고 나는 너희 (   )이 되리라" 몇 장 몇 절에 있는 말씀이며 (   )에 적당한 낱말은 무엇인가?
12. 이 땅에 공평과 정의를 실행할 "한 의로운 가지"가 어디서 나게 한다고 했는가?(렘 33장)
13. "그리하면 너희가 나의 너희와 너희 선조에게 준"에서 나와 너희는 각각 누구인가?(렘 35장)
   (가) 여호와-예레미야　(나) 여호와-요나답
   (다) 여호와-예루살렘 거민　(라) 여호와-다윗
14. 예레미야를 시위대 뜰에 둔 왕은 (   ) 왕이었다.(렘 38장)

15. 예레미야를 바벨론으로 옮기던 중 사슬을 풀고 해방시켜 준 사람은 누구인가?(렘 40장)

16. 이스라엘 백싱들의 5가지 악을 지적한 성경 구절은 어디인가?

17. 48장에서 "나 여호와가 말하노라", "여호와의 말이니라"는 말이 모두 몇 번 나오나?

18. 이스라엘 백성을 무엇에 비유했나?(렘 50장)

19. "여호와께서 그 (   )으로 땅을 지으셨고 그 (   )로 세계를 세우셨고 그 (   )로 하늘들을 펴셨으며" (   )에 적당한 낱말을 써 넣으라.(렘 51장)

20. 예레미야 애가 1장에서 "위로할 자가 없다"는 말씀이 몇 번 나오는가?

21. "우리가 스스로 행위를 조사하고 여호와께로 돌아가자"는 말씀은 예레미야 애가 몇 장 몇 절인가?

22. "세상 열왕과 천하 모든 백성이 믿지 못하였도다" 고 했는데 무슨 일을 말하는가?(애 4장)

(가)자녀를 삶아 식물로 삼은 일

(나)여호와께서 분을 내시는 일

(다)의인의 피를 흘리는 일

(라)대적과 원수가 예루살렘 성문으로 들어간 일

에스겔

개요

1. **주제** – 이스라엘의 포로됨과 장차 올 그들의 영광스러운 회복.
2. **예수 그리스도와의 관계** – 예수 그리스도를 인자(人子)로 묘사한다.
3. **에스겔의 배경**
   1) 책이름 : 저자의 이름을 따서 에스겔이라 칭하였다.
   2) 기록자 : 에스겔. 제사장 부시의 아들(1:3)로 유다왕 여호야긴과 함께 바벨론에 포로로 잡혀가 그발강변 델아빕에 거하며 활동했다(3:15).
   3) 기록연대 : 주전 590~560년경
   4) 수신자 : 이스라엘 자손(2:3, 3:1), 특히 이스라엘 자손 중 사로잡힌 자들(3:11, 11:25). 또한 이방민족들을 위한 말씀(25:3, 27:3).
   5) 목 적 : 장차 이스라엘이 회복될 것과 이스라엘의 영광스러운 날이 올 것을 예언하는 데 있다.
   6) 에스겔서의 연대 : 이 책의 중심은 주전 586년에 일어난 예루살렘의 멸망에 있다. 에스겔의 활동은 그 이전 6년부터 그 이후 16년까지 22년 동안이었다. 에스겔은 예루살렘이 멸망할 때까지 계속하여 예루살렘의 멸망을 예언했으며(1:~24:), 그 이후 그는 이웃 이방민족의 멸망(25:~32:)과 이스라엘의 회복과 영광스러운 미래(33:~48:)에 대하여 예언했다. 그의 예언은 대체로 연대순서로 되어 있는데, 그 연대는 주전 597년 여호야긴 왕의 포로시부터 시작한다. '30년' (1:1)은 여호야긴 포로의 '5년' (1:2)에 해당하며, 에스겔의 나이 30세 때인 것 같다.
   7) 특유한 용어 : '그들은 내가 여호와인줄 알리라.' 이 말은 에스겔서에 무려 62회나 나오는데 전체 48장중 27장에 걸쳐 나온다. 에스겔은 이스라엘의 포로됨이 우상숭배로 말미암은 하나님의 징계 때문임을 알고, 이를 이스라엘에게 깨닫게 하기 위해 이 말을 자주 사용했다.
4. 내용분류 – 48장, 1,273절
   1) 유다와 예루살렘 멸망을 예언(1:~24:) 2) 이웃국가의 멸망을 예언함(25:~32:) 3) 이스라엘의 회복과 장차 올 예루살렘의 영광(33:~48:)

25
[에스겔의 예언]

● 본문 : 겔 1~8장
● 요절 : 겔 18 : 21

우리는 에스겔서를 통하여 이스라엘 백성들의 죄악이 무엇이며 그 결과가 무엇인가를 배울 수 있을 것이다. 그 뿐만 아니라 하나님의 언약을 지키면 축복이 임한다는 진리와 교훈을 본 서에서 얻게 될 것이다.

1. 유다와 예루살렘 멸망을 예언(1:1~24:27)

1) 에스겔 선지자의 소명과 임명(1:1~3:27)

(1) 에스겔이 받은 계시(1:) — 에스겔은 주건 592년 4월 5일, 여호야긴 왕이 바벨론에 포로되어 간지 5년이 되는 해 갈대아 땅 그발강 가에서 하나님의 계시를 받았다. 에스겔은 영광 가운데 하나님의 임재하심을 보았다. 5~14절에서는 불 가운데 나온 네 생물에 대하여 말하고 있는데 , 생물은 그룹(천사, 10:20)을 의미한다. 이 생물들은 얼굴이 네 개인데 앞은 사람 얼굴, 오른쪽은 사자얼굴, 왼쪽은 소의 얼굴, 뒤는 독수리의 얼굴이다 . 이 천사들은 하나님의 보좌에 둘러있어, 밤낮 쉬지 않고 하나님을 경배하고 있다. 15~21절에서는 생물들에게 달린 바퀴에 대하여 말하고 있는데 이는 하나님께서 이 세계를 통치하시고, 모든 것을 운행하신다는 것을 의미한다. 바퀴의 눈은 하나님께서 온 세상을 감찰하시고 계심을 의미한다. 그리고 22~28절에서는 보좌위에 계신 하나님의 영광에 대하여 말하고 있다.

(2) 에스겔의 사명(2:~3:)—에스겔은 패역한 백성에게 하나님의 말씀을 전하도록 부르심을 받았다. 하나님의 말씀은 두루마리로 에스겔에게 전달되었는데, 요한처럼(계10:9) 그것을 먹도록 명령받았다. 하나님의 말씀은 꿀과 같이 달았다(시 19:10, 119:103). 하나님께서는 이스라엘 백성이 듣

듣지 아니 듣든지 두려워 말고 말씀을 전하라고 하셨다(2:5~7). 하나님은 때때로 에스겔에게 침묵을 지키게 하여 (3:26, 24:27, 33:32), 에스겔 자신의 생각이 아닌 하나님의 명령을 따르게 했다.

2) 예루살렘의 멸망에 대한 상징적인 예언(4:~7:) – 하나님께서는 여러가지 상징을 통하여 예루살렘의 멸망을 말씀하셨다. 첫째는 반석 위에 예루살렘을 그리고 그것을 에워싸는 상징을 통하여 예루살렘이 바벨론에 포위되어 공격당할 것을 보여주고(4:1~3), 둘째로 좌로 390일, 우로 40일간을 눕는 상징을 통하여 (4:4~8) 이스라엘과 유다가 죄를 지은 기간동안 당한 모든 고난에 대한 것을 보여주며, 셋째로 기근의 표적으로(4:9:~13)예루살렘이 포위 당함으로 먹을 양식이 없어 큰 고통 당할 것과 넷째로 머리털과 수염을 깎는 상징을 통하여 (5:1~4) 이스라엘이 바벨론에게 멸망받을 것을 보여 준다. 6장과 7장은 이스라엘땅의 황폐와 멸망에 대해 애가로 그 주제는 이 무서운 징계로 유대민족이 하나님을 깨닫게 된다는 것이다.

3) 예루살렘에임할 하나님의 형벌(8:1~11:25) – 에스겔은 그가 부름을 받은 지 1년 2개월이 되는 9월(주전 591년)에 이상 가운데 예루살렘으로 옮겨져 성전을 모독하고 더럽히는 백성들의 가증한 행위를 보았으며, 또 그것과는 대조적인 하나님의 영광을 보았다. 하나님께서는 에스겔에게 백성들의 가증한 행위를 보여 주심으로 왜 이스라엘이 포로로 잡혀가지 않으면 안 되었는지를 보여 주었다. 9장에서 에스겔은 우상숭배자를 죽이는 환상을 보았다. 천사의 표시가 있는 성도들은 구원받았다(9:3:~4). 10장에서는 1장의 천사들이 다시 나타나 예루살렘을 벌하는 모습을 보았으며 11장에서는 포로들이 장차 유다로 돌아가는 환상을 보았다. 그 때에 사람들은 겸손 해지고, 정결해 지고 우상을 버리게 된다(11:10, 12). 사명을 다하고 에스겔은 천사의 수레를 타고 바벨론으로 돌아와 장로들에게 보고 했다(11:25).

4)멸망의 확실성(12:1—19:14) – (1) 불신과 거짓선지자(12:1-14:23)—하나님께서는 이스라엘이 너무 패역한고로 장차 유다민족이 될 일을 에스겔의 이사하는 상징적인 행동을 통하여 보여주셨다. 여기서 시드기야의 운명에 대해 자세히 예언하고 있는데 그는 예언내용처럼 몰래 도망가다가 잡혀서 바벨론으로 끌려왔다(12:10, 12, 13, 렘52:7~11). 13장에서는 이스라엘의 거짓 선지자에 대하여 14장에서는 우상숭배하는 장로에 대하여 예언하고 있다. 우상숭배의 결과는 멸망이다.

(2) 형벌의 확실성과 필연성(15:1~17:24)—15장에서는 포도나무의 비유를 통하여 포도나무가 열매 맺지 못할 때 아무데도 쓸데없고 오직 땔감으로 적당하듯이, 예루살렘도 그와 같이 될 것을 보여준다. 16장에서는 부정한 아내의 비유를 통하여 이스라엘의 우상숭배의 죄를 지적하고, 하나님께서 그들에게 심판을 내리실 것을 예언한다. 그들의 죄가 소돔과 사마리아의 죄보다 더 컸다. 17장에서는 독수리와 한 포도나무의 비유를 통하여 유다나라가 파멸된 것을 보여준다. 첫째 독수리(3)는 바벨론왕이고, 둘째 독수리(7)는 시드기야가 의지했던 애굽의 왕이었다. 그의 배신으로 시드기야는 바벨론에 잡혀가 벌을 받고 거기서 죽게 될 것이다(13~21). 이것은 5년 후 이루어졌다(왕하 25:6~7, 겔 12:10~16). 이 장에서 '연한 가지 끝' (4)은 이 비유를 하기 6년 전에 바벨론에 잡혀간 여호야긴을 가리킨다(왕하 24:11~16). 그리고 '땅의 종자' (5:13)를 심은 사람은 시드기야를 가리킨다(왕하 24:17). 하나님께서는 다윗의 계보에서 메시야가 나올 것을 말씀하셨는데(22~24), '연한 가지' (22)는 메시야를 가리킨다.

(3) 행위대로 심판하심(18:)—이스라엘 민족이 포로 생활을 하게 된 것은 그들이 지은 죄때문이었다. 포로 생활을 하는 세대들은 그들의 조상보다 더 많은 죄를 짓고 있음에도 불구하고 조상의 죄만 탓하고 있다. 하나님께서는 각 사람의 행위대로 심판하신다. 그러므로 유다민족은 그들이 지은 죄를 회개할 때에 구원받게 된다.

(4)다윗 왕가의 멸망(19:)—다윗왕가는 암사자로 비유되고 그의 왕자들은 젊은 사자들로 비유되었다(1~9). 그들은 한 때 강성하였으나 지금은 멸망당한 바 되었다. 첫째 사자새끼(3)는 애굽에 잡혀간 여호아하스이고(왕하 23:31~34), 둘째사자새끼(5)는 바벨론에 잡혀간 여호야긴이나 시드기야였다(왕하24:8~25:7). 다윗왕가는 또한 포도나무로 비유되었는데(10~14), 그 가지들은 왕성하였으나 불사름이 되었다.

5) 유다와 예루살렘의 멸망에 대한 최후 경고(20:1~24:27)

(1) 이스라엘의 우상숭배(20:)—그들은 대대로 우상숭배에 빠졌었다. 하나님께서는 그들을 회개하게 하기 위하여 심판하실 것이며, 장차 회복시켜 주실 것이다(37장 참조).

(2) 하나님의 칼(21:)—하나님께서는 칼을 들어 예루살렘과 암몬을 심판하신다.바벨론에 의하여 이스라엘과 암몬 족속은 멸망받게 된다. 시드기야의

왕위가 무너진후(24~27), 다윗왕국은 메시야가 오실 때까지 중단될 것이다(34:23~24, 37:24, 렘 23:5~6).

(3) 예루살렘의 죄(22:)—에스겔은 거듭 예루살렘의 죄를 지적하고 있다. 예루살렘은 우상으로 더럽혀 졌고, 방백들은 권세를 이용하여 백성들을 괴롭혔으며 제사장, 선지자, 방백들은 모두 부정한 이득을 취득하는데 급급하였고 모든 백성들에게 죄악이 가득하였다.

(4) 음란한 자매의 죄와 벌(23:1—49)—이 두자매는 음행을 계속했는데, 이는 이스라엘의 우상숭배에 대한 비유이다. 오홀라는 사마리아를, 오홀리바는 예루살렘을 가리킨다. 남편과 아내는 하나님과 그의 백성과의 관계와 같다고 거듭 말하고 있다(16장 이하 참조).

(5) 예루살렘의 최후의 날(24:1—27)—이는 임박한 예루살렘의 멸망을 상징한 것이다(1~14). 예루살렘이 포위되기 시작하는 날(1, 18, 왕하25:1)에스겔의 아내가 죽게 되는데(15~24) 그는 애통하지 못한다. 예루살렘의 최후 멸망 때에도 사람들이 너무 기가막혀 애통조차 하지 못하게 된다.

2. 이웃국가의 멸망을 예언함(25:1~32:32)

1) 인접국가에 대한 예언(25:1—17)- 유다의 가장 가까운 이웃인 이 네 민족은 유다가 바벨론에게 멸망될 때 기뻐했다. 에스겔은 그들도 같은 운명에 될 것을 예언했다(예레미아도 같은 예언을 했다. 렘27:1~7). 느부갓네살은 유다를 점령하고 블레셋을 정복했으며 4년 후에는 암몬, 모압, 에돔을 정복했다.

2) 두로와 시돈에 관한 예언(26:1~28:26)- 느부갓네살은 주전 585년 두로를 포위했으며, 이 성읍을 함락시키는데 13년이 걸렸다(주전585~573년). 두로는 항구도시로 세계적으로 유명한 상업도시였다. 주전 12~6세기 바다(지중해)의 세력을 잡고 전성기를 이루었으나 느부갓네살의 정복으로 멸망되었다. 두로는 '다시는 건축되지 못하리니' 라는 에스겔의 예언대로 (26:14, 21, 27:36, 28:19)황폐하여 져서 다시는 건축되지 못한다. 두로는 나중에 바사에게, 그 후 알렉산더 대왕에게 (주전332년) 정복되었다. 두로의 왕은 교만하여 어떠한 위험에도 안전하다고 자랑하였으나(28:1~19), 느부갓네살의 침공으로 멸명받게 되고, 두로에 이어 두로의 북쪽 32Km에 있던 시돈도 함락된다

(28:20~24). 이웃나라의 멸망에 대한 예언이 끝난 후 이스라엘의 회복을 예언한다(28:25~26).

3) 애굽에 대한 예언(29:1~32:32)– 여기서는 느부갓네살이 애굽을 침입함으로 애굽땅이 황폐하게 될 것을 예언하고 있다. 느부갓네살은 주전 572년과 568년에 애굽을 침입하여 정복했다. '나라 중에 지극히 미약한' (29:15) 나라가 되리라는 에스겔의 예언은 이루어져 애굽은 이전의 영광을 회복하지 못하고 그 후 세계역사에서 보잘 것 없는 존재가 되었다.

3. 이스라엘의 회복과 영광스러운 미래를 예언함(33:1~48:35)

1) 예언자의 임무(33:1—33)– 하나님께서는 파숫군의 예를 들어 에스겔이 예언자로서의 임무를 알게 하셨다(1~9,3:17~18). 이 임무를 백성들에게 알려야 한다.이스라엘 백성들은 지금 심판대 위에 있다. 비록 악한 자일지라도 회개하면 멸망치않으나, 의인이라도 범죄를 하면 멸망 받는다(10~20). 또한 이스라엘 땅에 남아서 안전하리라고 생각하는 자들의 희망은 좌절 될 것이다. 그들이 계속하여 악을 행하기 때문이다 (21~29).

2) 이스라엘의 목자들을 책망함(34:)– 이스라엘이 불행하게 된 원인은, 목자들로 비유된 이스라엘 지도자들의 불의에 있다(1~10). 하나님께서는 친히 이스라엘양 떼를 찾으시고 또 먹이시겠다고 약속하셨으며(11~16), 장차 메시야를 보내시어 자기 양들을 구원하실 것을 약속하셨다.(15,23~31).

3) 에돔의 운명(35:)– 유다 사람들이 바벨론에 잡혀가자 에돔 사람들은 지금이 유다의 땅을 차지할 좋은 기회라고 생각했다(10, 36:2, 5). 그러나 3년 후에 에돔도 같은 운명이 되었는데(오바댜 참조), 그들이 황폐하게 된 이유는 ① 이스라엘을 영구히 미워하는 까닭이요(5~9), ② 이스라엘의 땅을 차지 하기 원하며, 하나님을 훼방하는 까닭(10~15)이다.

4) 이스라엘의 회복(36:)– 이스라엘이 지금은 황폐하지만 에덴동산처럼 되어(35), 회개한 유다 사람과 이스라엘 사람이 살게 될 깃이다(10, 31). 하나님께서는 이스라엘에게 자비를 베푸심으로 스스로를 영화롭게 하실 것이다(21~24).

5) 마른 뼈의 환상(37:)– 이 환상은 흩어졌던 이스라엘 민족의 부활에 대한 예언으로, 그들이 본국에 돌아오게 되고(1~14), 유다와 이스라엘이 합쳐지며

(15~23), '다윗' (메시야, 24~26, 34:23)이라는 왕이 영원히 통치할 것을 말하고 있다. 이것은 이스라엘이 그리스도에게로 돌아 오는 것에 대한 확실한 예언이다(롬11:15, 25~26). 이 환상은 '이스라엘의 전가(全家)' (11~22) 즉 유다와 이스라엘에 대한 것이다. 유다의 귀환은 에스라서와 느헤미야서에 기록되어 있으나, 이스라엘의 포로귀환에 대해서는 아무런 기록이 없다. 그러나 돌아온 사람들은 이스라엘이라고 불리웠다. 메시야는 에스겔이 이스라엘의 미래에 대하여 본 중심적인 환상이다. 그는 메시야를 '목자' 라고 부른다(34:23, 24, 37:24, 25, 44:3, 45:7, 46:16~18, 48:21).

6) 곡과 마곡에 대한 예언(38:1~39:29)– 곡은 마곡 땅의 지배자였다. 창세기 10장 2절에서 마곡, 메섹, 두발, 고멜은 야벳의 아들로, 북방민족의 창시자였다. 메섹과 두발은 두로에 노예를 파는 상인이었으며(27:13), 사람들에게 두려움을 가져다주는 산적이었다(32:26). '로스' (38:2)는 민족 명칭인듯 한데 지금의 러시아(소련)라고 생각된다. 그들은 북쪽 맨 끝에 살고 있었다(38:6, 15,39:2). 이 사람들은 야만인으로 일반적으로 '스구디아인' 이라고 불리웠다. 38, 39장에서 스구디아인이 침입할 것을 예언하고 있는데, 동맹한 엄청난 무리가 동쪽에서(38:5) 말 년에(38:8) 회복한 이스라엘을 향하여 침입할 것이다. 그러나 하나님의 도우심으로 그들은 전멸될 것이다. 그들의 무기는 7년 동안 땔감이 되고(39:9), 그들의 시체를 묻는 데 7개월이 걸릴 것이다(39:14). 요한계시록에서 곡과 마곡의 전쟁은 하나님의 백성들에게 최후로 공격해오는 모든 사탄의 민족을 가리킨다(계 20:7~10).

7) 재건된 성전(40:~48:)– 에스겔은 성령에 이끌리어 환상 중에 두번째로 예루살렘에 가게 된다. 첫번째 환상은 19년 전에(8:1, 3) 보았는데, 예루살렘의 황폐해 질 운명에 대해 전하는 사명을 띠고 있었다. 두번째 환상은 예루살렘의 회복과 성전의 재건에 대한 예언이다. 이 환상은 바벨론에게 돌아왔을 때 이루어지지 않았다. 메시야 시대, 즉 장차 영광 가운데 이루어질 그리스도의 시대에 대한 예언이다. 이 환상 가운데서 ① 하나님의 아름다운 성전에 대하여(40:~42:) ② 하나님께서 성전에 거하심에 대하여(43:) ③ 성전에서 일 할 제사장에 대하여 (44:) ④ 성소에 돌아갈 땅, 도성과 방백에게 돌아갈 땅의 분배에 대하여 (45:) ⑤방백과 그 백성에게 주는 교훈 등이 나와있고(46:) ⑥ 거룩한 물에 대하여(47:1~12) ⑦ 성지의 경계선, 각 지파에 돌아갈 땅, 거룩한 도성의 성문에 대하여(47:13~48:35) 말하고 있다. 에스겔이 환상에서 본 이 성전은 그것

의 뜰, 배치, 설비가 대체로 솔로몬의 성전과 같다. 45:9~24에는 하나님께서 드리는 제물에 대하여 말하고 있는데, 장차 왕(그리스도)이 통치하실 때에는 제물이 필요없게 된다. 히브리서에 예수 그리스도께서 단 한 번 죽으심으로 이것은 다 이루어 졌다고 말한다. 47:1~12에는 생명을 주는 물에 대하여 말하고 있는데, 이 부분은 에스겔서에서 가장 훌륭한 귀절의 하나이다. 요엘과 스가랴도 이 물에 대하여 말했는데(욜 3:18, 슥 14:8), 이 물은 하늘에 있는 '생명수의 강'(계 22:1~2)을 말한다. 이 물은 예루살렘에서 흘러나와 넓고 깊은 물이 되어 온 세계에 퍼져 사람들에게 생명으로 축복하며 영원한 하늘나라에 이르게 한다. 이는 그리스도의 구속의 은혜로 말미암아 영생의 복음이 전 인류에게 전파될 것을 말한다.

교훈 및 적용

1. 하나님은 제 1계명의 중요성을 강조하셨다. 왜냐하면 인간이 우상을 숭배하면 모든 생활에 죄와 사망의 열매를 맺기 때문이다.
2. 하나님은 전능하신 분이시기에 우리 개인뿐 아니라 모든 열방을 다스리신다. 우리가 복있는 사람이 되기만 하면 만물과 환경과 주변 국가를 사용하여 복주신다.
3. 하나님은 거룩하시며 죄와 타협하지 않으신다. 그러므로 하나님 앞에서는 죄의 대가를 분명히 지불해야 한다. 하나님께서는 아담의 죄 때문에 예수 그리스도를 십자가에 못박혀 죽게 하신 것이다. 우리가 하나님 앞에 죄를 회개하지 않으면 죄의 대가를 지불해야 한다.
4. 하나님은 죄를 미워하며 심판하신다. 이스라엘 민족에게 끊임없이 죄의 회개를 요구하시며 오래 참으신 것 처럼 우리가 죄악중에 거하여도 오래 참으신다. 우리는 속히 회개하여 하나님의 사랑을 받자.
5. 하나님이 통치하시고 계시는 곳이 우리가 거할 곳이다. 우리의 영원한 처소는 이 땅에 있는 것이 아니라 천국이다. 신령한 몸으로 부활하기 위해 선한 싸움을 싸우자.

우리는 에스겔 선지의 계시에서 많은 것을 배웠습니다. 죄인은 망하고 의인은 산다는 것입니다. 그리고 하나님께서는 택한 백성을 끝까지 버리지 아니하시고 구원하신다는 것입니다. 다음 과에서는 다니엘 선자를 통하여 주신 예언의 말씀을 또 듣게 됩니다. 먼저 본문 말씀을 자세히 읽으시기를 바랍니다.

성경문제

● 에스겔의 예언/겔1:1-48:35

1. 에스겔 선지자 본 네 생물의 형상은 무엇 무엇인가?(겔 1장)
2. 여호와께서 에스겔에게 두루마리 책을 먹이셨는데 그 맛의 달기가 ( ) 같았다.(겔 3장)
3. 다음 A항과 관계 있는 것을 B항에서 골라 그 번호를 쓰라.(겔 4-6장)

A항	B항
① 390일( )	(가) 좌편으로 누워 이스라엘 죄 담당
② 40일( )	(나) 우편으로 누워 유다 죄 담당
③ 온역( )	(다) 먼 데 있는 자가 죽음
④ 칼( )	(라) 가까운 데 있는 자가 엎드러짐

4. 8장에서 에스겔 선지가 본 불 같은 형상은 무엇을 격발케 하는 우상인가?
5. "떨면서 식물을 먹고 놀라고 근심하면서 물을 마시라"고 한 것은 이 땅 모든 거민의 강포를 인하여서이다. 맞으면 ○표, 틀리면 ×표 하라.(겔 12장)
6. "너희가 ( )한 것을 말하며 ( )된 것을 보았은즉 내가 너희를 치리라" ( )안에 적당한 낱말을 써 넣으라.(겔 13장)
7. 다음 A항과 관계있는 것을 B항에서 골라 그 기호를 쓰라.(겔 17장)

A항	B항
① 높은 나무( )	말리우고
② 낮은 나무( )	낮추고
③ 푸른나무( )	높이며
④ 마른나무( )	무성케 하심

8. 에스겔 21장에서 왜 슬피 탄식하라고 했는가?
9. 두 여인의 이름은 무엇이며 무엇을 각각 상징하고 있는가?(겔 23장)
   ① 이름: ② 상징:
10. 항해자의 거한 유명한 성은 무엇을 가리키는가?(겔 26장)
11. 다음 A항과 관계있는 것을 B항에서 골라 그 기호를 쓰라.(겔 31-33장)

A항	B항
① 애굽 땅( )	(가) 백향목
② 앗수르 사람( )	(나) 악어

③ 엘람( )　　　　　　(다) 황무한 땅

④ 이스라엘( )　　　　　(라) 할례받지 못한 자

12. "내가 한 목자를 그들의 위에 세워 먹이게 하겠다" 고 했는데 누구를 가리키는가?(겔 34장)

13. 여호와께서 이스라엘 족속을 모으고 정결케 하여 열조에게 준 (　　　　)에 거하게 하심은 하나님의 백성이 되게 하심이다.(겔 36장 참조)

14. 에스겔 골짜기의 뼈들이 살아 일어나서 큰 군대가 된 것은 무엇 때문인가?(겔 37장)

15. "병기를 불 피워 사르되" 얼마 동안이나 불을 피우라고 했는가?(겔 39장)

16. 에스겔이 하나님의 이상을 본 것은 사로잡힌 지 25년이요 성이 함락된 후 15년이었다. 맞으면 ○표, 틀리면 ×표 하라.(겔 40장)

17. 제단을 정결케 하기 위하여 며칠동안 속죄제를 드리라고 했는가?(겔 43장)

18. "정월 십사 일에는 유월절 곧 칠일 절기를 지키며 누룩 없는 떡을 먹을 것이라" 몇 장 몇 절에 있는 말씀인가?

19. 소금 땅이 될 것은 무엇인가?(겔 47장)

20. 새로 부르게 된 그 성읍의 이름은 무엇인가?(겔 48장)

다니엘서

개요

1. **주제** – 세상 왕국을 지배하는 하나님의 주권
2. **예수님과의 관계** – 예수 그리스도는 뜨인 돌이시다(단 2:34,45).

3 **다니엘서의 배경**

1) 기록자 : 다니엘. 다니엘이라는 이름의 뜻은 "하나님은 나의 심판자"이다. 다니엘은 소년시절에 포로로 잡혀가서 바벨론의 고관(高官)으로, 약 70년간 느부갓네살, 벨사살, 다리오, 그리고 고레스 왕 등을 섬기면서 하나님의 선지자 노릇을 하였다.
2) 연 대 : 유다의 여호야김 왕 때부터(1:1~2) 바사의 고레스왕까지(10:1) 약 70년간의 역사를 기록한 것이며 기록 연대는 다니엘이 죽기 직전인 주전 약 6세기 경이다(주전 535년 경).
3) 기록목적 : 하나님은 그의 백성을 끝까지 사랑하신다는 것, 그리고 마지막 날에 영원한 나라를 세우실 것을 보여 주기 위함이다.
4) 특 징 : (1) "하나님을 섬기지 않는 나라" 가운데에서 하나님의 나라가 어떻게 이루어지는가를 극적인 장면을 통해 보여주고 있다. (2) "구약의 요한계시록"이라고 할 만큼 마지막 날을 위한 하나님의 계시에 대해 상세하게 예언되어 있는 책이다. (3)구약의 다른 성경과 달리 일부분이(2:~7:) 히브리어가 아닌 아람어로 기록되어 있다. (4) "왕"이라는 단어가 183회, '나라' 가 55회, 그리고 "다니엘" 이 74회 사용되었다.

4. **내용분류** – 12장 357절
   1) 타인의 꿈을 해석하는 다니엘(1:~6:)
   2) 다니엘의 꿈을 해석하는 천사(7:~12:)

26
[다니엘의 예언]

● **본문 : 단 1~12장**
● **요절 : 단 12:3**

다니엘서는 역사적인 부분(1~6장)과 예언하는 부분(7~12장)으로 나눈다. 특히 본 서는 세계제국의 흥망과 그리스도 왕국의 출현을 예언하고 이 모든 역사의 배후에서 움직이는 능력을 보여주고 있다.

1. 타인의 꿈을 해석하는 다니엘(1:1~6:28)

1장에서 6장까지는 '다니엘에 관련된 내력'에 대한 내용으로서 다니엘이 다른 사람들(이방왕)의 꿈을 해석해 주는 것이 주요 장면이다. 이 부분에는 느부갓네살(1:~4:), 벨사살(5:), 다리오왕(6:)이 등장하고 있다.

1) 다니엘의 인물됨(1:1-21)

(1) 포로 다니엘(1~7)—주전 605년경 유다왕국이 바벨론의 느부갓네살 왕에게 정복을 당할 때, 10대 청년 다니엘은 수많은 포로들과 함께 바벨론으로 끌려갔다. 다니엘은 포로 가운데서 하나님의 은혜로 높임을 받아, 바벨론의 총리대신까지 되었고 하나님의 종으로서 일생을 보냈다.

(2) 절개있는신앙(8~16)—다니엘과 그의 세 친구들은 우상에게 제물로 바쳐진 왕의 음식을 죽기를 각오하고 먹지 않고, 대신에 야채와 물만 먹는 신앙의 절개를 지켰다.그 신앙의 결과 하나님께 큰 영광이 되었다.

(3) 하나님께서 기르신 종들(17~21)—신앙의 절개를 지킨 다니엘과 친구들은 바벨론의 누구보다도 지혜와 총명이 뛰어났다.

2) 다니엘이 왕의 꿈을 해몽함(2:1~49)

(1) 느부갓네살의 꿈소동(1~13)—그의 꿈은 장차 이루어질 세계 역사의 개요에 관한 꿈이다. 그것은 느부갓네살 왕부터 예수님의 역사를 하나님께서 보여 주신 꿈이다.

(2) 다니엘의 담대한 신앙(14~16)—영원하신 하나님을 믿는 다니엘의 신앙

은 다니엘로 하여금 "왕이 기한을 조금 주시면 우리가 하나님께 구하여 그 꿈의 내용과 해석을 정확히 알게 하겠나이다" 라고 담대한 선언을 하게 한다.

(3) 하나님의 계시(17~24)—다니엘은 친구와 함께 드린 기도를 통해 하나님의 직접적인 계시를 받는다.

(4) 왕의 꿈의 해석(25~45)—이 놀라운 해석에서 '정금 머리' 는 느부갓네살 왕을, '은(銀)의 가슴' 은 메대와 바사 나라를, '동(銅)의 배' 는 헬라시대의 마게도니아 왕을, '철(鐵)의 다리와 열 발가락' 은 로마제국의 장차 있게 될 구라파 통합 10개국을, 그리고 '하늘에서 뜨인 돌' 은 영원한 나라를 지배하신 예수 그리스도를 의미한다.

(5) 하나님께 항복한 느부갓네살(46~49)—놀랍도록 정확한 꿈 해석을 듣고 느부갓네살 왕은 다니엘을 하나님의 사자로 인정하고, 그가 섬기는 여호와를 참 하나님으로 고백한다.

3) 풀무 속의 세 친구(3:1~30)

(1) 느부갓네살의 신상(神像)(1–7)—이것은 그가 꿈에서 본 황금 신상을 본떠 만든 것으로 높이가 30미터, 넓이가 3미터나 되는 거대한 신상이다.

(2) 절하기를 거부한 세 친구의 신앙(8~18)—사드락과 메삭과 아벳느고는 하나님의 권세를 거스리는 느부갓네살 왕 앞에서 비록 죽임을 당할지라도, 하나님 외에 다른 우상 신상에게 절하지 않겠다는 위대한 신앙 고백을 한다.

(3) 7배나 뜨거운 풀무(19~30)—세 사람을 집어 던지는 바벨론 사람들이 타 죽을 정도로 뜨거운 풀무 불이었지만 하나님을 끝까지 신뢰한 그들은 머리카락 하나 그슬리지 않았다. 넷째 사람(25)은 예수님을 가리킨다.

4) 느부갓네살의 꿈과 다니엘의 해몽(4:1~37)

(1) 느부갓네살의 두번째 꿈(1~18)—4장은 느부갓네살이 정신이상으로 미쳤다가 회복된 후, 너무 감격하여 자기가 다스리는 각 나라와 방언과 백성들에게 내린 조서내용이다. 이 꿈에서 느부갓네살은 정신병에 걸려 궁전 뜰에서 동물사이를 거니는 짐승으로 착각했다.

(2) 다니엘의 해석(19~27)—다니엘은 느부갓네살 왕이 7년 동안 정신 이상

에 걸려 소처럼 들에 거하며 돌아 다닐 것을 해몽을 통해 예언했다.

(3) 느부갓네살의 증언(28~37)—다니엘의 예언대로 느부갓네살은 7년간 짐승노릇을 하고 하나님께 항복을 한 후 다시 회복되었다. 이 때 그는 하나님 앞에 엎드려 경배하고 하나님의 주권을 인정하는 고백을 하게된다.

5) 벨사살의 잔치(5:1~30)

(1) 벨사살 왕의 독신행위와 하나님의 심판(1~12)—벨사살 왕은 그의 선조 느부갓네살 왕이 예루살렘을 공략할 때 성전에서 가져온 하나님께 제사드리는 그릇에 술을 부어서 농담거리로 만들고 자기들의 신의 이름을 찬양했다. 이에 하나님께서 사람의 손을 통하여 벽에 글씨를 써 하나님의 심판을 예고하셨다.

(2) 다니엘의 해석(13~30)—다니엘은 벨사살 왕이 나라를 빼앗길 것을 말했고, 그 예언대로 바벨론 성은 그날 밤으로 함락되고 말았다.

6) 사자굴에 던져진 다니엘(6:1~28)

70년동안 바벨론 제국의 고관으로 있었던 다니엘은 이제 90에 가까운 노인이 되었다. 그럼에도 불구하고 바벨론의 정복자 다리오 왕은 다니엘에게 그의 정부를 맡겼다. 이에 원수들이 참소하여 다니엘을 없애려 했으나, 생사를 초월한 신앙으로 다니엘은 사자굴과 같은 불같은 시험을 이길 수 있었다.

2. 다니엘의 꿈을 해석하는 천사(7:1~12:13)

7장부터 12장까지 여섯장은 장차 있을 일들에 대한 다니엘의 예언의 기록이다. 이 부분은 다니엘의 꿈을 하나님의 천사가 해석해 주는 형식으로 되어 있으며, 하나님의 위대한 섭리가 확실하게 나타나 있다.

1) 이상 중에 본 네 짐승(7:1~28)

(1) 인류역사의 개요(1~8)—바람이 하늘에서 불어왔다는 것은 인간의 역사가 하나님의 뜻 안에서 이루어진다는 것을 의미한다. 독수리 날개를 가진 사자는 바벨론을, 세 갈빗대를 물고 있는 곰은 메대와 바사를, 머리 넷과 등에 새의 날개를 가진 표범은 헬라(알렉산더)를 그리고 머리에 열 뿔을 가

진 짐승은 로마제국과 장차 그 로마의 옛 판도에서 종말의 열 나라가 통합할 것을 말해준다.

(2) 적그리스도의 심판과 그리스도의 영원한 왕국(9~14)—이것은 요한계시록 19장에 나오는 내용이다.

(3) 넷째 왕국에 관한 해설(15~28)—넷째 나라는 로마요, 열 뿔은 옛 로마 판도에서 마지막에 일어날 열 왕국이며 나중에 일어난 작은 뿔은 적그리스도이다.

2) 수양과 수염소(8:1~27)

(1) 두 뿔 가진 수양(1~4)—메대와 바사국을 가리킨다.

(2) 서편에서 온 수염소(5~8)—헬라제국을 가리키며 그 두 눈 사이에 솟아 있는 뿔은 알렉산더대왕을 말한다.

(3) 작은 뿔(9~14)—이것은 시리아의 8대왕 '안디오커스 에피파네스'(주전 715~164)를 말한다. 이천 삼백 주야(14)는 그가 이스라엘을 정복한 때부터 메디아 싸움터에서 죽을 때까지의 날수인 2,300일(6년간)을 의미한다. 이 예언은 그에 의해 이미 역사상에 한 번 이루어졌고 또 다시 말세에 이루어질 이중적 예언이다.

(4) 천사 가브리엘의 가르침(15~27)—주로 적그리스도에 대한 예언의 말씀이다.

3) 다니엘의 70이레 예언(9:1—27)

(1) 다니엘의 기도(1~23)—성경공부를 하던 다니엘은 예레미야가 예언한 것을 깨닫고(1-2), 금식하며 기도하여(3~19), 기도의 응답을 받았다(20~23).

(2) 다니엘의 70이레(24~27)—70이레란 70×7=490, 즉 490년을 의미한다. 7이레와 62이레, 즉 69이레가 지나면 기름 부은 자(25)인 예수 그리스도가 오실 것을 예언하고 있는데, 이 예언은 실제로 69이레인 483년 후에 예수님께서 예루살렘에 왕으로서 입성하심으로 이루어졌다. '장차 한 왕의 백성'(26)은 주후 70년경 유대민족들이 예수님을 십자가에 못박고 난 후 로마의 학정에서 자유와 해방을 얻으려는 모반이 있었을 때, 대군대를 이끌고 간 로마의 디도 대장을 말한다. 마지막 "한 이레"(27)는 장

차 있을 7년 대환난을 가리킨다.

4) 영계(靈界)의 전쟁(10:1~21)

(1) 다니엘의 환상(1~9)—10장은 영계의 전쟁에 대한 계시이고, 11장은 인간 세상의 전쟁에 대한 계시이다. 이스라엘의 구원을 위해 기도하던 다니엘은 21일만에 응답을 받았다. 그가 21일만에 기도 응답을 받은 것은 기도의 응답을 가지고 오던 천사와 악마가 대치했기 때문이다.

(2) 영계의 전쟁(10~21)—바사 국군으로 대표되는 공중권세 잡은 악마와 하나님의 천사와의 영적 전쟁을 말해 주고 있다. 우리의 끊임없는 기도는 천사들의 싸움을 영적으로 도와주는 역할을 하며, 그 결과 우리의 기도는 응답을 받게 되는 것이다.

5) 북방 왕과 남방왕(11:1—45)

(1) 바사국과 헬라국(1~4)— '장차 한 능력있는 왕' (3)은 헬라제국을 다스렸던 알렉산더 대왕을 말한다.

(2) 남방 왕과 북왕국의 전쟁(5~22)—헬라의 알렉산더 대왕이 죽은 후, 나누인 네 나라 중에서 남방의 애굽과 북방의 시리아가 강성했다. 이 두나라의 전쟁부터 약 150년간의 역사를 예언한 것이 이 부분인데 이것은 다니엘의 때에서 볼 때 약 200여년 후의 일들이다. 이 예언의 말씀은 헬라제국과 4분열, 수리아와 애굽, 헬라 왕과의 전쟁, 안디오커스, 에피파네스, 예루살렘의 멸망, 로마제국, 그리스도의 복음사역, 그리고 로마군대에 대한 예루살렘의 멸망(주후 70년)들에 대해서 예언한 것이다.

(3) 마지막 때의 적그리스도(36~39)—적그리스도가 사탄을 의지하여 하나님을 대적할 것을 보여주고 있다.

(4) 지구 최후의 전쟁(40~45)—마지막 후 3년반 때에 인류역사상 전무후무한 피의 대격전이 될 아마겟돈 전쟁에 관해 말하고 있다.

6) 역사의 종말과 이스라엘(12:1~13)

(1) 마지막 종말(1~4)—대환난이 있을 것과(1), 성도들이 부활할 것을(2~3), 보여주면서 계시의 끝 날에 대해서(4) 말하고 있다.

(2) 최후의 기간과 결론적 해석(5~13)— '한때, 두때, 반때' (7) 즉, 후 3년 반

이 지나면 예수님께서 지상재림하사 천년왕국을 세우실 것이다. 3년 반인 1,260일이 1290일로 된 것은 (11) 최후의 전쟁터를 정리하는데 30일이 걸릴 것을 말하는 것이며, 12절의 1,335일은 추가일 45일동안 양의 나라와 염소의 나라를 심판하시고 기르시는 기간이 있을 것을 말해 주고 있기 때문이다. 우리 믿는 성도는 이 마지막 환난 전에 이미 공중에 들려 올라가서 예수님과 함께 거하다가, 천 년 동안 그리스도와 더불어 왕노릇할 것이다. 그런 다음 천 년이 지나면 영원무궁, 신천신지, 새 하늘과 새 땅에서 영원히 거하게 될 것이다.

교훈 및 적용

1. 다니엘은 철저하게 하나님께 복종함으로써, 하나님의 신비를 깨달을 수 있는 은혜를 입었다. 우리도 다니엘의 신앙을 본받아 하나님의 깊은 경륜을 체험하는 성도가 되자.
2. 끝까지 신앙을 지켰던 다니엘은 사자 굴에서도 구원을 받았다. 이와같이 우리도 신앙에 위배되지 않는 진실한 삶을 사는 한 세상의 악한 손길에서 구원받는 존재임을 깨닫자.

우리는 다니엘서에서 다니엘의 용감한 믿음을 보았습니다. 그리고 다니엘과 함께 하시는 하나님을 보았습니다. 그뿐만 아니라 다니엘을 통하여 주신 여러 가지 환상은 많은 것을 느끼게 했습니다. 다음 과에서는 소선지서의 첫부분인 호세아, 요엘, 아모스, 오바다를 공부하게 됩니다. 본문을 먼저 읽어 주시기 바랍니다.

성경문제

● 다니엘의 예언/단1:1-12:13

1. 어느 나라가, 언제 예루살렘을 에워쌌으며 다니엘이 누구에게 잡혀갔나?(단 1장)
2. 바벨론에 잡혀간 유다 나라 네 소년의 이름은 무엇인가?(단 1장)
3. 다니엘과 세 친구들은 왕의 진미를 먹고 얼굴이 더욱 아름다워졌다.
   맞으면 ○표, 틀리면 ×표 하라.(단 1장)
4. "너희 하나님은 참으로 모든 신의 신이요 모든 왕의 주재시로다" 이 말은 누가 한 말인가?(단 2장)
5. 사드락, 메삭, 아벳느고가 들어 갔던 풀무불을 평소보다 몇 배나 더 뜨겁게 했

나?(단 3장)

6. 사드락, 메삭, 아벳느고는 풀무불에 던져져서 죽고 말았다. 맞으면 ○표, 틀리면 ×표 하라.(단 3장)
7. "(　　　) 그 이적이여, (　　　) 그 기사여, 그 나라는 영원한 나라요 그 권병은 대대에 이르리로다" (　)안에 알맞은 말은 무엇이며 이 말은 누가 했나?(단 4장)
8. "그의 일이 다 (　　　)하고 그의 행하심이 (　　　)로우시므로 무릇 (　　　)하게 행하는 자를 그가 능히 낮추심이니라" (　)에 적당한 말을 쓰라.(단 4장)
9. 다음 A항을 B항에서 관계있는 것을 골라 그 기호를 쓰라.(단 5장)

A항	B항
① 메네 메네 데겔 우바르신 (　)	(가) 끝나게 하셨다.
② 메네(　)	(나) 부족함이 뵈었다.
③ 데겔(　)	(다) 준 바 되었다.
④ 베레스(　)	(라) 손가락

10. 바벨론의 마지막 왕은 누구며 누가 바벨론을 취하였나?(단 5장)
11. 다니엘은 사자굴에 던져졌으나 하나님이 그 천사를 보내어 사자들의 입을 봉하여 다니엘을 상하지 못하게 하셨다. 맞으면 ○표, 틀리면 ×표 하라.(단 6장)
12. 다니엘 7장에서 다니엘이 밤에 몇 가지 이상을 보았는가?
13. 다니엘에게 처음에 나타난 이상 후에 언제 어디서 무슨 이상을 다시 보여 주셨나?(단 8장)
14. 두 뿔 가진 수양은 어느 나라 왕들이며 털이 많은 수염소는 어느 나라 왕인가?(단 8장)
15. 예루살렘의 황무함이 70년 만에 마치리라는 것을 깨달았을 때 다니엘은 어떻게 했는가?(단 9장)
16. "주여 들으소서 주여 용서하소서 주여 들으시고 행하소서 지체치 마옵소서 나의 하나님이여 주 자신을 위하여 하시옵소서" 이 말씀은 몇장 몇절에 있는가?
17. 가브리엘이 다니엘에게 무엇을 주러 왔다고 하였는가?(단 9장)
18. "가로되 (　　　)을 크게 받은 사람이여 두려워하지 말라 (　　　)강건하라 (　　　) 그가 이같이 내게 말하매 내가 곧 힘이 나서 가로되" (　)에 적당한 낱말을 쓰라.(단 10장)
19. 마지막 때 리비아 사람들은 어떻게 된다고 했는가?(단 11장)
20. "언약을 배반하고 악행하는 자를 궤휼로 타락시킬 것이나 오직 자기의 하나님을 아는 백성은 강하여 용맹을 발하리라" 몇 장 몇 절에 있는 말씀인가?
21. 누가 구원받는다고 했는가?(12장)
22. "(　)있는 자는 궁창의 빛과 같이 빛날 것이요 많은 사람을 옳은 데로 돌아오게 한 자는 (　)과 같이 영원토록 비취리라" (　)에 적당한 낱말을 쓰라.(단 12장)

호세아

개요

1. **주제** – 이스라엘의 불신앙에 대한 하나님의 징계와 구원
2. **예수님과의 관계** – 타락자의 치유자로 묘사한다.
3. **호세아서의 배경**
   1) 기록자 : 호세아(주전 755~713), 뜻은 "구원"이며 "브에리"의 아들이다. 그는 여로보암 2세때부터 히스기야 왕때까지 예언했으며 동시대인으로 아모스, 이사야, 미가 선지자가 있는데 그는 북왕국의 예레미야라고도 불리운다. 그는 이스라엘이 멸망하기 직전에 최후로 예언한 사람이다.
   2) 기록연대 : 주전 725년경
   3) 수 신 자 : 북왕국 이스라엘
   4) 기록목적 : 패역한 이스라엘에게 하나님의 끊임없는 사랑을 보여 주고 회개를 촉구하기 위함.
   5) 특유한 용어 : "행음"(혹은 간음)이 14회
4. **내용분류** – 14장 197절
   1) 호세아의 가정의 비극(1:1~3:5)
   2) 호세아의 북왕국에 대한 예언(4:1~14:9)

요엘

개요

1. **주제** – 여호와(주)의 날—예수 그리스도의 재림과 동시에 세상을 심판 하시고 천년동안 왕 노릇하실 기간.
2. **예수님과의 관계** – 회복시키시는 이로 묘사한다.
3. **요엘서의 배경**
   1) 기록자 : 브두엘의 아들 요엘
   2) 기록연대 : 주전 820년경(오바댜의 직후)
   3) 수신자 : 남왕국 유다
   4) 기록목적:
   (1)유다인에게 그들의 죄때문에 다가올 심판을 경고하고
   (2)유다인이 하나님께 마음을 돌이키기를 권하며
   (3) 이 세상 역사의 정점은 주의 날임을 알게 하는 것이다.
   5) 특유한 용어 : 여호와(주)의 날(5회)
4. **내용분류** – 3장 73절
   1) 메뚜기 심판(1:1~2:11)
   2) 회개를 촉구함(2:12~27)
   3) 여호와의 날(교회시대로부터 시간의 끝까지)(2:28~3:21)

아모스

개요

1. **주제** - 범죄자는 하나님의 심판을 피할 수 없다.
2. **예수님과의 관계** - 하늘의 신랑으로 묘사
3. **아모스의 배경**
   1) 기록자 : 아모스, 여로보암 2세 때 드고아의 목자이다. 그는 호세아와 동시대 사람이고 요나 뒤의 사람이며 이사야와 미가 이전의 사람이다.
   2) 기록연대 : 주전 760년경
   3) 수 신 자 : 북왕국 이스라엘
   4) 기록목적 : 이스라엘이 범한 갖가지 죄악에 분명히 심판이 있으며 곧 이어 이방민족의 심판이 있고 그 후에는 이스라엘에 하나님의 축복이 임할 것을 보여주기 위함이다.
   5) 특유한 용어 : "죄"가 12회, "내가 그 벌을 돌이키지 않으리니"가 8회가 기록됨.
4. **내용분류** - 9장 146절
   1) 이스라엘과 이방의 심판선고(1:1~2:16)
   2) 이스라엘의 죄들과 그 심판(3:1~6:14)
   3) 이스라엘에 관한 환상과 회복(7:1~9:15)

오바댜

개요

1. **주제** – 에돔인의 교만에 대한 하나님의 심판과 장래 이스라엘 자손이 받을 기업의 축복
2. **예수님과의 관계** – 우리의 구주로 묘사함.
3. **오바댜의 배경**
   1) 기록자 : 오바댜의 뜻은 "여호와의 예배자"이다.
   2) 기록연대 : 주전 840~825년경.
   3) 수신자 : 사해 남쪽에 위치한 에돔나라. 에돔은 야곱의 형제에서의 후손이며 산악지방에 거처를 잡고 언제나 야곱 족속에 대한 증오의 감정을 품어 왔다.
   4) 기록목적 : 예루살렘이 침략을 받아 고통을 당할 때에 에돔은 유대인에게 교만하고 포악하게 대하였는데 그 행위에 하나님의 심판이 임할 것이라고 경고 하고 있다.
   5) 특유한 용어 : 에돔(에서)(9회), 멸절(3회)
4. **내용분류** – 1장, 21절
   1) 에돔의 멸망(1~16)
   2) 장래 이스라엘과 시온을 향한 하나님의 축복(17~21)

27
[선지자의 예언(I)]

- 본문 : 호 1~14장, 욜 1~3장, 암 1~9장, 옵 1장
- 요절 : 호 12:6, 욜 2:13, 암 5:14, 옵 1:15

선지자들은 우상숭배와 죄악으로 인하여 이스라엘 백성들에게 하나님의 심판이 있을 것이라고 예언하면서 회개하고 하나님의 품으로 돌아오라고 교훈하고 있다. 우리는 여기서 죄악을 떠나 하나님의 품으로 돌아가야 한다는 것을 깨달아야 할 것이다.

I. 호세아의 예언(호 1~14장)

1. 호세아 가정의 비극(1:1~3:5)

1) 호세아의 비극적 결혼(1:1~2:23)

호세아는 하나님의 명령으로 음란한 아내 고멜을 취하여 결혼하는데 이는 하나님의 신부되는 이스라엘이 하나님을 배반하고 영적으로 간음함을 보여주기 위해서이다. 호세아는 음란한 아내를 취한 남편으로서 이스라엘에 대한 사랑의 고통에 동참한다. 그는 하나님께 받은 은혜를 바알에게 돌리는 이스라엘의 우상숭배 음행을 책망한다. 그러나 형벌 후에는 우상숭배에서 돌이켜 하나님과 물욕적 관계가 아닌 인격적 관계를 맺고 진실한 의미에서 하나님을 알게 될 터인데 그 때 비로소 하늘과 땅과 물과 이스라엘의 요구에 축복으로 응답하여 주실 것이라고 예언한다(2:8~23).

2) 이스라엘의 회복(3:1~5)

하나님께서는 집을 나가 창녀가 된 아내를 돈으로 사서 데려올 것을 명령하심으로 이스라엘 나라의 멸망과 회복을 예언하신다.

2. 호세아의 북왕국에 대한 예언(4:1~14:9)

1) 하나님은 거룩하시다(4:1~8:14)

(1) 제사장 및 국민의 죄(4:1~19)—이 땅에는 하나님을 아는 지식도 없고 죄악뿐이므로 자연도 함께 쇠하고 슬퍼하며 탄식한다. 패역한 제사장에게 여호와께서 그 행위대로 갚아 주실 것이다. 음란과 우상에게 돌이키지 않고 깨닫지도 못하는 백성에게 마침내 환난이 다가와 망할 것을 예언한다.

(2) 이스라엘이 황폐하여짐(5:1~14)—이스라엘 지도자들이 백성을 멸망시키는 올무가 되었음과 또한 음행으로 더러워진 백성이 아무리 성대한 제물을 바칠지라도 하나님께서는 이미 저희를 떠나셔서 돌아보시지 않으신다는 것을 말씀하고 있다(5:1~7).

호세아는 하나님의 형벌로 유다와 이스라엘의 전쟁이 있을 것을 갑자기 내다보고 예언한다. 이는 주전 734년 아람과 에브라임(이스라엘)이 연합하여 유대와 예루살렘을 공격할 것을 가리킨다(왕하 16:5 이하)(5:8~14).

(3) 내면적 회개를 원하시는 하나님(5:15~6:11)—호세아 선지자는 이스라엘 백성이 하나님께로 회개하고 돌아올 것을 간절히 호소한다. 그러나 이스라엘은 계속 죄 가운데 있다.

(4) 쇠퇴해진 에브라임을 고발함(7:1~16)—하나님께서는 세밀하게 이스라엘의 죄를 지적하시며 "뒤집지 않은 전병" 같다고 하신다. 이는 겉은 번영하는 것 같이 보이나 내부 신앙은 패역하고 부패함을 나타내며 다가 올 종말을 예언하고 있다. 이스라엘은 점점 쇠퇴하여 다른 나라를 의지하게 된다.

(5) 멸망을 선고함(8:1~14)—호세아는 백성들에게 멸망을 선고한다. 사마리아에서는 송아지로 하나님을 대신하여 우상을 만드나 마침내 우상은 멸절되고 이스라엘은 열방에 먹히우며 죄의 재단이 패망할 것을 예언한다.

2) 하나님은 의로우시다(9:1~10:15)

(1) 추수절에 대한 책망(9:1~17)—하나님은 바알신에 빠져 추수절을 지내는 이스라엘 백성들에게 그 하는 가증한 행위로 인하여 다시 형벌을 받으리라고 말씀하며, 파수꾼의 사명을 하지 못한 선지자들에게 그 책임을 인하여 책망하신다. 하나님께서 처음 이스라엘을 불쌍히 여기셨으나 이제 그의 영광은 사라지고 열국 중에 유리하는 자가 될 거라고 말씀하신다.

(2) 파괴되는 이스라엘(10:1~15)—하나님께서는 우상숭배로 음행한 이스라엘을 앗수르에 넘기어 수치를 당하고 폐허가 되게 하시되 사사 시대의 기브아성처럼 이스라엘을 징계하실 것을 말씀한다. 그가 바라시는 의와 긍휼을 찾지 않음으로 전쟁이 임할 것을 예언하신다(이는 실제로 호세아가 예언을 시작한 지 30여 년 후에 이루어졌다).

3) 하나님은 사랑이시다(11:1~14:9)

(1) 하나님의 사랑과 심판(11:1~13:16)—여호와는 무조건적 사랑으로 이스라엘을 애굽에서 불러 자녀로 삼으셨지만 이스라엘이 여호와를 배반하였으므로 국토는 황폐되고 백성은 포로가 될 것을 예언한다. 그러나 하나님의 성품은 사랑과 긍휼이시며 거룩한 신이시기 때문에 음부와 사망에서 저희를 구원하실 것을 보여주고 있다(13:12~14).

(2) 이스라엘의 소망(14:1~9)—호세아는 이스라엘이 하나님 앞에 마음속으로 부터 우상을 섬긴 죄와 이방을 의지한 죄를 회개하라고 촉구한다. 그러면 하나님께서 이스라엘을 축복하시고 영화롭게 하시리라고 예언한다.

II. 요엘의 예언(야훼의 날)(욜1:1—3:21)

1. 메뚜기 심판(1:1~2:11)

1) 무서운 재앙(1:1~20)

요엘은 그 당시 큰 한재와 함께 다가온 메뚜기 떼의 재앙을 상기시키고 있다. 메뚜기가 모든 것을 다 먹어 치웠으므로 술 담글 포도도 없고 제사드릴 고기와 포도주도 없었다. 요엘은 이 재앙을 교훈삼아 범죄한 유대인에게 다가올 여호와의 심판을 선포한다. 요엘은 메뚜기 떼보다 더 무서운적군의 손에서 그의 백성들을 구하고 싶었던 것이다. 그는 금식을 선포한다.

2) 하나님의 심판을 예시(2:1~11)

요엘은 메뚜기 재앙에 비교하여 장차 다가 올 하나님의 심판이 얼마나 두려운가를 보여준다. 심판을 위해 쳐들어 올 이방군대를 묘사하고 있다.

2. 회개를 촉구함(2:12~27)

요엘은 유다 백성이 마음을 찢고 금식하고 회개하며 하나님께로 돌아오라고 권면한다. 하나님은 인자하시고 노하기를 더디하시는 분이기 때문이다(12~14). 요엘은 유다백성이 금식일을 선포하고 거족적으로 기도할 것을 촉구한 후(15~17), 그리하면 축복이 다가오리라고 약속하고(18~20), 현재와 미래에 다가 올 축복으로 위로하고 있다(21~27). 역사적으로 볼 때 그 시대를 향한 요엘의 예언은 여기서 그치고 이제 부터는 교회시대를 향한 예언이 시작된다.

3. 여호와의 날(교회 시대로부터 시간 끝까지) (2:28~3:21)

1) 오순절의 약속(2:28~32)

28절과 29절은 오순절에 성령강림과 더불어 시작될 교회시대에 관한 예언이다. 베드로는 오순절 사건이 요엘 선지자의 예언과 같다고 증거했다(행2:16). 30절과 31절은 주의 날 이전에 있을 불신자 심판을 가리키며(7년 환난), 32절은 환난 중에 이스라엘 성도들의 구원에 대한 예언이다. 그 환난 가운데서도 누구든지 주의 이름을 부르는 자마다 구원을 얻게 된다. 요엘서 3장은 이 두가지 심판과 구원을 다시 상세히 기록하고 있다.

2) 불신 국가들에 대한 심판들(3:5~16상)

이스라엘을 압제하고 포로로 잡아가며 여호와의 전을 약탈하고 대적하던 이방 나라들이 심판받을 것을 예언한다(1~8). 7년 환난 말기에 세상 강대국들이 아마겟돈 전쟁을 일으키다가 크게 심판받고 세상에 종말이 다가 올 것을 예언한다(9~16상).

3) 이스라엘 성도들에 대한 축복(16하~21)

환난 날에 하나님께서 이스라엘의 피난처 되실 것과 새 예루살렘이 도래할 것을 예언하고 새 하늘과 새 땅이 마련될 것을 보여주고 있다.

III. 아모스의 예언(암 1:1—9:15)

1. 이방나라의 죄(1:1~2:16)

유다의 웃시야(주전 787~735년) 왕, 이스라엘의 여로보암 2세(주전 790-749) 때에 여호와께서 아모스에게 말씀하시기를 하나님의 진노로 이스라엘은 황폐해지고 양들은 버려지며 갈멜산의 백향목도 모두 산산조각이 나 버릴 것(시19:5,사33:9)이라고 하셨다(1:1~2). 아모스는 시리아, 블레셋, 두로, 에돔, 암몬, 모압, 유다, 이스라엘 등 8개국을 다니면서 그들을 책망하고 마지막으로 이스라엘에 관해 예언한다(1:3~2:6). 부자가 가난한 자를 노예로 팔고 성전에서 불륜의 행위를 하며 가난한 자의 저당물과 벌금으로 주색에 열중하였음을 책망한다. 하나님께서는 역사를 통해 이스라엘 자손에게 은혜를 베푸시고 구원해 주셨지만, 저들은 주의 '나시르' 사람을 타락시키고 예언자의 입을 봉하므로 그들 자신이 멸망을 자초했다고 말씀하신다(2:7~16).

2. 이스라엘의 죄들과 그 심판(3:1~6:14)

1) 이스라엘과 사마리아의 멸망(3:1~4:5)

평범한 목자 아모스는 여호와께서 사자의 부르짖음 같이 내게 말씀하시니 예언을 하지 않을 수가 없다고 말하며 몇 가지 예를 들어 원인 없는 결과가 어디 있느냐고 이스라엘의 멸망에 대하여 예언한다(3:1~8). 하나님께서는 먼 곳의 백성들을 산으로 모아다가 성중에서 부정을 보이시고, 심판날에 양이 사자의 입에서 찢기어 간져냄을 받듯 이스라엘도 그와 같을 것이며 성소 벧엘의 단과 부자들의 궁이 파괴되며 사마리아의 교만한 여인들은 갈고리로 끌려가며 거기서 마음껏 제물을 드릴 것이라고 역설적으로 예언한다.

2) 이스라엘을 회개시키려는 여호와의 노력(4:6~13)

재난으로 양식이 떨어지게 하고 비를 멈추어 목을 갈하게 하며 충으로 실과를 말리우고 병과 지진으로 고통을 주면서라도 이스라엘 백성들이 회개하고 돌아오기를 간절히 바라고 계신다. 그러나 그들이 돌아오지 않았으니 이스라엘은 그 날, 곧 여호와 만날 날을 예비하라고 경고한다.

3) 이스라엘의 애가(5:1~27)

하나님께서 이스라엘의 멸망에 대한 애가를 지으신 후 속히 돌아오기를 호소하며 그들의 악한 행위를 책망하신다. 아모스는 이스라엘 민족이 죄와 불신을 회개하고 여호와 하나님과 그의 정의를 구할 것을 바란다. 또한 여호와의 날에는 큰 슬픔과 캄캄해 함이 있으며 진실한 하나님과의 교제는 올바른 윤리가 뒷받침되어야 한다고 강조한다.

4) 멸망과 포로(6:1~14)

아모스는 선민이라는 특권의식 아래 태만하고 교만한 이스라엘 백성들에게 심판을 선고하며 후에 한 나라에 의해 멸망당할 것을 예언한다.

3. 심판에 대한 5가지 이상(7:1~9:15)

1) 두려운 세 가지 환상(7:1~17)

여호와께서 아모스에게 이스라엘의 멸망을 환상으로 보이신다. 땅의 풀을 다 먹어버린 황충과 모든 것을 삼켜버린 불의 환상을 보고 아모스가 중보의 기도를 드리자 곧 응답이 되었다. 그러나 성읍의 멸망을 측정하시는 다림줄을 본 후 아모스는 기도 할 힘을 잃어버렸고 하나님은 장차올 심판을 보여 주신다. 아모스의 경고를 들은 벧엘의 제사장 아마샤가 왕에게 보고 하지만 아모스는 담대히 왕과 이스라엘이 멸망할 것을 예언한다.

2) 여름실과의 환상(8:1~14)

하나님께서는 이스라엘의 멸망이 무르익었음을 보이신다. 그 이유는 가난한 자의 박해, 부정직, 탐욕 등의 죄악이며 이로 인하여 일식으로 두려움을 주고 장차 여호와의 말씀마저도 듣지 못하는 영적 기근이 올 것을 예언하신다.

3) 철저한 멸망(9:1~10)

여호와께서 성소를 지진으로 철저하게 멸할 것을 말씀하시며 이방나라의 손에서 건져낸 이스라엘이라 할지라도 지금은 그 한 나라와 다를 바가 없기 때문에 이스라엘을 체질하듯 멸하여 없앨 것을 예언하신다(주전 722년에 앗수르에 의해 멸망당함).

4) 다윗집의 회복(9:11~15)

이스라엘 백성은 찬란했던 다윗왕조의 재건이 그들의 꿈이었다. 이 꿈은 이루어져 많은 민족을 다스리고 자연의 장애가 없는 꿀이 흐르는 복지에서 영주할 것을 말씀하신다. 이 나라는 예수 그리스도에게서 시작되는 하나님의 나라를 의미한다.

Ⅳ. 오바댜의 예언(1:1~21)

1. 에돔의 멸망(1~16)

1) 에돔의 오만함(1~4)

하나님께서는 에서의 후손 에돔에게 그들이 높인 산바위 틈에 살며 교만함을 자랑하고 높이 솟아 별 사이에 깃들지라도 거기서 끌어내려 그 교만함을 여지없이 부수어 버리실 것을 말씀하신다.

2) 완전히 멸망(5~7)

도적과 강도가 들어올지라도 그 마음이 만족해지면 남기고 가고 포도를 따는 자는 가난한 사람과 여행자를 위해 조금 남겨두지만 하나님께서는 에돔을 하나도 남겨두지 않고 멸망시키시리라고 경고하신다. 장차 에돔이 그 형제 이스라엘을 배반한 것 같이 그의 동료들에게 배반당하며 그들의 친한 벗이 그들에게 올가미를 칠 것이라고 말씀하신다.

3) 에돔의 멸망의 원인(8~15)

그 날의 하나님께서 에돔의 지혜자와 용사들로 죽임을 당하게 하실 터인데 그 까닭은 그들이 형제 이스라엘의 예루살렘이 공격당할 때 공격자들과 함께하고 멸시받던 날에 방관하며 기뻐할 뿐만 아니라(겔 35:12~15), 싸움에 남아서 도망하는 자를 잡아 적의 수중에 넘겼기 때문이다. 그러므로 여호와께서 진노의 잔으로 함께 하셔서 본래 없었던 것 같이 멸절하신다(이들은 실제로 주전 582년 바벨론에 의해 침략당하고, 주전 312년 수도 페트라가 망한 후 주전 126년에 유대국적에 편입되고 팔레스틴이 로마에 정복될 때((주전 63) 종말을 고했으며 예루살렘이 함락될 때(주전 70) 역사에게 자취를 감추었다).

2. 장래 이스라엘과 시온을 향한 하나님의 축복(17~21)

에돔을 비롯한 모든 민족은 형벌을 받는 한편 시온에 남은 사람은 구원을 받아 에돔사람을 지배하게 된다. 그러나 최후의 나라는 여호와에게 속할 것이다. 이것은 '주의 날' 이 임할 때 세워질 메시야의 왕국을 뜻한다.

교훈 및 적용

1. 야훼는 실제적인 사랑과 자비의 하나님이심을 알자.
2. 고난은 하나님의 사랑의 채찍이므로 고난당할 때 이를 깨닫고 하나님 품으로 돌아오자.
3. 하나님의 징계를 받을 때 즉시 회개하자. 하나님은 회개한 자를 사랑으로 용서 하시고 회복시키시는 신실한 분이시다.
4. 인본주의를 버리고 하나님 앞에 겸손하며 현대적 의미의 우상을 제거하는 삶을 잘 살자.
5. 하나님의 백성이 범죄하고 방황할 때 받는 징계는 그가 회개하고 돌아오게 하는 하나님의 방법임을 알자.
6. 교회나 나라에 어려움이 닥쳤을 때 성도는 모두 모여 하나님만 의지하면서 마음을 모아 기도하자.
7. 우리의 영이 둔해지지 않도록 늘 깨어 간구하며 하나님의 뜻을 옳게 분별하자.
8. 자연의 황폐도 인간의 범죄와 깊은 연관이 있음을 알자.
9. 오늘날의 모든 그리스도인들은 복음을 전파해야 하는 선지자적 사명을 가졌다. 우리는 이 사명을 주님 오시는 그 날까지 잘 감당 하도록하자.
10. 진리 안에서 하나님 뜻에 합당한 공의로운 삶을 살자.
11. 오늘날 우리가 하나님의 인정을 받고 영적 이스라엘의 기업이 된 것은 모두 그리스도의 십자가를 향한 하나님의 은혜 때문이다. 그러므로 우리는 언제나 이 구원의 은총을 감사하며 하나님께 영광을 돌리는 삶을 살자.
12. 행한대로 받으니 우리는 선을 행하는 일의 열심을 내자.
13. 현재 고난과 핍박을 당한다 할지라도 우리는 야훼의 날의 최후 승리를 바라보고 믿음을 더욱 돈독히 하자.

우리는 지금까지 호세아, 요엘, 아모스, 오바댜 등 네 선지자의 예언을 통하여 오늘 우리에게 주시는 교훈이 무었인지를 깨달았습니다.그것은 하나님을 떠나서는 진정한 축복이 없다는 것입니다. 다음은 요나, 미가, 나훔, 하박국 선지자의 예언을 듣고 배우려고 합니다

27

성경문제

● 선지자의 예언(1)/호1:1-오1:21

1. 호세아의 자녀가 아닌 사람은 누구인가?(호 1-2장)
   (가) 이스르엘　　(나)로루하마
   (다) 로암미　　(라)루하마
2. 소망의 문을 삼은 곳은 어디인가?(호 2장)
3. 호세아는 아내 (　　　)을 위하여 은 열 다섯 개와 보리 한 호멜 반을 주고 되찾아 왔다. 맞으면 ○표, 틀리면 ×표 하라.(호 3장)
4. "내 백성이 지식이 없으므로 망하는도다 네가 지식을 버렸으니 나도 너를 버려 내 제사장이 되지 못하게 할 것이요 네가 네 하나님의 율법을 잊었으니 나도 네 자녀들을 잊어 버리리라" 몇 장 몇 절에 있는 말씀인가?
5. 어디로 가지 말라고 했는가?(호 4장)
   (가) 유다, 이스라엘　　(나) 길갈, 벧아웬
   (다) 길갈, 에브라임　　(라) 유다, 길갈
6. 유다 백성들은 무엇을 옮기는 자와 같은가?(호 5장)
7. 하나님께서는 하나님을 아는 것보다 번제를 더 원했다. 맞으면 ○표, 틀리면 ×표 하라.(호 6장)
8. 뒤집지 않은 전병이란 무엇을 말하는가?(호 7장)
9. 저들의 패괴는 어느 시대와 같은가?(호 9장)
10. "너희가 자기를 위하여 (　　　)를 심고 긍휼을 거두라 지금이 곧 여호와를 찾을 때니 너희 묵은 땅을 기경하라 마침내 여호와께서 임하사 (　　　)를 비처럼 너희에게 내리시리라" (　)에 적당한 낱말은 무엇인가?(호 10장)
11. 하나님의 기념 칭호는 무엇인가?(호 12장)
12. "누구든지 여호와의 이름을 부르는 자는 구원을 얻으리니" 이 말씀은 요엘 몇 장 몇 절에 있는 말씀인가?
13. 싯딤 골짜기에 대는 물은 어디서 나왔는가?(요엘서)
14. 다음은 서너 가지 죄를 지은 나라들이다. 다음 A항과 관계있는 것을 B항에서 골라 그 기호를 써라.(아모스서 참조)

A항	B항
① 다메섹( )	(가) 사로잡은 자를 에돔에 붙였음
② 가사( )	(나) 길르앗 압박
③ 두로( )	(다) 칼로 그 형제를 쫓아감
④ 에돔( )	(라) 형제의 계약을 기억지 아니함
⑤ 암몬( )	(마) 에돔 왕의 뼈를 불사름
⑥ 모압( )	(바) 아이 밴 여인의 배를 갈랐음
⑦ 유다( )	(사) 은을 받고 의인을 팜
⑧ 이스라엘( )	(아) 여호와의 율법 멸시

15. "너희는 여호와를 찾으라 그리하면 살리라" 이 말씀은 몇 장 몇 절에 있는가?
16. 이스라엘이 공법을 무엇으로 변하게 했는가?(암 6장)
17. 여호와께서 아모스에게 보이신 것이 아닌 것은 무엇인가?(암 7장)
18. "내가 기근을 땅에 보내리니 (   )이 없어 주림이 아니요 (   )이 없어 갈함이 아니요 여호와의 (   )을 듣지 못한 기갈이라" ( )에 적당한 낱말을 써 넣어라.(암 8장)
19. 오바댜서를 읽고 A항과 관계 있는 것을 B항에서 골라 그 기호를 써라.

A항	B항
① 야곱 족속( )	(가) 불꽃
② 요셉 족속( )	(나) 초개
③ 에서 족속( )	(다) 불

요나

개요

1. **주제** – 회개와 용서
2. **예수님과의 관계** – 우리의 부활과 생명으로 묘사함.
3. **요나서의 배경**
   1) 기록자 : 요나. 아밋대의 아들이며 고향은 가드헤벨(수19:13, 왕하 14:25)이다. 그의 이름은 신약에도 여러 군데 나와 있으며(마 12:20), 뜻은 "비둘기"이다.
   2) 기록연대 : 주전 770년경
   3) 수신자 : 앗수르의 수도 니느웨
   4) 기록목적 : 메시야의 부활과 하나님의 세계 선교의 섭리를 보여주고 있다.
   5) 특유한 용어 : "준비하사" 4회
4. **내 용 분 류** – 4장, 48절
   1) 하나님의 명령, 요나의 불순종(1:1~16)
   2) 요나의 기도 (1:17~2:10)
   3) 니느웨 백성의 회개(3:1~10)
   4) 요나의 원망과 하나님의 응답(4:1~11)

개요

1. 주제 – 범죄한 이스라엘에 대한 심판과회복
2. **예수님과의 관계** – 그리스도를 반항하는 나라들에 대한 증인으로 묘사
3. 미가서의 배경
   1) 기록자 : 미가로서 요담, 아하스, 히스기야 왕 때에 예언하였고 이사야와 호세아의 동시대 인물이다. 그는 예루살렘에서 약 20마일 떨어진 "모레셋"이라는 마을에서 태어났고 주로 농촌 백성들에게 전도했으며, 뜻은 "누가 여호와와 같으랴" 이다.
   2) 기록연대 : 주전 734~722년 사이
   3) 수신자 : 유대와 이스라엘
   4) 기록목적 : 이스라엘 민족의 범죄와 하나님의 심판, 그리고 최후의 회복을 보여준다.
   5) 특유한 용어 : "들을지어다" 9회, "황무케"(훼파하리라) 4회, "모았은즉"(모이다) 9회.
4. **내용분류** – 7장, 105절
   1) 백성의 죄와 하나님의 심판(1:1~3:12)
   2) 하나님의 은혜와 장래회복(4:1~5:15)
   3) 경고와 은혜의 메시지(6:1~7:20)

나훔

개요

1. **주제** – 니느웨성의 멸망
2. **예수님과의 관계** – 예수님은 환난날의 산성이시다.
3. **나훔의 배경**
   1) 기록자 : 선지자 나훔("위로자" 라는 뜻)
   2) 연대 : 주전 663~612년 사이
   3) 목적 : 니느웨성에 대한 하나님의 심판과 그 심판의 이유를 보여 주는데 있다.
   4) 특징 :
   (1) 나훔이 예언할 때는 니느웨 성읍이 요나의 경고를 듣고 회개한 지 150년이 지난 후였다.
   (2) 나훔의 예언은 회개를 촉구하는 경고라기 보다는 니느웨의 멸망에 대한 결정적이고 최종적인 선언이다.
   (3) '보복(보복하다)' 이라는 단어가 3회 사용되었다.

4. **내용분류** – 3장 47절
   1) 니느웨에 대한 하나님의 심판(1:)
   2) 니느웨 멸망에 대한 예언(2:)
   3) 니느웨 멸망의 원인(3:)

하박국

개요

1. **주제** - 의인은 믿음으로만 말미암아 살리라.
2. **예수님과의 관계** - 예수님을 나의 구원의 하나님으로 묘사한다.
3. **하박국의 배경**
   1) 기록자 : 선지자 하박국('포옹하다' 라는 뜻)
   2) 연 대 : 여호야김 왕의 통치 때(주전 410~599년)
   3) 목 적 :
   (1) 하나님을 믿고 기다리는 성도들에게 신앙의 미를 주기 위함.
   (2) 환경에 관계없이 하나님만을 섬기게 하도록 하기 위함.
   4) 특징 : 직접적으로 예언하는 형태가 아닌 선지자의 실제적 경험을 말하는 것으로 되어 있다.
4. **내용분류** - 3장 56절
   1) 하박국의 불평(1:)
   2) 하나님의 응답(2:)
   3) 하박국의 기도 (3:)

28
[선지자의 예언(II)]

- 본문 : 욘 1~4장, 미 1~7장, 나 1~3장, 합 1~3장
- 요절 : 욘 3:2, 미 7:7, 나 1:2 합 2:4(3:2)(4:2하반절)

하나님께서는 요나, 미가, 나훔, 하박국과 같은 선지자들을 보내셔서 백성들의 죄악을 경고하면서 한편으로는 하나님의 확실한 구원을 예언하고 있음을 우리는 본 과에서 배우게 된다. 특히 우리는 요나서를 통하여 이방인을 구원하시고자 하시는 하나님의 계획을 보게 되므로 여기서 이방인 선교에 대한 중요성을 깨닫게 된다.

I. 요나의 예언(욘 1:1~4:11)

1. 하나님의 명령, 요나의 불순종(1:1~16)

여호와께서 요나에게 이르시되 니느웨로 가서 그 백성들의 잘못을 책하라 할 때에 요나는 하나님의 낯을 피하여 다시스로 가는 배를 탔다(1:1~3). 하나님께서 바다에 폭풍우를 일으키실 때에 사공들은 두려움으로 떨며 각각 저희 신을 불러구하고 온 배 안의 물건을 바다에 던졌다. 마침 배 밑에 깊이 누워자던 요나를 깨워 모두 모이게 한 후 이 큰 두려움이 누구에게 부터 왔는가를 알고자하여 제비를 뽑았다. 곧 요나가 뽑히매 그는 자기가 하나님의 명령을 어기고 다시스로 가는 길임을 고했다. 요나는 자기를 들어 바다에 던지라고 했지만 인정많은 사공들은 요나를 달리 구해 보려고 노력하다가 할 수 없이 바다에 던졌다.

2. 요나의 기도(1:17~2:10)

하나님께서는 큰 물고기를 준비하시어서 요나를 구출하신다. 아직 하나님께서는 니느웨성을 회개시키기 위해 그가 필요하셨던 것이다. 요나는 고기의 뱃

속에서 주께서 나의 기도 소리에 응답하셨고 내가 음부에 있을 때 내 음성을 들으셨나이다. … 내가 주께 쫓겨났을지라도 주의 성전을 바라보겠나이다. 주께서 내 생명을 건지시고 … 나는 감사를 드리며 나의 서원을 주께 갚겠나이다. 구원은 여호와께로 말미암나이다 하고 기도했다.

3. 니느웨 백성의 회개(3:1~10)

여호와께서 두번째로 요나에게 말씀하시자 요나는 즉시 니느웨성으로 향했다.그리고 사흘길이나 되는 큰 성에서 하룻길을 걸으며 이 성이 40일 후면 무너진다고 경고했다. 그 때 짐승과 백성으로 부터 왕에게 이르기까지 모두 하나님을 믿고 금식을 선포하며 베옷을 입고 재에 앉아 회개하였다. 하나님께서는 그들의 회개함을 보시고 재앙을 돌이키셨다.

4. 요나의 원망과 하나님의 응답(4:1~11)

요나를 하나님께서 니느웨성을 구원하심을 보고 불만이 가득차 죽기를 갈구하며 성의 동태를 살피기 위해 동편에 가서 앉아쉴 때에 하나님께서 박넝쿨을 준비하시어서 그가 인생들을 얼마나 사랑하고 계신가를 보여주셨다. 그 당시 니느웨성에는 말씀을 듣지 못하여 좌우를 분변치 못하는 자가 십 이만 명이나 되었다. 하나님께서는 이스라엘을 대표하는 요나를 보내어 세계 선교를 행하셨던 것이다. 하나님의 뜻은 심판이 아니고 용서와 구원이었다.

Ⅱ. 미가의 예언(미1:1—7:20)

1. 백성의 죄와 하나님의 심판(1:1~3:12)

1) 죄와 심판(1:1~16)

여호와께서 사마리아(북왕국 이스라엘의 수도)와 예루살렘(남왕국 유다의 수도)에 미가를 통해 경고한 말씀이다. 친히 여호와께서 증거하시며 말씀하신다. 그 때로부터 약 200년 전부터 하나님을 배반하고 우상숭배한 그들에게 엘리야,

엘리사, 아모스 같은 선지자들을 보내셔서 경고하셨지만 결국 주전 722년 이스라엘은 망하였고 주전 586년에는 유다도 멸망 당했다. 하나님께서 우상을 숭배하는 나라들을 모두 폐하시고 그 값을 천한 기생 값으로 돌리시며 그 멸망으로 인하여 애통해 하시고 각 지방의 이름을 들어 애가를 부르신다. 이스라엘의 죄가 고칠 수 없는 깊은 상처로 묘사되어 있다.

2) 사회적인 죄(2:1~13)

이스라엘 지배 계급의 사회적 죄를 지적하시며 그들이 약한 자들의 집과 밭을 빼앗고 학대함을 저주하고 심판을 선고 하신다(1~5). 예언을 멸시하고 불쌍한 자를 약탈하며 부녀자와 아이들을 멸시하는 자들은 반드시 멸하시겠다고 경고하신다(6~11). 그러나 그 환난의 날 끝에 다시 회복시키셔서 여호와께서 그들의 앞서 행하시겠다고 약속하시는데 이는 예수그리스도로 시작되는 메시야 왕국을 가리킨다. 이 짧은 구절은 폭풍우 사이에 반짝 비추이는 햇볕과 같다(12, 13).

3) 악한 지도자들(3:1~12)

이스라엘 지도자들은 불의를 기뻐하며 백성들에게 살을 찢는듯한 고통을 주었는데 여호와께서 그들의 행한대로 갚으실 것을 경고하신다(3:1~4). 뿐만 아니라 그외의 거짓 선지자들도 하나님께서 돌아보시지 않으므로 부끄러움을 당하고 그들에게 공의로 심판하실 것을 선포하신다(3:5~8). 또한 이스라엘과 야곱족속의 지도자들과 선지자들. 제사장들의 불의로 말미암아 성전은 파괴되고 유다의 백성들은 바벨론으로 끌려갈 것을 예고하신다(3:9~12).

2. 하나님의 은혜와 장래회복(4:1~5:15)

1) 이스라엘의 신정정치(메시야의 왕국)(4:1~8)

이스라엘이 해방되는 날은(세상 끝나는 날 7년 환난이 끝나고 천년왕국이 시작될 때) 여호와께서 많은 민족들에게 숭배를 받으시며 그들이 여호와의 교훈을 받기 위하여 그에게 나아 올 것이다. 여호와는 오직 그 공의로 모든 나라들을 재판하시고 백성들을 전쟁을 위해 만든 무기들로 농기구를 만들어 평화롭게 살며 주께서 이스라엘에게 축복 주실 것을 말씀하신다(4:1~5). 그 때에는 모든 고통받았던 자, 형벌 받았던 자들을 모아 치료하시며 새 예루살렘을 세우시겠다고 약속하신다(6~8).

2) 바벨론 포로와 구원(4:9~5:1)

미가는 지금(주전 730년경)으로 부터 150 여년 후에 있을 예루살렘의 멸망(주전 586년)을 예언하고 있다(4:9~10상, 5:1). 또한 바벨론에 포로로 잡혀갈 것을 예언한다(4:10 하). 그 외의 구절은 포로에서의 구원을 뜻한다. 12절과 13절은 포로 귀환의 뜻도 있었지만 말세에 이스라엘이 7년 대환난을 겪은 후에 구원을 받고 구원의 뿔인 예수 그리스도와 함께 이방 나라들을 심판할 것을 보여주고 있다.

3) 메시야적 예언과 백성들의 정결(5:2~15)

베들레헴에서 메시야가 탄생할 터인데 그의 근본은 영원에 있다고 예언했다(2). 이 메시야가 나올 때까지 이스라엘을 남겨두시겠다는 말씀이다(3). 베들레헴에서 나신 메시야(예수님)는 여호와의 권세로 그 백성을 먹이시고 평안가운데로 인도하고 그의 나라가 창대하여 땅끝까지 미칠 것이다(4). 그는 우리의 평강이 되고 모든 대적들에게서 우리를 구원하신다(5, 6). 10절의 "내가 너의 말을 너의 중에서 멸절하며 너희가 의존하는 모든 무기들을 파괴할 것이며"라는 뜻으로 인류 역사 최후의 전쟁을 의미한다. 그 때에는 점장이와 우상이 없어지고 정결케 될 것도 말씀하고 있다(7~15).

3. 경고와 은혜의 메시지 (6:1~7:20)

1) 하나님의 정의 및 바른 종교관(6:1~7:6)

여호와께서는 항상 역사 속에서 정의로우셨다는 것을 스스로 자기 백성과 쟁론하신다. 미가는 여호와의 바라심은 인간이 천의 수양이나 기름을 드림보다 오직 공의를 행하고 인자를 사랑하며 겸손히 행하는 것이라고 지적하고 있다(6:1~8). 참 시혜는 주를 경외함에 있다 사회석 불의는 그 사회를 멸망시킨다고 한다. 또한 정직한 자는 열매를 거둔 과수원에서 과실을 찾을 수 없음같이 눈에 띄지 않고 사회에 혼란과 불신만이 있음을 한탄한다(6:9~7:6).

2) 미가의 기도문(7:7~20)

미가의 찬양예배문의 서술이다. 그는 자기를 인도 하시고 이스라엘에게 번영을 주신 하나님을 찬양한 후 주의 양된 백성을 먹여 주실 것을 간구하며 하나님의 이적과 기사를 본 모든 민족이 여호와를 경외할 것을 권면한다. 그는 하나님만이 이스라엘의 허물을 사하시며 자비롭게 여겨 죄를 폐하실 수 있고 아브라함에게 약속하신 대로 이스라엘에게 평화가 올 것을 예언한다.

Ⅲ. 나훔의 예언(니느웨의 멸망)(나 1:1~3:19)

1. 니느웨에 대한 하나님의 심판(1:1~15)

1장에서 우리는 노하기를 더디하시는 사랑의 아버지로서의 하나님과 함께 오래 참은 악을 심판하시는 진노의 하나님을 보게 된다. 9~14절은 부패한 니느웨성에 내린 멸망의 선언이다.

2. 니느웨 멸망에 대한 예언(2:1~13)

니느웨성은 계속 하나님을 대적한 결과 메대와 바벨론 군사에게 포위된 후 탈취 당하고, 왕후를 비롯하여 모든 거주민은 포로가 되거나 도망을 치게 된다.

3. 니느웨 멸망의 원인(3:1~19)

여기서는 니느웨의 죄가 강조되고 있다. 그들의 죄는 살인(1), 음행과 마술(4), 그리고 일반적으로 횡행하는 사악이었다. 니느웨는 죄악을 심은 결과 멸망을은 거두는 본보기를 보여 주었다.

Ⅳ. 하박국의 예언(합1:1—3:19)

1. 하박국의 불평(1:1~17)

하박국은 자기 민족의 죄악을 심판하지 않으시는 하나님의 무관심에 대해서 불평한다(1~4). 이에 하나님께서는 유다민족이 갈대아인에 의해 심판될 것을 대답하셨다(5~11). 그와 같은 말씀을 들은 하박국은 갈대아인의 사악함과 그들이 형벌을 받지 않음에 대해서 재차 불평을 한다(1:12~2:1).

2. 하나님의 응답(2:1~20)

2장은 하나님께서 악한 갈대아인도 때가 되면 역시 심판을 받아 멸망하게 되고 하나님의 백성은 세상에 가득차게 될 것이라고 응답해 주시는 내용이다.

3. 하박국의 기도 (3:1~19)

하박국은 여호와의 응답을 통하여 하나님의 믿음의 의가 승리함을 깨달았고 하나님께서 이전에 행하신 것 같이 이번에도 다시 구원의 사역과 부흥을 베푸시기를 기도한다. 하박국은 이 기도에서 절망과 우울속에 있으면서도 가장 기쁘고 즐겁게 낙관적 인생을 살 수 있음을 보여주고 있다.

교훈 및 적용

1. 오늘날도 하나님께서는 주의 종들을 통해 복음을 전파하신다. 그 복음에 자신을 비추어 회개하며 성도로서의 올바른 삶을 살도록 하자.
2. 기독교인으로서 이기적인 편협심을 버리고 만민을 구원코자 하시는 하나님의 뜻을 따라 세계 선교에 앞장서자.
3. 오늘날 주를 알지 못하는 무수한 사람들이 세상 향락에 빠져 있다. 이에 우리는 영적으로 무지하여 범죄하는 이들이 깨닫고 돌아와 주의 백성이 되도록 열심히 복음을 전파하자.
4. 하나님께서는 우리에게 세상을 다스리고 정복하여 원수를 진멸하도록 명령하셨다. 따라서 우리는 하나님의 영광을 드러내기 위하여 삶의 모든 분야에서 최선을 다하도록 하자.
5. 믿음은 전적인 하나님의 은혜로 주어진 선물이므로 오로지 감사함으로 어떤 환경에서도 구원의 하나님을 찬양하며 기뻐하는 삶을 살자.

우리는 지금까지 호세아, 요엘, 아모스, 오바댜 등 네 선지자의 예언을 통하여 오늘 우리에게 주시는 교훈이 무엇인가를 깨달았습니다. 그것은 하나님을 떠나서는 진정한 축복이 없다는 것입니다.
다음은 스바냐, 학개, 스가랴, 말라기 선지자의 예언을 듣고 배우려고 합니다.

28

성경문제

● 선지자의 예언(2)/욘1:1-합3:19

1. 요나는 여호와의 낯을 피하여 어디로 갔는가?(욘 1장)
2. 요나는 물고기 뱃속에서 며칠 동안 있었는가?(욘 1장)
3. 요나가 물고기 뱃속에서 한 일은 무엇인가?(욘 2장)
4. 요나는 니느웨로 가서 "(　　　　)일이 지나면 니느웨가 무너지리라" 고 했다.(욘 3장)
5. "주께서는 은혜로우시며 자비로우시며 노하기를 더디하시며 (　　　　)가 크시사 (　　　　)을 돌이켜 (　　　　)을 내리지 아니하시는 하나님이신 줄을 내가 알았음이니이다" (　)에 적당한 낱말을 써 넣어라.(욘 4장)
6. 모레셋 사람 미가 당시 유다 왕이 아니었던 사람은 누구인가?(미 1장)
   (가) 요담　　　　(나) 아하스
   (다) 히스기야　　(라) 요시야
7. 이스라엘의 남은 자들을 모아두기를 무엇과 같이 하리라 하였는가?(미 2장)
8. "시온을 피로, 예루살렘을 죄악으로 건축하는도다" 미가서 몇 장 몇 절에 있는 말씀인가?
9. "그들이 여호와의 (　　　　)을 알지 못하며 그 (　　　　)을 깨닫지 못할 것이라" (　)안에 적당한 낱말을 써 넣어라.(미 4장)
10. "베들레헴 에브라다야 너는 유나 족속 중에 작을지라도 이스라엘을 다스릴 자가 네게서 내게로 나올 것이라 그의 근본은 상고에, 태초에니라" 이 말씀은 예수님의 탄생에 관한 예언이다. 맞으면 ○표, 틀리면 ×표 하라.(미 5장)
11. "여호와께서 네게 구하시는 것이 오직 공의를 행하며 인자를 사랑하며 겸손히 네 하나님과 함께 행하는 것이 아니냐" 이 말씀은 미가서 몇 장 몇 절에 있는가?
12. 주는 갈멜 속 삼림에 거하는 주의 기업의 떼를 먹이시되 주의 무엇으로 먹이셨는가?(미 7장)
13. "여호와는 (　　　　)하시며 환난 날에 (　　　　)이시라 그는 자기에게 (　　　　)하는 자들을 아시느니라" (　)에 적당한 낱말을 써 넣어라. (나 1장)

14. 니느웨는 예로부터 무엇과 같다고 했는가?(나 2장)

(가) 물이 많은 바다 (나) 물이 모인 못

(다) 물이 마른 강 (라) 물이 마른 호수

15. 나훔 3:1에 "화 있을진저 피 성이여"라고 했는데 어느 성을 가리키는가?

(가) 유다 (나) 애굽 (다) 니느웨 (라) 앗수르

16. "사납고 성급한 백성"은 누구를 가리키는가?(합 1장)

17. "그러나 의인은 그 믿음으로 말미암아 살리라" 이 말씀은 하박국 몇 장 몇 절에 있는가?

18. "여호와여 주는 주의 일을 이 수년 내에 ( )케 하옵소서 이 수년 내에 나타내시옵소서 진노 중에라도 ( )을 잊지 마옵소서" ( )에 적당한 낱말을 써 넣어라.(합 3장)

스바냐

개요

1. **주제** – 하나님의 위대한 구원의 날
2. **예수님과의 관계** – 예수님을 질투하시는 주님으로 묘사한다.
3. **스바냐의 배경**
   1) 기록자 : 선지자 스바냐(여호와가 숨기신자라는 뜻)
   2) 연대 : 요시야 왕 시대(주전 639~608년경)
   3) 목적 : 장차 여호와의 날, 운명의 날에 유다에게 임할 하나님의 심판에 대해서, 그리고 유다의 남은 자들의 처신에 대해서 경고를 하는데 있음.
   4) 특징 : (1) 스바냐는 히스기야의 5대 손으로서 왕족이었다. (2) 여호와의 날(또는 그 날과 함께)이 20회, "황무"가 7회, 그리고 "남은 자"가 4회 사용되었다.
4. **내용분류** – 3장53절
   1) 유다에 대한 심판(1:1~2:3)
   2) 이방나라에 대한 심판(2:4~3~:8)
   3) 이스라엘의 회복(3:9~20)

학개

개요

1. **주제** – 하나님의 성전의 완성
2. **예수님과의 관계** – 예수님을 만국의 소망으로 묘사한다.
3. **학개의 배경**
   1) 기록자 : 학개(나의 기쁨이라는 뜻)
   2) 연대 : 다리오왕 2년(주전 520년)에 기록한 것으로 약 4개월이라는 적은 기간에 있던 예언을 기록한 것이다. 학개는 스가랴, 말라기와 함께 포로에서 돌아온 시대에 속하는 선지자이다. 학개와 스가랴는 성전 건축을 도왔고, 말라기는 약 100년후에 느헤미야와 함께 예루살렘 성벽 재건을 도왔다.
   3) 목적 : 성전 건축사업이 반대자들로 인해 약 2년간이나 중지되었기 때문에 성전 재건을 위하여 백성들에게 힘과 용기를 주는데에 있다.
   4) 특징 : (1) 학개는 처음 성전을 보았던 노인이었으며 본 서는 네가지의 간단한 메시지로 되어 있다. (2) '여호와의 전'(또는 '이 전', '나의 전')이 8회, "추억하라"가 5회 사용되었다.

4. **내용분류** – 2장 38절
   1) 성전 재건에 무관심한 백성들에 대한 여호와의 말씀(1:1~15)
   2) 용기에 대한 여호와의 말씀(2:1~9)
   3) 선별에 대한 여호와의 말씀(2:10~19)
   4) 심판에 대해 여호와의 말씀(2:20~23)

스가랴

개요

1. **주제** - 이스라엘의 위대한 구원자요 메시야이신 예수 그리스도의 재림
2. **예수님과의 관계** - 예수님을 의로운 분으로 묘사한다.
3. **스가랴의 배경**
   1) 기록자 : 스가랴, '스가랴'는 "여호와는 기억하신다"라는 뜻이며 이 이름을 가진 사람은 구약에서 30명이나 된다.
   2) 연대 : 다리오 왕 2년에서 4년까지인 주전 520~518년 사이에 기록되었다.
   3) 목적 : 학개서와 마찬가지로 포로 귀환 후 성전 건축을 완성하기 위하여 백성들을 격려하고 용기를 주려는 데에 있었다. 특별히 스가랴는 영적인 변화를 강조하여 장차 임할 사건과 예수 그리스도의 재림에 대하여 계시하였다.
   4) 특징 : 구약의 소선지서 중에서 가장 긴 책이며 가장 메시야적인 책이다. '여호와의 말씀' 또는 '나의 말씀' 이라는 단어가 14회, '만군의 여호와' 라는 말이 52회 사용(특히 8장에서는 18회 사용)되었다.
4. **내용분류** - 14장 211절
   1) 스가랴 선지자의 이상(1:~6:)
   2) 벧엘사람의 질문과 여호와의 대답(7:~8:)
   3) 열방의 멸망과 이스라엘의 구원(9:~14:)

개요

1. **주제** – 불순종하는 백성에 대한 하나님의 심판의 경고
2. **예수님과의 관계** – 예수님을 의로운 해로 묘사한다.
3. **말라기의 배경**

1) 기록자 : 말라기("여호와는 나의 사자"라는 뜻)

2) 연대 : 바벨론 포로에서 돌아온 지 약 100년후(주전 450~400년 사이)

3) 목적 : 이스라엘의 죄, 특히 성전을 떠나고 이방인과 잡혼하고 십일조를 무시하는 신앙적 타락과 배교를 분명하게 보여주고 그에 대한 하나님의 심판을 강조하기 위함이다.

4) 특징 : (1)구약성서의 마지막 메시지요 구약의 역사가 총집되어 있는 "축소판 구약성경"이다. (2) 백성들에 대해 책망을 묻고 대답하는 형식으로 되어 있다. (3) "너희는 이르기를"이라는 말이 11회, "어떻게 하여야"가 6회, 그리고 "저주"가 7회 사용되었다.

4. **내용분류** – 4장 55절

1) 이스라엘의 죄(1:1~3:15)

(1) 제사장의 죄(1:1~2:9)

(2) 백성들의 죄(2:10~3:15)

2) 회개한 자에 대한 축복(3:16~4:6)

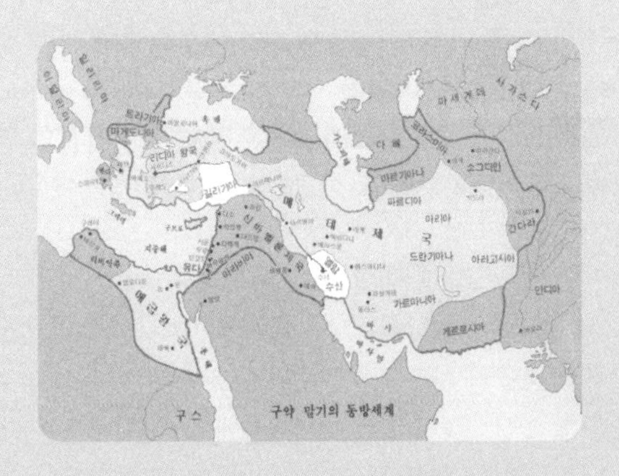

구약 말기의 동방세계

29

29
[선지자의 예언 (Ⅲ)]

- 본문 : 습 1~3장, 학 1~2장, 슥 1~14장, 말 1~4장
- 요절 : 습 3:17, 학 1:8, 슥 4:6, 말 3:10

하나님께서는 포로에서 돌아온 이스라엘 백성들로 하여금 고난가운데서도 성전을 재건케하고 바른 신앙과 생활을 하도록 격려함과 동시에 장차 오실 메시야에 관하여 예언하고 있다.

Ⅰ. 스바냐의 예언(하나님의 위대한 구원의 날)(습1:1—다시 3:20)

1. 유다에 대한 심판(1:1~2:3)

이 부분은 유다가 심판을 받을 날, 즉 여호와의 날에 대한 예언이다. 그것은 스바냐의 때로부터 몇 십년 내로 있게 될 유다의 바벨론 포로를 의미하고, 상징적으로는 세상 끝날에 있을 대변동과 환난을 의미하기도 한다(계 6:1~17).

2. 이방나라에 대한 심판(2:4~3:8)

유다에 인접한 이방 민족과 예루살렘에 내릴 심판을 예시하고 마지막 세상에 대해 심판하실 것을 예언한 부분이다. 가사, 아스글론, 아스돗, 에그론(4)은 블레셋 성읍들이고 그렛인(5)은 블레셋 사람들의 별명이다. 구스(10)는 그 당시 애굽을 지배하던 남쪽 애굽나라의 이름이다.

3. 이스라엘의 회복(3:9~20)

폭풍후의 고요함같이 심판이 있은 후에는 이스라엘이 회복될 것이며 남은 자와 포로된 자들이 구원 받을 것이요(2:3,7,3:12~13,20), "깨끗한 입술"이 세상에 오실 것이다(9). 14~20절에 표현된 기쁨은 그리스도께서 이 세상에 오셔서 큰 권세와 영광 중에 다스리게 될 때 성취될 것이다.

Ⅱ. 학개의 예언(하나님의 성전의 재건)(학1:1—2:20)

1. 성전 재건에 무관심한 백성들에 대한 여호와의 말씀(1:1~5)

"시기가 이르지 않았다"(2)는 변명을 하는 백성들에게 하나님께서는 "너희의 소위를 살펴볼지니라"(5)고 하시면서 그들의 민족적인 역경은 하나님께 불순종했기 때문이라고 말씀하셨다. 이 학개의 메시지는 즉시 효과를 내어 백성들은 그것을 하나님의 말씀으로 받아들여 곧 성전 건축의 사업이 시작되었다(12, 15).

2. 용기에 대한 여호와의 말씀(2:1~9)

새로 건축된 성전은 마지막 때 메시야가 강림하신 후에는 솔로몬의 성전도 따르지 못할 위대한 영광이 깃들 것을 예언하고 있다. 그러므로 모든 백성들은 용기를 가져야 한다고 말씀하신다.

3. 선별에 대한 여호와의 말씀(2:10~19)

백성들이 제단을 세우고 번제를 드렸지만 그 거룩한 제단은 불순종으로 인하여 하나님께 상달되지 않았고 하나님께서는 그들을 축복하여 주지 않았다. 또한 그들이 성전건축을 게을리한 죄의 결과 만사가 제대로 되지 않았다. 그러나 이제는 그 일에 열심이고 그들이 하나님 앞에 성별되므로 하나님께서 "오늘부터" 축복해 주시고 성공케 해 주실 것이라고 보증하였다(19절).

4. 심판에 대한 여호와의 말씀(2:20~23)

경건과 그 행동에 대한 보상으로서 스룹바벨은 하늘의 총아가 되고, 모든 대적을 쳐부수고 자기의 나라를 지상에 세울 메시야왕의 한 조상이 되는 영광을 차지할 것이라는 약속이 기록되어 있다.

Ⅲ. 스가랴의 예언(예수 그리스도의 재림)(1:1—14:21)

1. 스가랴 선지자의 이상(1:1~6:8)

1) 회개의 경고(1:1~6)

29

스가랴의 말씀들은 성전 건축을 하는 사람들의 정신상태가 해이해졌을 때 어느 날 밤 10가지의 예언적인 이상으로 나타난 것이다. 스가랴는 조상들의 불순종을 경고하면서 하나님이 보여주신 놀라운 미래의 환상을 통하여 여호와께 돌아올 것을 촉구하고 있다.

2) 첫번째 이상—말의 이상(1:7~17)

이 말에 대한 이상은 온 세계가 바사제국의 쇠로 만든 손 아래 있음을 의미하며 이스라엘 민족이 열방과 같으며 하나님의 심판을 받을 것을 말해 주고 있다.

3) 두번째 이상—네 뿔의 이상(1:18~19)

뿔은 능력과 권위를 상징한다. 여기서 네 뿔은 유다와 이스라엘을 멸망시킨 4대강국(바벨론, 메대와 바사, 헬라, 로마)을가리킨다.

4) 세번째 이상—네 대장장이의 이상(1:20~21)

이것은 네 뿔의 나라를 멸망시키는 하나님의 심판을 의미한다. 결국 이것은 유다가 다시 일어날 것을 상징적으로 보여주고 있다.

5) 네번째 이상—척량줄의 이상(2:)

위대한 장으로서 척량줄을 가진 사람은 여호와의 천사이다. 이 이상은 천년왕국 때에 하나님께서 유다와 예루살렘을 축복하실 것이라는 약속의 예언이다. 뿐만 아니라 하나님의 구원이 확장될 것을 암시하고 있다.

6) 다섯번째 이상—대제사장 여호수아의 이상(3:)

대제사장 여호수아는 이스라엘 백성을 상징하며 그의 더러운 옷은 백성들의 죄를 상징한다. 그리고 여호수아의 더러운 옷이 벗겨지는 것은 예수 그리스도를 통하여 죄를 용서받고 하나님의 의롭고 깨끗한 세마포 옷을 입게 되는 것을 의미한다.

7) 여섯번째 이상—촛대와 두 감람나무의 이상(4:)

촛대는 하나님의 집을 밝히는 것을 상징하는 것으로서 이스라엘이 장래에 하나님의 등을 드는 자로 나타내지고 있다. 두 감람나무는 모세와 엘리야로서 장차 세상에 나올 자들이다. 그들은 모두 하나님께서 기름 부으신 자들이다. 일곱이라는 숫자는 하나님의 완전과 완성을 상징한다.

8) 일곱번째 이상—날아가는 두루마리의 이상(5:1~4)

스가랴는 넓게 펼쳐진 두루마리가 날아가는 것을 보았다. 그것은 길이 10미터 폭 5미터의 펼쳐진 지도같은 것으로서 도적질과 헛 맹세에 대한 저주가 기록되어 있다. 이 두루마리가 세상에 있는 모든 행악자들을 멸하게 될 것이다.

9) 여덟 번째 이상—에바의 이상(5:5~11)

여자를 담은 에바의 모습을 한 큰 바구니가 두 여자에 의해 땅에서 사라졌다. 죄가 한 여자에 의해 생긴 것처럼 두여자에 의해 거룩한 날개에 실려 사악함이 제거됨을 보여주고 있다. 에바는 30키로가 넘는 약 2말 정도의 바구니이다 .

10) 아홉번째 이상—네 병거의 이상(6:1~8)

세상의 강대국들에게 하나님의 사자를 통한 심판이 실행되는 모습이다. 이것은 1장의 뿔과 공장의 이상의 계속이다.

11) 열번째 이상—여호수아의 면류관의 이상(6:9~15)

대제사장이 대관식을 하는 상징적인 행사이다. 여호수아의 면류관은 두개의 직분, 즉 왕과 제사장직을 합하게 한다. 그것은 예수님께서 재림하실 때 천년왕국을 세우시고 제사장과 왕으로서 영광의 보좌에 앉게됨을 보여주고 있다(13).

2. 벧엘 사람의 질문과 여호와의 대답(7:~8:)

포로생활 기간동안 성전의 파괴를 탄식하며 금식하던 백성들은 성전이 건축되자 이 거국적인 금식행사를 계속해야 하는지에 대해서 스가랴에게 물어보았다. 이에 스가랴는 회개의 눈물이 없는 형식적인 금식행사를 하는 대신 기쁨의 축제를 가지고 실제적인 면에서 의를 행하라고 권면 하였다. 하나님께서는 단지 음식을 먹지 않는 금식보다는 겸손하게 죄를 뉘우치는 순종과 회개의 마음을 원하시고 계신다.

3. 열방의 멸망 이스라엘의 구원(9:~14:)

이 부분은 이스라엘 주위에 있는 이방민족에게 하나님의 심판이 주어지고, 이스라엘의 천년왕국 통치가 있을 것을 예시하고 있다.

1) 이웃나라에 대한 하나님의 심판(9:~11:)

9장은 헬라와 싸우게 될 유다를 예언한 것으로서 메시야 왕국이 올 것과 이스라엘에 구세주로서 주님이 오실 것을 말해 준다. 10장은 흩어졌던 하나님의 백성, 즉 유다와 에브라임의 회복과 축복을 예언하고 있다. 11장은 참 목자와 거짓 목자에 대한 비유이다. 참 목자이신 메시야가 오실 것을 상징적으로 예시했지만 이스라엘은 이 예시를 거절하였다. 이와 같은 이스라엘의 행동은 심판을 받게 되었고 거짓 목자들이 다시 일어나게 되었다.

2) 이스라엘의 미래에 대한 이상(12:~14:)

12장은 예루살렘의 포위와 여호와에 의한 구원에 대한 말씀이다. 아마겟돈 전쟁에서 이스라엘이 구출되고 장차 이스라엘이 회개하고 하나님께 돌아오는 축복을 13장까지(1~6) 기록하고 있다. 그러나 목자를 죽인 후에 양들이 뿔뿔이 흩어지게 될 다윗계보의 비극이 있을 것이다(13:7~9). 14장은 장차 하나님의 승리와 새 통치를 말해주며 예루살렘의 미래 영광에 대한 예언의 말씀이다.

Ⅳ. 말라기의 예언(불순종하는 백성에 대한 하나님의 심판의 경고)(말 1:1~4:6)

1. 이스라엘의 죄(1:1~3:15)

1) 제사장들의 죄(1:1~2:9)

이스라엘의 죄는 백성들의 지도자인 제사장들의 생활에서부터 나타났다. 제사장은 경건성을 잃고 무관심하였다. 그들은 총독에게도 바치지 못할 병들고 흠있는 제물을 하나님께 바쳤는데 말라기는 이것에 대해 하나님을 모독하는 행위라고 질책하였다. 하나님의 책망은 이와같이 지도급에 있는 그릇된 지도자들에게 먼저 내려졌다.

2) 백성들의 죄(2:10~3:15)

백성들은 이방여인과 결혼하기 위하여 자기의 아내와 이혼했고, 하나님을 섬기는 일에 무관심했다. 또한 그들은 하나님께 마땅히 드려야 할 십일조와 헌물을 도적질하는 죄악을 저질렀다. 십일조는 하나님의 큰 축복의 창문을 여는 열쇠이며 십일조를 드리는 것은 하나님께 우리의 모든 것이 속했다는 사실을 나타내는 외형적인 표시이다.

2. 회개한 자에 대한 축복(3:16~4:6)

이 부분은 앞으로 다가올 일들에 대한 말씀이다. 하나님께서는 말라기 선지를 통하여 하나님을 잘 섬기는 자에게는 마지막 날에 하나님의 특별하신 축복을 허락하실 것을 약속하고 있다. 4장에서 말라기는 주님이 오시는 날에 대해서 말하고 있다(1~6). 이 마지막 구약성서는 모세의 율법인 경고와(4), 주님의 날에 대한 예언과(5), 부모 자식의 사랑에 대한 권고와(6), 주님이 오시지 않으면 인류는 절망적일 수 밖에 없다는 저주(6)로 끝맺고 있다.

교훈 및 적용

1. 하나님을 떠나는 자는 징벌을 받아 타인에게 조롱과 멸시를 받게 된다. 그러므로 우리는 전폭적으로 하나님 중심의 삶을 살도록 하자.
2. 교만한 자들은 하나님의 긍휼을 입지 못한다. 따라서 우리는 늘 겸손하고 정직하며 순전하여 하나님께 기쁨을 드림으로 평강과 희락의 복을 누리도록 하자.
3. 하나님은 형식적인 제사보다 순종을 원하신다. 그러므로 진실한 마음을 가지고 전폭적으로 하나님의 뜻을 따르는 성도가 되자.
4. 죄로 만연되어 있는 세상은 사는 우리는 마음을 강하고 담대하게 하여 하나님 나라 확장에 용기와 힘을 다해 참여토록 하자.
5. 하나님은 돌이켜 회개한 자들에게 구원과 복을 주시며 그들을 기뻐하시며 세상에서 칭찬을 듣게 하시는 분이시다. 그러므로 우리가 잘못된 길로 들어섰을때 즉시 회개하여 이 은혜를 힘 입도록 하자.
6. 하나님은 우리를 위해 사단과 싸우시며 반드시 승리하신다. 그러므로 우리는 평안함과 기쁨으로 감사하는 삶을 살도록 하자.
7. 우리는 대제사장이신 그리스도를 통하여 구속받고 거룩하게 되었다. 구원받는 백성답게 성결한 생활로 하나님께 우리 자신을 드리자.
8. 주의 날은 속히 올 것이며 그 날이 이르기전 악이 성행하고 믿음이 사라지며 가정의 문제가 혼란해질 것이다.
9. 주를 위해 계명을 지키고 눈물 흘리는 자가 멸시를 당할 것이나 끝까지 참고 견디는 자는 복이 있다.
10. 가정은 교회의 모형이므로 가정을 기도로 지키고 사랑의 연합으로 하나가 되어야 한다.

이번 과에서 스바냐, 학개, 스가랴, 말라기 네 선자지지의 예언을 공부함으로 구약은 전부 끝났습니다. 역시 우리는 네 선지자들을 통하여 죄를 미워하시고 책망하시는 하나님의 음성을 다시 들었습니다.아무쪼록 우리들의 삶이 칭찬과 축복을 받는 삶이 되어야 하겠습니다.

29

● 구약과 신약의 중간 시대 – 약 400년

1. 바사시대(주전 430~332년)

주전 430년 경 유다는 바사의 속국이 되었다. 바사의 유다에 대한 통치는 비교적 관대한 편이었다.

2. 헬라시대(주전 331~167년)

알렉산더 대왕이 주전 336년 애굽, 앗수르, 바벨론, 바사국 등을 정복했다. 주전 331년까지 그는 온 세계를 지배했으나 십 년도 못되어 죽고 말았다. 알렉산더가 죽자 그의 제국은 넷으로 분열되었고 팔레스타인은 주전 198년까지 애굽과 수리아의 지배를 받았다. 수리아왕 안디오커스 에피파네스는 유대인을 잔학할 정도로 박해하였다.

3. 독립시대(주전 167~63년)

마카비 왕국 시대라고도 한다. 애국자인 마카비가 전쟁에 승리하여 예루살렘을 회복하고 독립된 정부를 다스렸다.

4. 로마시대(주전 63년부터 그리스도 시대까지)

주전 63년에 팔레스타인은 로마에 정복되었고 에돔인 안티파넬이 유다의 통치자로 임명되었다. 그의 아들 헤롯왕은 유대인들에 호의를 베풀어 성전을 재건하였으나 잔인했다. 그는 예수님이 탄생할 때 유다를 다스리고 있었다.

성경문제

● 선지자의 예언(3)/습1:1-말4:5

1. 여호와의 큰 날에 없는 것은 무엇인가?(습 1장)
   (가) 환난과 고통의 날　　(나) 황무와 패괴의 날
   (다) 캄캄하고 어두운 날　(라) 사랑과 화평의 날
2. "너의 하나님 여호와가 너의 가운데 계시니 그는 구원을 베푸실 전능자시라 그가 너로 인하여 기쁨을 이기지 못하여 하시며 너를 잠잠히 사랑하시며 너로 인하여 즐거이 부르며 기뻐하리라" 이 말씀은 스바냐 몇 장 몇 절에 있는가?
3. 여호와의 말씀이 학개에게 임한 날은 언제인가?(학 1장)
4. 예루살렘 성전 재건 당시 유다 총독은 누구인가?(학 2장)
5. 스가랴가 본 환상이 아닌 것은 무엇인가?(슥 1-2장)
   (가)홍마　(나)네 뿔　(다)척량줄　(라)불 성곽
6. "여호수아 앞에 세운 돌을 보라 한 돌에 일곱 별이 있느니라" 맞으면 ○표, 틀리면 ×표 하라.(슥 3장)
7. "이는 (　　　　)으로 되지 아니하며 (　　　　)으로 되지 아니하고 오직 나의 (　　　　)으로 되느니라" (　)에 적당한 낱말을 써 넣어라.(슥 4장)
8. 날아가는 두루마리는 무엇을 뜻하는가?(슥 5장)
9. 순이라 이름하는 사람이 자기 곳에서 돋아나서 (　　　　)을 건축하리라고 했다.(슥 6장)
10. "심중에 서로 해하기를 도모하지 말며 거짓 맹세를 좋아하지 말라 이 모든 일은 나의 미워하는 것임이니라" 이 말씀은 몇 장 몇 절에 있는가?
11. 금식이 변하여 기쁨과 즐거움과 희락의 절기가 될 때 오직 사랑해야 할 두 가지는 무엇인가?(슥 8장)
12. 바다에서 바다까지 이르고 유브라데 강에서 땅끝까지 이르는 것은 무엇인가?(슥 9장)
13. 모퉁이 돌, 말뚝, 싸우는 활, 권세 잡은 자가 다 일제히 그에게로 나온다고 했는데 "그에게" 는 누구를 가리키는가?(슥 10장)
14. 막대기 둘의 의미는 무엇인가?(슥 11장)
15. "내가 다윗의 집과 예루살렘 거민에게 은총과 간구하는 심령을 부어주리니" 이

말씀은 스가랴 몇 장 몇 절에 있는가?

16. 온 땅에서 얼마를 불 가운데 던져 은같이 연단하며 금같이 시험할 것이라 했는가?(슥 13장)
17. "여호와께서 (　　　　)의 왕이 되시리니 그 날에는 여호와께서 홀로 하나이실 것이요 그 (　　　)이 홀로 하나이실 것이며"
    (　)에 적당한 말을 쓰라. (슥 14장)
18. 저는 것, 병든 것으로 드리는 것은 (　　　　)하다고 했다.(말 1장)
19. 제사장의 입술이 지켜야 할 것은 무엇인가?(말 2장)
20. 말라기 3장에서 십일조에 관한 말씀이 기록된 곳은 어느 부분인가?
    (가)1-6절　(나)7-12절　(다)13-15절　(라)16-18절
21. "내 이름을 경외하는 너희에게는 의로운 해가 떠올라서 치료하는 광선을 발하리니 너희가 나가서 외양간에서 나온 송아지 같이 뛰리라" 말라기 몇 장 몇 절에 있는 말씀인가?

신약 성경 읽기

마태복음

개요

1. **주제** – 왕으로 오신 예수 그리스도

마태복음은 왕으로서 예수님의 기록이다. 족보는 예수님을 다윗왕의 왕손으로 증명하며(1:1~17), 동방박사들은 유대인의 왕을 찾았고(2:2), 예수님은 예루살렘에 왕으로 입성하신다(21:1~11). 빌라도 앞에서 왕이심을 시인했고(27:11), 십자가 위에 왕의 명패가 붙어있었으며(27:37), 부활 후에 갈릴리의 명하신 산 위에서 제자들에게 왕의 명령을 내리셨는데(28:18~20), 그는 재림할 때 영광의 보좌에 앉으실 왕이시다(25:31).

2. **배경**

1) 기록자 : 레위라고도 불리우는 세리 마태가 기록했다.
2) 기록연대 : 주후 58년경
3) 수신자 : 유대인으로서 기독교인이 된 사람들
4) 기록목적 : 첫째, 나사렛 예수가 구약에 약속된 이스라엘의 왕, 곧 메시야임을 증명하는 것이요(구약을 60회 이상 인용함), 둘째, 유대인의 왕이 어떻게 그 백성에 의해 거절되었는가를 보여주기 위함이다.
5) 특유한 용어 : 천국(35회), 나라 혹은 왕국(55회), 17개의 비유 가운데 12개가 『천국은 마치 … 와 같으니』로 시작함.

3. **특징**

1) 기록이 일반적으로 간결하다.
2) 메시야적 관심이다.
3) 배타주의(Particularism)와 보편주의(Universalism)가 다 함께 강조되고 있다는 점이다.
4) 교회적 관심이다.
5) 종말론적 관심이다.

4. **마태복음에 관하여**

마태복음은 4복음서 중에서 제일 먼저 나온다. 천국이란 말(33회)이 많이 나오기 때문에 천국복음이라고 부른다. 그리고 사자복음이라고도

하는데 그 이유는 계시록 4:7에 나오는 네 생물 중에서 사자가 마태복음의 성격과 일치되기 때문이다. 사자는 동물의 왕자로서 유대인의 왕으로 오신 예수 그리스도의 모습과 같다고 하겠나. 마태복음에는 5개의 예수님의 교훈이 있으며 다른 복음서에 없는 기록들이 있다. 그리고 마태복음에만 기록된 비유들이 있다.

1) 예수님의 교훈
   (1) 산상보훈(5~7장)-천국 윤리
   (2) 제자 파송(10장)-선교
   (3) 비유(13장)-천국의 본질
   (4) 겸손, 용서에 대한 교훈(18장)-교회의 훈련
   (5) 묵시적 교훈(24~25장)-종말론
2) 마태복음에만 기록된 비유(15개 중 10개)
   (1) 가라지(13:24-30)
   (2) 감추인 보화(13:44)
   (3) 값진 진주(13:45-46)
   (4) 그물 비유(13:47-52)
   (5) 무자비한 종(18:23-35)
   (6) 포도원 일꾼(20:1-16)
   (7) 두 아들(21:28-32)
   (8) 왕자의 결혼 잔치(22:1-14)
   (9) 열 처녀(25:1-13)
   (10) 달란트(25:14-30)

5. **내용분류** - 28장, 1,071절
   1) 예수님의 탄생과 준비(1:1~4:11)
   2) 전도시작(4:12~25)
   3) 천국시민의 생활(5:1~7:29)
   4) 예수님의 이적(8:1~9:38)
   5) 반대의 시작과 천국 비유(10:1~15:39)
   6) 예수님의 수난준비(16:1~17:27)
   7) 예수님의 교훈(18:1~20:34)
   8) 예수님의 수난주간(21:1~27:66) 9) 예수님의 부활(28:1~20)

30
[예수님의 탄생과 전도]

- 본문 : 마 1~15장
- 요절 : 마 11:28

마태복음은 신약성경 가운데 제 1권의 위치에 있으면서 예수님은 인간을 구원하시기 위해 이 세상에 오신, 메시야가 되시는 왕이심을 강조하고 있다. 여기서는 그의 탄생과 준비, 그리고 그의 복음 사역을 소개하고 있는데 중심사상은 산상보훈(마 5~7장)에 잘 나타나 있다. 그러나 예수님의 복음과 사역에 대하여 반대하는 무리들이 있었음도 볼 수 있다.

1. 예수님의 탄생과 준비(1:1~4:11)

아브라함과 다윗의 자손 예수 그리스도의 세계라」(1:1) 아브라함은 믿음의 조상이요 언약의 대상자였다(창12:1~3). 다윗은 그의 왕위가 영원하리라는 약속을 받았다(삼하7:12~16). 예수님은 아브라함과 다윗을 향한 하나님의 약속의 성취로 오신 영원한 왕이다.

마태의 족보는 요셉의 조상을 다룬 법적인 가계(家系)이고 누가의 족보는 마리아의 조상을 다룬 예수님의 실제적 가계이다. 이 두 가계는 다윗에게서 통일된다. 천사는 요셉에게 현몽하여 예수님의 사명(구속주)과 자격(하나님이 같이 계심-임마누엘)을 일러주었다(1:18~25). 동방박사 세 사람이 별의 인도를 받아 유대인의 왕이 나신 베들레헴을 찾아왔을 때 시기심 많은 헤롯왕은 예수님 죽일 음모를 꾸몄으나 이미 요셉 가족이 애굽으로 떠난 뒤였다. 애굽에서 돌아온 가족은 요셉의 고향 나사렛에 정착했는데 그 때부터 '나사렛 예수'라고 불리웠다(2:1~23).

세례요한은 메시야 예수님의 길을 예비하기 위해 유대광야에서 회개를 선포하고 그 표로 요단강에서 물세례를 받게 하였는데 장차 자기보다 큰 이가 성령과 불로 세례 줄 것을 예언했다. 그 예언대로 예수님께서 세례요한에게 나아가 세례를 받고 공생애를 시작하실 때에 하늘이 열리고 성령이 비둘기 같이 임하며「이는 내 사랑하는 아들이요 내 기뻐하는 자라」는 음성이 들려왔다. 여기에 성부, 성자, 성령 하나님이 증명된다(3:1~17).

예수님은 세례 후에 곧장 마귀에게 시험을 받으셨다. 왕되신 예수님은 자신의 몸을 찢고 피를 흘려 세상을 구원하려 하셨는데 사탄은 고통이 없는 손 쉬운 방법으로 왕이 될 수 있다고 유혹했다. 예수님은 말씀으로 시험을 이기셨고 십자가 위에서 마귀의 권세를 깨뜨리셨다(4:1~11).

2. 전도의 시작(4:12~25)

시험을 이기신 예수님은 요한이 헤롯의 불륜을 직언하다가 갇혔다는 소식을 듣고 가버나움으로 이사하셨다. 그리고 회개와 천국복음을 전하셨다. 예수님은 갈릴리 해변에서 최초로 네 제자 곧 베드로와 안드레, 야고보와 요한을 불렀는데 그들의 사명은 '사람 낚는 어부' 였다. 그들이 배와 그물을 버려두고 좇은 것처럼 우리도 버리는 것 없이는 예수님을 좇을 수 없다(18~22). 예수님은 복음전파와 동시에 각색 병든 자를 고치셨다(23~25).

3. 천국시민의 생활-첫번째 설교(5:1~7:29)

산상설교는 예수님의 중심교훈이며 구약의 율법을 완전케 한 새로운 윤리선포이다. 하나님의 나라 자녀라면 누구나 따라야 할 이 헌법의 목적은 하나님을 영화롭게 함이요, 헌법준수의 동기는 사랑이며, 그 결과는 축복이다.

1) 천국시민의 자격 (팔복)(5:1~12)

복이 있는 사람은 심령이 가난한 자, 애통하는 자, 온유한 자, 의에 주리고 목마른 자, 긍휼히 여기는 자, 마음이 청결한 자, 화평케 하는 자, 의를 위하여 핍박을 받는 자이다. 그 중에는 세상의 지혜에 반대되는 것도 있으나 결과는 하나님의 자녀로서 누리는 하늘나라 기업이다.

2) 천국시민의 생활윤리(세상의 소금과 빛)(5:13~16)

축복을 받는 자는 이웃을 위해 짊어질 책임이 있는데 소금과 빛의 역할이다. 빛되신 예수님을 모실 때 우리는 빛을 발하고, 성결하신 성령을 모실 때 우리는 세상을 썩지 않게 할 수 있다.

3) 천국시민의 윤리적 규범(5:17~48)

율법을 완성시키려고 오신 예수님은 하늘나라 자녀들이 지켜야 할 일곱가지 규준을 가르치셨다. 첫째, 바리새인의 의보다 더 나은 의로서(17~20) 그것은 예수님을 믿는 의이다(롬 3:28). 둘째는 이웃과의 화목(21~26), 셋째는 순결한 생활(27~30), 넷째는 이혼하지 말것(31, 32), 다섯째는 헛된 맹세를 삼가하고 성실할 것(33~37), 여섯째는 억지가 아닌 적극적인 선을 베풀 것(38~42), 일곱째는 원수까지 사랑할 것(43~48)이다. 이 교훈을 다 지킬 때 우리는 하나님의 온전함에 이른다.

4) 천국시민의 생활원칙(6:1~18)

하늘나라 자녀들은 세상에 자기를 자랑하는 대신 오직 하나님만 기쁘시고 영화롭게 하기 위해 살아야 한다. 이와 같은 삶의 태도는 세 가지로 요약될 수 있다. 첫째, 구제는 오른손이 하는 것을 왼손도 모를만큼 은밀하게 한다(2~4). 둘째, 기도는 하나님 아버지께 은밀하게 드리되 먼저 이웃을 용서한다(15). 세째, 금식은 은밀한 가운데 보시는 하나님께 은밀히 한다(16~18).

5) 하늘나라 자녀들의 금령(禁令)(6:19~7:6)

첫째, 하늘나라 자녀들은 재물을 섬길 수 없다. 하나님만 섬기고 그 나라와 의를 구할 때에 아버지께서 다 채워 주신다(19~34). 둘째, 악한 동기에서 이웃을 헐뜯고 비판하는 일을 삼가야 한다(7:1~5). 셋째, 귀중한 천국복음은 그것을 개와 돼지처럼 함부로 취급하는 자들과 나누지 말아야 한다(7:6).

6) 하늘나라 자녀들의 기도(7:7~11)

하늘나라 자녀들은 하나님 앞에 계속적으로 구하고 찾고 두드리는 기도를 드려야 한다. 기도하되 낙망치 말고 해야 한다(눅 18:1).

7) 하늘나라 자녀들의 황금률(7:12)

자기의 입장에서 이웃을 이해한다면 이 세계는 낙원이 될 것이다. 대접을 받고자 하는대로 먼저 대접하는 태도는 하나님과 이웃에게 모두 지켜야 할 성도의 황금률이다.

8) 하늘나라 자녀들의 길(7:13, 14)

세상 사람들은 정욕과 쾌락의 넓은 길로 나가서 멸망에 이르고 성도는 예수님이 먼저 가신 순종의 좁은 길을 지나 하나님 보좌에 이른다.

9) 하늘나라 자녀들의 식별(7:15~23)

거짓 선생들은 사탄의 자식들로써 예나 지금이나 성도들을 미혹시키려 한다. 성도는 그들의 열매를 통하여 거짓 선생을 식별할 수 있다. 성도는 성령의 열매를 맺으나(갈 5:22, 23), 거짓 선생은 육체의 열매를 맺고(갈 5:19~21), 사망의 일을 한다(로마서 1:28~32).

10) 하늘나라 자녀들의 기초(7:24~27)

성도들은 세상의 경험과 지혜와 지식이 아닌 하나님의 말씀위에 신앙과 생활의 집을 지어야 한다. 우리가 어디에 집을 지었는가는 시험을 당할 때에 나타난다.

11) 메시야의 새 윤리에 대한 반응(7:28, 29)

예수님의 산상설교를 듣고 유대인들은 그 권세있는 가르침에 놀란다. 하나님의 말씀은 지금도 우리의 환경을 변화시키는 능력이 된다.

4. 예수님의 이적(8:1~9:38)

왕으로 오셔서 왕국의 새 윤리를 선포하신 예수님은 왕의 능력을 행하셨다. 이 능력으로 세 종류의 병자를 고치시고(8:1~17), 세 차례 권세를 행하시며(8:23~9:8), 세 가지의 회복이 다가오게 하셨다(9:18~34). 그 사이에 제자되는 길을 보이시고, 마태를 부르시며, 금식에 대해 가르치시고, 목자없는 양같은 이스라엘 백성들을 향해 왕으로서 탄식하신다.

1) 첫째 이적(세 병자를 치료하심, 8:1~17)

왕의 능력을 처음 행사하신 분야가 신유(神癒)이다. 병은 타락한 인간에게 다가온 가장 뚜렷한 형벌이기 때문에 인간을 구원하시기 위해 오신 메시야는 먼저 질병에서 그의 백성을 구출하셨으며 이 일은 오늘에도 계속되고 있다. 예수님은 용감하게 군중을 뚫고 들어와 병낫기를 소원하는 문둥병자를 즉시로 깨끗케 하셨고(1~4), 믿음 좋은 이방인 백부장의 중풍병 들린 하인을 고쳐주셨으며(5~13), 베드로의 장모를 그 손을 만지심으로 고치셨다(14, 15). 이 소식을 듣고 수많은 귀신들린 자들이 와서 고침받고, 병든 자가 나았다.

2) 제자 되는 길(8:18~22)

예수님의 기적 베푸심을 보고 명예와 영광을 얻을 목적으로 제자 되기를 원하는 서기관에게 예수님은 고난의 길을 말씀하셨고, 부친이 죽은 후에 따르겠다는 사람에게는 즉각적인 순종의 길을 가르치셨다. 제자의 도(道)는 고난의 길이요 순종의 길이다.

3) 세 차례 권세를 행사하심(8:23~9:8)

왕되신 예수님은 자연과 귀신과 죄를 향하여 절대 권세를 행사하신다. 예수님은 그 유명한 갈릴리의 바람과 파도를 꾸짖어 잠잠케 하셨고(23~27), 아무도 대적할 수 없는 귀신을 꾸짖어 돼지떼와 함께 물 속으로 몰사하게 하셨으며(28~34), 죄로 말미암아 침상에서 일어나지 못하는 중풍병자의 죄를 사하시고 고치셨다(9:1~8). 이 세 가지 권세는 하나님만 행하실 수 있다.

4) 마태의 소명(召命)(9:9~13)

본서의 저자인 마태는 로마정부에 예속된 세 관원으로 유대인이 가장 증오하는 부류의 사람이었다. 마태는 병든 자와 같은 자신, 긍휼과 용서를 받아야 할 자신, 죄인으로서의 자신을 예수님이 부르셨다고 고백한다.

5) 금식에 관한 문답(9:14~17)

요한의 제자들은 예수님의 제자들이 유대교의 3대 행위인 구제와 기도와 금식 가운데 금식을 소홀히 하는 것을 보고 그 까닭을 물었다. 그러나 제자들은 왕되신 예수님과 새 시대를 여는 혼인잔치를 하고 있었으므로 금식할 필요가 없었다. 새 왕으로 시작되는 새 시대, 그것이 예수님의 대답이었다.

6) 세 가지 회복(9:18~34)

병을 고치시고 권세를 행사하신 예수님은 다시 세 사람을 회복시킨다. 회당 관리자의 딸이 죽음에서 회복되어 살아났고(18~26), 소경이 회복되어 보게 되었으며(27~31), 귀신들린 벙어리가 회복되어 말을 하게 되었다(32~34). 그 사이에 12년 동안 피를 흘리며 살던 여인은 믿음으로 예수님의 옷가를 만지고 구원을 받았으며 병도 고침 받았다(20~22). 그러나 이 때에 최초로 바리새인들이 예수님에 대한 적개 감정을 품었다(34절).

7) 목자없는 양(9:35~38)

예수님은 메시야의 능력을 행하시며 여러 지방으로 여행하셨다. 그가 하신 일은 가르치심, 복음전파, 병고치심, 이 세 가지로 요약되었다. 가시는 곳마다 목자없는 양처럼 그의 백성들이 유리하고 있었다. 예수님은 제자들과 같은 추수꾼의 필요를 느끼신다.

5. 반대의 시작과 천국비유(10:1~15:39)

목자 잃은 양떼 같은 이스라엘 백성들에게 보내시기 위해 예수님은 특별히 12제자를 택하시고 훈련시키셨다(10장). 왕의 활동이 점차 확대되자 왕에 대한 반대와 배척이 일어나는 가운데(11~12장) 예수님은 천국에 대해 설교 하시고 (13장) 큰 이적을 베푸신다.

1) 열 두 사도의 임명과 교훈-두번째 설교(10:1~11:1)

지금까지 많은 제자들이 있었지만 그 중에서 열 둘을 택하여 귀신을 쫓아내고 병을 고치는 권능을 주셨다(1~4). 이번에 제자들이 찾아갈 사람은 이방인이나 사마리아인이 아니고 '이스라엘의 잃어버린 양' 이었다. 그들의 사명은 천국이 가까왔음을 전하고 병든 자를 고치며 평안을 비는 일이었다(5~15). 제자들은 뱀같이 지혜롭고 비둘기 같이 순결하되 성령이 그들과 함께 계시기 때문에 어떤 고난이 다가와도 인내하고 담대할 수 있었다(16~23). 예수님을 가리켜 귀신의 왕을 힘입어 귀신을 쫓아낸다고 모략한 바리새인들이 있는 한 제자들의 앞길은 고난의 길일 수 밖에 없었다. 그러나 예수님은 세 차례나「두려워 말라」고 하신다(26, 28, 31). 흑백이 분명히 가려질 것이고, 박해자들이 육은 죽여도 영은 못 죽이며, 하나님께서 제자들의 머리털까지 세시고 지키시기 때문이다 (24~33). 제자는 또한 자기 십자가를 지고 예수님을 따라야 하는데 이는 예수님께 대한 절대 순종을 뜻한다(34~39). 제자의 가장 큰 축복은 예수님의 대행자라는 점이다. 제자들의 뒤에는 예수님과 하나님이 계시며 성령이 함께 하신다. 예수님은 제자들을 가르쳐 보내신 후 자신도 전도하시기 위해 혼자 떠나신다(10:40~11:1).

2) 예수님에 대한 태도(11:2~30)

옥중에 갇힌 세례요한은 예수님이 과연 이스라엘의 기다리던 메시야인지 의심했다. 그는 정치적인 메시야를 생각하고 있었다. 예수님은 그 대답 대신 그가 행하신 기적을 들려주셨다. 이것은 메시야가 할 일이 궁극적으로 인간존재의 구원임을 보여주신 것이다. 분명히 요한은 율법시대에 여인이 낳은 자 중에 가장 위대하고 큰 이였으나 그리스도의 나라에서 가장 낮은 그리스도인이라도 그보다 더 많은 특권을 누리게 된다. 당시 유대인들은 자기들 임으로 메시야관을 왜곡시키고 거기에 맞추려는 잘못을 범하고 있었다(11:2~19). 갈릴리 바다 북쪽 끝에 있는 세 성읍 즉, 가버나움과 벳새다와 고라신은 예수님께서 기적을 행하신 무대였으나 믿지 않음으로 소돔과 고모라보다 더 무서운 심판을 받을 것이다(20~24). 예수님은 유대인들의 배척과 불신에도 불구하고 사랑으로 부르신다. 우리가 예수께 나아가 그의 멍에를 메고 우리 짐을 내려 놓으면 놀라운 휴식이 다가온다(25~30).

3) 세 가지 논쟁(12:1~45)

바리새인들은 직접적으로 예수님을 반대하고 나섰는데 첫째로 안식일에 관한 논쟁을 걸었다. 그러나 예수님은 안식일의 주인이고 성전보다 더 큰 이시며 다윗보다 더 위대한 분이다. 안식일을 만드시고 인간에게 안식을 주시는 성자(聖子) 하나님은 당연히 안식일에 손마른 자를 고치셔야 했다(1~21). 둘째로 바리새인들은 예수님을 시기한 나머지 귀신의 왕 바알세불을 힘입어 귀신을 쫓아낸다고 논쟁을 걸어왔다. 그러나 성령의 하신 일을 귀신의 일이라고 고의적으로 모욕하고 훼방함으로 그들은 용서받을 수 없는 죄를 범하고 마귀의 자식이 되었다(22~37). 세번째, 그들은 수치스럽게도 표적을 구하였다. 예수님은 장차 죽은 자 가운데서 살아나실 것을 요나의 표적을 비유로 말씀하셨다. 예수님의 부활은 표적 중에 표적이다. 왕되신 예수님을 모시지 않으면 일곱귀신이 점령한다. 중립적인 인간은 아무도 없다(38~45).

4) 예수님의 친족들 (12:46~50)

진리는 분명하다. 예수님은 잃은 자를 찾아 구원시킬 목적으로 사람이 되신 하나님이므로 육신의 친척보다 영적으로 거듭난 천국 백성들이 더 가까운 사람인 것이다.

5) 천국에 대한 비유-세번째 설교 (13:1~52)

예수님은 천국을 일곱가지 비유로 기르치시는데 여기서 천국이란 하나님의 주권이 임하여 있는 곳을 의미한다. 그곳은 개인의 마음일 수도 있고 가정이나 교회일 수도 있다. 천국은 하나님의 말씀을 듣고 깨달아 열매 맺은 사람에게 다가온다(1~23). 악한 자는 가라지나 나쁜 고기처럼 세상 끝 날까지 천국백성과 함께 있지만 결국에는 분리될 것이며, 모든 것을 희생하고라도 얻어야 할 만큼 값진 천국은 겨자씨처럼 외면적으로, 그리고 누룩처럼 내면을 확장하여 마침내 세상을 접수하고 그의 영원한 왕국을 세우실 것이다(24~52).

6) 예수님 고향의 불신앙(13:53~58)

고향 사람들은 예수님에 대한 선입관 때문에 배척했다. 전적인 신뢰가 아니면 아무도 하나님의 능력을 볼 수 없다.

7) 세례요한의 죽음(14:1~12)

헤롯의 불륜을 고발하다가 투옥된 세례요한은 헤롯의 헛된 맹세와 헤로디아의 흉계로 죽임을 당한다. 헤롯은 예수님이 되살아난 세례요한인 줄 알고 두려워한다.

8) 오병이어의 기적과 물위로 걸으심(14:13~36)

예수님은 오병이어(五餠二魚)로 5천 명을 먹이시는 이적을 통해 백성의 생활에 관심을 갖는 왕의 모습을 보이셨고(13~21), 바다 위를 걸어오시는 기적을 통해 인생의 풍랑을 잠잠케 하시는 하나님의 아들이심을 보여주셨다(22~34).

9) 유전에 대한 논쟁(15:1~20)

바리세인들은 장로의 유전(遺傳)을 높이 평가하지만 어떤 것도 하나님의 말씀을 능가할 수 없다. 더구나 하나님의 말씀이 아닌 사람의 계명은 더러운 마음의 소산일 수도 있다.

10) 가나안 여자의 딸을 고치심(15:21~28)

딸을 낫게 하려는 가나안 여인의 소원은 위대한 신앙고백을 하게 했는데 그 고백은 절대 긍정적 믿음에 근거한 것이었다.

11) 4천 명을 먹이신 이적(15:29~39)

큰 무리가 예수님과 함께 사흘을 지내자 음식이 떨어졌다. 예수님은 다시 떡 일곱 개와 물고기 두 마리로 여자와 아이를 제외한 4천 명을 먹이셨다.

교훈 및 적용

1. 예수님의 칭찬하시는 믿음은 행함이 있는 믿음임을 깨닫고 예수님을 감동시키는 큰 믿음의 소유자가되자.

메시야이신 예수님의 탄생과 사역을 위한 준비, 그리고 갈릴리 전도에 대한 내용을 공부했습니다. 우리는 예수님께서 바리새인들의 끊임없는 도전 가운데서도 가는 곳마다 말씀을 가르치시고 전파하시며 약한 자들을 고치셨음을 배웠습니다. 우리도 예수님처럼 살도록 힘씁시다.
다음은 제 31과에서 예수님의 수난과 죽음에 대하여 공부합니다(마 16~28장).

성경문제

● 예수님의 탄생과 전도/마1:1-15:39

1. 예수님의 족보에 나오는 여자의 이름은 누구 누구인가?(마 1장)
2. '예수가 세상에 나심은 자기 백성을 죄에서 구원하심이다' 고 하신 말씀이 몇 장 몇 절에 있는가?
3. 예수가 나셨을 때 동방에서 누가 와서 경배하였는가?(마 2장)
4. "회개하라 천국이 가까왔느니라"는 누가 한 말인가?(마 4장)
5. 세례요한이 내 뒤에 오실 이는 무엇으로 세례를 줄 것이라고 했나?(마 3장)
6. 마귀가 예수님을 시험하였을 때 시험의 내용과 관계가 없는 것은 무엇인가?(마 4장)

(가)빛 (나)돌 (다)성전 (라)산

7. 다음 A항과 관계 있는 B항의 기호를 (　　　)에 쓰라.(마 5장)

A항	B항
① 심령이 가난한 자( )	(가) 땅을 기업으로 받을 것
② 온유한 자( )	(나) 하나님을 볼 것
③ 마음이 청결한 자( )	(다) 하나님의 아들
④ 화평케 하는 자( )	(라) 천국이 저희 것

8. "천지가 없어지기 전에는 (　　　)의 일점일획이라도 반드시 없어지지 아니하고 (　　　)" (　)에 적당한 말을 넣어라. (마 5장)

9. 주기도문이 기록된 성경구절은?

10. "하늘에 계신 아버지의 뜻대로 행하는 자라야 (　　)에 들어갈 수 있다." (마 7장)

11. 집을 반석 위에 짓는 지혜로운 사람 같은 자는 어떤 사람인가?(마 7장)

12. 이스라엘 중 아무에게서도 이만한 믿음을 만나 보지 못하였다고 했는데 누구를 가리켜 한 말인가?(마 8장)

13. 배 위에서 예수님께서 꾸짖으신 대상은 무엇과 무엇이었는가?(마 8장)

14. "소자야 안심하라"는 말은 누구에게 하였는가?(마 9장)

15. "내가 의인을 부르러 온 것이 아니요 죄인을 부르러 왔도다"는 말씀은 몇 장 몇 절에 있는가?

16. 마태복음 10장은 예수님께서 누구에게 명하신 말씀인가?

17. "자기 (　　　)을 얻는 자는 잃을 것이요 나를 위하여 자기 (　　　)을 잃는 자는 얻으리라" (　)에 적당한 낱말을 써 넣으라.(마 10장)

18. "수고하고 무거운 짐진 자들아 다 내게로 오라 내가 너희를 쉬게 하리라" 이 말씀은 몇 장 몇 절에 있는가?

19. "나는 (　　　)를 원하고 제사를 원치 아니하노라 … 인자는 안식일의 (　　　)이니라" (　)에 적당한 낱말을 써 넣어라.(마 12장)

20. 사하심을 얻지 못하는 죄는 (　　　)을 훼방하는 죄이다.(마 12장)

21. 예수님께서 누가 내 형제요 자매라고 했는가?(마 12장)

(가) 아버지의 뜻대로 하는 자　(나) 악한 일을 하지 않는 자

(다) 안식일을 지키는 자　(라) 순종하는 자

22. 예수님께서 5천명을 먹이신 것도 "떡 다섯 개와 물고기 두 마리"였으며, 베드로는 물 위로 걸어 예수님께로 갔다(마 14장). 이 말이 맞으면 ○표 틀리면 ×표 하라.

23. 마태복음 15:1-20까지에서 "마음"이란 말과 "입"이란 말이 각각 몇 번씩 기록되었는가?

31

31
『예수님의 수난과 부활』

● 본문 : 마 16~28장
● 요절 : 마 28:19, 20

인간을 구원하시기 위해 세상에 오신 예수님은 자신이 메시야로서 수난을 당하실 것을 제자들에게 예고하시고 마침내 예루살렘에 입성하신다. 그리고 원수들에 의하여 잡히셔서 온갖 수난을 당하시고 십자가에 죽으시고 3일만에 부활하신다. 인간을 죄악으로부터 구원하시기 위해 십자가를 지신 예수님의 놀라운 구속사건에 관하여 배우게 된다.

1. 예수님의 수난준비(16:~17:)

1) 바리새인과 사두개인의 시험(16:1~12)

바리새인들은 또 다시 예수님께 표적을 구했다. 바울이 지적한 것처럼 유대인들은 언제나 표적을 찾았다(고전1:22). 예수님으로 말미암아 이미 시작된 하나님 나라를 깨닫지 못하고 표적만 구하는 바리새인의 교훈인 '누룩' 을 주의하라는 말씀이다.

2) 베드로의 신앙고백과 수난예고(16:13~28)

예수님은 "사람들이 인자를 누구라 하느냐" 는 인류역사 최고의 질문을 하셨다. 그리고 "너희는 나를 누구라하느냐"고 물으셨다. "주는 그리스도시요 살아

계신 하나님의 아들이시니이다" 라는 베드로의 대답은 인생 최고의 대답으로 교회 신앙고백의 기초이다.성령의 도우심을 입고 동일한 고백을 하는 자마다 천국열쇠, 즉 예수님의 권세를 받게 된다. 예수님은 이 극적인 순간에 처음으로 수난을 예고하셨고 제자들에게 하나님의 일과 사람의 일, 둘 중에 하나를 선택하라고 촉구하신다.

3) 변화산상(山上)의 예수님(17:1~21)

예수님께서 변화되어 모세와 엘리야로 더불어 말씀하신 것을 보고 베드로는 그곳에 머물기를 원했다. 그러나 하늘의 음성은 절대순종을 명했고 제자들은 오직 예수만 바라보게 되었다(1~8). 산을 내려오시니 제자들이 간질병 들린 소년을 고치지 못하여 수모를 당하고 있었다. 예수님께서 이미 권능을 주셨지만(마10:1), 믿음이 적은 까닭에 귀신을 쫓아내지 못했다(14~20). 예수님은 두번째로 수난을 예고하신 후 성전세를 내셨는데 이는 오해를 막기 위해서였다(22~27).

2. 예수님의 교훈(18:~20:)

예수님은 하늘나라 백성, 즉 교회가 지켜 행해야 할 윤리를 정성스럽게 가르치신다.

1) 공동체 생활의 교훈-네번째 설교(18:1~35)

성도로서의 형제 사이에는 무엇보다도 자기를 낮추는 겸손이 요청된다. 아무리 낮고 천한 사람이라도(어린이거나 여자이거나 사회적 지위가 낮은 사람이건 간에) 주님을 믿는 신앙에 낙심케 하면 그것은 곧 예수님과 하나님의 뜻을 대적하는 결과가 된다(1~14). 형제를 권고하는 일은 사랑의 동기로 하여야 하며 마음을 합한 두 세 형제가 모인 곳에는 예수님이 계시고 구하는 일이 성취된다(15~20). 또한 그리스도를 믿는 형제 사이에는 무한히 용서하여야 하는데 그 까닭은 우리가 하나님 앞에 용서받은 것에 비하면 형제의 잘못은 보잘것 없는 것이기 때문이다. 우리가 하나님께 일만 달란트의 빚을 탕감받았다면 이웃이 우리에게 빚진 것은 백 데나리온에 불과하다.

2) 결혼과 자녀관계(19:1~15)

유대인들은 전통적으로 여자를 멸시하였다. 예수님께서 여자의 지위를 올리시고 음행한 여자 외에는 절대 이혼할 수 없다고 할때 제자들까지도 놀랐다. 이혼은 하나님의 뜻이 아니다. 성도들은 그 자녀들을 사랑으로 용납하고 가르칠 책임이 있다.

3) 재물과 구원(19:17~20:16)

예수님은 구원이 재물이나 행위와 무관함을 보여 주신다. '아직도 무엇이 부족하니이까?' 라는 부자 청년의 질문에 예수님은 '네가 온전하고자 할진대' 로 대답하신 점에 주의하자. 율법을 온전히 행하려면 이웃을 자기 몸과 같이 사랑해야 하므로 마땅히 다 나누어 주어야 한다. 예수님은 중풍병자의 죄를 사할 때 재물 헌납을 조건으로 걸지 않으셨다. 이 부자 청년은 재물을 하나님보다 더 사랑하는 마음과 교만을 동시에 버릴 때에 구원을 얻을 수 있었다(16~30). 구원은 또한 선행의 다소에 의하지 않고 부르심에 순종하고 믿는 그 믿음에 의한다(1~16).

4) 세번째 수난예고(20:17~35)

예수님은 세번째로 그의 수난을 더 자세하게 예고 하시는데(17~19), 제자들은 아직도 예수님을 정치적 메시야로 보고 권력다툼을 벌인다(20~28). 여리고에서 예루살렘에 이르는 길에서 두 소경은 분명한 소원때문에 고침을 받았다.

3. 예수님의 수난 주간(21:~27:)

안식 후 첫날(일요일)부터 시작된 수난주간은 무덤에 계신 토요일까지 계속

된다. 처음 사흘은 대중을 가르치셨고 이틀은 제자들을 가르치셨으며 또 하루는 모욕을 당하시고 죽으셨다.

1) 왕의 예루살렘 입성(21:1~11)

왕으로 오신 예수님은 예언대로 나귀를 타고 환호 속에 예루살렘 성에 들어오셨으나 일주일 후에는 십자가를 짊어지고 그 성을 나가셔야만 했다.

2) 성전을 깨끗케 하심(21:12~22)

예수님은 성전이 예배하고 기도하는 이외의 목적으로 사용되는 것을 보고 분개하셨다. 열매없이 저주받은 무화과나무는 이스라엘에 대한 하나님의 기대를 나타낸다. 하나님은 회개의 열매, 성령의 열매를 원하신다.

3) 유대교 지도자들과의 논쟁(21:23~22:46)

예수님과 논쟁하기 위해 예루살렘의 유대교 지도자들이 다 동원되었다. 대제사장, 장로, 바리새인, 사두개인, 율법사, 거기에 헤롯 당원같은 정치폭력단도 동원되었다. 그들은 예수님의 권세에 대하여 논쟁을 걸었으나 대답하지 않으셨다. 권세에는 설명이 필요 없기 때문이다(23~27). 예수님은 그들의 죄와 불법을 세가지 비유로 지적하신다. 첫째로, 그들은 입술로만 순종할 뿐 실천하지 않았고 (28~32), 둘째로, 하나님을 섬기기는 커녕 그의 아들을 죽였고(33~46), 셋째로, 하나님께서 아들을 통하여 죄사함의 구원 잔치를 베풀었으나 그들은 자기행위 (자기 밭, 자기 상업)를 내세우며 참예하지 않았다(22:1~14). 이런 자들에게 내릴 심판은 영원한 지옥불이다. 논쟁을 통한 정면대결에 실패한 지도자들은 예수님의 말이 스스로 올무에 걸리게 하기 위해 세가지의 교묘한 질문을 했다. 첫째로, 납세에 관한 질문이었는데 거기에는 유사시에 예수님을 체포할 목적으로 헤롯당원들이 와 있었다(15~22). 둘째로, 부활에 관한 사두개인들의 질문이었는데 오히려 성경에 대한 그들의 무식이 폭로되었다(23~33). 마지막 율법사의 질문에 예수님은 온전한 계명을 대답하시고 나아가서 다윗의 예언을 통해 그들의 논생을 그치게 하셨다(24~45).

4) 서기관과 바리세인의 책망(23:1~39)

예수님은 지도자들이 가르치는 모세의 계명은 듣고 행하되 그들의 위선적인 행위는 본받지 말고 서로 섬기는 자가 되라고 당부하신다(1~12). 이 위선자들은 겉만 꾸밀 뿐 마음의 동기는 악하고 더러운 것으로 가득차 있어 지옥의 판결을 받을 것이다(13~36). 예수님은 이 말씀을 하시고 예루살렘을 보시며 탄식하셨다(37~39).

5) 종말적 예언-다섯번째 설교(24:1~25:46)

말세에 대한 예수님의 설교는 예수님 이후 지상 강림 때까지의 일들을 요약한 것이다. 먼저 주후 70년에 로마 디도 대장에 의해 성전이 파괴될 것을 말씀하셨고(1, 2), 점점 사악하여 가고 혼란하여 갈 세상에 복음이 전파될 것을 말씀하셨으며(3~14), 7년 환난 중에 되어질 일과(15~28), 인자의 재림을 말씀하셨다(29~31). 이 예언은 유대인의 측면에서 하신 말씀이다. 주후 70년에 유랑민족이 된 이스라엘(무화과 나무)은 1948년 와이즈만 박사에 의해 독립했다(32~34). 그러나 주님 오실날은 하나님만 아시므로 우리는 깨어 있어야 한다(35~51). 슬기로운 다섯 처녀처럼 성령을 모신 가운데 예비하고(25:1~13), 다섯 달란트 남긴 종처럼 맡은 일에 충성할 때에(14~30) 홀연히 예수님이 천사와 함께 오셔서 심판하시고 영생에 들어가게 하실 것이다(31~46).

6) 십자가에 달려 죽으신 예수님(26:1~27:66)

예수님을 죽일 계획은 유월절 이틀 전부터 대대적으로 세워졌고(1~5), 가룟유다의 배반으로 실천에 옮겨졌다(14~16). 한편 나사로의 누이 마리아는 귀한 향유 한 옥합을 예수님 머리에 부어 장사를 준비했다(6~13, 요 12:3). 예수님은 이스라엘의 출애굽을 기념하는 유월절 첫날에 제자들과 성찬을 겸한 최후의 만찬을 드셨고(17~19), 겟세마네 동산에서 피땀 흘린 기도를 드리신 다음(36~46), 3년동안 사랑하시고 가르치신 유다의 입맞춤에 의해 팔리시고 결박당하셨다(47~56). 그 때 예수님의 말씀처럼 제자들은 다 도망갔다. 예수님은 대제사장 가야바에게 재판을 받으시고 하나님의 아들이라는 죄목으로 사형선고를 받았으며 구타 당하셨다(57~68). 수제자 베드로가 세 번씩이나 예수님을 부인하고 배반자인 가룟유다는 목매어 자살한 새벽에 예수님은 로마의 총독 앞에 서셨다. 빌라도는 예수님에게 아무런 악한 행위도 발견하지 못하였으나 군중의 기세에 눌려사형을 선고하고 죄수 바라바를 석방하였다(26:69~27:26). 예수님은 군병들에게 희롱을 당하신 후 두강도와 함께 못박히시니 지나가는 사람은 머리를 흔들고 유대교 지도자들은 희롱했다(27~44). 제자들과 하나님께 버림 당하신 예수님은 우리 죄를 속할 어린 양으로 유월절 첫날에 잡히셔서 재판받으시고 바로 그 날 운명하셨다. 예수님은 아침 9시에 못 박히셨고 12시경에 온 땅이 어두워졌으며 오후 3시에 운명하셨는데 그 때 하나님과 우리를 가로막은 죄의 담 휘장이 일시에 갈라지고 말았다. 예수님이 묻히신 요셉의 무덤은 무장 군인들에 의해 지켜졌다(45~66).

4. 예수님의 부활과 지상명령(28:1~20)

안식 후 첫날 아침에 막달라 마리아와 다른 마리아는 예수님께서 부활하신 놀라운 사건을 보았고 천사에게 메세지를 받았다(1~10). 군병들에게 부활소식을 전해 들은 유대교 지도자들은 또 다시 음모를 꾸몄지만(1~15) 예수님은 한 갈릴리 산 위에 나타나셔서 승리한 왕의 위엄와 권세로 열한 제자들에게 위대한 사명을 주셨다(16~20). 부활하신 예수님은 제자들에게 "모든 족속으로 제자를 삼으라"는 지상명령을 내리시는데 그 내용을 분석해 보면 다음과 같다.

가진 것 없는 제자들에게 가장 확실한 보장은 하늘과 땅과 모든 권세를 가지신 예수님의 세상 끝날까지 너희와 항상 함께 있으리라는 약속이었다(28:20).

교훈 및 적용

1. 먼저 그의 나라와 그의 의를 구하는 하나님 우선 주의를 시간과 물질의 생활에서 실천해 보자

지금까지 우리는 예수님께서 우리를 위하여 수난 당하시고 십자가에 죽으시고 부활하신 역사적인 사건을 공부했습니다. 그리고 최후의 명령이신 주님의 명령도 받았습니다. 그것은 너희는 가서 모든 족속으로 제자를 삼으라는 것입니다. 다음 과에서는 마가복음을 공부하겠습니다. 본문을 읽으시기 바랍니다.

31

성경문제

● 예수님의 수난과 죽음/마 16:1-28:20

1. "주는 그리스도시요 살아계신 하나님의 아들이니이다." 누가 한 말이며 몇 장 몇 절에 있는가?
2. 베드로가 초막 셋을 짓겠다고 했는데 여기에 해당되지 않는 분은 누구인가? (마 17장)
   (가) 주 (나) 모세
   (다) 엘리야 (라) 다윗
3. 믿음이 ( ) 있으면 산을 옮길 것이요 못 할 일이 없다.(마 17장)
4. 형제가 범죄하면 몇 번이나 용서해 주라고 했는가?(마 18장)
5. 마태복음 19:4-6의 말씀은 무엇에 관한 말씀인가?
6. "무슨 선한 일을 해야 영생을 얻을 수 있느냐"고 묻는 청년에게 ( )을 지키라고 했다.(마 19장)
7. "인자가 온 것은 섬김을 받으려 함이 아니라 도리어 섬기려 하고 자기 목숨을 많은 사람의 대속물로 주려 함이니라" 이 말씀은 몇 장 몇 절에 있는가?
8. "( )다윗의 자손이여 찬송하리로다 주의 이름으로 오시는 이여 가장 높은 곳에서 ( )하더라." ( )에 적당한 낱말을 써 넣어라.(마 21장)
9. 이른 아침 성으로 들어 오시다가 저주하신 나무는 무엇인가?(마 21장)
10. "청함을 받는 사람은 많되 택함을 입은 자는 적으니라"는 말씀은 몇 장 몇 절에 있는가?
11. 예수님을 시험하기 위하여 질문한 사람이 아닌 것은 누구인가?(마 22장)
    (가)세리 (나)바리새인 (다)사두개인 (라)율법사
12. "예수께서 가라사대 네 마음을 다하고 뜻을 다하여 주 너의 ( )을 사랑하라 하셨으니 이것이 크고 첫째 되는 계명이요 둘째는 그와 같으니 네 ( )을 네 몸과 같이 사랑하라". ( )에 적당한 낱말은 무엇이며 이 말씀은 몇 장 몇 절에 있는가?
13. 예수님께서 "화 있을진저 외식하는 서기관들과 바리새인들"이라고 몇 번이나 책망하셨는가?(마 23장)
14. 마태복음 24장은 무엇에 관한 기록인가?
15. "천지는 없어지겠으나 내 말은 없어지지 아니하리라." 이 말씀은 몇 장 몇 절에

있는가?

16. 미련한 다섯 처녀가 준비하지 못한 것은 무엇인가?(마 25장)
17. "착하고 충성된 종"들이 가졌던 달란트의 합계는 얼마인가?(마 25장)
18. 예수님께서 베다니 문둥이 시몬의 집에 계실 때 한 여자가 무엇을 가지고 예수님의 머리에 부었는가?(마 26장)
19. 가롯 유다가 예수님을 은 (　　　　)을 받고 넘겨 주었다.(마 26장)
20. "이것은 죄 사함을 얻게 하려고 많은 사람을 위하여 흘리는 바 나의 피 곧 언약의 피니라." 이 말씀은 몇 장 몇 절에 있는가?
21. 검을 가지는 자는 다 검으로 (　　　　) 것이라고 했다.(마 26장)
22. 가롯 유다는 어떻게 죽었는가?(마 27장)
23. "나의 (　　　　) 나의 (　　　　) 어찌하여 나를 버리셨나이까." 이 뜻을 가진 말씀이 무엇이며 (　　)에 필요한 낱말은 무엇인가?(마 27장)
24. 예수님이 마지막으로 분부하신 말씀이 기록된 곳은 어디인가?(마 28장)

마가복음

개요

1. **주제** - 고난받는 종의 모습으로 오신 하나님의 아들 예수
   -마가복음 전체의 3/8을 수난주간의 기사로 채움으로서 그리스도의 구속사업이 죽음과 부활에 있음을 보여준다.
2. **마가복음의 배경** - 베드로에 의해 예수를 믿었으며(벧전5:13), 바나바와 생질이었고(골4:10), 한 때는 바울과 바나바 사이에 논쟁의 원인이 되기도 했으나(행12:12, 25, 15:37) 후에 바울의 조력자가 되었다(딤후4:11). 그의 어머니 마리아는 야고보 사도가 헤롯에게 죽임을 당하고 베드로가 복음증거 죄목으로 감옥에 갇혀서 어려운 때에 자기 집을 기도모임 장소로 드린 믿음의 여인이었다(행12:12).
   1) 기록자 : 요한 마가. 그는 열 두 제자들 중에 하나가 아니었다.
   2) 기록연대 : 주후 68년경으로 베드로가 순교한 직후와 예루살렘 성전 함락 직전.
   3) 수신자 : 유대인이 아닌 이방인.
   4) 기록목적 : 마가 복음은 로마인을 겨냥한 책으로 설교나 대화보다 능력과 기적에 강조점을 두었다. 마가는 예수님께서 하신 일(구원사업)을 있는 그대로 보여줌으로 로마지도자들의 실용적인 성격에 호소하려고 했다.

● **4복음서 비교표**

	마태복음	마가복음	누가복음	요한복음
예수님은	이스라엘의 왕	주의 종	사람의 아들	하나님의 아들
수신자는	유 대 인	로마인	헬라인	세계인
강조점은	율법과 언약	능력과 섬김	은혜와 사귐	영광과 생명

5) 특유한 용어 : "곧"이 42회 사용됨, 이것은 예수님의 계속적인 활동을 보이려는 마음이며, 실제로 4복음서에서 기록된 36가지 이적 중에 19가지가 마가복음에 있다.

3. **특징**

본 서는 가장 솔직하고 생략적이며 이방인 독자들, 특히 로마인들을 위해서 기록하였다는 것이다.

① 문체가 간결하고 직설적이다.

② 감정적 묘사가 사실적이다.

③ 행위의 복음이다.
설교는 간략하고 이적에 대한 이야기는 풍부하다.

④ 수난의 기사를 중심한 복음이다.

⑤ 이방인을 위한 복음이다.

⑥ 예수님의 족보, 탄생에 대한 기사를 생략하고 복음을 선포하고 있다.

⑦ 본서의 자료는 베드로에 의거하고 구조는 베드로의 가이사랴 설교(행 10:37~43)와 통한다.

4. **내용분류** - 16장, 678절.

1) 예수님의 전도생활(1:1~3:35)
2) 예수님의 비유와 이적(4:1~6:56)
3) 갈릴리에서 (7:1~9:50)
4) 베뢰아전도와 예루살렘 입성(10:1~11:33)
5) 예수님의 교훈과 종말적 예언(12:1~13:37)
6) 예수님의 죽음과 부활(14:1~16:20)

32
[예수님의 갈릴리 전도]

● **본문 : 막 1~9:50**
● **요절 : 막 1:1**

마가복음은 서론이 없는 복음이다. 곧바로 메시야의 선구자 세례요한의 활동으로부터 시작하고 있다. 흔히 종의 복음이라고도 불려지는데 사실 종에게는 서론이 필요없다. 바로 일하는 것뿐인 것이다. 마가복음은 종으로 예수님의 모습을 가장 잘 나타낸 복음서일 것이다. 종으로서 섬기고, 종으로서 희생하셨다.

1. 예수님의 전도생활(막1:1~3:35)

1) 전도의 시작(1:1~45)

(1) 전도의 준비(1:1~13)
"하나님의 아들 예수 그리스도의 복음의 시작"(1:1)이 선구자 요한의 활동에서 시작하는 것은 사복음서가 일치하고 있다(마3:1~12:, 눅3:1, 8:, 요 1:19~34). 이 부분은 첫째, 선구자 요한의 활동(1~8절)과 둘째, 예수님의 세례 받으신 일(9~11절), 그리고 셋째, 성령에 이끌려 광야에서 시험받으신 내용을 소개하고 있다(12, 13절).

(2) 전도의 시작(1:14~20)
요한이 잡힌 후 예수님께서 갈릴리에 오셔서 하나님의 복음을 전파하였다. 그것은 때가 찼고 하나님 나라가 가까왔으니 회개하고 복음을 믿으라는 것이었다(14, 15절). 그리고 처음 제자들을 부르셨다. 곧 생애에 처음으로 하신 일은 소박한 갈릴리 어부들을 부르셔서 제자를 삼은 것인데. 베드로, 안드레(16~18절), 야고보와 형제 요한을 부르셨다(19, 20절).

(3) 첫번째 이적들(1:21~45)
가버나움 회당에서 더러운 귀신 들린 자를 고치시고(21~28절), 베드로의 장모의 열병(29~31절)과 여러 환자들을 고치셨다(32~34절). 그리고 갈릴리 지방을 순회하시면서 전도하시고 귀신을 쫓으시고(35~39절), 한 문둥병자를 고치셨다(40~45절).

2) 반대의 시작(2:1~28)

(1) 중풍병자를 고치심(2:1~12)

가버나움에 가셨을때 한 중풍병자를 고치신 내용이다. 네 사람의 친구가 중풍병자를 데리고 와서 지붕을 뚫고 예수님 앞에 내려 놓았을 때 저들의 믿음을 보시고 고쳐 주셨다.

(2) 세리 레위를 부르심(2:13~17)

세리였던 레위를 부르시고(13, 14절) 그의 집에서 식사하시며 서기관들과 대화한 내용이다(15~17절).

레위를 부르신 것은 베드로 형제 및 야고보 형제를 부르신 일(1:16~20)에 이어 두번째로 제자를 부르신 사건이다(마9:9~13, 눅5:28-32 참조).

(3) 바리새인들의 질문(2:18~28)

금식에 관한 질문을 받으시고(18절) 신랑과 그의 친구(19, 20절), 생베조각과 낡은옷(21절), 새 포도주와 낡은 부대(22절) 등의 비유로서 유대교의 옛질서와 그리스도교의 새질서를 가르치셨다.

또한 안식일에 제자들이 밀 이삭을 잘라 먹음으로 이에 대한 질문을 받고 자신이 안식일의 주인임을 답변하신다(23~28절;마12:1~8;눅6:1~5참조).

3) 병고침과 제자선택(3:1~35)

(1) 안식일에만 병고치심(3:1~12)

안식일에 한편 손마른 사람을 고치심으로 안식일에 대한 논쟁이 계속된다(1~6절, 마12:9~21, 눅6:6~11 참조). 드디어 바리새인들이 헤롯당과 함께 예수님을 죽이려는 음모를 꾸미게 됨으로 갈릴리 바닷가로 물러가시게 된다. 많은 군중이 따랐고 예수님께서는 그들의 병을 고치셨다(7~12절, 마12:15~21, 눅6:17~19참조).

(2) 12제자를 선택(3:13~19)

12제자를 선택하신 것은 그리스도의 공생애의 중심적 사건이었다. 실제로 예수님의 3년간의 공생에는 12제자를 선택하시고 훈련시킨 것으로 끝났다. 초대교회는 이들에 의하여 세워졌고 그의 구속사업이 계속되었다. 열 두 제자는 시몬 베드로, 세베대의 아들 야고보와 그의 형제 요한, 안드레와 빌립, 바돌로매, 마태, 도마, 알패오의 아들 야고보와 다대오, 가나안 인 시몬, 가룟유다이다(마10:2~4, 눅6:14~16, 행1:13등 참조).

(3) 예수님을 모독함(3:20~35)

예수님에 대한 반대가 점점 높아져 미쳤다는 소문이 돌고 교권주의자들은 바알세불을 지폈다고 악선전하였다(20~22절). 그래서 예수님의 친족들이 예수님을 붙들러 나왔다. 이에 대하여 예수님은 여러가지 비유로 저들의 잘못된 생각을 지적하시고(23~30절), 새로운 영적 친족관계에 대하여 말씀하셨다(31~35절).

2. 예수님의 비유와 이적(막4:1~6:56)

1) 천국의 비유(4:1~34)

(1) 씨뿌리는 비유(4:1~20)

공관복음서에 공통되는 비유이다(마13:1~9, 18~23, 막4:3~8,13~20,눅8:4~15). 다같이 비유와 이적을 같이 전한다. 먼저 비유를 말씀하시고(1~9절), 제자들의 요청에 의하여 비유를 해석하셨다(10~20절). 이 비유는 복음을 듣는 자들의 상태를 나타낸 것이다.

(2) 씨가 자라는 비유(4:21~29)

먼저 등불과 등경의 비유(21~25절)로서 복음의 빛을 비쳐야 할 것을 교훈한다. 빛은 곧 하나님이시요(요일1:15), 그리스도시요(요1:9, 8:12), 성도들이다(마5:14). 그러므로 성도들이 복음에 합당하게 살면서 복음을 빛내며 전하는 것이 빛을 비추는 것이다. 계속해서 씨가 자라는 비유로서 하나님 나라의 성장과 결실의 모습을 보여 주고 있다(26~29절).

(3) 겨자씨비유(4:30~34)

마태복음과 누가복음에는(마13:31~32, 눅13:18~19) 겨자씨와 누룩의 비유가 같이 나타나고 있다. 그러나 여기서는 겨자씨 비유만 취급한다. 이것은 하나님 나라가 미약한 데서부터 성장함을 나타낸다(30~32절). 그리고 이상 여러가지 비유에 결론으로 예수님께서 많은 비유를 말씀하신 것과, 제자들에게 이적으로 해석하신 것을 밝힌다(33, 34절).

2) 여러가지 이적(4:35~5:43)

⑴ 광풍을 잔잔케 하심(4:35~41)

바다에서 광풍을 만나 위험에 처 했을때 예수님은 고물에서 베개를 베시고 주무시고 계셨다. 제자들이 깨워서 일어나시매 바람과 바다를 꾸짖으시자 잔잔케 된 내용이다(마 8:23~27, 눅8~22~25참조). 이는 예수님께서 자연을 지배하시는 분임을 나타낸것이다.

⑵ 귀신 들린 자를 고치심(5:1~20)

자연에 대한 이적에 이어 귀신에 대한 이적이다(마8:28~34, 눅8:26~39참조). 거라사 지방에 가셨을때 무덤을 거처로 삼고 있는 더러운 귀신 들린자를 고치셨는데 그에게 있는 군대귀신을 돼지에게 들어가게 하셨다(1~16절). 이를 지켜본 사람들이 예수님께 그 곳을 떠나 달라고 부탁했다(17~20절).

⑶ 야이로의 딸과 혈루증 여인을 고치심(5:21~43)

예수님은 야이로의 초대를 받으시고(21~24절) 야이로의 집으로 가시는 도중에 혈루증 여인을 만나 고치신다(25~34절). 야이로의 딸이 죽었다는 소식을 듣고 죽은 것이 아니라 잔다 하시며 달리다굼(소녀야! 일어나라) 말씀하실 때 일어나 걷는 기적이 나타났다(35~43절).

3) 요한의 죽음과 이적들(6:1~56)

⑴ 고향에서의 배척과 제자파송(6:1~13)

예수님께서 고향에 가셨으나 배척을 당한다(1~3절). 저희의 믿지않음을 이상히 여기며 모든 촌에 다니시며 가르치셨다(4~6절).

그리고 12제자를 부르시어 둘씩 짝을 지어 권세를 주어 파송하셨다. 제자들을 파송한 목적은 하나님 나라를 선포하고 복음을 가르치고 병을 고치기 위해서이다(7~13절).

⑵ 요한의 죽음(6:14~29)

예수님의 갈릴리 전도는 점점 무르익어가고 제자들을 통한 전도도 성공적이었다. 이에 대한 소문이 헤롯에게 까지 들렸다. 예수님의 능력을 세례요한의 능력으로 오해하고 헤롯이 두려워하게 되고(14~16절) 세례요한을 죽이게 된 것의 동기를 밝히고 있다(17~29절).

⑶ 오병이어의 기적과 바다를 걸으심(6:30~56)

12제자들이 돌아와 저들이 행한 것을 보고 하고(30~33절) 많은 무리들에게 보리떡 다섯개와 물고기 두마리로 5,000명을 먹이고도 12바구니가 남는 사건이 소개된다(34~44절, 마14:13~21, 눅9:10~17, 요6:1~14). 이어서 바다 위를 걸으신 사건과(45~52절) 게네사렛 땅에 가셔서 많은 군중들을 만나시며 그들의 병을 고쳐주신 내용을 소개하고 있다(53~56절).

3. 갈릴리에서 (막7:1~9:50)

1) 결례에 관한 논쟁(7:1~37)

(1) 결례에 관한논쟁(7:1~37)

손을 씻지않고 식사함으로 일어난 바리새인들과의 논쟁으로 예수님은 의식적인 정결이 더 중요함을 가르치셨다(1~16절). 여기서 예수님은 입으로 들어가는 음식에 의하여 부정해진다고 설명하고 있다(17~23절).

(2) 수로보니게 여인의 딸을 고치심(7:24~30)

예수님께서 갈릴리를 떠나 두로 지방에 가셨을 때 수로보니게 여인이 자기딸에게서 귀신을 쫓아주기를 간청할때 고치신 내용이다(마15:21~25참조).

(3) 귀머거리를 고치심(7:31~37)

두로를 떠나 시돈, 데가볼리를 통과하여 갈릴리에 오셔서 귀먹고 어눌한 자에게 에바다(열리라)라고 할때 귀와 혀가 열려 말이 분명해졌다.

2) 갈릴리에서의 일들(8:1~38)

(1) 4,000명을 먹이심(8:1~10)

예수님께서 사흘이나 굶주린 무리들에게 떡 7개와 물고기 두 마리로 4,000명을 먹이고 남은 조각을 7광주리에 거두었다. 5,000명을 먹이신 사건과 같은 내용이다(6:35~44).

(2) 바리새인들의 누룩(8:11~21)

바리새인들은 예수님의 메시아 성을 부정하기 위하여 온갖 수단과 방법을 다 동원하였다. 다시 그들은 표적을 구했다(11~13절). 이를 거부하신 주님은 제자들에게 그들의 잘못된 교훈(누룩)을 경계하신 것이다(14~21절).

(3) 베드로의 신앙고백(8:22~38)

벳새다에서 소경을 고치시고 (22~26절) 가이사랴 빌립보 지방으로 가시면서 베드로의 유명한 신앙고백을 들으시고 기뻐하신다(27~30절). 그것도 잠깐, 예수님은 드디어 그의 수난을 예고하신다(31~38절). 지금까지 간직했던 수난에 대한 예고를 베드로의 신앙고백을 계기로 하여 공개하신 것이다. 이에 대한 내용은 첫번째 수난을 예고하신 후(31~33절) 자기 십자가를 질 것을 교훈하신다(34~38절, 마16:21~28, 눅9:22~27참조).

3) 예수님의 변모하심과 교훈(9:1~50)

(1) 예수님의 변모하심(9:1~13)

예수님께서 베드로, 야고보, 요한 세 명의 제자를 데리고 높은 산에 올라가셔서 변형되시고 엘리야와 모세와 함께 말씀하시고 계셨다(1~4절). 이를 본 베드로가 초막 셋을 지을 것을 간청하였다(5~8절). 산에서 내려오시매 이 사건을 말하지 말라고 부탁하시고 엘리야에 관하여 대화하셨다(9~13절).

(2) 신앙만능(9:14~29)

산에서 변모하시고 내려 왔을 때 산 아래서는 간질병 아이를 고치지 못하여 제자들과 서기관들 사이에 변론이 벌어지고 있었다. 이를 보시고 믿음이 없음을 탄식하시며 더러운 귀신을 꾸짖어 고치셨다.

(3) 제자들에게 주신 교훈(9:30~50)

두번째로 수난을 예고하신 후(30~32절), 제자들에게 두가지 교훈을 주셨다. 첫째는 겸손에 관한 교훈이다(33~37절). 이 교훈은 제자들의 분쟁과 교만을 보시고 하신 것이다. 둘째는 관용에 관한 교훈이다. 이는 요한의 질문을 받고 대답하신 것이다. 누구든지 나를 믿는 소자 중 하나라도 실족케 해서는 안 된다는 것이다.

교훈 및 적용

1. 마가는 그리스도를 종으로 묘사한다. 우리도 그리스도를 본받는 삶을 살도록 하자.

우리는 지금까지 예수님께서 공생애를 통해서 힘써 일하신 그의 전도생활에 관하여 공부했습니다. 많은 이적과 환자들을 고치신 것은 전도를 위해서 였습니다. 은혜로운 예수님처럼 생명을 구원하는 전도에 힘씁시다. 다음 과에서도 마가복음을 공부하겠습니다. 본문(10~16장)을 읽어주시기를 바랍니다.

성경문제

● 예수님의 갈릴리 전도/막1:1-9:50

1. "광야에서 외치는 자의 소리"는 누구의 소리를 말하는가?(막 1장)
2. "때가 찼고 하나님 나라가 가까왔으니 (　　　)하고 (　　　)을 믿으라"고 예수님께서 외쳤다.(막 1장)
3. "소자야 네 죄 사함을 받았느니라" 이 말은 누가 누구에게 했는가?(막 2장)
4. "(　　　)은 사람을 위하여 있는 것이요 사람이 (　　　)을 위하여 있는 것이 아니니." (　)에 적당한 낱말을 써 넣어라.(막 2장)
5. "우뢰의 아들"이란 별명을 받았던 형제는 누구인가?(막 3장)
6. "성령을 훼방하는 자는 사하심을 영원히 받지 못한다"는 말씀이 어디 있나?
7. 씨 뿌리는 비유에서 "씨"와 "밭"은 각각 무엇을 비유하는가?(막 4장)
8. 예수님께서 "잠잠하라"고 꾸짖은 대상은 무엇인가?(막 4장)
9. 예수님의 옷에만 손을 대어도 구원을 얻으리라고 믿었던 사람은 12년을 (　　　)으로 앓던 한 여자였다.(막 5장)
10. "달리다굼"은 무슨 뜻인가?(막 5장)
11. 예수님께서 12제자를 불러 둘씩 보내시며 무엇을 주셨다고 했나?(막 6장)
12. 떡 다섯 개와 물고기 두 마리를 가지고 먹은 사람의 수는 몇 명이었는가? 맞으면 ○표 틀리면 ×표 하라.(막 6장)
13. "이 백성이 (　　　)로는 나를 존경하되 (　　　)은 내게서 멀도다." 이 말

이 누구의 예언이며 (　　)에 적당한 낱말은 무엇인가?(막 7장)

14. '에바다' 란 말은 무슨 뜻인가?(막 7장)

15. 예수님께서 십자가의 사건을 비로소 제자들에게 가르친 성경 구절은 어디인가?

16. "누구든지 제 (　　　　)을 구원코자 하면 잃을 것이요 누구든지 나와 복음을 위하여 제 (　　　　)을 잃으면 구원하리라 사람이 만일 온 천하를 얻고도 제 (　　)을 잃으면 무엇이 유익하리요." (　　)에 적당한 낱말은 무엇이며 어디에 있는가?

17. 예수님께서 변화산에 데리고 갔던 제자가 아닌 사람은 누구인가?(막 9장)
(가) 베드로　(나) 야고보　(다) 요한　(라) 마가

18. "인자가 사람들의 손에 넘기워 죽임을 당하고 죽은 지 3일 만에 살아나리라"는 말씀을 제자들은 이해했는가?(막 9장)

19. 범죄하게 하는 것을 제거하고 천국에 가는 것이 그대로 두고 지옥에 가는 것보다 낫다고 했는데 그 대상이 아닌 것은 무엇인가?(막 9장)
(가)입　(나)눈　(다)발　(라)손

20. "너희 속에 소금을 두고 서로 화목하라"는 말씀이 어디에 있는가?(막 9장)

33
[예수님의 부활과 승천]

- 본문 : 막 10~16장
- 요절 : 막 10:45

우리는 다시 종으로서 범죄한 인간을 섬기고 희생하는 예수님을 배우게 된다. 그는 우리를 위해 온갖 수난을 다 당하시고 십자가에서 죽으셨다. 그러나 그는 사망과 죽음의 권세를 물리치시고 부활하셨다. 본과에서 우리는 승리하신 주님을 만나게 될 것이다.

1. 베뢰아 전도와 예루살렘 입성(막10:1~11:33)

1) 베뢰아 전도(10:1~31)

(1) 이혼에 대한 교훈(10:1~12)

예수님께서 유대 지경으로 들어오셨을 때 바리새인들이 와서 사람이 아내를 내어버리는 것이 옳으냐고 물었다. 이에 대하여 예수님께서는 결혼과 이혼에 관하여 교훈하셨다. 결혼은 하나님께서 제정하신 제도로 나눌 수 없는 신성한 것임을 가르치고 있다(마 19:1~12장 참조).

(2) 어린아이에 관하여 (10:13~16)

사람들이 예수님의 만져 주심을 바라고 어린 아이들을 데리고 왔다. 이를 본 제자들은 꾸짖었다. 예수님께서 분히 여기며 어린 아이들이 내게 오는 것을 금하지 말라고 하시면서 하나님의 나라가 이런 자들의 것임을 가르치셨다. 그리고 어린아이들을 안고 안수하시고 축복하셨다. 여기서 오늘날 유아세례의 근거를 찾는다(마19:13~15, 눅18:15~17 참조).

(3) 부자 청년(10:17~31)

어린 아이를 축복하신 후 부자 청년의 기사가 계속되는 것은 공관복음서가 일치하고 있다(마19:16~30, 눅18:18~30). 이것은 하나님 나라에 들어갈 자와 들어가지 못할 자를 대조시킨 것이다. 한 부자청년이 예수님께 와서 영생에 대하여 물을때 예수님께서 답변하셨고(17~22절), 제자들에게 부자에 대하여 경고하셨다(23~28절). 이어서 베드로의 질문에 의하여 답변하면서 제자들에 대한 축복을 보장했다(28~31절).

2) 수난의 예고와 소경을 고치심(10:32~52)

(1) 수난의 예고(10:32~34)

마가복음8:31~38과 9:30~32에 이어 세번째 수난의 예고다. 앞서 두번에 비해 보다 더 상세하고 구체적이다(마20:17~19, 눅18:31~33참조).

(2) 야고보 형제의 요구(10:35~45)

세베대의 아들 야고보와 요한이 주께 나아와 예수님의 좌우편자리를 요구하였다(35~37절). 이에 대하여 예수님께서 훈계하셨고(38~40절), 다른 열제자들이 분노할 때 그들을 불러다가 훈계하셨다(41~45절). "인자가 온 것은 섬김을 받으려 함이 아니요 도리어 섬기려 하고 자기 목숨을 많은 사람의 대속물로 주려 함이니라"(45절)라고 하셨다(마20:20~38참조).

(3) 소경을 고치심(10:46~52)

베뢰아전도의 종점인 여리고에서 있었던 일이다. 디매오의 아들 소경거지 바디매오가 강가에 있다가 나사렛 예수시란 말을 듣고 "다윗의 자손 예수여 나를 불쌍히 여기소서"라고 소리를 질렀다. 예수께서 "네 믿음이 너를 구원하였다" 하실 때 곧 보게 되었다(마20:29~34, 눅18:35~43 참조).

3) 예루살렘 입성(11:1~33)

(1) 예루살렘 입성(11:1~14)

예수님께서 대속의 십자가를 지시기 위해 예루살렘에 입성하신다. 이는 보통 "승리의 입성"으로 불리운다(1~11절). 이튿날 베다니에서 나왔을 때 열매없는 무화과 나무를 보시고 저주하신다(12~14절). 요한복음에 의하면 예수님께서 예루살렘성 밖 베다니에 도착한 것은(1절) 유월절 엿새 전이었고, 거기서 마리아에게 기름부음을 받으시며(요12:1~11), 쉬시고 이튿날 입성하신 것이다(마 21:12~17, 눅19:45~48, 요12:12-15 등 참조).

(2) 성전을 깨끗케 하심(11:15~26)

열매없는 무화과 나무를 저주하신 후 성전을 숙정하셨다(15~19절). 있어야 할 것이 없으므로 없어야 할 것이 있으므로 저주를 받은 좋은 예이다

(마 21:12~17, 눅 19:45~48, 요 2:13~17 등 참조). 성전을 숙정하신 다음날 아침에 어제 저주하신 무화과 나무가 마른 것을 발견한 것이다(20~26절).

(3) 예수님의 권위 문제(11:27~33)

성전을 숙정하신 일이 당시 교권자들의 도전을 받는 직접적인 원인이 되었다. 무슨 권세로 이와 같은 엄청난 일을 행하느냐는 것이었다. 또 누가 이런 권세를 주었느냐는 것이었다. 이에 대하여 예수님께서는 요한의 세례가 하늘로서냐 사람에게로서냐는 물음으로 저들의 도전을 물리쳤다.

2. 예수님의 교훈과 종말론적 예언(막 12:1~13:37)

1) 질문에 대한 예수님의 교훈(12:1~34)

(1) 악한 농부의 비유(12:1~12)

씨뿌리는 비유, 겨자씨 비유와 더불어 공관복음서가 다같이 취급하는 비유이다(마21:33~46, 눅20:7~19). 이 비유의 뜻은 이스라엘 백성과 그리스도와의 관계를 논한 것이다. 이는 앞서 질문한 교권자에 대한 역습이요 궁극적 답변이었다.

(2) 납세문제(12:13~17)

악한 농부의 비유로 공격을 당한 유대 교권자들은 다시 공격해 왔다. 이번에는 헤롯당과 합세하여 로마정권의 힘을 빌려 예수님을 공격해 왔다.
권위문제가 종교문제였다면 이는 정치문제인 것이다. 종교적으로 뜻을 이루지 못하면 정치적인 방법으로 나서는 경우가 흔히 있는 법이다.

(3) 부활에 대한 질문(12:18~27)

이제는 부활이 없다하는 사두개인들이 예수님께 와서 부활문제를 가지고 질문했다. 그 내용을 7형제가 있는데 7형제가 다 한 여자와 결혼해서 살았다면 부활 후에 그 여자는 누구의 여자가 되겠느냐는 질문이었다. 이에 대하여 예수님께서는 부활 후에는 장가가는 일도 시집가는 일도 없다고 하셨다(마22:23~33, 눅20:27~40참조).이는 그리스도의 내세관을 보여주는 소중한 부분이기도 하다.

(4) 계명에 대한 질문(12:28~34)

사두개인들이 공격에 실패하자 다시 바리새파에서 서기관 중 한 사람이 계명문제를 가지고 질문에 나섰다. "모든 계명 중 첫째가 무엇이냐?"는 질문이었다. 이에 대하여 예수님께서는 첫째는 "네 마음을 다하고 목숨을 다하고 뜻을 다하고 힘을 다하여 주 너의 하나님을 사랑하라" 하신 것이요, 둘째는 네 이웃을 네 몸과 같이 사랑하라 하신 것이라 이에서 더 큰 계명이 없다고 대답하셨다(마22:4~40 눅10:25~38참조).

2) 예수님의 신성에 대한 변호(12:35~44)

⑴ 다윗의 자손문제(12:35~37)

바리새인과 사두개인들의 공격은 봉쇄되고 그들은 모두 침묵했다. 반대로 예수님께서 다윗의 자손문제를 가지고 질문했다. 목적은 유대인들의 잘못된 메시야관을 고쳐려는데 있었다(마22:41~46, 눅20:41~44참조).

⑵ 서기관에 대한 경계(12:38~40)

유대 교권자들과의 변론도 끝나고 예수님의 반격에도 그들은 침묵했다. 결론적으로 서기관들에 대한 경계다. 그 내용은 서기관들의 허영심과 탐욕과 외식을 경계하신 것이다.

⑶ 과부의 헌금(12:41~44)

서기관에 대한 책망에 이어 과부에 대한 칭찬이 대조적이다. 연보궤에 부자들은 많이 넣는데 한 가난한 과부는 두 렙돈(가장 작은 화폐단위)를 넣었다. 이를 보신 주님은 "모든 사람보다 많이 넣었다"고 칭찬하셨다. 그것은 예수님께서도 물질보다 정신을 양보다 질을 보셨기 때문이다.

3) 종말적 예언(13:1~37)

⑴ 종말적 징조(13:1~13)

예루살렘 성전이 파괴될 것을 예언하셨고(1,2절) 제자들의 질문을 받고 종말적인 징조를 예언하셨다. 그 내용은 미혹하는 무리들이 나타날 것이며(3~6절), 전쟁과 재난이 있을 것이고(7, 8절), 성도들에 대한 핍박이 있을 것이라고 했다(9~13절). 다시 말해서 종교적 정치적 그리고 가정적으로 신앙의 이유 때문에 핍박을 받을 것을 밝히고 복음이 만국에 전파될 것을 예언하셨다.

⑵ 재난의 예언(13:14~23)

가까이는 예루살렘 멸망을 가리키나 멀리는 종말적 대 환난을 예고하신 것이다. 종말에 대환난이 온다는 것은 신, 구약에 공통되는 사상이다. 신약에서 유일한 예언서인 계시록의 대부분(6~18장)도 바로 이 종말적인 대환난을 취급하고 있다.

(3) 예수 그리스도의 재림과 우리의 자세(13:24~37)

종말적 대 환난이 있은 후 그리스도의 재림이 따른다. 그 내용은 마지막 환난으로 천체의 이변이 있고 그후의 그리스도가 영광 중에 재림하신다(24~27절). 이에 대한 우리의 자세에 관하여 교훈하신다. 그것은 한 마디로 "깨어 있으라"는 것이다. 먼저 무화과나무의 비유로 종말이 가까운 것을 깨달을 것(28~32절)과 종들의 비유로 깨어 있을 것을 교훈하신다(33~37절, 마24:32~51, 눅21:29~36참조).

3. 예수님의 죽음과 부활(막14:1~16:20)

1) 수난의 준비(14:1~42)

(1) 기름부음 받으심(14:1~9)

대제사장들과 서기관들이 예수님을 죽일 것을 모의했으나 민요가 두려워 명절에는 하지 말자고 한다(1,2절). 예수님께서 베다니 문둥이 시몬의 집에서 식사하실 때 한 여자가 매우 값진 향유 곧 나드 한 옥합을 가지고 와서 예수님의 머리에 부었다(3~9절, 마26:6~13, 눅7:36~50, 요12:1~8 참조).

(2) 최후의 만찬(14:10~26)

먼저 유다가 반역하는 내용을 소개하고 있다(10,11절). 마리아의 기름부음과 유다의 반역을 연결시킨 데에 마태와 마가의 특색이 있다. 즉 아름다운 행동을 한 여인과 비열한 행동을 한 제자를 대조시킨 것이다.

계속해서 성 만찬을 소개하는 데 구약의 최대의 절기인 유월절을 준비하고 유월절 식사를 통해 신약의 가장 중요한 성만찬의 예식을 제정한 것이다(12~16절). 그리고 만찬을 하시면서 제자들 중에서 한 사람이 자신을 팔 것을 예고하셨다(17~26절, 마26:17~29, 눅22:7~23, 요13:1~20참조).

(3) 베드로의 부인과 겟세마네의 기도 (14:27~42)

최후의 만찬 석상에서 가룟유다의 반역을 예고하신 주님은 계속해서 제자들 전체, 특히 베드로가 부인할 것을 예고하신다(27~31절, 마26:30~35, 눅22:31~34, 요13:36~38참조). 그리고 겟세마네 동산에 나아가 기도하신다. 이 기도는 그리스도의 수난을 위한 마지막 준비라 하겠다(32~42절, 마 26:36~46, 눅22:39~46 참조). 여기서 예수님은 십자가를 향한 마음의 자세를 정하셨고 기도가 끝나는 대로 잡히신 것이다.

2) 예수님의 수난(14:43~15:47)

(1) 예수님의 잡히심과 심문받으심(14:43~65)

드디어 예수님은 사랑하는 제자의 손에 의하여 잡히신다(43~52절). 곧 이어 공회(Sanhedrin) 법정에 서서 가야바의 심문을 받으신다(53~65절). 공회는 유대인의 종교적 정치적 최고의 법정이며 사형까지 의결할 수 있었다. 당시 유대는 로마의 치하에 있었으므로 사형의 최후 선언도 로마총독의 권한에 있었다.

(2) 베드로의 부인(14:66~72)

베드로가 법정까지 따라 갔으나 대제사장의 비자 하나가 와서 베드로가 불을 쬐이는 것을 보고 “너도 나사렛 예수와 함께 있었다” 고 할 때 세 번씩이나 예수님을 부인했다(마26:69~75, 눅22:54~62, 요18:15~18, 25~27참조).

(3) 빌라도의 재판(15:1~15)

유대인의 종교 재판에서 로마의 사회재판으로 옮겨진 것이다. 유대인 공회는 사형을 집행할 권한이 없기때문에 유대 교권자들은 빌라도의 힘을 빌려 예수님을 사형에 처했던 것이다(마27:1~2, 11~14, 눅23:1~15, 13~25, 요18:28~37등 참조).

(4) 예수님의 죽으심(15:16~47)

빌라도 법정에서 사형이 언도되고 그 형이 집행되기 전에 로마 군인들로부터 희롱을 받는다(16~20절, 마27:27~31 참조). 그리고 드디어 예수님께서 십자가에 달리신다(21~32절, 마27:32~44, 눅23:26~49, 요19:17~24 참조). 마침내 예수님께서 운명하시고(33~41절, 마17:45~46, 눅23:44~49 참조), 아리마대 요셉의 무덤에서 장사된다(42~47절, 마27:57~66, 눅23:50~67, 요19:31~42 등 참조). 예수님의 십자가는 신 · 구약 성경의 초점이요, 인류역사의 분수령이었다.

● 십자가형의 순서

1. 골고다(갈보리)에 도착. 마27:33, 막15:22, 눅23:33, 요19:17
2. 쓸개 탄 포도주를 마시게 함. 마27:34.
3. 십자가에 못박음. 마27:35.
4. 외침. “아버지, 용서 … ” 눅23:34.
5. 옷을 나누어 가짐. 마27:35.
6. 예수에 대한 조롱. 마27:39~44, 막15:29.
7. 구원받은 강도. 마27:44
8. 두번째 외침, “오늘 네가 나와함께 낙원에 있으리라 … ” 눅23:43
9. 세번째 외침, “여자여 보소서 아들이니이다.”, 요19:26~27.
10. 어두움. 마27:45,막15:33
11. 네번째 외침. “나의 하나님, 나의 하나님 … ” 마27:46~47, 눅15:34~36
12. 다섯번째 외침, “내가 목마르다.” 요19:38.
13. 여섯번째 외침, “다 이루었다”, 요19:30.
14. 일곱번째 외침, “아버지여 내 영혼을 아버지 손에 … ” 눅23:46.
15. 예수님의 영혼이 떠나시다. 마27:50, 막 15:37.
16. 매장, 막15:42~47. 마 27:57~61을 보라.

3) 예수님의 부활승천(16:1~20)

(1) 예수님의 부활(16:1~8)

4복음서는 다같이 부활의 기사가 빈 무덤에서 시작한다(마28:1~10, 눅24:1~12, 요20:1~10참조). 왜냐하면 빈 무덤은 예수님의 육적 부활을 뜻하기 때문이다. 예수님은 십자가에 죽으심으로 만민의 죄를 대속하셨고 죽은자들 가운데서 부활하심으로 그 구속을 완성하셨다. 십자가 없이 구원은 시작 될 수 없고 부활없이 그 구원이 완성될 수 없다(고전 15장 참조).

● 부활 사건의 순서

1. 막달라 마리아와 야고보의 어머니 마리아와 살로메가 무덤을 향해 간다. 눅23:55~24:1
2. 그들은 돌이 굴려 옮기운 것을 발견한다. 눅24:2~9.

3. 막달라 마리아는 제자들에게 알리러 간다. 요20:1~2.
4. 야고보의 어머니 마리아는 가까이 가서 천사를 본다. 마28:1~2.
5. 그는 함께 온 자들과 같이 다른 여인들을 만나러 간다.
6. 그러는 동안 베드로와 요한이 도착해서 들여다 보고 간다. 요20:1~2.
7. 막달라 마리아는 두 천사를 보고, 다음에 예수를 본다. 요20:11~18.
8. 부활한 그리스도는 마리아에게 제자들에게 전하라고 명령한다. 요20:17~18.
9. 마리아(야고보의 어머니)는 여인과 함께 돌아온다. 눅24:1~4.
10. 그들은 돌아와서 두 천사를 본다. 눅24:5, 막16:5.
11. 그들은 또한 천사의 전갈을 듣는다. 마28:16~8.
12. 제자들을 찾으러 가는 길에 그들은 부활한 그리스도와 만난다. 마28:9~10.

(2) 제자들에게 나타나심(16:9~13)

예수님께서 부활하신 후 막달라 마리아에게 나타나셨다(9~11절). 그때는 안식일 첫날 이른 아침이었다(요20:11~18참조). 그리고 두제자에게 나타났는데 이 둘은 엠마오로 가는 중이었다(눅24:13~21참조).

(3) 예수님의 지상명령과 승천(16:14~20)

그 후에 열한 제자가 음식을 먹을 때에 나타나셔서 믿음이 없는 것과 완악함을 꾸짖으시고(14절) 온 천하에 다니며 만민에게 복음을 전파하라는 최후의 명령을 남기시고(15~18절), 승천하셔서 하나님 우편에 앉으셨음을 기록하고 있다(19, 20절).

● 부활 후에 나타나심

1. 막달라 마리아에게, 요20:14~18, 막16:9.
2. 무덤에서 돌아오는 여인들에게, 마28:8~10.
3. 그 날 늦게 베드로에게, 눅24:34, 고전15:15.
4. 밤에 엠마오로 가는 제자들에게, 눅24:13~31.
5. 제자들에게(도마를 제외하고), 눅24:36~45, 요20:19~24.
6. 일주일 후에 제자들에게(도마 참석), 요20:24~29.
7. 갈릴리에서 디베랴 호수가에 있는 일곱 사람에게, 요21:1~23.
8. 갈릴리에서 시간에 있는 제자들과 500여 형제들에게, 고전15:6.

9. 예루살렘과 베다니에서 또 다시 야고보에게, 고전15:7.
10. 감람산에서, 행1:3~12.
11. 다메섹 근처에서 바울에게, 행9:3~6, 고전15:8.
12. 예루살렘 성 밖에 있는 스데반에게, 행7:55.
13. 성전에서 바울에게, 행22:17~21, 23:11.
14. 밧모섬에서 요한에게, 계1:10~19.

교훈 및 적용

1. 예수님께서 오신 것은 섬김을 받기 위해서가 아니라 도리어 섬기기 위한 것임과 같이 오직 겸손한 마음으로 하나님을 섬기며 이웃을 섬기는 자세의 삶을 살아 가도록 하자.
2. 인간의 절망은 하나님의 기회임을 알고 고난의 폭풍우 속에서도 그리스도를 우리의 삶 속에 모셔 들이도록 힘쓰자.

우리는 죽기까지 종으로 섬기신 주님의 모습을 배웠습니다.
성도의 삶은 바로 예수님처럼 죽기까지 섬기는 모습이어야 할 것입니다.
다음은 누가복음을 공부하겠습니다. 본문 말씀을 읽어주시기를 바랍니다.

성경문제

● 예수님의 부활과 승천/막 10:1-16:20

1. "하나님이 짝지어 주신 것을 사람이 나누지 못할지니라"는 말씀은 몇 장 몇 절에 있는가?
2. "인자가 온 것은 섬김을 받으려 함이 아니라 도리어 섬기려 하고 자기 목숨을 많은 사람의 (　　　)로 주려 함이니라"는 말씀은 어디에 있으며 (　　)에 필요한 낱말은 무엇인가?
3. "네 믿음이 너를 구원하였느니라"는 말씀은 누구에게 한 말씀인가?(막 10장)

4. "무엇이든지 기도하고 구하는 것은 받은 줄로 믿으라 그리하면 너희에게 그대로 되리라." 이 말씀은 몇 장 몇 절에 있는가?
5. 마가복음 12장에 "포도원"이란 말과 "후사"란 말이 각각 몇 번 기록되어 있는가?
6. 예수님께서 하나님을 사랑함에 있어서 어떻게 하라고 하셨는가? 이에 해당되지 않는 것은 무엇인가?(막 12장)
   (가)몸 (나)마음 (다)목숨 (라)뜻
7. 생활비 전부를 헌금한 과부의 헌금의 액수는 얼마인가?(막 12장)
8. "그 날과 그 때는" 누구만 안다고 했는가?(막 13장)
9. "깨어 있으라"고 ( )번씩이나 강조해서 말씀하셨다(13:33 이하).
10. 어떤 한 여자의 행위가 아름다워 복음이 전파되는 곳에는 그녀의 행한 일도 전파된다고 했는데 그것은 값진 향유를 팔아 가난한 자들에게 나누어 주었기 때문이다. 이 말이 맞으면 ○표 틀리면 ×표 하라.(막 14장)
11. "아바 아버지여 아버지께는 모든 것이 가능하오니 이 잔을 내게서 옮기시옵소서 그러나 나의 원대로 마옵시고 아버지의 원대로 하옵소서." 이 말씀은 누구의 기도이며 어디에 있는가?(막 14장)
12. 예수님이 잡혔을 때 제자들은 어떻게 했는가?(막 14장)
13. "그 참람한 말을 너희가 들었도다"라는 말은 ①누가 ②누구를 두고 한 말인가?(막 14장)
14. 한 비자가 너도 나사렛 예수와 함께 있었다고 할 때 베드로는 그렇다고 시인했다. 이 말이 맞으면 ○표 틀리면 ×표 하라.(막 14장)
15. 마가복음 15장에 "유대인의 왕"이란 말이 몇 번 나오는가?
16. "예수께서 크게 소리 지르시되 ( ) 라마 사박다니 하시니 이를 번역하면 나의 하나님 나의 하나님 어찌하여 나를 버리셨나이까." ( )에 적당한 낱말은 무엇인가?(막 15장)
17. "이 사람은 진실로 하나님의 아들이었도다"고 말한 사람은 누구인가?(막 15장)
18. 예수님이 살아나신 후 먼저 만난 사람이 아닌 자는 누구인가?(막 16장)
   (가) 요셉의 어머니 (나) 막달라 마리아
   (다) 야고보 어머니 (라) 살로매
19. "너희는 온 천하에 다니며 ( )에게 ( )을 전파하라." ( )에 적당한 낱말을 써라.(막 16장)

누가복음

개요

1. **주제** - 구주로 오신 사람의 아들 예수 그리스도
2. **누가 복음의 배경**
   1) 기록자: 누가. 그는 사도행전의 기록자이기도 하며 헬라 부모 사이에서 난 신약성서의 유일한 이방인 기록자이다.
   예수님 및 바울과 비슷한 때에 태어났고 고등교육을 받은 의사로서(골 4:14) 역사와 문학에 조예가 깊다.
   2) 기록연대: 주후 60년경
   3) 수신자: 헬라의 귀족으로 그리스도인이 된 데오빌로 및 헬라인들
   4) 기록목적: 첫째로 예수 그리스도의 삶에 대해 정확하고 분명한 사실을 기록하고 (1:1~4), 둘째로 완전한 하나님과 사람으로서 인간을 구원하기 위해 역사하셨던 예수 그리스도를 증거하는 데 목적이 있다.
   5) 특유한 용어: 인자(사람의 아들)-25회
3. **특징**
   ① 구원사적(History of Salvation) 관점에서 예수님의 생애를 묘사하고 있다.
   ② 아름다운 문학적 체제를 갖추고 있다.
   ③ 우주적복음(The Universal Gospel)이라는 것이다.
   ④ 사회적복음(The Social Gospel),즉 인간에 대한 관심이 나타나있다.
   ⑤ 성령과 기도의 복음이다(사도행전처럼).
4. **내용분류** - 24장, 1,151절
   1) 서문(1:1~4)
   2) 인자의 탄생(1:5~2:20)
   3) 인자의 메시야직(職) 증언(2:21~4:13)
   4) 인자와 12사도 (4:14~9:50)
   5) 인자의 가르치심(9:51~16:31)
   6) 여섯가지의 비유(17:1~18:30)
   7) 인자의 고난(18:31~23:56)
   8) 인자의 부활(24:1~53)

34
[인자의 오심과 하신 일]

● **본문 : 눅 1~9장**
● **요절 : 눅 2:11**

이제 우리는 인간되신 예수님을 배우게 된다. 그래서 그의 인간되심을 증명하는 많은 사건들을 접하게 된다.

특히 본과에서 우리는 세례요한의 탄생과 인자되신 예수님의 탄생에 관한 자세한 내용을 배우게 될 것이다.

1. 서문(1:1~4)

예수 그리스도의 나심과 사심과 죽으심과 부활 승천하심에 관하여 많은 사람들이 그 사건의 목격자로부터 들은 내용을 기록하려고 했다. 누가도 그중의 한 사람이다. 비록 그가 예수님의 제자는 아니고 친히 목격한 적도 없지만 그럼에도 불구하고 이 책에 잘못이 없음은 성령의 감동으로 되었기 때문이다(딤후 3:16). 하나님께서는 헬라인 누가를 통하여 헬라 세계에 복음 전하시기를 원하셨던 것이다. 그는 역사가로서 남달리 자세히 조사한 후에 일의 순서대로 기록했는데 이 기록은 이미 배운 바를 확실하게 하려는 데에 목적이 있었다. 우리도 성경을 날마다 공부할 때 이미 배우고 안 것을 더 확실하게 깨닫게 된다.

2. 인자의 탄생(1:5~2:20)

예수님의 나심에 대하여 4복음서 가운데 가장 자세하게 기록하고 있다. 누가는 예수님과 세례 요한의 출현을 서로 비교하며 기록했는데 다음과 같이 나눌 수 있다.

(1) 요한의 출생에 대한 예고 1:5~25
(2) 예수님의 탄생에 대한 예고 1:26~56
(3) 요한의 출생(주전5년)1:57~58
　성전에 드려진 아기 요한 1:59~79

요한의 성장 1:80
(4) 예수님의 탄생(주전 5년) 2:1~20
성전에 드려진 아기 예수 2:21~39
예수님의 성장 2:40~52
주후 26년 (30년의 세월이 지남)
(5) 광야에서 전파하는 요한 3:1~20
(6) 예수님의 세계 3:21~38
(7) 시험받는 예수 4:1~13

1) 세례요한의 출생예고(1:5~25)

제사장 사가랴가 성소에서 분향할 때에 천사가 나타나서 남자 요한의 출생과 (13, 14), 종신 나실인이 될 것과(15), 엘리야적 역할(16,17)을 예고한다.

2) 마리아의 환상(1:26~38)

유대인 풍습에서 정혼이란 사실상의 법적인 부부이므로 처녀 마리아에게 잉태되어 나신 예수님은 사실 '하나님의 아들' (35)이시고 '지극히 높으신 이의 아들' (32)이시며 영원한 왕이다(33).

3) 마리아와 엘리사벳의 찬양(1:39~56)

마리아의 방문을 받고 엘리사벳은 성령이 충만하여 '내 주의 모친' 이라고 예언했다. 마리아도 예언적으로 '하나님 내 구주' 에 대한 찬양을 하는 데 이로서 요엘 선지의 예언(욜2:20)이 적용되기 시작했다.

4) 세례요한의 탄생(1:57~80)

요한이 출생한 뒤 사가랴는 풀려진 혀로 성령의 충만함을 입고 예언했다. 그 예언의 내용은 구원의 약속을 성취하신 하나님을 찬양하고, 선지자의 역할(주의 길 예비와 죄사함 선포)을 할 요한의 위치, 율법과 행위가 아닌 성결과 의(믿음으로 얻는)로 두려움 없이 나아가게 함, 은혜의 해로 사망의 권세가 물러감에 대한 복음이다. 요한은 빈들에서 자라며 마음과 몸을 튼튼히 했다.

5) 목자들의 환상(2:1~20)

역사가의 눈에는 요셉의 베들레헴에 올라감이 호적 때문으로 보이지만 이것은 구약의 예언을 성취하기 위함이었다(미5:2). 양치는 목자에게 예수님 탄생 소식이 먼저 전해진 것은 인류의 목자로 오신 예수님의 탄생에 알맞았다. 그것은 "큰 기쁨의 좋은 소식"으로서 하나님께는 영광이요, 땅에는 평화였다. 마리아는 목자의 말을 기억해 두었다.

3. 인자의 메시야직 증언(2:21~4:13)

사람이 되어 오신 예수님께서 인간을 구원할 구주이시며 하나님의 아들이심을 증언하는 메시야직 증언이 일곱 번이나 거듭된다.

1) 성전에서의 증언(2:21~40)

예수님은 율법을 완전히 이루시기 위해 성전에 올라가셔서 율법이 정한 예를 필하셨다. 성전에서 메시야를 대망하던 두 노인에게 환영을 받고 그가 만민의 구속을 위해 약속되고 예비되신 메시야임을 증언받는다. 그들은 "의롭고 경건하여 이스라엘의 위로를 기다리는" 시므온과 "주야로 금식하며 기도함으로 섬기던" 과부 안나였다. 아기 예수는 점점 자라갔다.

2) 성전에서 메시야직을 증언하신 예수님(2:41~52)

예수님은 열 두 살되던 해 유월절에 성전에 올라가서 자신이 아버지의 집에 있어야 될 것을 증언하셨다. 예수님은 아버지의 일(막8:33)을 하기 위해 오신 아들이시다.

3) 세례요한 사역(3:1~20)

누가는 세례요한이 회개의 세례 전파하는 때를 역사적으로 정확하게 기록했다. 세례요한은 아브라함의 자손이면 저절로 구원얻는다는 안일한 신앙자세를 꾸짖고 심판의 임박성을 외쳤다고 회개에 합당한 열매는 사랑의 행동이었다(11~14). 요한은 성령과 불로 세례를 주시고 심판하실 예수님에 대해 증언했다. 심판하실 이는 하나님 뿐이었다. 요한은 헤롯의 불륜을 고하다가 삽힘으로서 예수그리스도의 수난과 죽음에도 앞서가는 역할을 했다.

4) 인자가 세례를 받으심(3:21~22)

예수님은 요한에게 세례받으실 때 하나님의 아들이라는 증언을 받으셨다.

5) 인자의 족보(3:23~38)

예수님 가정의 족보가 예수님이 하나님의 아들임을 다시 증언했다(38). 마태의 족보는 왕의 계열을, 누가의 족보는 태어난 계열을 거슬러 올라갔다(마태복음 공부 참조).

6) 인자가 시험을 받으심(4:1~13)

예수님은 성령에 이끌리어 마귀에게서 시험을 받으셨는데 세 차례의 시험에서 마귀는 "네가 만일 하나님의 아들이거든"으로 시작했고 예수님은 마귀의 법이 아닌 순종과 믿음과 섬김의 자세로 하나님의 아들이심을 증언했다.

7) 인자의 나사렛 전도(4:14~30)

성전에서 자신이 하나님의 아들로서 인간구원을 위해 인간이 되셨음을 증언하신 예수님은 마지막으로 고향 나사렛에서 또 한 번 증언하신다. 그 증언이 바로 18, 19절 말씀이다. 그러나 고향사람들은 예수님을 배척했는데 이것은 복음이 이방인에게 전파되리라는 말씀이 성취되는 과정이다. 예수님은 고향 사람들에게 죽임을 당할 뻔하였으나 결국에는 자기 백성에 의해 십자가에 못박히셨다.

4. 인자의 사역(4:31~6:49)

하늘로부터 오신 메시야임을 확증 받으신 예수님은 갈릴리를 중심으로 능력을 베푸신다.

1) 가버나움에서의 치료(4:31~44)

예수님은 최초로 가버나움에서 안식일 하루 동안 더러운 귀신을 말씀으로 꾸짖어 쫓아내셨고(31~37), 베드로의 장모의 열병을 고치셨으며(38, 39), 각색 병든자들을 고치셨다(40~41).

2) 능력을 나타내심(5:1~6:11)

베드로의 배 위에서 무리를 가르치신 예수님은 그가 밤새도록 한 마리도 잡지 못한 고기를 말씀으로 두 배에 가득 차도록 잡는 능력을 보이셨다. 베드로의 먼저 드림과 예수님의 말씀, 그리고 다시 베드로의 순종이 있음에 유의하자 (5:1~11), 예수님은 또 모든 사람이 경멸했던 문둥병자를 손으로 만지시며 고쳐 주셨다(12~16). 또 죄로 말미암아 중풍병자가 된 사람에게 죄사함과 병고치심을 선포하셨고 (17~26), 동족에게 소외되었던 세리 레위(마태)를 부르시니 모든 것을 버리고 잔치를 베푸는 거듭남이 있었다. 예수님은 죄인을 구하러 오신 하나님의 아들이시다(27~39). 제자들이 안식일에 이삭을 잘라서(추수) 손으로 비벼(탈곡) 먹는 것이 논쟁거리가 되었을 때 예수님은 인자가 안식일의 주인이라고 말씀하셨다(1~15). 다른 안식일에 예수님은 손마른자를 고치심으로 주인됨을 증명하셨는데 오늘도 주님은 생명을 구하고 선을 베푸시는 역사를 계속하신다.

3) 열두제자의 선택(6:12~19)

예수님께서 제자 열 둘을 택하시고 사도라는 이름을 주셨다.

4) 가르치심(산상보훈)(6:20~49)

예수님은 택하신 제자들을 교훈하신다. 예수님은 네 가지 복 있는 사람과 네 가지 화 있는 사람에 대하여 가르치시고(20~26), 그리스도의 제자 (우리들을 포함)들이 적극적으로 행하여야 할 선을 가르치셨다. 중생한 자는 원수도 사랑할 수 있는 능력을 받으며 그 결과 하나님의 아들이라고 칭함을 받게 된다 (27~38). 제자는 겸손히 자기를 살피고 선한 생각을 가지며 들은 말씀을 행함으로 체험있는 신앙을 소유할 때에 시험과 환난의 때에도 승리할 수 있는 것이다(39~49).

5. 인자와 12사도 (7:1~9:50)

1) 이방인 백부장의 신앙(7:1~10)

백부장은 이방인으로 예수님을 모실 수도 또한 그 앞에 나갈 수도 없다고 겸손히 말했다. 예수님의 권세를 믿고 그 말씀에 능치 못함이 없다는 신앙고백을 한 결과 믿은 대로 되었다.

2) 나인성 과부의 독자를 살리심(7:11~17)

예수님은 우리와 같은 감정을 가지시고 불쌍히 여기셨다. "내가 네게 말하나니" 와 같이 예수님과 우리는 누구나 개인적인 만남을 가져야 한다. 예수님의 메시야적 임무는 로마의 멍에로부터 구함이 아니고 죽음의 멍에로부터 구하는 것이다.

3) 세례요한의 질문(7:18~35)

세례요한은 제자들를 보내어 예수님이 메시야이신가에 대해 질문했다. 예수님은 특별한 대답없이 지금하고 계신 일을 전하라고 하셨다. 율법시대에서는 요한 보다 더 큰 이가 없으나 은혜 시대에서는 아무리 작은 자라도 요한보다 더 의롭다 함을 얻고 축복을 누린다. 요한과 예수님 시대 사람들은 자기들이 바라는 대로 요한과 예수님이 행하지 않는다고 스스로 하나님의 뜻을 저버렸다.

4) 죄많은 여인과 바리새인(7:36~50)

죄많은 여인은 예수님께 나아가면 죄의 용서를 받고 구원을 얻으리라는 믿음을 가지고 눈물로 죄를 회개하였다. 죄의 회개와 용서, 그리고 믿음은 구원을 얻는 인간편의 조건이다. 그녀의 사랑은 구원의 결과이다.

5) 순회전도의 동행자(8:1~3)

천국의 복음을 선포하시는 예수님과 제자들 뒤에는 물심양면으로 봉사하는 여제자들이 있었다. 오늘 우리들도 교회도 마찬가지이다.

6) 씨뿌리는 비유(8:4~15)

하나님의 말씀을 듣고도 그리스도인이 되지 못한 까닭은 첫째로 마귀가 심어주는 의심(불신)때문이요, 둘째는 환경이 주는 위협이요, 셋째는 자신의 탐욕 때문이다. 좋은 땅이란 좋은 마음으로 말씀을 듣고 그 말 씀을 지켜행하되 인내를 가지고 열매맺는 사람을 가리킨다.

7) 있는 자와 없는 자(8:16~18)

신앙의 신비는 말씀대로 지켜 행함으로 빛을 비추는 자는 믿음이 더 깊어지고 행치 않는 자는 있는 믿음까지 희미해진다는데 있다.

8) 예수님의 참된 가족(8:19~21)

말씀을 듣고 행하는 그 사람은 예수님의 형제자매가 되는 특권을 누린다.

9) 너희 믿음이 어디 있느냐(8:22~25)

좋은 밭에 말씀을 심었고 예수님의 하늘가족이 되었으면 마땅히 그 특권(믿음)을 활용하게 되어야 한다. 창조주 예수님을 배 안에 모시고도 "우리가 죽겠나이다" 한 것은 불신이요 모독이다.

10) 거라사의 군대 귀신 들린 자(8:26~30)

사탄의 종인 귀신은 숫자가 많으며 그들은 마침내 무저갱으로 들어갈 것이다. 귀신나간 사람은 예수님과 함께 있기를 원해도 거라사 지방 사람들은 헤어지기를 원했다. 신자와 불신자의 차이가 여기에 있는데 신자는 나가서 복음을 전하고 불신자는 두려워한다.

11) 혈루증 여인과 회당장의 딸(8:40~56)

회당장 야이로의 딸을 살리러 가시는 길에 예수님은 혈루증 여인을 고치신다. 그녀는 살아 있으나 죽은 여자였다. 예수님은 이미 그 여자의 행위를 알고 계셨으며 믿음의 확신을 주기 위해 부르셨다. 신앙체험을 간증할 때 영속적이고 확실한 믿음이 생겨난다. 이렇게 지체하시는 동안 회당장의 딸은 죽었지만 전능하신 예수님 앞에서는 자는 것에 불과했다.

12) 열 두 제자의 파견(9:1~6)

제자들의 파견 목적은 하나님의 나라의 전파와 병 고침이었다. 병 고침은 하늘나라의 표적이다(마 12:28).

13) 헤롯의 관심(9:7~9)

불의하게 세례요한을 죽인 헤롯은 예수님이 누구신지 알고자 하였으나 바로 알지 못했다.

14) 5천명을 먹이심(9:10~17)

사도들이 돌아온 직후에 예수님은 5천 명을 먹이는 기적을 베푸신다. 이것은

예수님이 모세와 같은 기적의 선지자임을 가리킨다(신18:18).

15) 인자의 수난예고(9:18~36)

무리들은 아직도 예수님을 선지자 중의 하나로 알았으나 베드로는 예수님이 하나님께서 보내신 메시야(그리스도)라고 고백했다. 그러나 예수님은 메시야가 첫번째로 수행하여야 할 사항으로 수난을 예고하셨다.

동시에 제자들은 십자가를 지고 예수님을 따를 것인가 아닌가의 결단을 내리도록 촉구되었다. 그리고 일주일 후에 제자 중 베드로와 요한이 대표로 변화산상에서 하나님나라의 영광을 단편적으로 보게 되었다. 그것을 보고도 베드로는 "여기 있는 것이 좋다"고 했다.

16) 제자들의 태도 (9:37~50)

베드로가 예수님을 메시야라고 고백할 때 제자들은 기대와 흥분으로 가득찼으나 인자의 수난 예고는 묻기도 두려웠다(45). 지금까지 2년 반 동안 가르쳐 왔으나 제자들은 여전히 믿음이 없는 패역한 세대였고(41), 누가 더 큰가에 관심이 있었으며(46), 편협한 국수주의로 당을 짓기를 즐겨했다(49).

교훈 및 적용

1. 예수님께서는 기도의 본을 보여주셨다. 기도는 위태할때 더욱 필요하며 장차 당할 시험을 피하기 위해 해야 한다. 그리고 무엇보다 나의 뜻을 버리고 하나님의 뜻에 순종하기 위해 절대 필요하다.

우리는 참 사랑으로 이 세상에 오시고 범죄한 인간을 섬기는 주님을 보았습니다. 그리고 가는 곳마다 영혼을 사랑하시며 복음을 전하시는 주님의 모습도 보았습니다. 우리들도 주님처럼 영혼을 사랑하며 이웃을 섬기고 복음을 전합시다.
다음 과에서도 계속해서 누가복음을 공부하겠습니다. 본문을 읽어 주시기 바랍니다.

성경문제

● 인자의 오심과 하신 일/눅1:1-9:52

1. 천사가 ① 누구에게 나타나 ② 누가 아들을 낳을 것이라 했으며 ③ 그 이름은 무엇이라 하라 하였는가?(눅 1장)
2. 천사 가브리엘이 ① 어디에 가서 ② 누구에게 수태하여 아들을 낳을 것이라 했으며 ③ 그 이름은 무엇이라 하라 하였는가?(눅 1장)
3. "온 백성에게 미칠 큰 기쁨의 좋은 소식을 너희에게 전하노라" 는 말씀은 몇 장 몇 절에 있는가?
4. 아기를 안고 하나님을 찬송한 사람은 누구인가?(눅 2장)
5. "예수는 그 지혜와 그 키가 자라가며 (　　　)과 (　　　)에게 더 사랑스러워 가시더라" (　)에 적당한 낱말을 써 넣어라.(눅 2장)
6. "독사의 자식들아" "회개의 합당한 열매를 맺으라" 고 한 사람은 누구인가?(눅 3장)
7. 예수님께서 40일 동안 광야에서 (　　　)에게 시험을 받으셨다.(눅 4장)
8. "나사렛 예수여 우리가 당신과 무슨 상관이 있나이까" 라고 소리지른 사람은 누구인가?(눅 4장)
9. "주여 나를 떠나소서 나는 죄인이로소이다." 누가 한 말인가?(눅 5장)
10. 하나님께 영광을 돌리며 집으로 돌아간 사람은 (　　　)였다.(눅 5장)
11. "내가 의인을 부르러 온 것이 아니요 죄인을 불러 회개시키러 왔노라" 는 말씀은 어디에 있는가?
12. 다음 A항과 관계 있는 것을 B항에서 골라 그 기호를 쓰라.(눅 6장)

A항	B항
① 오른손 마른 자	(가) 반석 위의 집
② 제자와 선생	(나) 안식일
③ 선한 사람	(다) 나무 열매
④ 듣고 행하는 자	(라) 소경

13. 누가복음 6:27-37에 보면 "(　　　)하라"는 각각 다른 말이 네 번 나온다. (　)에 해당되는 낱말은 무엇인가?
14. "어찌하여 형제의 눈 속에 있는 티는 보고 네 눈 속에 있는 들보는 깨닫지 못하느냐." 이 말씀은 몇 장 몇 절에 있는가?
15. 예수님께서 "이스라엘 중에서 이 만한 믿음은 만나보지 못하였노라" 하신 말씀은 누구를 가리켜 한 말인가?(눅 7장)
16. "네 믿음이 너를 구원하였으니 평안히 가라"는 말씀은 죄인인 한 (　　　)에게 했다.(눅 7장)
17. "두려워 말고 믿기만 하라"는 말씀은 누구에게 한 말씀인가?(눅 8장)
18. 예수님의 고난, 죽음, 부활을 예고한 말씀이 어디에 있는가?(눅 9장)
19. "누구든지 내 이름으로 이 어린 아이를 (　　　)하면 곧 나를 (　　　)함이요 또 누구든지 나를 (　　　)하면 곧 나 보내신 이를 (　　　)함이라." (　)에 적당한 낱말을 써 넣어라.(눅 9장)

35
[인자의 사역과 승리]

- **본문** : 눅 9:51~20장
- **요절** : 눅 19:10

예수님께서 이 세상에 오신 것은 잃어버린 자를 찾아 구원하시기 위함이다. 그러므로 여기서 우리는 끊임없는 도전 속에서도 구세주로서 가르치시고, 일하시고, 수난당하시고, 십자가에 죽으실 뿐 아니라 사망과 죽음의 권세를 물리치시고 승리의 부활을 하신 주님을 만나게 된다. 지금도 우리와 언제나 함께 하시는 부활하신 주님을 말씀속에서 만나게 되기를 바란다.

1. 인자의 가르치심(1) (9:51~16:31)

메시야가 당할 고난을 예고하신 인자 예수님은 그 일을 성취하기 위해 예루살렘으로 올라 가시면서 무리와 제자들을 가르치신다. 사람의 아들 예수님은 그의 고난을 알기 때문에 예루살렘행을 굳게 결심하여야 했던 것이다. 예수님은 하나님의 계획에 의해 지상에 오셨고 그 계획에 의해 십자가에 달리셨으며 다시 하늘나라에 올라가셨다.

1) 사마리아의 거절(9:51~56)

사마리아인들이 예수님의 지나가심을 거절했을 때 제자들은 엘리야처럼 불로 멸하자고 하였으나 예수님은 꾸짖으셨다. 예수님은 오히려 죄인들을 살리기 위해 예루살렘으로 올라가시는 길이다.

2) 제자의 길(9:57~62)

하나님 나라의 긴급성과 메시야의 얼마남지 않은 시간의 긴급성은 제자들에게 한가한 작별이나 연기나 안락을 허락하지 않는다.

3) 70인 전도(10:1~20)

70인 전도자는 둘씩 나가서 하나님 나라가 가까이 옴을 선포하고 병고치는 일을 행하였다. 복음이 전파되는 곳에서는 사탄이 떨어져 나간다. 주의 이름을 부르는 자에게는 귀신이 항복하고 대적할 자가 없으며 그 이름이 하늘나라에 기록된다.

4) 하나님나라를 받을 자(10:21~24)

하나님 나라를 받을 자는 아들의 소원대로 계시를 받은 자 뿐이다. 이것이 바로 구원의 은혜이다.

5) 영생을 얻을 자(10:25~37)

율법사의 동기는 자기를 옳게 보이려는 교만 이었다. 그러나 율법의 목적은 아는데 있지 않고 행하는데 있다. 행하여야 할 것은 이웃사랑이고 이웃은 우리의 자비를 필요로 하는 사람들이다. 더구나 사마리아인은 유대인의 이웃이 될 수 없는 사람임에도 불구하고 사랑을 베풀었다. 예수님은 우리의 좋은 이웃이시다.

6) 더 중요한 일(10:38~42)

신앙생활에 있어서 하나님의 말씀을 듣는 일보다 앞서는 일은 없다.

7) 기도에 대한 가르침(11:1~13)

예수님은 제자들에게 기도를 가르쳐 주신 후 간절히 기도하라고 하신다. 우리의 기도를 들으시는 분은 좋으신 하나님이시며 기도를 이루어 주실 분은 성령님이시다.

8) 새 시대의 표적(11:14~36)

예수님께서 귀신들려 벙어리된 자를 고치시니 일부는 귀신의 왕을 힘입었다고 훼방하고 일부는 다른 표적을 구한다. 하나님의 손을 힘입어 귀신을 쫓아내는 것이 곧 메시야 시대의 표적이다. 오늘도 이 표적은 도처에서 일어나고 있다.하나님의 말씀을 듣고 지키는 자가 복있는 자이다. 예수님은 등불처럼 밝게 나타나셨다. 겸손과 회개의 눈을 가진 사람은 그 진리를 깨닫고 볼 수 있을 것이다.

9) 바리새인 율법학자에 대한 저주(11:37~54)

바리새인은 빛되신 예수님을 보는 눈이 없었다. 따라서 그들의 내적인 세계는 위선의 어두움 뿐이었다. 속은 탐욕과 악독으로 가득찼고, 하나님을 향한 사랑과 공의는 버리며, 자기도 지키지 못한 교훈을 강요하고, 지식의 열쇠는 가졌으나 문을 잠그어 놓는 위선자요 어리석은 자였다.

10) 증인에 대한 가르치심(12:1~12)

복음의 증인은 하나님이 지키시고 성령이 도우실 터이므로 어디서든지 예수님을 시인하여야 한다.

11) 그리스도인의 생활목표(12:13~34)

탐심을 버리고, 하나님의 영광을 위해 재물을 사용하며, 먼저 하나님의 나라와 그 의를 구하는 태도여야 한다. 우리가 믿는 하나님은 복 주시기를 즐겨 하시는데(32) 먼저 보물을 하나님의 손에 두어야 한다.

12) 종이 취할 태도 (12:35~48)

예수님을 바라며 깨어있는 신앙생활, 받은 바 은혜를 활용하여 형제를 격려하는 일이 그리스도의 종이 취할 태도이다.

13) 이 시대는 (12:49~59)

예수님이 오신 이후의 시대는 심판 직전으로 하나님과 화해할 수 있는 좋은 기회이다. 이 기회를 마련키 위해 예루살렘에 가시는 예수님의 심정을 상상해 보라(50). 인간의 가장 큰 분쟁은 영적인 분쟁이다.

14) 회개의 열매(13:1~9)

회개하지 않으면 망하고 회개의 열매를 맺지 않아도 망한다.

15) 하나님 나라의 승리(13:10~21)

사탄에게 18년 동안 매여서 허리굽어 있던 여인을 고치신 예수님은 하나님 나라가 겨자씨와 누룩처럼 승리할 것을 예언하신다.

16) 쫓겨난 자(13:22~35)

예수님은 우리의 들어갈 문이 되시며(10:9), 그 문은 반드시 닫힐 것인데 그 때 쫓겨난 자들(이스라엘 백성)은 슬피 울고 이방인들(동서남북)은 믿음으로 구원 얻어 그 나라에 들어갈 것이다. 예수님은 예루살렘의 운명을 보고 탄식하셨는데 주후 70년에 그 일이 일어났다.

17) 하늘나라 잔치(14:1~24)

예수님은 안식일에 고창병(성병의 일종)자를 고치셨다. 그리고 연회석을 배경으로 한 두 가지 가르침을 주셨는데 첫째는 자기를 낮추는 자가 높아진다는 것, 둘째는 가난한 이웃을 위해 잔치를 베풀라는 것이다. 이스라엘 백성은 하늘나라 잔치에 청함을 받았으나 응하지 않음으로 그 잔치 맛을 보지 못했다(15~24).

18) 제자가 되는 댓가 (14:25~35)

예수님은 제자들이 겪을 무서운 핍박과 환난을 보고 계셨다. 누구나 육신의 친척에게 충실해야 하는 것이 성서의 교훈이지만 예수님과 육신의 친척 중에 하나를 선택할 때에는 서슴치 말 것도 가르치신다. 우리는 누구보다도 주님을 더욱 사랑해야 한다. 제자의 도는 모든 것을 버리는 일대 각오이다. 이 각오가 없이는 맛을 잃은 소금처럼 무용하다.

2. 여섯가지 비유(2)(15:1~18:30)

1) 회개한 죄인(15:1~32)

바리새인들과 서기관들은 예수님이 죄인들과 어울리신다고 계속 비난했지만 예수님은 잃은 자의 찾음에 대하여 집중적으로 교훈하신다. 예수님의 비유는 양 한 마리를 위해 다른 아흔 아홉 마리는 버려도 좋다는 뜻이 아니다. 아흔 아홉 마리 위에 ,가졌던 동전 위에, 이미 아버지의 집에 있는 맏아들 위에, 한 마리의 잃었던 양과 동전과 작은 아들을 더 얻으니 그 기쁨이 크지 않겠느냐는 뜻이다. 더구나 그 작은 아들은 죽은 것이나 다름없는 존재였다가 다시 살아났으니 기쁜 것이다.

2) 충실한 관리자(16:1~13)

예수님은 세상의 불의한 청지기가 미래를 위해 지혜롭게 처신한 것을 구체적으로 예로 들면서 성도들도 하늘나라에서 받을 상을 위해 지혜롭게 재물을 사용할 것을 보여 주신다 우리가 가장 효과적으로 재물을 사용하기 위해서는 먼저 하나님을 최상의 위치에 모셔야 하며, 그 후에 하나님과 이웃을 사랑하기 위해 재물을 사용해야 한다.

3) 부자와 나사로(16:14~31)

사람들에게 칭찬과 높임을 받고 교만한 마음으로 하나님을 두려워하지 않는 한 부자, 부자의 대문에서 개들과 함께 살았던 거지 나사로의 지위는 하늘나라에서 역전된다. 부자는 세상의 부요에 도취한 나머지 하나님의 말씀을 무시했고 지금 지상에 있는 그의 형제들도 마찬가지이다. 하나님의 계시된 말씀을 읽고 회개할 수 없는 사람은 죽었다가 살아난 사람의 말도 믿을 수 없다.

4) 제자의 자세 /용서와 충성(17:1~10)

형제중심의 삶은 형제를 실족치 않게한다. 형제가 죄를 범할 때에는 경계하고 권고하되 회개하면 무한히 용서해야 한다. 맡은바 일에 충성하되 마땅히 할 일로 알고 해야 한다. 공적을 내세우거나 보상을 바라면 반드시 시험에 든다.

5) 10명의 문둥병자(17:11~19)

예수님은 자비하셔서 열 사람을 다 고쳐주셨지만 한 사람만 감사하러 왔다. 오늘도 어떤 성도들은 기적의 체험에 머물러 있어서 감사하거나 섬기거나 전도하려하지 않는다. 한 사마리아인은 병고침 받는데서 머무르지 않고 감사함으로 복음의 길로 들어와 구원을 받았다(눅16:16).

6) 장차 임할 하나님의 나라(17:20~37)

우리 마음 속에 있는 하나님의 나라는 장차 인자가 우리를 데려갈 영원한 나라로 이어질 것이다. 예수님의 재림은 번개치듯 순식간에 있어서 세상과 짝하던 사람들이 회개하고 돌이킬 여유가 없을 것이다. 두 사람 중에 하나란 비율을 의미하는 것이 아니고 선별을 뜻한다.

7) 낙심치 않는 기도 (18:1~8)

불의한 재판관도 과부의 억울한 소원을 들어 주었다. 하물며 하나님은 우리를 택하시고 성령으로 낳은 아버지이시다. 그가 오래 참으시겠는가?

8) 의롭다 하시는 이(18:9~17)

우리를 의롭다 하시는 이는 하나님이시며 그는 보잘것 없는 선행보다 깨어진 심령을 원하신다. 깨어진 심령은 어린 아이처럼 하나님만 의지하는 자로서 힘주시는 자 안에서 더 큰 선을 행할 수 있다.

9) 부유한 관원(18:18~30)

관원은 유대교의 지도자를 가리킨다. 예수님은 하나님만 선하다고 하심으로 모든 영광을 아버지께 돌리신다. 예수님은 다른 결신자는 집으로 가라고 하셨으나(8:39, 48), 이 관원에게는 모든 것을 이웃에게 나누어 주고 따르라고 하신다. 주님께서 그의 종을 부르실 때가 있는데 그 때에는 결단이 필요하다.

3. 인자의 고난(18:31~23:56)

사람의 아들로서 인간을 대표하여 하나님 앞에 구속 제사를 드리기 위해 육신이 되신 예수님은 그 사명을 수행하기 위해 예루살렘으로 올라가신다. 그리고 죽임을 당하신다.

1) 감추인 말씀(18:31~34)

만일 수난에 대한 예수님의 말씀을 제자들이 그 때 곧 깨달았다면 더 빨리 도망갔거나 투쟁적인 태도를 취했을지 모른다. 부활 후에 이 말씀을 깨닫게 하신 것도 은혜이다(눅 24:7, 8).

2) 눈 먼 자를 보게 하심(18:35~43)

부자인 관원은 나를 좇으라는 예수님의 명령에 재물을 사랑하는 연고로 따르지 못했고, '베드로는 다 버리고 좇았나이다' 하였지만 사실은 주님이 가실 길을 알지 못했다. 그러나 걸인 소경은 보기를 원했고 그 소원과 믿음으로 곧 보게 되어 하나님께 영광을 돌리며 예수를 좇았다.

3) 부자 세리장 삭개오의 회개(19:1~10)

부자는 하나님 나라에 들어가기가 어렵지만 하나님은 하실 수 있다는(18:27) 해답은 여기에 실제로 나타난다(슥4:6). 삭개오는 깨끗하다는 이름에 맞지 않게 세리의 장으로 부유한 생활을 하고 있었다. 그러나 예수님은 "내가 오늘 네 집에 유하여야 하겠다"고 하셨다. 하나님 편에서 하신 일이다. 이것이 구원의 은혜이다. 18장에서 부자는 자기가 의인인 줄 알았다가 실망했고 삭개오는 죄인인 줄 알았다가 즐거워하며 회개에 합당한 열매를 맺었다. 아브라함의 자손이 구원을 얻는다는 언약은 변하지 않는다. 그러나 믿음으로 말미암은 자들은 아브라함의 아들이라는 사실도 잊어서는 안 된다(갈3:7).

4) 열 므나의 비유(19:11~27)

사람들은 예수님이 예루살렘에 올라가면 곧 왕국을 세울 줄 알고 있었다. 그러나 예수님은 하나님 나라의 선포에서 완성까지 있을 기간을 말씀하시고, 주신 믿음의 은사를 따라 열매맺는 생활을 할 것을 요구하신다. 성도의 삶은 예수님(주인)의 것으로서 이 삶에는 반드시 열매가 맺혀야 한다. 우리의 작은 열매에도 하나님은 큰 상으로 갚아주신다.

5) 거절당하는 왕 예수(19:28~44)

이스라엘과 세상에 왕으로 오신 예수님은 예루살렘 입성에서 메시야 되심을 보여주신다. 놀라운 예지로 나귀를 얻으시고(30), 아무도 타지않는 나귀를 타심으로 하나님의 사업수행을 나타내며(신 21:3), "주님께서 쓰시겠다" 함으로 만물의 주 되심을 증명하신다(31). 예수님은 분명히 왕으로 오셨으나 바리새인들은 거절하였다. 하나님과 인간 사이의 평화와 화목을 위해 십자가를 지려고 오신 예수님을 예루살렘 거민이 알지 못한 것이 예수님은 슬프셨다. 그러나 제자들이라도 그 평화의 계획을 알았던가? 예루살렘은 예수님의 예언대로 망했다.

6) 유대교의 권력자와 예수님의 논쟁(19:45~21:4)

예루살렘에 입성하여 성전을 청결하게 하신 예수님은 날마다 성전에서 가르치면서 유대교 권력자들과 논쟁을 하신다, 첫째는 권세의 근거에 대한 논쟁인데 권세자 예수님은 권세에 대한 설명이 필요가 없었다(20:1~8). 그러나 예수님은 악한 농부의 비유를 통해 자신이 하나님의 아들이시고 권세는 하나님의 권세임을 대답하신다(20:9~18). 둘째, 논쟁은 납세에 대한 것이었다. 예수님은 부활의 상태에 관하여 대답하셨고 (20:27~40), 자신을 다윗의 주라고 말씀하셨다(20:41~44). 서기관의 교만과 위선을 주의하라고 경계하신 예수님은 정성어린 과부의 헌금으로 서기관의 위선을 부끄럽게 하신다(20:45~21:4).

7) 종말의 징조(21:5~38)

예수님은 먼저 거짓 그리스도에게 유혹되지 말라고 하신다. 이 종말의 예언은 크게 세 부분으로 나누어 지는데 첫 부분은 예루살렘 함락과 이스라엘의 유랑까지이고(21:5~24), 둘째 부분은 예수님의 재림에 관한 내용이며(21:25~33), 셋째 부분은 성도의 자세이다(21:34~36). 이 가운데 첫째부분은 누가복음이 기록된 몇 년 후에 성취되었다. 예수님의 위로의 말씀은 36절이다. 그는 우리가 7년 환난을 피하게 되기를 원하신다.

8) 유다의 배신(22:1~6)

유다의 배신은 사탄이 그 속에 들어갔기 때문에 일어났다. 예수님을 죽일 음모에 기뻐하는 것은 사탄을 기쁘게 하는 것이다.

9) 최후의 만찬(22:7~38)

예수님에게 있어서 최후의 만찬은 곧 십자가의 죽음을 의미했는데 "너희와 함께 이 유월절에 먹기를 원하고 원하였노라"하심으로 구속의 소원을 나타내신다. 예수님은 그 살을 찢으시고 피를 쏟으심으로 새 언약(믿음으로 의롭게 되는)을 세우셨다. 이런 정황 속에서도 제자들은 누가 큰가에 관심이 있었는데 예수님은 하늘나라에서 주실상급을 보여 주신다(29, 30). 자비하신 주님은 벌써 베드로를 위해 기도하고 계신다(32). 베드로의 사명은 박해의 기간에 형제들의 믿음을 굳게 하는 것이었다. 이제 다가 올 시대는 말씀의 검을 준비해야 할 투쟁의 때였다(35~38).

10) 감람산상의 기도 (22:39~46)

예수님은 하나님께 순종하기 위해 기도하셨는데 그 간절함 때문에 땀이 피같이 되었다.

11) 예수 그리스도의 수난(22:47~23:56)

예수님은 유다의 배신으로 강도처럼 잡히셨고(22:47~53), 베드로는 예수님의 예언대로 닭 울기 전에 세 번 부인했다(22:54~62). 예수님은 수모를 당하시고 악한 농부의 비유에서처럼(20:19~26) 하나님의 아들이라는 예수님은 옛부터 보기를 원하던 헤롯에게 보내어져서 업신여김을 당하셨다. 무죄한 예수님은 바라바와 같이 사악한 인류의 죄를 지시고 십자가에 달리셨다. 십자가를 지고 가시는 슬픔의 길에서도 장래 일을 말씀하시는 그 자비를 누가 알리요. 예수님은 십자가 위에서 죄사함의 기도를 하시고, 강도의 죄를 사하시며, 아버지의 손에 영혼을 의탁하셨다.

4. 인자의 부활(24:1~53)

1) 빈 무덤(24:1~12)

안식 후 첫날 여제자들은 빈 무덤을 발견했는데 천사의 말을 듣고서야 과거에 예수님이 하셨던 수난에 관한 말씀을 깨달을 수 있었다.

2) 엠마오로 가는 길에 나타나심(24:13~32)

예수님께서 글로바 일행이 즉시로 예루살렘에 돌아와 증거할 때에 예수님이 나타나셔서 영이 아닌 육으로 부활하셨음을 확증하셨다. 또한 제자들의 마음을 여셔서 성경을 깨닫게 하시고 성령 보내실 것을 약속하셨다. 누가는 사도행전 1장에서 예수님이 40일 동안 함께 계시다가 승천하셨다고 기록하고 있다.

교훈 및 적용

1. 예수님께서는 가난하고 소외된 자들에 대한 관심이 크셨다. 주위에 어려움을 당하는 주의 백성들에게 사랑을 베푸는 것이 바로 예수님을 섬기는 일이 된다.
2. 죄인에 대한 용서를 가르쳐 주셨다. 일곱번씩 일흔번을 용서하라는 예수님의 가르침을 좇아 모든 인간관계 속에서 용서하는 말씀의 실천자가 되자.

우리는 본과에서 예수님께서 온갖 핍박 속에서도 복음을 전하셨을 뿐 아니라 많은 교훈을 주시고 있음도 배웠습니다. 그리고 마침내는 수난을 받으시고 죽으셨다가 3일 만에 부활, 승천하신 사건을 배웠습니다. 여러분도 주님의 뒤를 따르는 성도들이 되시기를 바랍니다. 다음 과에서는 요한복음을 공부하게 됩니다.본문을 꼭 읽어 주시기 바랍니다.

성경문제

●인자의 사역과 승리/눅10:1-24:52

1. "이르시되 (　　)할 것은 많되 일꾼이 적으니 그러므로 (　　)하는 주인에게 청하여 (　　)할 일꾼들을 보내어 주소서 하라." (　)에 적당한 낱말은?(눅 10장)
2. 강도 만난 사람에게 자비를 베풀어 도와준 사람은 누구인가?(눅 10장)
3. "구하라 그러면 너희에게 주실 것이요 찾으라 그러면 찾을 것이요 문을 두드리라 그러면 너희에게 열릴 것이니." 이 말씀은 몇 장 몇 절에 있는가?
4. "화 있을진저"라고 책망받은 사람들은 누구인가?(눅 11장)
5. "어리석은 자여 오늘밤에 네 영혼을 도로 찾으리니"라고 했는데 여기 "어리석은 자"는 (　　)를 가리킨다.(눅 12장)
6. 누가복음 12:35-48에 "주인"이란 말이 몇 번 기록되었는가?
7. 하나님 나라를 무엇과 무엇으로 비유하여 말씀하였는가?(눅 13장)
8. "누구든지 자기 십자가를 지고 나를 좇지 않는 자도 능히 나의 제자가 되지 못하리라." 이 말씀은 몇 장 몇 절에 있는가?
9. 누가복음 15장에 기록된 비유가 아닌 것은 무엇인가?
   (가) 양 일백 마리　(나) 열 드라크마　(다) 열 처녀　(라) 두 아들
10. 나사로의 신분이 무엇이었는가?(눅 16장)
11. 예수님께서 문둥병자 열 명을 고치셨다. 그래서 그들 중 (　　)이 전부 하나님께 영광 돌리고 예수님을 찾아와 사례했다.(눅 17장)
12. 한 재판관과 과부의 비유는 무슨 목적으로 말씀했다고 생각하는가?(눅 18장)
   (가) 항상 기도하고 낙망치 말아야 될 것
   (나) 재판관의 무성의 및 불친절
   (다) 속히 원한을 풀기 위하여
   (라) 하나님을 두려워하는 사람을 무시하지 말아야 할 것
13. 삭개오의 직업은 무엇인가?(눅 19장)
14. 종들이 남긴 므나의 총 수는 얼마인가?(눅 19장)
15. "내 집은 (　　)하는 집이 되리라 하였거늘 너희는 (　　)의 굴혈을 만들었도다." (　)에 적당한 낱말을 써 넣어라.(눅 19장)
16. 부활이 없다고 주장한 사람들은 (　　)인들이었다.(눅 20장)
17. 핍박을 당할 때 무엇을 연구치 않도록 결심하라고 하였는가?(눅 21장)
18. 누가복음 21:27의 말씀은 무슨 일에 대하여 말씀하고 있는가?
19. 유월절 다락방에서 예수님은 제자들과 함께 마지막으로 떡과 잔을 나누셨다. 그 때 가룟 유다는 그 자리에 없었다. 맞으면 ○표 틀리면 ×표 하라.(눅 22장)
20. 예수님께서 제자들과 함께 기도하러 가신 곳은 어디인가?(눅 22장)
21. "아버지여 저희를 사하여 주옵소서 자기의 하는 것을 알지 못함이니라." 이 말씀은 몇 장 몇 절에 있는가?
22. 예수님께서 손을 들어 축복하시고 하늘로 올라간 장소는 어디인가?(눅 24장)

요한복음

개요

1. **주제** - 하나님의 아들 예수 그리스도를 믿음으로 얻는 영생
2. **요한복음의 배경**
   1) 기록자 : 예수님의 제자 요한. 그는 예수님이 사랑하신 제자였고 (21:20, 23~24), 예수님과 사촌이었으며(마27:56, 막15:40, 요 19:25), 그의 어머니 살로메와 마리아는 형제임, 야고보와 형제이고, 어부였는데 예수님이 부르실 때에 약 25세였다. 후에 베드로와 동역자가 되었고, 예루살렘 교회 지도자가 되었으며, 무식한 범인(凡人) 이었지만 (행4:13) 복음서 외에 요한1,2,3,서와 요한계시록을 썼고, 사랑의 사도로 100세까지 살았는데 세례요한이 예수님의 초림을 준비하셨다면 그는 예수님의 재림의 길을 닦았다고 할 수 있다.
   2) 기록연대: 20장 31절에 기록된 바에 의하면 첫째는 예수님이 하나님의 아들임을 믿게 하는 것과 둘째는 믿고 영접함으로 생명(영생)을 얻게 하려는 것이다. 그 외에도 영지주의를 대항하고 유대주의 불신앙을 폭로함에도 목적이 있었다.
   3) 수신자: 세상
   4) 기록목적: 20장 31절에 기록된 바에 의하면 첫째는 예수님이 하나님의 아들임을 믿게하는 것, 둘째는 믿고 영접함으로 생명(영생)을 얻게 하려는 것이다. 그 외에도 영지주의를 대항하고 유대주의 불신앙을 폭로함에도 목적이 있었다.
   5) 특유한 용어: 아버지(하나님)-121회, 사랑-57회, 세상-78회, 아들(그리스도)-42회, 믿음-98회, 생명-52회 이용.
   6) 특별한 내용: 요한복음에는 일곱가지 표적으로 예수님이 하나님이심을 보이며 공관복음서와 다른 관점에서 기록하고 있다.
3. **특 징**
   1) 역사적이면서 교리적인 목적을 가진 동적인 복음서이다.
   2) 공관복음에 없는 주제 중심으로 기록하고 있다. 예를 들면 ① 중생 (3:1~13) ② 생명수(4:6~29) ③ 그의 신성에 대한 변호(15:19~47) ④ 생명의 떡(6:22~59) ⑤ 세상의 빛(8:12~59) ⑥ 선한 목자

(10:1~30) ⑦ 다락방설교(13:1~16:33) 등이다. 비록 설교는 아니지만 예수님의 기도(17:1~26)는 본서만의 기록이다.

3) 용어 사용에 있어서 특수한 점이 많다는 것이다.

(1) "나는 … 이다"라는 7차의 표현은 예수님의 신성을 나타낸 것이다. 즉 생명의 떡(6:35), 세상의 빛(8:12), 양의 문(10:7), 선한 목자(10:11), 부활이요 생명(11:25), 길이요 진리요 생명(14:6), 참포도나무(15:1) 등은 본서의 목적인 그의 신성과 구주성을 가리키고 있다.

(2) "내가 진실로 진실로 너희에게 이르노니" 라는 표현은 다른 복음서에는 없는 것이다. 이 표현이 25회나 나타나고 있는데 언제나 새롭고도 중대한 교리를 계시 해 준다.

(3) 그 밖에 "그 때에"(약 210회), "~하기 위하여"(약 130회), "믿는다"(약 1000회), " "아버지"(122회), " "사랑"(57회), "영광"(33회) 등이 자주 사용되고 있다.

4. 내용분류 / 21장, 878절

1) 하나님의 아들에 대한 서술(1:1~8)

2) 하나님의 아들의 공생애(1:19~12:50)

3) 하나님의 아들의 가르치심(1:19-12:50)

4) 하나님의 아들의 수난받으심(고난과 영광)(18:~19:42)

5) 히나님의 아들의 부활과 나타나심(20:1~21:25)

● 요한복음에 니타난 일곱 가지 표적

순서	성구	내 용	증 거	비 고
1	2:1~11	물로 포도주를 만드심	질을 극복하는 능력	말씀에 의한 구원
2	4:46~54	귀족의 아들을 고치심	공간을 초월하는 능력	믿음에 의한 구원
3	5:1~18	병든 자를 고치심	시간을 초월하는 능력	은혜에 의한 구원
4	6:1~14	오천명을 먹이심	양을 극복하는 능력	삶의 필요를 채워줌
5	6:16~21	물 위로 걸으심	자연의 법칙을 초월하는 능력	구원의 평화를 가져옴
6	9:1~12	소경을 고치심	불행을 극복하는 능력	구원의 평화를 가져옴
7	11:1~46	나사로를 살리심	죽음을 초월하는 능력	구원의 생명을 가져옴

36
[하나님의 아들의 공생애]

- **본문 : 1~12장**
- **요절 : 요 3:16**

우리는 하나님의 아들 되신 예수 그리스도가 성육신하셔서 범죄한 인간의 구원을 위해 사역하시는 모습을 배우게 된다. 예수님은 끊임없는 유대주의자들의 도전을 받으면서도 세상의 빛으로서 그 사명을 감당하신다.

1. 하나님의 아들에 대한 서술(1:1~18)

요한은 예수님의 수태 탄생에 관한 내용을 생략하고 (이미 모든 성도들이 알고 있었으므로) 곧장 영원 가운데 계신 하나님이 인간이 되어 시간 가운데(세상) 오신 사실을 기록한다. 그가 곧 말씀이신 예수 그리스도이시다.

1) 태초에 말씀이 계시니라(1~5)

말씀은 이 세상이 지음을 받기 이전부터 계셨으며 그는 시작도 없고 끝도 없다. 이 말씀은 하나님과 함께 존재하여 온 제 2의 하나님, 곧 예수님으로서 세계를 창조하신 행위를 통하여 자기를 나타내셨다. 말씀 안에는 이미 생명의 권한이 있었고 그가 그의 형상과 모양대로 지은 인간에게도 그 생명이 있었다. 이 생명을 통해 하나님과 인간이 대화를 나누었다. 그러나 아담과 하와의 타락으로 인간은 어두움 가운데 들어 갔고(요일1:6), 탄식과 고통이 있게 되었는데(롬 8:22), 이 어두움에 예수님이 빛으로 오셨으나 깨닫지도 못했고, 이기려 했으나 이기지도 못했다.

2) 빛의 증거자 요한(6~8)

인간 역사의 무대에 하나님의 보내심을 받은 요한의 사명은 예수님(빛)에 대한 증거이며 그의 증거를 듣고 사람들이 믿음의 대상인 예수님을 믿게 하는 것이었다.

3) 참빛(9~13)

예수님은 참 빛이신데 빛은 온 세상에 비치고, 말씀을 듣고 회개한 언약의 자녀에게 비치며, 이성과 양심에 비친다. 눈이 성하지 못한 사람은 이 빛을 보지 못했고(눅11:4), 그 백성들이 영접하지 않았다. 그러나 예수님을 믿는 자에게는 하나님의 자녀가 되는 권세를 주셨는데 이들은 하나님 편에서 낳은 자녀들이다.

4) 육신이 되신 말씀(14~18)

말씀으로만 계실 때에는 아무도 볼 수 없었으나 우리와 같은 육신을 입고 오시니 그는 아버지의 독생자의 영광을 가졌고(이 영광은 부활로 증명된다), 구원의 은혜와 영생의 진리가 충만한 것을 볼 수 있었다. 예수님은 조물주이다(15). 율법이 모세와 관련된 것처럼 은혜는 예수님에게 관계된다. 독생하신 예수님을 통하여 우리는 하나님의 성품과 사역을 알 수 있다.

2. 하나님의 아들의 공생애(이 땅에서 행하신 그리스도의 사역)(1:19~12:50)

예수님의 공생애는 요한복음에서 네 부분으로 나눌 수 있다. 그것들은 초기의 공적인 전도, 표적과 논쟁, 생명을 주는 선한 목자, 최후의 공적인 전도이다. 이 과에서는 초기의 공적인 전도만 공부하려고 한다.

1) 초기의 공적인 전도(1:19~4:54)

(1) 세례요한의 증언(1:19~34)

요한은 바리새인을 향하여 자신을 증거한다. 그는 뒤에 오시는 주의 길을 예비하는 것이 목적이었다(19~28). 다음날 요한은 예수님을 세상 죄를 지고 가는 어린 양으로 소개했고 이스라엘에게 그 분을 나타내기 위해 세례를 주며, 예수님이 그 주 곧 하나님의 아들이신 것을 하나님께서 알려주셨다고 증언한다(29~36).

(2) 제자들을 부르심(1:35~51)-예수님이 세례요한에게 세례를 받으신 이튿날 최초의 두 제자가 예수님을 따랐다. 하나는 베드로의 동생 안드레와 다른 하나(이 복음서의 저자)는 요한일 것이다. 그들은 예수님에게서 배

우고 싶었다. 안드레는 그 날 그의 형제 시몬(베드로)을 데려왔다. 예수님은 다시 빌립을 제자로 부르셨고 빌립은 나다나엘에게 와보라 하여 제자가 되게 했다.

(3) 가나의 혼인잔치에서의 최초의 표적(2:1~11)

예수님은 나다나엘의 고향인 갈릴리 가나(요 21:2)의 혼인잔치에 제자들과 함께 초청되었는데 어머니도 이미와 있었다. 예수님은 유대인의 결례에 따라 돌 항아리 속에 든 물(율법을 상징)이 변하여 포도주(십자가의 피로 말미암은 은혜)가 되게 했다. 예수님은 어머니에게 "여자여…내 때가 아직 이르지 못하였나이다" 함으로 자신의 우주적인 수난 사건을 암시했다. 또 다른 뜻으로 예수님은 이 기적을 통하여 인간의 미현실 생활의 문제에 관심을 보이셨다. 예수님이 오신 곳에는 물(당황한 문제)이 변하여 포도주(기쁨)가 되는 역사가 일어난다. 그 돌항아리들 안에는 약 500리터의 물이 있었다.

(4) 성전을 청결케 하심(2:12~25)

가나에서 가버나움으로 내려가신 예수님은 며칠 후 유월절 전에 예루살렘에 올라가셨다. 성전에서 장사하는 사람들을 몰아내시고 표적을 구하는 유대인에게 성전을 헐고 사흘만에 짓겠다고 하셨다. 이는 그의 죽으심과 부활을 의미한 것이었다. 예루살렘에서 유월절을 보내시며 여러가지 표적을 보이셨으나 사람의 마음을 다 아셨으므로 그들이 잠깐 따르다가 떠나도 놀라지 않으셨다(요6:66).

(5) 니고데모와의 대화-중생(3:1~15)

니고데모는 바리새인이었고 산헤드린의 회원(유대인 관원)이었다. 그는 경건한 사람으로 예수님이 하나님께로서 온 선생인 것을 알고 가르침을 받으러 왔다. 그러나 예수님은 가르침 대신 거듭남에 대한 존재적 변화를 요구하셨다. 그 길은 물과 성령으로 가능하며 이 거듭남은 하나님만 하실 수 있는 일이다. 하나님의 자녀는 곧 하나님께로서 난 자이다(1:13). 육은 아무리 가르쳐도 육일 뿐 영이 될 수 없다. 바람이 눈에 보이지 않으나 느낌이나 움직임으로 알 수 있는 것처럼 영으로 난 사람도 그 생활의 놀라운 변화와 믿음으로 새 존재 됨을 나타낸다. 이와 같은 거듭남, 즉 영생을 얻게 하시기 위해 예수님은 마치 모세의 놋뱀처럼 저주의 나무에 높이 달리셨다.

(6) 하나님의 사랑(3:16~21)

하나님은 누구든지 중생을 얻게 하기 위해 아들을 세상에 보내셨다. 이제부터의 심판은 그 아들을 믿었느냐 아니냐에 의한다. 왜 믿지 않음이 죄인가? 빛되신 예수님을 멀리하고 그들이 어두움(악한 행위) 가운데 거하기 때문이다. 그러므로 악행은 믿지 않음의 결과이다.

(7) 요한의 마지막 증거(3:22~36)

예수님이 세례 주시는 것을 (사실은 제자들이 주었음)제자들에게 전해 들은 요한은 자신을 신랑(예수님)의 친구에 비교하면서 예수님에 대하여 증언한다. 예수님은 위에서 오신 하나님의 아들로서 하나님께 보고 들은 것을 증거하며, 그 증거를 받고 믿는 자는 영생을 얻는다고 증언했다.

(8) 사마리아 여인과의 대화–신령한 예배(4:1~26)

예수님께서 사마리아 여인에게 개인 전도하시는 장면이다. 먼저 물에 대한 대화를 시작하시고 생수의 문제로 비약시키셨다. 생수를 원하는 여인에게 남편을 데려오라 하심으로 잠들어 있던 양심을 일깨우셨다. 여인은 예수님을 선지자 중의 하나로 인정하고 화제를 예배로 바꾸었지만 예수님은 예배 대상으로서의 하나님, 예배 본질로서의 신령과 진정을 가르치셨다. 결국 여인은 메시야에 대한 신앙을 고백했고 예수님은 "네게 말하는 내가 그로라" 하고 말씀하셨다.

(9) 사마리아에서의 추수(4:28~42)

남편을 다섯 둔 사마리아 여인에게 예수님이 뿌리신 복음의 씨는 무수한 열매를 거두었다. 유대지방이 아닌 사마리아 죄인들에게 첫 추수를 하심은 의미깊은 일이다. 사마리아 사람들은 처음에는 여자의 증거를 듣고 믿었으나 나중에는 친히 듣고 예수님을 세상의 구주로 고백했다.

(10) 왕의 신하의 아들–제 2의 표적(4:43~54)

예루살렘에서 오시는 길에 예수님은 갈릴리 가나에서 두 번째 표적을 행하시고 신하의 아들을 말씀으로 살리셨다. 이 표적을 보고 그 신하의 가족이 다 예수님을 믿었는데 오늘도 성령께서 기적을 베푸심을 믿게 하시기 위함이다.

3. 하나님의 아들의 공생애(2)(5:1~12:50)

지난 과에서는 예수님의 공생애에서 초기의 공적인 전도를 공부했다. 이번 과에서는 나머지 공생애를 공부하려고 한다.

1) 표적과 논쟁(5:1~9:41)

(1) 38년 병자를 고치심 제 3의 표적(5:1~18)

예수님은 유월절이 아닌 다른 명절을 지키기 위해 예루살렘에 올라가셔서 양문곁의 베데스다(긍휼의 집)못에서 38년 된 병자를 고치셨다. 이 못은 작은 저수지이며 병자들을 위해 주위에 다섯채의 행각이 있었다.

이 병자는 무기력한 사람으로 기회가 와도 못속에 들어 갈 수가 없었다. 예수님은 먼저 육신의 연약함을 고쳐주신 후 영혼도 구원하여 주셨다. 유대인들은 예수님이 안식일에 일한다고 핍박했고 하나님의 아들이라는 말씀을 듣고는 죽이려 했다.

(2) 하나님 아버지와 하나님의 아들(5:19~47)

예수님이 하나님과 동등됨을 취한다 하여 죽이려는 유대인들을 향해 예수님은 하나님이 그의 아버지 되심을 더 확실히 증거한다. 예수님이 하나님의 아들이라는 증거는 아버지에게 본 그대로 행하기 때문인데, 첫째로 죽은 자를 살리고, 둘째로 심판하신 것이었다(19~23). 하나님의 아들을 믿으면 영생을 얻고 심판에 이르지 않으며 사망에서 생명으로 옮겨진다. 지금 유대인들이 그 아들의 음성을 듣고 심판을 받지만 장차는 무덤에 있는 자들도 듣고 일어나 심판을 받을 것이다(24~29). 그 아들을 증거하시는 이는 바로 하나님이시며, 아들은 그가 하실 일, 즉 인류의 죄를 위해 죽으시고 살아나시는 역사를 통하여 자신을 증거하실 것이다(30~37). 구약성경은 전체적으로 예수님을 증거하고 있다. 유대인들은 성경이 영생을 주는 줄 알고 열심히 연구했으나 영생의 주 되신 예수님에게 이르지 못했다.

그 이유는 하나님을 사랑하는 마음이 없었기 때문이다(38~47).

(3) 5천 명을 먹이심과 생명의 떡에 대한 강론-제4의 표적(6:1~15)

예수님은 갈릴리 바닷가의 산에서 보리떡 다섯 덩이와 물고기 두마리로 5천 명을 먹이시는 네번째의 표적을 보이셨다. 예수님의 말씀에 대한 빌립의 부정적인 응답과 안드레의 긍정적인 대답을 비교해 보라고 예수님은 기적을 기대하고 믿는 자와 함께 일하신다. 사람들은 예수님을 억지로 왕으로 모시려고 했다. 표적의 목적은 회개하고 구원얻게 하려 함이었지만 그들은 세상의 떡만 생각했다.

(4) 풍랑을 잔잔케 하심-제5의 표적(6:16~21)

군중이 예수님을 억지로 왕을 삼으려 하자 예수님은 제자들이 그 소요에 휩쓸릴 것을 걱정하시고 바다 건너편으로 보내셨다. 그 중간 지점에서 풍랑으로 고통을 받을 때에 예수님이 바다 위로 걸어 오셔서 구해 주신 것이다.

(5) 생명의 떡(6:22~71)

예수님은 한 번도 무리들의 인기에 영합하신 적이 없으셨다(6:26). 무리들의 관심이 떡의 표적에 있음을 지적하시고 영생하는 양식(생명의 떡)을 위해 일하라고 하신다. 이 떡은 세상 사람들에게 생명을 주는 데 곧 예수님 자신이다. 예수님이 행하시려는 뜻은 아들을 보고 믿는 자마다 영생을 얻게 하는 것이다(6:40). 예수님은 수군거리는 유대인들을 향해 이 떡을 먹을 자는 하나님이 택하시며(44), 먹는 자는 죽지 아니할 터인데(50), 그 떡은 곧 그의 살이라고 말씀하심으로 그가 행하실 역사(5:36)가 십자가의 수난이심을 암시하고 있다(41~51). 이번에는 가버나움 회당으로 논쟁 장소가 옮겨진다. 예수님은 살과 피를 말씀하시고 이것을 먹고 마시는 자만 영생을 얻는다고 하셨다. 예수님 외에는 하나님 앞에 나갈 길이 없다(52~59). 제자들도 예수님의 가르침을 이해하지 못했으며 영적으로 부르심을 입지 못한 많은 제자들이 떨어져 나갔고 열 둘만 남았다(60~71).

(6) 초막절에 예루살렘으로 올라가심(7:1~52)

예수님은 다시 갈릴리로 내려와 선교활동을 하시다가 유대인의 초막절을 맞아 예루살렘으로 올라가셨다. 그 때에는 형제들도 예수님을 믿지 않았다. 유대인들은 안식일에 38년된 병자를 고치시고 하나님의 아들이라고 하신 것 때문에(21) 예수님을 죽이려 했다(1~24). 예수님께서는 하나님에게서 났고 보내심을 받았다고 했을 때 유대인들은 예수님을 다시 잡으려고 하였다. 바리새인들이 보낸 하속들이 예수님을 잡으러 왔으나 오히려 가르치심에 감화되어 돌아갔다. 사람들은 그리스도가 베들레헴에서 나실 것이라고 했는데 그들은 예수님이 베들레헴에서 다윗의 자손으로 나신 것을 모르고 있었다.

(7) 예수님과 간음한 여자(7:53~8:11)

이 사건은 예수님께서 초막절에 행하신 가르치심 가운데 삽입되어 있다. 바리새인과 서기관들은 간음하다 현장에서 잡힌 여자를 데려와서 예수님을 시험했다. 그러나 빛되신 예수님 앞에서 나는 죄가 하나도 없다고 나설 사람은 아무도 없었다. 이로서 예수님이 사형을 언도하여 로마법에 걸리게 한 뒤 용서하라 하여 모세의 율법을 어기게 할 수도 없어 시험자들은 죄책감 속에 물러갔다.

(8) 세상의 빛/예수님의 자기표현(8:12~59)

예수님의 인격에 대하여 논쟁적으로 기록하고 있다. 예수님은 세상의 빛이기 때문에 그를 따르는 자는 밝음 가운데 산다. 예수님은 그 안에 함께 계신 성부와 그 자신(성자 하나님)이 증거하시므로 참된 분이시다(12~20). 예수님은 위에서 나셨고 죄인들은 땅에서 났고 믿지 아니하는 자마다 죄 가운데 죽을 것이라고 말씀하신다(21~30). 예수님의 말씀을 지켜 행하면 그의 제자가 되고 죄의 종으로 묶여 살던 삶에서 해방된다. 예수님을 죽이려 했던 유대인들은 아브라함의 자손이 아니고 마귀의 자식들이었다. 마귀의 자녀들이 하나님의 진리를 알 수 없는 것은 당연하다(31~47). 하나님께로서 오신 예수님의 진리의 말씀을 지키는 성도는 육체적 죽음이 곧 영원한 나라에 들어가는 삶의 시작이기 때문에 영육간에 죽음을 맛보지 않는다. 아브라함은 하나님께 받은 약속에 근거하여(창 12:1~3) 예수 그리스도의 날을 기다리다가 보고 즐거워하였다. 예수님은 아브라함보다 먼저 계신 분이요, 시작과 끝이 없는 하나님이심을 유대인들이 몰랐기 때문에 큰 비극이 있다(48~59).

(9) 날 때부터 소경 된 사람은 고치심-제 6의 표적(9:1~41)

예수님은 하나님의 영광을 나타내기 위해 나면서부터 소경된 자를 고쳐주셨다. 마침 그 날이 안식일이었으므로 바리새인들은 소경 되었던 자와 그 부모를 심문하여 예수를 그리스도로 시인하게 하고 그 죄목으로 출교시키려다가 오히려 소경되었던 자의 위대한 신앙고백(31~33)을 듣는다. 예수님은 그를 다시 만나서 영혼까지 구원하신다.

2) 생명을 주는 선한 목자(10:1~11:57)

예수님은 자신이 생명을 주는 선한 목자이심을 가르치시고 그 표적으로 나사로를 살려 주신다.

(1) 선한 목자(10:1~21)

안식일에 만물을 보게 되었던 소경을 쫓아낸 바리새인들은 도적이요 강도요 거짓목자이다.

목자가 양의 이름을 부르듯이 예수님은 그의 택하신 자들을 낱낱이 알고 부르신다. 예수님은 우리들이 도적으로부터 보호받고 풍성한 생명을 얻기 위해 문이 되어 주셨다. 예수님은 우리가 하나님 앞에 나아갈 수 있는 산 길이 되셨다(히10:20). 마귀의 보냄을 받아온 거짓 메시야들은 도적질하고 죽이고 멸망시키는 일을 하였다. 그것은 마귀의 본 성이다. 선한 목자되신 예수님은 양을 위하여 자의로 목숨을 버리실 것을 말씀하셨다.

(2) 나와 아버지는 하나이니라(10:22~42)

예루살렘 성전 수전절에 예수님은 솔로몬 행각에서 하나님과의 관계를 아버지와 아들로 다시 가르치셨다. 유대인들은 다시 죽이려 하였고 예수님은 요단강으로 나가서 많은 표적을 행하셨다.

(3) 죽은 나사로를 살리심-제7의 표적(11:1~57)

하나님의 아들이신 예수님은 이 세상에 그의 살과 피를 주심으로 믿는 자에게 새 생명(영생)을 얻게 하시기 위해 오셨다. 새 생명이 어떤 것인가를 보여 주시기 위해 나사로를 살리셨다. 타락한 아담의 후예들은 죽은 지 나흘 되어 썩은 냄새가 나는 나사로처럼 죄가운데서 부패하여 있었다. 예수님께서는 이같은 인간을 살리시는 목자가 되기 위해 스스로 그의 생명을 버리셨던 것이다. 예수님은 자주 베다니 나사로의 집에 머물렀고, 그들을 사랑하셨다. 그러나 하나님의 영광을 나타내셔서 새 시대의 도래를 선포하기 위해 위급한 소식을 듣고도 지체하셨다. 예수님은 마르다에게 부활의 믿음을 심어 주신 후 나사로를 살리셨다. 기적은 먼저 믿음이 선행되어야 한다. 나사로를 살리심은 예수님 공생애의 절정을 이루는 사건이었고 이 사건 직후의 대제사장 가야바는 예수님 한 사람이 만인을 위해 죽으면 된다고 말했는데 그것은 진리였다.

3) 최후의 공적인 전도(12:1~50)

(1) 마리아의 향유 부음(12:1~11)

드디어 예수님의 공적인 전도에 최후가 다가 온다. 유월절 엿새 전에 예수님은 그가 다시 살려 주신 나사로의 집에 들어 가셨고 나사로의 누이 마리아는 예수님의 장사할 날을 위하여 예수님의 발에 향유를 부었다. 유대인 무리가 예수님과 나사로를 보려고 올 때에 제사장들은 나사로까지 죽일 모의를 꾸몄다.

(2) 최후의 예루살렘 입성(12:12~19)

안식일이 지난 주일에 예수님은 나귀를 타고 종려나무를 든 군중 사이로 예루살렘 성에 입성하셨다. 한 주간 후 주일 아침에는 부활의 주로 천사들의 찬송을 받으실 것이다.

(3) 최후의 호소(12:20~50)

헬라인들이 예수님을 찾아왔을 때 예수님은 인자의 영광을 얻을 때가 왔다고 말씀하셨다. 인자가 하나님의 어린양으로 대속의 죽음을 마치실때 유대인 뿐만 아니라 헬라인과 세계 사람을 위한 구속의 주님이 되셨던 것이다. 예수님은 마지막으로 빛되신 예수님을 믿으라고 호소하셨다.

교훈 및 적용

1. 우리는 예수님께서 우리를 구원하실 구주로서의 메시야가 되심과 그의 주옥같은 말씀들을 배웠습니다. 예수님이야말로 범죄한 인간에게 영원한 생명을 주실 수 있는 구세주이십니다.

다음 과에서도 계속해서 요한복음을 배우게 되겠습니다.
본문(요 13~21장)을 읽어 주시기 바랍니다.

성경문제

● 하나님의 아들의 공생애/요1:1-12:50

1. "영접하는 자 곧 그 이름을 믿는 자들에게는 하나님의 자녀가 되는 권세를 주셨으니." 이 말씀은 몇 장 몇 절에 있는가?
2. "와 보라" 고 말한 사람은 누구인가?(요 1장)
3. 예수님께서 처음 표적을 행하신 곳은 ① 어디이며 ② 무엇을 가지고 했으며 ③ 무엇으로 변화되었는가?(요 2장)

4. 예수님께 찾아왔던 니고데모의 직업은 무엇인가?(요 3장)
5. 요한복음 3장에 "영생"이란 말이 (   ) 번 기록되었다.
맞으면 ○표 틀리면 ×표 하라.
6. 예수님께서 사마리아 수가라는 동네에서 만났던 사람은 누구인가?(요 4장)
7. 어떤 병에 걸렸든지 물이 동한 후에 먼저 들어가면 낫게 되는 못의 이름은 무엇인가?(요 5장)
8. "나 보내신 이를 믿는 자는 (   )을 얻었고 심판에 이르지 아니하나니 사망에서 (   )으로 옮겼느니라." ( )에 필요한 낱말은 무엇이며 어디에 기록되어 있는가?
9. 예수님은 ① 어디에서 ② 무엇을 가지고 ③몇 명을 먹였으며 ④ 남은 것은 얼마인가?(요 6장)
10. 예수님은 자신을 가리켜 생명의 (   )이라고 하셨다.(요 6장)
11. "누구든지 목마르거든 내게로 와서 마시라 나를 믿는 자는 성경에 이름과 같이 그 배에서 생수의 강이 흘러나리라" 에서 "생수" 는 무엇인가?(요 7장)
12. 요한복음 8:12-30에서 "증거" 나 "판단" 이란 말이 몇 번씩 나타나고 있는가?
13. "사람이 내 말을 지키면 (   )을 (   )히 보지 아니하리라." ( )에 필요한 낱말을 써 넣어라.(요 8장)
14. "실로암"과 관계가 없는 것은 무엇인가?(요 9장)
① 못 ② 소경 ③ 침과 진흙 ④ 가라
15. "네가 인자를 믿느냐"는 말은 예수님께서 소경의 부모에게 한 말이다. 맞으면 ○표 틀리면 ×표 하라.(요 9장)
16. 요한복음 10장에서 "양"이란 말과 "목자"(혹은 '선한 목자')란 말이 각각 몇 번씩 기록되었는가?
17. 나사로는 죽은 지 며칠 만에 다시 살아났는가?(요 11장)
18. "나는 부활이요 생명이니 나를 믿는 자는 죽어도 살겠고 무릇 살아서 나를 믿는 자는 영원히 죽지 아니하리니 이것을 네가 믿느냐" ①누구에게 한 말이며 ②어디에 기록되어 있는가?
19. 예수님이 예루살렘에 입성할 때 군중들은 어떻게 대하였나?(요 12장)
20. "한 알의 밀이 땅에 떨어져 죽지 아니하면 한 알 그대로 있고 죽으면 많은 열매를 맺느니라." 몇 장 몇 절에 있는가?

37
[하나님 아들의 수난과 부활]

- 본문 : 요 13~21장
- 요절 : 요 13:34(14:6)

우리는 여기서 종으로서의 예수님의 모든 것을 배울 수 있다. 그리고 유명한 다락방 강화(14~16장)을 주시고 드디어 예수님은 종으로서 수난을 당하시고 십자가에 죽으심으로 영광스러운 그와 같은 삶을 사는 여러분이 되시기를 바란다.

1. 하나님 아들의 가르치심(13:1~17:26)

예수님은 3년 동안 훈련시키신 제자들에게 마지막 고별설교를 하신다. 지금까지 빛과 생명에 중점을 두고 가르쳐 오신 예수님은 13장부터 사랑이라는 말을 많이 사용하심으로서 생명을 얻은 성도들이 그리스도의 사랑 안에서 살 것을 부탁하신다. 요한복음을 기록한 요한은 사랑의 사도라는 이름으로 즐겨 불리웠다.

1) 제자들의 발을 씻기심(13:1~20)

제자들을 사랑하신 예수님은 커다란 모범을 보이셨다. 예수님은 종처럼 겉옷을 벗고 수건을 허리에 두르고 물을 떠다가 제자들의 발을 씻어 주셨다. 선생이고 주되신 예수님이 제자들의 발을 씻기셨으니 선생보다 더 크지 못한 제자들은 마땅히 서로 섬겨야 할 것이다.

2) 가룟유다의 배반과 새 계명(13:21~35)

가룟유다가 예수님을 팔기 위해 밖으로 나갔을 때 밖은 밤이었다. 그는 사탄의 자식으로 사탄의 일을 하기 위해 사망의 음침한 곳으로 나갔다. 그러나 그때에 예수님은 이미 하나님께 영광을 돌렸고 또한 영광을 받으셨다. 예수님의 십자가 사건은 여기서도 이루어졌던 것이다. 예수님은 제자들에게 사랑의 새 계명을 주셨다. 사랑은 그리스도의 표징이다.

3) 제자들의 질문과 예수님의 약속(13:36~14:31)

첫째로, 베드로는 예수님이 어디로 가시는지를 물었다. 예수님은 지금은 따라올 수 없어도 후에는 따라올 수 있는 곳, 아버지 집에 가시겠다고 대답하셨고 가셔서 처소를 예비하겠다고 하셨다. 둘째로, 도마가 주님 가시는 길이 어디에 있느냐고 물었을 때 예수님은 자신이 길과 진리와 생명이 되심을 가르치셨다. 셋째로, 빌립은 모든 제자들이 하고 싶었던 말을 했다. 그것은 "아버지를 우리에게 보여 주옵소서" 라는 청이었다. 예수님은 탄식하시면서 예수님 안에 아버지가 계심을 가르치시고 믿으라고 명령하셨다. 아버지와 아들이 하나이기 때문에 아들의 이름으로 구하면 무엇이 든지 얻을 수 있다고 말씀하셨다. 뿐만 아니라 예수님은 다른 보혜사를 보내셔서 그들과 함께 계시고 가르치게 하시겠다고 하셨다. 넷째로, 가룟이 아닌 다른 유다가 왜 세상에 이 사실을 나타내시지 않느냐고 물었을 때 예수님은 이미 나타내었으되 세상이 나를 사랑하지 아니하기 때문에 내 말을 지키지 않는다고 대답하셨다. 네 제자의 질문이 끝난 뒤 예수님은 다시 한 번 보혜사 성령님을 보내시겠다고 약속하셨고 하늘의 평안을 선물로 주셨다. 이제 제자들은 근심하고 두려워할 필요가 없었다(14:27).

4) 참포도나무(15:1~17)

예수님은 "그 날에는 내가 아버지 안에 너희가 내 안에 내가 너희 안에 있는 것을 알리라"(14:20)는 말씀을 구체적으로 가르치신다. 하나님과 예수님과 제자(성도)는 농부와 포도나무와 가지처럼 서로 밀접한 관계가 있다. 좋은 포도를 맺기 위해서 우리는 예수님 안에 있어야 한다. 사람이 친구를 위하여 목숨을 버리면 이보다 더 큰 사랑이 없다 하신 예수님은 제자를 친구라 부르시고 그 주간에 죽으심으로 큰 사랑을 보이셨다. 제자를 택하여 세운 분은 예수님이시다(16).

5) 박해와 성령의 도우심(15:18~16:15)

제자들은 세상에 속하지 않고 오히려 세상에서 예수님의 택함을 입었기 때문에 세상이 미워할 것이다. 그들은 죽이는 일을 하나님께 충성하는 일로 여긴다. 세상은 예수님이 오셔서 그의 일(십자가의 구속사업)을 하셨기 때문에 죄를 핑계할 수 없다. 예수님은 장차 제자들이 당할 고난을 예고하신 후 보혜사가 와서 가르치시고 도우리라고 말씀하신다. 보혜사는 죄와 의와 심판에 대하여 책망하실 것이다. 성령이 오셔서 이 모든 환난을 감당케 하시고 예수님의 것을 가지고 진리의 길로 인도하실 것이다. 성령의 시대가 도래한 것이다.

6) 내가 세상을 이기었노라(16:16~33)

예수님은 십자가에 달리실 때에 제자들이 느낄 고통과 관심, 부활하셨을 때에 제자들이 누릴 기쁨을 말씀하셨다. 예수님과 제자들은 마치 해산하는 여인처럼 이 고통의 수난을 당해야 했었다. 예수님이 부활하신 이 해에는 제자들이 직접 하나님께 예수님 이름으로 구하고 응답받을 수가 있었다. 제자들이 비로소 예수님이 하나님께로서 오심을 믿고 고백한 때에 예수님은 해산의 때가 되었음을 알리시고 위대한 선언을 하신다.

"세상에서는 너희가 환난을 당하나 담대하라 내가 세상을 이기었노라" (16:33)

7) 예수님의 중보기도 (17:1~26)

예수님은 제자들에게 긴 설교와 교훈을 마치시고 마지막으로 그들을 위하여 하나님 아버지께 대제사장의 기도를 드려주신다. 이 기도의 내용은 세 부분으로 나뉘어지는데, 첫째 부분은 1~5절로 예수님께서 십자가에 달리심으로 아버지와 자신을 영화롭게 하여 주시기를 기도한다. 둘째부분 6~19절로 예수님이 떠난 후에 제자들이 악에 빠지지 않고 진리로 거룩하여지기를 위하여 기도한다. 셋째 부분은 20~26절로 예수님이 보내신 제자들에 의해 하나님의 자녀가 될 사람들을 위해 기도하신다(20). 오늘 우리들은 사도들이 기록한 성서를 통하여 예수 그리스도를 믿는 신앙생활로 인도된다. 모든 그리스도인들이 주 안에서 하나 되어야 하는데 이 하나됨을 위하여 예수님께서 하나님의 영광을 교회에 주셨기 때문이다. 교회는 또 영원한 주 예수의 영광 보기를 사모하여야 한다(24). 우리는 예수님이 하나님에게서 오셨음을 믿으며 그 사랑을 누리고 산다(25,26).

2. 하나님의 아들의 수난당하심(고난과 영광)(18:1~19:42)

요한은 이 수난 기사에서 예수님이 끝까지 하나님과 인자의 영광을 위해 주도권을 가지고 수난에 참여하셨음을 보여주고 있다. 예수님은 사망을 이기러 나가시는 것이 아니고 이미 이기신 것을 증거하러 나가신다.

1) 결박당하심(18:1~11)

예수님은 유다가 어느 곳으로 올 줄 미리 아시고 기드론 시내 건너편 겟세마네 동산으로 가셨다(마26:36). 태초에 사탄은 에덴동산으로 들어왔으나 이번에는 여자의 후손이 사탄의 머리를 깨뜨리기 위해 동산밖으로 잡혀가신다. 예수님은 찾는 자들에게 "내로라" 하고 두 번이나 위엄있게 말씀하시고 결박당하셨다. 악의 세력이 타파되는 길은 베드로의 검에 있지 않고 예수님의 십자가에 있었다.

2) 대제사장 앞에서의 재판(18:12~27)

예수님이 유대교의 대제사장 가야바와 그의 장인 안나스 앞에서 심문을 당하고 계실 때에 베드로는 예수님 말씀대로 세 번이나 모른다고 부인했다.

3) 빌라도 앞에서 심문 당하신 예수님(18:28~19:16)

예수님은 행악자라는 죄목으로 로마 총독 빌라도에게 이첩되었다. 빌라도가 예수님에게 "네가 유대인의 왕이냐"고 물을 때 예수님은 왕은 왕이되 이 세상에 속한 왕이 아님을 말씀하셨다. 예수님이 세상에 오신 목적은 진리에 대한 증거였다고 하시고 이제 그 진리를 성취하시기 위해 재판대 앞에 서신 것이다. 예수님은 채찍에 맞으시고 가시면류관을 쓰셨다. 유대인들은 예수님을 죽이고 강도 바라바를 놓아달라고 소리쳤지만 빌라도는 "보라 이 사람이로다" 하고 선지자적 발언을 했다. 빌라도가 세 번이나 거듭 예수님의 무죄를 선언했을 때 이 유대인들은 갑자기 정치적 고소에서 종교적 고소로 방향을 바꾸고 저가 자기를 하나님의 아들이라 한다고 주장했다. 이 말을 듣고 놀란 빌라도는 자기의 군사로 석방시킬 수도 있다고 하였으나 예수님은 일의 섭리가 하늘에 있다고 하심으로 수난에도 주권자가 되심을 밝히신다. 유대인들은 빌라도를 협박하고 (19:12) 빌라도는 재판석에서 예수님을 십자가에 못박으라고 내어 주었다.

4) 십자가의 죽음과 장사(19:17~37)

하나님의 나라 왕이 세상 나라 군병들 손에 넘겨져 자기 십자가를 지시고 처형장으로 향하셨다. 이삭이 자기를 불태울 나무를 지고 바로 이 산으로 왔듯이 예수님은 세상을 구속하기 위해 달리실 십자가를 지고 이 곳에 오셨다. 나사렛 예수 유대인의 왕이라는 죄패는 세계를 향하여 3개 국어로 쓰여졌으며 유대인들은 분노했으나 적당한 이름이었다(요18:33).

5) 장사(19:38~42)

예수님의 숨은 제자 요셉과 밤에 찾아왔던 관원 니고데모가 담대히 나서 장사를 지냈다. 예수님의 죽으심은 벌써 새 생명과 용기를 불어 넣어주고 있었다.

3. 부활과 나타나심(20:1~21:35)

1) 안식 후 첫날(주일)(20:1~10)

이른 아침에 막달라 마리아와 베드로 및 요한(사랑하시던 제자)이 예수님이 부활하신 사실을 확인하였다. 예수님의 무덤은 그 때 이후로 지금까지 빈 무덤으로 있다.

2) 예루살렘에 나타나심(20:11~31)

예수님께서 부활하신 후 제일 먼저 만난 사람은 막달라 마리아였다(11~18). 같은 날 저녁 때에 제자들이 모인 곳에 나타나셔서 손과 옆구리를 보이셨고 성령을 받으라고 하셨다(19~23). 그로부터 8일 후 예수님은 의심 많은 도마를 위해 다시 나타나셨다(24~29). 요한은 이 책을 기록한 목적을 밝힌다(30~31).

3) 맺음말(21:1~25)

예수님은 부활 후 갈릴리 바닷가에서 세번째로 제자들에게 나타나셨고(21:1~14), 예수님을 부인했던 베드로의 상처를 치료하시고 사랑의 사명을 맡기셨다.

● 실증된 부활

1. 열린 무덤, 요 20:1~3
2. 벗겨진 주의 머리에 쌌던 수건, 요20:3~8
3. 부활하신 주의 나타나심.

(1) 막달라 마리아에게, 요20:11~18, 막16:9
(2) 무덤에서 돌아오는 여인들에게, 마28:8~10
(3) 훗날 베드로에게, 눅24:34, 고전15:5

⑷ 엠마오의 제자들에게, 눅24:13~33
⑸ 제자들에게-도마 불참석, 눅24:36~43, 요20:19~24
⑹ 제자들에게-도마 참석, 요20:26~29
⑺ 디베랴 호수가의 일곱 명에게, 요21:1~23
⑻ 갈릴리 산에 있는 다수의 신자들에게, 고전15:6
⑼ 야고보에게, 고전15:7
⑽ 11명에게, 마28:16~20, 마16:14~20, 눅24:33~53, 행1:3~12
⑾ 승천시에, 행1:3~13
⑿ 바울에게, 행9:3~6, 고전15:8
⒀ 스데반에게, 행7:55
⒁ 성전의 바울에게, 행22:17~21, 23:11
⒂ 밧모섬의 요한에게, 계1:10~19
4. 빌라도가 무덤을 인봉하고 지키게 함, 마27:62~66
5. 천사가 돌을 제거함, 마28:1~3
6. 로마 파수꾼들의 공포, 마28:4
7. 여인들에게 행한 천사들의 메세지, 마28:5~6
8. 대제사장들에게 말한 파수꾼의 보고, 마28:11
9. 대제사장들이 로마병정들을 매수함, 마28:12~13
10. 로마 병정들이 그리스도의 몸을 누가 훔쳐갔다고 거짓말을 퍼뜨림, 마28:15
11. 그리스도 죽음의 확실성,요19:34~42
12. 그의 매장의 확실성, 막15:42~47
13. 그의 몸을 훔쳐간 것이 아니라는 증거,
⑴ 그의 원수들이 훔쳐갔다면(마28:4~15) 그것을 퍼뜨렸을 것이다.
⑵ 그의 친구들이 그랬다면 그들은 거짓말을 설교하지도, 그것 때문에 기꺼이 죽으려 하지도 않았을 것이다.
14. 환상? 의심하는 도마가 어떻게 환상을 가질 수 있으며 오백 명이 동시에 같은 것을 상상할 수 있겠는가?

15. 속임? 그렇다면 어떻게 가장 깊은 슬픔에 빠져있던 온 사도들이 열광하는 기쁨으로 겁장이가 용맹하게, 소심한 사도들이 강력한 증인으로 변한 이 엄청난 변화를 누가 설명할 수 있겠는가?

16. 기독교 신앙의 이적과 개인적인 중생,
17. 다메섹의 사울의 개종

교훈 및 적용

1. 가룟유다는 예수님의 책망을 듣고 어둠 속으로 사라져갔다. 우리도 주님이 책망하실 때 속히 회개하지 않으면 가룟유다와 같이 된다는 것을 명심하자
2. 예수님의 제자 도마는 나사로를 살리러 갈 때 "우리도 주와 함께 죽으러 가자" 하며 사랑의 실천에 적극적으로 동참하였다. 주님은 이런 사람을 찾고 계신다. 그러므로 우리도 예수님의 사랑에 동참하는 신앙인이 되자.

지금까지 우리는 예수님의 값진 교훈과 우리를 위해 고난 받으시고 십자가에 죽으시고 부활하신 내용 등을 배웠습니다. 특히 범죄한 인간에 대한 뜨거운 사랑을 느낄 수가 있었습니다. 다음 과에서는 사도행전을 배우게 될 것입니다.
본문(행 1~15장)을 읽어 주시기 바랍니다.

성경문제

● 하나님의 아들의 수난과 부활/요13:1-21:25

1. "네가 나와 상관이 없느니라"는 말씀은 무슨 일 때문에 하셨는가?(요 13장)
2. "네 하는 일을 속히 하라"는 말씀은 누구에게 한 말씀인가?(요 13장)
3. "새 계명을 너희에게 주노니 서로 사랑하라 내가 너희를 사랑한 것 같이 너희도 서로 사랑하라"는 말씀은 어디에 있는가?
4. "너희는 (　　　)에 근심하지 말라 (　　　)을 믿으니 또 나를 믿으라."
   (　)에 필요한 낱말을 써 넣어라.(요 14장)
5. "내가 곧 (　　　)이요 (　　　)요 (　　　)이니 나로 말미암지 않고는 아버지께로 올 자가 없느니라."
   (　)에 적당한 낱말은 무엇이며 어디에 있는 말씀인가?
6. 세상이 주는 것과 같지 아니한 것은 주님께서 주시는 (　　　)이다.(요 14장)
7. 다음 A항과 관계있는 것을 B항에서 골라 그 기호를 써라.

A항	B항
① 포도나무(　　)	(가) 진리의 성령
② 가지(　　)	(나) 사랑
③ 계명(　　)	(다) 과실
④ 보혜사(　　)	(라) 농부
⑤ 세상(　　)	(마) 기쁨
⑥ 근심(　　)	(바) 책망
⑦ 환난(　　)	(사) 영화
⑧ 아들(　　)	(아) 담대
⑨ 보전(　　)	(자) 거룩
⑩ 진리(　　)	(차) 하나

8. "죄에 대하여라 함은" 무엇을 말하는가?(16장)
9. "구하라 그리하면 받으리니 너희 기쁨이 충만하리라." 몇 장 몇 절에 있는가?
10. "영생은 곧 유일하신 참 하나님과 그의 보내신 자 (　　　　)를 아는 것이라."(요 17장)
11. "저희를 (　　　　)로 거룩하게 하옵소서 아버지의 말씀은 (　　　　)니이다." (　　)에 적당한 낱말은 무엇인가?(요 17장)
12. "검을 집에 꽂으라"는 말씀은 누구에게 하셨는가?(요 18장)
13. "네가 유대인이냐"고 물은 것은 누구인가?(요 18장)
14. 예수님께서 십자가에 못박힌 장소는 어디인가?(요 19장)
15. 예수님께서 운명 직전에 십자가 상에서 하신 말씀이 아닌 것은 무엇인가?(요 19장)
    (가) 보라 네 어머니다　(나) 내가 목마르다
    (다) 다 이루었다　(라) 유대인의 왕이다
16. 예수님을 장례한 사람은 (　　　　)이었다.(요 19장)
17. 부활하신 주님을 제일 먼저 본 사람은 누구인가?(요 20장)
18. 주님의 옆구리에 손을 넣어 보고 믿은 제자는 누구인가?(요 20장)
19. 다음 중 예수님께서 베드로에게 한 말이 아닌 것은 무엇인가?(요 21장)
    (가) 내 양을 돌보라　(나) 내 어린 양을 먹이라
    (다) 내 양을 치라　(라) 내 양을 먹이라

사도행전

개요

1. **주제** - 교회의 시작과 성령의 능력을 받고 복음의 증인이 된 초대교회 성도들인 예수님의 약속하신 성령세례를 기다리던 120문도가 성령충만 함을 받고 능력을 얻어 복음을 전파함으로 그리스도의 몸된 교회가 흥왕하여 가는 역사적인 기록.
2. **사도행전의 배경**
   1) 기록자 : 의사인 누가, 그는 누가복음의 기록자이기도한데 동일 수신자인 데오빌로에게 이 글을 쓰고 있다.
   2) 수신자: 본래 이방인의 귀족으로서 기독교인이 된 데오빌로이며 실제적인 수신자는 전체 그리스도인이다.
   3) 기록연대 : 주후 63년경
   4) 기록목적 : 예수님의 부활과 성령의 강림을 증거하고 예수 그리스도가 교회의 중심이며 여전히 성령을 통하여 역사하고 계심을 보여주는데 있다.
   5) 특유한 용어 : 증인(20회 사용), 이름(33회 사용), 성령(54회 사용)
3. **특징**
   1) 본서는 선교사적인 기록이다(1:8의 반전).
   2) 최초의 사건들을 기록하고 있다.
   (1) 사도의 첫 보궐선거(1:23~26)
   (2) 새 시대의 첫설교(2:14~40)
   (3) 첫 회개(2:41)
   (4) 첫 이적(3:1~11)
   (5) 첫 핍박(4:1~4)
   (6) 첫 징벌(5:1~11)
   (7) 첫 집사들(6:1~6)
   (8) 평신도의 첫 설교(7:2~53)
   (9) 첫 순교(7:54~60)
   (10) 첫이방인 회심(10:44~48)

(11) 그리스도인이 란 말이 처음 사용됨(11:26)

(12) 사도중 첫 순교자(12:2)

(13) 선교에 대한 첫소명(13:1, 2)

(14) 첫 교회 공의회(15:1~30)

(15) 유럽에서의 첫 설교(16:12~13)등

3) 성령이란 말이 신약 성경 가운데 가장 많이 나온다. 50번 이상 나오는 것만 으로도 성령행전으로 불릴만한 충분한 가치가 있다.

4) 증거(witness)의 개념이 12개의 설교를 통해서 나타나고 있다.

(1) 베드로의 설교 4개(2:14~40, 3:12~26, 10:34~43, 15:7~11)

(2) 바울의 설교 6개(13:16~41, 17:22~31, 20:18~35, 22:1~21, 24:10~21, 26:2~23)

(3) 야고보의 설교(15:13~21)

(4) 스데반의 설교(7:2~53)

5) 사도행전에는 역사가로서의 누가의 필치가 잘 나타나고 있다.

4. **내용분류** - 28장, 1007절

1) 예루살렘교회 설립(1:1~7:60)

2) 유대와 사마리아전도(8:1~12:25)

3)땅 끝까지 전도 바울의 선교여행(소아시아와 유럽교회의 확장)(13:1~21:16)

4) 복음이 세계로 뻗어나감(로마교회의 확장)(21:17~28:31).

38
[초대교회 설립과 선교]

- **본문 : 행 1:1~15:41**
- **요절 : 행 1:8**

예수님이 승천하신 후 약속하신 대로 보혜사 성령을 이 땅에 보내셨다. 그 성령이 복음과 함께 어떻게 역사하셨으며 초대교회가 어떻게 확장되어 나갔는가를 배우게 된다. 특히 초대교회 성도들의 박해 속에서도 어떻게 복음을 전했는가를 볼 수 있다.

1. 예루살렘 교회 설립(1:1~7:60)

예수님께서 승천하신 뒤 성령의 임하심과 교회의 설립, 그리고 핍박받아 흩어지기 전까지의 예루살렘 교회가 흥왕한 모습을 기록하고 있다.

1) 서문(1:1~5)

누가는 예수님의 부활의 확실성을 강조한다. 예수님은 40일 동안 적어도 열번이상 보이시고 육신으로 부활하셨음을 확증해 보이셨다. 이 서문에서 유의해야 할 점은 "예수의 행하시며 가르치시기를 시작하심부터" 이다. 왜냐하면 그 행하심은 아직 안 끝났기 때문이다. 사도행전은 예수님과 동행한 사도들의 역사를 기록한 책이다. 예수님은 예루살렘을 떠나지 말고 말씀하신 성령을 기다리라고 명령하셨다. 성령을 앞서서 행하지 않는 것이 사도들의 성공비결이었다.

2) 주의 약속과 승천(1:6~11)

예루살렘에서 제자들을 마지막 만나신 예수님은 베다니로 데리고 나가신다(눅24:50). 제자들의 마음에는 아직도 이스라엘의 정치적인 독립을 꿈꾸고 있었다. 그러나 예수님은 복음의 증인이 될 것을 명령하신 후 승천하셨다. 제자들에게 주신 약속은 "오직 성령이 너희에게 임하시면"이었다. 예수님은 가까운 장래에 온 세상이 보는 가운데 구름을 타고 다시 오실것이다.

3) 다락방(1:12~26)

예수님께서 제자들과 함께 최후의 만찬을 드셨던 방인 것 같다. 그 곳에 모인 120명이 전혀 기도에 힘썼다. 다락방 기도회 중 베드로의 제안으로 가룟유다의 후계자를 선택하고 맛디아를 뽑았다.

4) 오순절 성령강림(2:1~13)

예수님이 부활하신 지 50일째 되고 승천하신 지 10일째 되는 날 예수님께서 약속하신 대로 성령이 임하시고 다락방에 모인 자들에게 불로 세례를 주셨다. 이 날은 추수를 축하하는 날이기도 하고 모세의 율법을 받은 것을 기념하는 날이기도 했다. 성령은 은혜 시대에 예수님의 피로 사신 영혼들을 거두시기 위해서 오셨고, 예수님께서 십자가 위에서 세우신 새 언약을 선포하기 위해서 오셨다. 이 날 그 자리에 모인 모든 사람들이 성령세례 받은 공동된 체험은 표적의 방언이었다.

그 때 예루살렘에 와 있던 유대인들이 그들의 방언을 듣고 놀랐다. 각기 그들의 거주지 말을 하고 있었기 때문이었다. 어떤 사람들은 새 술에 취했다고도 했다. 분명히 이 날은 그리스도의 복음이 천하 만국에 전파되며 모든 인간에게 새로운 기쁨을 줄 것을 예시하고 있었다.

5) 베드로의 설교(2:14~36)

120명의 제자와 성도들이 다락방에서 체험한 성령세례는 베드로가 설명한 대로 요엘 선지가 예언한 바로 그 사건이었다(욜2:28~32). 그 때로부터 지금까지 요엘 선지의 예언이 성취되어 오고 있다. 그러나 이 예언은 종말에 일어날 일들도 내포하고 있다. 성령이 임하심은 곧 예수님의 재림이 가까왔음을 뜻한다. 베드로는 담대하게 십자가에 못박혀 죽으신 예수가 하나님의 예정하심을 좇아 오신 것이며 하나님께서 그를 죽은 자 가운데서 살리셨다고 증거했다. 그 때로부터 두달 전만 해도 베드로는 계집 종 앞에서 예수님을 세번씩이나 부인했었다. 성령이 임하시면 우리는 놀라운 능력과 용기를 얻게 된다.

6) 처음교회(2:37~47)

베드로의 설교를 듣고 마음이 찔리게 하신 이는 성령님이었다. 베드로는 먼저 회개한 후 세례를 받고 죄사함을 얻으라고 명했다. 그러면 그 성령을 선물로 받을 것인데 성령이 그들을 구원으로 인도하실 것이라고 말했다. 이 약속은 세계 만민에게 주신 약속이었다. 그 날 처음 교회가 탄생되었는데 교인수는 3천 명이었다. 이 처음 교회는 말씀과(37~41), 가르침(42), 기적(43), 영적 교제(42, 47), 물질적 교제(42,47)가 있어서 백성들로부터 칭찬을 받았다.

7) 교회의 최초기적(3:1~10)

예수님의 약속대로 성령을 받은 후에 능력이 나타났다. 성령을 모시면 마음에 하나님의 믿음을 소유할 수 있고 이 믿음이 들어오면 기적을 체험할 수 있다. 베드로와 요한은 예수님의 이름으로 나면서부터 앉은뱅이가 되었던 자를 고쳤다.

8) 베드로의 두 번째 설교(3:11~26)

앉은뱅이를 고친 일이 알려지자 사람들은 사도들이 있는 솔로몬 행각으로 나왔다. 베드로는 다시 예수 그리스도에 관하여 증거한다. "그 이름이 너희 보고 아는 이 사람을 성하게 하였나니" 라고 증거한 베드로는 예수 그리스도를 종, 거룩한 분, 의로운 자, 생명의 주로 묘사하고 있다. 베드로는 또한 예수님이 아브라함의 복을 우리에게 주시기 위해 오신 분이며, 모세에게 하나님께서 약속하신 바로 그 선지자라고 증거한다.

9) 사도들의 체포와 투옥(유대 지도자들의 첫번째 반대)(4:1~37)

사도들이 예수 그리스도를 증거하던 솔로몬 행각은 바로 예수님께서 자신이 하나님의 아들이심을 증거하시다가 돌로 맞아 죽으실 뻔한 곳이었다. 예수님은 제자들이 당할 핍박을 미리 말씀해 주셨다(요15:18). 그 말씀대로 베드로와 요한은 선한 일을 한 댓가로 체포되었지만 이미 성도의 수는 4천 명이나 되었다. 베드로는 제사장들 앞에서 예수님만이 구원의 주가 되심을 담대히 증거하였다. 제사장들은 기적의 증거를 보고도 예수 이름을 전하지 말라고 위협하여 내보냈다. 그들은 예수님이 성령을 힘입어 귀신을 쫓아내실 때 바알세불을 힘입었다고 하더니 이번에도 성령의 역사를 막았다(17).

10) 아나니아와 삽비라의 죽음(5:1~11)

이 부부는 다른 성도들처럼 소유를 팔아 사용하려다가 욕심이 일어나 성령을 속였다. 성령은 인격을 지니신 삼위일체의 하나님이시다. 하나님께서 그들을 죽이셨으며 그것은 교회를 악용하고 하나님을 만홀히 여기는 자에 대한 경고가 되었다.

11) 사도들의 두 번째 투옥(유대 지도자들의 두번째 반대)(5:12~42)

앉은뱅이를 고치고 처음 투옥되었을 때 베드로와 요한은 예수의 이름으로 전도하지 말라는 경고를 받았다. 그러나 그들은 더욱 활발하게 예수 이름으로 기적을 행하였고 믿는 자는 점점 많아졌다. 지도자들은 다시 한 번 사도들을 가두었지만 밤중에 주의 사자가 옥문을 열고 데려다가 말씀을 증거하게 하였다. 이 일을 보고 놀란 지도자들이 사도들을 다시 잡아다가 죽이려 할 때 가말리엘의 제지로 멈추었다. 베드로는 담대하게 지도자들에게 복음을 증거했고, 사도들은 채찍을 맞으면서도 예수를 주라 전파하고 주님을위해 고난받기를 즐겨했다.

12) 일곱 집사를 세움(6:1~7)

교회의 사무처리로 말씀증거의 기회를 빼앗겼던 사도들은 일곱 집사를 택하여 행정을 맡기고 복음전파에 전념한다.

13) 스데반의 전도와 순교(6:8~8:1상)

일곱 집사 중 스데반과 빌립은 위대한 전도자였다. 스데반과 논쟁하던 사람들은 그들이 당할 수 없음을 알자 거짓 증거하여 스데반을 공회에 고소했다. 그 때 이미 스데반의 얼굴은 천사의 얼굴과 같았다. 스데반은 지도자들을 향해 이스라엘의 역사로부터 시작하여 이스라엘 백성들이 선지자를 죽이고 성령을 거스려 행한 악한 행실을 책망했다. 지도자들이 분이 가득하여 이를 갈 때에 스데반은 성령이 충만하여 하나님 우편에 서신 예수님을 보았다. 그가 "보라 하늘이 열리고 인자가 하나님 우편에 서신 것을 보노라" 할 때 돌로 쳐 죽였다. 스데반이 죽을 때 증인으로 선 청년이 사울인데 그는 가말리엘의 문하생이었고, 후에 바울이 된 사람이었다.

2. 유대와 사마리아 전도(8:1~12:25)

성령이 임하셔서 복음이 예루살렘에 충만하게 되자 하나님은 핍박을 통하여 교회를 온 유대와 사마리아로 분산시키신다. 핍박은 마치 모닥불을 막대기로 칠 때에 사방으로 불씨가 튀어간 것처럼 교회가 순식간의 퍼져 나가게 했다.

1) 사도 빌립의 사마리아 선교(8:1~8:40)

(1) 핍박으로 성도가 분산됨(1~3)-교회가 예수님의 명령(행1:8)을 잊고 흩어지기를 싫어하자 하나님께서 핍박을 통하여 흩으셨다. 그 첫 순교자가 스데반이었고 대표적인 박해자가 사울이었다. 사울이 집집마다 수색을 하였기 때문에 사도들 외에는 모두 유대와 사마리아 땅으로 흩어졌다.

(2) 사마리아 선교(4~13)-만일 이 같은 핍박이 없었다면 유대인이 쉽게 사마리아인들에게 복음을 전하지는 않았을 것이다. 빌립이 복음을 전할 때에 하나님께서 표적과 능력으로 함께 하시니 무리가 따랐고 성에 큰 기쁨이 있었다. 귀신이 쫓겨 나가면 병도 치료된다. 사마리아 성에 시몬이라는 마술사가 있었는데 그는 하나님의 능력이라고 일컫는 사람이었다. 그러나 사람들이 자기를 떠나 빌립에게 세례를 받으므로 그도 믿고 세례를 받았다.

(3) 사도의 사마리아 방문(14~25)-사마리아에 복음이 전파되었다는 소식을 들은 예루살렘 교회는 베드로와 요한을 현지로 보내었다. 사도들이 사마리인도 성령세례를 받게 할 목적으로 안수할 때 성령을 받았는데 시몬은 이것을 보고 돈으로 사려 했다. 그가 돈으로 사려 했던 것은 표적이나 병고침이 아닌 다른 것, 즉 성령세례의 외적인 표적인 방언이었던 것이다. 베드로는 시몬의 잘못된 동기를 꾸짖어서 회개시킨다. 두 사도는 예루살렘으로 올라가는 길에 여러 사마리아 촌에서 복음을 전했다.

(4) 빌립의 에디오피아 전도(26~40)-주의 사자가 갑자기 빌립을 남쪽으로 가라고 명하셨다. 복음의 주도권은 성령님께 있다. 빌립이 순종하고 갔을 때 그는 영적으로 광야 같은 아프리카 대륙을 전도하게 되었다(26). 이 기사는 사도행전에 처음 나오는 이방인 전도이다. 에디오피아여왕의 내시는 이사야 53장에 기록된 고난의 종 예수그리스도에 관한 예언을 읽고 있었다. 복음전도의 핵심은 예수님의 십자가이다. 그것만 전하면 된다. 예수의 십자가가 내시에게 구원의 능력이 되자 그는 즉시로 세례를 받았

다. 성령의 능력으로 빌립은 아소도로 비행하고 가이샤라 부근에서 전도했다. 성령의 인도하심에 민감한 빌립은 성공적인 전도를 했다.

2) 사울의 회심(9:1~31)

사울의 회심은 사도행전에서 세 번 나온다(9,22,26장). 사도행전의 목표가 로마에 복음전파하는 것이라면 그 주역인 사울의 회심이 중요하지 않을 수 없기 때문이다. 스데반의 피를 보고 살기가 등등한 사울은 예루살렘 뿐만 아니라 다메섹에서 다시 믿는 자를 말살시키려 했다. 그러나 그는 길에서 그가 핍박하는 예수님을 만났고 눈이 멀었다. 이것은 꿈이 아닌 실제였다. 사울은 다메섹에서 그가 잡으려던 그리스도인(아나니아)의 안수를 받고 눈이 띄여진 후 그가 만난 예수를 하나님의 아들이라고 증거하였다. 하나님은 사울을 가리켜 "이 사람은 내 이름을 이방인과 임금들과 이스라엘 자손들 앞에 전하기 위하여 택한 나의 그릇이라"(15)고 말씀하셨다. 그러나 다메섹의 유대인들로부터 위협을 받은 사울은 바나바의 소개로 사도들을 만나 교제를 나누고 유대 지식인들에게 복음을 증거하다가 다소로 내려갔다. 교회는 잠시 평안 가운데 성장을 계속한다.

3) 베드로의 사역들(9:32~12:25)

사울의 회심에 대한 기록이 끝나고 화제는 베드로에게 돌아왔다. 베드로가 서쪽 팔레스틴에게 전도하고 이방인 고넬료에게 전도하며, 헤롯 아그립바 1세에게 투옥 당하는 내용이 기록되어 있다.

(1) 룻다의 베드로(9:32~35)-베드로는 룻다(예루살렘에서 욥바로 통하는 길에 있는 성)의 애니아라는 남자 성도를 8년된 중풍병으로부터 즉시로 고침받고 일어나게 하였다. 예수님을 믿는 자는 예수님이 하시던 일을 할 수 있다는 말씀(요14:12)이 증명되었다.

(2) 욥바의 베드로(9:36~43)-욥바는 룻다에서 40리 길에 있었다. 베드로는 '다비다' 라는 여신도를 죽음에서 살려주었다. "다비다야 일어나라"는 베드로의 명령은 예수님께서 소녀를 일으키실 때를 회상하게 한다(막5:41). 이와 같은 기적들은 결과적으로 예수 그리스도를 믿게 하는데 그 목적이 있었다.

(3) 고넬료 가정의 회심(10:1~48)-사도행전의 기록자 누가는 이방전도의 거점으로 가이사랴를 들고 있다(8:40). 가이사랴는 유대의 중요한 항구도시

이고 로마의 총독이 주재하고 있었다. 고넬료는 이 곳에 사는 이달리야 군부대의 백부장이었다. 그는 할례를 받지 않았지만 백성을 많이 구제하고 하나님께 항상 기도하는 깊은 신앙인이었다. 그가 기도 중에 환상을 통하여 천사의 지시를 받게 되었다. 우리는 하나님께서 사람의 선행을 기억하신다는 사실을 기억해야 겠다. 고넬료는 천사의 지시를 따라 욥바에 있는 베드로에게 사람을 보내어 청한다. 그즈음 베드로도 욥바에서 기도하다가 환상을 통하여 이방인에게 복음 증거하기를 꺼리지 말라는 하나님의 계시를 받는다. 유대인에게 있어서 이방인은 먹을 수 없는 더러운 음식과도 같았다. 베드로는 성령의 인도하심을 따라 고넬료가 보낸 사자와 함께 욥바에서 가이사랴로 향하였다. 그 때로부터 8백 년 전 요나는 이방 도시 니느웨에 하나님의 심판을 선포하기 위해 바로 이 욥바 항구를 떠났었다. 이번에는 베드로가 이방인에게 천국 복음을 전하기 위해 이 곳을 떠나니 하나님의 섭리가 그렇게 오묘하지 않을 수 없다. 니느웨 성의 거민들은 요나의 설교를 듣고 재를 뿌려 회개하였고, 고넬료는 사도 베드로 앞에서 절까지하며 복음을 받아들였다. 베드로는 고넬료에게서 되어진 일을 듣고 난 후 이방인 중에도 하나님의 자녀가 있다는 놀라운 사실을 발견한다(34, 35). 베드로는 즉시로 화평의 복음을 전하여 고넬료 가정과 하나님 사이에 막힌 담을 헐어버린다. 베드로의 짧은 설교에는 기독교의 핵심이 들어 있다. 첫째로, 예수님은 성령충만하여 귀신을 쫓아 내셨고, 둘째로, 죽은지 사흘 만에 육체로 살아나셨으며, 셋째로, 산 자와 죽은 자의 재판장이 되시고, 넷째로, 그를 믿는 자마다 그 이름으로 죄사함을 얻는다는 것이다. 베드로가 이 복음을 전할 때 성령이 임하시니 그 표적은 방언말함과 하나님을 높임이었다. 베드로는 그들에게 세례를 줌으로 구원의 확신을 더한다.

(4) 사도들의 인정(11:1~18)-이방인들이 하나님의 말씀을 듣고 성령을 받았다는 소식이 전해지자 예루살렘 교회는 충격을 받았다. 유대인 그리스도인들은 이해할 수 없는 일이었다. 그래서 베드로가 돌아오자 할례자들이 비난했다. 비난한 이유는 무할례자의 집에 들어가서 함께 음식을 먹었다는 것이었다(3). 하나님의 생각과 사람의 생각은 이렇게 다르다. 그러나 베드로의 보고를 듣고 난후 이방인에게도 생명얻는 구원주심을 감사하고 하나님께 영광돌렸다. 베드로에 의해 이방인 선교가 교회에 공적으로 인

정된 것이다. 우리는 베드로가 "성령이 저희에게 임하시기를 우리에게 하신 것와 같이 하였다"는 말에 주의를 기울여야 한다.

4) 선교센터 안디옥 교회의 설립(11:19~30)

스데반의 순교 직후 박해를 받아 해외로 흩어진 성도들이 주후 32년경에 유대인 만으로 구성된 안디옥교회를 세웠다. 안디옥 교회는 곧장 이방인 선교에 나서서 많은 헬라인들로 하여금 예수를 믿게 하였다. 안디옥 교회에 보냄을 받은 바나바는 다소에서 바울을 데려다가 안디옥에서 1년간 가르쳤고 거기서 비로소 그리스도인이라는 명칭이 나왔다. 바나바와 바울은 흉년이 들자 연보를 거두워서 유대의 성도들에 가져갔다.

5) 헤롯왕, 아그립바 1세의 박해 (12:1~25)

사도 요한의 형제 야고보에 대한 예수님의 예언이 성취되었다(막10:39). 유대인들이 기뻐하는 것을 보고 헤롯은 베드로를 잡아 죽이려 하였으나 천사의 인도로 출옥하였다. 순교도 하나님의 허락없이는 안 된다. 하나님은 모든 일에 주권적인 분이시다. 베드로가 찾아간 집의 마가 요한은 마가복음을 기록한 사람이며 베드로에 의해 복음을 들었던 청년이었다. 그의 어머니 마리아는 신앙이 두터운 초대교회 여신도였으며 이 집이 최후의 만찬을 드셨던 곳으로 추측되고 있다. 베드로가 다른 곳으로 간 후 헤롯이 분을 내어 찾지만 그의 교만함은 결국 충에 먹혀 죽는 비극으로 그를 인도했다. 그때 바나바와 사울은 부조를 마치고 마가 요한과 함께 예루살렘을 떠났다.

3. 바울의 세 차례에 걸친여행(소아시아와 유럽교회의 확장 (13:1~21:16)

유대와 사마리아까지 퍼진 복음은 전 세계로 뻗어가게 되고 예수님의 약속하신 말씀대로 성도들은 땅끝까지 증인이 되었다. 복음이 세계의 수도 로마까지 점령하기 위해 하나님께서는 위대한 종 바울을 택하셨다. 바울의 세 차례 선교여행을 통한 교회의 확장과 복음의 편만함을 살펴보기로 하자.

1) 바울의 1차 선교여행(13:1~15:35)(1,040 km)

(1) 최초의 해외 선교사 파송(13:1~3)-선지자들과 교사들이 주를 섬기고 금식할 때 성령께서 바나바와 사울을 따로 택하여 세우셨다. 기도 중에 안디옥교회는 성령님의 지시대로 최초의 해외선교사를 파송하였고, 바울은 그의 1차 전도여행을 시작하게 되었다.

(2) 바보섬과 비시디아 안디옥 전도(13:4~52)-두 사도는 성령님의 보내심을 받아 살라미를 거쳐 바보섬에 이르렀다. 총독 서기오 바울과 함께 있던 거짓 선지자 엘루마가 두 사도의 사역을 방해하자 능력 행함으로 소경이 되게 하였고 이를 본 총독이 믿었다. 바보를 떠나 버가에 이르러서 동행인 마가 요한이 전도여행을 견디지 못하고 예루살렘으로 돌아갔는데 후에 이로 인하여 바나바와 바울 사이에 심한 논쟁이 있게 된다. 두 사도가 비시디아 안디옥에 이르러 안식일에 유대인 회당에 들어가서 복음을 전파했다. 유대인의 조상들과 선지자들에게 예언적으로 말씀하시는 다윗을 통하여 이루시겠다던 하나님의 말씀이 예수님에게서 이루어졌음을 증거했다(13:17~24). 선지자들의 글과 시편의 기록을 인용하여 예수님을 증거하였고(25~35) 유대인들이 깨닫지 못하고 예수님을 죽였으나 하나님은 죽은 자 가운데서 살리셨고 그를 통해 죄사함을 얻는다고 전했다(38). 그 말씀을 듣고 믿는 자가 많이 나왔으나 유대인들은 시기하며 비방했다. 바울은 복음이 유대인에게서 빼앗겨 이방인에게로 향한다고 선언하고(40), 모여 있는 많은 이방인을 구원으로 이끌었다. 두 사도는 쫓겨 이고니온으로 가게 되었다(50~52).

(3) 이고니온과 루스드라의 기적(14:1~18)-두 사도는 이고니온에 오래 머물면서 말씀을 전하고 표적과 기사를 많이 행하여 큰 무리를 믿게 했다. 그러나 성 밖으로 쫓겨나 루스드라에 갔고 거기에서 나면서 앉은뱅이 된 자를 명령으로 일으키니(10) 원주민들이 쓰스 신과 허메 신으로 생각하고 제사드리려 했다. 두 사도는 말리면서 하나님께 돌아오기를 촉구하고 하나님께서는 만인에게 선하신 일로 자신을 나타내셨음을 증거했다(14~18).

(4) 바울의 위기와 안디옥 행(14:19~28)-유대인들이 무리를 충동하여 바울을 돌로 쳐 죽였는데 아마 이 때 하늘에 다녀온 것 같다(고후 12:1~4). 주께서 살리신 후 안디옥으로 다시 보내셨다. 거기서 바울은 하나님께서 행

하신 일과 이방인들도 복음을 믿고 구원 받음을 보고 하고 오래 머물렀다.

(5) 예루살렘 회의(15:1~29)-이 때 안디옥에서 중대한 문제가 발생했다. 주를 믿는 유대인 중 어떤 사람들은 예수님을 믿어도 할례를 받아야 구원받을 수 있다고 하여 바울과 심한 다툼이 있었다(1~2). 교회는 이 신학적 문제를 해결하기 위해 바울과 바나바 및 몇 사람을 예루살렘으로 보내었다(2). 회의 중 베드로는 이방인이 구원과 성령충만함을 받은 사실을 증거했고, 바울과 바나바는 이방인 중에 나타난 기적과 구원을 증거했다. 이에 예루살렘 교회의 지도자인 야고보가 아모스와 예레미야 선지자의 예언을 인용하여 이방인에게도 구원이 있으니 이방인들을 용납하고, 다만 우상숭배와 음행과 목매어 죽인 것과 피를 멀리하게 하자고 결론을 지었다(13~21). 회의 결과를 글로 기록하고 바울과 바나바와 유다, 실라를 통해 이 편지를 이방인 교회에 전달했다. 중요한 회의를 결정하는 주역은 역시 성령님이셨다(28).

(6) 바울의 1차 여행이 끝남(15:30~35)-안디옥에서 온 성도를 소집하여 편지를 전했고 실라와 유다는 예루살렘으로 갔으나 바울, 바나바는 계속 안디옥에서 말씀을 가르쳤다.

교훈 및 적용

1. 기적은 하나님의 말씀을 전할 때 일어났다. 그러므로 우리도 하나님의 말씀을 이웃에게 전함으로 하나님의 기적을 체험하자.
2. 초대교회 때는 나눔을 통해서 하나님의 사랑을 확인했다. 우리도 물질의 나눔, 영적인 나눔을 통해 하나님의 사랑을 확인하자.

우리는 본 과에서 성령이 어떻게 역사하시는가를 분명히 배웠습니다. 그 성령은 오늘 우리에게도 똑같이 역사하십니다. 그리고 우리는 여기서 초대교회의 신선한 모습을 보았습니다. 오늘의 교회가 배워야 할 것입니다.
다음 과에서도 계속해서 사도행전을 공부하게 됩니다. 본문인 사도행전 16~28장까지를 읽으시기 바랍니다.

38

성경문제

● 초대교회의 설립과 선교/행 1:1-15:41

1. "예루살렘을 떠나지 말고 … 약속하신 것을 기다리라" 고 했는데 "약속하신 것" 이 무엇인가?(행 1장)
2. "오직 성령이 너희에게 임하시면 너희가 권능을 받고 예루살렘과 온 유대와 사마리아와 땅끝까지 이르러 내 증인이 되리라." 이 말씀은 몇장 몇절인가?
3. 오순절날 ( )이 충만하게 임했다.(행 2장)
4. "누구든지 주의 ( )을 부르는 자는 ( )을 얻으리라." ( )에 적당한 낱말을 써 넣어라.(행 2장)
5. 성전 미문에 앉아 구걸하는 앉은뱅이에게 베드로와 요한이 준 것은 무엇인가?(행 3장)
6. "다른 이로서는 ( )을 얻을 수 없나니 천하 인간에 ( )을 얻을 만한 다른 이름을 우리에게 주신 일이 없음이니라." ( )에 적당한 낱말을 써 넣어라.(행 4장)
7. "하나님 앞에서 너희 말 듣는 것이 하나님 말씀 듣는 것보다 옳은가 판단하라"는 말씀은 예수님이 하셨다. 맞으면 ○표 틀리면 ×표 하라.(행 4장)
8. 성령을 속이고 땅값 얼마를 감추었다가 죽은 사람은 누구 누구인가?(행 5장)
9. "믿음과 성령이 충만한 사람" 몇 명을 택하여 세웠는가?(행 6장)
10. "보라 하늘이 열리고 인자가 하나님 우편에 서신 것을 보노라." 이 말은 누가 했는가?(행 7장)
11. 빌립이 사마리아 성에서 전도할 때 세례를 받은 사람은 누구인가?(행 8장)
12. 에디오피아 사람 내시가 읽고 있었던 성경은 ( )였다.(행 8장)
13. "사울아 사울아 네가 어찌하여 나를 핍박하느냐" 는 음성은 어느 지방에서 들었는가?(행 9장)
14. 예수님께서 누구를 통하여 사울을 다시 보게 하였나?(행 9장)
15. 베드로가 살린 여자의 이름은 누구인가?(행 9장)
16. 고넬료와 관계가 없는 것은 무엇인가?(행 10장)
    (가) 가이사랴 (나) 하나님을 경외함
    (다) 백부장 (라) 바리새인
17. "착한 사람이요 믿음과 성령이 충만한 자" 는 누구를 가리키는가?(행 11장)

18. 충이 먹어 죽은 사람은 (　　　　)이다.(행 12장)

19. "이방인들이 듣고 기뻐하여 하나님의 (　　　　)을 찬송하며 (　　　　)을 주시기로 작정된 자는 다 믿더라." (　　)에 적당한 낱말을 써 넣어라.(행 13장)

20. 바울이 루스드라에서 어떤 환자를 고쳤는가?(행 14장)

21. 바울과 바나바는 (　　　　)의 동행 문제로 심히 다투고 갈라졌다.(행 15장)

39
[바울의 선교여행]

- 본문 : 행 16~28장
- 요절 : 행 16:31

우리는 본과에서 복음이 어떻게 땅끝까지 전파되는 가를 바울을 통해 구체적으로 배우게 될 것이다. 동시에 복음이 가는 곳마다 핍박이 따라온다는 사실도 느끼게 될 것이다. 그러나 주님은 언제나 하나님의 사람들과 함께 하신다는 사실은 변치 않는다.

1. 바울의 제 2, 3차 전도여행(행 16:1~21:26)

1) 바울의 2차 선교여행(15:36-18:22)(1, 460km)

(1) 2차 선교여행의 시작(15:36-41)-바울이 바나바에게 1차 여행 때 전도한 형제를 다시 방문하자고 제의하니 바나바는 마가를 데리고 가자고 했다. 그러나 바울은 이전의 마가의 무책임한 일 때문에 데려 가기를 원치 않았다. 이 일로 심히 다투어 바나바는 마가와 함께 구브로로 갔고(39), 바울은 실라를 택하여 수리아와 길리기아로 다녀감으로 2차 선교 여행이 시작한다(40, 41).

(2) 디모데와 공의회 통고(16:1~5)-바울이 더베와 루스드라에 이르러 디모데를 제자로 삼고 할례를 행했다. 예루살렘 교회로부터 내려온 규례를 교회마다 전해 지키게 하니 교회는 점점 확장되었다.

(3) 마게도냐 에서의 환상과 루디아(16:6~15)-바울이 정열적인 전도 욕심 때문에 성령님의 인도를 무시하고 아시아와 비두니아로 가려고 애쓰다가 성령님의 제지를 받았다. 성령님의 계획은 그 때로부터 2천 여 년 후에야 아시아를 선교하는 것이었다. 성령님의 제지를 받고 깊은 고통 중에 성령님의 인도를 구하던 중 마게도냐인이 부르는 환상을 보고서야 힘을 얻어 떠났고(10, 11), 마게도냐의 첫 성인 빌립보에서 최초의 성도인 루디아를 얻어 그의 집에 얼마동안 머물렀다.

(4) 바울의 투옥과 간수의 회심(16:16~40)-점쟁이가 바울을 하나님의 종이며 구원을 전하는 자라고 외치며 여러 날을 따라 다니자 바울은 그 곳에 있는 귀신을 꾸짖어 쫓아냈다(16~18). 점쟁이의 주인들은 바울로 인하여 영업을 못하게 되었으므로 거짓 송사로 바울을 옥에 가두었다. 바울과 실라는 많이 맞고 고통 중에 있었지만 주를 위해 능욕 받음을 기뻐하며 하나님을 찬미했다. 밤중같은 환난 중에서 감사하는 두 종에게 하나님은 은혜를 베푸시고 간수와 온 가족을 구원시키셨다. 하나님은 성도의 고난을 값없이 버리지 않으신다. 바울이 옥에서 풀려나면서 비로소 자신이 로마인 임을 증거하니 상관들이 두려워하고 바울은 루디아의 집에 거하였다.

(5) 데살로니가와 베뢰아전도(17:1~15)-바울이 데살로니가에 있는 유대인 회당에서 구약성서의 뜻을 풀어 예수님이 그리스도이심을 증거하니 많은 무리가 믿었다. 이에 유대인들이 핍박하자 베뢰아로 갔는데 베뢰아인들은 데살로니가인들보다 성품이 고귀해서 간절한 마음으로 성서를 상고하였고 그 결과 믿고 구원받는 자가 더욱 많았다. 그러나 유대인들이 데살로니가에서 베뢰아까지 와서 바울을 핍박하였으므로 바울은 디모데와 실라를 남겨두고 아덴으로 떠났다.

(6)아덴전도(17:16~34)-아덴에는 우상이 가득했다. 또한 이 곳 사람들은 항상 새로운 이론을 말하고 듣는데 전력하였으므로 바울에게서도 무슨 새로운 주장 듣기를 기대했다. 바울이 아레오바고에 이르러 큰 무리에게 그들의 종교성과 알지 못하는 신에게 라고 새긴 단으로 시작하여 기독교 진리를 설교했다. 하나님께서 우주와 만유와 인간의 생명을 지으시고 모든 족속과 나라의 기한 및 거주의 한계를 정하셔서 인간들이 더듬어서라도 하나님 자신을 발견케 하신 것과, 예수님을 보내사 인류를 위해 죽게 하시고 죽은자 가운데서 살리심으로 누구든지 회개하고 저를 믿는 자마다 구원을 얻을 수 있음을 설교했다. 그러나 죽은 자의 부활을 듣고 대부분의 많은 자들이 조롱하고 비웃었다.

(7) 고린도 전도(18:1~17)-바울은 직업이 같은 아굴라와 브리스길라 부부를 만나 함께 일을 하며 안식일마다 회당에서 복음을 증거했다(1~4). 실라와 디모데가 마게도냐에서 왔고, 바울이 말씀에 붙잡혀 유대인에게 복음을 증거했으나 저들이 대적하므로 이방인에게로 가겠다고 하여 회당 앞에 있는 이방인 유스도 집으로 거처를 옮겼다. 회당장 그리스보가 주를

믿고 허다한 무리가 구원을 받았는데 바울은 고린도에서 6년 6개월을 머물며 전도했다. 유대인들의 송사가 있은 후(12~17), 바울은 고린도를 떠나 안디옥으로 돌아와서 2차 전도여행을 마친다(18~22).

2) 바울의 3차 선교여행(18:23~21:26)(1, 600 km)

(1) 3차 여행 떠남과 에베소의 대승리(18:23~19:7)-안디옥에서 얼마 있다가 갈라디아와 브루기아 땅을 지나가게 되었다. 이 때 아볼로가 에베소에 이르러 예수님에 관한 것을 가르치나 성령세례는 모르고 요한의 세례만 알고 있으므로(18:25) 브리스길라와 아굴라가 더욱 은혜롭게 성서를 풀어 가르쳐 주었다(18:26). 말씀에는 능했지만 성령님의 능력을 힘입지 못한 아볼로는 에베소 교인들을 굳세게 양육하지 못했다. 이때 바울이 에베소에 이르러 예수의 이름으로 세례를 준 후 성령세례를 가르치니 요한의 세례밖에 몰랐던 성도들이 성령세례를 받고 표적으로 방언과 예언을 하였다(6,7).

(2) 에베소에서의 수많은 기적들(19:8~20)-하나님이 바울의 손에 능력을 주시매 바울의 손수건이나 앞치마를 가지고도 병자와 귀신 들린 자를 고쳤다. 그러나 마술사들이 시험적으로 귀신 들린 자를 예수 이름으로 꾸짖다가 변을 당하기도 했다(13~16). 하나님의 능력이 온 에베소에 충만 하매 예수님의 이름이 높이 들리고 은 오만이나 하는 마술책을 태워 버리는 역사가 나타났다(20).

(3) 은장색 소동(19:21~41)-복음이 온성에 충만하니 우상 전각의 모형을 만들어 영업을 하던 자들의 영업에 방해가 되었다. 얼마나 복음이 널리 전파되었으면 우상의 모형을 만드는 업자까지 타격을 받았던지 이로 인해 은장색들이 소동을 벌여 무리를 연극장에 모으고 바울과 같이 다니는 가이오와 아리스다고를 잡아 송사하려 했으나 서기장의 권고로 흩어졌다.

(4) 마게도냐 전도와 유두고(20:1~12)-헬라에서 석달을 전도하고 빌립보와 드로아에서 전도하며 예루살렘으로 행하였다. 드로아에서 복음을 전할 때 밤중까지 강론을 계속하니 창가에 앉은 유두고가 졸다가 떨어져 죽었으나 바울의 기도로 살아났다.

(5) 밀레도와 에베소 작별(20:13~38)-밀레도에 이르러 바울은 에베소의 장로들을 청하여 권면한다. 바울 자신은 복음사역을 겸손과 눈물, 핍박을

견딤, 가르침, 복음 증거로서만 수행했으며, 성령께서 환난과 결박을 예고하셨으나 예루살렘으로 올라갈 것이고, 복음 증거를 위해 목숨을 아끼지 않을 것임을 분명히 했다. 바울은 하나님이 자기 피로 사신 교회를 감독들에게 맡기었으니 깨어서 양떼를 지키라고 부탁한다. 받기보다 주는 교회가 되기를 부탁한 후 눈물의 작별을 하고 떠났다.

(6) 체포예언과 3차 전도여행 종결(21:1~16)–바울이 예루살렘에서 체포되리라는 제자들과 자매들의 예언에도 불구하고 예수님을 위해 결박 뿐 아니라 죽음도 각오한 바울은 예루살렘을 향하였다.

2. 세계로 뻗어가는 복음(로마교회의 확장)(21:17~28:31)

사도바울을 통하여 갈라디아 지방과 유럽의 관문인 마게도냐 전 지역을 복음으로 점령하신 성령님께서는 바울을 당시 세계의 중심지요, 수도인 로마로 보내신다. 이제는 3차례의 전도여행처럼 자유스런 몸이 아니라 체포된 죄인이었지만 성령님은 바울을 기어코 로마까지 보내셨다.

1) 예루살렘 교회의 환영(21:17~26)

예루살렘에 도착한 바울은 따뜻한 영접을 받고 하나님께서 이방인 가운데 하신 일을 자세히 보고 했다(17,18). 야고보와 몇 몇 장로들이 유대인 성도를 위하여 바울에게 결례 행할 것을 제의했다. 유대인들은 율법에 열심있는 자들인데(20), 바울이 할례도 필요없고 규례도 필요 없다고 말한 것을 인하여 신변에 위험이 있으니 결례를 행하고 머리를 깎으면 유대인들의 공격에서 벗어날 수 있다는 권면이었다. 이에 바울이 그대로 행했다.

2) 유대인들이 바울을 체포함(21:27~39)

아시아에서 온 유대인들이 예루살렘 성전에서 바울을 보고 무리를 충동시켜 그를 잡고 유대인과 율법과 성전을 훼방하는 자라고 송사하여 성전 밖으로 끌어 내어 죽이려 했다(27). 그러나 천부장에 의해 죽음을 면한 바울은 오히려 천부장에게 부탁하여 무리들에게 자기를 변호했다. 바울은 어느 때든지 주의 복음을 증거하는 기회로 삼았다.

3) 첫번째 회심 간증(21:40~22:29)

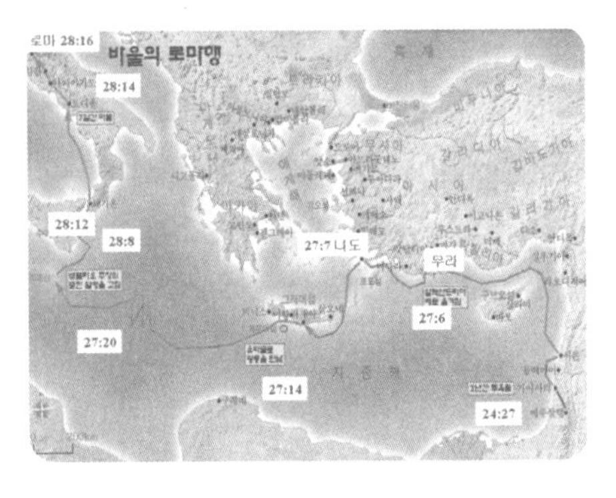

바울은 여러 외국어에 능통했다. 세계어였던 헬라어도 잘했다. 천부장에게 허락을 얻어 히브리어로 유대인들에게 말하기 시작했다. 자국어로 말함을 들은 유대인들은 조용히 청취했다. 이에 바울은 자신이 유대인임과 청중들처럼 율법에 엄격하였고 하나님에 대해 열심이었고 심지어 예수 믿는 자들을 핍박하여 수많은 성도들을 죽였음을 증언했다. 바울은 다메섹도상에서 예수님과 인격적으로 만났던 개인적인 체험들을 이야기한 후(5~11), 경건한 사람 아나니아를 만난 후 눈도 보게 되고 예언의 말씀을 깨닫게 되었는데 하나님이 바울 자신을 택하여 예수님을 보게 하시고 보고 들은 것을 증거하게 하셨다는 내용이었다(14~16). 후에 예루살렘에서 환상 중에 예수님께서 자신을 멀리 이방인에게로 보내신다는 말씀을 들었다. 여기 까지 바울이 간증할 때 유대인들이 다시 격동하여 바울을 죽이려 하니 천부장이 영문 안으로 끌어 들였다. 천부장이 바울을 심문하려 할때 바울은 자신이 로마인임을 밝혔다. 천부장이 두려워하여 더 이상 채찍질하지 못하고 자기는 돈을 주고 로마 시민권을 샀다고 고백했다. 그러나 바울은 나면서부터 로마인이었다(28, 29).

4) 공회 앞에서의 발언(22:30~23:10)

바울은 공회에서 범사에 양심을 따라 하나님을 섬겼다고 고백하고 대제사장에게 겉만 있고 알맹이가 없는 회칠한 담이라고 외쳤다(23:3). 바울이 공회를 살피니 한 무리는 사두개인이요 다른 무리는 바리새인임을 보고 지혜롭게 군중을 흩어버렸다. 자신이 바리새인이며, 죽은 자의 소망 곧 부활을 증거하기 때문에 이같이 심문받는다고 하자 교리가 전혀 다른 양파 사이에 다툼이 생겨 소동이 일어났다. 사두개인은 부활과 천사와 영의 존재를 믿지 않았고 바리새인은 모두 믿었다. 무리 중에 소동이 생기자 천부장이 바울을 다시 영문 안으로 끌어 들였다(23:10).

5) 바울이 가이사랴에 갇힘(23:11~35)

그 날 밤 예수님께서 바울을 격려하시며 로마에서도 복음을 증거해야 함을 말씀하셨다. 그 때 유대인 40여 명이 바울을 죽이기 전에는 먹지도 마시지도 않겠다고 결의했는데 바울의 생질이 바울에게 이 사실을 고하여 천부장에게 알리니(20~21), 천부장이 편지와 함께 호위병을 내어 총독 벨릭스에게 바울을 보내기로 했다(23~25). 편지의 내용은 유대인들에게 잡혀 죽게 된 바울이 로마인이며, 송사 내용이 율법문제 뿐이요 죽일 만한 사실이 없으나 유대인들이 이 자를 죽이려 하기에 총독께 보낸다는 것이었다. 바울은 가이사랴에 있는 헤롯 궁에 감금되었다.

6) 벨릭스 앞에서의 변증(24:1~27)

닷새 후 대제사장이 장로와 변사 더둘로를 데리고 내려와 바울을 총독앞에서 고소했다. 더둘로는 바울이 염병에 들렸고 천하의 모든 유대인을 다 유혹하며 나사렛 이단의 괴수라고 고소한 후 총독께서 직접 심문해 보면 알 것이라고 했다. 총독이 이번에는 바울에게 말할 기회를 주자 바울은 저 유대인들이 송사할 거리가 아무것도 없으며 다만 죽은 자의 부활을 믿고 저들이 이단이라 칭하는 도를 좇아 하나님을 섬긴 것 뿐임을 변명하였다. 총독은 천부장이 온 후에 송사를 속개하기로 결정하고 연기시켰다. 후에 벨릭스가 아내와 함께 예수 믿는 도에 대해 듣기 원하자 바울이 의와 절제와 장차 오는 심판을 강론하니 벨릭스가 심히 두려워했다(24, 25). 그러나 바울에게 돈을 얻을까 하여 자주 바울을 불렀고 이 년 후 벨릭스 대신 베스도가 부임할 때까지 유대인의 신임을 얻기 위해 바울을 계속 구류하고 있었다(27).

7) 가이사에게 상소함(25:1~12)

베스도가 도임한 후 예루살렘에 갔을 때 유대인들이 바울을 또 고소하고 베스도가 가이사랴로 돌아와서 재판을 열었다. 유대인들이 여러 말로 송사하나 능히 증명하지 못하였다(7). 바울은 자신이 유대인의 율법과 성전과 가이사에게 도무지 죄를 짓지 않았다고 변명했다. 베스도가 벨릭스처럼 유대인의 신임을 얻고 자하여 예루살렘의 심문을 제의할 때(9) 바울은 가이사에게 호소하였다(10~11). 바울은 조금 더디기는 하지만 지금 로마를 향해 가고 있는 중이었다.

8) 아그립바왕 앞에서의 변명(25:13~26:32)

수일 후 아그립바 왕이 베스도에게 문안하러 왔을때 베스도가 바울의 일을 고하였다. 유대인들이 아무리 송사를 해도 악행의 사건은 하나도 없었고 오로지 종교문제와 예수의 부활문제였다고 했다(18, 19). 아그립바 왕이 바울의 말을 듣기 원했으므로 이튿날 바울은 그 의회임을 두번째로 간증했다. 바울이 아그립바 왕의 마음을 유순히 한 다음(26:4~23) 이같이 변명하매 베스도는 바울이 많은 학문으로 미쳤다고 했고 아그립바 왕은 깊은 감화를 받아 '그가 말을 갖고도 나를 그리스도 인이 되게 한다' 고 말했다(28). 심문이 끝나고 아그립바 왕은 바울에게서 아무 죄도 발견할 수 없었다고 말했고(31), 바울은 가이사에게 호소하지 않았다면 놓을 수 있었다고 말했다(32).

9) 바울의 로마행(27:1~8)

마침내 바울은 로마황제 가이사에게 심판을 받기 위해 여러 죄수들과 함께 배를 타고 구브로 해안의 길리기아와 밤빌리아를 거쳐 미항에 이르렀다. 긴 로마행이 시작되었다.

10) 해상여행과 배의 파선(27:9~44)

바울이 성령님의 가르쳐 주심에 따라 이번 행선의 위험성을 지적했으나 백부장 율리오는 바울의 말보다 선장과 선주의 말을 더 믿었다(10, 11). 그러나 바울의 말처럼 뵈닉스로 가던 중 풍랑을 만나짐들을 다 풀어버리고 먹지도 못하며 고생하였다(14~20). 바울은 하나님의 사자에게 계시를 받아 아무도 잃지 않을 것을 예언하고 위로했다. 바울이 모든 사람들은 안심시키고 모든 사람 앞에서 소리높여 하나님께 감사한 후 떼어먹기 시작하니 다른 사람들도 따라 먹었다. 성령의 인도하심을 받는 자는 능력이 뛰어난 자보다 나으며 어디서나 영혼을 치료하고 위로할 수 있는 것이다. 배가 두물이 합류하는 곳에 이르러 큰 물결에 부서지니(41) 군사들은 죄수들의 도망치는 것을 염려하여 죽이려 했다. 그러나 백부장이 바울을 살리려고 죄수들을 죽이지 못하게 하여 헤엄치는 자를 먼저 육지에 가게 하고 남은 자들은 널판을 이용하여 육지에 이르게 했다(43, 44).

11) 멜리데섬에서의 기적(28:1~10)

원주민들이 바울 일행을 특별히 동정하며 영접했다. 바울이 불을 쬐다가 독사에게 물렸으나 아무렇지도 않자 원주민들이 신이라 칭했다. 그 섬의 추장집에 거할 때 그의 부친의 열병과 이질을 안수하여 낫게 하니 섬에 다른 병자들이 와서 고침을 받았다.

12) 로마입성(28:11~39)

멜리데섬에서 겨울을 보낸 후 성도들의 따뜻한 환영 속에 로마에 입성했다. 로마에 오자마자 그는 지위높은 유대인들을 모아 자신이 로마에 오게 된 동기와 자신은 이스라엘 민족을 송사하려는 것이 아니요, 이스라엘의 소망을 위하여 이렇게 쇠사슬에 묶였다고 증거했다. 바울에 대하여 처음 알게 된 그들은 이파에 대하여 더 듣고 싶어했다. 이에 저희가 시간표를 작성하여 바울의 강론을 들으러 오니 바울이 하루종일 모세와 선지자들의 글로써 예수님을 전했다. 이에 믿는 사람도 있었고 믿지 않는 자도 있어 서로 의견이 맞지 않아 흩어질 때 바울이 이사야서를 인용하며 유대인의 막힌 귀와 닫힌 눈, 강퍅한 마음을 책망하고 하나님이 이방인에게 구원을 돌리신다고 외쳤다. 바울이 셋집에서 2년 동안 머물면서 자기에게 오는 모든 자를 영접하고 예수님을 가르치되 금하는 기관이나 사람이 없었다(31). 사도행전은 여기에서 갑자기 끝난다. 즉 이 책은 하나의 미완성책이다. 이는 복음사업은 끝이 없이 계속 전진하며 확장되고 있음을 보여 주고 있다. 그리스도의 죽으심과 부활을 증거하는 복음은 그의 재림 때까지 계속되는 것이다.

교훈 및 적용

1. 바울은 "나를 본받으라"고 권면하였다. 우리는 자신있게 "나를 본받으라“고 다른 사람에게 말할 수 있는 삶을 살고 있는가 자문해 보고 노력해야겠다.
2. 사도바울은 복음을 위해서 결박이나 환난이나 더 나아가 순교까지도 불사하겠다는 강한 의지를 천명하였다. 우리도 이런 신앙을 생활화 하자.
3. 사도바울이 성령님을 인정하고 환영하고 모셔들이고 의지하고 따라갔듯이 우리도 성령께 순종함으로 하나님께 칭찬받는 성도가 되자.

우리는 하나님께서 바울이라는 한 인물을 중심으로 어떻게 복음을 전세계에 전했는가를 배웠습니다. 하나님은 오늘도 우리들 한 사람 한 사람을 복음을 위하여 귀하게 쓰시기를 원하고 계십니다. 다음 과에서는 로마서를 배우게 됩니다. 본문 말씀을 읽으시기 바랍니다.

39

성경문제

● 바울의 선교여행/행16:1-28:31

1. "주 예수를 믿으라 그리하면 너와 네 집이 구원을 얻으리라." 이 말씀은 ① 누가 ② 누구에게 했으며 ③ 어디에 있는 말씀인가?
2. "베뢰아 사람은 데살로니가에 있는 사람보다 더 신사적이어서 간절한 마음으로 (   )을 받고 이것이 그리한가 하여 날마다 (   )을 상고하므로." (   )에 적당한 낱말을 쓰라.(행 17장)
3. 바울이 어디 사람들에게 종교성이 많다고 하였는가?(행 17장)
4. 유대인 가운데 학문이 많고 성경에 능한 자의 이름은 무엇인가?(행 18장)
5. 불살라 버린 마술사들의 책값은 (   )이나 되었다.(행 19장)
6. ① 누가 ② 어디에서 ③ 왜 떨어져 죽었는가?(행 20장)
7. "나의 달려갈 길과 주 예수께 받은 사명 곧 하나님의 은혜의 복음 증거하는 일을 마치려 함에는 나의 생명을 조금도 귀한 것으로 여기지 아니하노라." 이 말씀은 몇 장 몇 절에 있는가?
8. 받는 것보다 복이 있는 것을 무엇이라고 했는가?(행 20장)
9. "나는 주 예수의 이름을 위하여 결박받을 뿐 아니라 예루살렘에서 죽을 것도 각오하였노라." 누가 한 말인가?(행 21장)
10. "네가 헬라 말을 아느냐?"는 말은 바울이 천부장에게 했다. 맞으면 ○표 틀리면 ×표 하라.(행 21장).
11. "떠들며 옷을 벗어 던지고 티끌을 공중에 날린" 사람들은 (   )들이었다.(행 22장)
12. 다음 A항과 관계있는 것을 B항에서 골라 그 기호를 쓰라.

A항	B항
① 아나니아( )	(가) 부활도 천사도 없다
② 바울( )	(나) 짐승을 준비하라
③ 사두개인( )	(다) 그 입을 치라
④ 바리새인( )	(라) 회칠한 무덤이여
⑤ 주께서( )	(마) 부활도 천사도 있다
⑥ 벨릭스( )	(바) 담대하라

13. 바울을 죽이기 전에는 먹지도 않고 마시지도 않기로 맹세한 사람은 몇 명인

가?(행 23장)

14. "저희의 기다리는 바 하나님께 향한 소망을 나도 가졌으니 곧 (　　　)과 (　　　)의 부활이 있으리라." (　)에 적당한 낱말을 써라.(행 24장)
15. "나도 이 사람의 말을 듣고자 하노라." 누가 한 말인가?(행 25장)
16. "당신들은 하나님이 죽은 사람 다시 살리심을 어찌하여 못 믿을 것으로 여기나이까." 몇 장 몇 절에 있는가?
17. "바울아 네가 미쳤도다 네 많은 학문이 너를 미치게 한다." 이 말은 누가 했는가?(행 26장)
18. 바울이 배를 타고 가다가 만난 광풍의 이름은 무엇인가?(행 27장)
19. 바울과 같이 배를 타고 가던 사람은 ① 몇 명이며 ② 며칠 동안 먹지 못하였나?(행 27장)
20. 바울이 독사에게 물렸으나 상하지 아니했고 섬에서 제일 높은 보블리오의 (　　　)을 치료함으로 극진한 대접을 받았다. (행 27장)
21. "너희가 듣기는 들어도 도무지 깨닫지 못하며 보기는 보아도 도무지 알지 못하는도다" ① 누구의 말을 인용하였으며 ② 어디에 있는가?(행 28장)

로마서

개요

1. **주제** - 예수 그리스도를 믿는 자에 대한 하나님의 의롭다 하심(구속). 모든 사람은 죄인이매 죄의 삯은 사망이다. 그러나 예수 그리스도를 믿는 자마다 의롭다 하심을 얻고 은혜로 구원을 받는다.
2. **로마서의 배경**
   1) 기록자 : 사도바울(1:1)
   2) 기록연대 : 주후 56년경
   3) 기록장소 : 고린도
   4) 수신자 : 이방인과 유대인들로 혼합된 로마의 성도들로서 그 중에 이방인이 다수였을 것이다(1:13, 2:17). 이 때는 바울이 아직 로마에 가지 않았다.
   5) 기록목적 : 첫째로, 바울은 로마에 가기를 희망하고 있었다. 둘째로, 사도들의 체계적인 가르침을 받은 적이 없는 로마교인들에게 구속의 진리를 깨닫게 하려 했다. 바울은 이 책을 겐그레아 교회의 뵈뵈 자매편에 보내었다.
   6) 특유의 용어 : 의롭다(17회), 믿음(37회), 그리스도 (39회).
3. **특징**
   1) 본서는 서신이기 보다는 조직적인 논문식으로 된 전 교리책이다.
   2) 구약성경의 많은 구절들이 인용되고 있으며 많은 구약의 용어들이 사용되고 있다.
   3) 사용하고 있는 용어들이 신학적이다. 예를 들면 죄, 진노, 사망, 율법, 의,칭의, 신앙, 생명, 소망, 할례, 이스라엘 등이다.
4. **내용분류**
   1) 서문(1:1~17)
   2) 인간의 죄(1:18~3:20)
   3) 칭의의 교리(3:21~5:21)
   4) 성화의 교리(그리스도로 말미암은 승리)(6:1~8:39)
   5) 구원의 역사(9:1~11:36)
   6) 윤리적 교훈(그리스도인의 윤리)(12:1~15:13)
   7) 개인적인 말(결론과 인사)(15:14~16:27)

40
[구원은 오직 믿음으로 (교리적인 교훈)]

- **본문 : 롬 1:1~8:39**
- **요절 : 롬 1:17**

사도 바울은 인간은 다 죄인이며 범죄한 인간이 구원받는 길은 오직 믿음으로만 가능함을 밝힌다. 특히 율법의 행위로가 아님을 강조한다. 여기서 오늘 우리의 구원은 어떤 행위, 즉 윤리나 도덕에 있지 않고 믿음으로 구원 받았음을 깨닫게 된다.

1. 서문(1:1~17)

1) 문안(1~7)

바울은 자신을 예수 그리스도의 노예(종)이며 부르심을 받은 사도로 소개하고 복음을 위해 성별되었다고 고백한다. 그는 복음의 주제가 하나님의 아들 예수 그리스도임을 분명히 했다(2). 이 아들은 다윗의 혈통에서 낳은 참 인간이고(3), 부활하심으로 참 하나님이심이 증명되었다(4). 참 인간이고 참 하나님이신 예수님의 이름을 위해 바울 같은 박해자도 은혜로 사도가 되게 하셨다. 그는 이제 더 이상 자기의 것이 아니고 그리스도의 것이며, 그리스도의 것이 되면 첫째로 하나님의 사랑을 받고, 둘째로 거룩한 자(성도)로 불리우고, 셋째로 하나님의 평강이 다가 온다. 이것은 삼중의 은혜이다.

2) 서신의 목적(8~17)

바울은 로마교회 성도들의 믿음이 세상에 널리 전파됨을 감사하고, 그들을 위해 기도하여 온 것을 고백한다. 그는 로마에 뚜렷한 목적이 있었고 또 가기를 소원했지만 하나님의 뜻 안에서 되기를 원했다. 로마 교인들을 견고하게 하기 위해 그는 신령한 은사를 나누기를 바랐다. 은사는 신앙의 열매를 맺게 한다. 그가 로마에 가기를 원하는 것은 그리스도에게 진 복음의 빚을 갚기 위해서였다(고전9:16). 복음을 부끄러워하지 않는 바울은 서문의 마지막에서 로마서 전체의 주제, 즉 "믿음으로 의롭다 함을 얻으며"의 교리를 분명히 하고 있다.

2. 인간의 죄(1:18~3:20)

바울은 하나님의 의를 선명히 하기 위해 인간의 죄를 지적했다. 그 죄는 이교도의 죄와 유대인의 죄로 나누인다.

1) 이방인의 죄(1:18~32)

"그리스도를 알지 못하는 사람도 죄가 있는가" 라는 가상 질문의 대답이다. 모든 사람은 자연을 통하여 하나님의 계심을 알 수 있는데(19, 20), 오히려 우상을 만들었다(23). 그들이 하나님의 영광을 더럽히자 하나님께서 저희를 심판하시고 더러움에 버려두셨다(24). 그 결과 이방인들은 성적으로 부도덕한 생활을 하게 되었고 그 형벌을 받았다(27). 또 그들 마음에 하나님을 모시지 않고 사형에 해당하는 악행을 하였다. 인간은 그릇으로 지음 받았으므로 하나님을 모시든지 악한 사탄을 담아 놓든지 둘 중에 하나이다.

2) 유대인의 위선 죄(2:1~29)

유대인들은 이방인의 죄를 보고 비판하였다. 그러나 외식과 위선으로 사람의 눈은 피할 수 있어도 하나님의 심판은 피할 수가 없다. 지금 심판이 임하지 않는 것은 인자하심 때문이지만 인자가 더할수록 진노와 형벌도 더 중하게 된다. 6~11절에는 하나님의 심판에 대한 보편성이 기록되어있다. 하나님의 심판은 영생과 진노 둘 뿐이며, 누구든지 그 행한대로 심판받는다. 하나님은 사람의 은밀한 것을 보고 심판하신다. 바울은 하나님의 심판 척도로 율법을 말한다(12~16). 이방인은 양심이 율법이고 율법은 행하는 데에 목적이 있으므로 행치 않는 자마다 심판 아래 있게 된다. 바울은 유대인의 위선 죄와 그 결과를 말한다(17~29). 유대인들은 율법에 있는 지식과 진리의 규모를 가진자로 스스로 믿고 인도자와 선생으로 생각했다. 그러나 사실은 자기들도 그 율법을 지키지 못했다. 율법이 하나님 백성의 내적 증거라면 할례는 외적 증거이므로 율법을 지키지 않는 상태에서 할례는 무의미하다고 말한다.

3) 인간은 모두 죄인임(3:1~20)

바울은 1~4절에서 할례의 유익이 하나님의 말씀을 맡음이라고 한다. 유대인들이 믿지 않더라도 그 맡기신 말씀은 폐할 수 없다. 유대인들 가운데 어떤 이는 자기들의 불의로 하나님의 의가 나타났는데 왜 자기가 죄인일 수 있느냐고 물었다(5~8). 하나님은 참되시기 때문에 불의와 타협하시지 않는다. 이처럼 유대인도 이방인도 다 죄인이며 이 세상에 의인은 아무도 없다(3:9~18). 율법의 목적은 자기 행위로 구원얻게 하려는 데에 있지 않고 오히려 인간의 죄를 깨닫고 율법의 행위로는 결코 의롭게 될 수 없다는 사실을 깨닫게 하는 데에 있다. 지혜로운 사람은 자신이 죄인임을 먼저 안다.

3. 칭의의 교리(3:21~5:21)

바울은 지금까지 인간이 모두 죄 아래 있으며 죄사함의 다른 길은 없다고 선포한 후 하나님의 의를 소개한다. 그는 율법시대로부터 복음시대로 전개해 나가고 있다.

1) 칭의의 개요(3:21~31)

이 새로운 계약의 주제는 예수 그리스도로 인한 의이다. 하나님은 예수님의 몸을 깨뜨리고 피를 쏟게 하심으로 하나님과 화목하는 길을 마련하셨다. 이제는 누구든지 믿기만 하면 예수님의 의가 나의 의로 인정되고 우리는 하나님 앞에 의롭게 설 수가 있는 것이다. 이것은 차별이 없는 의이다(21~26). 그러므로 아무도 하나님 앞에 자랑할 수가 없다. 오직 믿음으로 의롭다 함을 얻고 감사하는 것이 우리의 할 일이다. 할례자나 무할례자나, 유대인이나 이방인이나, 이제 율법을 완성하고 의롭게 될 수 있는 길은 예수님을 믿는 일 뿐이다.

2) 칭의의 실례(4:1~25)

예수님을 믿음으로 의롭다 하심을 얻는 신앙원리는 아브라함에게 주신 언약의 성취이며 완성이다. 아브라함은 믿음으로 의롭게 된 사람이었다.

⑴ 아브라함과 의인(1~16)-율법과 행위의 면에서 볼 때 아브라함은 부끄러운 사람이었지만 그가 하나님을 믿을 때에 의로운 사람이 되었다(1~3). 하나님의 의는 절대적으로 은혜에서 비롯된다(4~8). 아브라함이 믿음으로 의롭게 된 때는 할례 이전이었다. 그러므로 무할례자라도 아브라함처럼 믿음으로 나가면 의롭다 하심을 얻는 것이다(9~16). 이것은 하나님께서 아브라함과 맺으신 언약이다.

(2) 아브라함의 신앙(17~25)-바울은 믿음의 조상 아브라함의 신앙을 실례를 들어 증거한다. 아브라함이 믿은 하나님은 죽은 자를 살리시며 없는 것을 있는 것 같이 부르시는 자였다. 아브라함의 믿음은 바랄 수 없는 것들에 대한 바람이었다. 이 믿음은 신실하신 하나님의 말씀에 근거를 두었다. 그는 현상에 믿음의 표준을 두지 않았다. 이것을 의로 여기신 하나님은 예수 우리 주를 죽은 자 가운데서 살리신 이를 믿는 우리도 아브라함처럼 의롭다 하신다.

3) 믿음으로 의롭게 된 결과(5:1~21)

(1) 하나님과 화해(1~5)-믿음으로 의롭게 된 자가 받는 축복은 하나님과의 화평이다. 하나님과 화평하면 하나님의 영광을 바라고 기쁨을 소유한다. 또한 환난 중에도 즐거워하는 데 이는 하나님의 사랑이 우리 마음에 있기 때문이다.

(2) 하나님의 사랑(6~11)-하나님과 우리를 화목하게 하신 이는 하나님이시다. 아직 원수된 상태에서 우리와 화목하시기 위해 그의 아들을 인간이 되게 하셨고 십자가에서 형벌(사망)을 받게 하셨다. 죽으심으로 화목된 우리는 살으심으로 구원을 얻는다. 이러므로 처음부터 끝까지 우리의 구원은 은혜로 다가온 것이다.

(3) 아담과 그리스도(12~21)-아담은 불순종하고 범죄하고, 정죄당하고, 사망의 종노릇하였지만 예수님은 순종하고, 의롭다 하심을 입으셨고, 사망 권세를 깨뜨리셨고, 생명 안에서 왕노릇하셨다. 아담 한 사람 때문에 온 인류가 사망 가운데 떨어졌다면 예수님 한 분 때문에 우리는 생명 가운데 왕노릇하게 되었다. 율법은 죄를 깨닫고 정죄의식 가운데 있게 하지만 은혜는 의로 왕노릇하며 영생에 이르게 한다.

4. 성화의 교리(그리스도로 말미암은 승리)(6:1~8:39)

바울은 지금까지 하나님의 의에 관하여 가르쳐 왔는데 그것은 예수 그리스도를 믿는 신앙에 의한 의이며 우리는 하나님의 은혜로 의롭다 하심을 얻는다. 우리는 지금 은혜시대 안에 살고 있으며 우리의 삶을 거룩하게 하고 승리하게 하시는 이는 바로 예수님이시다. 이제부터는 구원받은 자가 누리는 승리의 생활에 대해 살펴보기로 하자.

1) 그리스도와의 일체(6:1~7:6)

바울은 성도가 그리스도와 하나됨을 세례의 비유와(6:1~14), 노예의 비유와(6:15~23), 혼인법의 비유(7:1~6)로 설명하고 있다

⑴ 세례의 비유(6:1~14)-은혜를 더 뚜렷하게 하기 위해 죄를 짓겠다는 말은 있을 수 없다. 은혜아래 있는 순간부터 죄에 대하여 죽었기 때문이다. 우리는 예수님과 함께 죽었고, 다시 살아났는데 이때 얻은 생명은 영원한 하나님의 생명이다. 이것이 세례의 의미이다. 성도는 그리스도의 죽음과 부활에 연합(접목)된 자들로 그리스도를 닮게 된다. 연합의 목적은 죄의 몸을 멸하여 다시 죄의 종 노릇하지 않기 위해서이다. 사망이 다시는 주장하지 못하게 하기 위함이다. 10절은 믿음의 고백이다. 새로운 자아에 대한 믿음의 결단과(6~11) 죄에 대한 의지의 결단은(12~14) 주 안에서 누리는 성공적 삶의 시작이다. 새로 태어난 우리가 우리의 지체를 하나님께 드릴 때 죄가 우리를 주관하지 못한다.

⑵ 노예의 비유(6:15~23)-그리스도와 함께 죽고 살아난 성도들은 법 아래 있지 않고 은혜 아래 있는데 그렇다고 율법을 무시하고 방종할 수는 없다. 누구든지 죄에 순종하면 죄의 종이 되고 의에 순종하면 의의 종이 된다. 옛날에 죄의 종이었을 때에 의에 대하여 상관이 없었듯이 이제 의의 종이면 죄와 상관치 않아야 한다. 종은 상전만 섬기고 복종해야 한다. 우리는 체험적으로 죄의 결과가 사망이요, 의의 결과가 영생임을 안다. 이러므로 예수님과 합하여 의의 종이 된 사람들은 마땅히 의의 열매인 거룩한 생활을 해야 하는 것이 다.

⑶ 혼인법의 비유(7:1~6)-그렇다면 그리스도와 합하여 의롭게 된 사람들이 거룩한 생활을 위하여 율법을 지켜야 할까? 율법은 죽은 사람을 재판할 권리가 없다. 그 실례로 바울은 혼인법을 들었다. 혼인법은 부부가 다 살아있을 때에만 유효하며 한 사람이 죽으면 파기된다. 그리고 남은 자는 또 자유롭게 재혼할 수 있는 것이다. 성도는 그리스도로 말미암아 율법에 대하여 죽고 그리스도와 결혼하였다. 더 이상 죄의 종이 아니므로 율법이 우리에게 권리를 행사할 수가 없다. 이제 우리는 죄를 깨닫게 하는 율법이 아닌 영의 새로운 것, 즉 성령의 인도하심을 따라 살아간다.

2) 죄와의 싸움(7:7~25)

지금까지 바울은 그리스도인이 죄와 율법에서 해방되어 자유자가 되고 그리스도의 사람이 된 사실을 가르쳐왔다. 그러나 현실에 있어서는 죄와 맹렬한 싸움이 계속된다.

(1) 율법과 죄(7~13)-죄와 율법에서 벗어났다는 말은 율법도 악한 것이라는 뜻이 아니라, 율법도 계명도 거룩하고 선하되 율법이 죄를 깨닫게 할 때 그 죄가 너무 뚜렷하게 돋보여서 죄의식으로 죽게 되었다는 말이다. 그러나 선한 율법이 사망이 될 수 없다. 그것은 율법의 문제가 아니고 죄의 문제이며 죄는 인간의 문제이다.

(2) 나의 죄(14~16)-바울은 죄와 나의 관계를 설명하고 있다. 육신에 속하였을 때 내가 지금하려는 것도 원하는 것도 할 수 없고 결국에는 원치 않는 것을 한다고 고백한다. 이러므로 나의 죄 때문에 내가 죽을 뿐 율법이 악한 것은 아님을 분명히 해야 한다.

(3) 두 사람의 나(17~25)-원치 않는 것을 행하는 것은 그리스도와 함께 죽고 함께 살아난 속사람이 아니고 육체에 속해 있는 겉사람이다. 바울은 속사람과 겉사람을 날카롭게 분리해 낸다. 그리스도인의 생활은 이 두사람에 싸움을 보며 살아간다. 하나님의 법과 죄의 법의 싸움, 성령의 소욕과 육체의 소욕의 싸움(갈5:17), 선과 악의 싸움이 일어난다. 그래서 우리는 바울처럼 "오호라 나는 곤고한 사람이로다"하고 외칠 때가 한 두 번이 아니다. 그러나 그 싸움 가운데서도 우리는 하나님께 감사할 수 있다. 그 이유는 8장에 기록되어 있다.

3) 그리스도로 인한 승리(8:1~39)

우리를 죄와 사망의 법에서 승리하게 하시는 이는 그리스도가 보내신 다른 보혜사 성령이시다.

(1) 성령에 의한 승리(1~17)-그리스도가 인간의 육신을 입고 오셔서 정죄 당하시고 죽으심으로 영원한 속죄를 이루셨고, 그리고 이것을 성령께 맡기셔서 우리에게 보내셨다. 우리가 하나님 나라에 들어갈 때까지 영과 육의 싸움은 계속되겠지만 그 때마다 우리가 이길 수 있는 것

은 그리스도가 우리를 위해 이미 승리하여 놓았고 성령께서 그것을 선언하여 주시기 때문이다. 우리가 주 안에서 자신의 연약함을 보지 않고 성령님을 보며, 성령님의 법을 좇아 육의 행실을 죽이고, 성령님이 이루어 주신 새로운 지위, 즉 하나님의 자녀가 됨을 입술로 시인하면 승리는 언제나 우리의 것이 된다. 그것이 믿는 자의 기업이다.

(2) 승리의 희망(18~39)-그리스도 인들이 고난을 받을 때에도 그 가운데 그리스도께서 성령을 통하여 동참하기 때문에 승리는 우리의 것이다. 우리는 소망으로 구원을 얻은 사람들이다. 우리는 이 구원이 온전히 이루어지기를 기다린다(18~25). 우리가 연약한 가운데서도 승리를 확신하는 이유는 성령께서 우리를 도우시고 하나님께 아뢰며, 모든 일에 선을 이루어 주시기 때문이다. 30절에는 4중 축복, 즉 미리 정하심과 부르심과 의롭게 하심, 그리고 영화롭게 하심이 기록되어 있다(26~30). 이처럼 그리스도가 우리를 위해 죽으시고, 성령이 그리스도의 것을 가지고 우리를 도우시고, 하나님께서 그 자녀된 우리를 영화롭게 하시니 누가 우리를 정죄하겠는가, 누가 우리를 저주하고 송사하겠는가, 누가 그리고 무엇이 우리를 그리스도의 사랑에서 끊겠는가, 이러한 승리는 결국 우리의 것이다.

교훈 및 적용

1. 유대인들은 제일 먼저 복음을 들었고, 예수님을 직접 본 사람들이면서도 마음을 닫고 고의적으로 복음을 외면한 사람들이다. 우리의 불신앙도 보고 듣지 못한 것에 기인하는 것이 아니라 마음을 열지 않은 것이 문제가 됨을 명심하고 성령님이 역사하시도록 말씀에 마음을 열자.
2. 현대의 기독교인들이 이처럼 무력한 이유는 생각이 행동을 따르지 못하기 때문이다. 예수님의 공로로 새로운 피조물이 된 우리는 예수님의 말씀을 따라 올바른 삶의 성화를 이루어 나가야 할 것이다.

하나님께서는 범죄한 인간을 위하여 무엇을 하였으며 우리의 구원이 어떻게 이루어지며 영화롭게 되는가를 배웠습니다. 그리고 이러한 놀라운 사랑과 은혜를 받은 성도의 삶의 자세가 어떠해야 할 것인가도 배웠습니다.
다음 과에서도 계속해서 로마서를 공부하게 됩니다. 본문을 읽어 주시기를 바랍니다.

성경문제

● 구원은 오직 믿음으로 /롬 1:1-8:39

1. "복음에는 하나님의 의가 나타나서 (　　　)으로 (　　　)에 이르게 하나니 기록된바 오직 의인은 (　　　)으로 말미암아 살리라 함과 같으니라." (　)에 적당한 낱말을 써 넣어라.(롬 1장)
2. "합당치 못한 일"들이 기록된 곳은 어디인가?(롬 1장)
3. 로마서 2장에 "판단"이란 말과 "율법"이란 말이 각각 몇 번이나 기록되었는가?
4. 할례를 어디에 하라고 했는가?(롬 2장)
5. "의인은 없나니 하나도 없으며." 몇 장 몇 절에 있는가?
6. "모든 사람이 (　　　)를 범하였으매 하나님의 영광에 이르지 못하더니 그리스도 예수 안에 있는 구속으로 말미암아 하나님의 은혜로 값없이 (　　　)롭다 하심을 얻은 자 되었느니라." (　)에 적당한 낱말을 써 넣어라.(롬 3장)
7. 사람이 의롭게 되는 것은 믿음으로 되는 것이 율법의 행위에 있다(롬 3장). 맞으면 ○표 틀리면 ×표 하라.
8. "예수는 우리 범죄함을 위하여 내어줌이 되고 또한 우리를 의롭다 하심을 위하여 살아나셨느니라." 몇 장 몇 절에 있는가?
9. '우리가 환난 중에서 즐거워한다'고 했는데 그 이유가 아닌 것은?(롬 5장)
   (가) 환난은 인내를　　(나) 인내는 연단을
   (다) 연단은 소망을　　(라) 소망은 영광을
10. "우리가 아직 (　　　)되었을 때에 그리스도께서 우리를 위하여 죽으심으로 하나님께서 우리에게 대한 자기의 (　　　)을 확증하셨느니라." (　)에 적당한 낱말을 써 넣어라.(롬 5장)
11. 한 사람이 순종치 아니함으로 많은 사람이 (　　　)이 되었고 한 사람의 순종으로 많은 사람이 (　)이 된다.(롬 5장)
12. 의의 병기로 하나님께 드려야 할 것은 무엇이라고 했는가?(롬 6장)
13. "죄의 삯은 사망이요 하나님의 은사는 그리스도 예수 우리 주 안에 있는 영생이니라." 몇 장 몇 절에 있는 말씀인가?
14. 로마서 7장에서 "율법"이란 말이 몇 번 기록되어 있는가?
15. 죄를 알게 하는 것은 무엇이라고 했는가?(롬 7장)
16. "오호라 나는 곤고한 사람이로다 이 (　　　)의 몸에서 누가 나를 건져내랴."
    (　　　)에 적당한 낱말을 써라.(롬 7장)
17. "이는 그리스도 예수 안에 있는 생명의 성령의 법이 죄와 사망의 법에서 너를 해방하였음이라." 몇 장 몇 절에 있는가?
18. "환난이나 곤고나 핍박이나 기근이나 적신이나 위험이나 칼" 이 끊을 수 없는 것은 무엇인가?(롬 8장)

41
[그리스도인의 윤리]

● **본문 : 롬 9:1~16:27**
● **요절 : 롬 12:1, 2**

우리는 믿음으로 구원을 받았다. 이것은 전적으로 하나님의 은혜와 사랑의 결과이다. 그러므로 구원받은 우리가 어떻게 사는 것이 합당한 삶인가를 배우게 될 것이다. 은혜로 구원받은 성도들에게 이세상에 사는 날 동안 주어진 의무인 것이다.

1. 구원의 역사(9:1~11:36)

그리스도 안에서 인간 승리를 소리높이 외친 바울은 불현듯 동족 이스라엘의 불신앙을 생각하고 침통하게 된다. 그는 마음의 아픔을 억누르면서 이스라엘과 이방인의 구원에 대한 하나님의 주권을 가르쳤다.

1) 하나님의 선택과 이스라엘(9:1~33)

(1) 바울이 느끼는 고통(1~5)-바울은 이스라엘 동족이 택함받은 하나님의 백성임에도 불구하고 그 임무에 태만함을 보고 마음의 고통을 느낀다.
(2) 하나님의 주권(6~29)-하나님께서는 아브라함의 자손을 다 택하신 것이 아니고 약속의 말씀을 따라 그의 절대적인 주권으로 택하셨다. 이 택함은 인간의 행위가 아니고 긍휼히 여기시는 하나님의 뜻에 따른 것이다(6~18). 인간은 자유함을 받은 존재이기 때문에 하나님의 주권에 대항하거나 변론할 수 없다. 이방인 중에서 예수를 믿고 구원얻는 것은 이미 하나님께서 그의 종들을 통하여 예언한 약속의 말씀 때문이다. 하나님은 그가 말하신 것을 이루시는(갈5:14) 절대 주권적인 분이시다(19~29).
(3) 이방인의 구원(30~33)-의의 법을 좇아간 이스라엘은 그 법에 걸려 넘어졌고 이방인들은 오히려 믿음으로 의롭다 함을 얻었다. 똑같은 돌이지만 거칠기도 하고 부끄러움을 당하지 않기도 한다. 그 돌은 십자가에서 돌아가신 예수 그리스도이시다.

2) 이스라엘의 불신앙(10:1~21)

이스라엘 백성들은 열심은 있었으나 하나님이 예비하신 의의 길을 버리고 교만함으로 자기 의만 세우려 했다(1~3). 율법의 의가 행위를 구한다면 믿음으로 말미암는 의는 마음과 믿음과 입술의 시인만으로 의롭다 함을 얻게 한다(4~10). 이 새로운 법은 모든 인류에게 적용된다. 누구든지 그리스도의 이름을 부르게 하기 위해 복음이 전파되지만 이스라엘 백성들은 듣고도(18) 믿지 않았고, 알고도(19) 믿지 않았다. 하나님은 계속하여 이스라엘 백성들을 부르셨으나 그들은 힘써 자기의 행위로 의의 바벨탑을 쌓아 갔던 것이다. 그리고 구하지도 않았던 이방인이 축복을 얻었다.

3) 이스라엘의 구원과 하나님의 목적(11:1~29)

이스라엘이 복음에 완악함으로 복음이 이방인 세계로 전파되었지만 아직도 이스라엘에서는 바알에게 무릎꿇지 않았던 7천 명과 같은 은혜로 택하심을 입은 사람들이 있음을 확인한다. 하나님의 목적은 복음의 이방인 전파와 이스라엘의 시기였다. 이스라엘에 믿는 자가 충만해질때에 이 세상은 그리스도의 왕국이 될 것이다(1~12). 바울은 이방인 성도들에게 겸손하라고 권고하고, 택하신 이스라엘이라도 버리시는 하나님이시므로 은혜 아래 거하지 않으면 찍혀 버리우게 된다고 경고한다(13~23). 그러나 복음으로 인한 이방인 구원을 위하여 적대행위를 하는 이스라엘도 하나님 편에서 보면 사랑하시는 언약의 자녀들이므로 그 부르심에 후회없이 구원하실 날이 있을 것이다(25~29).

4) 이스라엘 문제에 대한 결론(11:30~36)

이스라엘 백성들은 자기들의 선행으로 구원을 얻으려했고, 하나님은 긍휼로 구원하시기를 원하셨다. 이스라엘이 이 비밀을 깨달을 때까지 갇힌 자의 생활을 하게 될 것이다. 철저한 긍휼과 사랑을 믿음으로 구원을 얻는 이 비밀은 언제나 변치 않는 구원의 길이다.

2. 윤리적 교훈(그리스도인의 윤리)(12:1~15:15)

바울은 지금까지 인류의 구원에 대하여 기록하였다. 인간의 죄, 그리스도 에 의한 속죄, 성령에 의한 승리를 분명히 한 후 세계의 구원에 대한 하나님의 비밀을 말하였다. 이제부터는 복음에 기초한 그리스도인의 실천 윤리를 가르친다. 헌신과 봉사는 은혜로 구원받은 이들의 의무이다.

1) 윤리의 기초(13:1~21)

(1) 그리스도 인의 헌신(1~2)-사도 바울은 몸으로 산 제사를 드릴 것과 이 세대를 본받지 말 것, 그리고 하나님의 뜻을 분별하라고 권면한다. 헌신과 성별과 순종은 기독교 윤리의 기초이다.

(2) 지체의 윤리(3~8)-교회는 예수 그리스도를 머리로 하는 몸이다. 지체의 윤리는 믿음의 분량대로 지혜롭게 생각하고 몸을 위하여 자기 직분을 다하는 것이다.

(3) 사랑의 윤리(9~21)-성도는 모든 일을 사랑에 근거하여 해야 한다. 사랑은 거짓이 없고, 서로 먼저 행하며, 주를 섬기는 일에 열심이다. 핍박하는 자를 축복하고, 이웃과 동고동락하며, 겸손하고 선한 일을 계획하며 모든 사람과 화평하고 원수까지도 사랑한다. 사랑은 악을 이기는 최대의 무기.

2) 사회의 윤리(13:1~14)

윤리의 기초를 밝힌 바울은 그리스도인의 세 가지 대(對) 사회윤리를 분명히 한다. 그것은 한 마디로 의무를 다하는 삶이다.

(1) 복종의 윤리(1~7)-바울은 세상의 권세가 하나님께로 왔으므로 권세에 대항하는 자는 하나님께 대항함이 된다. 권세자는 하나님의 일꾼이 되어 선을 이루는 자이므로 두려움과 양심에 의해 의무를 다하라고 부탁한다.

(2) 대등의 윤리(8~10)-권세자에게 의무를 다하는 한편 인간관계에서는 사랑의 빚 외에 아무 빚도 지지 않는 것이 그리스도인의 다른 삶이다. 사랑은 그리스도인의 삶을 가장 아름답게 하는 율법의 완성이요, 새로운계명.

(3) 종말의 윤리(11~14)-바울은 이 시기가 종말임을 가리킨다. 역사적인 종말 외에도 개인에게 있어서 매 시간이 곧 종말이다. 이러므로 우리들은 거룩함에 거하고 정욕을 버리며 그리스도와 하나 됨으로 살아야 한다.

3) 교회의 윤리(14:1~15:13)

기독교 윤리의 기초를 밝히고 사회윤리를 가르친 바울 선생은 마지막으로 교회 내의 영적으로 하나될 것을 호소한다.

(1) 자유의 원칙(14:1~12)-당시 로마교회에는 금욕주의적인 성도들과 그렇지 않은 성도들이 있었던 것 같다. 금욕적인 사람들이 고기 먹기를 꺼리고 특정한 날에 구애된 것을 보고 그렇지 않은 사람이 비난할 때에 바울

은 "믿음이 연약한 자를 너희가 받되 그의 의심하는 바를 비판하지 말라" 고 권면한다. 하나님께서는 금욕적인 사람도 용납하시고 자유하는 사람도 용납하셨다. 이러므로 서로의 생활태도를 가지고 신앙의 깊이를 비판할 필요가 없다. 먹는 자나 먹지 않는 자나 모두 주 하나님께 속했으므로 무엇을 하든지 주를 위해서 하여야 한다. 교회 안에서 그리스도인의 자유는 형제를 판단하는 데 사용되지 않고 주의 영광을 구하는 데 사용되어야 한다. 이것이 자유의 원칙이다.

(2) 덕을 세우는 데 힘쓰라(13~23)-사나 죽으나 주를 위하여 사는 삶은 형제의 덕을 세우게 된다. 그리스도 안에서 형제 된 이들은 서로 비판하는 대신 서로가 실족하지 않도록 돌보는 생활을 해야 한다. 내가 형제 앞에 거치는 돌을 두지 않도록 사랑으로 자기를 지켜야 한다. 나에게는 모든 것이 자유이지만 믿음이 약한 형제를 위하여 그 자유를 사용하지 않을 수도 있어야 한다. 예수님이 피로 사신 형제이므로 모든 것을 사랑의 원칙으로 하여야 한다. 그 때 하나님이 기뻐하시고 사람에게도 칭찬을 받는다. 교회 안에서 그리스도 인의 윤리는 "화평의 일과 서로 덕을 세우는 일"에 기준을 두어야 한다.

(3) 그리스도 예수를 본받는 생활(15:1~13)-바울은 지금까지 그리스도인의 자유와 이웃의 덕을 세우는 일에 대하여 가르쳤다. 내 자유와 이웃의 사랑은 주님을 위한다는 목표 아래에서 조화를 이룬다. 바울은 궁극적으로 그리스도와 하나가 되라고 권면한다. 신앙이 강한 자는 약한 자의 짐을 짊어져야 한다. 그리고 함께 사는 의무를 다해야 한다. 교회 내에서 그리스도인의 윤리는 자기를 기쁘게 하지 않고 형제를 기쁘게 하는 것이다. 단순히 기쁘게 하지 않고 선을 이루고 덕을 세우는 일을 해야 한다. 이것은 그리스도의 성품이다. 예수님은 자기를 기쁘게 하지 않으셨다. 하나님을 향한 비방과 모욕과 조소를 한 몸에 받으시고 십자가에 달리셨다. 이것은 하나님 아버지를 기쁘시게 하고 우리 죄를 구속하시기 위해서였다. 이와 같은 그리스도의 모습을 알 때, 우리는 형제를 기쁘게 하기 위해 내 자유를 전제하고 봉사하는 생활이 당연한 것임을 깨닫는다. 인간이 모이면 소리가 나지만 예수 그리스도를 중심으로 모일 때 서로 뜻이 같아져서 한 마음과 한 입으로 하나님 곧 "우리 주 예수 그리스도의 아버지께 영광을 돌리게" 된다. 이렇게 되기 위해서는 그리스도가 유대인과 이방인을

추한 그 모습대로 용납하신 것처럼 우리도 형제를 있는 그대로 받아들여야 한다. 우리가 본받으려는 예수 그리스도는 약속대로 오셨고 열방의 신이 되셨으며 우리에게 기쁨과 평강을 충분히 주시는 분이시다.

3. 개인적인 말(결론과 인사)(15:14~16:27)

바울이 로마 교인에게 보낸 이 서신은 믿음으로 하나님의 의롭다 하심을 입은 자들이 사회와 교회에서 마땅히 따라야 할 윤리적 원칙들을 제시해 왔다. 이제 바울은 그의 결론을 맺으려 한다.

1) 바울의 전도계획(15:14~33)

⑴ 바울의 선교정신(14~21)-바울은 지혜롭게 권면하고 지혜롭게 칭찬한다. 로마교인들이 선하고 모든 지식에 넘쳐서 서로 권하는 자임을 확신한다는 바울의 말은 신뢰를 의미했다. 사람을 변화시키는 것은 비난이 아니고 올바른 교훈과 신뢰이다. 바울은 자신이 이방인을 위해 하나님의 복음의 제사장 직무를 한다고 고백한다. 오늘도 전도자는 제사장이다. 제사장이란 하나님과 사람을 중재하는 역할을 하는 사람을 말한다. 바울이 행한 표적과 기사의 능력은 제사장이 사명을 수행하는 수단이었다. 그는 성령께서 인도하시는 외에는 자의로 말하지 않았다. 그는 이미 복음이 전파된 곳에서는 가능하면 복음을 전하지 않았다. 그의 목적은 남이 뿌려놓은 씨앗의 열매를 거두는 것이 아니고 새 터에 씨를 뿌리는 것이었다. 바울의 생애는 언제나 움직이고 진행하는 것이 특색이다.

⑵ 바울의 전도계획(22~29)-바울은 세계의 수도인 로마에 거점을 두고 땅끝까지 (스페인)복음을 전하고 싶었지만 여러 번 길이 막혔다. 이번에도 마게도냐와 아가야 사람들이 마련한 위문금을 가지고 예루살렘에 올라가게 되었다. 그러나 예루살렘 사명이 끝나면 "그리스도의 충만한 축복을 가지고" 로마에 가겠다고 약속한다.

⑶ 바울의 소원(30~33)-바울은 로마 교인들에게 세가지 소원을 기록한다. 첫째는 유대인 중에서 예수를 믿지 않는 자들의 핍박에서 보호받고, 둘째는 예루살렘에 가지고 가는 이방인의 위문금을 지도자들이 기꺼이 받아주며, 셋째는 기쁨으로 로마에 갈 수 있도록 기도해 달라는 부탁이었다.

2) 소개인사(16:1~27)

(1) 뵈뵈의 소개(1, 2)-바울은 이 서신을 휴대하고 가는 부인을 소개한다. 뵈뵈는 겐 그레아 교회의 여집사로 상업의 용무로 로마에 가게 되었다. 바울은 로마교회가 뵈뵈를 따뜻하게 환영해 주기를 바라고 있었다.

(2) 바울의 인사(3~16)-바울은 로마교회의 여러 사람들에게 문안한다. 이들은 로마로 이주해 들어간 성도들로서 이미 바울과 교제를 나누던 사람들이었다. 브리스가와 아굴라 부부는 바울과 함께 텐트를 만들며 전도했다.

(3) 바울의 경고(17~20)-바울은 마지막 인사를 하던 중 갑자기 거짓교사를 주의 하라고 강한 어조로 경고한다. 거짓교사들은 분쟁을 일으키고 주 예수 그리스도 대신 자기 배를 섬기는 자들이다. 이들은 언제나 말이 능란하여 순진한 자들을 유혹한다. 이 거짓교사들은 예수님께서 사단을 발 아래 두실 때까지 계속 존재할 것이다. 성도는 선한 일에는 지혜롭고 악한 일에는 미련해야 한다.

(4) 동역자의 인사(21~23)-갑자기 충고의 말은 끝나고 지금 바울과 함께 복음을 전하고 있는 동역자들의 인사말로 돌아온다.

(5) 송영(25~27)-바울이 전한 복음은 오래 전부터 계시되어 왔었다. 그는 지금 이 편지를 읽고 있는 로마 교회의 성도들을 그 복음으로 믿음 위에 견고하게 서도록 하실 하나님께 예수님의 이름으로 영광을 돌리고 있다.

교훈 및 적용

1. 신앙은 결코 지식이 아니다. 참된 신앙은 성도의 삶에 있어 말씀대로의 실천이며 하나님께 대한 전적인 의지임을 명심하고 열심히 배우고 배운 것을 실천해 나가는 성도들이 되자.
2. 성도는 하나님의 은혜안에서 생명을 값없이 받았다. 그러므로 하나님께 사랑받는 참된 성도라면 이웃의 과실을 용서하고 덮어줄 수 있는 관용의 미덕을 지녀야 할 것이다.

우리는 41과에서 구원받은 성도들이 교회와 이 사회에서 어떻게 살아야 할 합당한 삶인가를 배웠습니다. 그것은 한마디로 예수그리스도를 본받아 서로 사랑하는 것이며 이 사랑은 원수까지도 그 대상으로 함을 알았습니다. 우리의 사랑의 실천으로 이 땅에 미움이 사라졌으면 합니다. 다음 과에서는 고린도전서를 공부하겠습니다. 본문을 읽어주시기를 바랍니다.

성경문제

● 그리스도인의 윤리/롬 9:1-16:27

1. "내가 내 백성 아닌 자를 내 백성이라 사랑치 아니한 자를 사랑한 자라 부르리라." 누구의 글인가?(롬 9장)
2. "사람이 (   )으로 믿어 의에 이르고 (   )으로 시인하여 구원에 이르느니라." (   )에 적당한 낱말을 써 넣어라.(롬 10장)
3. "누구든지 주의 이름을 부르는 자는 구원을 얻으리라." 몇장 몇절에 있나?
4. 믿음은 어디에서 난다고 했는가?(롬 10장)
5. 바알에게 무릎을 꿇지 아니한 사람 몇 명을 남기셨다고 했는가?(롬 11장)
6. "이는 만물이 주에게서 나오고 주로 말미암아 주에게로 돌아감이라 영광이 그에게 세세에 있으리로다 아멘." 몇 장 몇 절에 있는가?
7. "그러므로 형제들아 내가 하나님의 모든 자비하심으로 너희를 권하노니 너희 (   )을 하나님이 기뻐하시는 거룩한 산 제사로 드리라 이는 너희의 드릴 (   )니라." (   )에 적당한 낱말을 써 넣어라.(롬 12장)
8. 다음 중 서로 잘못된 것끼리 연결된 것은 무엇인가?(롬 12장)
   (가) 소망-즐거움 (나) 환난-참음
   (다) 기도-항상 힘쓸 것 (라) 사랑-공급
9. '너희를 핍박하는 자를 축복하지 말고 저주하라.' 이 말이 맞으면 ○표 틀리면 ×표 하라.(롬 12장)
10. "할 수 있거든 너희로서는 모든 사람으로 더불어 (   )하라." (   )에 적당한 낱말을 써 넣어라.(롬 12장)
11. 무슨 빚 외에 아무 빚도 지지 말라고 했는가?(롬 13장)
12. "사랑은 이웃에게 악을 행치 아니하나니 그러므로 사랑은 율법의 완성이니라." 몇 장 몇 절에 있는가?
13. "우리가 살아도 (   )를 위하여 살고 죽어도 (   )를 위하여 죽나니 그러므로 사나 죽으나 우리가 (   )의 것이로다." (   )에 적당한 낱말을 써넣어라.(롬 14장)
14. 하나님 나라에 있지 않는 것은 무엇인가?(롬 14장)
    (가)먹는 것 (나)의 (다)평강 (라)희락
15. 한 마음과 한 입으로 하나님께 무엇을 돌리게 하려 한다고 했는가?(롬 15장)
16. "(   )의 하나님이 모든 기쁨과 평강을 믿음 안에서 너희에게 충만케 하사 성령의 능력으로 (   )이 넘치게 하시기를 원하노라." (   )에 적당한 낱말을 써 넣어라.(롬 15장)
17. 바울의 보호자가 되었던 사람은 누구인가?(롬 16장)
    (가)브리스가 (나)아굴라 (다)뵈뵈 (라)에배네도
18. 로마서 16장에 "문안"이란 말이 몇 번이나 기록되었는가?

고린도전서

개요

1. **주제** - 예수그리스도는 우리의 주님이시다.
   1) 교회의 교리적 문제와 무질서에 대한 바울의 교훈
   2) 주 예수그리스도 안에서의 교회의 연합에 대한 바울의 소망
2. **고린도전서의 배경**
   1) 책이름 : 고린도전서란 바울이 고린도 교회에 보내는 첫번째 편지를 말하는 것이다. 고린도는 '장식품' 이라는 뜻이다.
   2) 기록자 : 사도 바울(1:1)
   3) 기록연대 : 바울의 3차 선교여행 중인 주후 55년에 에베소에서 썼다(행19:1~20, 20:1~3 참조)
   4) 수신자 : 고린도 교회의 모든 성도들, 고린도 교회는 바울의 2차선교여행중세워진 교회이다(행18:1~8). 당시 고린도는 로마제국의 식민도시였는데 헬라지방의 가장 큰 상업, 교육, 스포츠 중심지역이었으며,인구는 약 4, 50만명 이었다. 도덕적인 수준이 매우 낮았다.
   5) 기록목적 : 바울이 고린도 교회를 떠난지 3년 후 에베소에 있을 때 고린도교회는 분열과 음란과 이단으로 혼란상태에 빠졌다. 이에 바울이 예수님을 높이고 그리스도 중심의 생활을 강조할 목적으로 이 편지를 써보냈다. 이 편지에서 바울은 주님이란 말을 여러 번 썼다.
3. **특징**
   교회를 그리스도의 몸으로서 강조한 점이다. 그리고 말하던 문제를 다룰 때 마다 저들에 대한 영적 아버지로서의 관심(4:14,15)이 매 구절마다 나타나 있다. 그래서 지교회 교인들의 삶의 자세에 강조점을 들고 있는 것이다.
4. **내용분류** - 16장, 437절
   1) 문안과 감사의 말(1:1~9)
   2) 교회분열의 문제(1:10~4:21)
   3) 교회의 타락(5:~6:)
   4) 개인적인 신앙생활의 문제(7:~11:)
   5) 예배와 봉사의 문제(12:1~16:9)
   6) 결론(16:10~24)

42
[여러가지 교훈]

● **본문 : 고전 1:1~16:24**
● **요절 : 고전 10:31**

우리는 본과를 통하여 고린도 교회에 많은 문제들이 있었음을 배우게 될 것이다. 이러한 문제는 오늘날 현재는 교회도 마찬가지이다. 여기서 우리는 교회에서 발생되는 여러가지 문제들을 지혜롭게 해결해 나가는 비결을 배우고자 한다.

고린도전서는 크게 두 부분으로 나눌 수 있다. 신앙생활에 대한 시정(是正) 치리(治理)(1~11장)와 교리적 교훈(12~16장)의 두 장면이다. 그러나 첫 부분을 3대분하고 서론과 결론을 포함하면 여섯개의 소주제로 나눠진다.

1. 문안과 감사의 말(1:1~9)

1) 인사(1:1~3)

바울과 소스데네가 주 예수 그리스도의 이름을 부르는 모든 자들에게 드리는 문안.

2) 감사(1:4~9)

고린도 교회 성도에게 주신 하나님의 은혜에 감사하고 주 예수 그리스도의 다시 오심에 대해 말했다. 그리스도의 재림의 신앙은 초대교회 부흥의 비결이었다. 9절의 위대한 확언은 15장 58절 말씀과 깊은 관련이 있다.

2. 교회분열의 문제(1:10~4:21)

바울은 교회의 여러가지 잘못된 문제를 글로에 에게서 온 편지를 통해 들었다(11절). 바울은 항상 문제를 밝히고, 그 문제의 해결책을 제시하고는 바울 자신의 예를 말함으로써 교훈을 주고 있다. 여기에서도 바울은 1장에서 분쟁과 당파의 문제를 밝히고 2, 3장에서 해결책을 제시하고 4장에서 바울 자신의 모범을 보여 줌으로써 고린도 교인들에게 교훈을 주고 있다.

1) 분쟁과 당파의 문제(1:10~31)

⑴ 각 분파의 모습-바울파, 아볼로파, 게바파, 그리스도파(1:10~17)

⑵ 인간의 지혜와 하나님의 지혜(1:18~25)-그들의 분파는 하나님의 지혜를 떠나 인간의 지혜를 따름으로 비롯된 것이다(1:18~25).

⑶ 하나님께서 인간의 그릇된 지혜를 멸하심(1:26~31)

2) 우리에게 계시된 하나님의 지혜(2:1~16)

⑴ 바울이 하나님의 말씀을 전한 방법(2:1~5)-십자가에 못박히신 그리스도만을 알고 성령의 능력과 나타남으로.

⑵ 바울이 전한 메세지의 내용(2:6~9)-성령의 역사에 의하여 계시된 하나님의 지혜.

⑶ 하나님의 지혜에 대한 이해(2:10~16)-하나님의 성령, 그리스도의 마음의 신령한 것으로 알 수 있다. 인간의 육적인 상태는 하나님의 지혜를 받음으로 깨끗하여 질 수 있다(2:10~16).

3) 주 안에서 하나된 복음의 일꾼들(3:1~23)

⑴ 하나님의 밭은 하나이다(3:1~9)-젖만 먹는 자는 육에 속한 자요 인간의 지혜를 따르는 자이다.

⑵ 하나님의 집은 하나이다(3:10~15)-건축자는 단단한 터 위에 집을 세워야 그 공력이 시험될 때 상을 받는다(3:10~15).

⑶ 하나님의 성전은 하나이다(3:16~17)-하나님의 성전을 더럽히는 자는 멸망 받는다. 우리 믿는 자의 몸은 하나님의 성전이다.

⑷ 하나님의 그리스도는 한 분이시다(3:18~23)-지혜로운 자가 되려면 비련한 자가 되어야 한다. "바울이나 아볼로나 게바나 세계나 생명이나 사망이나 지금 것이나 장래 것이나 다 너희의 것이요 너희는 그리스도의 것이요 그리스도는 하나님의 것이니라"(22, 23). 기독교 복음의 일꾼은 하나님의 종일 뿐, 사람들의 상전이 아니다.

4) 그리스도의 사도임을 입증하는 바울(4:1~21)

바울이 없는 틈을 타서 고린도 교인들은 거짓 지도자들의 선동으로 바울에게 오만 불손한 태도를 보였다. 바울은 본장에서 자신의 입장을 변호하고 있다.

(1) 판단하시고 상 주시는 자이신 그리스도(4:1~5)-모든 인간은 그 마음 속에 4가지 종류의 사람으로써 존재한다. 바울은 본 4장에서 이것들을 말하고 있는데 첫째, 세상이 알고 있는 나, 둘째, 친구들이 알고 있는 나, 셋째, 나자신이 알고 있는 나, 넷째, 하나님께서 알고 계시는 나가 그것 들이다.

(2) 고린도 교인과 사도들의 비교(4:6~13)-바울은 그의 동역자들과 함께 고린도 교인들에게 책망하는 것이 오히려 나은것이요 정당한 것임을 실제로 예를 들어가며 증명하고 있다. 바울이 사도로서의 자신에 대해 말하는 것은 고린도교회가 교만에서 해방되고(6), 그리스도 앞에서 겸손한 자가 되기를 바라는 심정에서 한 것이다(16).

(3) 바울의 뜨거운 소원과 전달(4:14~21)-바울은 14절에서 16절까지 이 편지를 쓴 목적은 그가 고린도 교인을 영적으로 낳은 아비로써 그들에게 모범을 보여 주기 위함이라고 말하고 있다. 또 17절에서는 디모데를 보낸 사실을 말하고 18절에서 21절까지 에서는 주께서 허락하시면 사랑과 온유한 마음을 가지고 교만한 자의 말을 알아보러 가겠다는 것으로 결론을 맺고 있다.

3. 교회의 타락(5:~6:)

바울은 고린도전서 5~6장에서 고린도 교회의 3가지 악에 대하여 경고하고 있다. 5:1~13은 음행에 대한 바울의 단죄를 말하고 있고, 6:1~11은 교인들끼리의 송사문제를 책망하는 글이며, 6장의 마지막 부분인 12절에서 20절까지는 다시 음행의 죄를 짓지 말라고 경고하고 있다.

1) 근친상간(5:1~13)

환락과 무질서의 도시 고린도는 교회의 성도들에게도 음행, 특히 근친상간의 죄를 교회 안에서도 공공연히 자행하게 하였다. 바울은 이것이 용서받지 못할 악임을 선포하고(1~5), 묵은 누룩을 버려 음행하는 자를 사탄에게 내어 버릴지라도 교회의 잘못을 고칠 것을 명하였다(6~8), 음행한 자로 하여금 회개케 하면 육신은 망해도 영혼은 주 예수의 구원을 얻는 것이 되므로 현재의 심판이 오히려 은혜가 된다는 교리적 설명을 하고 있다(9~13). 예수님은 인생을 구원하시기 위해서 유월절 양이 되셨다. 유월절에 누룩이 없이 함과 같이 교회도 죄의 누룩을 없애야 한다. 교회나 개인이나 자기 자신을 주 앞에서 검토하는 일이 가장 중요한 일인 것이다.

2) 성도들끼리 소송하지 말라(6:1~11)

성도들끼리 문제가 생기면 서로 간의 손해가 나더라도 교회 안에서 하나님의 처분을 통해 해결해야 함을 말하고 있다. 잠언 20장 22절에서도 "너는 악을 갚겠다 말하지 말고 여호와를 기다리라 그가 너를 구원하시리라" 라고 했다.

3) 새로운 존재로서 몸을 깨끗이 가지라(6:12~20)

그리스도께서는 우리가 11절 같은 새로운 존재가 되게 하도록 19절과 20절 같이 비싼 값을 치루셨다. 그러므로 우리의 몸은 우리 자신의 것이 아니며, 그리스도의 것이며, 성령의 전이다(3:16 참조). 우리의 몸은 음행을 위해 있지 않고 주님을 위해 있다. 그러므로 음행을 피해야 할 것이다.

4. 개인적인 신앙생활의 문제(7:~10:)

1) 결혼에 관하여 (7:)

(1) 결혼에 대한 일반적인 원칙(7:1~7)-고린도전서 7장은 고린도 교회라는 지역교회의 특수한 상황 하에서 이해되어야 한다. 본 절에서 바울은 남녀의 결혼이 음행을 방지하고 사탄의 유혹을 막기 위하여 필요하다고 가르친다. 결혼에 대해서는 각자의 받은 바 은혜대로 할 것이요, 은혜를 따라 결혼을 하지 않아도 무방하다고 말하고 있다. 오히려 바울은 고린도 교인에게 할 수만 있다면 자기와 같이 독신으로 사는 것이 좋다고 권유하기까지 한다. 그러나 결혼은 고귀하고 거룩한 하나님의 섭리라는 것이 그의 근본적인 가르침이다. 예를 들어 에베소서 5장과 디모데전서 4장에서는 혼인을 금하는 것이 마귀의 교리라고까지 말하고 있을 정도이다. 바울은 여기서 단지 부도덕한 고린도의 사정을 잘아는 자로서 교회의 명예를 위하여 모든 남자는 아내를 취하고 모든 여자는 남편을 취하여 살되(2), 불신자와의 복잡한 문제를 피하고 그리스도에게 더욱 적극적인 헌신의 삶

을 살기 위해 독신으로 사는 것이 좋을 수 있다고 한 것이다.

(2) 결혼하지 않은 남자와 과부에 대해서(7:8~11)-혼인하지 않은 사람과 과부들은 독신생활이 좋으나 절제할 수 없으면 결혼 할 것이다.

(3) 나머지 사람들에 대해서(7:12~16)-부부 중의 한 쪽이 믿지 않으면 믿는 자가 기도하고 노력하여 믿게 할 것이다. 이 말씀은 당시 도덕적으로 문란한 고린도시의 사회풍습 하에서 해석되어야 하지만 오늘날에도 불신자들에 대한 우리 그리스도인들의 자세와 책임을 잘 말해 주고 있는 말씀이다.

(4) 부르심에 대한 순종에 대해서(7:17~24)-믿는 자는 결혼을 포함한 모든 삶의 문제에서 주님의 부르심에 합당한 상태로 순종해야 한다.

(5) 독신생활에 대해서 (7:25~38)-처녀의 독신(25~31), 총각의 독신과 주님 앞에서의 헌신(32~35), 그리고 처녀의 독신에 대한 부모의 입장(36~38)에 대해서 설명하고 있다.

(6) 과부의 재혼에 대해서 (7:39~40)-남편을 잃은 미망인은 자유로우나 주님 뜻 안에서 재혼을 결정하는 것이 좋다.

2) 그리스도인의 자유(8:~10:)

바울은 8장에서 그리스도인의 자유에 대한 원칙을, 8장에서는 그 원칙에 대한 실증을, 그리고 10장에서는 그 원칙들의 실생활에의 적용을 가르치고 있다.

(1) 지식이 아닌 사랑에 바탕을 둔 자유의 원칙(8:1~6)-그 당시 고린도교회에서 크게 문제되었던 우상제물을 먹는 일에 관하여 하나님을 사랑하는 자에게는 우상은 헛된 것이요, 우상의 제물을 먹는 것도 아무 관계가 없음을 가르치고 있다. 우리의 양심에 고기를 먹는 것이 거리끼지 않으면 다른 것도 이와 같은 것이다.

(2) 구체적인 해결의 방법(8:7~13)-믿음이 연약한 형제의 양심을 위해서 비록 나 자신은 자유로와 거리낌이 없어도 우상의 제물을 먹지 않는 것이 좋다(13).

(3) 문제해결의 원칙이 되는 사도로서의 자세(9:1~27)-사도로서 권리를 주장하고 보수를 받는 것이 마땅하지만 자신은 철저하게 복음만을 전하기 위해 산다는 사도로서의 신념을 말하고 있고(1~18), 복음을 위하여서 모든 사람의 종이 되었음을 고백하고(19~23), 복음을 위하여 더욱 더 자신

을 복종시켜 훈련한다는 신앙 자세를 보여주고 있다(24~27).

(4) 문제해결을 위한 실천적 적용(10:1~33)-첫째로, 우상숭배를 멀리하라(1~22), 우상을 숭배하다 잔멸된 이스라엘의 역사적 교훈을 말하면서(1~13), 바울은 주님의 식탁과 귀신의 식탁에 겸하여 참여할 수 없음을 단호하게 명령한다(14~22). 둘째로, 하나님의 영광을 위해서 너의 자유를 사용하라(23~33). 먹는 것 조차도 주님의 영광을 드러내는 데 이용할 때 우리의 자유는 많은 영혼을 구하게 된다.

5. 예배와 봉사의 문제(11:~14:)

11장에서는 예배에 있어서 두 가지 문제, 즉 남자와 여자의 위치와 주님의 성만찬 문제를 다루고 있으며 12, 13, 14장에서는 성령의 은사를 올바로 사용하는 문제에 대해서 설명하고 있다.

1) 예배 의식에서의 혼란과 해결책(11:)

(1) 공적인 예배에서의 남자와 여자의 위치에 대해서(11:1~16)-바울이 살던 당시 헬라와 동방에서는 부도덕한 여자 외에는 모든 여자가 대중 앞에 설 때 머리에 수건을 썼다. 그런데 그리스도 안에서 새로운 자유를 얻은 여자 중에서 교회의 공적 예배를 드릴 때 머리에서 수건을 벗는 자가 있어서 문제가 되었다. 이에 바울이 교회에서의 여자의 위치와 태도를 시정하게 된 것이 다. 바울에 의하면 남자의 머리는 그리스도요, 여자의 머리는 남자라고 했다. 이것은 남녀의 사회적 계급의 차이가 아니라 창조의 질서에 관한 것이다.

(2) 주님의 성찬을 올바로 지키는 문제에 대해(11:17~34)-성만찬의 남용(17~22), 둘째, 성만찬의식(23~26), 셋째, 성만찬의 참예자(27~32), 넷째, 성만찬에 대한 요약(33~34)이다. 성찬의 의의는 예수의 살을 먹고 피를 마심으로 그리스도의 불멸의 사랑을 기념하며 성찬의 참여자가 주님의 지체가 되어 몸된 교회를 이루는 의식이다. 성찬의 목적은 주님의 죽으심과 다시 오심을 기억하며 형제간의 화목과 사랑을 나누는 데에 있다.

2) 성령의 은사에 대하여(12:~14:)

(1) 교회의 신령한 영적은사에 대해서(12:)-서론(1~3), 한 자원, 한 성령, 한

주, 한 하나님(4~11), 한 몸(12~13), 많은 지체(14~26), 결론(28~31)으로 구성되어 있다. 바울이 말한 하나님의 9가지 은사의 목적은 은사를 받은 자신을 나타내는 데 있는 것이 아니라 교회의 덕을 세우고 그 자신을 통하여 그리스도를 다른 사람들에게 높여 축복받게 하기 위함이다. 은사는 사랑 가운데 행해져야 한다(13:).

(2) 사랑장(13:)-사랑은 성령의 은사라기 보다는 성령의 은사를 가장 잘 사용할 수 있는 방법이다. 그리고 이 사랑의 방법을 실천할 수 있는 유일한 조건은 그리스도와 사랑을 우리의 마음 속에 먼저 가득히 채우는 것이다. 사랑의 송가라고 불리우는 고린도전서 13장은 첫째로, 사랑의 중요성과 가치(1~3), 둘째, 사랑의 특성(4~7), 셋째로, 사랑의 영원성(8~13)으로 나눌 수 있다. 고린도전서 12장의 성령의 은사는 이 사랑을 바탕으로 하나님께는 영광, 사람에게는 축복으로 전달되어야 한다.

(3) 예언과 방언(14:)-당시 고린도교회에서 가장 많이 행해지던 대표적인 두 가지 은사인 예언과 방언의 비교를 통한 상대적 가치를 설명한 내용이다. 예언은 성령의 감동하심으로 과거와 현재와 미래에 대한 하나님의 경륜과 뜻을 사람에게 말하여 교회를 이롭게 하는 것이요, 방언은 사람이 알지 못하는 언어로 하나님께 기도하고 찬양하는 것으로서 하나님과 영적으로 교통하며 자신의 신앙을 깊게하는 은사이다. 바울은 두 가지를 포함한 모든 것을 덕을 세우기 위하여 하라고 가르친다(14:26). 14장은 예언과 방언의 비교 (1~25), 예배의 질서와 방법(26~36), 결론(38~40)으로 그 내용을 나눌 수 있다.

(4) 부활에 관하여(15:)-고린도전서를 마감하고 결론을 맺어주는 중요한 장이다. 특히 15장 57절, 58절은 고린도전서의 요절이 되는 귀한 말씀이다. 그리스도의 부활의 사실은 확실한 역사적 사건으로써 바울이 전한 예수 그리스도의 복음을 부활사건을 중심해서 한 마디로 요약한 복음의 핵심이요 결정판이다.

① 그리스도는 성경대로 우리의 죄를 위해 죽으셨다(3).
② 그리스도는 장사 지낸 바 되었다(4).
③ 그리스도는 성경대로 사흘만에 다시 살아나셨다(4).
④ 그리스도는 많은 증인들 앞에 보이셨다(5, 6).

만일 위와 같은 부활의 사실을 부정한다면 복음 전체를 부정하는 것이 되고 만다. 그리스도의 부활의 사건은 우리 믿는 자들의 장차 있을 부활을 확증해 주는 것이 된다. 본장은 크게 2부분으로 나뉘어진다. 죽은 자의 부활이 있느냐는 질문(12)에 대한 답변으로서 육체적 부활의 사실과(1~34), 부활한 자의 몸은 어떠한 것인가(35)에 대한 답변으로서 부활한 육체의 성격(35~58)이다.

6. 결론-행동으로 실천되는 성도의 유무상통(16:)

고린도 교회에 보낸 바울의 편지는 부활장인 15장 58절에서 그 결정을 이루고 있다. 바울은 16장에서 개인적인 인사를 함으로써 그가 지금까지 전한 메세지가 이제는 실제로 교제의 행동으로 옮겨지는 것만 남았음을 결론적으로 말해주고 있다. 16장의 내용을 세분해 보면 다음과 같다.

1. 헌금(1~4), 2. 바울의 계획(5~9), 3. 교역자 접대(10~18), 4. 교회에 대한 문안(19~24)이다. 바울은 고린도전서 전체 16장을 예수님의 은혜와 사랑이 성도들과 함께 하기를 바라면서 끝을 맺고 있다.

교훈 및 적용

1. 인간이 주장할 때에는 고린도 교회처럼 분쟁이 일어남을 기억하고 우리가 무슨 일을 하든지 우리의 최종 목적은 하나님이심을 명심하자.
2. 성도간의 분쟁은 영적 성장의 저해를 가져오므로 주안에서 화평을 이루는 성도들이 되자.
3. 고린도 교회의 분열은 사소한 성찬문제에서 비롯되었다. 그러므로 우리는 사소한 일이 커다란 분쟁의 길로 치닫는 것을 조심하고 사소한 일에도 신중을 기하는 성도가 되자.
4. 고린도 교인들같이 교회 내의 죄악을 묵인하고서는 은혜를 바랄 수 없다. 성도의 몸,즉 우리는 성전이므로 온전히 죄악을 버려야 은혜가 충만한 신앙생활을 할 수 있음을 명심하자.
5. 부활의 신앙은 그리스도 인들의 핵심이다. 그러므로 믿음 위에 굳게 서서 흔들리지 않는 부활의 신앙으로 승리하는 성도가 되자.

우리는 고린도전서를 통하여 당시 고린도교회에 많은 문제들이 있었음을 배웠습니다. 그러한 문제는 오늘 우리들이 섬기는 교회에도 있을 수 있는 문제들입니다. 그리스도의 사랑으로 교회가 아름다운 모습을 잃지 않도록 항상 힘써야 할 것입니다. 다음 과에서는 고린도후서를 공부하게 됩니다. 본문을 읽으시기 바랍니다.

성경문제

● 여러가지 교훈/고전1:1-16:24

1. 온전히 합해야 할 것 중에 들지 않는 것은 무엇인가?(1장)
 (가)같은 말 (나)같은 마음 (다)같은 뜻 (라)같은 행동
2. "십자가의 도가 멸망하는 자들에게는 미련한 것이요 구원을 얻는 우리에게는 하나님의 능력이라." 몇 장 몇 절에 있는가?
3. "모든 것 곧 하나님의 깊은 것이라도 통달하시는 것"은 무엇인가?(고전 2장)
4. "너희가 하나님의 (   )인 것과 하나님의 (   )이 너희 안에 거하시는 것을 알지 못하느뇨." (   )에 적당한 낱말을 쓰라.(고전 3장)
5. 맡은 자들에게 구할 것은 무엇이라고 했는가?(고전 4장)
6. 유월절 희생 양은 누구를 가리키는가?(고전 5장)
7. 우리의 몸을 "그리스도의 지체", 혹은 "(   )"이라고 했다.(고전 6장)
8. "믿지 아니하는 (   )이 아내로 인하여 거룩하게 되고 믿지 아니하는 아내가 (   )으로 인하여 거룩하게 되나니 그렇지 아니하면 너희 자녀도 깨끗지 못하리라." (   )에 적당한 낱말을 쓰라.(고전 7장)
9. 고린도전서 8장에서 "양심"이란 말이 몇 번 나오는가?
10. "내가 복음을 전할지라도 자랑할 것이 없음은 내가 부득불 할 일임이라 만일 복음을 전하지 아니하면 내게 화가 있을 것임이로다." 몇 장 몇 절 말씀인가?
11. 우리는 썩지 아니할 (   )을 얻기 위하여 달음질하는 자들이다. 맞으면 ○표 틀리면 ×표 하라.(고전9장)
12. 넘어질까 조심해야 할 사람은 누구인가?(고전 10장)
13. "그런즉 너희가 먹든지 마시든지 무엇을 하든지 다 하나님의 영광을 위하여 하라." 몇 장 몇 절에 있는 말씀인가?
14. "너희가 이 (   )을 먹으며 이 (   )을 마실 때마다 주의 죽으심을 오실 때까지 전하는 것이니라." (   )에 적당한 낱말을 쓰라.(고전 11장)
15. 고린도전서 12장에서 "지체"란 말이 ①몇 번 기록되어 있으며 ②무엇을 상징하고 있는가?
16. "소리나는 구리와 울리는 꽹과리"는 어떤 경우를 말하는가?(고전 13장)
17. "그런즉 믿음, 소망, 사랑 이 세 가지는 항상 있을 것인데 그 중에 제일은 (   )이라." (   )에 적당한 낱말은 무엇이며 어디에 있는 말씀인가?
18. 일만 마디 방언이 깨닫는 마음으로 다섯마디 말을 하는 것보다 낫다.
 맞으면 ○표 틀리면 ×표 하라.(고전 14장)
19. 고린도전서 15장의 장 제목을 붙여 보라.
20. "깨어 믿음에 굳게 서서 남자답게 강건하여라." 몇 장 몇 절에 있는 말씀인가?

고린도후서

개요

1. 주제 - 하나님의 은혜는 족하다
2. 고린도후서의 배경
   1) 기록자 : 사도 바울
   2) 기록연대 : 고린도전서를 기록하고 2년이 지난 주후 57년경에 마게도냐의 빌립보에서 기록했다.
   3) 수신자 : 고린도교회
   4) 기록목적 : 고린도전서를 보낸 후에 바울은 그 반응을 알아보기 위하여 디도와 디모데를 파견 했었다. 그런데 마게도냐에서 만난 디도의 보고는 대체로 고린도 교인들이 바울의 편지를 좋게 받아들였는데 그 중의 일부의 사람들이 아직도 바울의 사도직을 의심하고 있다는 것이었다. 이에 바울은 고린도전서를 잘 받아준 것에 대한 기쁨을 표시하고 그를 잘못 생각하고 있는 사람들을 깨우치기 위해서 자신의 사도직에 대한 해명을 기록한 고린도후서를 다시 디도를 통해 보내게 된 것이다.
   5) 특징 : 바울서신 14개 중에서 바울의 인간성을 가장 잘 나타내고 있다. 인간 바울의 고뇌하는 솔직한 모습이 도처에서 보이는 이 편지는 자주 바울 자신의 일을 말하고 있다. 그러나 그는 자신의 일을 말하되 자신을 위하여 말하지는 않았다. 우리는 이 편지를 읽을 때 바울뿐만 아니라 바울을 사로잡고 바울 안에 살아계신 예수 그리스도와 만나게 된다.
3. **특징**
   1) 바울의 자서전적이다. 금언적 어구가 많기로 유명하다.
   2) 거짓 교사들의 계략에 대해서 자제히 보여 주고 있다.
   3) 사탄의 인격과 활동에 대하여 강조하고 있다.
4. **내용분류** - 13장, 257절
   1) 사도로서의 바울의 교역생활(1:~7:) 2) 헌금의 원리(8:~9:)
   3) 바울의 자신의 사도직에 대한 변호(10:~13:)

43
[하나님의 은혜는 족하다]

● 본문 : 고후 1:1~13:15
● 요절 : 고후 5:17

본서에서 우리는 바울의 교회에 대한 애정을 느낄 수 있다. 그것이 감사의 정으로 넘쳐 흐르고 또한 그의 사도권에 대한 강한 변명으로 나타나고 있다.

우리는 여기서 바울 사도권에 관하여 일관되게 강조하고 있음에 주의할 필요가 있다.

1. 사도로서의 바울의 교역생활(1:~7:)

1) 서론-환난 중의 위로(1:1~11)

(1) 인사말(1:1~2)-문안인사와 감사로 넘쳐 있다.

(2) 고난 중에서의 하나님의 위로(1:3~11)-바울은 에베소서에서 거의 죽음 직전에서 탈출하는 고난을 겪었다(8, 9, 행 19:23~41). 바울은 사망에서 건짐을 받은 사실과 디도를 만난 기쁨으로 위로를 받고 있다.

2) 좋은 관계를 유지하기 위한 바울의 해명(1:12~2:11)

바울은 그의 첫 편지를 이해하지 못한 반대자들에게 자신이 지금부터 쓰고자 하는 내용을 말하기에 앞서 고린도교회의 교인들과 계속 좋은 관계를 유지하기를 열망하며 자신의 변경된 계획들에 대해서 변명을 하고 있다.

(1) 바울의 깨끗한 양심과 성실성(1:12~14)-바울은 자기의 언동이 양심에 비추어 가책이 없음을 언명하고 있다.

(2) 계획의 변경에 대하여(1:15~22)-고린도 방문계획의 변경에 대한 비난에 대하여 변명하고 있다.

(3) 방문이 지연된 이유에 대하여(1:23~2:4)-바울이 고린도 방문계획이 발표한 것과 실제와 차이가 있었기 때문에 반대자들은 그를 변절자요, 허풍장이라고 비난했다. 이에 바울 자신이 고린도 방문을 연기한 이유는 단지

고린도교회 형제 자매들을 아끼려 함이었다고 해명하고 있다.

(4) 죄를 회개한 위반자의 처리에 대하여(2:5~11)-바울은 하나님의 뜻에 합당하지 않게 행한자들에 대하여 엄한 처벌과 함께 죄를 회개했으면 용서해 주라고 지시했다.

3) 복음을 전하는 그리스도의 사도 (2:12~3:18)

바울은 마게도냐에 간 최근의 여행에 관해서 간단히 말한 후(2:12, 13) 그의 사도 직분의 첫번째 특성으로서 하나님의 승리와 생명의 향기를 전파하는 것이라고 말한다(2:14~17). 당시 로마제국에서는 황제가 다른 나라를 정복한 뒤 포로를 끌고 개선행진을 할때 향기를 피우며 들어왔다. 이 포로들 중에서 일부는 죽였고 일부는 살려 주었다. 이처럼 바울은 사람들의 반응에 따라서 죽음과 생명을 의미하게 되는 하나님의 복음의 향기를 전파했고, 자신의 전도사역을 승리의 행진으로 생각했던 것이다. 바울은 이어서 추천서에 관해 말한다(3:1).

당시 유대의 율법주의자들은 항상 추천서를 이용했다. 그들은 바울이 추천의 편지와 소개장을 가지고 있는 사람인지를 따져 물었다. 그러나 그것은 바울에게는 어리석은 질문이었다. 그가 세운 교회와 그 교회의 신실한 성도들 자체가 이미 훌륭한 추천서가 되기 때문이다(3:2). 이것은 바울의 전도와 유대주의 선생들의 전도가 대조됨을 보여 주는 것이다. 즉 하나는 복음이요, 다른 하나는 율법이다. 그것은 신약의 새 언약과 구약의 옛 언약과의 대조이기도 하다(3:4~18).

사도바울의 복음	유대주의 선생의 율법
마음에 기록된 것	돌에 기록된 것
영혼에 의한 것	소개장에 의한 것
생명에 인도됨	죽음에 인도됨
드러난 것	숨겨진 것
의에 이름	정죄에 이름
영원히 남는다	지나가버린다

그리스도인의 생활은 항상 하나님의 소개장과 서신이 된다. 세상 사람들은 하나님의 말씀에는 관심이 없어도 예수 믿는 신자들의 삶에 대해서는 관심을 많이 가지고 있다. 우리는 그러한 관심을 선하게 이용하여서 그리스도의 복음을 그들에게 전할 수 있는 것이다.

4) 복음으로 말미암은 고난과 영광(4:)

바울은 고린도후서 4, 6, 11장에서 예수그리스도의 복음을 위하여 그가 받은 고난과 시련에 대하여 이야기하고 있다. 바울은 주님의 예언대로(행9:16) 그리스도의 이름을 위하여 그가 복음을 전한 30년 동안 고난과 환난을 당했다. 사도행전 9장 이후는 바울의 고난의 기록이다. 그러나 바울은 고난을 받으면서도 항상 찬양하고 감사했다(행16:25). 왜냐하면 고난가운데서 더 크게 나타나는 하나님의 놀라운 은혜를 알았기 때문이다. 바울이 실로 이 땅에서의 고난이 크면 클수록 영원한 저 하늘에서의 영광이 더 크다는 것을 알고 있었다(8~17). 부정적인 사람은 모든 기회에서 어려움만을 보지만 긍정적인 사람은 모든 어려움 속에서도 기회만을 본다. 바울은 미래를 보며 그의 인생을 살았던 사람이다. 하나님께서는 우리가 환난을 모두 피하게 하시는 분은 아니시다. 오히려 환난을 통과하게 하시되 결국은 값진 승리를 하게 하신다(요 16:33). 그리스도의 종은 질그릇 같으나 그 안에 예수님의 영원 불변한 보배를 담고 있기 때문이다(7).

5) 그리스도인이 가져야 할 부활의 신앙(5:)

5장은 바울이 고난을 받으면서도 기뻐하는 이유의 계속이다. 바울은 세상의 장막집이 무너지면 하늘에 영원한 집이 있음을 알고 있었으므로 고난 중에서도 기뻐할 수 있었다(1). 바울은 5장에서 그리스도인 특히 복음사역자들의 소망을 이야기하고(1~10), 강권하는 그리스도의 사랑을 고백하고(11~15), 그리스도 안에서의 새로운 창조를 통한 새로운 피조물을 선언하고(16~17), 빌립보서 1장 23절에서는 죽음이 그리스도와 함께 있기 위하여 출발하는 것으로서 더 좋다고 했고, 고린도전서 15장과 데살로니가전서 4장에서는 죽은 후에 부활한 몸은 그리스도의 다시 오심과 관계가 있다고 했다. 기독교의 위대성은 인간의 삶을 세상에 국한시키거나 죽음으로 종착시키지 않고 영원한 세계로 연결시키고 인도하는 데에 있다.

6) 하나님과 함께 일하는 그리스도인의 사신(6:)

6장은 5장에 이어 복음을 전하는 자, 곧 그리스도의 사신으로서의 삶을 보여주고 있는 장이다. 바울은 지금 이 은혜 받을 만한 때 구원의 날이라고 선포하면서 그리스도의 사신으로 자신이 당한 고난과 시련을 말하고(1~10), 세상 모든 사람들에게 하나님과 화목할 것과(5:20), 거룩하게 살 것을 권고했다(14~7:1). 고린도 인들에게 파견된 그리스도의 사신으로서의 바울의 심정은 6장 11절에 잘 나타나 있다. "고린도인들이여, 너희를 향하여 우리의 입이 열리고 우리의 마음이 넓었으니" 이 말은 "사랑하는 고린도의 친구들이여 나는 모든 것을 기꺼이 말했고, 진심으로 여러분을 사랑합니다" 라는 뜨거운 호소의 말로서 우리 모든 그리스도인 전도자들이 가져야 할 마음인 것이다. 그리스도의 사신의 궁극적인 목적은 만민에게 복음을 전해서 만민을 구원하는 것이다.

7) 환난 중에서 얻은 바울의 기쁨(7:)

바울은 고린도후서의 첫번째 부분(1:~7:)을 기쁨이라는 언어로 결론을 맺는다. 바울은 지금까지 시종 자신이 당한 여러가지 고난과 시련을 말했지만 환난 가운데서의 위로라는 긍정적이고 밝은 마음의 자세를 끝까지 유지하고 있다. 바울이 갈수록 더 기뻐한 것은 상황이 잘 되고 환경이 나아졌기 때문이다.

오히려 더욱 더 어려운 상황이 걱정과 고난의 바람과 함께 밀려오는 상황 하에서 였다. 이것이 바로 바울 사도의 위대한 점이다. 바울을 공공연히 반대하던 고린도교회는 바울의 두번째 편지와 디도의 출현으로 점차 평온해지고 반대자들은 겸손해졌다(7~16). 이와 같이 고린도 교인들의 변화된 생활로 얻는 위로와 기쁨은 바울로 하여금 "내가 우리의 모든 환난 가운데서도 위로가 가득하고 기쁨이 넘치는도다"(7:4)라고 고백하게 했다.

2. 헌금의 원리(8:~9:)

이 부분은 헌금을 은혜로 알고 행한 마게도냐 교회의 모범과 예수 그리스도의 모범을 말하는 8장과 헌금의 원칙 및 방법을 교훈적으로 말하는 9장으로 이루어져 있다.

모 범		교 훈
마게도냐교회의 모범	예수그리스도의 모범	가난한 가운데서도 바쳐라(8:21) 자원하여바쳐라(8:3) 미리 준비하여 바쳐라(9:2) 마음에 정한대로 바쳐라(9:7) 비율대로 바쳐라(8:12~14, 9:8-9) 즐거움으로 바쳐라(9:7) 풍성하게 바쳐라(9:6)
8:1	8:9	9:1 9:15

1) 마게도냐 교회의 모범과 연보(8:)

당시 팔레스타인 지방에 큰 기근이 들어 마게도냐 교회에서는 어려운 중에도 헌금을 하여 유대 지방의 교회 성도들을 돕는 운동을 벌였다. 이 기근 구제사업은 소아시아 전역에 퍼지게 되었는데 그것은 바울이 이 편지를 쓴 지 약 1년 전에 시작 되었다. 이에 바울은 마게도냐 교회의 모범을 이야기하고(1~5), 은혜받은 마음으로 헌금하라는 헌금의 동기를 말하고 (6~15), 헌금의 관리를 위하여 디도를 보냈다는 사실을 말하고 있다(16~24). 헌금은 좋으신 하나님의 은혜에 대한 감사의 표시이다. 헌금은 하나님의 은혜를 더욱 많이 받게 하는 것이며 다른 사람들에게 은혜를 나누는 것이 된다. 이러한 사실은 우리를 위하여 부요하신 자로서 가난하게 되신 우리 주 예수 그리스도의 은혜가 좋은 본을 보여 주고 있다(9).

2) 연보에 대한 성도의 자세(9:)

고린도후서 9장에서 바울은 헌금의 원칙과 방법과 결과에 대해서 설명하고 있다. 즉 헌금을 미리 준비하는 이유에 대해서 말하고(1~5), 헌금한 사람이 받을 유익과 축복에 대해서 가르치고 있다(6~15). 바울은 헌금의 유익은 헌금이 소비가 아니라 하늘에 저축하는 것이 되므로 심는 대로 거둔다는 법칙을 주장하고(6~10), 헌금은 하나님의 은혜를 감사하는 가장 확실한 증거 중의 하나임을 분명히 하고 있다(11~15). 하나님께서는 풍성하게 바치는 사람들에게 더욱 축복하신다고 약속하셨다. 그리고 우리가 헌금을 하는 가장 근본적인 이유는 "말할 수 없는 그의 은사를 인하여 하나님께 감사하노라"(9:15)는 고백에 있다.

3. 바울의 자신의 사도직에 대한 변호(10:~13:)

1) 외모로만 판단치 말라(10:)

바울은 자신이 얼굴을 바라보고 만날 때에는 겸비하고, 떠나 있으면 담대한 자라고 말한다(1). 당시 교인들 중에서 몇 몇 사람은 바울이 겁쟁이로서 글은 대담하게 쓰지만 인품은 보잘 것 없다고 비난했다. 그래서 바울은 사도로서의 그의 모습을 분명하고 솔직하게 그리스도와 복음 중심으로말 한다 즉, 본장은 바울이 그의 복음사역을 위해 사용한 병기에 대해서(1~6), 바울의 복음사역, 권위(7~11), 그리고 그의 복음사역의 활동범위(12~18)로 그 내용이 나누어진다. 기록에 의하면 바울의 외모는 추하고 볼품 없었고 그의 말은 훌륭하지 못했다고 한다. 그러나 당시 팔레스타인과 소아시아, 그리고 전 유럽에 복음을 전하고 교회를 세워 여러 도시를 뒤집어 놓은 바울이 약한 인품과 추한 용모였다고는 생각할 수 없다. 그의 열매 뿐만 아니라 거짓 선생들이 그들의 힘과 권위를 자랑한다면 자기도 얼마든지 자랑할 수 있다고 확언한 사실로도 그것을 알 수 있다. 바울은 그들이 자기로서 자기를 비교하는 그릇된 측정 기준을 가지고 있음을 지적했다(10:12~18).

2) 바울의 부득이한 사도권의 자랑에 대한 바울의 변명(11:)

바울은 자신을 자랑하는 것이 좋지 않다는 것을 잘 알고 있었다. 그러나 거짓 사도와 선생들이 바울로 하여금 자랑을 하게 했는데 바울은 자신의 자랑을 통하여서도 하나님께 올바른 영광을 돌렸다. 11장은 고린도교회의 충성심에 대하여 (1~6), 고린도교회에 누를 끼치지 않은 일에 대한 자랑(7~12), 거짓사도에 대한 진상(13~15), 육신적인 기준에서의 자랑(16 ~ 21), 주를 위하여 고난받은 자로서의 자랑(22~33)의 내용으로 되어 있다. 특히 22~33절은 바울 자신이 직접 자기가 당한 고난과 시련을 이야기한 극적인 표현이다. 그는 그를 비난하는 자들에게 도전하여 여러가지 기준에서 그들과 자기를 비교해 보라고 했다. 바울은 그들이 모두 합한 것보다 더 많은 일을 한 주의 일꾼이었다. 그리스도를 위한 고난자라는 점에서 그리고 그리스도의 사도로서 그의 전생애는 끊임없는 산 순교의 역사요 기록이었다.

3)바울의 영적체험과 육신의 가시(오히려 약한 데서 나오는 하나님의 능력)(12:)

12장은 바울이 참 사도라는 것을 증명해 주는 표적으로서의 자랑의 연속이다. 그리고 그의 고린도 방문에 대한 부언설명이다. 바울이 참 사도로서의 사도직을 주장하기 위해 많은 증거들은 실제로 11장 16절에서 시작되어 12장 13절까지 계속된다.

(1) 바울이 본 환상과 육체의 가시(1~13)-바울은 자랑하는 것이 무익함을 알고 있었으나 부득불 자랑하였다. 그는 하나님께서 보여주신 환상과 계시에 대해서 말한다. 이것도 거짓 사도들이 감히 미칠 수 없는 점이다. 바울은 하나님의 인도로 낙원에(눅23:43), 그리고 셋째 하늘까지 올라갔다.

낙원에서 바울은 놀라운 환상과 계시를 보고 말로 표할 수 없는 기이한 말을 들었다(4). 바울은 그 때의 광경을 우리가 아는 것과는 도저히 비교될 수 없는 것이라고 말한다. 바울의 이런 하늘의 경험으로 자만심이 생길것을 억제하기 위해 하나님은 그의 육신에 가시를 허락했다(7). 여기서 우리는 이 가시가 무엇인지 잘 모른다. 그러나 한 가지 분명한 것은 하나님의 은혜는 인간이 당하는 어떠한 가시의 경우라도 충족될 수 있다는 것이다(9). 우리가 열심히 기도함에도 불구하고 우리의 가시가 사라지지 않는 경우가 있다. 이것은 곧 하나님의 응답에는 '예' 라는 응답뿐만 아니라 '아니오' 라는 응답도 있음을 보여주는 것이다. 하나님께서는 우리들이 가시가 없는 것보다 있는 것이 더 좋을 때 우리에게 그 가시를 그대로 있게 하신다. 사실상 육체의 가시는 많은 그리스도인들을 그리스도의 힘에 의지하게 한다.

(2) 고린도 방문에 대한 계획(14~21)-바울은 이제 3번째 방문을 하려 하고 있다. 첫번째의 방문은 고린도 시에서 처음으로 전도했을 때이다(행18:). 두번째의 방문은 기록이 없으나 눈물의 방문이었다. 이제 바울은 세번째로 고린도를 기쁨으로 방문하려고 한다. 바울은 지금까지 고린도 교회에 어떠한 부담이나 짐을 지운 일이 없었는데 이번 방문도 마찬가지이다. 바울은 그들을 만 날때 영적인 자녀에게 하듯 항상 그들을 위하고 그 모든 희생을 다 하였다.

4) 마지막 권면과 인사(13:)

이제 바울은 고린도 후서를 끝내기 전에 마지막으로 범죄 자에 대한 권면과 처벌 방법에 대해서 말하고 있다(1~10). 바울을 불신임하는 자들이 바울 안에는 그리스도가 없다고 했다. 바울은 이런 자들에게 믿음 가운데 있는가 그들 자신을 시험하라고 권면한다(5). 바울의 이러한 권면은 오늘날 우리에게도 적용된다. 단순한 종교적 열심이 아닌 참된 믿음과 사랑과 봉사를 가지고 있는지 우리 자신을 시험해 볼 필요가 있다. 그리스도는 나의 참 만족이 되신다는 주제의 고린도후서는 오늘날 많은 교회에서 예배를 마칠 때 사용하는 성부와 성자와 성령의 축도로서 끝나고 있다(13:13).

43

교훈 및 적용

1. 똑같은 요단강 물이라도 사해에 괴기 시작하면 죽은 물이 되듯이 하나님께 받은 풍성한 은혜를 함께 나누지 않으면 그 생명력을 잃는다는 진리를 명심하고 서로의 필요가 되어 주는 성도들이 되자.
2. 하나님을 믿는 사람은 매일 하나님의 말씀으로부터 흘러 나오는 생명수를 마심으로 날로 새로운 삶을 산다. 그러므로 우리는 후패한 일신의 안락과 세상의 부귀영화의 유혹에서 벗어나 하나님의 말씀만을 좇아가는 성도들이 되자.
3. 고린도 교인들이 바울에게 책망 받은 것은 그들이 많은 은사를 받았음에도 불구하고 생활이 거룩하지 못한 것이었다. 우리도 고린도 교인들 같은 오류를 범하지 않았나 살펴보고 거룩한 신앙인이 되도록 명심하자.
4. 환난과 핍박을 당할 때 하나님을 의지하는 자는 지혜로운 자이다. 바울이 고통 중에 많은 위로를 받은 것 같이 우리도 환난의 밤을 지날 때 위로의 하나님을 바라보며 소망 속에 살아가는 성도가 되자.

우리는 고린도후서를 배우면서 바울의 교회에 대한 뜨거운 사랑과 애정이 넘치고 있음을 볼 수 있습니다. 이것은 오늘날 우리 모든 믿는 성도들이 배우고 따라야 할 문제라고 생각됩니다. 교회에 대한 뜨거운 사랑과 애정, 이것이야말로 교회가 세워져 가는 원동력인 것입니다. 다음 과에서 우리는 갈라디아서와 에베소서를 배우게 됩니다. 본문을 읽어 주시기를 바랍니다.

성경 문제

● 하나님의 은혜는 족하다/고후 1:1-13:13

1. 고린도후서 1:3-7에서 "위로"라는 말이 몇 번 기록되어 있는가?
2. "저가 또한 우리에게 인치시고 보증으로 (   )을 우리 마음에 주셨느니라."
   이 말씀은 몇 장 몇 절에 있으며 (   )에 적당한 낱말은 무엇인가?(고후 1장)
3. 고린도후서 2장에서 "근심"이란 낱말이 몇 번이나 기록되어 있는가?
4. 다음에서 "살리는 것"은 무엇인가?(고후 3장)
   (가) 영 (나) 의문 (다) 언약 (라) 새 언약
5. "주는 영이시니 주의 영이 계신 곳에는 자유함이 있느니라." 몇장 몇절에 있는가?
6. 이 세상 신들이 하는 일은 무엇인가?(고후 4장)
   (가) 진리를 나타냄
   (나) 복음을 증거함

(다) 믿지 아니하는 자들이 마음을 혼미케 함
(라) 그리스도의 영광을 나타냄

7. 우리가 낙심하지 아니하는 것은 ( ) 사람은 날로 후패하나 우리의 ( )은 날로 새롭기 때문이다.(고후 4장)
8. "그런즉 누구든지 그리스도 안에 있으면 새로운 피조물이라 이전 것은 지나갔으니 보라 새 것이 되었도다." 몇 장 몇 절에 있는가?
9. "보라 지금은 ( ) 받을 만한 때요 보라 지금은 ( )의 날이로다." ( )에 적당한 낱말을 써라.(고후 6장)
10. "그런즉 사랑하는 자들아 이 약속을 가진 우리가 하나님을 두려워하는 가운데서 ( )을 온전히 이루어 ( )과 ( )의 온갖 더러운 것에서 자신을 깨끗하게 하라." ( )에 적당한 낱말로 연결된 것은 무엇인가?(고후 7장)
    (가) 부정-육-영　　(나) 거룩함-육-영
    (다) 부정-영-육　　(라) 거룩함-영-육
11. "하나님의 뜻대로 하는 근심은 후회할 것이 없는 구원에 이르게 하는 회개를 이루는 것이요 세상 근심은 사망을 이루는 것이니라." 몇 장 몇 절에 있는가?
12. 마게도냐 성도들에게 주신 은혜가 아닌 것은 무엇인가?(고후 8장)
    (가) 환난의 많은 시련 가운데서 넘치는 기쁨이 있었다.
    (나) 극한 가난 속에서도 풍성한 연보를 했다.
    (다) 힘에 지나도록 자원하여 했다.
    (라) 강요에 못 이겨 연보했다.
13. 디도는 ( )의 동역자요 여러 교회의 사자였다.(고후 8장)
14. "각각 그 ( )에 정한 대로 할 것이요 인색함으로나 억지로 하지 말지니 하나님은 즐겨 내는 자를 ( )하시느니라."(고후 9장)
15. 봉사의 직무가 어떤 결과를 가져 왔는가?(고후 9장)
16. 우리의 싸우는 병기가 아닌 것은 무엇인가?(고후 10장)
    (가)하나님 앞에서 견고한 것　(나) 모든 이론
    (다)육체　(라) 하나님을 아는 것
17. 사단은 자기를 광명의 천사로 가장하지 않는다. 맞으면 ○표 틀리면 ×표 하라.(고후 11장)
18. "내가 그리스도를 위하여 약한 것들과 능욕과 궁핍과 핍박과 곤란을 기뻐하노니 이는 내가 약할 그 때에 곧 강함이니라." 몇 장 몇 절에 있는가?
19. "너희가 믿음에 있는가 너희 ( )을 시험하고 너희 ( )을 확증하라." ( )에 적당한 낱말은 무엇인가?(고후 13장)

갈라디아서

개요

1. **주제** – 주 예수 그리스도를 믿음으로만 구원을 받는다는 복음의 진리와 이로 인한 그리스도인의 자유
2. **갈라디아서의 배경**
   1) 기록자 : 바울(1:1, 5:2)
   2) 기록연대 : 주후 약 55~56년 경
   3) 집필장소 : 에베소
   4) 수신자 : 갈라디아 교회
   5) 목적 : 첫째로, 바울의 사도권을 부정하는 사람들의 주장에 대하여 자신의 사도직의 정당성을 변명하고 둘째로, 구원은 믿음과 율법의 행위가 있어야만 이루어진다는 잘못된 가르침에 대하여 오직 믿음으로만 구원을 받는다는 참 복음을 전하기 위함.
   6) 중요한 단어 : 율법(32회 사용), 믿음(21회 사용)
3. **특징**
   갈라디아서는 "율법이냐 복음이냐" 하는 양자 택일을 요구하는 선언문으로서 바울의 열정이 가장 잘 표현되었고 가장 웅변적인 글로 되어 있다. 바울이 친필로 쓴 것(6:11)이 그 특징이라 하겠다.
   1) 강한 전투적, 또는 변박적 책이다.
   2) 바울의 자서전(Apologia provita sua)이다(1:18~2:12).
   3) 로마서와 유사하다.
4. **내용분류** – 6장, 149절
   1) 서론(1:1~10)
   2) 바울의 사도권(1:11~2:21)
   3) 복음의 본질(믿음으로만 구원을 받음)(3:1~4:31)
   4) 복음의 생활(그리스도인의 자유와 책임)(5:1~6:10)
   5) 맺는 말(6:11~18)

에베소서

개요

1. **주제** –그리스도의 몸된 교회
2. **에베소서의 배경**
   1) 기록자 : 바울
   2) 기록연대 : 주후 61~63년
   3) 기록장소 : 로마 옥중
   4) 수신자 : 에베소교회 및 소아시아 여러 교회
   5) 목 적 : 아시아의 교회는 일반적으로 유대인과 이방인이 같이 있었으므로 잘못하면 분열될 위험을 내포하고 있다.
   바울은 이 서신을 통해 교회의 일치를 강조하고 있다.
   6) 특유한 용어 : 안에서 (93회), 은혜(12회), 몸(8회)
3. **특징**
   1) 교회관의 제시이다(1~3장).
   2) 성령론에 대해 강조하고 있다.
   (1:13,14,17, 2:18, 22, 3:5, 16, 4:30, 5:18, 6:17,18 등)
   3) "그리스도 안에" 라는 바울의 전 용어가 다른 서신보다 훨씬 더 자주 쓰여지고 있다.
4. **내용분류** – 6장, 149절
   1) 그리스도의 교회에 관한 교리(1:~3:)
   2) 그리스도인의 실천적 삶(4:~6:)

44
[성도의 도리]

● 본 문 : 갈 1:1~6:18. 엡 1:1~6:24
● 요 절 : 갈 2:20, 엡 2:8

우리는 본 과에서 갈라디아서와 에베소서 두 권을 배우게 된다. 갈라디아서를 통하여 이신득의의 교리를, 에베소서에서는 교회론을 배울 수 있을 것이다.

바른 신앙과 바른 교회관을 가진다는 것은 성도들에게 있어서는 가장 중요한 문제일 것이다.

Ⅰ. 복음의 승리(갈1:1~6:18)

1. 복음과 기원(갈1:1~2:21)

1. 서론(1:1~10)

1) 인사(1~5)

예수 그리스도를 살리신 하나님 아버지에 의해서 사도로 임명된 바울은 갈라디아 교인들에게 안부인사를 전하고, 그리스도를 통하여 우리를 구원하신 하나님께 영광을 돌린다.

2) 오직 한 복음(6~10)

바울은 자신이 전한 복음 외에는 다른 복음이 없으며(7), 만약 다른 복음을 전하는 자는 천사일지라도 저주를 받을 것이라고 단호하게 충고한다(8).

2. 바울의 사도권(1:11~2:21)

1) 그리스도가 직접 임명한 사도 바울(1:11~16)

바울이 전한 복음은 인간에 의한 것이 아니라 하나님의 계시에 의해서 주어진 말씀이며(12), 교회를 핍박하던 율법주의자 바울(13, 14)은 모태에 있을 때 하나님의 직접적 택함을 입어(15) 은혜로 말미암아 이방인의 사도가 되었다(16).

2) 예루살렘의 사도권 승인과 관계없는 바울(1:18~24)

바울은 회심 이후 3년간 독자적으로 아라비아와 다메섹에서 복음을 전한 후(17), 예루살렘에 올라가 베드로와 야고보를 만났으나 다른 사도는 만나지 않았다(18,19). 이것은 다른 사도들에게 사도로 승인을 받을 필요가 없기 때문이었다.

3) 예루살렘 교회의 사도권 인정(2:1~10)

14년 후 바울은 하나님의 계시로 예루살렘으로 다시 올라가(2) 다른 사도들에 의해 이방인들에게 복음을 전하는 사도 로 인정되었다(8).

4) 베드로에 대한 질책(2:11~14)

안디옥에서 베드로가 이방인과 식사를 함께 하다가 야고보에게서 온 유대인들이 볼까 두려워 그들이 오기 전에 자리를 피했다(12). 바울은 이러한 베드로와 바나바의 외식을 책망하였다(13, 14).

5) 믿음에 의해서 의롭게 됨(2:15~21)

율법의 행위로 사람이 의롭게 될 수 없으며 다만 그리스도를 믿음으로 의롭다 함을 얻을 수 있다(16). 바울은 율법으로 말미암아 율법을 향하여 죽었고(19), 그리스도를 믿음으로 말미암아 믿음 안에서 산 것이다(20). 그래서 바울은 그가 사는 것이 아니라 그의 안에 계시는 그리스도께서 사신 것이라고(20) 고백했다.

3. 복음의 본질(믿음으로만 구원을 받음)(3:1~4:31)

1) 경험적 증거(3:1~5)

갈라디아 교인이 성령을받고 그 능력을 행한 것은 율법의행위에 의해서 된 것이 아니라 믿음에 의해서 된 것이다(2, 5).

2) 아브라함의 신앙(3:6~9)

아브라함이 하나님을 믿었기 때문에 의롭다 함을 입었으므로(6) 믿음이 있는 자는 아브라함과 함께 복을 받는다(9).

3) 율법의 저주(3:10~14)

율법은 항상 지키지 않으면 하나님의 심판을 받게 되며(10) 하나님 앞에서 율법으로 의롭게 될 사람은 아무도 없다(11). 그리스도께서 우리를 위하여 저주의 십자가를 지시고 하나님의 심판을 대신 받으셨으므로(13) 그리스도를 믿으면 저주 대신 아브라함의 복을 받게 되고 아울러 성령의 충만함을 입게 된다(14).

4) 약속과 율법(3:15~18)

사람도 약속한 후에는 아무도 폐할 수 없는데(15) 율법보다 430년 전에 주신 하나님의 약속을 율법이 무효화할 수 없다(17). 성도가 받을 유업은 율법에서 난 것이 아니라 바로 약속에서 난 것이다(18).

5) 율법의 목적(3:19~25)

율법은 범죄함을 알게 하기 위하여 생겼으며(19) 그 율법이 사람을 그리스도께 인도하는 몽학선생이 되어 믿음으로 말미암아 의롭게 된다는 진리를 알게 한다(24).

6) 그리스도안에서의 하나됨(3:26~29)

모든 사람이 믿음으로 그리스도 안에서 하나님의 아들이 되었으니(26) 모두 그리스도 안에서 하나이며(27) 아브라함의 자손이고 유업을 이을 자이다(29).

7) 유업을 이을 자(4:1~7)

우리가 어렸을 때에는 세상의 초등 학문 아래에 있어 종노릇하였으나(3) 그리스도께서 우리를 율법으로 부터 속량하심으로(5) 하나님의 아들이 되고(6) 유업을 이을 자가 되었다(7).

8) 역행에 대한 경고(4:8~11)

갈라디아 교인들이 하나님을 알고 하나님의 아신 바 되었는데 다시 천한 초등학문(율법)으로 되돌아가 종노릇하려는 것(10)에 대하여 바울은 경고한다.

9) 개인적인 호소(4:12~20)

바울은 갈라디아 교회에 처음 가서 복음을 전할 때는 육체적인 약점이 있었으나(13) 천사와 같이 영접하였다(14). 그러나 바울이 참된말을 하므로 오히려 원수가 되었다(16). 그럼에도 불구하고 바울은 해산하는 고통으로 갈라디아 교인들이 그리스도의 형상을 이루게 하기 위해 수고한다(19).

10) 하갈과 사라의 비유(4:21~31)

아브라함은 두 아들이 있었는데 사라에게서 난 이삭과 계집 종 하갈에게서 난 이스마엘이었다(22). 이스마엘은 육체를 따라 낳은 자식이기 때문에 종노릇 하게 되고 이삭은 약속에 의하여 낳으므로 자유자가 되었다(23~26). 육체로 난 자 곧 유대인이 약속으로 난 자 곧 그리스도인을 율법 준수와 할례요구로 핍박하였으나(29) 성경은 종의 아들을 내어 쫓으라고 하였다.

계집종의 아들이 자유하는 여자의 아들과 더불어 유업을 얻지 못한다(30).

4. 복음의 생활(그리스도인의 자유)(5:1~6:10)

1) 율법으로부터의 자유(5:1~12)

그리스도께서 우리에게 자유를 주셨기 때문에(1), 만약 할례(율법)를 따르고 율법 안에서 의롭다 함을 얻으려고 하면 그리스도와 끊어지게 된다(4). 그리스도 예수로 말미암는 구원에서 유효한 것은 오직 사랑으로 역사하는 믿음 뿐이다(6). 할례를 전하여 성도의 믿음을 약하게 하는 자는 심판을 받을 것이다(10).

2) 자유의 올바른 사용(13~15)

그리스도가 우리에게 자유를 주셨으나 그 자유로 육체의 기회를 삼지 말고 오직 사랑으로 이웃에게 종노릇해야 한다(13). 모든 율법은 이웃을 사랑하는 데에서 이루어진다(14).

3) 성령의 열매(5:16~6:10)

그리스도가 주신 자유를 옳게 사용하기 위해서는 성령을 좇아 행하여야 한다(16). 성령과 육체는 서로 대립되며(17), 성령의 인도하심을 따르면 율법아래 있지 않게 된다(18). 즉 성령이 우리들의 윤리생활을 지켜주고 강화해 주신다. 육체의 일(음행, 더러운 것, 호색, 우상숭배, 술수, 원수를 맺는 것, 분쟁, 시기, 분냄, 당짓는 것, 분리함, 이단, 투기, 술취함, 방탕함)을 하는 자는 하나님의 유업을 자랑하지 말고 자기 혼자 만족스럽게 생각하고 자기 행동에 대하여 책임을 져야 한다(5). 가르침을 받는 자는 말씀을 가르치는 자에게 물질적으로 또는 경제적으로 자원해야 한다(6). 자기의 육체를 위하여 심으면 썩어진 것을 거둘 것이고 성령을 위하여 심으면 영생을 거둘 것이므로(8) 기회 있는 대로 선한 일을 하되 믿음의 형제들에게 하도록 하자(10).

5. 결 론(6:11~18)

육체의 자랑을 위하여 할례를 받은 자가 스스로 율법을 지키지 않고 다른 사람에게 할례를 받게 했다(13). 그러나 주 예수 그리스도의 십자가 외에는 자랑할 것이 없다(14). 할례나 무할례는 아무것도 아니며 오직 중요한 것은 그리스도의 십자가를 통하여 나타난 하나님의 능력으로 새로 지음을 받는 것이다(15).

Ⅱ. 기독교 교리와 윤리(엡 1:1~6:29)

1. 그리스도의 교회에 관한 교리(1:~3:)

1) 서 론(1:)

1장은 서론으로 본 서의 교리의 요점을 말해 주고 있다. 먼저 안부를 전한 후(1:1~2), 그리스도로 인한 구원을 찬송하고 있다. 이 구원은 하나님의 예정에 근거한 것이며(1:3~6, 롬8:~9:), 그리스도의 죽으심으로 실현되었다. 구원의 결과는 모든 것이며. 그리스도 안에서 통일되는 것이다(1:7~12). 이 구원은 성령께서 보증하신다(1:13~14).

2) 그리스도를 통한 구원(2:1~10)

본서의 교리는 크게 구원론과 교회론으로 나눌 수 있다. 구원론과 교회론은 밀접한 관계를 갖고 있는데 구원받은 무리의 모임이 곧 교회이기 때문이다. 구원론에 있어 먼저 구원받기 전의 상태, 즉 죄 가운데 있었던 우리의 삶을 말하고 있다(2:1~3, 롬1:~3:). 구원받기 전에는 죽었던 자요, 진노의 자녀였던 우리가 그리스도로 말미암아 구원을 받게 되었다. 이 구원은 전적으로 하나님의 사랑으로 시작되었으며, 하나님의 은혜로 이루어졌다. 하나님의 사랑과 은혜의 표현이 곧 그리스도의 속죄인 것이다.

3) 교회에 관한 교리(2:11~3:21)

먼저 개인적인 구원론을 이야기한 후, 구원받은 성도의 모임인 교회를 말한다. 이 교회론은 에베소서의 중심적인 교리로서 기독교의 교회론에 있어 결정적인 토대가 된다. 요약해서 말하면 '교회란 그리스도를 머리로 하여 유대인이나 이방인의 차이가 없이 한 몸이 되는 것이다' 이다. 이러한 교회의 통일은 그대로 만물의 통일의 기본이 되기도 한다.

(1) 교회의 통일(2:11~22)—이방인들이 구원 받음으로 말미암아 유대인(기독교인)과의 장벽이 철폐되고(11~18), 그 결과 이방인과 유대인이 그리스도 안에서 하나 가 되어 교회가 형성된다(19~22).

(2) 교회의 비밀(3:1~13)—이 부분에서는 바울의 사도직에 대한 간증, 이방인의 부르심, 복음의 비밀에 대하여 말하고 있다. 이방인이 부르심을 받아 유대인과 같이 기업을 얻게 된 것은 놀라운 사실이었다. 그리스도의 속죄로 말미암아 유대인과 이방인 사이의 담이 없어지고 다같이 하나님 나라에 들어 간다는 것은 그 때까지 숨겨왔던 하나님의 비밀이었다. 이 비밀이 바울에게 계시되어 그는 이방인의 사도로서 부르심을 받게 된 것이다.

(3) 기도와 송영(3:14~21)—교회의 비밀에 대한 놀라운 진리를 이야기한 바울은그 신비에 감격하여 무릎을 꿇고 기도한다. 이방인을 위하여 하나님의 능력으로 강건케 해 주실 것을 간절히 호소한다.

2. 그리스도인의 실천적 삶(4:~6:)

교회편은 3장으로 그치고, 이제부터 실천편이 시작된다. 먼저 교리를 논하고 그 다음에 그 교리를 반영할 실천을 강조하는 것은 바울서신의 특징 중 하나이다. 본서의 교리는 그리스도 안에서 만물이 하나되는 교회의 비밀이다. 구원의 교리는 구원받은 성도의 실천편에 반영되어 먼저 교회가 일치될 것을 권하고(4:1~16), 다시 개인면에 돌아와서 새 사람의 생활을 논하고(4:17~5:20), 나아가서 그리스도인의 가정생활에 대하여 구체적으로 권면한 후(5:22~6:9), 결론적으로 마귀를 대적하는 그리스도인의 영적 전쟁을 말한다(6:10~24).

1) 교회의 유기적 통일성과 성장(4:1~16)

교회생활의 여러 권면중 그 첫째가 교회의 일치였다. 겸손과 온유, 인내와 용납의 덕을 지켜 하나 되어야 한다(2~3). 왜냐하면 그리스도의 몸인 교회도, 성령도, 소망도, 주님도, 믿음도, 세례도, 하나님도, 모두 하나이기 때문이다(4~6). 하나님께서 교회에게 주신 은사가 여러가지인데, 그 각각 다른 은사들은 교회 분열을 위한 것이 아니라, 서로 협조하여 통일을 이루는 데 목적이 있다.

2) 그리스도인의 새 생활(4:17~5:20)

실천 생활에 대한 두번째 권면은 그리스도인의 새 생활에 관해서이다.

(1) 옛 사람을 버릴 것(4:17~24)—그리스도인은 옛 사람의 어두운 생활을 끊고(4:17~19), 오직 심령으로 새롭게 되어 하나님의 뜻을 따라 새 사람의 생활을 하여야 한다(4:20~24).

(2) 새 사람의 이웃관계(4:25~32)—그리스도인은 이웃을 해롭게 하는 모든 악을 버리고 사랑으로 행하여야 한다. 이웃과의 관계에서 먼저 진실을 말하고(25), 마음의 노여움을 갖지 말고(26~27), 도적질(28)과 입으로 하는 더러운 말(29)을 금하여야 한다. 그리스도인은 서로 용서하기를 하나님이 그리스도 안에서 너희를 용서 하심과 같이(4:32) 하여야 한다(마6:12, 골3:3, 고후5:19).

(3) 하나님을 본받을 것(5:1~14)—하나님께서는 독생자 예수 그리스도를 십자가에 버리시기까지 우리를 사랑하셨다. 하나님의 사랑받아 하나님의 자녀가 된 우리는 하나님을 본받아 사랑 가운데서 행하고 불신자의 죄악에서 떠나 빛 가운데 행하여야 한다. 빛의 열매는 모든 착함과 의로움과 진실함에 있다.

(4) 결론(5:15~21)—그리스도인은 지혜있는 자가 되어 때를 아끼고 시간을 가치있게 보내야 하며, 항상 주님의 뜻에 순종하는 삶을 살아야 한다. 그리고 또한 은혜가 넘치는 생활을 하기 위해 성령의 충만함을 받아야 하며 항상 그의 삶에 찬양과 감사가 넘쳐야 한다.

3) 성도의 가정생활(5:22~6:9)

여기에는 그리스도인의 가정생활에 있어서 ①부부의 관계(5:22~33, 골3:18~4:1), ②부모와 자식과의 관계(6:1~4), ③주인과 종의 관계(6:5~9)에 대하여 이야기하고 있다. 이 모든 관계에 있어 공통되는 윤리는 복종이다.

(1) 남편과 아내(5:22~33)—여기에서는 남편과 아내의 관계를 그리스도와 교회의 관계에 비교함으로 그리스도인 가정의 신성성을 나타내고 있다. 아내가 남편에게 지킬 도덕은 복종과 경외이며(22), 남편이 아내에게 지킬 도덕은 희생적인 사랑(25)이다.

(2) 부모와 자녀(6:1~4, 골3:20~21)—자녀들은 부모에게 주 안에서 순종하여야 하며 부모들은 그 자녀를 신앙으로 양육하여야 한다.

(3) 주인과 종(6:5~9, 골3:22~4:1)—종들은 그의 주인에게 그리스도께 하듯 순종하여야 하며, 주인은 하늘에 참 상전이 있음을 알고 종들을 학대하지 말아야 한다.

4) 성도의 영적 전쟁(6:10~24)

그리스도인은 일생동안 영적인 전쟁을 하여야한다. 그리스도인이 싸워야 할 대상은 바로 공중의 권세를 잡은 마귀이다. 마귀에게 이기기 위해 먼저 주 안에서 성령의 힘을 입어 강건해져야 한다. 그리고 하나님의 전신갑주를 입어야 한다. 그리스도인은 진리의 허리띠, 의의 흉배, 복음의 신, 믿음의 방패, 구원의 투구, 성령의 검, 그 위에 기도로 무장하여야 한다(13~20). 예수 그리스도께서는 일찌기 십자가 상에서 모든 죄악을 사하시고, 마귀의 세력을 꺾으셨다. 그러므로 그리스도의 군사된 우리에게는 마귀와의 싸움에 있어 승리만이 있을 뿐이다. 우리는 이미 승리하여 결판이 난 싸움을 싸우고 있다. 우리가 승리를 쟁취하는 것이 아니고 이미 이루어진 승리를 입으로 시인하고 믿음으로 받아들이기만 하면 된다.

교훈 및 적용

1. 그리스도께서는 자기 몸을 던져 인류의 구원을 이루셨다. 그러므로 이 구원을 믿음으로 받아들이는 성도들은 모든 일에 솔선수범을 보여 그리스도의 향기를 나타내야 한다.
2. 법없이 은혜와 믿음만을 내세우는 사람은 참된 그리스도인이 아니다. 참 믿음은 항상 행함과 조화를 이룸으로 온전한 신앙을 나타내 준다는 사실을 명심하자.
3. 우리는 그리스도의 몸된 교회의 지체들임을 알고 지체로서 맡겨진 직분을 충실히 감당하여 머리되신 그리스도를 영화롭게 해 드리자(4:1~16).
4. 말씀의 교훈대로 모범적인 가정생활, 사회생활을 하여 성도로서의 빛된 삶을 살자(5:22~6:9).

믿음으로 구원 받음을 깨달았습니다. 그리고 구원 받은 성도들이 그리스도 안에서 하나가 되어 주님의 영광을 위하여 살아야 한다는 것을 깨달았습니다. 사랑의 실천으로 부르심에 합당한 삶을 사는 우리들이 되도록 힘쓰시기 바랍니다. 다음 과에서는 빌립보서, 골로새서 두 권을 공부합니다.

성경문제

● 성도의 도리/갈1:1-엡6:24

1. 갈라디아서 1장에서 "다른 복음을 전하면 (　　　)를 받는다"고 했다.
2. "내가 그리스도와 함께 십자가에 못박혔나니 그런즉 이제는 내가 산 것이 아니요 오직 내 안에 그리스도께서 사신 것이라." 몇 장 몇 절에 있는가?
3. "또 하나님 앞에서 아무나 (　　　)으로 말미암아 의롭게 되지 못할 것이 분명하니 이는 의인이 (　　　)으로 살리라 하였느니라." (　)에 적당한 낱말을 써 넣어라.(갈 3장)
4. 몽학 선생은 무엇을 의미하는가?(갈 3장)
5. 하나님을 아바 아버지라 부르는 것은 하나님이 그 아들의 (　　　)을 우리 마음 가운데 보내셨기 때문이다.(갈 4장)
6. "그리스도께서 우리로 (　　　)케 하려고 (　　　)를 주셨으니 그러므로 굳세게 서서 다시는 종의 멍에를 메지 말라." (　)에 적당한 낱말을 써 넣어라.(갈 5장)
7. "자유"를 가지고 해야 할 것은 무엇인가?(갈 5장)
8. "오직 성령의 열매는 사랑과 희락과 화평과 오래 참음과 자비와 양선과 충성과 온유와 절제니 이같은 것을 금지할 법이 없느니라." 몇 장 몇 절에 있는가?
9. "사람이 무엇으로 (　　　) 그대로 거둔다."(갈 6장)
10. "내게는 우리 주 예수 그리스도의 십자가 외에는 결코 자랑할 것이 없으니." 몇 장 몇 절에 있는가?
11. 에베소서 1장에서 "찬송" "찬미" 라는 단어가 각각 몇 번 기록되었는가?
12. "교회는 그의 몸이니 (　　　)안에서 (　　　)을 충만케 하시는 자의 충만이니라." (　)에 적당한 낱말을 써 넣어라.(엡 1장)
13. "너희가 그 은혜를 인하여 (　　　)으로 말미암아 구원을 얻었나니 이것이 너희에게서 난 것이 아니요 하나님의 (　　　)이라." (　)에 맞는 답을 찾아 그 기호를 쓰라.(엡 2장)
    (가) 행위-선물　　　(나) 믿음-선물
    (다) 행위-생각　　　(라) 믿음-생각
14. 이방인들이 그리스도 안에서 함께 되는 것을 순서별로 연결된 것은 어느 것인가?(엡 3장)
    (가) 복음-후사-지체-약속　(나) 복음-후사-약속-지체

(다) 후사-복음-약속-지체 (라) 후사-복음-지체-약속

15. 그 넓이와 길이와 높이와 깊이가 어떠함을 깨달아 하나님의 모든 충만하신 것으로 너희에게 충만하게 하시기를 구한 것은 무엇인가?(엡 3장)

16. 부르심에 합당하지 않은 것은 다음 중 무엇인가?(엡 4장)

(가) 겸손과 온유 (나) 사랑과 용납

(다) 평안의 매는 줄 (라) 교만과 오래 참음

17. "너희는 유혹의 욕심을 따라 썩어져가는 구습을 좇는 옛사람을 벗어 버리고 … 새 사람을 입으라"는 말씀은 어디에 있는가?(엡 4장)

18. "술취하지 말라 이는 방탕한 것이니 오직 (   )의 충만을 받으라." (   )에 적당한 낱말을 넣어라.(엡 5장)

19. "남편들아 아내 사랑하기를 그리스도께서 교회를 사랑하시고 위하여 자신을 주심같이 하라." 몇 장 몇 절에 있는 말씀인가?

20. 다음 A항에 맞는 답을 B항에서 골라 그 기호를 써 넣어라.(엡 6장)

A항	B항
① 허리띠( )	(가) 평안의 복음
② 신발( )	(나) 의
③ 흉배( )	(다) 믿음
④ 방패( )	(라) 성령
⑤ 투구( )	(마) 진리
⑥ 검( )	(바) 구원

빌립보서

개요

1. **주제** - 예수 그리스도는 우리의 기쁨이 되신다.
2. **빌립보서의 배경**
   1) 기록자 : 사도바울
   2) 기록연대 : 주후 62년 경 바울이 로마의 감옥에 있을 때 기록.
   3) 수신자 : 빌립보 교회의 모든 성도, 빌립보 교회는 마게도냐(유럽)에서 처음으로 설립된 교회이다(사도행전 16:11~15 참조).
   4) 기록목적 : 바울이 로마 옥중에 있을 때 빌립보 교회에서 에바브로디도라는 충실한 주의 일꾼이 현금을 모아 가지고 바울을 문안하러 왔다. 이에 바울이 감동하여 빌립보 교인들에게 더욱 기쁨과 감사의 생활을 하라는 권면의 말씀을 다시 에바브로디도 편에 보낸 편지.
   5) 본 서의 특징 : 4장 104절로 되어 있는 본서는 바울의 서신 중에서 가장 부드럽고 아름다운 편지이다. "기쁨(기뻐하라)"이라는 말이 16번, 구주의 이름이 40번이나 나온다.
3. **특징**
   1) 개인적이며 윤리적이다(1인칭 단수가 52번 나타남). 바울 자신의 깊은 신앙적 체험과 실천이 잘 나타나 있다. 이런 의미에서 그의 간증록이라 하겠다.
   2) 사랑의 편지이다. 본 서에는 바울이 그리스도에 대한 사랑과 그리고 그에 대한 빌립보 교인들의 정신적 물질적 사랑이 잘 나타나 있다.
   3) 기쁨의 편지이다. 그래서 기쁨이란 낱말이 자주 나타난다(1:14, 18, 25, 2:17,18, 3:1, 4:4, 10, 18 등). 이 기쁨은 세상적인 기쁨이 아니라 신앙으로 어려운 환경을 극복함으로 믿는 기쁨이다. 그리스도 안에서의 사랑과 기쁨은 기독교 윤리의 2대 강령이라 하겠다.
4. **내용분류** - 4장, 104절
   1) 그리스도 안에서의 삶의 기쁨(복음의 진보)(1:)
   2) 그리스도 안에서의 봉사의 기쁨(겸손의 생활)(2:)
   3) 그리스도 안에서의 인격적 친교의 기쁨(거짓 교리에 대한 경고)(3:)
   4) 그리스도 안에서의 평안과 상급의 기쁨(바울의 감사)(4:)

골로새서

개요

1. **주제** - 우리의 생명이신 예수 그리스도는 모든 것의 모든 것이 되신다 (교회의 머리되시는 그리스도의 신성과 능력을 강조함).
2. **골로새서의 배경**
   1) 기록자 : 사도 바울
   2) 기록연대 : 주후 62년경, 역시 로마의 감옥에서.
   3) 수신자 : 에바브라가 세운 골로새 교회의 모든 성도들에게.
   4) 기록목적 : 골로새 교회에 침투한 영지주의, 의식주의, 천사숭배, 신비주의, 금욕주의 등에 대한 경고를 주고, 교회는 그리스도의 몸이요 ,우리는 그리스도 안에서 충만해질 수 있음을 알게 하기 위함이다.
   5) 본서의 특징 : 에베소서와 함께 그리스도와 교회와의 관계를 말하고 있다. 에베소서가 그리스도의 몸인 교회를 말하는 것에 비해 본 서는 교회의 머리가 되시는 그리스도를 강조하고 있다. 둘 모두 복음의 위대한 교리가 내포되어 있는 책으로서 당시 교회에서 크게 낭독되었다고 한다.
3. 특징
   1) 에베소서와 쌍둥이 서신이라는 점이다. 55개 이상의 구절이 서로 비슷하거나 같다.
   2) 당시 일어난 이단의 모습을 가장 확실하게 나타내고 있다. 즉 영지주의적 사상과 페르샤 점성학 및 혼합주의적(Syncretism) 사상이 나타나 있고 이에 대하여 경고하고 있다.
4. **내용분류** - 4장, 95절
   1) 그리스도는 만물의 창조자—보다 깊은 생활—그리스도의 절대성(1:)
   2) 그리스도는 만유의 대주제—보다 높은 생활—이단에 대한 경계(2:)
   3) 그리스도는 생명의 근원—내면적인 생활—성도의 생활(3:)
   4) 그리스도는 구원의 비밀—외면적인 생활—권면과 안부(4:)

골로새서는 그리스도 안의 영광스러운 진리를 건축물의 건축과정으로 비유하고 있다.

45
[신앙의 도리]

- **본문 : 빌 1:1~4:23, 골 1:1~4:18**
- **요절 : 빌 4:13, 골 1:24**

우리는 본 과에서 빌립보서와 골로새서 두 권을 배우게 된다. 빌립보서에서는 겸손과 사랑을, 그 안에서 얻는 진정한 기쁨이 무엇인지를, 그리고 골로새서에서 진정한 그리스도인의 생활에 대하여 배울 수 있을 것이다.

Ⅰ. 빌립보서 —겸손과 사랑(빌1:1~4:23)

1. 그리스도 안에서의 삶의 기쁨(복음의 진보)(1:)

빌립보서 1장은 인사(1~2), 칭찬과 기도(3~11), 복음의 진보(12~18), 그리스도만을 위해 살겠다는 바울의 고백(19~26), 빌립보 성도로 인한 바울의 기쁨(27~30)의 내용으로 되어 있다. 바울이 이 글을 쓸 때는 옥중에 있을 때였다. 그는 감옥 중에서도 형제들을 위하여 기도했고(3, 4), 고난 속에서도 전도를 했고(13, 14), 기뻐하고 감사했다. 특히 21절은 바울의 위대한 고백이요 신앙간증이다. 이 세상 사람들은 대부분이 '내게 사는 것이 재물이니, 지식이니, 명예이니, 출세이니, 쾌락이니' 라고 외치고 있다. 그러나 바울같은 그리스도인들은 진실로 '내게 사는 것이 그리스도니 죽는 것도 유익함이라' 고 담대히 말할 수 있다. 실로 바울에게 있어 그리스도는 생명을 주시는 분이요(요 10:10), 생명 자체요(갈 2:20), 삶의 본이요(마 5:48), 삶의 목적이요(빌 1:21), 삶의 상급이었다(고후 9:15). 우리는 바울을 본받아 무엇을 하든지 그리스도를 존귀케 하는 자가 되어야 한다(20).

2. 그리스도 안에서의 봉사의 기쁨(겸손의 생활)(2:)

본 장은 그리스도의 모범을 통해 본 겸손의 중요성(1~11), 희생적인 봉사로 얻어지는 기쁨(12~18), 그리고 희생적 봉사의 다른 모범인 디모데와 에바브로디도의 경우(19~30)등으로 그 내용을 이루고 있다. 본 장은 예수 그리스도의 겸손의 희생과 영광스러운 높임을 중심으로 그리스도인이 가져야 할 봉사의 생활과 그 기쁨을 말하고 있다. 특히 바울은 그리스도의 마음인 이해와 사랑과 겸손과 양보의 마음을 가질 것을 권고하고(2~5), 희생적인 봉사를 통해서 구원을 이루라고(12) 권면한다. 구원을 이루라는 말은 구원을 위해 노력하라는 말이 아니라 구원의 열매를 나타내 보여 더욱 거룩해지라는 것을 의미한다(성화의 과정).

바울은 또한 모든 일 특히 주의 일을 원망과 시비가 없이 하라고 했다(14). 감사는 천사의 음악이고 불평은 마귀의 노래라는 말이 있다. 또한 십자가 없이는 면류관도 없다고 했다. 그러므로 우리는 고난과 어려움 가운데에서도 항상 소망을 바라보고, 감사하고, 찬송하고, 흠없고, 무죄하며 순전한 삶을 이루어 나가야 하겠다(15).

3. 그리스도 안에서의 인격적 친교의 기쁨(거짓교사에 대한 경고)(3:)

바울은 3장에서 빌립보 교인들에게 그리스도의 한 가지 의무와 권리는 주 안에서 항상 기뻐하는 것이라고 했다. 그것은 우리에게 하늘의 영광과 목표가 있기 때문이다. 본 장은 바울의 주 안에서의 변화된 인격으로서의 태도에 대한 설명과(1~17), 그리스도의 친구와 원수에 대한 부분으로(18~21) 나뉘어진다. 예수 믿는 성도들의 찡그린 얼굴은 기독교의 참 기쁨과 사랑을 해치게 마련이다. 이런 면에서도 우리는 주 안에서 기뻐해야 할 것이다. 바울은 세상과 그리스도의 비중을 재면서 그리스도를 위해서 세상의 모든 것을 배설물로 여긴다고 했다(8). 특히 12절부터 14절은 모든 사람의 삶과 인생에는 하나님의 섭리가 있으며 우리의 일이란 그 섭리의 계획을 수행해 나가는 것 뿐임을 가르쳐 주고 있다. 과거의 실패와 성공까지도 우리가 앞을 향해 뛰는 데에 방해가 되어서는 안 되겠다. 우리의 참 시민권이 하늘에 있기 때문이다(20, 21).

4. 그리스도 안에서의 평안과 상급의 기쁨(바울의 감사)(4:)

그리스도 안에서의 견고한 삶은 하나님의 평강과 기쁨이라는 상급으로 다가온다. 4장은 형제의 연합에서 오는 평안(1~3), 하나님만을 전적으로 신뢰하는 데서 오는 평안(4~7), 마음의 순수함에서 오는 평안(8~9), 자족함으로 오는 평안(10~12), 그리스도의 능력 안에서 오는 평안(13~20), 그리고 맺는 말(21~23)로 이루어져 있다. 모든 걱정 근심을 초월할 수 있는 승리의 비결은 아무 것도 염려하지 않는 대신 모든 일에 기뻐하고 기도하고 감사하는 데에 있다(4, 6). 환경과 조건에 관계없이 사람은 그 마음 속에 품은 생각대로 된다.

골로새서 —그리스도인의 생활(골1:1~4:18)

1. 그리스도는 만물의 창조자—그리스도의 절대성(1:)

본 장은 그리스도를 만물의 창조자로 말하고 그의 지고한 영광을 찬양하고 있다. 내용은 인사와 감사(1~8), 교회를 위한 바울의 아름다운 기도(9~14), 그리스도의 신성에 대한 지고한 영광(15~19), 그리스도가 하신 일에 대한 지고한 영광(20~29)으로 되어 있다. 바울의 믿음, 소망, 사랑(4,5)은 바울이 즐겨 쓰는 말이었다. 우리는 그리스도를 믿고 사람을 사랑하고 하늘 나라를 소망하는 삶을 살아야 한다. 그리스도 안에서 더욱 깊은 생활의 비결은 그리스도의 터 위에 굳게 서는 것이다(23). 바울이 골로새 교회를 위해 드린 아름다운 기도는 그가 교회를 위해 드린 네 개의 가장 아름다운 기도 중의 하나이다(9~14). 나머지 3개의 기도는 엡 1:16~19, 엡 3:14~19, 빌1:9~11이다.

2. 그리스도는 만물의 대 주제—이단에 대한 경고(2:)

예수께서 십자가에서 승리하심으로 인간을 죄악과 율법과 사망, 악마의 정사와 권세로부터 해방시키시고 구원하셨다. 그리스도는 이 우주의 절대 주권을 가지고 계신다. 그러므로 그리스도께서 하시는 일은 아무도 막을 수가 없고 거역할 수 도 없다. 그리스도 안에서 우리는 능치 못함이 없다. 본 장은 골로새 교회 성도들을 위한 바울의 개인적인 관심과 배려(1~7), 속임수의 거짓 철학과 그리스도의 인격(8~9), 그리스도 안에 있는 새 사람(10~15), 그리고 그리스도인의 자유(16~23)의 내용으로 되어 있다. 바울은 특별히 본 장에서 골로새서 철학자(4,8), 율법주의자(16,20~22), 천사숭배(18), 금욕주의(20~23) 등에 대해서 경고를 하고 있다.

3. 그리스도는 생명의 근원—성도의 생활(3:)

그리스도는 우리 믿는 자의 생명이 되신다. 그리스도께서는 살아 있는 씨앗

을옥토에 심듯이 우리에게 생명을 심어 주신다. 그럴 때에 우리의 생애는 그리스도 안에 뿌리를 박은 아래 부분과 그 안에 세움을 입는 윗면 부분과 함께 새 생명이 나타나게 되는 것이다. 본 장은 새 사람의 성별된 생활목표(1~4), 옛 성품의 죽음(5~11), 새 사람을 옷 입음(12~17), 그리고 새 사람의 가정생활과 사회생활(18~4:1)로 그 내용을 이루고 있다.

4. 그리스도는 구원의 비밀—권면과 안락(4:)

바울 사도는 골로새 교회의 성도들에게 그리스도의 비밀을 말하게 해 달라고 기도의 도움울 요청한다. 우리는 이 구원의 비밀을 바울의 사명과 같이 지혜로서 다른 사람에게 전해야 한다. 우리는 우리의 생활을 다른 사람 가운데 나타내고 느낄 수 있도록 해야 한다(5). 우리 그리스도인은 작은 그리스도요, 그리스도의 분신이기 때문이다. 4장은 상전에 대한 교훈(1) 기도와 증거(2~), 그리스도인과 이 세상(5~6), 바울의 동역자들(7~14), 그리고 마지막으로 고별인사로(15~18)되어 있다.

교훈 및 적용

1. 성도들은 어떠한 어려움 가운데서도 신앙의 여정을 포기하지 말고 죽으셨다가 부활하신 그리스도의 사랑과 은혜를 힘입어 오늘을 살도록 하자.
2. 우리는 빌립보 성도들을 본받아 모든 고난과 역경을 무릅쓰고 주의 일에 힘쓰는 하나님의 종들을 기꺼이 돕도록 하자. 이같은 행위는 하나님이 받으시는 향기로운 제물이 된다.
3. 하나님이 피로 사신 교회 안에 인간의 공로를 그리스도의 공로보다 더 강조한 이단이 침투하지 못하도록 항상 깨어 기도하고 말씀 위에 굳게 서자.
4. 새 사람된 그리스도인으로서 말씀대로 행하는 가정, 사회 생활이 되어 하나님의 영광을 드러내는 삶을 살자.

빌립보서와 골로새서를 배우면서 그리스도인의 생활 이 겸손과 사랑임을 다시 한 번 확인 했습니다. 여기에 그리스도인의 진정한 생활에 기쁨이 있고 행복도 있음을 깨달았습니다. 이것이 진정한 새 사람의 모습일 것입니다.
다음은 데살로니가전 · 후서를 공부합니다.

45

성경문제

● 신앙의 도리/빌1:1-골4:18

1. "너희 속에 착한 일을 시작하신 이가 그리스도 예수의 날까지 이루실 줄을 우리가 확신하노라." 몇 장 몇 절에 있는가?
2. "오직 너희는 그리스도 (　　　　)에 합당하게 생활하라." (　　)에 적당한 낱말을 써 넣어라.(빌 1장)
3. "너희 안에 이 마음을 품으라"고 했는데 이 마음은 어떤 마음인가?(빌 2장)
4. 바울의 이력과 관계가 없는 것은 무엇인가?(빌 3장)
   (가) 팔일 만에 할례 받음　(나) 베냐민 지파
   (다) 교회를 핍박하는 자　(라) 율법으로는 사두개인
5. "오직 한 일 즉 뒤에 있는 것은 잊어 버리고 앞에 있는 것을 잡으려고 푯대를 향하여 그리스도 예수 안에서 하나님이 위에서 부르신 부름의 상을 위하여 좇아가노라." 어디에 있는 말씀인가?
6. "그가 (　　　　)을 자기에게 (　　　　)케 하실 수 있는 자의 역사로 우리의 낮은 몸을 자기 영광의 몸의 형체와 같이 변케 하시리라." (　　)에 적당한 낱말을 써 넣어라.(빌 3장)
7. "주 안에서 항상 기뻐하라 내가 다시 말하노니 기뻐하라." 이 말씀은 어디에 있는가?
8. 빌립보서 4:8에서 "무엇에든지"라는 말씀이 몇 번 기록되어 있는가?
9. 다음 성구를 완성해 보라.
   "내게 능력 주시는 자 안에서 내가 모든 것을 할 수 있느니라"(빌 4장)
10. 기도할 때마다 하나님 아버지께 감사한 이유가 무엇인가?(골 1장)
   (가) 믿음-사랑-소망　(나) 믿음-은혜-사랑
   (다) 믿음-사랑-인내　(라) 믿음-인내-소망
11. "내가 이제 너희를 받는 괴로움을 기뻐하고 그리스도의 남은 고난을 그의 몸된 교회를 위하여 내 육체에 채우노라." 어디에 있는 말씀인가?
12. "철학과 헛된 속임수"에 대하여 잘못 말한 것은 무엇인가?(골 2장)
   (가) 사람의 유전　(나) 세상의 초등학문　(다)그리스도를 좇음
13. "위엣 것을 생각하고 땅엣 것을 생각지 말라." 어디에 있는 말씀인가?

14. 탐심은 (   )라고 했다.(골 3장)
15. "아내들아 남편에게 복종하라. 이는 주 안에서 마땅하니라." 어디에 있는 말씀인가?
16. "(   )를 항상 힘쓰고 (   )에 감사함으로 깨어 있으라." (   )에 적당한 낱말은 무엇인가?(골 4장)
17. 신실하고 사랑을 받는 형제는 누구인가?(골 4장)

개요

1. **주제** - 예수그리스도의 재림(1:10, 2:19, 3:13, 4:13~18, 5:1~11, 23)
2. **데살로니가 전서의 배경**
   1) 기록자 : 사도 바울　2) 기록연대 : 52년경
   3) 기록장소 : 데살로니가 교회를 세운 후 고린도에 돌아와 1년 4개월 머무는 동안(행18:11)에 썼다.
   4) 수신자 : 데살로니가 교회의 성도들. 데살로니가 교회는 주후 51년경 바울의 두번째 전도여행 때 세워졌다(행17:1~9).
   5) 기록목적 :
   (1)사도들을 책잡고 비난하여 그 권위를 손상시키는 무리들을 바로 잡고(2:3, 5, 6) 교회의 분파를 막기 위해
   (2) 예수님의 재림에 대한 의문을 해결해 주기 위해(4:11~18, 5:1~6)
   (3) 핍박을 받는 성도들을 격려하기 위해 (2:14)
   (4) 교인들이 부도덕한 생활에 빠져들지 않게 하기 위해(4:3~8)
   6) 특유한 용어 : 강림(6회), 위로(6회), 형제들(7회)
3. **내용분류** - 5장 89절
   1) 인사(1:1)
   2) 복음의 능력에 대한 감사(바울의 칭찬)(1:2~10)
   3) 사도와 교회(2:1~3:13)
   4) 성도의 생활과 주의 강림(4:1~5:11)
   5) 교회생활에 대한 교훈(5:12~22)
   6) 결 론(5:23~28)

개요

1. **주제** – 주의 날에 대한 성도의 올바른 태도
2. **데살로니가 후서의 배경**
   1) 기록자와 수신자는 데살로니가전서와 동일
   2) 기록연대 : 52년경(데살로니가 전서를 기록한 직후)
   3) 기록목적 : 첫째로 핍박 가운데 있는 성도들을 위로하고, 둘째로 주의 날이 이르렀다 하여 성도들을 혼란케 하는 자들을 경계하며, 셋째로 주의 강림이 가까왔다는 생각으로 일하지 않거나 규모없이 행하거나 선을 행하다가 낙심하는 자들을 권고하는 것이다.
3. **내용분류** – 3장 47절
   1) 인사 (1:1, 2)
   2) 핍박 속에 있는 성도들을 격려(바울의 감사)(1:3~12)
   3) 주의 날에 관한 교훈(교리)(2:1~17)
   4) 성도들의 생활(실제적 교훈)(3:1~15)
   5) 맺음말(3:16~18)

46
[성도의 올바른 신앙생활]

- 본문 : 살전 1~5장, 살후 1~3장
- 요절 : 살전 5:16—18, 살후 3:16

우리는 데살로니가교회 성도들로부터 아름다운 신앙의 모습을 배울 수 있을 것이다. 반면에 그들의 잘못된 신앙이 무엇인지도 배울 수 있을 것이다. 여기에서 우리에게 주는 중요한 교훈은, 신앙에는 언제나 양면성이 있다는 것이다. 아름다운 신앙의 모습도 있고, 또 그렇지 못한 모습도 있다. 우리의 신앙은 건전한가를 살피고 잘못된 신앙의 모습이 있다면 시정하는 계기가 되기를 바란다.

데살로니가전서 —감사와 신앙 생활

Ⅰ. 감사와 격려(살전 1:1~3:13)

1. 인사(1:1)

교회는 물과 성령으로 거듭나서 예수님을 주 예수 그리스도라고 고백하고 하나님을 아바 아버지로 부르는 자들의 모임이다. 바울은 교회에 죄 사함으로 인한 구원의 은혜와 성령충만으로 인한 영적인 평강을 간구하고 있다.

2. 복음의 능력에 대한 감사(바울의 칭찬)(1:2~10)

1) 데살로니가 교인들의 신앙 생활로 인한 감사(2~5)

바울은 데살로니가 교인들의 세 가지 완전한 신앙 생활을 기억하며 하나님께 감사했다. 첫째는 행함이있는 믿음이요, 둘째는 수고를 아끼지 않는 사랑이요, 셋째는 인내를 겸한 소망인데 이 소망은 그리스도의 재림에 대한 것이다. 이 세 가지 태도는 복음에 대한 성도의 온전한 응답이다(3). 바울은 그들을 형제라고 부르고, 하나님께서 택하신 자라고 불렀다. 바울은 그들에게 말로만 복음을 전하지 않고 능력행함(기적)과 성령충만과 복음에 대한 확신으로 전했다.

2) 모든 사람에게 모범이 됨(6~10)

바울은 데살로니가 교인들이 신앙생활에 모범이 된 것을 칭찬한다. 그들이 먼저 믿음의 선배를 본받고 주를 본받을 때(6), 모든 믿는 자의 본이 되었고(7), 이 소문은 각 처로 퍼져 나갔다(8). 그 소문이 곧 9절과 10절에 기록된 내용이다. 데살로니가 교인들은 과거에 우상을 숭배했으나 지금은 사시고 참되신 하나님을 섬기며(9), 장차 노하심에서 그들을 구원하실 예수님이 하늘로 부터 강림하심을 기다리고 있었다(10).

3. 사도와 교회(2:1~3:13)

바울이 유대인에게 쫓겨 급히 데살로니가 교회를 떠난 이후 그의 개인생활과 복음 증거의 동기 및 방법에 여러 가지 비난과 중상모략이 퍼부어졌다. 이런 헛소문에 대하여 먼저 따뜻하고 온유한 간증으로 해명하고(2:1~16), 나아가 데살로니가 교회에 대해 그의 사랑과 행위에 대하여 기록하고 있다(2:17~3:13).

1) 데살로니가 교회가 태어나기 까지(2:1~16)

바울과 실라는 빌립보에서 매를 맞고 감옥에 갇혔지만(행 16:19~40), 조금도 굴하지 않고 데살로니가에서도 복음을 전했다. 그것은 하나님을 힘입어 싸우는 선한 싸움이었다(2). 이 복음을 전하는 태도는 간사가 아닌 순수함이요, 부정이 아닌 사랑이며, 궤계가 아닌 진리이다. 그것은 탐심이나 아첨에서 나온 것이 아니다. 이 복음전파는 하나님께서 그를 택하여 부탁하신 일이기 때문에 근본적으로 하나님을 기쁘시게 하는 일이었다. 바울은 자신이 사도이므로 당연히 조건과 높임을 받아야 할 것이로되 오히려 유순한 자세로 데살로니가 교회를 세웠다. 그는 첫째로, 유모가 자기 자녀를 기르듯이 사랑으로 복음을 가르쳤고(7, 8), 둘째로, 아무에게도 누를 끼치지 않기 위해 밤낮으로 일하면서 복음을 전했다(9). 셋째로, 아비가 자녀에게 하듯 자상하게 권면하고 위로하고 경계했다(11, 12). 이 가르침을 하나님의 말씀으로 받아들일 때 그 말씀이 믿는 자 속에서 역사하여 동족의 핍박을 견디고 유대에 있는 성도들처럼 승리하게 되었다.

2) 바울이 데살로니가를 떠난 후(2:17~20)

바울은 데살로니가를 떠났지만 그것은 얼굴 뿐이었고 방문하려 했으나 여의치 않았다. 전도자의 기쁨과 자랑은 전도하여 낳은 믿음의 자녀들이다.

3) 디모데 파견(3:1~5)

바울은 그를 대신 하여 디모데를 파견했다. 파견 목적은 성도를 굳게 하고, 환난 중에 요동치 않게 하며, 시험하는 자로부터 구원하기 위함이다.

4) 디모데의 보고를 통한 기쁨(3:6~10)

데살로니가로부터 돌아온 디모데는 성도들이 환난 가운데서도 굳게 믿고 또 바울을 간절히 보고자 한다는 소식을 가져왔다. 이것은 위로와 감사가 되었다.

5) 바울의 기도 (3:11~13)

바울 사도는 데살로니가로 가는 것과 성도 간의 뜨거운 사랑으로 인한 굳건한 믿음, 또 예수님 재림 시에 성도들이 거룩함에 흠이 없기를 기도했다.

4. 성도의 생활과 주의 강림(4:1~5:11)

바울은 3장 13절의 기도, 즉 주 예수의 강림 때까지 마음을 굳게 하고 거룩함에 흠이 없는 생활을 하는 원칙에 관하여 교훈하고 있다. 이 생활은 하나님을 기쁘시게 하는 것이다.

1) 거룩하라(4:3~8)

하나님의 뜻, 거룩함은 자기 자신과 아내와 형제 사이에서 지켜져야 한다. 거룩하지 않으면 하나님이 신원(심판, 보응)하실 것이요 성령을 배신하는 결과다.

2) 형제 사랑에 대한 교훈(4:9~12)

이미 사랑하는 가운데 더 열심히 형제를 사랑하고 서로 자기 일을 열심히 하며(엡 4:28, 딛 3:8), 경제적으로 자립하라고 권한다.

3) 예수님의 재림에 대한 설명(4:13~5:11)

예수님의 재림 전에 죽은 성도들은 구원받지 못한다고 생각하고 두려워하는 자들에게 예수님의 재림에 대하여 설명한다. 이 설명은 예수님의 말씀에 근거를 두고 있다. 예수님의 공중재림 때에 먼저 죽은 자들이 무덤에서 일어나고, 살아있는 성도도 공중으로 들림 받아 거기서 함께 주를 영접한다(14~18). 불신자들에게는 주의 날이 도적같이 임하지만 성도들은 빛 가운데 있으므로 도적같이 임할 수 없다. 이러므로 성도들은 깨어 근신함으로 믿음과 사랑과 소망을 갖고 서로 권면하며 덕을 세우라고 부탁한다(1~11).

5. 교회생활에 대한 교훈 (5:12~21)

바울 사도는 교회 지도자들을 사랑으로 존귀하게 대하고(12, 13), 성도간에 화목하며 사랑으로 연약한 자를 붙들어 주라고 권면한다(14, 15). 그는 성도가 취해야 할 일곱 가지 올바른 태도를 가르친다(15~22).

6. 맺음말 (5:25~28)

바울은 모든 성도가 예수님 재림 시에 영과 혼과 몸이 흠없이 보전되기를 기원하고(23), 기도와 문안을 부탁한 후 축도로 첫째 편지를 끝맺는다.

데살로니가후서 —주의 재림과 교훈

Ⅰ. 감사와 기도 (살후1:1-12)

1. 인사(1:1-2)—데살로니가전서와 동일

2. 핍박 속에 있는 성도들을 격려(바울의 감사)(1:3~12)

바울 사도는 환난 가운데서도 성장한 교회를 인하여 하나님께 감사드린다(3,4). 데살로니가 성도들이 받는 환난은 하나님의 나라를 위한 것인데 하나님께서 환난을 주는 자에게는 환난으로, 환난을 받는 자에게는 안식으로 갚으시리라고 위로한다(5~7). 예수님께서 재림하실 때 불신자와 복음을 복종치 않는 자들에게 영원한 멸망을 선포하고 성도들에게 영광을 받으실 것이다. 바울이 데살로니가 성도들을 위해 기도하는 네 가지 상황이 11, 12절에 기록되어 있다.

3. 주의 날에 관한 교훈(교리)(2:1~17)

이 교훈의 목적은 주의 날이 이르렀다고 가르치는 거짓 교사들의 말에 동심하거나 두려워하지 말도록 권고하기 위함이다. 데살로니가 전서에서 바울이 예수님의 공중 재림과 성도의 휴거에 관해 기록한 것을 두고 거짓 선지자들은 이미 재난이 시작했는데도 휴거가 안 되니 바울은 거짓말장이라고 비난했다. 그러나 예수님의 재림 이전에 반드시 적그리스도가 나타나고 그로부터 7년 후에 지상재림하셔서 그 입의 기운으로 저를 죽이실 것이다(계 2:16). 이 적그리스도는 실제 사람인데 지금은 성령께서 막고 계셔서 나타나지 못하다가 장차 교회시대가 끝나고 성도들이 공중으로 들려올라가자 마자 나타날 것이다. 이 적 그리스도의 표적과 거짓 기적을 보고 사람들은 유혹될 터이나 그것이 곧 하나님의 심판이 된다. 그러나 데살로니가 성도들은 성령의 인도하심을 좇아 진리를 알았으니 굳게 지키라고 바울은 부탁한다(13~17).

4. 성도들의 생활(실제적 교훈)(3:1~15)

바울은 데살로니가 성도들에게 주의 말씀이 다른 곳에서도 영광스럽게 되고, 또 전도자들을 악한 자들에게서 건져주시라고 기도하기를 부탁한다. 바울은 또 데살로니가 성도들이 하나님의 사랑과 그리스도의 인내 안에서 말씀을 지켜 행하고 요동치 않기를 기원한다. 바울은 계속하여 데살로니가 성도들 가운데 일부가 그에게 배운대로 행하지 않고 규모없이 행하며 일하지 않고 양식을 먹는 자가 있다고 지적하고, 이들을 형제처럼 권고하되 돌이키지 않을 때에는 떠나라고 명한다. 바울은 그들을 위하여 규범있는 성도의 생활을 모범으로 보였다.

5. 맺는 말(3:16~18) 바울 사도는 평강의 주께서 친히 때마다 일마다 평강을 주시기를 축원하고 친필로 문안하면서 편지를 끝맺는다.

교훈 및 적용

1. 주의 재림을 기다리는 성도는 경건과 이웃 사랑을 실천하는 하나님이 기뻐하시는 삶을 살자.
2. 노동은 하나님께서 명령하신 신성한 법칙이나 나태는 범죄의 온상이며 빈곤의 원인인 고로 우리는 매사에 근면한 삶을 살도록 하자.
3. 우리는 세상에 만연되어 있는 거짓 교훈을 멀리하고 말씀에 올바로 서서 어떤 장애가 있더라도 낙심치 말고 선을 행하도록 하자 .

데살로니가 전 · 후서에서 우리는 데살로니가 교인들의 아름다운 신앙을 배웠습니다. 그들은 어려운 여건 속에서도 믿음과 소망과 사랑이 있었습니다. 우리도 주님께서 재림하시는 그 날까지 믿음과 사랑으로 칭찬받는 성도들이 되었으면 합니다. 다음 과에서는 디모데전 · 후서, 디도서, 빌레몬서를 공부하게 됩니다. 본문을 읽어 주시기를 바랍니다.

성경문제

● 올바른 신앙생활/살전1:1-살후3:18

1. 데살로니가 성도들로 인하여 하나님께 감사한 내용이 아닌 것은 무엇인가?(살전 1장)
   (가) 믿음의 역사 (나) 사랑의 수고
   (다) 감사의 노래 (라) 소망의 인내
2. 복음이 말로만 아니라 어떻게 임했다고 했는가?(살전 1장)
   (가) 능력-성령-확신 (나) 능력-성령-노력
   (다) 능력-소망-확신 (라) 능력-소망-환난
3. 믿는 자 속에서 역사하는 것은 ( )이다.(살전 2장)
4. 디모데가 전한 기쁜 소식이 아닌 것은 무엇인가?(살전 3장)
   (가) 믿음에서 떠남 (나) 믿음과 사랑
   (다) 항상 우리를 생각 (라) 간절히 보고자 함
5. 하나님의 뜻은 ( )이다.(살전 4장)
6. "우리가 예수의 죽었다가 다시 사심을 믿을진대 이와같이 예수 안에서 자는 자들도 하나님이 저와 함께 데리고 오시리라." 어디에 있는 말씀인가?
7. "우리는 낮에 속하였으니 근신하여 ( )과 ( )의 흉배를 붙이고 ( )의 소망의 투구를 쓰라." ( )에 적당한 낱말을 쓰라.(살전 5장)
8. "항상 ( )하라 쉬지 말고 ( )하라 범사에 ( )하라 이는 그리스도 예수 안에서 너희를 향하신 하나님의 ( )이니라." ( )에 맞는 말을 순서대로 열거한 것은 어떤 것인가?(살전 5장)
   (가) 기뻐-감사-기도-뜻 (나) 감사-기도-기뻐-뜻
   (다) 기도-기뻐-감사-뜻 (라) 기뻐-기도-감사-뜻
9. "악은 모든 모양이라도 버리라." 어디에 있는 말씀인가?
10. 데살로니가후서 1장에서 "환난"이란 단어가 몇 번 기록되었는가?
11. "우리 하나님이 너희를 그 부르심에 합당한 자로 여기시고 모든 선을 기뻐함과 믿음의 역사를 능력으로 이루게 하시고." 다음 중 어떤 내용이라고 생각하나?(살후 1장)
    (가) 기도 (나) 설교 (다) 권면 (라) 충고
12. 불법한 자가 나타날 때 예수님께서 무엇으로 죄를 죽이신다 했는가?(살후 2장)
    (가) 권능 (나) 입의 기운 (다) 무기 (라) 율법
13. 마땅히 하나님께 감사할 것이 아닌 것은 무엇인가?(살후 2장)
    (가) 처음부터 택하심 (나) 성령의 거룩하게 하심
    (다) 유전을 지키려 하심 (라) 진리를 믿음으로 구원을 얻게 하심
14. "누구든지 일하기 싫어 하거든 먹지도 말게 하라." 어디에 있는 말씀인가?
15. "형제들아 너희는 ( )을 행하다가 낙심치 말라." 적당한 낱말은 무엇인가?(살후 3장)

디모데전서

개요

1. **주제** - 교회의 올바른 질서

디모데전서는 한 교회를 맡아 목회하는 디모데에게 합동 예배에 관하여(2:1~15), 감독과 집사의 자격에 대하여(3:1~13), 거짓 교훈을 막기 위해서 (4:1~5), 여러 가지 계층의 사람들에 대하여(5:10~6:2), 어떻게 처신하며 또한 교회의 올바른 질서를 잡을 것인가에 대한 권면의 목회서신이다.

2. **디모데전서의 배경**

1) 기록자 : 사도 바울(1:1)
2) 기록연대 : 주후 62년 경
3) 수신자 : 믿음 안에서 참 아들 된 디모데(1:2, 1:18, 6:20)
4) 기록장소 : 마게도냐
5) 기록목적
(1) 거짓 교사들을 경고하기 위하여 (1:3~7, 19~20)
(2) 디모데가 바울의 권위에 기초하여 목회하고 있음을 교회에 보이기 위하여
(3) 건전한 교리의 교회 정치를 위한 교훈을 주기위하여
(4) 교회원 한 사람 한 사람을 훈련하기 위하여
6) 특유한 용어 : 교훈(8회), 교사(7회), 경건(8회), 선(22회), 믿음(17회).

3. **특징**

교회에 관한 목회 원리를 가르쳐 준 것에 있다. 공중 예배시 기도의 성격과 목적(2:1-8), 장로의 자격(3:1-7), 집사의 자격(3:8-13), 영적성장의 필요성(4:7-16), 늙은 과부에 대한 재정적 후원(5:1-16), 장로의 안수와 치리법(5:17-25), 물질에 대한 청지기 정신(6:17-20) 등 실제 목회에 필요한 교훈을 주고 있다.

4. **내용분류** - 6장 113절

1) 인사(1:1~2) 2) 교리적 교훈(1:3~20)
3) 사회생활의 태도에 대한 교훈(2:1~15)
4) 교회적 분자의 자격(3:1~16)
5) 목회에 대한 지침(4:1~6:2) 6) 디모데를 향한 훈계(6:3~21)

디모데후서

개요

1. **주제** - 예수님의 신실한 종

디모데후서는 예수님의 참된 일군에 관한 기록이다. 바울 사도는 사랑의 봉사에 관해(1:15~18), 예수님의 종으로서의 자세에 관하여(2:1~6), 닥치는 환난(2:11~13) 중에서의 승리에 관하여 기록하고 있다.

2. **디모데후서의 배경**

1) 기록자 : 사도 바울(1:1)

2) 기록연대 : 67년경, 당시 바울은 로마에 두 번째 감금되었는데 순교의 때가 임박함을 알고 디모데의 방문을 급히 명하였다(1:8, 16, 4:6, 9, 16, 21)

3) 수신자 : 디모데(1:2)

4) 기록목적

(1) 디모데를 바울 자신의 곁으로 부르기 위하여(4:9, 21)

(2) 거짓 스승 때문에 고생하는 디모데를 격려하기 위해

(3) 디모데에게 후계자 훈련을 시키도록 하기 위해

5) 특유한 용어 : 선(5회)

3. **특징**

1) 많은 은유와 이상적인 기독교 인상에 대해 서술하고 있다는 점이다.

2) 성경의 신적 기원과 목적에 대한 고전적 표현이 기록되어 있다(3:15—17).

3) "그리스도 예수 안에서"라는 표현이 많이 나타난다(7번).

4 **내용분류** - 4장 83절

1) 인사(1:1~2)

2) 디모데를 향한 격려(1:3~18)

3) 디모데를 향한 권면(2:1~26)

4) 디모데를 향한 경고 (3:1~4:8)

5) 맺음말(4:9~22)

디도서

개요

1. **주제** – 성도의 경건한 생활
   성도들에게 구원의 목적(2:11)을 가르치면서 구원 받은 자들의 올바른 삶을 제시해 주고 있다.
2. **디도서의 배경**
   1) 기록자 : 사도 바울(1:1)
   2) 기록연대 : 디모데전서와 동시대인 62년경.
   3) 수신자 : 같은 믿음을 따라 바울의 참아들된 디도(1:4)
   4) 기록목적
   (1) 디도가 목회하고 있는 그레데교회의 장로들에게 특별한 교훈을 주기 위해(1:5~9)
   (2) 하나님의 은혜로 구원받은 모든 성도들이 살아야 할 생활에 대하여 본을 보여 주기 위해
   5) 특별한 용어 — 바른(5회), 선한 일(6회), 선(11회).
3. **특징**
   1) 디모데전서와 여러 가지 점에서 비슷하다. 장로의 자격에 대한 규정이나(1:6–8) 교회의 여러 그룹에 대해 취해야 할 태도 등이다(2:1–10).
   2) 신앙과 행함, 바울과 야고보를 대조하는 것이 얼마나 잘못됨을 보여 준다.
   3) 이 밖에도 선행을 신앙 다음에 오는 것으로(2:14:3:8) 참된 구원을 보이는 표적으로(1:15) 말하고 있다.
   4) 기독교 신앙의 중요한 교제들을 다루고 있다.
4. **내용분류** – 3장 46절
   1) 인사(1:1~4)
   2) 디도에게 주는 권면(1:5~2:10)
   3) 성도에게 주는 권면(2:11~3:11)
   4) 맺음말(3:12~15)

빌레몬서

개요

1. **주제** - 도망 간 노예 오네시모를 위한 중재
2. **빌레몬서의 배경**
   1) 기록자 : 사도 바울(1:1,19)
   2) 기록연대 : 바울이 첫번째 로마에서 투옥된 때인 61년경
   3) 수신자 : 골로새의 성도 빌레몬(1, 2, 10, 골 4:9, 19과 비교)
   4) 기록목적
   (1) 로마로 도망간 빌레몬의 종 오네시모를 빌레몬에게 보내면서 중재하기 위함(12, 15, 16)
   (2) 신실한 성도의 예의와 모범을 보여주기 위해
3. **특징**
   1) 노예제도 같은 사회 윤리에 대해 기독교인이 취해야 할 신앙적 태도가 무엇인가를 보여준다.
   2) 용서에 대한 그리스도인의 태도를 잘 반영하고 있다. 즉 그리스도인은 하나님이 인간을 용서하신 그 사랑을 보여 주어야 할 것을 가르쳐 준다.
4. **내용분류** - 1장 25절
   1) 인사(1~3)
   2) 감사와 기도 (4~7)
   3) 사랑의 간구와 중보(8~19)
   4) 사랑의 결론(20~25)

47
[목회에 관한 권면(교회의 올바른 질서)]

● 본문 : 딤전 1~6장, 딤후 1~4장, 딛 1~3장, 몬 1장
● 요절 : 딤전 6:11, 12 딤후 3:16, 17

우리는 본 과를 통하여 목회에 관한 구체적인 내용들을 공부하게 될 것이다. 목회자로서의 바른 신학과 행정, 그리고 일반 사회인과 교인들을 상대하는 태도에 관해 필요한 교훈을 주고 있다.

디모데전서 —교회의 올바른 질서(1:1~6:20)

1. 교리적 교훈(딤전1:1~2:15)

1. 인사(1:1~2)

구주 하나님과 인류의 소망이신 예수님의 명령으로 사도가 된 바울이 자기를 아비처럼 섬기고(빌2:22), 믿음 안에서 참 아들된 디모데에게 은혜와 평강과 긍휼을 기원한다.

2. 교리적 교훈(1:3~20)

1) 거짓 스승과 율법(3~11)

바울이 그의 곁을 떠나기 싫어하는 디모데를 억지를 권하여 에베소에 머물게 한 목적은 신화나 족보만 생각하고 다른 교훈을 가르치는 거짓 스승들로부터 교회를 보호하기 위해서였다. 거짓 스승들은 그 의미도 모르고 율법을 가르쳤다. 이 율법의 참 목적은 사랑을 이루는 것이며(롬13:8), 이 사랑은 청결한 마음과 선한 양심과 거짓이 없는 믿음에서 우러 나오는 것이다(5). 율법은 선한 것이지만 거짓스승들은 교회를 분열 시키려는 불법적 동기로 그것을 사용했다. 율법은 그것을 지킴으로 의롭게 되어 구원얻게 할 목적으로 주신 것이 아니고(갈3:21), 악한 자들의 악행을 금하기 위해서 만들어졌다. 즉 제 5계명을 어기고 부

모를 구타하는 자들, 6계명을 어기고 살인을 하는 자들, 7계명을 어기고 간음하는 자들, 8계명을 어기고 도둑질하는 자들, 9계명을 어기고 거짓말과 거짓 맹세하는 자들, 그 외에 바른 교훈을 거스리는 모든 자들을 다스리는데 율법은 사용되어야 한다(6~11).

2) 바울의 감사(1:12~17)

바울은 자기를 전도자로 세우신 예수님께 감사드리고 그 은혜를 더욱 찬양하기 위해 자신의 회심을 간증하고 있다. 회심하기 전의 바울은 믿는 자들을 대적하여 위협과 살기가 등등하였고(행9:1), 교회를 핍박하였다(행8:3). 그러나 믿지 않는 가운데 알지 못하고 행한 이 죄를 예수님은 긍휼히 여기셨고 나아가 믿음과 사랑의 은혜를 주셨다(13, 14), 바울은 자신이 죄인 중에도 두목이었음을 고백하고 죄인에 의해 오신 예수님(막2:17)을 찬양한 후(15), 그가 긍휼을 입은 목적은 복음 증거를 위함이었다고 간증한다(16).

3) 디모데에게 주는 교훈(1:18~20)

바울과 바나바가 안디옥 교회에서 선교소명을 받았던 것처럼(행13:1~3), 디모데도 바울과 루스드라 및 이고니온형제들(행16:2)을 통하여 복음사역에 관해 예언을 받았던 것 같다. 복음 전도자는 선한 싸움을 싸우는 자로서 믿음과 선한 양심을 가져야 한다. 바울은 교회를 보호하기 위하여 두 사람을 사단에게 내어주었다(딤후4:14).

3. 사회생활의 태도에 대한 교훈(2:1~15)

1) 기도에 관하여(1~8)

교회는 세상에 대한 무조건적 배타성을 버리고 모든 사람을 위하여 기도하되 특별히 지위 높은 자들을 위해 해야 한다. 그 이유는 첫째로 평안한 중에 주를 섬기기 위함이고(2), 둘째, 하나님께서 그 기도 받기를 원하시며(3), 셋째, 모든 사람이 구원받도록 함이 하나님의 뜻이기 때문이다(4). 바울은 계속하여 기도를 받으실 하나님에 관하여 다섯 가지로 가르친다. 첫째로 하나님은 한 분이시고, 둘째로 그와 사람 사이의 중보도 한 분이시며, 셋째로 그 중보는 사람이신 그리스도이고, 넷째로 이 그리스도는 자기를 속전으로 주셨고, 다섯째 기약이 이른

바 그가 이 사실을 증거할 것이라는 말씀이다. 이 진리를 증거하기 위하여 부르심을 입은 바울은 하나님의 기쁘신 뜻을 위해 거룩한 손을 들고 기도하라고 전한다(8).

2) 교회에서 여자의 지위(9~15)

여자가 예배 시간에 너무 화려한 옷을 입지 말고, 남자처럼 되지도 말며 오직 하나님이 기뻐하시는 선행으로 단장하라고 권한다. 11절과 12절에서 바울이 여자의 지위를 격하시키고 일방적으로 종용과 순종을 요구하는 것처럼 오해하면 안 된다. 바울은 남녀를 평등하다 했고(갈3:26~28), 유능한 여자 일꾼들을 동역자라고 불렀기 때문이다(롬16:1, 16:3, 빌4:2,3). 바울은 에베소 교회의 부인들이 거짓 스승의 충동을 받아 교회의 덕을 손상시키는 것을 염려하고 겸손한 자세를 구하고 있을 뿐이다.

4. 교회 직분자의 자격(3:1~16)

1) 감독의 자격(3:1~7)

감독의 직분을 맡으려면 먼저 선한 일을 사모해야 한다. 감독은 도덕적으로 책망받을 것 없이 훌륭해야 하며, 한 아내의 남편으로서 집을 잘 다스려야 하고, 나그네를 잘 대접하고, 잘 가르치며, 금전을 잘 취급하고, 교회를 잘 다스리는 자로서 성도가 된 지 얼마간의 시간이 경과되었고, 믿음의 체험이 있으며, 불신자들에게 칭찬을 듣는 자라야 한다. 그 이유는 마귀의 올무와 교만으로 인한 정죄를 피하기 위함이다.

2) 집사의 자격(3:8~13)

집사는 단정하고, 말조심하며 술에 인박히지 않고, 돈에 유혹되지 않으며, 한 아내의 남편으로서 집을 잘 다스리고, 깨끗한 양심과 믿음의 말을 가진 자라야 한다. 집사의 직분은 책망받을 만한 일이 있나 없나 살펴 본 후에 주어야 한다. 여자들은 단정하고 참소하지 말며 절제하고 모든 일에 충성된 자라야 한다.

3) 집필목적(3:14~16)

바울이 디모데를 속히 대면하려 하지만 만일 지 체될 경우를 위해 하나님의 집인 교회에서 행해야 할 바를 알게할 목적으로 이 서신을 쓰노라고 말한다. 바울은 또한 예수 그리스도에 대한 경건의 비밀을 증언한다.

5. 목회에 대한 지침(4:1~6:2)

1) 이단에 대한 경계(4:1~5)

성령께서 후일에 귀신의 가르침을 좇고 양심에 화인 맞은 자들이 나올 것이라고 바울에게 말씀하셨다. 그들의 금욕주의는 육체는 악하다는 사상에서 오는 혼인금지요, 물질은 악하다 하는 사상에서 온 식물금지이다. 그러나 바울은 좋으신 하나님은 좋으신 것만 지으셨고 우리가 말씀과 기도로 거룩하게 되었기 때문에 성도들이 감사함으로써 받으면 버릴 것이 없다고 분명하게 가르친다(4, 5).

2) 경건에 대한 교훈(4:6~16)

바울은 그리스도인의 경건에 대하여 디모데를 권면하고 있다. 바울은 디모데에게 믿는 자들의 구주이신 예수 그리스도를 가르치라고 권한다. 또한 에베소 성도에게 믿음의 모범을 보이는 가운데 하나님의 말씀을 읽고 그 말씀대로 권하고 가르치는 일에 온 마음과 정성을 다하라고 부탁한다. 마지막으로 안수받을 때 받은 은사를 조심스럽게 사용하고 믿음의 진보를 모든 사람에게 나타내라고 권면한다.

3) 남녀노소에 대하여(5:1~2)

성도 중 연로자를 엄하게 비난하지 말고 아버지에게 위로하고 권하듯 하며, 젊은이와 늙은 여자, 젊은 여자들에게는 디모데 자신의 가족에게 하듯 참사랑을 갖고 대해주되 특히 젊은 여자를 일체 깨끗함으로 대하라고 했다.

4) 과부에 대하여 (5:3~16)

교회가 돌보는 자는 참과부여야 한다. 이들은 일락을 좋아하지 않고 하나님께 소망을 두어 주야로 간구와 기도하는 일에 마음을 두어야 한다(5—7). 9절 이하는 교회가 돌보아야 할 참 과부의 자격에 대하여 기록하고 있다.

5) 장로에 대하여 (5:17~25)

잘 다스리는 장로를 존경하고, 말씀을 가르치는 장로를 더욱 존중하며 보수도 넉넉히 주라고 선전한다(17, 18). 장로를 송사하려면 2, 3인의 증인이 있어야 하며 회개치 않고 범죄를 계속하는 장로는 성도들 앞에서 엄히 꾸짖되 장로들을 다스릴 때는 편견없이 하고, 경솔히 안수하지 말고, 타인의 죄에 간섭하지 말고 자신을 지켜 정결케 하라고 전한다. 바울은 디모데의 위장병과 여러 지병을 위해 포도주를 약으로 권했다. 바울은 공의로우신 하나님께서 죄와 선행을 밝히 드러나게 하시리라고 말한다.

6) 종에 대하여(6:1~2)

믿는 종들은 하나님의 이름과 교훈이 욕되지 않게 하기 위해 상전을 공경하되 상전이 성도일지라도 형제라고 경히 여기지 말고 더욱 잘 섬기게 하라고 권한다.

6. 디모데를 향한 훈계(6:3~21)

1) 이단에 대한 경계(6:3~10)

거짓 스승은 다른 교훈을 전하며 예수님의 말씀과 경건에 착념치 않는다(3). 그들은 교만하며 다툼만 일으키고(4, 5), 결국 경건을 생계유지의 방편으로만 생각한다(5). 그러나 성도는 먹을 것과 입을 것만 있으면 족한 줄로 여기고(8), 부귀에 마음을 돌리지 말며(9), 모든 악의 뿌리가 되는 돈을 사랑하지 말아야 한다(10).

2) 하나님의 사람 디모데에게 주는 최후의 충고 (6:11~21)

디모데가 구해야 할 것들을 지시하고(11), 예수님의 재림 때까지 신앙의 싸움을 용감히 싸우라고 격려한 후(12~14), 장차 우리에게 나타나실 하나님을 찬송했다(15, 16). 또 부자들에게는 하나님에게만 소망을 두고(17), 선한 일을 하도록 교훈하라 했는데 그래야만 좋은 터를 쌓아 참된 생명을 취할 수 있기 때문이다(18, 19). 마지막으로 헛된 말과 변론을 피하기를 권하고 편지를 끝맺는다(20, 21).

1. 그리스도의 군사(딤후 1:1~2:13)

1. 인 사 (1:1~2)

바울은 예수안에 있는 생명의 약속을 따라 사도가 되었다. 복음은 그리스도 예수 안에 나타난 생명의 약속이다. 이 생명은 우리의 목표이며 그리스도는 길이 되신다(요 14:6).

2. 디모데를 향한 격려(1:3~18)

1) 디모데를 인하여 감사함(1:3~5)

바울은 쉬지 않고 중보 기도를 올렸는데(3), 간구시마다 디모데를 생각하며 하나님께 감사했다. 그는 또 디모데가 목회자로서 겪는 여러 어려움의 눈물을 생각하고 기쁨을 충만하게 하기 위해 디모데를 보기 원했다. 디모데의 믿음은 성도 사이에서 자란 믿음이며 그와 같은 믿음은 이미 그의 외조모와 어머니 속에 있었다(5).

2) 일꾼 디모데를 향한 격려(1:6~14)

바울은 디모데가 두려운 마음에 사로 잡혀 있으며(7), 복음증거를 부끄러워하는 마음이 있음을 알고(8, 12), 그것을 버리라고 권면했다. 하나님께서 주시는 마음은 능력과 사랑과 근신하는 마음이니(7) 하나님의 능력을 좇아 복음과 함께 가난도 받으라고 권한 후(8), 자기를 복음을 위해 받는 괴로움을 부끄러워 하지 않는다고 간증하고 있다(11, 12). 또한 예수님 안에 있는 믿음과 사랑으로서 바울이 전한 바른 말을 본받아 지키고(13), 속에 거하시는 성령님을 통하여 바울이 부탁한 아름답고 귀중한 교훈을 지키라고 명하고 있다(14).

3) 배교와 봉사의 실례(1:15~18)

아시아에 있는 사람들이 바울을 돌아보지 않고 배교했는데 그 중의 두 사람 이름을 들고 있다. 한편 바울이 로마 감옥에 갇혔을 때 부끄럽게 여기지 아니하고 부지런히 방문해서 바울을 유쾌하게 했으며 에베소에서도 열심히 바울을 섬긴(16) 오네시보로를 위해 하나님의 자비와 긍휼을 간구한다(16~18).

3. 디모데를 향한 권면(2:1~26)

1) 일꾼의 자세(2:1~7)

먼저 바울은 디모데가 예수님의 은혜 안에서 강하게 될 것과(1), 복음을 충성된 사람들에게 부탁하여 그들이 또 다른 자들을 가르치기를 명했다(2). 이어서 세 가지 비유로 일군의 자세를 권면하고 있다. 첫째로 군사이기 때문에 군사로 소집한 예수님을 기쁘게하기 위해 일상생활에 얽매이지 말 것(4), 둘째로 경기자처럼 규칙대로 경기하여 면류관을 얻을 것(5), 셋째로 복음의 일꾼은 하나님의 밭(고전3:9)인 성도들 속에 복음의 씨를 뿌리고 영혼을 거두어 들이는 농부이므로 곡식을 먼저 받는 것이 당연하지만 수확에 참여하려면 죽도록 수고하여야 한다(6)는 사실을 교훈했다. 종에게 필요한 것은 총명이다(7).

2) 일꾼이 받는 고난(2:8~13)

바울은 이 때 로마의 감옥에서 혹독한 고난을 받고 있었지만 그의 마음은 영원한 영광 가운데 자유로웠다. 그리스도의 종은 그리스도와 함께 죽어 다시 살아 나고, 고난을 참아 함께 왕노릇하며, 어떤 경우라도 그리스도를 믿고 믿음을 입으로 시인하여야 한다. 하나님은 그 약속의 말씀대로 모든 것을 갚으실 것이다.

3) 그리스도인의 적(2:14~19)

바울은 교회에 말다툼을 일으키는 두 거짓 스승으로 후메내오(딤전1:20)와 빌레도를 지적한다. 그들은 부활이 벌써 지났다고 말하여 성도의 소망을 무산시키고 믿음을 무너뜨렸다. 이런 말다툼은 유익이 하나도 되지 않고 오히려 듣는 이를 망하게 했다. 바울은 디모데가 이단 거짓스승을 경계하고 온전히 하나님 중심으로만 일하기를 권한다.

4) 그리스도인의 성품(2:20~26)

하나님의 진리에 서고 거짓 스승의 가르침에서 떠난 자들은 금그릇과 은그릇 같은 존재이지만 거짓 가르침에 유혹되어 진리를 떠난 자들은 나무와 질그릇처럼 존경할 만한 존재가 아니다. 그러나 거짓 스승들의 가르침에서 자기를 지키면 귀한 그릇이 되어 하나님께 사용된다(21). 바울은 디모데에게 의와 믿음과 사랑과 화평을 권하고(22), 변론을 버리며(23), 인내 가운데 가르치고(24), 온유함으로 양을 돌보라고 권한다(25, 26).

4. 디모데를 향한 경고(3:1~4:8)

1) 마지막 고통의 때(3:1~9)

바울은 마지막에 다가올 고통의 때를 경고 하고 말세에 있을 징조를 설명한다. 이 마지막은 디모데의 때로부터 지금까지 계속되고 있으나 그 징조는 점점 확실해지고 분명하여져서 오늘이 바로 말세의 마지막임을 알게 한다. 이 징조는 크게 몇 가지로 나뉜다. 첫째로, 사람들은 하나님보다 자기를 사랑하고 재물과 쾌락을 사랑한다. 둘째로, 파괴된 인간관계 속에서 산다. 셋째로, 경건의 모양은 있으나 능력은 없는 자들이 나와서 부녀자들과 죄책감에 사로잡힌 자들을 유혹하여 멸망의 길로 인도한다. 그러나 이 들의 어리석음은 밝히 드러날 것이다.

2) 고통의 때를 위한 대책(3:10~17)

바울은 거짓 스승들에 대한 대책을 가르치기에 앞서서 자신의 체험을 기록한다. 디모데는 바울의 교훈과 행실과 생각과 믿음과 오래 참음과 사랑과 인내와 고난을 잘 알고 있었고 바울이 받은 핍박을 목격하기도 했다. 바울은 이 모든 핍박에서 주님이 구하셨다고 증언하면서 주 안에서 경건히 살고자 하는 자에게 핍박이 있을 것을 예언했다. 이 말은 사실이다. 마귀가 사로잡혀 유황 불못에 던짐받을 때까지 마귀는 그리스도의 사람을 미워하며 압박할 것이기 때문이다. 그러나 속이는 마귀의 자식은 결국에 서로를 속이게 된다(13). 바울은 이런 고통의 때에 대처할 방책으로 배우고 확신한 일에 거하라고 명한다. 이 때 성경 말씀이 큰 무기가 된다. 성경은 첫째로 구원하게 하는 지혜를 주며, 둘째로 교훈과 책망과 바르게 함과 의로 교육하기에 유익하며, 셋째로 사람으로 모든 선한 일을 온전히 행하게 하는 능력을 공급한다. 이 말씀은 하나님의 감동으로 된 성경이다.

3) 마지막 명령(4:1-5)

바울은 이제 강렬한 어조로 디모데에게 최후의 명령을 한다. 그것은 말씀을 전파하는 것이었다. 디모데의 말씀 전파의 사명은 하나님과 예수님 앞에서 받은 것이다. 또한 이 사명은 장차 죽은 자와 산 자를 심판하실 예수님 앞에서 청지기처럼 계산해야 할 것이다. 이러므로 복음 전파의 사명이야말로 가장 엄한 명령 가운데 하나인 것이다. 말씀을 맡은 주의 종 디모데는 때를 얻든지 못 얻든지 범사에 오래 참음과 가르침으로 잘못된 길에 든 자를 책망하여 깨우치고 악한 길의 위험을 미리 납득시켜 줄 책임이 있었다(2). 바울이 디모데를 이처럼 엄히 권고한 까닭은 오래지 않아 이단과 사설이 스며들 때 성도들이 타락할 염려가 있기 때문이다. 그러나 아직은 바른 교훈을 듣고 있으므로 이 때에 미리 경계시켜 두라고 권한다. 또 그 때가 이르더라도 너는 모든 일에 근신하여 고난을 받으며 전도인의 일을 하며 네 직무를 다하라고 부탁한다(5).

4) 바울의 승리의 선언(4:6~8)

바울은 디모데가 더욱 근신하여 복음 전파의 사명을 다 해야 할 이유 중의 하나로 자신이 순교의 피를 흘릴 날도 멀지 않음을 들었다. 관제는 제단 위에 있는 제물 위에 술을 붓는 것을 뜻한다. 그는 복음전파의 선한 싸움을 승리로 이끌고 마지막 의의 면류관을 쓰기 위해 그가 전해 온 복음을 그의 피로 증거할 때를 기다리고 있다. 이 면류관을 주실 이는 의로우신 재판관 예수 그리스도이시며 믿는 성도는 누구나 받을 수 있다.

5. 맺음말(4:9~22)

바울은 로마의 법정에서 첫번째 재판을 받았고(16), 사태는 점점 불리해졌다. 이렇게 되자 그의 친구 네 사람 가운데 데마는 세상으로 돌아갔고 그레스게와 디도는 다른 지방으로 갔으며 오직 누가만 남아 있었다. 바울은 마가를 데려오라고 부탁한 후 겉옷과 성경책도 가져오라고 당부한다. 이 마가는 사도행전 15장 39절에서 바나바와 바울이 그를 놓고 다투었던 마가 복음의 저자 요한 마가이다. 14절의 알렉산더는 사도행전 19장 33절의 인물과 동일인으로 보이며 그는 솔선하여 기독교 신앙을 고백하였으나 후에 배교하고 바울에게 해를 입혔다. 순교를 눈 앞에 둔 로마의 감옥에서도 바울은 그의 곁에서 계셔서 그를 강건케 하시는 주님을 보았다(17). 그는 감옥에서도 전도의 말씀을 전파했다. 또 순교의 순간도 이방인에게 복음전파의 기회가 될 것을 원했다. 디모데에게 명한 일에(2) 스스로 모범을 보이고 있다. 바울은 디모데가 겨울 전에 바울에게 오기를 바라면서 인사와 함께 편지를 끝맺는다.

디도서 —성도의 경건한 생활(1:1~3:15)

1. 교회행정(딛1:1—16)

1. 인 사(1:1~4)

바울은 하나님께서 택하신 자들에게 믿음을 갖게 하고, 경건함에 속한 진리의 지식을 가르치며, 영원한 생명에 대한 소망을 넣어주기 위하여 하나님의 종과 그리스도의 사도로 택함을 받았다. 이 영생은 영원 전부터 있었던 것이며 하나님께서 이 비밀을 바울에게 맡기시고 전하게 하셨다. 디도는 바로 이런 전도를 통해 낳은 영적인 아들이었다.

2. 디도에게 준 권면(1:5~2:10)

1) 장로에 대하여(1:5~9)

장로와 감독은 같은 직분에 대한 동의어이다. 바울이 디도를 그레데 섬에 남겨둔 목적은 부족한 일을 바로 잡고 장로들을 세우려 함이었다. 장로들의 자격은 열 다섯 가지로 나뉘는데 그 중에 여덟 가지는 소극적인 자격이고(하지 말라), 일곱가지는 적극적인 자격이다(하라). 장로의 마지막 자격은 말씀의 교훈을 준수함인데 그 목적은 바른 교훈으로 권면하고 거스려 말하는 말하는 자들을(1:10~16) 책망하기 위함이다.

2) 그레데의 거짓 스승들(1:10~16)

디도서에서 이 곳과 3장 9~11절에 거짓스승에 대하여 직접적으로 언급하고 있다. 장로의 임무 중에 하나는 이들을 책망하는 것이었다. 이 거짓 스승들은 할례당 유대인들로서 교회의 가르침에 복종치 않고 헛된 말로 말다툼을 일으키며 더러운 이를 위해 성도를 속였다(딤전6:5). 그들은 집(교회)들을 파괴시키므로(딤후3:6) 그들의 입(주장)을 진리의 말씀으로 막으라고 권한다. 또한 바울은 거짓 스승의 말을 듣고 혼란 가운데 있는 그레데 성도들을 엄하게 꾸짖어 진리의 말씀에 굳게 서도록 하라고 명한다. 이 거짓 스승들은 더럽고 믿지 않는 자들이기 때문에 모든 교훈과 믿음을 함부로 침범하고 짓밟는다. 그들은 입으로 하나님을 시인하지만 행위로는 부인하는 자들이다.

3) 여러 연령 층의 성도들에 대하여 (2:1~10)

첫째로, 늙은 남자는 절제하고 경건하고 근신하며 믿음과 사랑과 인내함에 온전해야 한다. 둘째로, 늙은 여자는 술을 즐기지 말고 거룩한 행실로 젊은이에게 선한 것을 가르쳐야 한다. 셋째로, 젊은 여자는 남편과 자녀를 사랑하고 정절을 지키며 가사를 잘 돌보고 선하며 남편에게 복종해야 한다. 넷째로, 젊은 남자는 근신하며 바른 말을 해야 한다. 다섯째로, 종들은 상전에게 순종하고 기쁘게 하며 거스려 말하지 말고 떼어 먹지 말고 충성해야 한다. 이 모든 일의 목적은 첫째로 하나님의 말씀이 훼방을 받지 않고, 둘째로 대적자가 성도를 악하다고 참소하지 못하며, 셋째로 그리스도의 교훈이 빛나게 하려 함이다. 바울은 디도가 이 일에 먼저 모범을 보이기를 명한다(7).

3. 성도에게 주는 권면(2:11~3:11)

1) 구원의 은혜에 대한 교훈(2:11~14)

모든 사람이 구원을 얻는 것은 온전히 하나님의 은혜로 됨이다. 모든 사람이란 만인 구원을 뜻하지 않고 '종이나 이방인이나 상관없이' 라는 뜻이다. 하나님의 구원의 은혜는 우리로 하여금 항상 근신함과 의로움과 경건함으로 살게 한다. 뿐만 아니라 이 은혜는 그리스도의 나타나심을 소망 중에 기다리게 한다. 이러므로 성도는 하나님의 은혜로 말미암아 영원한 소망 가운데 이 세상에서 아름다운 삶을 살게 되는 것이다. 우리가 그의 오심을 바라는 예수님은 우리 죄를 대신하여 죽으셨고, 그의 피로 우리를 구속하셨으며, 우리를 성결케 하심으로 선한 일에 열심을 내게 하셨다.

2) 성도의 아름다운 행실(2:15~3:2)

바울은 디도가 위와 같은 진리를 교회 앞에 말하고 권면하며 모든 권위로 책망하라고 명한다. 이것은 주의 종이 교회에서 점진적으로 취할 자세이다. 바울은 그의 대리자로서의 디도에게 어떤 사람으로부터도 무시당하지 말라고 당부한다. 바울은 성도들이 권세 잡은 자들에게 복종하고 순종하게 하라고 한다. 우리는 정부의 권위에 순종하며 공동체를 위하여 제정된 법률에 복종해야 한다. 우리가 절대적으로 섬길 분은 하나님 뿐이다. 그리스도인의 선행은 좋은 미덕이다. 그리스도인은 어떤 경우에도 이웃을 훼방치 않고 다투지 않으며 관용하고 범사에 온유함을 나타낼 의미가 있다.

3) 과거와 현재(3:3~7)

바울은 이전의 사람(불신자)과 지금의 사람(신자)을 비교하고 있다. 사악한 옛사람에서 우리가 거듭난 것은 우리의 의로운 행위 때문이 아니요, 하나님의 긍휼(자비와 사랑)로 인한 중생의 씻음과 성령의 새롭게 하심으로 되었다. 바울은 우리가 의롭게 된 것은 하나님의 은혜 때문임을 분명히 기록하고 있다(7).

4) 이단자들에 대한 태도(3:8~11)

바울이 디도에게 거듭 이와 같은 은혜의 교훈들을 가르칠 것을 명하고 성도들이 선한 일에 힘쓰게 하라고 부탁한다. 또한 어리석은 변론과 분쟁은 피하고 이단에 속한 사람은 한 두 번 훈계한 뒤에 멀리하라고 권한다. 왜냐하면 그들은 이미 그리스도와 성령에게서 떠나 정죄를 받았기 때문이다.

4. 맺음말(3:12~15)

바울은 이 편지의 결론 부분에서 그의 개인적인 부탁을 기록하고 있다. 아데마나 두기고 중 한 사람이 디도에게 가거든 자기의 직무를 그에게 맡기고 곧장 니고볼리에서 겨울을 지낼 바울에게 오라는 부탁이다. 바울은 또한 이 편지를 휴대하고 간 아볼로와 세나를 먼저 보내라고 부탁하고 그레데 섬의 성도들이 열매 맺는 자가 되기 위해 필요한 것을 예비하는 선행을 하게 하라고 다시 한 번 권면한다. 그리고 마지막 문안과 기원으로 편지를 마친다.

빌레몬서 —바울의 애정(도망간 노예 오네시모를 위한 중재)

1. 인사(1~3)

예수님을 위해 자유하나 스스로 붙잡힌 바 되어 로마 옥에 갇힌 바울과 형제 디모데는 에베소 전도시 어려울 때에 친절히 바울을 도왔던 동역자 빌레몬과 그의 아내 압비아, 그리고 바울과 같이 전도의 싸움을 함께 한 예수님의 군사 아킵보와 빌레몬의 집에 세워진 교회에게 은혜와 평강을 기원한다.

2. 감사와 기도 (4~7)

성도를 사랑하고 예수님을 믿는 빌레몬을 두고 바울은 언제나 하나님께 감사했다. 빌레몬의 믿음의 교제는 교회 안에 있는 선을 알고 또 끊임없이 성장하여 예수님에게까지 자라게 했다. 바울은 빌레몬의 사역으로 성도들이 평안을 얻은 것을 기뻐하고 위로를 받았다.

3. 사랑의 간구와 중보(8~19)

1) 사랑의 간구(8~11)

바울과 빌레몬은 믿음의 사제지간이었다. 이러므로 바울이 빌레몬에게 어떤 일을 권위를 가지고 명령할 수도 있었지만 오히려 사랑으로 간구하였다. 간구의 내용은 빌레몬의 종 오네시모를 위한 것이 었는데 오네시모는 다른 종들처럼 주인의 물건을 훔쳐 가지고 로마로 도망갔다가 예수님을 믿고 바울을 섬기게 되었다. 이 때 바울은 로마의 감옥에 갇혔으며(첫번째로) 나이가 60세쯤 되어 있었다. 바울은 오네시모의 거듭남을 보증하여 전에는 네게 무익하였으나 이제는 나와 네게 유익하다고 확신있게 말한다.

2) 사랑의 중보(12~19

바울은 오네시모를 대단히 사랑하여 가까이 두고 싶어 했다. 그러나 오네시모는 법적으로 빌레몬의 사람이므로 억지가 아닌 자발성에 의해 빌레몬으로 부터 오네시모를 돌려 받고자 했다. 바울의 이와 같은 자세에서 무례히 행치 않는 그리스도인의 자유와 사랑을 볼 수 있다. 15~17절에서 바울이 오네시모를 위하여 빌레몬에게 중보하는 것은 마치 예수 그리스도께서 죄인을 위하여 중보하시는 것 같다. 오네시모는 빌레몬의 육체적 종이었고 다시 그리스도 안에서 같은 형제가 되었다. 이러므로 과거의 잘못을 용서하고 사랑하는 형제로 받아 줄 것을 간절히 부탁하고 있다. 뿐만 아니라 도망갈 때 손해보인 것이 있더라도 바울에게 계산하라 함으로 사랑의 용서를 구하고 있다.

4. 사랑의 결론(20~25)

바울은 '오형제여' 라고 부르면서 이 모든 일로 인하여 감옥에 갇힌 자신이 큰 기쁨을 누리게 해달라고 간곡히 부탁한다. 그 일이 이룰 줄을 믿고 기대한다. 바울은 다시 빌레몬을 만나기를 원하면서(22) 문안인사로 편지를 끝맺는다.

교훈 및 적용

1. 신앙생활에 있어서 최대의 목표가 하나님과 이웃 사랑이라는 사실을 깨닫고 항상 자신을 드러내는 일보다 스스로 겸비한 자세를 갖도록 하자.
2. 그리스도인은 국가와 사회가 안정되고 평화스럽도록 위정자들과 단체의 지도자를 위해 기도해야 한다.
3. 그리스도의 복음을 부끄러워하지 말고 복음과 함께 그리스도의 십자가 고난에 참여하는 자는 그리스도의 영광과 구원에 이르게 된다.
4. 그리스도께서 진정으로 기뻐하시는 경건을 소유한 자는 환난 중에 있는 성도를 돌보며 형제를 사랑함으로 하나님과 사람들에게 인정받는 삶을 사는 자이다.
5. 우리는 하나님의 말씀 위에 굳게 서서 흔들리지 않는 신앙을 소유하여 혼탁해져 가는 이 세상에서 그리스도의 빛과 소금의 역할을 감당하자.
6. 교회에서는 가르치는 사람이나 배우는 사람 모두가 말씀의 실천에 힘써서 바른 교회를 이루도록 노력해야 한다.
7. 그리스도인은 성실한 자세로 맡은 일을 충실하게 행하여 주인이신 하나님을 기쁘시게 해 드리는 종이 되어야 한다.
8. 성도들은 하나님께서 주신 사랑을 기억하여 어려울 때 서로 돕고 겸손한 마음으로 서로 섬겨야 한다.
9. 빌레몬과 오네시모의 중간에서 화해를 위해 노력하는 바울의 마음을 본받아 형제의 허물을 용서 하고 사랑하는 성도가 되자.
10. 빈부 귀천의 구별 의식을 버리고 누구에게든지 겸손한 마음으로 그리스도의 용서와 사랑을 베푸는 그리스도인이 되자.
11. 빌레몬의 구제와 덕행을 본 받아서 교회와 이웃에게 그리스도의 사랑을 전하자.

우리는 지금까지 목회에 관계된 여러 가지 교훈을 배웠습니다. 이것을 배움으로 우리의 목회 현장이 보다 더 풍요로워지리라고 믿습니다. 다음으로 히브리서를 배우게 됩니다. 본문을 읽어주시기 바랍니다.

성경문제

● 목회에 관한 권면/딤전 1:1–딛 3:15

1. 믿음 안에 있는 하나님의 경륜은 이룬보다 도리어 변론을 내는 것이 무엇인가?(딤전 1장)
2. "미쁘다 모든 사람이 받을 만한 이 말이여 그리스도 예수께서 죄인을 구원하시려고 세상에 임하셨다 하였도다 죄인 중에 내가 괴수니라." 어디에 있는 말씀인가?
3. "하나님은 (   )이시요 또 하나님과 사람 사이에 중보도 (   )이시니 곧 사람이신 그리스도 예수라." (   )에 적당한 낱말을 쓰라.(딤전 2장)
4. 여자들은 어떻게 함으로 종용히 배우라고 했는가?(딤전 2장)
5. 감독이 자기 집을 잘 다스리지 않아도 교회는 잘 다스릴 수 있다. 맞으면 ○표 틀리면 ×표 하라.(딤전 3장)
6. "집사의 직분을 잘한 자들은 아름다운 지위와 그리스도 예수 안에 있는 믿음에 큰 담력을 얻느니라." 어디에 있는 말씀인가?
7. "오직 말과 행실과 (   )과 (   )과 (   )에 대하여 믿는 자에게 본이 되어." (   )에 적당한 낱말을 써 넣어라.(딤전 4장)
8. "누구든지 자기 친족 특히 자기 가족을 돌아보지 아니하면 믿음을 배반한 자요 불신자보다 더 악한 자니라." 어디에 있는 말씀인가?
9. "잘 다스리는 (   )들을 배나 존경할 자로 알되 말씀과 가르침에 수고하는 이들을 더할 것이니라." (   )에 적당한 낱말을 써 넣어라.(딤전 5장)
10. "우리가 세상에 아무것도 갖고 온 것이 없으매 또한 아무것도 가지고 가지 못하리니." 어디에 있는 말씀인가?
11. 무엇을 사랑함이 일만 악의 뿌리가 된다고 했는가?(딤전 6장)
12. 하나님이 우리에게 주신 것이 아닌 것은?(딤후 1장)

    (가) 능력　　(나) 사랑

    (다) 두려워하는 마음　　(라) 근심하는 마음

13. 다음 A항에 맞는 답을 B항에서 골라 그 기호를 쓰라.(딤후 1–3장)

A항	B항
① 후메네오, 빌레도( )	(가) 로마에 있는 바울을 찾아 위로함
② 로이스, 유니게( )	(나) 모세를 대적함

③ 오네시보로(　　)　　　　　　(다) 바울에게 해를 많이 끼침
④ 얀네와 얌브레(　　)　　　　(라) 바울에게 해를 많이 끼침
⑤ 알렉산더(　　)　　　　　　(마) 거짓이 없는 믿음

14. "네가 진리의 말씀을 옳게 분변하며 부끄러운 것이 없는 일꾼으로 인정된 자로 자신을 하나님 앞에 드리기를 힘쓰라." 어디에 있는 말씀인가?
15. 성경에 대한 잘못된 해석은 무엇인가?(딤후 3장)
    (가) 구원에 이르는 지혜가 있게 한다.
    (나) 하나님의 감동으로 되었다.
    (다) 교훈과 책망과 바르게 함과 의로 교육하기에 유익하다.
    (라) 사람의 감동에 의하여 쓰여졌다.
16. "너는 (　　　　)을 전파하라 때를 얻든지 못 얻든지 항상 힘쓰라 범사에 오래 참음과 가르침으로 경책하며 경계하며 전하라." (　　)에 적당한 낱말을 쓰라.(딤후 4장)
17. "내가 선한 싸움을 싸우고 나의 달려갈 길을 마치고 믿음을 지켰으니." 어디에 있는 말씀인가?
18. 장로들은 책망할 것이 없고 한 아내의 남편이며 방탕하다 하는 비방이나 불순종하는 일이 없는 믿는 자녀를 둔 자라야 한다. 맞으면 ○표 틀리면 ×표 하라.(딛 1장)
19. "그가 우리를 대신하여 자신을 주심은 모든 불법에서 우리를 구속하시고 우리를 깨끗하게 하사 선한 일에 열심하는 친백성이 되게 하려 하심이니라." 어디에 있는 말씀인가?
20. 빌레몬서는 누구에 대한 이야기를 하고 있는가?(몬 1장)

히브리서

개요

1. **주제** – 대제사장 예수 그리스도

   히브리서의 중심 인물은 예수님이시며 그의 신성과 인성, 희생의 사역과 제사의 사역, 그리고 왕의 영광이 묘사되어 있다.

2. **히브리서의 배경**

   1) 기록자 : 사도 바울

   2) 기록연대 : 주후 65~70년경

   3) 수신자 : 유대인으로서 그리스도인이 된 자들

   4) 기록목적 : 그리스도인의 성장에 실패한 유대 그리스도인을 향하여 (1) 하나님의 계시와 한 아들 예수 그리스도와 그의 사역에 대하여 가르치고(2), 그들의 불신앙과 불순종을 경고하고 권면하려는 데에 목적이 있다.

   5) 특유한 용어 : 더 나은(13회), 피, 믿음, 희생, 대제사장, 언약, 아들.

3. **특징**

   1) 아주 유창한 헬라어로 되어 있으며 대단히 웅변적이다.

   2) 구약의 암시, 또는 인용이 히브리서에 많이 있다.

   3) 히브리서의 기독론은 깊고 다양하다.

   4) 히브리서의 종말론은 양면이 다 기록되어 있다.

   5) 많은 경고가 있다(2:1~4, 3:7~9, 4:1~13, 5:11~6:20, 10:26~31, 12:14~17, 12:18~29).

4. **내용분류** – 13장 303절

   1) 예수 그리스도의 위치(1:1~14) 2) 구원을 이루시는 그리스도 (2:1~18)

   3) 하나님을 시험치 말라(3:1~19) 4) 그리스도의 안식에 들어 가라(4:1~16)

   5) 대제사장되신 예수 그리스도(5:1~15) 6) 장성한 신자가 되자(6:1~20)

   7) 멜기세덱과 예수 그리스도(7:1~28) 8) 새 언약과 낡은 언약(8:1~13)

   9) 첫 언약의 제사(9:1~10) 10) 영원한 속죄, 영원한 기업(9:11~28)

   11) 하나님의 뜻과 새 언약(10:1~18) 12) 그리스도인의 각오(10:19~39)

   13) 믿음(11:1~16) 14) 믿음의 용사들(11:17~40)

   15) 예수를 보자(12:1~13) 16) 화평함과 거룩함을 좇으라(12:14~29)

   17) 성도의 아름다운 생활(13:1~25)

48
[대제사장 예수 그리스도]

● 본문 : 히 1~13장
● 요절 : 히 11 : 6

우리는 히브리서에서 대제사장이신 예수 그리스도가 얼마나 우월하신 분이시며 어떻게 우리를 위하여 제사장직을 감당하셨는지를 배울 수 있을 것이다. 그리고 앞서 가신 믿음의 선진들이 어떻게 신앙생활을 했는지를 배우게 된다.

1. 예수 그리스도의 위치(1:1~14)

1) 계시의 절정이신 그리스도(1~3)

하나님께서는 구약의 여러 선지자와 예언자들을 통하여 여러 부분과 여러 모양으로 자기를 계시하셨으나 그들 중 어느 누구도 완전하게 하나님을 알 수 없었다. 그러나 모든 날 마지막에 아들로 우리에게 완전한 계시를 보여 주셨다. 그 아들이 바로 예수 그리스도이시다. 모든 세계는 그로 말미암아 지어졌고 그의 능력의 말씀으로 만물을 붙드셨으며 십자가 위에서 우리의 죄를 정결케 하신 후 지금 하나님 보좌 우편에 앉아 계신다.

2) 그리스도의 탁월성(4~14)

예수 그리스도는 천사들과 감히 비교 할 수 없이 월등하시다. 그 이유는 예수 그리스도께서는 천사들이 갖지 못한 이름을 가지셨고, 구원을 얻은 우리들을 위하여 하나님 앞에 외아들이 되셨으며, 예수 그리스도 자신이 곧 하나님이시기 때문이다. 또한 주님은 창조주로서 시작도 없고 끝도 없이 영존하시고 우리를 구속하신 구속주이시기 때문이다. 반면 천사들은 하나님께서 부리시는 사역자로서 우리를 섬기기 위해 보내심을 받은 영들이다 .

2. 구원을 이루시는 그리스도(2:1~18)

1) 구원을 무시하는 위험(1~4)

옛날의 천사의 중보로 시내산에서 모세를 통하여 주었던 계명들도 지키지 않으면 거기에 마땅한 형벌을 받았다. 하물며 하나님 자신이 육신이 되어 우리에게 직접 오셔서 전하여 주신 큰 구원을 등한히 여기면 어떤 보응이 다가오겠는가? 이 구원은 말씀이신 예수님께서 육신을 입고 우리에게 오셔서 계시하신 것이요, 그 계시들은 사도들이 듣고 믿은 바를 우리에게 전파하여 준 것이며, 또한 하나님께서 표적과 기사와 능력과 성령의 은사(나눠주신 것)로 확증하여 준 복음이다. 지금 우리가 알고 있는 알고 믿는 이 복음은 하나님께서 직접 우리에게 주신 하늘의 말씀이다.

2) 그리스도의 인성과 고난(5~18)

우리 인간을 하나님께서 잠시 천사보다 조금 못하게 하였다. 그러나 우리가 주님의 보혈의 공로를 힘입어 구원을 받으면 그것이 우리에게 영광과 존귀의 면류관이 되고 장차 만물이 우리에게 복종하게 된다. 이 구원은 하나님의 은혜로 주어졌으며 예수님께서 십자가의 고난을 받으시고 부활하셔서 영광과 존귀의 면류관을 쓰심으로 예비해 두신 구원이다. 이와 같이 주님의 죽으심을 통하여 거룩함을 입은 우리와 거룩하게 하신 주님이 다 하나에서 났는데 이 하나는 곧 인간을 뜻한다. 주님은 우리와 같은 혈육을 가진 완전한 인간으로 오셨기 때문에 우리를 형제라 부르셨으며, 죄의 삯으로 다가오는 죽음의 세력에서 우리를 해방시켜 주시기 위해 그 세력을 잡는 자 곧 마귀를 패망케 하셨다. 이것은 천사들을 위한 것이 아니라 아브라함의 후손인 우리를 위한 것이다. 이런 주님은 범사에 자비하고 신실한 대제사장으로 우리의 연약함과 고난을 담당하시고 항상 도와 주신다.

3. 하나님을 시험치 말라(3:1~19)

1) 모세보다 뛰어나심(1~6)

예수님은 모세와 마찬가지로 하나님께 순종하고 충성하였지만 주님의 충성이 모세의 그것보다 더 하였고 두 사람이 모두 하나님의 영광과 뜻과 집을 위하여 순종하고 충성하였으나 모세는 종의 위치에서 하였고 예수님은 아들의 위치에서 하셨으므로 바로 그 집의 소유권은 주님이 갖고 계신다. 그러므로 주님의 하신 큰 일을 믿고 소망 가운데 담대함으로써 그 은혜를 끝까지 붙잡으면 주님의 집이 곧 우리의 집이 된다.

2) 타락의 위험에 대한 경고(7~19)

옛날 이스라엘 백성들이 40년 동안 광야에서 하나님의 기적과 기사를 보고도 조그마한 어려움만 닥치면 하나님의 능력을 의심했다. 그리고 그 의심을 해결하기 위해 하나님을 시험하게 하기도 했다. 이렇게 하나님의 언약의 말씀을 불신하고 불순종하자 이스라엘 백성들은 하나님의 진노하심을 받아 광야에서 다 죽었다. 우리도 예수 그리스도와 사도들과 하나님의 성령을 통하여 깨달아 알고 믿게 된 이 복음의 진리를 끝까지 붙들어야 한다. 마음에 불신이 들어 오고 불순종하게 되면 이스라엘 백성들처럼 영원한 구원에 들어가지 못하게 될 것이다. 이러므로 성도들은 오늘이라 일컫는 동안에 매일 피차 권면하여 불순종의 길에 들어가지 않도록 구원의 도리를 굳게 잡고 하나님으로 부터 떨어지지 않도록 깨어 있어야 한다. 이렇게 의심의 유혹을 물리치고 끝까지 믿음을 굳게 잡으면 그리스도와 함께 안식에 참여할 자가 된다.

4. 그리스도의 안식에 들어가자(4:1~16)

1) 하나님이 예비하신 안식에 들어 가라(1~13)

그리스도로 말미암아 주어진 안식에 들어 가지 못하는 것은 복음을 듣는 자가 믿지 않기 때문이다. 그러나 이미 믿은 자들은 안식에 들어갔다. 하나님께서는 일주일 가운데 엿새 동안 세상을 창조하시고 7일째는 쉬셨다. 이제 7일이 하나님의 안식이다. 하나님께서는 안식을 예비하셨으나 아담과 하와가 불순종하자 그들은 안식에 들어오지 못하도록 내쫓으셨다. 그 이후 하나님은 들어올 자를 위하여 안식을 예비하셨는데 이스라엘 백성들도 그 약속을 믿지 않음으로 들어가지 못했다. 그 안식은 이제 주님께서 십자가 돌아가심으로 인간의 자격으로 온전한 순종의 제사를 드리고 모든 것을 다 이루심으로 우리의 것이 되었다. 이러므로 우리는 안식에 들어가도록 힘써야 한다. 우리가 영원한 안식에 들어갈 때까지 믿음과 순종을 잃지 않기 위해서는 매일같이 하나님의 말씀을 먹어야 한다. 하나님의 말씀은 살아있고 운동력이 있어 우리에게 붙어 있는 불순종의 생각을 잘라내고 보배로운 믿음을 더 하기 때문이다.

2) 은혜의 보좌 앞에 나아가라(14~16)

예수님은 우리를 위하여 속죄의 일을 담당하실 큰 대제사장으로 세상에 오셨다. 예수님은 그의 몸을 바쳐 우리 죄를 속량하셨을 뿐만 아니라 그가 동일한 인간으로 받으신 시험의 경험을 통하여 우리의 연약함을 도와주신다. 그리고 우리가 범죄하였을 때 하나님 앞에서 우리의 회개의 기도를 받아 하나님께 중보의 기도를 드리고 우리 죄를 용서하여 주신다. 그러므로 우리는 때를 따라 돕는 은혜를 얻기 위해 대제사장 예수 그리스도 앞에 담대히 나가야 한다.

5. 대제사장 되신 예수 그리스도 (5:1~15)

1) 자격이 있으신 대제사장(1~10)

대제사장은 이스라엘 백성들을 대표하여 하나님 앞에 제사와 예물을 드리고 기도해 주는 자로서 반드시 사람 가운데서 택함을 받았다. 하나님의 진리에 무지하고 마귀에게 쉽게 미혹되는 일반 백성들을 위해 대제사장이 제사를 드리고 죄속함을 기원할 수 있았던 것은 대제사장이 같은 연약한 가운데 있는 사람이기 때문에 자비와 사랑과 동정을 가지고 백성의 죄를 주 앞에 고하고 용서를 빌 수 있었던 것이다. 이런 대제사장은 아무나 되는 것이 아니라 아론과 같이 하나님의 택함을 입어야 한다. 마찬가지로 예수 그리스도도 우리 죄를 영원히 속하는 제사를 드리기 위해서 육신을 입고 오셨고 하나님께서는 그의 아들 예수 그리스도를 대제사장으로 택하여 부르셨다. 예수님은 율법을 보존할 책임이 있는 아론의 반차가 아닌 은혜의 보존자로서 멜기세덱의 반차를 좇아 대제사장이 되었다.

2) 어린 아이와 같은 신자(11~15)

이 편지를 읽은 히브리인들은 이미 믿은지 오래 되었으므로 마땅히 다른 사람을 가르칠 만한 능력이 있어야 했다. 그럼에도 불구하고 그들은 처음 믿은 신자보다 조금도 나은 것이 없었다. 그래서 영적 지각을 사용하여 선과 악을 분별하고 하나님의 참뜻을 살필 수있는 신앙의 성장이 있어야 한다.

6. 장성한 신자가 되자(6:1~20)

1) 그리스도의 도의 초보를 떠나라(1~3)

그리스도의 도의 초보를 버리고 초보적인 단계를 떠나 더 성숙한 단계으로 나가라는 뜻이다. 이 초보적인 단계는 첫째로 죽은 행실의 회개이다. 주님을 믿기 전에 행하던 모든 일은 죽은 행실이다. 그런데 신자가 된 후에도 믿기 전과 같은 일을 한다면 그것이 초보이다. 둘째로, 공의와 사랑의 하나님께 대한 신앙이 불분명하며, 물세례를 통하여 옛 사람이 죽고 성령과 말씀으로 새 사람이 살아나는 데 대한 확신이 없고, 영적인 분별력이 없이 아무에게나 안수나 받으려하며 죽은 자의 부활이나 영원한 심판에 대한 확신이 없는 신앙의 상태도 초보이다. 이와 같이 초보적 단계는 거듭날 때 이미 신앙고백을 통하여 터를 닦고 지나가라는 말씀이다. 그러나 이것은 우리가 원해서 되는 것이 아니고 하나님께서 허락하셔야만 우리가 진리의 동산에 들어갈 수 있다.

2) 신앙에서 떨어진 자에 대한 경고(4~8)

성령의 비췸을 받아 하나님의 말씀을 분명하게 깨닫고, 하늘의 은사 곧 영생의 기쁨을 맛보았으며, 성령이 충만히 임하는 체험을 하였고, 하나님의 선한 말씀의 참맛을 알 뿐만 아니라 장차 심판과 상급이 있으리라는 장래 일을 다 알고 있는 자로서 예수 그리스도에 대한 믿음의 도를 버리고 타락한 자들은 절대로 다시 새롭게 하여 하나님의 자녀로 회복시킬 수 없다는 무서운 경고를 하였다.

3) 소망의 풍성함에 이르라(9~12)

바울 선생은 무서운 경고를 한 뒤에 히브리 교인들이 이미 구원에 가까운 것을 확신하고 있다고 위로하고 그들이 사랑가운데서 성도를 섬기는 행위를 칭찬하셨다. 하나님께서는 공의로우신 심판주이시기 때문에 결단코 상급을 주실 것을 잃지 않으신다. 그러나 바울 선생이 그보다 원하는 것은 믿음과 오래 참음으로 말미암아 소망을 소유하고 믿음의 선배들처럼 하나님의 약속을 기업으로 받는 자들이 되라고 부탁했다.

4) 말씀과 맹세(13~20)

하나님은 그 자신을 두고 맹세하시기를 내가 반드시 너를 복주고 복주며 너를 번성케 하고 번성케 하리라고 아브라함에게 약속하셨고 그 약속은 아브라함의 믿음과 인내함으로 그의 기업이 되었다. 우리도 그리스도 안에서 믿음을 잃지 아니하고 소망의 풍성함에 이르면 아브라함에게 주셨던 그 약속의 기업이 우리의 것이 되는 것이다. 믿는 자에게 주시는 이 약속과 맹세가 우리 영혼을 좌우로 요동치 않게 하는 역할을 한다. 또한 주님께서 이룩하여 놓으신 은혜의 새 언약 아래서 지상의 축복과 평안을 누리다가 휘장으로 가리운 지성소로 들어가는 데 거기가 바로 하나님께서 거하시는 하늘 나라이다.

7. 멜기세덱과 예수 그리스도(7:1~28)

1) 높은 제사장 멜기세덱(1~3)

멜기세덱은 옛날 팔레스타인에 있던 살렘국의 왕으로서 만민을 위하여 세우신 하나님의 제사장이다. 그는 시작도 없고 끝도 없고 족보도 없어서 마치 하나님의 아들과 방불하였으며, 또한 의의 왕이요, 평강의 왕이었다. 그는 아브라함이 조카 롯을 구하기 위해 싸우러 나가서 싸움에 크게 이기고 돌아올 때 복을 빌어주고 아브라함으로부터 노략물 가운데 십분의 일을 받았다. 이 멜기세덱은 바로 예수님의 표상이다.

2) 멜기세덱의 우월성(4~10)

이스라엘 백성에게 있어서 아브라함보다 더위에 있는 사람은 없었다. 그런데 멜기세덱은 아브라함에게 복을 빌어주고 십일조를 받았다. 그러므로 아브라함의 자손인 레위의 아들 아론과 멜기세덱 왕은 비교가 될 수 없다. 이것은 곧 제사장의 직분에서 예수님과 아론이 감히 비교될 수 없다는 뜻이다.

3) 멜기세덱의 반차를 좇은 영원한 대제사장(11~25)

만일 레위 족속의 제사 직분을 통하여 온전함을 얻을 수 있었다면 하나님께서 그 율법과 그 제사 직분을 그대로 두셨을 것이다. 그러나 율법으로서는 용서와 구원을 이룰 수 없기 때문에 멜기세덱의 반차를 좇아 다른 제사장을 세울 수 밖에 없었다. 이처럼 전혀 다른 제사장이 세움을 받았으면 그 법도 변해야 했다. 예수님이 멜기세덱과 같은 제사장 되신 것은 사람의 수단이나 혈통이 아닌 성령의 능력에 의해서 인정된 것으로 하나님께서 주님의 제사장되심에 대한 맹세를 하셨다. 그러나 레위족속으로 제사장을 삼으실 때는 혈통으로 세우셨고 맹세로 하지 않으셨다. 하나님의 맹세로 대제사장이 되신 예수님은 그의 몸으로 세우신 새 언약의 보증이 되셨다. 예수님은 영원하시기 때문에 그를 믿는 자를 온전하게 구원하시고 항상 살아서 믿는 자들을 위해 간구하신다.

4) 단번에 드리신 예수 그리스도의 제사(26~28)

우리를 위한 대제사장이신 예수님은 거룩하시고 악이 없고 더러움이 없고 죄인에게서 떠나 계시고 하늘보다 높으신 부분이기 때문에 우리에게 합당하신 대제사장이시다. 그는 육신을 입고 오신 참 하나님이시기 때문에 다른 제사장들처럼 자기 죄를 위하여 날마다 제사드릴 필요가 없다. 이런 예수님이 우리를 위해 단번에 심판을 받으셨기 때문에 이제 율법은 우리를 심판할 근거가 없는 것이다.

8. 새 언약과 낡은 언약(8:1~13)

1) 성소와 참 장막의 대제사장 예수님(1~2)

죄 짓고 불의하고 추악한 인간들은 아무도 중보자 없이 하나님 앞에 나갈 수 없다. 그래서 영원하시고 절대적인 대제사장인 예수 그리스도가 우리에게 있는 것이다. 예수님은 하늘에 있는 성소, 사람의 손으로 하지 아니하고 하나님께서 직접 지으신 그 성소에서 하나님의 뜻을 받들어 우리를 위한 대제사장의 역할을 하고 계신다.

2) 예수님께서 드리신 제사와 예물(3~5)

구약시대에는 대제사장들마다 예물과 제사를 드리는 일이 그들의 중요한 직분이었다. 이처럼 예수님께서 도 대제사장으로서 하나님 앞에 가지고 나갈 예물이 있어야 했다. 그래서 예수님은 그의 살과 피를 가지고 속죄 제사를 드렸다. 예수님의 피는 아무 흠없고 죄없는 피였기 때문에 모든 죄를 다 감당할 수 있는 능력이 있었다.

3) 첫째 언약과 둘째 언약의 차이점(6~13)

예수님은 더 아름다운 직분을 얻으셨는데 그것은 더 좋은 약속을 세우신 더 좋은 언약의 중보이시다. 만일 모세를 통한 언약이 흠이 없었다면 예수님의 언약은 필요가 없었을 것이다. 그러나 인간의 범죄함으로 첫 언약이 효력을 잃게 되자 하나님께서는 그 언약을 폐기 처분하시고 새 언약을 세우셨다. 우리가 믿음의 법을 통하여 이 새 언약을 맺으면 하나님은 우리의 아버지가 되시고 우리는 그의 자녀가 된다.

9. 첫 언약의 제사(9:1~10)

1) 구약의 성막과 그 설비(1~5)

성소에는 금향로와 정금 등대와 진설병상이 있고 그 휘장 뒤의 지성소에는 언약궤가 있는데 언약궤 안에는 만나를 담은 금항아리와 아론의 싹난 지팡이와 언약의 돌판이 있다. 그 위에 역시 금으로 만든 두 천사를 세워 놓았다. 거기가 바로 속죄소이다.

2) 성막에서 행하여지는 제사(6~7)

대제사장이 제단에서 잡은 제물과 피를 가지고 와서 속죄소 위에 뿌릴 때 하나님께서 이스라엘 백성의 죄를 용서하셨다.

3) 제사는 장차 오실 그리스도의 그림자(8~10)

영적으로 풀이하면 성소는 예수 그리스도의 모형이다. 만나는 하늘에서 내려온 떡이신 예수님을, 아론의 싹난 지팡이는 부활하실 예수님을, 십계명 돌판은 율법의 완성자로 오신 예수님을 가리키며 속죄 제물의 피는 바로 그리스도의 피를 가리킨다.

10. 영원한 속죄, 영원한 기업(9:11~28)

1) 영원한 속죄(11~14)

예수님은 우리에게 좋은 일을 주시기 위해 손으로 짓지 아니한 성막, 즉 하늘나라의 성소로 자신의 피를 가지고 들어 가셔서 단번에 영원한 속죄를 이루셨다. 구약의 제사는 죄를 지을 때마다 성소에 와서 짐승의 피를 흘려야 했으나 예수님의 피는 영원한 속죄의 능력을 지니고 있다.

2) 영원한 기업(15~22)

예수님의 죽으심으로 우리의 죄를 영원히 속하시고 우리가 소유하고 누릴 영원한 기업을 약속으로 주셨다. 약속에는 언제나 보증이 필요하다. 그리고 가장 확실한 보증이 피였다. 하나님께서 모세와 더불어 율법으로 언약을 세우실 때에 짐승의 피로 보증하셨듯이 예수님께서 하나님과 우리 사이에 새로운 언약을 세우실 때도 피로 하셨다. 마치 유언이 유언한 자가 죽은 후부터 효력을 발생하는 것처럼 예수님의 영원한 기업에 관한 약속도 비로서 그의 피흘려 죽으심으로 확실하게 된 것이다.

3) 단번에 완성한 제사(23~28)

주님께서는 하늘의 성소에서 그의 피로 제사를 드렸다. 그리고 그 제사는 단번에 완전한 것이 되어 구원에 이르게 하셨다.

11. 하나님의 뜻과 새 언약(10:1~18)

1) 하나님의 뜻(1~9)

율법은 장차 오는 좋은 일의 그림자일 뿐 참 현상이 아니기 때문에 율법을 따라 드리는 제사는 이스라엘 백성들을 온전케 할 능력이 없었다. 이스라엘 백성들은 제사를 드릴 때마다 자신이 죄인임을 깨달았다. 그래서 하나님은 이전 제사를 원치 않으셨고 우리가 영생을 얻고 하나님을 아버지라 부르며 영혼이 잘됨 같이 범사에 잘되고 강건하게 되는 하나님의 뜻을 이루기 위해 그의 아들을 준비하셨다.

2) 새로운 언약(10~18)

하나님의 뜻을 따라 단번에 자신을 바쳐 영원한 제사를 드리심으로 우리는 거룩한 존재가 됐다. 이렇게 영원한 제사를 드린 예수님은 하나님 우편에 앉아 계시며 모든 마귀의 세력들과 원수들을 그의 발 아래 깔아 놓는 발판으로 만드실 때까지 기다리고 계신다. 예수님께서 십자가 위에서 하나님의 뜻을 다 이루신 후 하나님의 법을 우리의 마음과 생각에 기록하겠다고 하셨다. 뿐만 아니라 하나님께서는 우리의 죄와 불법을 기억도 하지 않으시겠다고 하셨다. 이러므로 다시 죄를 위해 제사를 드릴 필요가 없다.

12. 그리스도인의 각오(10:19~39)

1) 구원받은 자의 각오(19~25)

예수님의 피를 힘입어 우리는 하나님 앞에 담대히 나갈 수 있게 되었다. 또한 주님은 하나님 우편에 앉아 계시면서 우리를 위하여 중보의 기도를 드리시고 그의 피뿌림으로 우리의 과오를 씻어 주신다. 이러므로 우리는 참마음과 온전한 믿음으로 하나님께 나아가야 하며 믿는 도리의 소망은 움직이지 말고 굳게 잡고 서로 돌아보아 선행을 격려하며 모이기를 힘써야 한다.

2) 두려운 경고 (26~31)

진리를 아는 지식을 받은 후 짐짓 범죄한 자들의 죄는 일반적인 과실이 아니기 때문에 용서함을 받을 수 없다. 여기서 진리란 예수 그리스도가 우리의 구세주가 되심을 가리킨다. 모세의 법을 범한 자도 죽임을 당하였는데 하나님의 아들을 짓밟고 성령님을 모독하는 자가 그보다 더한 벌을 받지 않겠는가?

3) 권고의 말씀(32~39)

당시 히브리 교인들은 같은 히브리 동족들로 부터 큰 핍박을 받고 있었다. 바울 사도는 이들에게 격려와 위로를 하며 핍박 가운데 있는 성도들의 가장 큰 위로는 영구한 산업 즉 영원한 하늘 나라임을 강조한다.

13. 믿음(11:1~16)

1) 믿음이란 무엇인가(1~3)

믿음은 바라고 소원하는 것들의 실상이고 보지 못하는 것들의 증거이다. 우리 믿음의 선배들은 우리와 같이 믿음으로 증거를 얻었다.

2) 하나님을 기쁘시게 하는 믿음(4~6)

가인과 아벨이 하나님께 제사를 드렸을 때 아벨의 제사만 받으셨다. 가인은 자기 행위를 가지고 하나님 앞에 나갔고 아벨은 그리스도에 대한 믿음을 가지고 나갔기 때문이다. 하나님께서 기뻐하시는 믿음은 에녹의 믿음이다. 에녹은 거룩한 몸으로 우리가 부활하여 하늘 나라에 올라갈 것을 믿었다. 믿음 없이는 하나님을 기쁘게 할 수 없다. 성령님을 힘입어 하나님의 계심을 확실히 믿고 그를 찾는 자에게 상주시는 자이심을 믿을 때에 하나님은 기뻐하신다.

3) 믿음의 조상들(7~16)

노아는 하나님의 말씀에 순종함으로 믿음의 후사가 되었고 아브라함은 우상숭배가 심한 우르에서 하나님의 부르심을 받고 갈 곳을 알지 못하면서도 믿음으로 순종하며 나갔다. 사라는 하나님의 약속의 말씀을 믿어 영육간에 수많은 자녀들을 갖게 되었다.

14. 믿음의 용사들(11:17~40)

1) 믿음으로 합격한 시험(17~19)

아브라함이 믿음으로 이삭을 번제로 드리려고 칼을 높이 들어 올릴 때 아브라함의 믿음을 보신 하나님께서 중지시키셨다. 이삭은 이미 죽은 바와 다름이 없다. 이 사실을 비유하여 죽은 자 가운데서 도로 받은 것이라고 성경은 기록하였다.

2) 믿음의 축복(20~21)

이삭이 그 두 아들에게 축복할 때 하나님의 말씀을 받아 믿음으로 했으며 하나님의 섭리는 에서가 아닌 야곱이 장자의 명분을 얻고 축복을 받는 것이었다. 뿐만 아니라 야곱은 믿음으로 요셉의 장자인 므낫세보다 에브라임을 더 많이 축복했다.

3) 믿음의 출애굽(22~40)

요셉은 자기의 조상 아브라함과 이삭과 야곱에게 주신 말씀을 믿고 그의 임종시에 벌써 출애굽을 명하고 자신의 뼈를 의탁했으며 모세의 부모는 약속의 말씀을 의지하여 유아 살해의 명령을 어기고 모세를 석 달 동안 숨겨 키울 수 있었다. 또한 모세는 하나님의 말씀대로 유월절을 행함으로 피뿌리는 예수님의 모형을 이뤘으며 믿음으로 홍해를 건넜다. 그의 후계자 여호수아는 믿음으로 여리고 성을 무너뜨리고 가나 안을 점령했다.

15. 예수를 바라보자(12:1~13)

1) 믿음의 경주(1~3)

우리의 주위에는 구름같이 둘러싼 많은 증인들이 있다. 이미 앞서서 믿음의 경주를 승리로 이끈 그 증인들 속에서 우리는 선한 경주를 한다. 이 선한 경주를 함에 있어서 우리들은 마음에 거리끼는 죄를 벗어버리고 우리를 온전케 하시는 주님을 바라보아야 한다. 주님은 앞에 있는 즐거움을 위하여 고난을 참으셨다. 우리는 경주 중에 피곤치 아니하고 낙심치 않기 위하여 한없이 자비하신 예수님을 바라보아야 한다.

2) 사랑의 징계(4~13)

하나님께서 한번 택하신 사람은 절대로 버리시지 않으신다. 다시 그의 품에 안으시기 위하여 채찍으로 때리실 뿐이다. 그는 우리를 그의 나라에 참여케 하시기 위해 믿음의 경주를 멈출 때마다 징계하신다. 우리는 세상의 아버지가 때리실 때에도 복종하는 데 하물며 영의 아버지 하나님께서 징계하실 때 불순종할 수 있겠는가?

16. 화평함과 거룩함을 좇으라(12:14~29)

1) 주를 만나는 길(14~17)

화평함과 거룩함을 좇지 않고서는 주님을 만 날 수 없다. 우리는 늘 형제를 돌보아 하나님의 은혜에 이르지 못한 자가 있는지 살펴야 한다. 또한 미움, 원한, 다툼과 같은 쓴 뿌리로 사람을 괴롭게 하고 생각과 입을 더럽게 하며 음행을 행하고 하나님의 축복을 가볍게 여기는 죄를 범하지 않아야 한다.

2) 신약 시대의 성도가 서 있는 위치(18~24)

구약 시대의 성도는 율법의 시내산에서 언제나 율법으로 심판하시는 하나님을 두려워 했다. 그러나 신약시대의 성도들은 은혜의 시온산에서 그리스도의 피를 힘입어 하나님의 보좌 앞에 나갈 수 있게 됐다. 또한 예수님은 새 언약의 중보이시며 그의 피를 이 언약의 보증으로 삼으셨다.

3) 하나님을 기쁘게 하자(25~29)

하나님을 거역하지 말아야 한다. 장차예수님이 이 세상에 강림하실 때에는 창조된 하늘과 땅이 진동하고 흔들릴 것이다. 이 때에 주님의 경고하심을 받고도 배반한 자들은 불과 유황불에 던져질 것이다. 우리는 영원히 변하지 않을 새 하늘과 새 땅을 약속으로 받았은즉 경건함과 두려움으로 하나님을 기쁘시게 하여야 한다.

17. 성도의 아름다운 생활(13:1~25)

1) 하나님을 기쁘시게 하는 생활(1~17)

먼저 형제를 사랑하고 손님 접대하는 일을 통하여 하나님을 기쁘시게 하여야 한다. 신앙 때문에 갇히고 박해 받는 사람들을 자신이 같은 처지에 있는 것같이 동정하여야 한다. 음행과 간음으로부터 우리의 행실을 깨끗이 하고 돈을 사랑하지 않고 자족하는 생활을 해야 하며 성공적인 신앙생활을 위해서 믿음의 선배들을 본받아야 한다. 이러므로 우리는 오직 한 길이신 예수님만 따라가야 한다. 우리는 찬미의 제사와 선한 행위의 제사를 드려야 하며 또한 이것은 하나님이 기뻐하시는 것이다. 그리고 우리 인도하는 주의 종들에게 순종하고 복종해야 한다. 주의 종을 근심하게 하면 양떼들에게 아무 유익이 없기 때문이다.

2) 기도와 부탁과 마지막 인사(18~25)

바울은 마지막으로 기도를 부탁하고 하나님께 영광을 돌린 다음 편지를 끝맺는다.

교훈 및 적용

1. 고난을 당할 때 믿음의 주요 온전케 하시는 이인 예수만 바라보고 굳세게 나아가 승리하도록 하자.
2. 미래에 주어질 약속을 믿고 순종했던 믿음의 선진들처럼 우리의 영혼, 육에 형통한 복이 임하도록 큰 믿음을 소유하자.

우리는 히브리서를 통해서 많은 믿음의 선진들의 훌륭한 믿음을 배웠습니다. 그리고 그 믿음의 대상은 오직 우리를 위하여 단번에 피 흘려 죽으신 대제사장 예수 그리스도임을 깨달았습니다. 우리들도 우리의 후손들에게 훌륭한 믿음의 선진들이었던 고백을 들을 수 있기를 바랍니다. 다음 과에서는 야고보서와 베드로전 · 후서를 공부하게 됩니다. 본문을 읽어 주시기 바랍니다.

성경문제

● **대제사장 그리스도/히 1:1-13:25**

1. 히브리서 1장은 누구에 대하여 기록하고 있는가?
2. 히브리서 2장에서 "천사"라는 단어가 몇 번 기록되어 있는가?
3. "우리가 시작할 때에 확실한 것을 끝까지 견고히 잡으면 그리스도와 함께 참예한 자가 되리라." 어디에 있는 말씀인가?(히 3장)
4. "하나님의 말씀은 살았고 운동력이 있어 좌우에 날선 어떤 검보다도 예리하여 (　　　)과 (　　　)과 및 (　　　)과 (　　　)를 찔러 쪼개기까지 하여 또 마음의 생각과 뜻을 감찰하나니." (　)에 적당한 낱말들을 써 넣어라.(히 4장)
5. 우리에게 있는 대제사장 예수 그리스도는 모든 일에 우리와 한결같이 시험을 받지 않았다. 맞으면 ○표 틀리면 ×표 하라.(히 4장)
6. "너는 내 아들이니 내가 오늘날 너를 낳았도다." 누구를 가리킨 말씀인가?(히 5장)
7. "내가 반드시 너를 복 주고 복 주며 너를 번성케 하고 번성케 하리라." 이 말씀은 하나님이 (　　　)에게 약속하신 것이다.(히 6장)
8. 히브리서 7장에 '멜기세덱'이란 이름이 몇 번 기록되었나?
9. 다음 중 언약궤 안에 있는 것이 아닌 것은?(히 9장)
   (가)만나 담은 금항아리 (나)아론의 싹난 지팡이

(다)언약의 비석들　　(라)금향초

10. "율법을 좇아 거의 모든 물건이 (　　　　)로써 정결케 되나니 (　　　　)흘림이 없은즉 사함이 없느니라." (　)에 적당한 낱말을 써 넣어라.(히 9장)

11. "한 번 죽는 것은 사람에게 정하신 것이요 그 후에는 심판이 있으리니." 어디에 있는 말씀인가?

12. "그 길은 우리를 위하여 (　　　　) 가운데로 열어 놓으신 새롭고 산 길이요 (　　　　)은 곧 저의 육체니라." (　)에 적당한 낱말을 써 넣어라.(히 10장)

13. "믿음이 없이는 기쁘시게 못하나니 하나님께 나아가는 자는 반드시 그가 계신 것과 또한 그가 자기를 찾는 자들에게 상 주시는 이심을 믿어야 할지니라." 어디에 있는 말씀인가?

14. 다음 믿음의 사람들에 대한 설명이 잘못된 것은 어떤 것인가?(히 11장)
    (가) 가인은 아벨보다 더 나은 제사를 드렸다.
    (나) 에녹은 죽음을 보지 않고 옮겨졌다.
    (다) 노아는 방주를 예비하였다.
    (라) 아브라함은 이삭을 드렸다.

15. "믿음의 주요 또 온전케 하시는 이인 예수를 바라보자 저는 그 앞에 있는 즐거움을 위하여 십자가를 참으사 부끄러움을 개의치 아니하시더니 하나님 보좌 우편에 앉으셨느니라." 어디에 있는 말씀인가?

16. "모든 사람으로 더불어 (　　　　) 과 (　　　　) 을 좇으라 이것이 없이는 아무도 주를 보지 못하리라." (　)에 적당한 낱말을 써 넣어라.(히 12장)

17. " (　　　　) 사랑하기를 계속하고 (　　　　) 대접하기를 잊지 말라." (　)에 적당한 낱말을 써 넣어라.(히 13장)

18. "예수 그리스도는 어제나 오늘이나 영원토록 동일하시니라." 어디에 있는 말씀인가?

야고보서

개요

1. **주제** – 산 믿음은 역사한다.

야고보서는 행위를 수반하는 믿음에 관해 가르친다. 행함이 없는 믿음은 헛것이요(2:20), 죽은 것이다(2:26). 야고보서는 결코 믿음에 반대하여 논의하는 것이 아니라, 오히려 믿음을 위하여 논의하는 것이다. 야고보서의 교훈은 하나님을 믿는 믿음은 하나님의 뜻에 순종하는 생활을 수반하며 하나님의 뜻에 반대되는 생활은 바로 하나님에 대한 신앙을 부인하는 것이라는 내용이다.

2. **야고보서의 배경**

1) 기록자 : 예수님의 친동생인 야고보가 기록했다. 성경에는 네 사람의 야고보가 있는데 둘은 요한의 형제 야고보와 알패오의 아들, 야고보로서 예수님의 제자이고, 다른 하나는 가룟 유다가 아닌 다른 사도인 유다의 아버지이며, 마지막으로 예수님의 동생 야고보이다.

2) 기록연대 : 45~50년경

3) 수신자 : 흩어져 있는 열 두 지파(1:1).

4) 기록목적 : 교회가 성장해 감에 따라 성도의 생활에서 실천적 측면이 소홀히 취급되는 것을 발견하고 참된 신앙이란 그 결과로 생활 속에 경건하고 선한 행실이 열매로 나타나야 함을 강조하고 있다.

5) 특유한 용어 : 믿음(16회), 행함(15회).

3. **특징**

1) 행함이 강조되어 있다.

2) 실제적이고 직선적이다.

3) 헬라어가 아주 유창하다.

4) 주님에 대하여 직접적으로 두 번(1:1, 2:1), 간접적으로 두 번(5:7, 8)밖에 언급되어 있지 않다.

4. **내용분류** – 5장, 108절

1) 인사(1:1) 2) 믿음의 시련(1:2~27) 3) 믿음의 본질(2:1~3:12)

4) 믿음으로 행할 일(3:13~4:12) 5) 경고와 권고 (4:13~5:20)

베드로전서

개요

1. **주제** – 극심한 환난 가운데서의 소망(이와 같은 소망은 모든 은혜의 하나님을 믿는 굳은 신앙으로부터 온다)
2. **베드로전서의 배경**
   1) 기록자 : 베드로
   2) 기록연대 : 64년 경
   3) 기록목적 : 박해 가운데서 고난을 당하는 성도들에게 신앙의 용기를 주기 위해(1:6, 7, 5:8, 9), 또한 성도들에게 거룩한 삶과 영광스러운 소망을 전하기 위해.
   4) 수신인 : 소아시아에 흩어진 유대인들
   5) 특유한 용어 : 고난과 혹은 고난 받음(15회), 영광 혹은 영화롭게 하라(16회), 은혜(10회), 소망(4회).
3. **특징**
   1) "고난"이란 말이 여러 번 나타나고 있다(16번).
   베드로는 고난 당하는 성도들에게 그리스도와 같이 의를 위하여(벧전 3:14) 인내로서 고난을 견디라(벧전2:20)고 권면하고 있다.
   2) 본 서에는 명령문이 많이 있다(34개). 이것은 본 서의 성격이 실제적인데 있다.
   3) 베드로의 자서전적인 성격을 가진 구절이 많이 나타난다(벧전2:5, 20, 3:15, 4:12, 5:1, 5, 8, 9, 10 등).
   4) 사도행전과 많은 평행점을 가진다.
   (예:행2:17=벧전1:20, 행2:23=벧전1:20, 행2:24이하=벧전3:19, 행2:32~36=벧전1:21, 행10:34~43=벧전3:12~26 등이다)
4. **내용분류** – 5장 105절
   1) 인사와 찬송(1:1~2)　2) 하나님의 은혜와 성도의 구원(1:3~12)
   3) 거룩한 생활(1:13~25)　4) 구원받은 자의 성장(2:1~10)
   5) 하나님의 은혜와 성도의 사회생활(2:11~3:12)
   6) 고난과 영광(3:13~4:19)　7) 교회에 대한 권고와 맺음말(5:1~14)

베드로후서

개요

1. **주제** – 거짓 교사들에 대한 경고
2. **베드로후서의 배경**
   1) 기록자 : 베드로
   2) 기록연대 : 67년경 로마에서 기록
   3) 수신자 : 베드로전서와 동일
   4) 기록목적 : 베드로전서가 외부의 핍박과 환난에 대해 성도를 격려하는 데 목적이 있다. 후서는 교회 내의 거짓교사들의 공격에 대항하도록 성도를 말씀 위에 서게 하는데 목적이 있었다.
   5) 특유한 용어 : 지식(6회), 심판(4회)
3. **특징**
   1) 지식에 대한 강조이다. 즉 그리스도를 아는 지식이다.
   2) 성경의 영감에 대한 중요한 두 구절 중에 하나가(다른 하나는 딤후 3:16) 베드로후서에 나온다.
   3) 주님의 날에 천지가 뜨거운 불에 의하여 파괴될 것이라는 고전적 묘사를 하고 있다(벧후3:10~13).
   4) 베드로는 바울서신에 대해 가치있는 평을 하고 있다(벧후3:15~16).
4. **내용분류** – 3장 61절
   1) 인사(1:1~2)
   2) 참지식(1:3~11)
   3) 확증된 진리(1:12~21)
   4) 거짓 선생에 대한 경고(2:1~22)
   5) 주의 재림에 대한 약속(3:1~18)

49
[성도의 고난]

● 본문 : 약 1~5장, 벧전 1~5장, 벧후 1~3장
● 요절 : 약 2:17, 벧전 4:7, 벧후 1:5~7

우리는 본 과에서 믿음과 행함에 대한 교훈을 배우게 된다. 그리고 진정한 믿음에는 행함이 따라야 함을 강조하고 있고, 행함에는 고난이 있음을 교훈하고 있다.

Ⅰ. 야고보서 (산 믿음은 역사한다) (약1:1~5:20)

1. 인 사(1:1)

야고보는 교회 내의 자기 지위에 대한 언급이 없이 평범한 성도의 한 사람으로 인사했다. 당시 그는 예루살렘 교회의 가장 핵심적인 지도자였지만 모든 권위의식을 버리고 주인에게 복종하는 종의 모습으로 자기를 나타낸다. 이것은 시험받는 성도를 훈계하고 위로하기에 알맞는 태도였다. 흩어져 있는 열 두 지파는 흩어진 유대인 성도들을 가리킨다.

2. 믿음의 시련(1:2~27)

1) 시험의 목적(1:2~4)

야고보는 핍박과 시련 가운데 있는 형제들을 향하여 시킴으로써 시험을 이기는 길과 시험에서 오는 유익을 말한다. 시험을 만나거든 온전히 기쁘게 여기라는 격려는 시험을 통하여 믿음을 증명하고 체험하는 영광된 기회를 삼으라는 뜻이다. 성도가 기뻐할 이유는 시험 자체에 있지 않고 그것을 통하여 우리가 얻게 되는 유익, 즉 온전한 인내 때문이다. 온전한 인내는 부족함이 없고 흠이 없는 삶으로 성도를 안내한다.

2) 의심 없이 구하라(1:5~8)

시험과 시련이 성도에게 커다란 유익을 준다는 사실은 하늘의 지혜가 아니고서는 깨달을 수 없다. 성도는 하나님의 뜻을 깨닫고 순종하기 위해 하나님의 지혜를 필요로 한다. 그러나 이것은 하나님께서 은사로 주시기 때문에 지혜를 구해야 하는 것이다. 야고보는 여기서 기도와 믿음의 관계를 가르친다. 먼저 하나님에 대한 올바른 이해를 가지고 (후히 주시는)믿음으로 구한 다음 조금도 의심치 않아야 한다. 믿음으로 구했다면 그 믿음의 행위는 의심치 않음이다. 행함(의심치 않음)이 없는 믿음(구함)은 요동하는 바다 물결 같아서 아무것도 얻을 수 없다. 두 마음, 즉 자기의 수단과 방법도 의지하고 하나님의 도우심도 구하는 태도이다. 하나님만을 삶의 자원으로 삼는 단호한 믿음이 기도를 응답받는 비결이다. 야고보는 이 편지를 기도에 대한 가르침으로 시작하여 기도로 끝마치고 있다(5:13~18).

3) 빈부에 대한 교훈(1:9~11)

성도의 관심은 이 세상이 아닌 저 세상에있어야 한다. 세상에서는 낮은 자이나 하늘 나라에서는 세례요한보다 더 큰 자이므로 담대하여야 한다. 또한 부자는 그 부가 풀의 꽃처럼 잠시 후에 지나간다는 사실을 깨닫고 겸비하여야 한다.

4) 시험의 유래(1:12~18)

시험을 참아 온전한 인내에 이름으로 그 믿음을 확증한 사람은 생명의 면류관을 얻는다. 우리가 시험을 이길 수 있는 능력은 예수 그리스도를 사랑하는 바로 그 사랑이다. 누구나 시험을 받지만 시험에 들지 않도록 기도해야 한다(마 6:13). 시험을 받을 때에 이기기 위해 우리가 취해야 할 태도는 첫째로 그 시험이 나의 욕심에서 시작되었음을 인정하고, 둘째로 하나님은 나에게 좋은 은사로 채워 주시기를 원한다는 마음가짐이다. 이러므로 시험을 받는 자는 회개와 감사로 승리할 수 있다. 시험은 첫째로 자기 욕심에 이끌리고, 둘째로 미혹되고, 셋째로 죄를 범하고, 넷째로 하나님과 우리 사이를 분리시키는 사망으로 발전된다. 사람의 욕심은 사망을 낳으나 하나님의 진리의 말씀은 하늘나라 열매(우리들)를 낳는다.

5) 듣는 것과 행하는 것(1:19~27)

성도는 진리의 말씀을 잘 듣는 대신 분노와 더러운 말은 억제해야 한다. 하나님의 말씀은 우리를 중생하게 하고 (18), 구원시키며(21), 하늘의 진리를 깨닫게 하는(23) 도구이다. 우리가 이 말씀을 듣는 데서 그치지 않고 행하는 복을 받는다(25). 하나님의 말씀은 살았고 운동력이 있으므로 결국에는 역사하게 된다(히 4:12). 경건의 증거는 혀를 다스림와 환난 중에 곤란한 자를 도움과 세속에 물들지 않음이다(16, 27).

3. 믿음의 본질(2:1~3:12)

1) 사랑의 공정한 실천자가 될 것(2:1~13)

야고보는 진리의 말씀으로 거듭난 성도들이 그 믿음을 행함으로 나타낼 첫번째 터를 인간관계에서 찾는다. 믿음과 행함은 불가분의 관계이다. 예수 그리스도를 믿는 믿음이 있으면 형제 사랑도 당연히 나타나야 한다. 성도는 하늘나라 가족으로 형제가 된 사람들이므로 세상의 가치 척도로 형제를 구별하지 않아야 한다. 부자나 가난한 자나, 옷을 잘 입는 자나 못 입는 자나, 더 배운 자나 덜 배운 자나 하나님 앞에서는 동일하다. 야고보는 유대교회가 처음에 시작할 때보다 크게 변하여 세속적 영향 아래 있음을 근심하였다. 형제를 사랑하기 위해서는 먼저 편견을 버려야 한다.

2) 믿음과 행함(2:14~16)

야고보는 믿음과 행함의 관계를 분명하게 정의하고 있다. 하나님의 나라는 말에 있지 아니하고 오직 능력에 있다(고전4:20). 마찬가지로 믿음도 말이나 생각에 있지 않고 믿음대로 행하는 행위를 통하여 존재한다. 행함이 없이는 믿음도 없고, 믿음이 없이는 행함도 없다. 이러므로 믿음으로 의롭게 되는 바울의 교훈과 행함으로 의롭게 되는 야고보의 교훈은 서로 충돌하지 않고 보충된다. 아브라함이 하나님의 언약을 믿노라 하고 이삭을 드리지 않았다면 그것은 헛된 믿음이요 기생 라합도 마찬가지이다. 행함은 산 믿음의 증명이다. 그러므로 행함없는 믿음은 죽은 것이나 다름이 없다(26).

3) 혀의 사용에 대한 교훈(3:1~12)

혀가 잘못 사용되는 경우는 거칠고 성낸 말을 할 때와 거짓되고 어리석은 교리를 전하는 때이다. 혀는 마치 배의 키처럼 그것을 잘 사용할 때 큰 유익이 있지만 잘못 사용하면 많은 나무를 태우는 불처럼 재난의 원인이 되기도 한다. 야고보는 한 혀로 하나님도 찬송하고 형제도 저주하는 모순된 신앙 생활을 지적한 후 나무처럼 한 가지 열매, 즉 하나님을 찬양하고 이웃을 축복하는 일에만 사용하라고 전한다.

3. 믿음으로 행할 일(3:13~4:12)

1) 참 지혜를 구할 것(3:13~18)

지혜는 두 가지 종류가 있다. 세상에서 나는 지혜는 시기와 다툼에 사용된다. 이것은 세상적이며 정욕적이고 마귀적이다. 그러나 하나님께로서 나온 지혜는 성결과 화평과 관용과 양선과 긍휼과 선한 열매가 가득하고 편벽과 거짓이 없으며 화평으로 심어 의의 열매를 거둔다. 믿음으로 사는 성도는 하나님의 지혜를 가져야 한다.

2) 하나님께 순복하라(4:1~10)

크고 작은 싸움의 원인은 탐욕 때문이다. 또 우리가 기도에 응답받지 못함도 탐욕 때문이다. 탐욕은 세상 쾌락에 뿌리를 내리고 있다. 야고보는 이 편지를 통하여 거듭 두 마음을 버리고 오직 하나님 중심으로 살라고 권하고 있다. 하나님께 순복하고 마귀를 대적하며, 하나님을 가까이 하고 죄를 애통하며, 주 앞에서 자기를 낮추어야 한다.

3) 판단하지 말라(4:11-12)

믿음으로 행하는 사람은 형제를 비방하지 않아야 한다. 율법의 정신은 하나님을 사랑하고 이웃을 사랑하는 것이다. 이러므로 형제를 비방하고 판단하는 행위는 율법을 범하는 것이 되며,심판자 하나님의 영역을 침범하는 범죄행위가 된다.

4. 경고와 권고(4:13~5:20)

1) 주의 뜻을 따라 행하라(4:13~17)

하나님은 그의 자녀 개개인을 향하여 확실한 계획을 가지고 계신다. 이러므로 주의 뜻대로 순종하려는 각오가 없이 자기를 사랑하며 자기 뜻대로 하려는 자들은 하나님 앞에 악과 죄를 행하는 것이다.

2) 부자의 악에 대한 경고(5:1~6)

야고보는 네번째로 부자들을 책망하고 있다(1:9~11, 2:1~13, 말 4:1~10). 당시에 유대교회에는 세상 쾌락에도 취하여 옳지 않게 살았던 부자들이 많이 있었던 것 같다. 예수님은 재물을 동록이 해하지 못하는 하늘에 쌓아두라고 하셨다(마6:20). 야고보는 불의한 재물을 쌓아두고 녹이 슬게 하는 이들에게 장차 임할 심판을 경고하고 있다(4).

3) 주의 재림 때까지 인내하라(5:7~11)

지금은 고난의 때이지만 인내해야 한다. 인내하되 주님께서 오실 때까지 해야 한다. 주의 강림이 가까왔으므로 서로 원망하지 말고 옛 선지자들 특히 욥의 인내를 본받아 하나님께서 예비하신 축복에 들어가라고 권면한다.

4) 맹세하지 말 것(5:12)

야고보의 교훈은 마치 예수님의 산상설교를 듣는 것 같다. 혀는 그 맹세로 인하여 재난의 원인이 된다.

5) 기도의 능력(5:13~18)

고난 당하는 자는 기도로, 즐거운 자는 찬송으로 하나님께 아뢰라고 권면한다. 야고보는 또 가장 값진 교회의 의식 가운데 하나인 병고침 의식을 권면한다. 그것은 장로들이 기름을 바르고 주의 이름으로 기도 하는 것이다. 믿음의 기도는 병든 자를 고치고 죄사함을 얻게 한다. 병 낫기 위해 기도하기 전에 먼저 죄를 서로 고하여야 한다. 믿는 자의 기도는 엘리야 때처럼 확실한 결과를 체험하게 된다.

6) 죄에 빠진 형제를 구할 것(5:19-20)

형제 중 미혹되어 진리에서 떠난자를 돌아서게 하는 이는 영혼을 사망에서 구원하고 허다한 죄를 용서하는 하나님의 사업에 값진 도구로 사용되는 것이다.

베드로전서 (극심한 환난 가운데서의 소망) (벧전 1:1~5:14)

1. 인사 (1:1~2)

예수 그리스도의 사도 베드로는 여러 지방에 흩어져 환난을 받고 있는 유대인 성도들에게 위로와 격려의 편지를 쓰기 시작한다. 이들은 하나님의 미리 아심을 따라 성령의 거룩하게 하심으로 순종함과 예수 그리스도의 피뿌림을 얻기 위하여 택하심을 입은 자들이었다. 은혜는 하나님께서 비천한 자에게 주시는 일방적 사랑이고 평강은 예수님을 화목제물로 삼아 하나님 자신과 우리 사이에 이루신 화해에서 오는 평안을 말한다.

2. 하나님의 은혜와 성도의 구원(1:3~12)

1) 현재의 산 소망(3~5)

베드로가 하나님을 찬송하는 이유는 첫째, 거듭나게 하셨고, 둘째, 산 소망을 주셨으며, 셋째, 말세에 구원을 얻도록 능력으로 보호 하셨기 때문이다.

2) 믿음의 시련(6~9)

베드로는 흩어져 있는 성도들이 큰 역경 가운데 있음을 시인하고 그 중에서 오히려 기뻐하라고 명령적으로 권한다. 기뻐해야 할 이유는 믿음의 시련이 헛되지 않고 예수 그리스도께서 오실 때에 칭찬과 영광과 존귀를 얻게 하기 때문이다. 베드로는 초대 교인들이 예수님을 보지 않고도 믿는 믿음과 그 믿음의 소산인 사랑과 기쁨을 가진 것을 칭찬한다. 이 믿음은 결국 온전한 구원에 이르게 한다(9).

3) 영광스러운 구원(10~12)

예수 그리스도를 믿음으로 받는 구원은 예언자들이 성령의 인도하심을 좇아 계시로 받았고, 성령을 힘입은 복음 전도자들이 전하는 것이며, 하늘의 천사들도 알기를 원하는 영광스러운 구원이다 .

3. 거룩한 생활 (1:13~25)

1) 근신과 거룩(13~21)

성도는 예수님의 재림을 기다리며 근신하고 모든 행실이 거룩해야 하는데, 이는 우리를 구속하신 예수님의 피가 거룩하기 때문이다. 우리는 예수님을 통하여 하나님을 믿고 그 분에게 소망을 둔다.

2) 형제 사랑(22~25)

그리스도인의 신앙은 형제 사랑에서 결정적으로 증거된다. 또한 우리는 항상 있는 하나님의 말씀으로 거듭난다. 거듭난 자들은 한 형제이므로 피차 뜨겁게 사랑할 의무가 있는 것이다.

4. 구원받은 자의 성장(2:1~10)

1) 악독과 외식을 버려라(1~3)

성도는 항상 있는 말씀으로 거듭났고 그말씀은 곧 복음이라고 말한 베드로는 그러므로 모든 악독을 버리고 아이들같이 신령한 젖을 사모하라고 권한다. 이 젖은 곧 말씀이다.

2) 산 돌 되시는 예수(4~10)

베드로는 예수님을 보배로운 산 돌, 요긴한 모퉁이 돌, 모퉁이의 머릿돌, 보배롭고 부딪히는 돌과 거치는 반석으로 묘사하고 있다. 이 세상 모든 사람은 이 돌(예수님)과 관계를 가진다. 어떤 사람은 그 돌로 인생의 터전을 삼기도 하고 어떤 사람은 그 돌에 걸려 넘어져 죽기도 한다. 각 성도들은 각자가 성령의 전이기도 하지만(고전6:19), 보배로운 모퉁이 돌 위에 서로 연결하여 신령한 집을 이루는 산 돌이 되어야 한다(5). 하나님께서 성도들을 택하시고 왕같은 제사장으로 삼으신 목적은 하나님의 덕을 전파하는데 있다.

5. 하나님의 은혜와 성도의 사회생활(2:11~3:12)

1) 선행에 대한 격려(2:11, 12)

성도는 영원한 본향을 바라기 때문에 이 세상에서 행인과 나그네처럼 살되 하나님의 영광을 위하여 육체의 정욕을 제어하고 선행을 베풀어야 한다.

2) 윗사람들에 대한 순복(2:13~25)

사도 베드로는 먼저 인간이 세운 모든 제도를 주를 위하여 순복하라고 권하고(13), 자유하되 하나님의 종처럼 살라고 부탁한다. 주인이나 고용주에게도 순복해야 하며 선을 행하다가 애매하게 고난을 받더라도 참으면 하나님께서 갚아주신다고 권면한다. 왜 성도가 이처럼 순복해야 하는가? 그리스도가 먼저 모범을 보이셨기 때문이다. 그가 죄없이 채찍에 맞으심으로 우리는 나음을 입었고 우리는 영혼의 방황을 그치고 목자를 얻었다. 성도의 가정생활에서 아내는 남편에게 순종하고 남편은 아내에게 보호와 존경과 사랑으로 대하여 자신의 기도가 막히지 않게 해야 한다(3:7). 일반적인 성도의 삶은 형제를 내 몸과 같이 사랑하는 자세이어야 한다(3:8~12).

6. 고난과 영광(3:13~4:19)

1) 고난에 대한 성도의 태도 (3:13~17)

의를 위하여 고난을 받을 때에는 소망 중에 기뻐하고, 그 소망에 대해서는 언제라도 간증할 준비를 갖추며, 고난 중에도 끝까지 선행을 하라고 권면한다.

2) 모범을 보이신 그리스도의 고난(3:18~4:6)

예수님은 우리의 죄를 사하기 위하여 단번에 대신 죽으셨다. 이러므로 예수님을 따르는 자는 같은 마음으로 고난에 동참하여 자기를 부인하고 자기 십자가를 지고 예수님을 좇아야 한다(마16:24). 그 행적이 바로 육체의 정욕을 버리고 거룩하게 사는 생활이다.

3) 말세에 취해야 할 성도의 태도(4:7~11)

첫째는 근신하여 기도 하고, 열심으로 사랑하고, 서로 대접하며, 서로 봉사하되 이 모든 일에 하나님께서 영광을 받으시게 해야 한다.

4) 고난의 축복을 기억하라(4:12~19)

베드로는 흩어진 성도들이 고난을받을 때에 이상히 여기지 말고 기쁘게 받으라고 전한다. 그리스도의 고난에 동참한다는 말은 그리스도가 십자가에서 못다 이룬 구속 사업을 완수하라는 뜻이 아니고 복음전파의 사업을 계속하라는 뜻이다(13). 그 고난에 그리스도의 영광이 있을 것이다. 18절의 의인이 겨우 구원을 얻으면은 노아와 롯의 때를 뜻하며(벧후 2:5~8), 경건치 않는 자와 죄인이 어디 서리요는 그리스도가 재림할 때 그들에게는 성도의 반열에 설 자리가 없다는 뜻이다.

7. 교회에 대한 권고와 맺음말(5:1~14)

장로들은 기쁨과 모범으로 목회하고(1~4), 모든 성도들 특히 청년들은 순복하고 겸손하라고 권면한다(5, 6). 극심한 환난 중에 있는 성도들을 향해 베드로는 너희 염려를 다 주께 맡겨 버리라고 명령한다. 우리가 쉴 곳은 예수님의 십자가 아래 뿐이다. 성도의 고난과 싸움은 공중권세 잡은 마귀이며(8,9), 하나님의 온전케 하심으로 곧 승리의 영광 가운데 들어가게 될 것이라고(10) 위로한 베드로는 평강의 기원으로 처음 편지를 맺는다.

베드로후서(거짓교사들에대한 경고)(벧후1:1~3:18)

1. 인 사(1:1~2)

거짓 교사들의 잘못된 가르침으로 인하여 교회 내의 문제를 잘 아는 베드로는 하나님과 우리 주 예수를 앎으로 다가오는 은혜와 평광이 있기를 인사한다. 은혜와 평강은 올바른 지식에서 다가온다.

2. 참된 지식(1:3~11)

하나님과 그 아들 예수 그리스도를 아는 참 지식은 성도로 하여금 경건하여 신의 성품에 참여하는 자가 되게 한다(3, 4). 이 지식이 우리에게 알게 한 약속은(4) 새 하늘과 새 땅이 우리를 위해 예비되어 있다는 것이다(벧후 3:13). 이것은 성도의 특권이다. 성도는 특권을 갖는 동시에 믿음에 구비되어야 할 덕, 지식, 절제, 인내, 경건, 형제우애와 사랑을 온전히 가져야 한다. 그렇게 될 때 성도는 열매를 맺고(8) 영원한 약속의 나라에 갈 때까지 실족치 않게 된다(10).

3. 확증된 진리(1:12~21)

성도들이 이미 참된 지식에 올바르게 섰음에도 불구하고 거듭 가르치는 이유는 언제라도 필요할 때에 그 말씀을 생각나게 하기 위함이었다. 더구나 베드로는 순교가 임박하여 왔음을 알고 있었다(12~15).

베드로는 그가 친히 본 것과 확실히 예언에 의하여 성도들에게 예수님의 능력과 강림에 대하여 가르쳐 왔다(16~18). 성경에 기록된 모든 말씀은 하나님의 감동하심을 따라 된 것이기 때문에 성령의 도우심을 입어 해석하고 깨달을 수 있으며 이로 말미암아 참 지식에 이른다.

4. 거짓선생에 대한 경고(2:1~22)

1) 거짓 교사의 교훈(2:1~3)

그들은 사시는 주를 부인하며, 호색하고, 탐심으로 거짓말을 하여 성도에게서 이를 얻었다. 베드로는 이들에게 다가올 심판과 멸망을 경고한다.

2) 하나님의 심판(2:4~10)

베드로는 거짓 교사들에게 다가올 심판을 확증하기 위해 범죄한 천사와 노아시대의 사람들 및 소돔과 고모라에 내리신 하나님의 심판을 실례로 들고 있다.

3) 거짓 교사의 태도(2:10~16)

이 거짓 교사들은 천사도 감히 송사하지 않는 성도들을 훼방한다. 그들은 짐승 같아서 알지 못하고 훼방하며 쾌락을 좋아하고 음란하며 아직 어린 성도를 유혹하고 자신들은 탐욕에 연단된 마음을 가진 저주의 자식들이라고 하였다.

4) 거짓 교사들의 헛됨(2:17~22)

거짓 교사들은 물없는 샘이요, 광풍에 밀려가는 안개에 불과하다. 그들은 이미 멸망의 종들이므로 아무에게도 자유를 줄 수 없을 뿐만 아니라 한 번 진리를 안 후에 떠난 자들이기 때문에 처음 형편보다 더 못하게 되었다.

5. 주의 재림에 관한 약속(3:1~18)

1) 격려와 예언(3:1~7)

베드로는 이 편지를 기록한 목적이 주의 말씀을 기억하게 함으로 거짓 스승들의 가르침을 이기게 하는 데에 있다고 한다. 또한 장래에 주의 강림에 대한 약속을 비웃는 자들이 나올 터인데 그 때에 불심판이 임할 것임을 예언했다.

2) 주의 강림의 도래와 준비(3:8~13)

주님께서 더디게 오시는 것은 아무도 멸망치 않고 다 회개하도록 하기 위함이지만 주님이 오실 때에는 도적같이 임하실 것이다. 이 때 불신자는 불로 심판을 받을 것인데 성도는 이 날을 거룩한 행실과 경계함으로 사모하다가 약속의 나라에 들어가야 할 것이다.

3) 마지막 권고(3:14~18)

주의날은 성도들에게 있어서 최고의 소망이다. 베드로는 바울의 편지를 다른 성경과 같이 억지로 풀지 말라고 명령한다. 마지막으로 구주 예수 그리스도의 은혜와 저를 아는 지식에서 자라가라고 간곡히 부탁함으로 편지를 끝맺는다.

교훈 및 적용

1. 하나님께서는 우리가 사랑과 진실을 가지고 생활하는 것을 기뻐하시므로 신앙을 생활화하는 데 앞장서자.
2. 우리가 언어의 위력을 배웠으니 언제나 창조적이고 성공적인 삶을 만드는 데 좋은 언어를 사용하자.
3. 초대 교회 성도들이 고난과 환난 중에도 소망을 바라보고 참고 이겨냈듯이 우리도 풍랑 위를 걸어 오시는 주님을 바라보고 승리하자.
4. 초대 교인들이 진리에 순종하고 영혼을 깨끗이 하여 핍박 가운데서도 서로 사랑했듯이 우리도 마음 깊이 피차 사랑하는 마음을 갖도록 하자.
5. 말세가 가까워오면 거짓 교사들이 나타날 것을 예언하고 있다. 우리는 정신을 차리고 깨어 영적 분별력을 가지고 우리의 신앙을 지키자.
6. 주의 날을 사모하는 자는 매일 매일 자신의 신앙을 점검하여 점도 없고 흠이 없도록 노력하자.

지금까지 우리는 믿을 때는 반드시 행함이 뒤따라야 한다는 것을 배웠습니다. 말만이 아니라 행함이 있는 믿음은 오늘을 사는 우리에게 더 요구되고 있다고 하겠습니다. 장차 나타날 주의 영광을 사모하면서 믿음으로 선한 일에 힘쓰시기를 바랍니다. 다음은 요한 Ⅰ, Ⅱ, Ⅲ서와 유다서를 공부하게 됩니다. 본문을 읽어 주시기 바랍니다.

49

성경문제

● 성도의 고난/약 1:1-벧후 3:18

1. 성도로 시험을 만날 때에 어떻게 하라고 했는가?(약 1장)
2. "욕심이 잉태한즉 (　　　)를 낳고 (　　　)가 장성한즉 사망을 낳느니라."
   (　)에 적당한 낱말을 써 넣어라.(약 1장)
3. "이와 같이 행함이 없는 믿음은 그 자체가 죽은 것이라." 어디에 있는 말씀인가?
4. 혀는 곧 무엇이라고 했는가?(약 3장)
5. 너희 생명이 무엇이라고 했는가?(약 4장)
6. "사람이 선을 행할 줄 알고도 행치 아니하면 (　　　)니라." (약 4장)
7. "(　　　)의 기도는 병 든 자를 (　　　)하리니 주께서 저를 일으키시리라."
   (　)에 적당한 낱말을 써 넣어라. (약 5장)
8. "너희 믿음의 시련이 불로 연단하여도 없어질 금보다 더 귀하여 예수 그리스도의 나타나실 때에 칭찬과 영광과 존귀를 얻게 하려 함이라."어디에 있는 말씀인가?
9. "모든 (　　　)은 풀과 같고 그 모든 영광이 풀의 꽃과 같으니 풀은 마르고 꽃은 떨어지되 오직 주의 (　　　)은 세세토록 있도다." (　)에 적당한 낱말을 써 넣어라.(벧전 1장)
10. 다음 중 신자에 대한 설명 중 틀린 것은 무엇인가?(벧전 2장)
    (가) 택하신 족속　　(나) 왕 같은 제사장
    (다) 죄악된 나라　　(라) 소유된 백성
11. "선한 양심을 가지라." 어디에 있는 말씀인가?
12. "만물의 마지막이 가까왔으니 그러므로 너희는 정신을 차리고 근신하여 열심히 (　　　)하라."(벧전 4장)
13. "근신하라 (　　　) 너희 대적 마귀가 우는 사자같이 두루 다니며 삼킬 자를 찾나니 너희는 믿음을 굳게 하여 저를 대적하라." (　)에 적당한 낱말을 써 넣어라.(벧전 5장)
14. (　)에 맞는 단어를 써 넣어라.(벧후 1장)
    믿음-덕-지식-(　　　)-인내-경건-(　　　)-사랑
15. "예언은 언제든지 사람의 뜻으로 낸 것이 아니요 오직 성령의 감동하심을 입은 사람들이 하나님께 받아 말한 것임이니라." 어디에 있는 말씀인가?
16. 이성 없는 짐승에 대한 잘못된 설명이라고 생각하는 것은 어떤 것인가?(벧후 2장)
    (가) 경건한 자　　(나) 육체를 따라 사는 자
    (다) 훼방하는 자　　(라) 연락을 기쁘게 여기는 자
17. "사랑하는 자들아 주께는 하루가 천 년 같고 천 년이 하루 같은 이 한 가지를 잊지 말라." 어디에 있는 말씀인가?

개요

1. **주제**
   1) 요한 1서 : 참된 사람의 교제
   2) 요한 2서 : 진리 안에 거하라.
   3) 요한 3서 : 선한 것을 본 받으라.
2. **요한 1, 2, 3서의 배경**
   1) 기록자 : 예수님의 사랑하는 제자 요한이 1, 2, 3서를 다 기록함.
   2) 기록연대 : 셋 모두 약 90년 경에 쓰여졌다.
   3) 기록목적
   (1) 요한 1서 : 첫째는 성도들의 기쁨이 충만케 하려 함이요(1:4), 둘째는 성도들로 죄를 범하지 않게 하려 함이며(2:1), 셋째는 영생이 있음을 알게 하려 함이었다(5:13).
   (2) 요한 2서 : 예수님이 육체로 오심을 부인하는 이단자들의 위험한 가르침을 경고함.
   (3) 요한 3서 : 가이오로 하여금 그리스도인들을 접대하도록 더욱 격려하는 일.
   4) 수신자
   (1) 요한 1서 : 하나님의 아들을 믿는 모든 성도들에게 썼다(5:13, 2:13).
   (2) 요한 2서 : 택하심을 입은 부녀와 그의 자녀, 모든 성도들에게 썼다.
   (3) 요한 3서 : 가이오에게 썼다.
   5) 특유한 용어
   (1) 요한 1서 : 알다(35회), 세상(23회), 사랑(21회), 빛(6회).
   (2) 요한 2서 : 진리(5회). (3) 요한 3서 : 진리(37회).
3. **내용분류**
   1) 요한 1서 : 5장 105절
   (1) 인사(1:4)
   (2) 빛 가운데 행함(1:5~2:6)
(3) 말씀에 거함(2:7~29)

개요

(4) 하나님의 자녀(3:1~24)
(5) 사랑을 위한 경계(4:1~21)
(6) 사랑의 결과(5:1~12)
(7) 영생의 확신(5:13~21)
2) 요한 2서 : 1장 13절
(1) 인사(1~3)
(2) 권면과 권고(4~11)
(3) 맺는 말(12, 13)
3) 요한 3서 : 1장 14절
(1) 인사(1~4)
(2) 가이오를 칭찬함(5~8)
(3) 비판과 추천(9~15)

● 유다서

1. **주제** - 거짓 교사를 경계하라
2. **유다서의 배경**
   1) 기록자 : 예수님의 친 동생인 유다
   2) 기록연대 : 57~68년경
   3) 수신자 : 소아시아의 교회
   4) 기록목적 : 이단에 대한 경고와 믿음의 선한 싸움을 격려함.
   5) 특유한 용어 : 경건치 않음(6회)
3. **내용 분해**
   1) 인사(1:1~25)
   2) 이단에 대하여 (1:5 ~16)
   3) 성도의 의무 (1;17~23)
   4) 맺는 말 (1:24, 25)

50
[참된 신앙생활]

● **본문 : 요일 1~5장, 요이 1장, 요삼 1장, 유 1장**
● **요절 : 요일 4:20**

우리는 요한 서신을 통하여 사랑의 말과 사상을 풍부하게 나타나고 있음을 배울 수 있을 것이다. 사랑의 편지답게 사랑이란 말이 많이 나타나고 있다. 즉 성도를 대하는 하나님의 사랑이 강조되고 그 사랑을 받아 형제를 사랑할 것을 교훈하고 있다.

Ⅰ. 요한 1서 - 참된 사랑의 교제(요일 1:1~5:21)

1. 인사(1:1~4)

태초부터 계셨던 생명의 말씀이신 예수님을 듣고, 보고, 손으로 만진 사도 요한이 이처럼 확고한 신앙을 전함으로 삼위일체 하나님 안에서 성도의 교제를 나누고 기쁨을 누리기를 원하는 인사말이다.

2. 빛 가운데 행함(1:5~2:6)

1) 빛 되신 하나님(1:5~7)

요한이 예수에게서 온 것이라고 확증하는 내용은 바로 하나님은 빛이시라는 것이다. 성도가 이 빛(하나님) 가운데서 행하면 사귐이 있고 예수의 피로 모든 죄가 깨끗하여진다.

2) 자백과 용서(1:8~10)

빛 가운데서 영적 교제를 나누는 자들도 아직은 육신을 입고 그것 때문에 범죄할 때가 있으나 그 죄는 빛 앞에서 밝히 드러난다. 그러나 자백하는 자마다 사하심을 얻고 깨끗하게 된다.

3) 화목제물이 되신 그리스도의 계명(2:1~6)

성도가 죄를 범할 때는 화 목 제물로 돌아가신 예수님께서 우리를 위하여 대언하신다. 예수님을 아는 자는 그의 계명과 말씀을 지키고 예수님처럼 행하여야 한다.

3. 말씀에 거함(2:7~29)

1) 새 계명(2:7~11)

빛 가운데 거하는 자는 당연히 형제를 사랑하게 되는데 이것은 구약시대와 신약시대에 변치않고 계속되는 계명이다.

2) 세상을 사랑치 말라(2:12~17)

사도 요한은 각 연령층의 성도들에게 육신의 정욕과 안목의 정욕과 이생의 자랑에 얽매여 세상을 사랑하지 말라고 권면한다.

3) 적 그리스도에 대한 경계(2:18~29)

말세에 나타날 적 그리스도는 한 사람 뿐이나 적 그리스도의 영을 받은 사람은(4:3) 얼마든지 있을 수 있다. 적 그리스도들은 아버지와 아들을 부인하고 성도를 미혹케 한다. 그러나 그리스도인들은 기름부음을 받고(20), 아버지와 아들 안에 거하며(24), 의를 행하게 된다.

4. 하나님의 자녀(3:1~24)

1) 하나님의 자녀와 마귀의 자녀(3:1~12)

성도는 예수 그리스도를 인하여 하나님의 자녀가 되었으므로 주의 나타나심을 소망하여 자기를 깨끗이 해야 한다. 성도가 과실로 범죄할 수는 있으나 곧 회개하고 깨끗케 된다. 그러나 불법자 곧 마귀의 자녀들은 습관적으로 계속하여 죄를 범하게 된다. 예수님은 마귀의 일을 멸하러 오셨다. 마귀의 자녀들은 형제를 사랑하지 않는다.

2) 형제사랑(3:13~24)

한편 하나님의 자녀들은 형제사랑으로 그 증거를 보인다. 가장 숭고한 사랑은 형제를 위하여 목숨을 버리는 사랑이며 실제 행동으로 도와주는 사랑이어야 한다. 이와 같은 형제 사랑은 우리 마음에 담대함을 주며 그 때에 우리는 주 안에 거하고, 주는 우리 안에 거하신다. 이와 같은 동거는 성령의 임재로 증명된다.

5. 사랑을 위한 경계(4:1~21)

1) 거짓 교훈과 참 교훈(4:1~6)

이 편지를 기록한 요한의 목적은 거짓 선지자들의 가르침(예수님께서 육신으로 오신 것을 부인하는 영지주의)을 공개하고 경고하는 것이었다. 이 거짓 선지자들은 적그리스도의 영을 받은 이단자들이다. 신자와 불신자의 갈림은 하나님의 말씀을 듣고 순종하느냐, 않느냐이다(6).

2) 사랑의 하나님(4:7~21)

거짓 영은 하나님의 말씀, 즉 교의에 의해 판별되듯이 사랑에 의해서도 밝혀진다. 우리는 하나님을 사랑해야 하는데 그 까닭은 그가 먼저 우리를 사랑하셨기 때문이다. 그의 사랑은 예수 그리스도의 십자가를 통하여 나타났다. 이러므로 성도가 서로 사랑하는 것은 당연하며 그 때 하나님이 그 안에 거하시는 것이 증명된다. 하나님은 사랑이시기 때문이다. 예수님을 따르는 자는 세상에서 고난을 받기도 하나 사랑으로 소유했으므로 능히 두려움을 이길 수가 있다. 하나님에 대한 사랑은 먼저 보이는 형제를 사랑함으로 증명된다. 이것은 직접 예수님께 받은 계명이다.

6. 사랑의 결과(5:1~12)

요한이 영생이란 단어를 이 편지에서 15회나 사용하고 있다. 예수님은 하나님의 아들이신데 이 사실을 성령과 물과 피가 증거했다. 물은 예수님께서 하나님의 아들이심을 선언했던 세례 받으심이요, 피는 십자가에서 흘리신 보혈이며, 성령은 세례받는 예수님 위에 비둘기같이 임하시고 그의 구속사업이 성취된 후 오순절 다락방에 임하심으로 증거되었다. 이 세 가지는 하나님의 증거로 믿을 만한 것이다. 또 그를 믿는 자가 영생을 소유한 것도 예수님께서 하나님의 아들이심, 즉 신성을 가지신 분임을 증거한다.

7. 영생의 확신(5:13~21)

영생은 우리의 기도한 바를 하나님께서 들으시고 응답해 주신다는 사실로 확신할 수 있다. 16절의 사망에 이르지 아니하는 죄는 육신이 약하여 일상적으로 범하는 죄들이다. 사망에 이르는 죄는 요한이 지금까지 지적하여 온 그리스도를 대적하는 죄와 성령 훼방죄이다(막3:29). 이 두가지의 죄를 형제가 범할때는 대언자가 있어서 대신 기도해 주시고(요일2:1), 성령으로 감동하심으로 회개하게 하기 때문이다. 하나님께 난자는 계속적이고 습관적인 범죄를 하지 않는다. 예수님께서 저를 지키시기 때문이다(19). 우리에게 하늘의 지각을 주시는 분은 예수 그리스도이므로 우리는 승리하고 영생을 얻게 된다.

Ⅱ. 요한 2서 - 진리 안에 거하라(요이 1:1—13)

1. 인사(1~3)

요한은 택하심을 받은 자매와 그 자녀들이 진리 안에 굳게 선것을 기뻐하고 은혜가 임하시기를 기원한다. 여기에서 부녀는 교회를, 자녀는 교회의 성도들을 의미하기도 한다.

2. 권면과 경고 (4~11)

요한은 처음부터 가진 그 사랑으로 서로 사랑하기를 권면하고(4~6), 예수 그리스도가 육체로 오심을 부인하는 적그리스도는 집에도 들이지 말고 인사도 하지 말라고 경고하고 있다(7~11).

3. 맺는 말(12, 13)

요한은 이 편지 수신자를 방문할 계획을 말하고 그와 함께 있는 자들의 인사를 전한다.

Ⅲ. 요한 3서 – 선한 것을 본받으라(요삼 1:1—15)

1. 인사(1~4)

이 글은 가이오에게 보내진 요한의 셋째 편지이다. 그는 가이오가 진리 안에서 행한다는 소식을 듣고 대단히 기뻐했다. 2절은 복음을 가장 구체적으로 기록한 내용이다. 영혼이 잘된 자는 범사에도 잘되고 강건해야 한다.

2. 가이오를 칭찬함(5~8)

요한은 그의 첫번째 편지에서 형제 사랑을 거듭 강조하였는데 가이오는 교회 앞에서 이 사랑을 보임으로 그가 하나님의 자녀임을 증거했다. 요한은 가이오에게 복음 전파자의 필요한 것을 공급하여 주라고 부탁하고(전송), 그렇게 함으로 복음전파에 동참한다는 사실을 가르친다.

3. 디오드레베의 비판과 데메드리오의 추천(9~15)

요한은 자신이 선행을 베풀지 않고 교회의 선행을 훼방하는 디오드레베를 비판하여 꾸짖고 데메드리오의 신실함을 확증한다. 마지막으로 방문 계획을 전하고 인사로 끝맺는다.

Ⅳ. 유다서 – 거짓 교사를 경계하라(유1:1~25)

1. 인사(1~2)

긍휼과 사랑과 평강을 기원

2. 이단자들의 출현과 하나님의 심판(3~7)

이단자들은 교회에 가만히 들어 와서 은혜를 색욕거리로 바꾸고 주 예수를 부인하였다. 유다는 옛적에 불순종한 이스라엘 백성들에게 내린 심판과 소돔과 고모라의 멸망을 예로 들면서 이단자들에게 임할 심판을 경고한다.

3. 이단자들의 본성(8~16)

그들은 육체를 더럽히고 권위를 업신여기고, 하나님의 영광을 훼방하며, 가인과 발람과 고라의 길을 가고, 자기의 몸을 섬기며, 원망하고, 불만하며, 자기 자랑만 하는 자들인데 마침내 에녹의 예언같이 심판 받을 것이다.

4. 성도에 대한 권고와 송영(17~25)

말세에 당을 짓고 육에 속하며 성령이 없는 자들이 나올 것을 경고한다. 그러므로 성도는 거룩한 믿음위에 자기를 건축하고 성령으로 기도하며 사랑 안에서 자기를 지키고 그리스도의 긍휼을 기다리라고 권면한다. 의심하는 자들을 긍휼히 여기고 시험받는 자들을 구원하고 거짓 선지자는 멀리 하라고 권한 유다는 축원으로 편지를 마친다.

교훈 및 적용

1. 빛이 비취면 어둠은 사라지듯 성도들은 세상의 빛이 되어 어둠을 몰아 내어야 한다.
2. 성도는 말과 혀로만 사랑하지 말고 예수님께서 보이신 희생정신을 본받아 사랑을 직접 행하는 삶을 살아야 한다.
3. 사랑이 메말라가는 시대에 사는 우리는 이웃을 사랑함으로 하나님의 사랑을 전하자.
4. 성도들은 거짓 교훈이 범람하는 이 때에 진리의 말씀 안에 거하여 하나님의 계명을 실천하고 악은 그 모양이라도 버리도록 하자.
5. 성도는 전도와 구제의 선한 일을 행함으로 하나님께로부터 나의 사랑하는 자녀라는 인정을 받아야 한다.
6. 예수님께서 보이신 섬김을 본받아 하나님과 이웃을 섬기며 살아가도록 하자.
7. 말씀으로 새로워지고 성령으로 뜨거우며 은사로 강한 믿음을 갖자.
8. 오늘날도 미혹하는 이단들을 대적하기 위해서는 날마다 기도에 힘써야 한다.

우리는 사랑의 사도를 통하여 위대한 사랑의 메시지를 배웠습니다. 그리고 예수님의 사랑과 진리가 있는 곳에 언제나 사탄의 도전도 있음을 배웠습니다.
다음은 신, 구약 성경 마지막 책인 요한계시록을 공부하게 됩니다.본문을 읽어주시기 바랍니다.

성경문제

● 참된 신앙생활/요 1서-유 1:25

1. "만일 우리가 우리 죄를 자백하면 저는 미쁘시고 의로우사 우리 죄를 사하시며 모든 불의에서 우리를 깨끗케 하실 것이요." 어디에 있는 말씀인가?
2. 이 세상에서 좇아온 것이 아닌 것은 무엇인가?(요일 2장)
   (가) 육신의 정욕　　(나) 안목의 정욕
   (다) 이생의 자랑　　(라) 아버지의 뜻
3. "그가 우리에게 (　　　)하신 (　　　)이 이것이니 곧 영원한 생명이니라."
   (　)에 적당한 낱말을 써 넣어라.(요일 2장)
4. 형제를 미워하는 자는 (　　　)하는 자라고 했다.(요일 3장)
5. "자녀들아 우리가 말과 혀로만 사랑하지 말고 오직 행함과 진실함으로 하자" 어디에 있는 말씀인가?
6. "(　　　)은 여기 있으니 우리가 하나님을 (　　　)한 것이 아니요 오직 하나님이 우리를 (　　　)하사 우리 죄를 위하여 화목제로 그 아들을 보내셨음이니라." (　)에 적당한 낱말을 써 넣어라.(요일 4장)
7. "누구든지 하나님을 사랑하노라 하고 그 형제를 미워하면 이는 거짓말하는 자니 보는 바 그 형제를 사랑치 아니하는 자가 보지 못하는 바 하나님을 사랑할 수가 없느니라." 어디에 있는 말씀인가?
8. 요일 5장에서 "증거"라는 단어가 4번 기록된 절은 무엇인가?
9. "(　　　)이 있는 자에게는 생명이 있고 하나님의 (　　　)이 없는 자에게는 생명이 있느니라" (　)에 적당한 낱말을 써 넣어라.(요일 5장)
10. 사랑은 우리가 그 (　　　)을 좇아 행하는 것이다.(요한 이서)
11. "사랑하는 자여 네 (　　　)이 잘됨 같이 네가 (　　　)에 잘 되고 (　　　)하기를 내가 간구하노라." (　)에 적당한 낱말을 써 넣어라.(요한 삼서)
12. "화 있을진저 이 사람들이여"에 해당되는 사람은 누구 누구인가?(유다서 1장)

요한계시록

개요

1. **주제** - 예수 그리스도의 계시. 예수님은 속히 될 일들을 성도들에게 알게 하실 목적으로 사도요한에게 계시하시고 기록하게 하셨다.
2. **요한계시록의 배경**
   1) 기록자 : 사도 요한(1:1, 4, 9, 2:8)
   2) 기록연대 : 96년경(로마의 도미시안 황제의 통치 말엽)
   3) 수신자 : 박해받고 있는 초대교회 성도로부터 세상 끝날까지의 성도
   4) 기록목적
   (1) 박해 아래에 있는 성도들에게 용기를 주기 위해
   (2) 거짓스승들을 경계하고 멀리하도록 하기 위해(2:6)
   (3) 역사의 주권자 되시는 하나님을 알게 하기 위해
   (4) 예수 그리스도는 당시에 성도들이 믿고 있는 바로 그런 분임을 보여주기 위해
   (5) 장차 되어질 일들을 보여주기 위해
   5) 특유한 용어 : 어린 양(29), 보좌(44회)
3. **특징**
   1) 본서는 종말에 관한 책이다.
   2) 많은 상징, 환상, 숫자들이 기록되어 있어서 본 서를 해석하는 데 많은 이견을 낳게 한다.
   3) 구약에 인용이 많은 것이 특징이다.
   4) 문법이 불규칙 변화를 하고 있다(문법적 오류가 많다)
   5) 전편이 그리스도 중심으로 구성되어 있다.
4. **내용분류**
   1) 요한이 받은 예수 그리스도의 계시(1:1~20) 2) 7교회 사자에게 보낸 편지(2:1~3:22) 3) 하늘의 보좌에 앉으신 주 하나님(4:1~11)
   4) 심판자이신 어린 양(5:1~14) 5) 환난시대 (전반부)(6:1~10:11)
   6) 환난시대 (후반부)(11:1~19:21) 7) 예수님의 지상강림(19:1~21)
   8) 천년왕국과 백보좌 심판(20:1~15) 9) 신천신지 시대(새 하늘과 새 땅)(21:1~22:5) 10) 예언의 말씀(22:6~1)

51
[그리스도의 재림(I)]

● **본문 : 계 1~10장**
● **요절 : 계 2:10**

본 서는 신구약 성경 중 마지막 책이다. 그리고 이 책은 아직 이루어지지 않은 일들, 즉 장차 임할 사건들을 계시해 주고 있다. 그러므로 상당히 이해하기 힘든 내용들을 담고 있다. 기도 하는 마음으로 이 말씀을 잘 배우므로 주의 재림을 예비하고 신앙생활에 있어서 승리하기를 바란다.

1. 요한이 받은 예수 그리스도의 계시(1:1~20)

1) 예수 그리스도의 계시라(1:1~3)

기록자 사도 요한은 서두에서 이 책이 예수님의 계시임을 밝힌다. 계시란 감취었던 비밀을 펼쳐보인다는 뜻이다. 예수님은 사도 요한을 통하여 그 때까지 감취였던 속히 될 일을 그 종들(우리)에게 보이셨고 요한은 이 예언의 말씀을 빠짐없이 기록했다. 이 말씀을 읽고 듣고 깨닫는 자가 복이 있는데 왜냐하면 그 말씀이 이루어질 때가 가까왔기 때문이다.

2) 그리스도의 재림(1:4~8)

요한은 첫째로 이 계시가 하나님(이제 도 계시고 전에도 계시고 장차 오실 이)과 성령님(보좌앞에 일곱 영)과 예수 그리스도 (부활의 주, 만왕의 왕), 삼위일체 하나님에게서 왔음을 증명한다. 또한 그리스도의 복음을 율법과 바꾸려는 사람들에게 그의 피로 우리 죄에서 우리를 해방하셨음을 확증하고 있다(4~6). 둘째로, 요한은 예수님께서 구름떼와 같은 성도를 거느리고 이 지상에 재림하실 것과 모든 사람이 그를 볼 것을 전하고(7), 세째로 처음과 끝이 되시는 예수님의 영원성을 증거한다(8).

3) 요한의 영적체험(1:9~20)

요한은 자기가 어떻게 예수님의 계시를 기록하게 되었는지 여기서 설명하고 있다. 그는 복음을 증거한 연고로 밧모섬에 유배되었는데 어느 주일에 성령의 감동하심을 입어 계시를 받게 되었다.이 편지의 수신자인 에베소, 서머나, 버가모, 두아디라, 사데, 빌라델비아, 라오디게아 일곱 교회는 소아시아에 있었는데 영적으로 볼 때는 전 시대의 교회를 가리킨다. 요한이 본 일곱 금촛대는 일곱 교회를 뜻하며(12), 그 사이에 인자 같은 이는 예수님이시다(13). 요한은 예수님을 보고 그 앞에서 죽은 자 같이 되었는데 예수님께서 그에게 오른 손을 얹으시고 이렇게 말씀하셨다.

"두려워 말라 나는 처음이요 나중이니 곧 산 자라 내가 전에 죽었었노라 볼찌어다 이제 세세토록 살아 있어 사망과 음부의 열쇠를 가졌노니 그러므로 네 본것과 이제 있는 일과 장차 될 일을 기록하라"(계1:17~19).

예수님은 요한에게 계시를 3등분하여 기록하라고 지시하셨는데, 첫째로, 네 본 것은 1장에 기록한 내용이며, 둘째로 이제 있는 일은 교회시대를 가리키고 (2:~3:), 셋째로 장차 될 일은 교회가 공중으로 들려 올라간 후 신천신지가 될 때까지의 내용을 가리킨다(4:~22:).

2. 7교회의 사도에게 보낸 편지(2:1~3:22)

예수님은 소아시아의 일곱교회에 계시의 말씀을 주셨는데 이 일곱교회는 오늘날에 이르기까지 2천 년 교회사를 일곱 등분한 모형들이기 때문에 결과적으로는 일곱 교회 시대에 주신 말씀인 것이다. 예수님은 각 교회마다 (1)목표, (2)태도, (3)칭찬, (4)꾸중, (5)권면, (6)약속의 틀로 편지를 보내고 있다. 이제 각 교회가 가리키는 시대 및 상황에 대하여 살펴보기로 하자.

1) 에베소 교회에게 (2:1~7)

에베소는 항구도시로서 금융의 중심지였고 다이아나 여신을 섬겼으며(행19:23~41), 또 마술이 심한 곳이었다(행19:13~19). 이곳은 바울과 아볼로와 디모데 및 사도요한 같은 훌륭한 목자들이 목회했으므로 성경 진리에 바로 서고 지식이 풍부한 교회였다. 그러나 교회의 부흥기가 지나자 점차 제도화되어 처음 사랑을 버렸다. 에베소 교회에 예수님은 오른손에 일곱 별을 붙잡고 일곱 금촛대 사이에 다니시는 이로 나타나심으로 교회의 머리되신 예수님을 잊은 에베소교회를 문책하신다. 예수님은 에베소교회가 니골라당의 거짓 교훈을 밝히 드러내고 인내하며 부지런한 것을 칭찬하신 후, 그들이 처음 사랑을 버린 것을 책망하시면서 그 사랑을 회복하라고 경고하시고 권면하신다.

그 사랑을 회복하면 낙원의 생명나무의 과실을 주시겠다고 약속하신다. 이 이 에베소교회는 역사적으로 볼 때 주후 33년부터 100년까지의 교회시대를 가리킨다.

2) 서머나 교회에게 (2:8~11)

서머나는 에베소 북쪽으로 150여리 떨어진 항구 도시로서 상업이 발달하고 부요한 마을이었다. 알렉산더가 세운 이 도시는 태양신 제우스를 섬겼고 로마 황제 신당이 있었다. 예수님은 서머나 교회에 처음이요 나중에 죽었다가 살아나신 이로 보이심으로 서머나 교회 시대에 다가올 격렬한 핍박을 예언적으로 보여주고 있다. 그러나 예수님은 핍박 가운데 있는 서머나 교회에 칭찬을 많이 하시고 그 대신 꾸중은 하지 않으셨다. 일곱 교회 중에서 서머나와 빌라델비아 교회만 꾸중이 없는데 전자는 환난 당하는 교회요, 후자는 부흥하여 전도하는 교회였다. 예수님은 그들에게 죽도록 충성하라고 권면하시고 둘째 사망 즉 영혼의 죽음이 없을 것이라고 약속하셨다. 서머나 교회는 교회사적으로 주후 100년부터 312년까지 해를 당하며 너희가 10일 동안 환난을 받으리라는 예언의 말씀대로 이 때에 가장 극심한 핍박을 받았다. 에베소 시대의 사랑이 식고 나자 곧장 서머나 시대의 환난이 다가왔음에 유의하자.

3) 버가모 교회에게(2:12~17)

버가모는 소아시아의 수도로서 정치, 권력, 이방신 숭배, 학문의 중심지였다. 여기에는 제우스의 신전, 산 독사를 섬기는 에스칼피우스 제단이 있고 바벨론 종교의 본거지였다. 이 버가모 교회에 예수님은 좌우에 날 선 검을 가진 자로 나타나셨다. 버가모 시대의 교회들이고 고대 바벨론 종교의 영향을 받아 성모를 숭배하고 진리를 왜곡시키는 것을 아시고 예수님께서 말씀의 검을 가지고 그릇된 교회와 신조를 수술해 내시겠다는 뜻이다. 예수님은 버가모 교회의 안디바 같은 성도들이 순수한 신앙을 지키며 이단 종교와 타협하지 않은 점을 칭찬하신 반면, 버가모 교회가 발람의 교훈을 좇아 바벨론종교와 영적인 음행을 범하는 것과 니골라당의 교훈을 따른 것을 꾸짖으셨다. 예수님은 회개하라 그리고 그리하지 아니하면 내가 네게 속히 임하여 내 입의 검으로 그들과 싸우리라고 경고 하시고, 회개하고 돌이키면 감추인 만나(예수 그리스도), 흰돌(죄사하심의 표)을 주시겠다고 약속하셨다. 예언적 의미로 볼 때 버가모 교회는 주후 313년부터 주후 590년까지의 교회시대에 적용된다. 버가모란 결혼이라는 뜻으로 콘스탄틴 대제가 기독교를 국교로 선포함으로 교회와 정치, 교회와 이단종교가 결혼한 상태를 가리킨다.

4) 두아디라 교회에게 (2:18~29)

두아디라는 소아시아의 가장 작은 도시로서 염색업이 주업이었고 점술이 성행하여 많은 사람들이 이 곳에 점을 치러 왔다. 예수님은 이 교회에 그 눈이 불꽃 같고 그 발이 빛난 주석과 같은 하나님의 아들로 나타나셔서 실상을 꿰뚫어 보시고 심판하신다. 예수님은 이 교회의 사업과 사랑과 믿음, 섬김, 인내, 그리고 풍성한 행위를 칭찬한 다음 이세벨 같은 자칭 선지자(점쟁이)를 교회 안에 받아들인 행위를 꾸짖으셨다. 예수님은 이단자들을 심판하실 것을 말씀하시고 두아디라 교회를 향하여 무당적인 신앙과 타협하지 말고 말씀에 굳게 서라고 권고하신 후, 이기는 자에게 만국을 다스리는 권세를 주시고 새벽별(예수님의 재림에 동참하는 은혜)을 주시겠다고 약속하신다. 이 두아디라 교회는 교회사적으로 590년~1517년의 교회시대에 적용되는데 마틴 루터가 종교개혁 운동을 일으킬 때까지 계속된 교회의 암흑시대를 가리킨다. 교인들은 구경하고 신부 혼자서 만 제사(미사)를 드리는 제사종교가 되고 말았다. 그리하여 예수님은 회개하지 않는 중세 카톨릭 교회를 할 수 없이 마틴 루터의 종교개혁 침상에 던져 넣으셨던 것이다.

5) 사데 교회에게 (3:1~6)

사데는 주후 17년에 지진으로 폐허가 되었으나 로마 황제 시저가 다시 재건하여 사데라는 이름을 붙여 주었다. 이 도시는 여신 시벨리를 숭배하고 있었다. 사데 교회에 나타나신 예수님의 모습은 하나님의 일곱 영과 일곱 별을 가진 이였다. 별은 주의 종을 가리키며 영은 주님께서 회복시키시고 복구시킨 주의 종들에게 다시 보내주신 성령의 충만함이다. 주님은 사데 교회를 향하여 네가 살았다 하는 이름은 가졌으나 죽은 자라고 꾸짖으셨는데 이는 개혁교회가 신속하게 옛날의 형식주의로 되돌아갔기 때문이다. 예수님은 네가 어떻게 받았으며 어떻게 들었는지 생각하고 지키어 회개하라고 권면하신 후에 만일 회개하지 않고 형식주의에서 깨어나지 아니하면 심판의 때가 도적같이 임하리라고 경고하신다. 예수님은 그러나 흰옷 입은 몇 사람(경건한 신앙 생활을 하는 성도)이 있음을 칭찬하시고 개혁신앙을 회복하는 사람들에게 흰 옷을 입혀주고 생명책에 그 이름을 기록하겠다고 약속하신다. 이 사데교회는 교회사적으로 1517~1750년까지를 가리키는데 카톨릭의 제사 종교에서 벗어난 개혁교회는 다시 정치와 손을 잡아 살았다 하는 이름은 있으나 실상은 죽은 교회였다.

6) 빌라델비아 교회에게(3:7~13)

빌라델비아는 사데 동남쪽 120여 리 쯤에있는 도시로서 이 곳도 주후 17년의 대지진에 파괴되었다가 시저 황제가 재건한 도시이다. 이 도시의 가장 큰 문제는 술취함이었다. 이 예수님은 이 교회에 다윗의 열쇠를 가지고 나타나셔서 큰 부흥을 일으켜 주실 것을 보여주셨다. 예수님은 이 교회가 적은 능력을 가지고도 충분한 활동을 하였다고 칭찬하셔서 네가 가진 것을 굳게 잡아 아무나 네 면류관을 빼앗지 못하게 하라고 권면하셨다. 예수님은 이기는 자에게 첫째로 시험의 때를 면하게 하고, 둘째로 성전의 기둥이 되게 하며, 셋째로 새로운 이름을 주겠다고 약속하셨다. 이 빌라델비아 교회는 1750~1905년까지의 교회시대를 예언적으로 보여주는 데 이 기간에 교회들은 놀라운 부흥운동을 일으키고 세계 각지로 선교사들을 파송하여 선교활동에 총력 경주하였다. 이렇게 부흥하고 선교하는 교회에 예수님은 꾸중하지 않으셨다.

7) 라오디게아 교회에게(3:14~22)

라오디게아는 에베소 북쪽 160리 지점에 있는 도시로서 유명한 의과대학이 있고 여기서 만들어 낸 안약은 유명했다. 라오디게아는 소아시아에서 가장 부요한 도시였으며 모든 시민들이 쾌락 중심으로 살고 있었다. 예수님은 이 교회에 아멘이시요, 충성되고 참된 증인이시요, 하나님의 창조의 근본이신 이로 나타나심으로 이 교회가 잊어버리고 있는 것이 무엇인지를 보여주셨다. 예수님은 이 교회만 칭찬하지 않으셨고 미지근하고 타협적인 신앙과 영적인 기근을 꾸짖으셨다(3:16~17). 주님은 라오디게아 교회를 향하여 참된 부요를 가지며 보혈의 공로로 씻어 깨끗케 한 흰 옷을 사서 입고, 영적인 눈을 떠서 다가 오는 말세를 볼 수 있도록 성령의 안약을 바르라고 권면한다. 주님은 이 교회에 이기는 자에게 환난을 피하게 하고 하나님 보좌에 앉게 하시겠다고 약속하셨는데 이라오디게아 교회는 교회사적으로 1905년부터 장차 다가올 대환난의 시작까지를 가리킨다. 이 기간 동안 교회는 성경을 과학적으로 분석하는 오류를 범하고 성령을 슬프게 하며 생명력을 상실하고 말았다. 이 시대가 속히 지나면 곧 대환난이 다가오고 역사는 막을 내린다.

3. 하늘 보좌에 앉으신 주 하나님(4:1~11)

1) "이 일 후" 마땅히 될 일 (4:1)

4장 1절의 "이 일 후" 란 교회 시대의 역사가 다 지나간 다음을 의미한다. 이제 요한이 보는 장면은 지상에서부터 천상으로 바꾸어진다. 하늘 문이 웅장하게 열리고 나팔 같은 소리가(예수님의 음성)이리로 올라오라 한 것은 성령의 감동하심을 입어 몸은 밧모섬에 있으면서 하늘 보좌를 바라본 것으로 본다. 그리하여 예언적으로는 열린 문을 바라보고 문자적으로는 아시아 일곱 교회에 편지가 끝난 후에 장차 될 일인 4장부터 22장까지의 계시를 바라보게 된 것이다.

2) 보좌에 앉으신 하나님을 봄(4:2~11)

올라오라는 음성을 듣고 성령에 감동되자 요한은 즉시로 보좌 위에 앉아 계신 하나님을 뵙게 되었다. 그 분의 모습은 벽옥(신성과 거룩)과 홍보석(공의의 심판) 같고 그 보좌를 두른 무지개는 녹보석(언약) 같았다. 보좌 주위에 있는 24 장로는 이스라엘 열 두 지파와 신약시대 열 두 사도들로서 신 · 구약 시대에 구원받은 성도들을 대표한다. 보좌로 부터 나오는 번개와 음성과 뇌성은 심판이 가까왔음을 가리키며 일곱 영은 교회와 함께 지상에서 옮겨 가신 성령을 가리킨다(5). 네 생물은 하나님의 보좌 곁에서 그 거룩함을 지키는 그룹 천사인데 각각 예수 그리스도의 모습을 상징하고 있다. 8~11절은 네 생물들과 24 장로들의 계속되는 경배와 찬양의 예배이다.

4. 심판자이신 어린 양의 출현(5:1~14)

1) 일곱 인봉한 책(5:1)

보좌에 앉으신 이의 오른손에 펼쳐진 안팎으로 쓴 일곱인을 봉한 책은 마지막 때까지 간수하고 봉해야 했던 다니엘이 받았던 계시처럼 인류의 장차 될 일을 기록한 6장부터 22장까지의 내용이 담긴 하나님의 설계도이다.

2) 인봉을 떼기에 합당한 자(5:2~14)

요한은 책의 인봉한 것을 뗄 이가 없는 것을 보고 통곡하다가 다윗의 뿌리가 이기었으니 이 책과 그 일곱 인을 떼시리라는 음성을 들었다. 이 다윗의 뿌리는 속죄 양으로 십자가 위에서 죽으신 예수 그리스도를 가리킨다. 이 어린 양 예수님은 완전한 권세를 상징하는 일곱 뿔과, 그 모든 것을 살피시는 일곱 눈을 가지고 나오셔서 하나님의 오른손에 있는 책을 취하셨다. 어린 양 예수께서 이 책을 취하실 때 구속받아 승천한 성도들의 찬양이 시작된다(8~10). 구속받은 성도들의 찬양이 끝나자 천사들의 찬양이 시작되는 데 그 찬양에는 "피로 사서"라는 내용이 없다. 각 족속에서 구원했다는 말도 없고 나라와 제사장과 왕노릇한다는 말도 없다. 천사들은 단순히 영광의 찬양을 하고 있다(11-12). 마지막으로 만물이 찬양(5:13)하고 이 모든 찬양이 끝나자 네 생물은 아멘으로 화답하고 24장로는 엎드려 경배한다(5;14).

5. 환난시대(전반부)(6:~10:)

1) 일곱 인봉한 책의 인을 떼심(6:1~17)

(1) 첫째 인과 백마를 탄 자(6:1~2)-이 세상의 권리 문서를 십자가 보혈로 되찾으신 예수님께서 일곱 인봉한 두루마리의 인을 떼시니 환난이 시작된다. 첫째 인을 뗄 때에 흰 말을 탄 자가 나오는데 손에는 화살이 없는 활만 가졌고, 면류관을 받고 나와 뛰면서 이기고 또 이기려 한다. 그는 그리스도처럼 가장한 적 그리스도이다.

(2) 둘째 인과 붉은 말을 탄 자(6:3~4)—둘째 인을 떼실 때에 붉은 말을 탄자가 나와서 땅의 화평을 제하고, 서로 죽이게 하는데 그의 손에 큰 칼이 쥐어져 있었다. 이 붉은 말은 전쟁과 피를 뜻하는데 이 때에 피비린 내 나는 전쟁이 있을 것을 보여주고 있다.

(3) 셋째 인과 검은 말을 탄 자(6:5~6)—검은 말을 탄 자가 손에 저울을 가진 모습은 전쟁의 결과로 기근과 경제적 파탄이 다가올 것을 보여준다.

(4) 넷째 인과 청황 색 말을 탄 자(6:7~8)—이 말을 탄 자의 이름은 사망으로서 음부가 그 뒤를 따르는데 세계 인구 4분의 1이 죽을 것을 보여준다.

(5) 다섯째 인과 순교자들(6:9~11)—다섯째 인을 떼시자 그 동안에 죽임을 당한 순교자들이 제단 아래 엎드려 원수 갚아 주시기를 기도하였다.
(6) 여섯째 인과 천재지변(6:12~17)—여섯째 인을 뗄 때에 무서운 천재지변이 일어나는데 세상의 권세자들은 아직도 회개하지 않는다. 일곱 인봉한 책의 여섯째 인과 일곱째 인 사이에 중간 장면이 벌어지는데 그 내용이 7장에 기록되어 있다.

2) 하나님의 인치심(7:1~17)

(1) 바람을 붙잡는 천사(7:1)—바람은 전쟁을 의미하는데 하나님께서 성도를 인치시는 동안 잠시 전쟁을 중지시키신다.
(2) 환난 중 인맞은 구원 받는 자들(7:2~8)—한 천사가 전쟁을 그치게 하니 다른 천사가 해 뜨는 곳(예수님의 보좌)에서 올라와 인을 치기 시작하는데 이 때에 인맞은 십 사만 사천은 완전수, 또는 만수로써 예수 그리스도를 믿는 모든 자 들을 상직적으로 나타내는 것이다.
(3) 그 후에 구속받은 사람들(7:9~12)—9절에 나오는 흰 옷을 입은 큰 무리는 십 사만 사천 인에게 전도를 받고 올라온 사람들이며 적 그리스도를 이긴 표로서 종려나무 가지를 들고 서 있다.
(4) 환난 중에 구원받은 성도들의 의미(7:13~17)—장로 중 한 사람이 흰 옷 입은 자들에 관하여 요한에게 가르쳐 주었다. 그들은 환난 중에 어린양의 피에 옷을 씻어 구원받은 자들로서 환난 전에 들려 올라간 성도들과는 차이가 있다.

3) 일곱째 인과 일곱 천사의 나팔(8:1~9:21)

(1) 일곱째 인(8:1~2)—일곱째 인을 떼실 때에 하늘이 잠시 동안 고요하고 일곱 천사가 각각 나팔을 들고 하나님 앞에서 있다. 일곱째 천사가 일곱째 나팔을 불면 다시 일곱 대접 심판이 임하고 이 때부터 환난이 시작될 것이다.
(2) 금향로를 가진 천사(8:3~5)—금향로를 가진 천사는 사실은 예수님이었다. 예수님께서는 지금도 우리의 대제사장으로서 성도의 기도를 받아 하나님 보좌 앞에 드리신다. 성도는 하늘에서도 기도를 드린다. 성도는 왕같은 제사장이요(벧전2:9), 예수님은 우리의 대제사장이시기 때문에 예

수님이 기도하시는 한 우리도 기도해야 한다.

(3) 첫째 천사의 나팔(8:6~7)—마지막 일곱째 인이 떨어지자 첫째 천사가 나팔을 부는데 그 소리와 함께 하늘에서 피섞인 우박과 불이 떨어져 내려 땅과 수목의 1/3을 사르었다. 이것은 처참한 핵전쟁이 일어 날 것을 보여주고 있다.

(4) 둘째 천사의 나팔(8:8~9)—이번에는 불 붙는 큰 산과 같은 것이 바다에 떨어져서 바다에 사는 생물과 배의 1/3을 죽이고 깨뜨렸다.

(5) 셋째 천사의 나팔(8:10~11)—횃불 같이 타오르는 큰 별이 물 위에 떨어지니 물이 써서 마실 수가 없고 마시는 자는 다 죽게 되었다.

(6) 넷째 천사의 나팔(8:12) - 해와 달과 별의 1/3이 어두워지고 낮과 밤이 각각 1/3씩 그 기능이 마비된다.

(7) 다섯째 천사의 나팔(9:1~11)—나팔소리와 함께 하늘에서 떨어진 별 하나는 이사야 14장 12절에 나오는 사탄 루시퍼이다. 저가 받은 무저갱 열쇠로 무저갱을 열 때에 귀신들이 황충 같은 모습으로 나와서 전갈의 권세를 가졌다. 이 귀신들은 이마에 인 맞지 아니한 사람들만 5개월 동안 괴롭게 했다. 이 때 고통을 받는 사람들은 죽기를 원해도 죽지 못한다.

(8) 여섯째 천사의 나팔(9:12~21)—나팔소리와 함께 유브라데 강에 결박당해 있던 네 천사가 놓임을 받는다. 유브라데 강은 창세로부터 하나님께 대한 반역이 그치지 않던 곳이다. 이 곳에서 풀려난 타락한 네 천사들은 정해진 때에 인류의 1/3을 죽이기로 예비된 자들이다. 이미 인구 1/4이 넷째 인을 떼실 때 죽었고 이 때 다시 1/3이 죽는다. 요한이 들은 "2만만"은 2억을 말하는데, 이와 같은 대 살륙전(殺戮戰)은 아마겟돈 전쟁을 가리킨다. 입에서 나오는 불과 연기와 유황의 세 재앙은 현대전의 광경을 묘사하고 있다. 이런 처참한 재앙을 받고도 사람들은 회개치 아니한다.

4) 작은 책을 가진 천사(10:)

독수리가 말한 세 차례의 화 가운데 두번째 화가 지나간 후 일곱째 천사가 나팔을 불고 뒤따라 일곱 대접 심판이 나오는데 그 사이에 있을 광경을 기록한 장이 바로 10장이다.

(1) 바다와 땅을 밟고 서 있는 천사(10:1~7)—여기의 힘센 다른 천사는 바로 예수님을 가리킨다. 작은 책을 손에 드신 예수님은 오른발로 바다를 밟

고, 왼발로는 땅을 밟고 서 있다. 예수님께서 우뢰와 같은 음성으로 하신 말씀은 우리가 알 길이 없다. 예수님은 창조주 하나님으로 맹세하며 지체하지 아니하리니 일곱째 천사가 소리내는 날 그 나팔을 불게 될 때에 하나님의 비밀이 그 종 선지자들에게 전하신 복음과 같이 이루리라고 말씀하신다(7).

(2) 작은 책(10:8~11)—요한이 천사의 손에서 가져다가 먹은 작은 책은 일어날 일들이 예언적으로 적힌 책이다. 이 책은 입에는 달지만(다가올 신천신지를 생각하므로), 배에서는 쓰다(그 동안 있을 적 그리스도의 행페를 생각하기 때문에), 이제 11장부터는 환난 후반부가 시작될 것이다.

교훈 및 적용

1. 요한이 받은 예수그리스도의 계시가 무엇인가?
2. 아시아 7교회 사자에게 보낸 편지의 내용은?
3. 대환난은 우리에게 무엇을 경고하고 있는가?

우리는 지금까지 장차 나타날 환난이 얼마나 두려운 것인가를 보았습니다. 그리고 환난날에 믿음을 지킨다는 것이 얼마나 어려운 것인가도 배웠습니다. 우리는 장차 나타날 환난을 예비하는 신앙을 가져야 하겠습니다.
다음 과에서는 신?구약 성경 마지막 과에서 다시 한번 주님의 재림에 관하여 배우게 될 것입니다. 본문을 읽어 주시기를 바랍니다.

성경문제

● 그리스도의 재림(1)/계1:1-10:11

1. "주 하나님이 가라사대 나는 알파와 오메가라 이제는 있고 전에도 있었고 장차 올 자요 전능한 자라 하시더라." 어디에 있는 말씀인가?
2. 다음 중 틀린 것은 무엇인가?(계 1장)
   (가) 촛대-교회 (나) 별-사자 (다) 발-주석 (라) 눈-해
3. 에베소교회는 사랑이 넘치는 교회였다. 맞으면 ○표 틀리면 ×표 하라(계 2장)
4. "네가 죽도록 ( )하라 그리하면 내가 ( )의 면류관을 네게 주리라." ( )에 적당한 낱말을 써 넣어라.(계 2장)
5. "볼지어다 내가 네 앞에 열린 문을 두었으니 능히 닫을 사람이 없으리라." 이 말씀은 어느 교회에 주신 말씀인가?(계 3장)
6. "볼지어다 내가 문 밖에 서서 두드리노니 누구든지 내 음성을 듣고 문을 열면

내가 그에게로 들어가 그로 더불어 먹고 그는 나로 더불어 먹으리라." 어디에 있는 말씀인가?

7. 다음 A항의 답을 B항에서 찾아 그 기호를 쓰라.

A항	B항
① 에베소( )	(가) 보좌
② 서머나( )	(나) 하나님 성전의 기둥
③ 버가모( )	(다) 흰옷
④ 두아디라( )	(라) 새벽별
⑤ 사데( )	(마) 흰 돌
⑥ 빌라델비아( )	(바) 둘째 사망의 해
⑦ 라오디게아( )	(사) 생명나무

8. 보좌 주위에 있는 네 생물을 표현한 것 중 잘못된 것은 무엇인가?(계 4장)
   (가) 첫째-사자 (나) 둘째-양 (다) 셋째-사람 (라) 넷째-독수리

9. "우리 주 하나님이여 영광과 존귀와 능력을 받으시는 것이 합당하오니 주께서 지으신지라 만물이 주의 뜻대로 있었고 또 지으심을 받았나이다." 이것은 누가 한 말인가?(계 4장)

10. 어린 양 앞에서 네 생물과 24장로들이 금대접에 가득 담고 있는 향은 무엇인가?(계 5장)

11. 인을 떼실 때 나타난 것 중 서로 맞는 것은 어떤 것인가?(계 6장)
    (가) 첫째인-붉은 말 (나) 둘째인-검은 말
    (다) 셋째인-흰 말 (라) 넷째인-청황색 말

12. "이는 보좌 가운데 계신 ( )이 저희의 목자가 되사 생명수 샘으로 인도하시고 하나님께서 저희 눈에서 모든 ( )을 씻어 주실 것임이니라." ( )에 적당한 낱말을 써 넣어라.(계 7장)

13. 몇번째 천사가 나팔 불 때 바다 가운데 생명 가진 피조물들이 죽었는가?(계 8장)
    (가) 첫째 (나) 둘째 (다) 셋째 (라) 넷째

14. "땅에 거하는 자들에게 화, 화, 화가 있으리로다." 이 말은 어느 생물이 한 말인가?(계 8장)
    (가) 독수리 (나) 말 (다) 양 (라) 송아지

15. "땅의 풀이나 푸른 것이나 각종 수목은 해하지 않고 오직 이마에 하나님의 인 맞지 아니한 사람들만 해하라." 맞으면 ○표 틀리면 ×표 하라.(계 9장)

16. 천사가 갖다 먹어 버리라고 한 것은 무엇인가?(계 10장)
    (가) 작은 책 (나) 꿀 (다) 짐승 (라) 채소

52
[그리스도의 재림(Ⅱ)]

● 본문 : 계 11~22장
● 요절 : 계 14:13

지난 51과에 이어서 성경 마지막 책인 계시록을 계속해서 공부하게 된다. 이것은 장차 일어날 사건들을 기록하고 있으므로 상당히 난해한 부분이다. 우리는 여기서 장차 임할 대심판과 천년왕국, 새 예루살렘 등을 공부하게 된다. 기도하는 자세로 임하는 우리의 자세가 필요하다.

1. 환난 시대(후반부) (11:~18:)

1) 두 증인과 일곱째 천사의 나팔(11:)

⑴ 성전과 제단과 예배자 척량(尺量)(11:1~2) -이 때에 하나님께서 참교회 즉 진정한 의미 에서의 성도을 불로서 연단하시고 신앙을 측량해 보신 뒤에 그 척도에 따라 피난지로 옮기시고 나머지는(성전 밖 마당에 있는 자) 다 버리실 것이다.

⑵ 두 증인(11:3~13) -굵은 베옷을 입은 두 증인은 이미 스가랴 선지자(슥 4:14)에게 보여졌으며, 예수님과 함께 변화산상에서 말씀을 나누었던(눅 9:28~31) 모세와 엘리야의 전신을 계승한 하나님의 종를 가리킨다. 특히 6절은 이 사실을 확증하고 있다. 두 증인이 증거의 사명을 마치자 무저갱에서 올라온 짐승, 즉 적그리스도가 그들을 죽이고 그 시체를 예루살렘 거리에 내어 던진다. 그러나 3일 반 후에 하나님의 생기를 받아 두 사람이 일어나서 하늘로 올라가니 모든 사람이 놀라는데 그 순간 큰 지진이 일어나 성 1/10이 무너지고 7천명이 죽었다.

⑶ 일곱째 천사의 나팔(11:14~18)
일곱째 나팔이 울린 후 하늘에서 들려온 큰 음성은 장차 온 세상을 통치하실 하나님 아버지 와 예수 그리스도께서 거두실 최후의 승리를 선포한다

(15). 하나님 앞에서 자기 보좌에 앉았던 24장로들은 이 선언을 듣고 하나님 앞에 경배하며 감사찬송을 불렀다(17~18). 이제 일곱째 나팔이 올려 퍼졌으므로 남은 것이라고는 일곱 대접 심판 뿐이다.

(4) 성전 안의 언약궤(11:19)-하늘의 성전이 열리고 언약궤가 보인 것은 하나님께서 창세 이후로 인간의 죄의 용서와 구속과 새로운 세계에 대하여 약속하신 말씀이 기필코 이루어질 것을 다시 한 번 확인하여 주는 것이다.

2) 여자와 큰 붉은 용(12:1~17)

12장은 15장에서 일곱 대접의 재앙이 시작되기 전에 삽입되는 광경이다.

(1) 하늘의 큰 이적 - 해를 입은 여자(12:1~2) - 해를 입고 그 머리에 열 두 별의 면류관을 쓰고 발 아래 달을 두며 해산의 고통 가운데 있는 여자는 종말에 있을 참교회를 가리킨다. 이 장은 왜 마귀가 종말에 있을 참교회를 그처럼 미워하고 멸절시키려 하는가에 대한 막간 설명이다.

(2) 하늘의 다른 이적 - 붉은 용(12:3~5) - 여인이 낳은 아들을 잡아 먹으려는 붉은 용은 사탄 큰 세력이다. 사탄은 헤롯을 시켜 예수님을 죽이려 했고 기회를 찾다가 십자가 위에서 죽였지만 사흘 후에 다시 살아나셔서 하나님 보좌 우편으로 승천하셨다. 사탄 큰 세력는 하나님의 거룩함을 덮는 그룹천사였으나 하나님을 대적하고 쫓겨났다. 일곱 머리는 하나님을 대적하는 일곱 나라요, 열 뿔은 환난 시초에 구성될 국가을 가리킨다.

(3) 하나님이 예비하신 곳(12:6) - 이는 적그리스도에게 무서운 박해받는 성도가 교회를 통하여 하나님의 보호를 받아 승리할 것을 상징하는 것이다.

(4) 하늘의 전쟁(12:7~12) - 이 전쟁은 하나님의 군대 장관 미가엘과 용(사탄)이 싸우는 영적인 우주전쟁이다. 이 전쟁에서 용이 패하고 땅으로 내어쫓기고 그의 신자들도 함께 쫓긴다. 그 때 하늘에서 소리가 나서 '우리 형제들을 하나님 앞에서 밤낮 참소하던 자가 쫓겨났다' 고 찬미한다.

(5) 여자의 피난과 남은 자손(12:13~17) - 성도들이 환난 동안 교회인 하나님이 준비하신 곳에서 적그리스도의 박해를 피할 것을 보여주고 있다.

3) 한 짐승과 다른 짐승(13:1~18)

(1) 바다에서 나온 한 짐승(13:1~4) - 부활한 로마와 적그리스도에 대한 예언으로 뿔이 열이요, 머리가 일곱인 짐승을 이해하려면 다니엘의 환상 가운데 나타난 신상(神像)(단 2:31~45)과 네 동물(단 7:1~8)을 먼저 알아야 한다. 요한이 본 이 짐승은 역사의 마지막 나타날 적 그리스도를 말한다.

그에게 능력과 보좌와 큰 권세를 준 용은 사탄이다. 3절에는 이 적그리스도가 크게 상하였다가 기사회생(起死回生)할 때에 온 세상이 놀랄 것을 보여주고 있다. 그 후에 용과 짐승이 합하여 막강한 정치, 경제, 군사력을 장악하고 자기들을 숭배하게 할 것이다.

(2) 짐승의 훼방(13:5~10) - 적그리스도는 마흔 두 달 동안 하나님과 그의 장막 곧 하늘에 거하는 자들을 훼방하고(6), 보호하심을 받지 못하고 이 세상에 남은 성도들을 핍박한다(7). 그 때 생명책에 기록되지 못한 자들은 적그리스도에게 경배한다.

(3) 땅에서 올라온 짐승(13:11~18) - 사람 앞에서 이적을 행하는 이 짐승은 적그리스도를 도와서 신격화(神格化)시키려는 거짓 선지자이다. 거짓 선지자는 6, 6, 6이라는 숫자를 주고(용도 6, 적그리스도도 6, 거짓 선지자도 6), 모든 사람에게 짐승의 표를 준다.

4) 어린 양과 십 사만 사천(14:1~20)

(1) 십사만사천인에 관하여(14:1~5)-환난 전반에 구원 받은 성도 십 사만 사천은 죽음을 맛보지 않고 하늘의 시온산에 올라와 있다. 이들은 이마에 아버지의 이름과 어린 양의 이름으로 인을 맞고 하나님 보좌 앞에서 새노래를 부른다.

(2) 천사의 복음 증거(14:6~7) - 천사는 심판에 대한 경고의 복음, 곧 영원한 복음을 증거한다.

(3) 큰 성 바벨론의 무너짐(14:8) - 하나님을 대적하고 성도들을 핍박하던 적그리스도의 도성이 무너질 것을 뜻한다.

(4) 세째 천사의 경고(14:9~11) - 만일 짐승과 그의 우상에게 경배하고 이마나 손에 표를 받은 자는 하나님과 어린 양 앞에서 불과 유황으로 타는 못에 던지는 심판을 받겠다고 경고한다.

(5) 하늘의 음성(14:13) - 이제 뒤늦게 예수님을 믿은 사람은 적그리스도에게 순교를 당해야 하지만 살아서 불과 유황으로 타는 지옥에 들어가는 것보다 하나님 앞에서 쉼을 얻는 것이 복이 있다는 뜻이다.

(6) 두 가지 추수(14:14~20) - 첫째 추수는 예수님께서 후반 환난 끝에 마지막 순교자들을 거두시는 장면이고(14~16), 둘째 추수는 불신자들을 거두어 들이는 최후의 심판이다.

5) 재앙과 심판(15:~16:) - 15장과 16장은 마지막 재앙이다.

(1) 유리 바다 가에 선 아들(15:1~4) - 유리 바다 가에 선 이들은 예수님께서 첫 추수로 구름 위에서 낫을 휘둘러 알곡으로 거두어 들인 사람들이다.

(2) 일곱 천사의 일곱 대접 심판(15:5~16:21) - 일곱 대접 심판은 자연에 대한 심판이다. 첫째 대접은 더러운 종기의 심판을(2), 둘째 대접은 바다가 피같이 되고 그 가운데 생물이 죽는 심판을(3), 세째 대접은 강과 물의 자원이 피같이 되어 마시는 이를 괴롭게 하는 심판을(4,7), 네째 대접은 해외 열도(熱度)가 갑자기 높아져서 사람을 태우는 심판을(8,9), 다섯째 대접은 짐승의 보좌에 심판을 (10,11), 여섯째 대접은 유브라데 강물을 말리우고 아마겟돈 전쟁의 심판을(12~16), 마지막일곱째 대접은 역사상 전무후무한 지진의 심판으로 예루살렘성을 세갈래로 나누어놓는다(17~21).

6) 큰 음녀(淫女)의 심판(17:1-18)

(1) 큰 음녀와 붉은 빛짐승(17:1-2) - 음녀는 우상을 섬기고 하나님을 대적하는 타락한 종교단체로서 심판을 받게 된다.

(2) 음녀가 탄 붉은 짐승(17:3~18) - 음녀가 탄 짐승은 적 그리스도의 세상 왕국인데 이는 타락한 종교단체가 적 그리스도를 이용하여 종교통일을 이룰 것을 보여준다. 이 음녀의 모습은 그 영화(榮華)를 나타내고 있다. 이 음녀의 손에 들린 금잔에는 음행과 더러운 것과 가증한 것들이 들어있어 마시는 자마다 귀신의 영으로 가득차게 한다. 또한 이 음녀는 성도들의 피와 예수 증인들의 피에 취해 있다. 여자가 앉은 일곱 산은(9) 일곱 나라로서 그 중에 앗수르, 바벨론, 애굽, 메대와 바사, 헬라 등 다섯 나라는 이미 망하였고 요한 당시에 로마가 있었으며 장차 나타날 일곱째 나라는 적그리스도이다. 그러나 이 음녀는 마지막에 적그리스도에게 버림을 받게 된다.

7) 큰 성 바벨론(18:1~24)

(1) 큰 성 바벨론의 멸망(18:1~3) - 적그리스도가 대환난 동안 정치, 군사적으로 권력을 행사하던 큰 성 바벨론이 망하게 된다.

(2) 하나님의 경고(18:4~7) - 하나님께서는 그의 백성들 중에 하나라도 미혹을 받아 심판받지 않도록 경고하신다.

(3) 큰 성 바벨론의 심판(18:8~24) - 적 그리스도의 수도인 바벨론이 하루만에 불타 사라진다. 적그리스도와 함께 음행하던 세상 왕들은 탄식하고 슬피 울지만 하늘의 성도들과 사도들과 선지자들은 기뻐한다. 천사가 바다

에 던진 맷돌은 적그리스도의 나라가 망하고 다시 일어나지 못할 것을 보여주고 있다.

2. 예수님의 지상강림(19:1~21)

1) 하늘의 찬양(19:1~5)

이 찬양은 음녀와 적그리스도의 왕국에 임한 심판에 대한 것이다. 3절의 세세토록 올라가는 연기는 그들이 받을 심판과 영원한 형벌을 가리킨다.

2) 어린 양의 혼인잔치(19:6~10)

이것은 허다한 무리가 하나님께서 온 우주를 통치하시는 아름다운 때가 올 것을 알리는 찬송이다. 이 혼인잔치에 청함을 입은 자들은 복이 있다는 말에 요한이 감격하여 천사에게 절을 하려 한다.

3) 예수님의 지상강림(19:11~16)

여기에서 백마를 탄 자는 예수님을 가리켰다. 그는 죽기까지 충성했고 언제나 진리를 말씀하셨다. 그의 뒤를 따르는 하늘의 군대는 성도들이다. 예수님은 이제 철장으로 세상을 다스리신다.

4) 아마겟돈 전쟁(19:17~21)

아마겟돈 전쟁은 동방에서 온 2억의 군대와 적그리스도의 군대가 싸우는 전쟁인데 그들이 싸울 때에 예수님께서 하늘군대를 거느리고 내려 오시니 즉시 전쟁을 그치고 연합군을 형성하여 예수님을 대적하러 나온다. 그러나 예수님께서 그들을 다 멸하시니 공중의 새들이 와서 시체를 먹게 되고 적그리스도와 거짓 선지자가 산 채로 잡혀 유황불 못에 던지움을 당한다.

3. 천년왕국과 백보좌 심판(20:1~15)

1) 사탄의 수감(收監)(20:1~3)

창세 이후 인류를 미혹케 하던 사탄이 잡혀 무저갱에 천 년 동안 갇힌다. 그러나 천 년 동안 번성한 사람들을 시험하기 위해 잠깐 풀려날 것이다.

2) 첫째 부활(20:4~6)

예수님과 성도들이 세상을 심판하고 천년 동안 왕노릇한다. 휴거된 우리들은 이미 혼인잔치를 끝냈고 그 후에 환난 중에 순교당한 이들이 첫째로 부활한다.

3) 옥에서 놓인 사탄(20:7~10)

천년왕국의 기한이 차고 땅에 사람들이 모래같이 번성하였을 때 하나님께서 사탄을 무저갱에서 잠시 놓으셔서 양과 염소로 심판하신다. 곡과 마곡(사단의 세력)은 하나님을 대적하는 백성들을 가리키는데 그들은 불에 타죽고 사탄은 불못에 떨어져서 영원히 고통을 받는다.

4) 백보좌 심판(20:11~15)

땅은 새롭게 개조되고 백보좌 심판대가 놓이는데 죽은 자들이 부활하여 심판받고 생명책에 기록되지 않는 자는 불 못에 던지운다. 이것이 둘째 사망이다.

4. 신천신지(新天新地) 시대(새 하늘과 새 땅)(21:1~22:5)

1) 새 하늘과 새 땅(21:1)

우리가 천년왕국을 지나서 영원히 들어가 살 곳이다.

2) 새 예루살렘(21:2~4)

새 예루살렘은 새 땅의 수도로서 교회가 예수님과 함께 살 곳이다.

3) 하나님의 선언(21:5~8)

이것은 다시 현실 세계에 대한 하나님의 선언이다. 예수님은 처음과 끝이 되시며 우리를 위한 구속사업을 이루신 분이시다. 예수님을 믿고 이 세상에서 생명수를 마시며 살다가 영원한 새 하늘 새 땅으로 가는 것이 우리의 목적이다.

4) 새 예루살렘(21:9~22:5)

이 성은 푸른 옥과 같고 수정처럼 맑았는데 이는 무한한 신성과 만족과 생명을 뜻한다. 이 성문에 쓴 이름들은 신, 구약시대에 구원받은 성도들을 대표하는 24장로를 가리킨다. 요한이 본 성의 크기는 길이와 폭과 높이가 각각 6천리에 이르는 정방형이다. 그 성곽은 40미터이며 성은 정금으로 되어 있는데 만국이 이 성의 빛 가운데로 다니고 성밖의 세상 왕들이 성에 드나든다. 이 성에는 수정같이 맑은 생명수 강이 있고 그 강 좌우에 생명과가 있어 열 두 실과를 달마다 맺힌다. 거기는 밤이 없고 영원히 낮만 있을 뿐이다.

5. 결론 - 예언의 말씀(22:6~21)

이 책은 신실한 예언의 말씀으로서 그것을 지키는 자들이 복이 있다. 왜냐하면 예수님께서 속히 오실 것이기 때문이다. 이제 요한계시록은 우리의 열린 책이 되었다. 우리가 공부한 이 예언들을 등한히 여기고 나태하면 주님 오실 때에 슬피 울게 될 것이다. 이러므로 우리는 주님 오실 날까지 성도의 생활을 거룩하게 하여야 할 것이다. 예수님은 이 예언의 말씀을 교회에 주셨다는데 유의하여야겠다. 예수님은 이 예언에 가감하지 말 것을 엄히 경고하신 후 거듭 "내가 진실로 속히 오리라" 고 경고하신다. "아멘 주 예수여 오시옵소서!

교훈 및 적용

1. 구원의 확신을 든든히 하고 성결한 생활을 하여 언제든지 주님이 오실 때 "할렐루야" 외치며 들림받자.
2. 재림의 복음을 가정과 이웃과 민족과 세계에 담대히 전파하는 그리스도인이 되자.

이로써 구약, 신약을 모두 끝냈습니다. 정말 큰 일, 훌륭한 일들을 하셨습니다. 우리는 마지막 과에서 하나님의 무서운 심판과 성도들을 위하여 예비한 아름다운 천년왕국, 신천신지를 보았습니다. 그리고 주님은 속히 오실 것이라는 약속도 배웠습니다. 이를 믿고 "아멘 주 예수여 오시옵소서" 주님의 재림을 기다리는 여러분에게 "주 예수의 은혜가 모든 자들에게 있을지어다." 아멘. 계속해서 말씀을 연구하고 묵상함으로 여러분의 영이 더욱 살찌고 생활이 평안하고 윤택해지기를 주님의 이름으로 축원합니다.

성경문제

● **그리스도의 재림(2) / 계 11:1-22:21**

1. "하나님의 성전과 제단과 그 안에서 경배하는 자들을 척량하라" 고 주신 것은 무엇인가?(계 11장)
2. "붉은 용"에 대한 표현이 아닌 것은 무엇인가?(계 12장)
   (가) 머리가 일곱　　(나) 뿔이 열
   (다) 일곱 면류관　　(라) 꼬리가 하늘의 별 같음
3. "죽임을 당한 어린 양의 생명책에 창세 이후로 녹명되지 못하고 이 땅에 사는 자들은 다 짐승에게 경배하리라." 맞으면 ○표 틀리면 ×표 하라.(계 13장)
4. "자금 이후로 주 안에서 죽는 자들은 복이 있도다 하시매 성령이 가라사대 그러하다 저희 수고를 그치고 쉬리니 이는 저희의 행한 일이 따름이라 하시더라." 어디에 있는 말씀인가?
5. 이한 낫을 휘둘러 땅의 포도송이를 거두라고 했다. 맞으면 ○표 틀리면 ×표 하라.(계 14장)

6. "보라 내가 (   ) 같이 오리니 누구든지 깨어 자기 옷을 지켜 벌거벗고 다니지 아니하며 자기의 부끄러움을 보이지 아니하는 자가 복이 있도다." (   )에 적당한 낱말을 써 넣어라.(계 16장)
7. "저희가 어린 양으로 더불어 싸우려니와 어린 양은 만주의 주시요 만왕의 왕이시므로 저희를 이기실 터이요 또 그와 함께 있는 자들 곧 부르심을 입고 빼내심을 얻고 진실한 자들은 이기리로다." 어디에 있는 말씀인가?
8. "내 백성아 거기서 나와 그의 (   )에 참예하지 말고 그의 받을 재앙들을 받지 말라." (   )에 적당한 낱말을 써 넣어라.(계 18장)
9. 계시록 18장에서 바벨론을 가리켜 무엇이라고 했는가? 무엇에 해당되지 않는 것은 무엇인가?
   (가) 귀신의 처소   (나) 견고한 성
   (다) 아름다운 성   (라) 가증한 새의 모이는 곳
10. 계시록 19장에 "할렐루야" 란 단어가 몇 번 기록되어 있는가?
11. "어린 양의 (   )에 청함을 입은 자들이 복이 있도다." (   )에 적당한 낱말을 써 넣어라.(계 19장)
12. "이 첫째 부활에 참예하는 자들은 복이 있고 거룩하도다 둘째 사망이 그들을 다스리는 권세가 없고 도리어 그들이 하나님과 그리스도의 제사장이 되어 천 년 동안 그리스도로 더불어 왕 노릇 하리라." 어디에 있는 말씀인가?
13. 불과 유황못에 던져 세세토록 밤낮 괴로움을 받는 존재가 아닌 것은 무엇인가?(계 20장)
   (가) 마귀   (나) 짐승
   (다) 거짓 선지자   (라) 목베임을 받은 자
14. 누구든지 생명책에 기록되지 않은 사람은 (   )에 던지움을 받는다.(계 20장)
15. 새 하늘과 새 땅에 없는 것이 아닌 것은 무엇인가?(계 21장)
   (가) 눈물이 있음   (나) 사망이 없음
   (다) 애통하는 것이 없음   (라) 아픈 것이 없음
16. "나는 (   )와 (   )요 처음과 나중이니 내가 생명수 샘물로 목마른 자에게 값없이 주리니." (   )에 적당한 낱말을 써 넣어라.(계 21장)
17. "그 성은 해나 달의 비췸이 쓸데없으니 이는 하나님의 영광이 비취고 어린 양이 그 등이 되심이라." 어디에 있는 말씀인가?
18. "보라 내가 속히 오리니 이 책의 예언의 (   )을 지키는 자가 복이 있으리라." (   )에 적당한 낱말을 써 넣어라.(계 22장)
19. "내가 진실로 속히 오리라 하시거늘 (   )." (   )에 적당한 말로 이 성구를 완성시켜 보라.(계 22장)

성경문제 해답

1. 성경에 관하여

1. 지혜와 계시 2. 하나님 3. 약 40여 명 4. 1500여 년 5. 구약 39권, 신약 27권 6. 1, 189장, 31, 039절 7. 율법서, 역사서, 시가, 선지서 8. 복음서, 역사서, 서신, 예언서 9. 마태복음, 마가복음, 누가복음, 10. 14권 11. 1)①내 발에 등 ②내 길에 빛 ③불 ④성령의 검 ⑤겨울 ⑥순전하고 신령한 젖 ⑦진리의 말씀 ⑧하나님의 능력 2)생명 3)구원, 은혜, 진리, 구원 4)믿음 5)의 6)구원에 이르는 지혜 12. 1)① 2)③ 3)④ 4)⑤ 5)② 6)⑥ 13. 구원 14. 하나님의 말씀 15. 말씀

2. 창조의 역사

1. 말씀 2. ①(가) ②(라) ③(마) ④(나) ⑤(바) ⑥(다) 3. 하나님의 형상대로 남자와 여자를 창조하셨다. 4. 안식 5. ①비손 ②기혼 ③힛데겔 ④유브라데 6. 선악을 알게 하는 나무의 실과는 먹지 말라. 7. 예수님-막 10:7-8, 바울-엡5:31 8. 뱀의 유혹으로 선악과를 먹으므로 9. 가죽 10. 변명했다. 11. ①배로 다니고 종신토록 흙을 먹음. ②잉태하는 고통을 더하게 됨. 남편을 사모하고 남편의 다스림을 받음. ③종신토록 수고 12. 가죽옷 13. 가인, 아벨 14. 아벨 15. 가인은 땅의 소산, 아벨은 양의 첫 새끼와 기름 16. ①(나) ②(다) ③(가) 17. 셋 10. 에녹 19. 므두셀라, 969세 20. 의인 21. 예수 그리스도 22. 40일, 8명 23. 여호와를 위하여 단을 쌓음 24. 정결한 짐승, 새 25. 다시는 사람으로 인하여 땅을 저주하지 않겠다. 26. 무지개 27. 함 28. 교만 29. ①갈대아 우르 ②데라 ③10대 ④하란 ⑤하란

3. 족장들의 역사

1. ①아브라함 ②갈대아 우르 ③데라 ④여호와 ⑤소돔 2. ①아저씨와 조카 ②가나안 3. ①별 ②의 4. 언약(할례) 5. 소돔성 6. ①뒤를 돌아 보다가 소금 기둥이 되었다. ②모압과 암몬 7. ①아비멜렉 ②아내 사라 8. ①100세 ②90세 9. 여호와께서 준비하심 10. ①에서 ②야곱 11. 떡과 팥죽 12. ①브엘세바 ②이름 13. 벧엘(루스) 14. ①라헬 ②7년 15. ①이스라엘 ②얍복 시냇가(브니엘) 16. 르우벤 17. 에돔 18. 벼이삭 꿈 19. ①보디발의 아내 ②옥에 갇힘 20. 애굽왕의 술 맡은 자와 떡 굽는 자의 꿈 21. 총리 22. 므낫세, 에브라임 23. 흉년이 들어 곡식을 사려고 24. 44장 25. 애굽 26. 야곱 27. ①70명 ②고센 28. 17년간 29. 48:15, 16 30. 49장 31. ①요셉 ②형들

4. 출애굽의 역사

1. 12명 2. 70명 3. 종으로 부렸고 학대했다. 4. 물에서 건짐 5. 40년간 6. ①미디안 땅 ②십보라 7. 지팡이 8. 아론 9. 장자의 죽음 10. 예수 그리스도 11. 초태생 12. 구원 13. 구름기둥, 불기둥 14. 모세와 이스라엘 자손 15. 만나와 메추라기 16. 아말렉 17. 40년간 18. 여호와는 나의 기 19. 아론과 훌 20. 이드로 21. ①시내산 ②20장 22. 인사법 23. 23:8 24. 무교절, 맥추절, 수장절 25. 40주야 26. 아론과 훌 27. ①성소 ②지성소 문 28. 아론과 그 아들들 29. 29장 30. 브살렐, 오홀리압 31. 얼굴에 광채가 났다. 32. 육십만 삼천 오백 오십 명 33.

제사장 34. 여호와의 영광 35. ①언약궤 ②분향단 ③진설병 ④등대 ⑤물두멍 ⑥번제단 ⑦단 사면 뜰 ⑧출입문

5. 구원받은 백성이 하나님께 드리는 예배

1. 회막 2. 누룩 3. ①소제물 ②소금 ③언약 ④예물 4.화목제, 속건제, 속죄제, 번제, 소제 5. ①(라) ②(다) ③(나) ④(가) 6. ①수양 ②7일 7. ①나답 ②아비후 8. 11:45 9. 제 8일 10. 제사장 11. ○ 12. 8절에 1번, 10절에 2번 13. 11절과 14절 14. 3번 15. 예수 16. × 17. 제사장들 18. 소나 양이나 염소의 흠 없는 수컷 19. ①(라)②(다) ③(마) ④(나) ⑤(가) ⑥(아) ⑦(사) ⑧(바) 20. 무교절, 칠칠절, 초막절 21. 등불 22. 50년 23. 희년 24. 7배

6. 광야생활

1. 에브라임, 므낫세 2. 레위 3. 육십만 삼천 오백 오십 명 4. 각 지파의 진 배치 5. 나답, 아비후 6. ①30 ②50 7. 5:11-31 8. (가) 9. 이루어지기를 원한다. 10. 12개 11. ①출애굽한 다음해 ②시내 광야 12. ①불 기둥 ②구름 기둥 13. ①제 2년 2월 20일 ②유다 14. 고기 15. 미리암 16. 12명 17. 여호수아, 갈렙 18. 진 밖에 끌어 내어 돌로 쳐 죽였다. 19. 고라 20. 살구 21. 이스라엘의 십일조 22. 정결법 23. ①총회 때 ②호르산 꼭대기 ②123세 24. (다) 25. ①나귀 ②발람 26. × 27. ①모압평지 육십만 일천 칠백 삼십 명 28. 여호수아 29. 칠칠절 30. 서원에 관한 법 31. 33장 32. 여섯 개 33. 잘못 살인한 자를 피하게 하기 위하여

7. 율법의 재 교육

1. 열하룻 길 2. 헤스본, 바산 3. 3:22 4. 호렙 산 5. ①마음 ②성품 ③힘 ④사랑 6. ①광야 ②마귀 7. 40일 8. ② ④ ⑤ 9. ①(다) ②(나) ③(가) ④(라) 10. 두 세 사람 11. 부지 중 살인한 자를 보호하려고 12. 결혼한 자 13. 당일 14. ①남자 ②여자 ③가증 15. 당일 16. 16절 17. 27:9, 10 18. 그리심 산과 에발 산 19. ①복 ②저주 20. × 21. 언약궤 22. 32장

8. 가나안 정복

1. 여호수아 2. 9절 3. (가) 4. ①기생 ②라합 5. 제사장들 6. ①12개 ②요단 ③길갈 7. 할례, 유월절 8. 한 번 9. 36명 10. ①여호수아 ②삼만 명 11. ①여호와 ②화친 ③언약 12. 10:12 13. × 14. 31명 15. 헤브론 16. 회막을 세운 곳 17. 부지 중 오살한 자 18. 48성읍 19. 23, 24장 20. 여호수아 21. 16절 22. ①110세 ②딤낫 세라

9. 사사들의 역사

1. 유다 2. 옷니엘 3. 여호와 4. ①에훗 ②80년 5. ①(나) ②(다) ③(가) ④(마) ⑤(라) 6. 300백 명 7. 소년의 칼 8. ①요담 ②세겜 사람들 ③그리심 산 꼭대기 9. 7가지 10. 기생 11. ①입다 ②에브라임 사람들 12. 나실인 13. 아내 14. 삼손 15. 들릴라 16. 17:2 17. ①단 자손 5 사람 ②미가의 제사장(레위 소년) 18. 베냐민 지파 19. 3번 20. 야베스 길르앗 여인과 실로 여인 21. 모압 22. 보아스 23. ①이웃 여인 ②4:17

10. 이스라엘 왕국의 기원과 역사

1. ①엘리 제사장 ②한나 ③기도 2. ①세 ②두 3. 여호와의 전 4. 40년 5. 법궤 6. ①이방신 ②아스다롯 ③마음 ④여호와 7. 8:11-18 8. 사울 9. 백성의 뜻 10. ①기도 ②도 ③12:23 11. ①14:6 12. 15:22 13. 중심 14. ①(라) ②(다) ③(가) ④(마) ⑤(나) 15. 요나단 16. ①라마 ②사무엘 17. ①요나단 ②작은 아이 18. 아기스 19. 십 황무지 20. ①사울 ②다윗 21. 나발과 아비가일 22. 16번 23. 사무엘 24. 블레셋 25. 전사 26. 각자

11. 다윗의 역사

1. ①다윗 ②요나단 2. ①헤브론 ②유다 3. 미갈 4. 다윗 5. ①30세 ②33년 6. 5:24 7. 하나님 8. ①(나) ②(라) ③(가) ④(다) ⑤(마) 9. 므비보셋 10. ①우리아의 아내 ②7계명 11. 나단 12. 다말을 욕되게 하였으므로 13. 미남 14. 압살롬 15. 아히마하스와 요나단 16. ①다윗 ②압살롬 17. ①시므이 ②바르실래 18. 조카 19. 3 20. ①반석 ②요새 ③바위 ④방패 21. (가) 22. 130만(이스라엘 80만, 유다 50만) 23. 인구조사

12. 열왕의 역사(1)

1. ①(나) ②(다) ③(마) ④(바) ⑤(사) ⑥(가) ⑦(라) 2. 40년 3. 아무 말이 없었다. 4. ①부 ②영광 5. ①삼천 ②일천 다섯 6. 히람 7. 7년 8. 13년 9. 22-53절 10. ①9:3 ②여호와 11. ①스바 여왕 ②솔로몬 왕 12. 아히야 13. ①여로보암 ②르호보암 14. × 15. 14:30 16. 40 17. 시므리 18. 아합 왕의 아내 19. 그릿 시냇가 20. 가루와 기름 21. 갈멜산 22. ①(라) ②(가) ③(나) ④(다) ⑤(마) 23. ①천사 ②엘리야 ③로뎀나무 아래 24. 아합 25. ①아하시야 ②2년

13. 열왕의 역사(2)

1. 아하시야 2. 엘리야 3. 돌을 던졌다. 4. ①(다) ②(가) ③(라) ④(나) 5. 엘리사 6. ①나아만 ②문둥병 7. 엘리사 8. 40 9. ①(다) ②(가) ③(나) ④(라) 10. 변소 11. ①아달랴 ②6년간 12. 여호야다 13. 13:23 14. 여로보암 15. 아사랴 16. ①앗수르 ②살만에셀 17. 앗수르 18. ①히스기야 ②19:19 19. 15년 20. ①므낫세 ②55년 21. 요시야 22. 종교개혁 23. ①시드기야 왕 ②9년 시월 ③느부갓네살 왕 ④바벨론 24. 그달리야

14. 유다(다윗)의 역사(1)

1. ①노아 ②아브라함 ③에서와 야곱 2. 6명 3. ①7년 6 ②33 4. 야베스 5. 요셉 6. ①다윗 ②헤만 7. 에브라임 8. ①기스 ②요나단 9. 레위 10. 3명 11. ①(라) ②(나) ③(가) ④(다) 12. 에셀 13. 오벧에돔의 집 14. 뽕나무 수풀 15. 노래하는 사람들 16. 16:7-36 17. ①17:12 ②여호와 ③솔로몬 18. × 19. ①암몬 ②아람 20. 동생 21. 요압 22. 하나님 앞에서 땅에 피를 많이 흘렸으므로 23. 솔로몬 24. × 25. 24반열 26. 26장 27. 28:9-10 ①마음 ②뜻 ③마음 ④사상 ⑤삼갈지어다 ⑥힘써 행할지니라 28. ①부 ②귀 ③권세 ④능력

15. 유다(솔로몬)의 역사(2)

1. ①기브온 산당 ②일천 번제 2. 여호와 3. ①솔로몬이 왕 위에 나아간 지 4년 이월 초이일 ②오르난의 타작마당 4. 구름 5. 봉헌 기도 6. ①겸비 ②기도 ③7:14 7. ①20년 ②40년 8. ①르호보암 ②여로보암과 모든 백

성 9. 애굽 왕 시삭 10. 구스 11. 아세라 목상을 만들었으므로 12. 군사를 많이 양성 13. 길르앗 라못 14. ①충의 ②성심 ③여호사밧 ④19:9 15. ①권세 ②능력 16. ①아달랴 ②6년 17. ①7세 ②40년 18. 이스라엘 군대에게 이미 준 은 백 달란트 때문에 19. 성소에서 나가라고 했다. 20. 바알들의 우상을 부어 만들었다. 21. ①29:11 ②30:9 ③31:20-21 ④32:7-8. 22. 십일조를 바쳤다. 23. 성전 수리 및 우상 타파 24. ①제사장 ②모세의 전한 여호와의 율법책 25. 예레미야 26. ①바벨론 ②느부갓네살 왕 27.

16. 유다 민족의 회복

1. ①에스라 1:3, 에스라 ②바사 왕 고레스 2. ①칠월 ②예수아, 스룹바벨 3. ①에살핫돈 ②고레스 4. 다리오 왕 6년 5. ①(나)②(다) ③(라) ④(가) 6. 제사장 7. 이방 여인을 취하여 아내를 삼았으므로 8. (라) 9. 금식기도 10. ①아닥사스다왕 ②느헤미야 ③느헤미야 ④도비야와 게셈 11. 예루살렘 성 중건한 내용 12. 도비야 13. 총독 14. 52일 15. ①느헤미야 ②느 8:10 16. 초막절 17. 43절 18. 안식일 19. 왕의 명령을 복종치 않아서 20. 자기에게 꿇지도 절하지도 않아서 21. ①모르드개 ②에스더 22. 에스더 23. 하만 24. ①에스더 ②아하수에로 왕 ③에스더 7:3 25. 부림절

17. 욥의 고난과 축복

1. 욥 2. 욥의 아내 3. 욥 4. 욥 5. 하나님은 공의를 굽게 하시지 않는다. 6. 10:12 7. × 8. ①지혜 ②권능 ③모략 ④명철 9. 간사한 자의 혀를 택한 죄 10. 번뇌케 하는 안위자 11. 악인은 반드시 망하고야 만다. 12. 그 가산이 패하여 흘러 가는 것 13. 22:21 14. ①명령 ②음식 15. 빌닷 16. 욥 17. 30장 18. 33:29, 30 19. 환난 20. 폭풍 가운데서 21. ①○ ②○ ③○ ④× 22. 욥의 첫째 딸

18. 다윗의 노래

1. ①구원 ②복 ③3:8 2. 12:8 3. 선을 행하는 자가 하나도 없었다. 4. 여호와 5. 19:1 ①하늘 ②영광 ③궁창 ④일 6. 21:1 7. ①다윗 ②여호와 8. 주의 계신 집 9. 28:9 ①구원 ②산업 ③목자 10. 7번 11. 주 12. 37:25 ①의인 ②자손 13. 오빌의 금 14. 죽을 때까지 15. 상한 심령 16. 날카로운 삭도 17. 55:22 ①짐 ②의인 ③요동 18. 스스로 그 중에 빠진다. 19. ①산성 ②환난 ③피난처 20. 목욕통 21. 높은 바위 22. 63:3 23. 하나님께서 그의 백성들에게 베푸시는 풍성한 은혜를 찬양하는 것(하나님의 은혜에 대한 찬양) 24. 66:18 ①마음 ②죄악 25. 68:19 26. 다윗 27. ○

19. 아삽의 노래

1. 악인 2. 교훈 3. 78:72 4. ①구원 ②영광 ③죄 5. ①주 ②지존자 6. ①집 ②힘 ③의지 7. 부끄러워 한다. 8. 수고와 슬픔 9. ①사랑 ②이름 ③91:14 10. 나와 함께 거하게 하신다. 11. 냉과리 같이 탔다. 12. 생명 13. ①사랑 ②대적 ③기도 ④109:4 14. 여호와를 경외함 15. 은혜를 베풀며 꾸이는 자 16. 사람의 수공물, 은, 금 17. ①환난 ②영혼 ③출입 ④121:7, 8 18. 형통할 것이다. 19. 126:5 20. 잠 21. 아내, 자식 22. 지붕의 풀 23. ①형제 ②동거 ③133:1 24. 감사하라 25. 다윗 ①파수꾼 ②문 26. 딸들 27. ①백성 ②구원

20. 하나님을 경외하는 삶

1. 여호와를 경외하는 것 2. 진주 3. 마음, 입, 눈, 발 4. 6:16-19 5. ①입 ②8:13 6. 책망 7. ①구제 ②풍족 ③윤택 ④11:25 8. ①보전 ②멸망 ③13:3 9. 근실히 징계한다. 10. 분노 11. 패망 12. 혀의 권세 13. 20:27 14. × 15. 술 16. 의인 17. ①다 ②라 ③나 ④가 ⑤마 18. 형제 19. 사자, 곰 20. 개미, 사반, 메뚜기, 도마뱀 21. 진주

21. 인생의 경험과 사랑의 노래

1. 솔로몬 2. ①영원 ②일 ③3:11 3. 협력 4. × 5. 눈으로 보는 것 6. 6:9 7. ①라 ②다 ③나 ④가 8. 명철 9. 죽는 날 10. ①손 ②힘 ③9:10 11. ①다 ②나 ③가 ④마 ⑤바 ⑥라 12. 여러 날 후에 다시 찾는다. 13. 창조자 14. ①사람 ②본분 ③행위 ④은밀한 일 ⑤12:13, 14 15. 솔로몬 16. 1, 6, 11, 12, 14, 15절 17. 1-5절 18. 여덟 가지 19. 4 20. 게으름 21. ①죽음 ②음부 ③기세 ④8:6

22. 이사야의 예언(책망)

1. (라) 2. 2:22, 코 3. 정수리 4. ①예루살렘 ②유다 5. 6:8 6. 스알야숩, 마헬살랄 하스바스 7. 기묘자, 모사, 하나님, 아버지, 왕 8. 예수님 9. 바벨론 10. 모압 11. 구원, 능력 12. 이사야 13. 엘리야김 14. 심지가 견고한 자 15. 28:17 16. 예루살렘 17. 30:18, 은혜 18. 32:17 19. (라) 20. ○ 21. (나) 22. 15년

23. 메시야의 예언(위로)

1. 40:8 2. 가. 두려워 말라 나. 놀라지 말라 다. 도와주리라 라. 붙들리라 3. 42:3 4. 야곱 5. 고레스 6. 금, 은 7. × 8. 구원자, 구속자 9. ④③①② 10. 예수님 11. ①나 ②다 ③라 ④가 ⑤아 ⑥사 ⑦마 ⑧바 12. 56:7 13. 금식 14. 죄악 15. 60:1 16. 신랑과 신부 17. 예루살렘 18. × 19. 진흙, 토기장이 20. 종 21. 새 하늘과 새 땅

24. 예레미야의 예언

1. 힐기야 2. 이스라엘 백성 3. 악, 구원 4. 7:16 5. 라 6. 교만 7. 라 8. 21:8 9. 23년 10. 바벨론 11. 30:22, 백성, 하나님 12. 다윗 13. 다 14. 시드기야 15. 느부사라단 16. 44:9 17. 여덟 번 18. 잃어버린 양떼 19. 권능, 지혜, 명철 20. 1번 21. 3:40 22. 라

25. 에스겔의 예언

1. 사람, 사자, 소, 독수리 2. 꿀 3. ①가 ②나 ③다 ④라 4. 투기의 우상 5. ○ 6. 허탄, 거짓 7. ①나 ②다 ③가 ④라 8. 재앙이 오므로 9. 오홀라-사마리아, 오홀리바-예루살렘 10. 두로 11. ①나 ②가 ③라 ④다 12. 다윗 13. 땅 14. 여호와의 말씀을 들으므로 15. 7년 16. × 17. 7일 18. 45:21 19. 진펄과 개펄 20. 여호와 삼마

26. 다니엘의 예언

1. ①바벨론 ②유다 왕 여호야김 3년 ③느부갓네살 2. 다니엘, 하나냐, 미사엘, 아사랴 3. × 4. 느부갓네

살 5. 7배 6. × 7. 크도다, 능하도다, 느부갓네살 8. 진실, 의, 교만 9. ①라 ②가 ③나 ④다 10. ①벨사살 ②다리오 11. ○ 12. 4 13. ①벨사살 3년 ②을래 강변 ③두 뿔 가진 수양 14. ①메대, 바사 왕들 ②헬라 왕 15. 금식하며 기도했다. 16. 9:19 17. 지혜와 총명 18. 은총, 평안하라, 강건하라 19. 시종 20. 11:32 21. 책에 기록된 모든 자 22. 지혜, 별

27. 선지자의 예언(Ⅰ)

1. 라 2. 야곱 골짜기 3. 고멜, ○ 4. 4:6 5. 나 6. 지계표 7. × 8. 에브라임 9. 노아 시대 10. 의 11. 여호와 12. 2:32 13. 여호와의 전 14. ①나 ②가 ③라 ④다 ⑤바 ⑥마 ⑦아 ⑧사 15. 암 5:6 16 쓸개 17. 칼 18. 양식, 물, 말씀 19. ①다 ②가 ③나

28. 선지자의 예언(Ⅱ)

1. 다시스 2. 3일 3. 기도 4. 40 5. 인애, 뜻, 재앙 6. (라) 7. 보스라 양떼, 초장의 양떼 8. 3:10 9. 뜻, 모략 10. ○ 11. 6:8 12. 지팡이 13. 선, 산성, 의뢰 14. 나 15. 다 16. 갈대아 사람 17. 2:4 18. 부흥, 긍휼

29. 선지자의 예언(Ⅲ)

1. 라 2. 3:17 3. 다리오 왕 이 년 유 월 곧 그 달 초하루 4. 스룹바벨 5. (라) 6. × 7. 힘, 능, 신 8. 저주 9. 여호와의 전 10. 8:17 11. 진실, 화평 12. 메시야의 정권 13. 유다 족속 14. 은총, 연락 15. 12:10 16. 3분지 1 17. 천하, 이름 18. 악 19. 지식 20. 나 21. 4:2

30. 예수님의 탄생과 전도

1. 다말, 라합, 룻, 밧세바, 마리아 2. 1:21 3. 박사 4. 예수님 5. 성령 6. (가) 7. ①(라) ②(가) ③(나) ④(다) 8. 율법, 다 이루리라. 9. 6:9-13 10. 천국 11. 행하는 자 12. 백부장 13. 바람, 바다 14. 중풍병자 15. 9:13 16. 제자들 17. 목숨 18. 11:28 19. 자비, 주인 20. 성령 21. (가) 22. ○ 23. 마음-3번, 입-4번

31. 예수님의 수난과 죽음

1. 베드로, 16:16 2. (라) 3. 한 겨자씨 만큼만 4. 일흔 번씩 일곱 번 5. 결혼 6. 계명 7. 20:28 8. 호산나 9. 무화과나무 10. 22:14 11. (가) 12. 하나님, 이웃, 22:37-38 13. 6번 14. 주의 재림과 세상 끝 15. 24:35 16. 기름 17. 7달란트 18. 향유 한 옥합 19. 30 20. 26:28 21. 망할 22. 스스로 목메어 23. 엘리 엘리 라마 사박다니, 하나님 24. 28:18-20

32. 예수님의 갈릴리 전도

1. 세례 요한 2. ①회개 ②복음 3. 예수님, 중풍병자 4. 안식일 5. 야고보, 요한 6. 3:29 7. 말씀, 마음 8. 바다와 바람 9. 혈루증 10. 소녀야 내가 네게 말하노니 일어나라 11. 더러운 귀신을 제어하는 권세 12. 5천 명 13. 이사야, 입술, 마음 14. 열리라 15. 8:31 16. 목숨 8:35 17. (라) 18. 이해하지 못했다. 19. (가) 20. 9:50

33. 예수님의 부활과 승천

1. 10:9 2. 10:45, 대속물 3. 소경 4. 11:24 5. 4번, 4번 6. (가) 7. 두 렙돈 8. 아버지 9. 4번 10. × 11. 예수님, 14:36 12. 버리고 도망갔다. 13. ①대제사장 ②예수 14. × 15. 5번 16. 엘리 엘리 17. 백부장 18. (가) 19. 만민, 복음

34. 인자의 오심과 하신 일

1. ①사가랴 ②엘리사벳 ③요한 2. ①갈릴리 나사렛 ②마리아 ③예수 3. 2:10 4. 시므온 5. 하나님, 사람 6. 요한 7. 마귀 8. 귀신 들린 사람 9. 베드로 10. 중풍병자 11. 5:32 12. ①(나) ②(라) ③(다) ④(가) 13. 기도, 대접, 자비, 용서 14. 6:41 15. 백부장 16. 여자 17. 회당장 18. 22절 19. 영접

35. 인자의 사역과 승리

1. 추수 2. 사마리아인 3. 11:9 4. 바리새인, 율법사 5. 부자 6. 9번 7. 겨자씨, 누룩 8. 14:27 9. (다) 10. 거지 11. 한 명 12. (가) 13. 세리장 14. 15므나 15. 기도, 강도 16. 사두개 17. 변명할 것 18. 재림 19. × 20. 감람산 21. 23:34 22. 베다니

36. 하나님의 아들의 공생애

1. 1:12 2. 예수님 3. ①갈릴리 가나 ②물 ③포도주 4. 관원 5. 4 6. 사마리아 여자 7. 베데스다 8. 영생, 생명, 5:24 9. ①디베랴 바다 건너편 ②보리떡 5개, 물고기 2마리 ③5천명 ④12광주리 10. 떡 11. 성령 12. 5번, 4번 13. 죽음, 영원 14. (라) 15. × 16. 18번, 5번 17. 나흘 18. 마르다 11:25, 26 19. 크게 환영했다. 20. 12:24

37. 하나님의 아들의 수난과 부활

1. 발을 씻기는 일 2. 가롯 유다 3. 13:34 4. 마음, 하나님 5. 길, 진리, 생명, 14:6 6. 평안 7. ①(라) ②(다) ③(나) ④(가) ⑤(바) ⑥(마) ⑦(아) ⑧(사) ⑨(차) ⑩(자) 8. 나를 믿지 아니함 9. 16:24 10. 예수 그리스도 11. 진리 12. 베드로 13. 빌라도 14. 골고다 15. (라) 16. 아리마대 요셉 17. 마리아 18. 도마 19. (가)

38. 초대 교회 설립과 선교

1. 성령을 주시겠다고 한 것 2. 1:8 3. 성령 4. 이름, 구원 5. 나사렛 예수 6. 구원 7. × 8. 아나니아와 삽비라 9. 7명 10. 스데반 11. 시몬 12. 이사야서 13. 다메섹 14. 아나니아 15. 다비다 16. (라) 17. 바나바 18. 헤롯 19. 말씀, 영생 20. 앉은뱅이 21. 마가

39. 바울의 선교여행

1. ①바울 ②간수 ③16:31 2. 말씀, 성경 3. 아덴 4. 아볼로 5. 은 오만 6. ①유두고 ②3층 누 ③졸다가 7. 20:24 8. 주는 것 9. 바울 10. × 11. 백성 12. ①(다) ②(라) ③(가) ④(마) ⑤(바) ⑥(나) 13. 40여 명 14. 의인, 악인 15. 아그립바 16. 26:8 17. 베스도 18. 유라굴로 19. ①276명 ②14일 20. 부친의 병 21. ①이사야 ②28:26

40. 구원은 오직 믿음으로

1. 믿음 2. 1:29-31 3. 7번, 21번 4. 마음 5. 3:10 6. 죄, 의 7. × 8. 4:25 9. (라) 10. 죄인, 사랑. 11. ①죄인 ②의인 12. 지체 13. 6:23 14. 10번 15. 율법 16. 사망 17. 8:2 18. 그리스도의 사랑

41. 그리스도인의 윤리

1. 호세아 2. 마음, 입 3. 10:13 4. 들음 5. 7천 6. 11:36 7. 몸, 영적 예배 8. (라) 9. × 10. 평화 11. 사랑의 빚 12. 13:10 13. 주 14. (가) 15. 영광 16. 소망 17. (다) 18. 20번

42. 여러 가지 교훈

1. (라) 2. 1:18 3. 성령 4. 성전, 성령 5. 충성 6. 그리스도 7. 성령의 전 8. 남편 9. 3번 10. 9:16 11. 면류관 12. 선 줄로 생각하는 사람 13. 10:31 14. 떡, 잔 15. ①15번 ②교회 16. 사랑이 없을 때 17. 사랑, 13:13 18. × 19. 부활장 20. 16:13

43. 하나님의 은혜는 족하다

1. 10번 2. 고후 1:22, 성령 3. 9번 4. (가) 5. 3:17 6. (다) 7. ①겉 ②속 8. 5:17 9. 은혜, 구원 10. (나) 11. 7:10 12. (라) 13. 바울 14. 마음, 사랑 15. 넘치는 감사 16. (다) 17. × 18. 12:10 19. 자신

44. 성도의 도리

1. 저주 2. 2:20 3. 율법, 믿음 4. 율법 5. 영 6. 자유 7. 사랑으로 서로 종노릇해야 한다. 8. 5:22, 23 9. 심든지 10. 6:14 11. 2번, 2번 12. 만물 13. (나) 14. (가) 15. 그리스도의 사랑 16. (라) 17. 4:22-24 18. 성령 19. 5:25 20. ①(마) ②(가) ③(나) ④(다) ⑤(바) ⑥(라)

45. 신앙의 도리

1. 빌 1:6 2. 복음 3. 예수의 마음 4. (라) 5. 빌 3:13, 14 6. 만물, 복종 7. 빌 4:4 8. 6번 9. 모든 것을 할 수 있느니라 10. (가) 11. 골 1:24 12. (다) 13. 골 3:2 14. 우상숭배 15. 골 3:18 16. 기도 17. 오네시모

46. 바른 신앙생활

1. (다) 2. (가) 3. 말씀 4. (가) 5. 거룩함 6. 살전 4:14 7. 믿음, 사랑, 구원 8. (라) 9. 살전 5:22 10. 4번 11. (가) 12. (나) 13. (다) 14. 살후 3:10 15. 선

47. 목회에 관한 권면

1. 신화와 끝없는 족보 2. 딤전 1:15 3. 한 분 4. 일절 순종함으로 5. × 6. 딤전 3:13 7. 사랑, 믿음, 정절 8. 딤전 5:8 9. 장로 10. 딤전 6:7 11. 돈 12. (다) 13. ①(다) ②(마) ③(가) ④(나) ⑤(라) 14. 딤후 2:15 15. (라) 16. 말씀 17. 딤후 4:7 18. ○ 19. 딛 2:14 20. 오네시모

48. 대제사장 예수 그리스도

1. 예수 그리스도 2. 5번 3. 히 3:14 4. 혼, 영, 관절, 골수 5. × 6. 예수 그리스도 7. 아브라함 8. 6번 9. (라) 10. 피 11. 9:27 12. 휘장 13. 11:6 14. (가) 15. 12:2 16. 화평함, 거룩함 17. 형제, 손님 18. 13:8

49. 성도의 고난

1. 온전히 기쁘게 여기라 2. 죄 3. 약 2:17 4. 불 5. 안개 6. 죄 7. 믿음, 구원 8. 벧전 1:7 9. 육체, 말씀 10. (다) 11. 벧전 3:16 12. 기도 13. 깨어라 14. 절제, 형제우애 15. 벧후 1:21 16. (가) 17. 벧후 3:8

50. 참된 신앙 생활

1. 요일 1:9 2. (라) 3. 약속 4. 살인 5. 요일 3:18 6. 사랑 7. 요일 4:20 8. 9절 9. 아들 10. 계명 11. 영혼, 범사, 강건 12. 가인, 발람, 고라

51. 그리스도의 재림(Ⅰ)

1. 계1:8 2. (라) 3. × 4. 충성, 생명 5. 빌라델비아 교회 6. 3:20 7. ①(사) ②(바) ③(마) ④(라) ⑤(다) ⑥(나) ⑦(가) 8. (나) 9. 24장로들 10. 성도의 기도들 11. (라) 12. 어린 양, 눈물 13. (나) 14. (가) 15. ○ 16. (가)

52. 그리스도의 재림(Ⅱ)

1. 갈대 2. (라) 3. ○ 4. 14:13 5. 포도송이 6. 도적 7. 17:14 8. 죄 9. (다) 10. 4번 11. 혼인 잔치 12. 20:6 13. (라) 14. 불못 15. (가) 16. 알파, 오메가 17. 21:23 18. 말씀 19. 아멘 주 예수여 어서 오시옵소서

• 참고문헌 •

1) 김 철 저, 신약개론, 서울, 도서출판 솔로몬, 1995.
2) 이종식 저, 신약개론, 서울, 도서출판 한글, 1995.
3) 오희동 저, 신약개론, 서울, 들소리선교회출판부, 1986.
4) 박기원 편저, 성경총론, 서울 성도출판사, 1991.
5) 위클리프 저, 위클리프 주석편찬설, 성서개론, 서울도서출판소망사, 1992.
6) 최기원 저, 성경총론, 서울, 기독교교육문화원, 1988.
7) 오효권 편저, 성경핵심요약, 서울, 은혜출판사, 1990.
8) 정규남 저, 구약개론, 서울, 개혁주의신행협회, 1995.
9) 신성종 저, 신약개론, 서울, 기독교문서선교회, 1995.
10) 이종윤 저, 신약개론, 서울, 개혁주의신행협회, 1993.
11) 오희동 저, 신약개론, 서울, 들소리선교회출판부, 1986.
12) 강병도 편저, 호크마종합주석, 서울, 기독지혜사, 1989.
13) 뉴 톰슨 관주 성경, 서울, 성서교재 간행사, 1986.
14) 오픈성경, 서울, 아가페출판사, 1989.
15) 헬, 한, 영 대조신약성경, 서울, 한국성서연구원, 1986.
16) 미주 크리스챤신문사편, NASB한영회, 수원, 국제기독출판사, 1991.
17) 알란 B, 스트링펠로우 저, 1년간집중공부, 권정달 역, 성루, 보이스사, 1990.
18) 김하진 저, 평신도성경공부〈신,구약〉, 서울, 도서출판 엠마오, 1983.
19) 조용기 저, 하나님의 말씀, 서울서적, 1992.
20) 클라우스 베스터만 저, 방석종, 박창건 옮김, 구약, 신약성서개설.
21) 신성종 저, 엠마오성경연구, 서울, 도서출판 엠마오, 1992.
22)서정웅편저, 52성경탐험, 도서출판밀알원, 2007. 12.10

1년 성경 1독을 위한

52주 성경공부

초판1쇄 2017년 1월 1일
2쇄 2018년 1월 1일

지은이 · 서정웅
펴낸이 · 채주희
펴낸곳 · 엘맨출판사
서울특별시 마포구 신수동 448-6
Tel.02-323-4060, 02-6401-7004
Fax.02-323-6416
E-mail. elman1985@hanmail.net
www.elman.kr
출판등록 · 10호-1562(1985.10.29.)

책값 15,000원